古典 風水學 原論

古典風水學原論

1판 1쇄 / 2006. 2. 25.

　　2쇄 / 2011. 11. 15.

저　　자 / 魯　炳　漢

발 행 인 / 李　昌　植

발 행 처 / 안암문화사

등　　록 / 1978. 5. 24.(제2-565호)

　　　　　　100-013 서울시 중구 충무로 3가 25-10

　　　　　　성원B/D 4F

　　　　　　전화 (02)2238 - 0491

　　　　　　Fax (02)2252 - 4334

Copyright© 2006 by An Am Publishing Co.
Printed in Seoul, Korea.

ISBN 89-7235-036-2 03150

天文地理人事學 시리즈

청오경/금낭경/장서문대/발미론/산릉의장 외 12종

古典 風水學 原論

東方大學院大學校 敎授
魯 炳 漢 博士 著

圖書出版 **안암문화사**

‖ 著者 **魯 炳 漢** 博士 ‖

· 1954年 甲午生 / 全南 咸平産
· 寶學研究家-陰陽五行學/風水學/天命四柱學/遁甲學 等

經 歷

· 檀國大學校 行政學博士
· 러시아科學아카데미 極東研究所 政治學博士
· 慶州觀光開發公社 監事
· (社)建設機械安全技術研究院 院長
· 高速道路管理公團 監事
· 檀國大·明知大·瑞一大 等 外來教授
· 서울市公務員教育院 招聘教授
· 京畿大學校 兼任教授
· 〔現〕(社)玄門風水地理學會 企劃擔當常任理事
· 〔現〕巨林家宅風水研究所長
· 〔現〕(社)大韓陰陽研究會 理事
· 〔現〕警察大學 治安政策過程 招聘教授
· 〔現〕2012世界博覽會地方誘致委員會 委員 兼 執行委員
· 〔現〕忠北日報 論說委員·칼럼 연재중
· 〔現〕東方大學院大學校 未來豫測學科 主任教授(風水地理學專攻)

主要著書

· 巨林家宅風水學(2003年 知訖堂)
· 陰陽五行思惟體系論(2005년 안암문화사)
· 巨林天命四柱學〔上卷·下卷〕(2005년 안암문화사)
· 巨林明堂風水學〔上卷·下卷〕(2005년 안암문화사)
· 古典風水學原論 (2006년 안암문화사)

序　文

　　새로운 존재(NewBeing)를 모색하기 위해서 동양고전읽기의 여행에 동참하신 독자 여러분에게 우선 축하를 드린다. 고전읽기를 두려워할 이유는 없다. 어렵게 느껴지던 고전들도 단계별로 노력하면 누구나 쉽게 읽고 그 참맛을 즐길 수가 있는 것이다.

　　현대인들은 고전 속에 심오한 우주·자연·인간의 이치가 자맥질하고 있음을 발견해야만 한다. 그래야만 비로소 인간이 찾고 갈구하는 새로운 존재(NewBeing)를 인식할 수 있는 계기가 마련될 수 있음인 것이다.

　　수많은 고전들 중에서 필자는 풍수고전을 추천한다. 그 이유는 인간이 의지하며 살아가는 자연공간에 대한 이해가 바로 자연율을 이해하는 기본요건이기 때문인 것이다. 풍수고전에 대한 이해 없이는 풍수의 본질과 체계가 무엇인지를 정확히 터득할 수가 없다. 그러함에도 한국 풍수학의 가장 고질적인 문제점은 풍수고전을 읽어낼 수 있는 사람이 절대적으로 부족하다는 점이다.

　　풍수고전에는 다양한 서적들이 존재하고 있다. 그러나 그러한 고전풍수서들에도 정서와 잡서들이 혼재하여 있기 때문에 정확한 식견을 갖추지 못한 상태에서 이러저러한 글들을 마구잡이식으로 접하는 것은 풍수학의 체계화와 발전에 아무런 도움이 되지 못하는 것

이다. 그래서 풍수학의 이론성·논리성·실제성을 정확하게 이해하기
위해서 반드시 읽어야 할 고전들을 엄선하여 이 책에서 소개하는 것
이다.

제1편 풍수고전강독 I (초급편)에서는 靑烏經(청오경:葬經)·錦
囊經(금낭경:葬書)·葬書問對(장서문대)·發微論(발미론)·山陵議狀
(산능의장)·周易說卦傳(주역설괘전)이라는 풍수고전들을 다룬다.
여기에서는 초보자들 누구나 초급단계의 고전읽기 연습에 용이하
도록 편집하였다. 그래서 원문과 주석을 싣고 구절별로 단문나누기
를 한 다음에 독음문과 토시를 달았다. 그러한 연후에 구절의 단문
별로 원문번역과 주석번역을 시도하였으므로 초보단계의 고전읽기
에 아무런 두려움이 없이 진행될 것이다. 독자들께서는 이렇게 6개
의 장인 500여 쪽 분량을 읽어 가시는 동안에 놀라울 만큼의 한문
독해실력이 향상될 것이다.

첫째 풍수고전 중에서 제1장 靑烏經(청오경)은 후한시대에 靑烏
子(청오자)께서 지으신 것이다. 묘지를 쓰는 방법인 葬法과 관련한
가장 오래된 책이므로 葬經으로도 불리어지는데 일명 地理全書라고
도 한다. 즉 풍수학의 이론적인 근거가 되는 최초이론서인 것이다.
약 2천년전 음양이치에 통달했던 그가 풍수학의 원전격인 청오경

을 저술하여 발표한 것이 풍수학의 역사적인 기원이 되었음이다. 책의 내용은 陰陽法·生氣法·山形法 등에 대해서 매우 간결하게 기술되어져 있는데 총 875자의 단문으로 구성되어 있다.

청오경의 원문은 편이나 장절의 구분이 없이 4자1구의 한 문장으로 연속되어 있음이 특징이다. 당대에서는 구빈양균송이 주석을 달아 해석하고 재조명을 시도하였다. 풍수학의 이론성을 정확하게 이해하기 위해서 반드시 읽어야 할 고전인 것이다.

둘째 풍수고전 중에서 제2장 錦囊經(금낭경)은 晉代에 郭撲(곽박)이 청오경을 인용하여 저술하였다. 그는 經曰하면서 청오경을 인용하고 있기 때문에 금낭경을 葬書라고도 부른다. 상하의 2권8편으로 간략하게 구성되어 모두 2000여자에 불과하지만 고전반열의 제1요건인 문장의 간결·명료함이 특징이다. 즉 5천자라는 노자도덕경에 비해서 그 절반에도 미치지를 못한다. 그러나 다루는 내용이 광범위해 풍수고전 중에서 최고경전이라고 할 수 있다.

상권은 氣感篇·因勢篇·平支篇·山勢篇·四勢篇으로 하권은 貴穴篇·形勢篇·取類篇으로, 이루어져 있는데 풍수학에 대한 구체적인 해석을 내리면서 이론과 실제를 종합적으로 기술함으로써 풍수학 발전에 크게 공헌하였다. 이러한 금낭경은 당나라 장설·홍사·일행이 주석을 달아 설명한 판본이 전해지고 있다. 풍수학의 이론성과 실제성을 이해하기 위해서 반드시 읽어야 할 고전인 것이다.

　셋째 풍수고전 중에서 제3장 葬書問對(장서문대)는 원말 명초시대에 趙方(조방)이라는 학자가 쓴 책이다. 내용은 세속의 다양한 풍수의문점에 대한 비판적인 답변으로 풍수학의 혼란을 정리하고자 한 글들인 것이다. 금낭경에 대한 문답식으로 이루어져 있기에 장서문대라는 제목을 갖고 있다. 즉 풍수학의 한 유형인 형세론을 더욱 구체화시키고 있는 장서문대는 풍수학에서 제기될 수 있는 다양한 의문점에 대해서 질문과 답변의 형식으로 이루어진 글인 것이다. 풍수학의 논리성을 이해하기 위해서 반드시 읽어야 할 고전이다.

　넷째 풍수고전 중에서 제4장 發微論(발미론)은 송대의 牧堂蔡元定(목당채원정)이나 목당부친인 蔡發(채발)이 썼을 것이다. 내용은 주역계사전의 體化를 바탕으로 하는 형이상학적인 儒學風水라고 할 것이다. 주역의 논리가 지배하고 있는 미려한 문체인데 성리학의 대가인 주자의 풍수관에도 지대한 영향을 끼친 대 유학자의 글이라는 점에서 유의할 필요가 있다.
　소위말해서 풍수학을 구성조합원칙이 준수되는 자연조화법칙의 하나로 인식하고 있기 때문에 이러한 점이 바로 인문학분야에 활력을 불어 넣을 수 있는 응용학문으로써, 또는 실용과학으로써 풍수학의 존재가치와 그 가능성을 엿 볼 수 있는 글이다. 가장 기초적·철학적인 풍수서로 풍수학의 초발심자경문이라 할 것이므로 반드시 읽어야 할 고전인 것이다.

  다섯째 풍수고전 중에서 제5장 山陵議狀(산능의장)은 南宋의 사상가 朱子＝朱熹가 쓴 글이다. 그의 철학은 理氣哲學인데 형이하학인 氣에 대해서 형이상학인 理를 세워서 理와 氣의 상관관계를 명확하게 하고 있다.

  그는 1氣·陰陽·5行의 生成論的인 연관에서 만물의 생성과 존재를 통일적으로 파악하고자 하는 것과 맞물려 자연학의 전개에 지대한 공헌을 하였다. 송나라 황제 효종이 죽자 효종능의 선정과 관련하여 황제인 寧宗께 산능의장의 글을 올렸다. 글을 올리게 된 배경은 6년 전에 이미 죽은 효종능을 그때까지도 정하지 못했기 때문이었다. 능을 정하지 못한 이유는 理氣派風水理論者들이 趙氏인 효종의 성씨에 맞는 방위에서는 좋은 길지의 땅이 없다는 억지주장 때문이었다.

  풍수의 핵심은 산세의 아름답고 추함에 있는 것이지 성씨에 따라서 들어갈 무덤자리가 있고 들어가서는 안 되는 무덤자리가 있다는 잘못된 주장을 반박하는 글이었다. 산능의장은 후대 풍수에 있어서 절대적인 영향을 주었는데 형기론의 입장에서 합리적인 풍수이론을 전개하여 풍수활용의 올바른 방향을 제시하려한 논리의 탁월성이 있으므로 반드시 읽어야 할 고전인 것이다.

여섯째 周易解說傳十翼(주역해설전십익)중에서 제6장 說卦傳
(설괘전)은 孔子(공자)께서 쓰신 글이다. 義文周孔(희문주공)이라
는 4성인들의 학설을 종합하여 14권이라는 周易(주역)이 되었다.

　그 중에서 卦爻(괘효)는 伏羲(복희)씨의 周易(주역)이고 卦辭(괘
사)는 文王(문왕)의 주역이며 爻辭(효사)는 周公(주공)의 주역이고
十翼(십익)은 孔子(공자)의 주역인 것이다. 그러나 그 원리에서는
조금도 서로가 다르지 않기 때문에 이 모두를 경전이라고 한다.

　易에 대한 언급인 易詞(역사)들은 대부분 卦名(괘명)이나 爻名
(효명)들을 주어로 하는 명제들인데 이러한 명제들은 바로 분자적
인 복합명제들이고 그것들을 구성하는 원자적인 요소명제들이 바로
象(상)인 것이다.

　그런데 설괘전은 易詞(역사)라고 하는 복합명제들에 대한 요소명
제집이라고 할 수가 있을 것이다. 설괘전은 우선 卦(괘)의 生成順序
(생성순서)에 대해서 자세히 설명하고 있다. 그다음 卦(괘)의 位
(위)와 作用(작용)에 대해서 언급하고 있다. 끝으로 卦(괘)에 體象
(체상)과 物件(물상)을 붙이고 있음이다. 이러한 주역의 설괘전이
풍수학에서 폭넓게 활용되고 있음이기에 고전풍수학의 한 분야로
분류를 하여 반드시 읽어야 할 고전인 것이다.

　第2편 풍수고전강독Ⅱ(중급편)에서는 天玉經(천옥경)·疑龍經

(의룡경)·倒杖12法(도장12법)과 葬法倒杖(장법도장)·論陽宅天元
歌(론양댁천원가)라는 풍수의 고전들을 다룬다.

여기에서는 제1편의 초보단계를 거친 독자라면 누구나 중급단계
의 고전읽기 연습에 용이하도록 편집을 하였다. 그래서 원문을 신고
구절별로 단문나누기를 한 다음에 독음문을 달았으므로 중급단계의
고전읽기에 아무런 두려움이 없이 진행될 수 있을 것이다. 독자들께
서는 이렇게 5개의 장인 50여 쪽 분량을 읽어 가시는 동안에 놀라
울 만큼의 한문독해실력이 향상될 것이다.

제3편 풍수고전강독Ⅲ(고급편)에서는 地理辨惑(지리변혹)과 地
理10不葬(지리10불장)·風水100問(풍수100문)·平沙玉尺辨僞(평사
옥척변위)·龍經(감룡경)·丁若鏞自撰墓誌銘(정약용자찬묘지명)·雪
心賦(설심부)라는 풍수의 고전들을 다룬다.

여기에서는 제2편의 중급단계를 거친 독자라면 누구나 고급단계
의 고전읽기 연습에 용이하도록 편집을 하였다. 그래서 원문을 신고
구절별로 단문나누기를 하였으므로 고급단계의 고전읽기에 아무런
두려움이 없이 진행될 것이다. 독자들께서는 이렇게 7개의 장인
100여 쪽 분량을 읽어 가시는 동안에 놀라울 만큼의 전문가적인 한
문독해실력이 향상될 것이다.

고전풍수학원론이라는 제목으로 책을 만들게 된 배경에 대해
서 말씀드리고자 한다. 2005년 3월 동방대학원대학교가 개교하게
되어 미래예측학과(천문역경학/풍수지리학/신과명리학/예측상담학
전공)의 석사과정·석박사통합과정·박사과정을 개설·교육을 하고 있
다. 그런데 학생들의 한결같은 이야기가 고전원서를 대하는데 두려
움이 앞선다는 점이었다.

　　고전원서를 읽지 않고서는 심오한 동양학의 이론·논리·체계들을
완전하게 소화하기가 어려울뿐더러 장차 독자적인 연구수행에 지장
이 있다는 점을 인식하게 되었다. 그렇다고 옛날 서당식 한문교육을
할 수도 없음이니 더욱 그러한 것이다.

　　그래서 이와 같은 방식으로 원전강독교재를 만들게 된 것이다. 식
견이 부족한 탓으로 체제의 미흡한 점이 있을 수도 있다. 너무 방대
한 작업을 짧은 시간에 이뤄 보려한 욕심 때문에 간혹 탈자나 오자
도 있을 수도 있을 것이다. 독자 여러분들의 넓으신 아량으로 양지
해주시길 바란다.

2006년 1월 慧林軒에서

巨林 魯炳漢 博士 씀

大 目 次

細 部 目 次

第1編 風水古典講讀 I (初級編)

16

18

20

24

第6章 周易說卦傳

第2編 風水古典講讀 Ⅱ (中級編)

第7章 天玉經

第8章 疑龍經

30

第1編
風水古典講讀 I

(初級編 : 원문과 주석번역)

第1章 靑烏經(葬經)

第1節 靑烏經의 序

　風水古典(풍수고전)인 靑烏經(청오경)은 後漢時代(후한시대)에 해당하는 BC.206~AD219년 경에 靑烏子(청오자)께서 지으신 것으로 알려져 있다. 그러나 청오경은 작자미상의 책이라고 주장하기도 하고 후대의 僞作(위작)이라고 하는 주장도 있다. 그래서 청오경이라는 책이름에서 편의상 작자를 청오자라고 부른다는 주장인 것이다.

　그렇지만 한편으로는 청오자는 백살을 넘게 살다가 신선이 되었다고 하는 半人半神(반인반신)의 仙人(선인)이라고 전해지기도 하고, 抱朴子(포박자)의 極言(극언)에는 彭祖(팽조)의 제자로 백살을 넘어 살다가 신선이 되었다는 기록이 보이기도 한다. 물론 믿기 어려운 얘기이지만 眞誥甄命授(진고견명수)라는 책에는 그의 歲壽(세수)가 471세라고 되어 있기도 하다.

　어의적으로 살펴볼 경우에 靑烏(청오)란 태양 속에서 산다는 까마귀의 일종으로 이른바 三足烏(삼족오)와 그 궤를 같이 하는 것이다. 실은 崑崙山(곤륜산)의 神山(신산)에 常居(상거)하면서 하늘에서 강림하는 天帝(천제)와 짝을 이루는 지상의 최고 여신선인 西王母(서왕모)의 메신저라고 할 것이다. 이러한 측면에서 볼 때에 지금까지 불교의 밀교경전에서 유래했다고 하는 풍수학설이 실제로는 도교의 일파였을 수도 있음을 엿보이는 대목이기도 한 것이다.

묘지를 쓰는 방법인 葬法(장법)과 관련한 최초의 이론서이기 때문에 청오경은 葬經(장경)으로 불리워지고 있다. 그리고 지리관련 서적이라고 하여서 일명 地理全書(지리전서)라고도 한다. 한국에서는 奎章閣(규장각)의 藏書(장서)로 있는 顯堂鐵字本(현당철자본)의 청오경이 실재하고 있다.

문헌상으로 살펴보면 秦代(진대)에 朱仙桃(주선도)가 揷山記(삽산기)라고 하는 책에 명당을 찾는 비법들을 써 놓았다. 그런데 신묘하게 적중하였기 때문에 이 책은 황실내에서만 전해지게 되었던 것이다. 이 책이 바로 청오경으로 풍수학의 이론적인 근거가 되는 최초의 이론서인 셈인 것이다. 그러므로 지금으로부터 약 2천년전 중국 후한시대에 음양이치에 통달했던 청오자가 풍수학의 元典格(원전격)인 청오경을 저술하여 발표한 것이 풍수학의 역사적인 기원이 되었다고 할 수 있는 것이다.

이렇게 중국의 漢代에는 훌륭한 장사로 조상을 모시는 것이 효도하는 길이라고 생각했던 기록들이 있다. 그리고 조상묘지가 후손에게 영향을 준다고 신봉했다. 이러한 조상숭배사상은 한국의 고대 부족사회에도 영향을 주었다. 예컨대 부족연맹체 중에서 가장 고도의 문화수준을 가졌던 夫餘(부여)는 조상숭배와 영혼불멸을 믿었기 때문에 조상의 장례식을 후하게 지내는 풍습이 있었다는 기록을 볼 수가 있다. 수개월에 걸쳐 행하여지는 장례식을 영광으로 알았고 많은 副葬品(부장품)과 심지어는 殉葬(순장)까지도 이루어졌다는 기록이 있다.

B.C.37년경 부여의 일족이던 朱蒙(주몽)이 건국한 고구려에서도 厚葬(후장)이 행하여졌는데 금은과 같은 보배들을 副葬(부장)하여 積石塚(적석총)을 만들기도 하였던 것이다. 그리고 沃沮(옥저)에서는 온 가족을 하나의 槨(곽)에 매장하고 곽의 주위에다 米穀(미곡) 등을 두어서 死者(사자)의 식량으로 삼는 등 영혼불멸사상에 근거한 가족공동묘지도 함께 행하여졌던 것이다.

청오경의 내용은 음양법(陰陽法)과 생기법(生氣法), 그리고 산형
법(山形法) 등에 대해서 매우 간결하게 기술되어져 있다. 청오경은
총 875자의 단문으로 구성되어 있다. 문장의 한 구절 한 구절이 비
결이나 격언처럼 열거해 놓고 있다. 그래서 청오경을 읽는 것만으로
는 그 깊은 뜻을 이해하기가 매우 어려운 것이 사실이다. 이렇게 청
오경은 이해하기가 난해하기 때문에 후세의 학자들에게 자유로운
해석의 여지를 제공하였다고 할 수 있을 것이다.

청오경은 장법 중에서 가장 오래된 책이므로 葬經(장경)으로 존
중된 것이다. 그 후 당대에 楊筠松(양균송)이 청오경에 註釋(주석)
을 달아서 해석하고 재조명을 시도하게 되었다. 청오경의 원문은 篇
(편)이나 章節(장절)의 구분이 없이 四字一句(사자일구)의 한 문장
으로 연속되어 있음이 특징이다. 한국의 조선시대 지리과의 과거시
험에서 4대 필수과목이 청오경 금낭경 지리신법 명산론이었는데 그
중에서도 청오경과 금낭경을 가장 중요시하였다.

조선조의 經國大典(경국대전)에 열거된 陰陽科(음양과)의 시험과
목 중에서 제일 먼저 외워서 답해야 했던 것이 청오경이다. 지금 현
존하는 인쇄본의 판형은 국배판 16행 17자 9매의 얇은 것이다. 표
제는 청오경으로 되어 있지만 본문 첫 장에는 地理全書靑鳥先生葬
經(지리전서청오선생장경)이라는 책명으로 되어 있다.

본문에 들어가기 전에 大唐國師楊筠松註(대당국사양균송주)로
되어 있는데 양공은 당대 희종(874-888)시대의 지사로서 광록대부
에 임명되었던 사람이다. 양균송의 자는 숙무인데 모든 사람들에게
자손번영의 묘지를 점지해 주었기 때문에, 사람들로부터 구빈선생
으로 존경을 받았다. 그는 묘자리를 정함에 山의 모양을 主(주)로
하고 水의 방향을 從(종)으로 하는 방법을 생각해냈다. 그 저작으로
는 감룡경 의룡경 삼십육용서의 3책이 유명하다.

第2節 靑烏經의 原文과 讀音文

1. 靑烏經의 原文

　　盤古渾淪氣萌大朴分陰分陽爲淸爲濁生老病死誰實主之無其始也.
無有議焉不能無也.吉凶形焉.曷如其無何惡其有藏於杳冥實關休咎.以
言諭人似若非是其於末也一無外此其若可忽何假於予辭之疣矣理無越
斯.山川融結峙流不絶雙眸若無烏乎其別.福厚之地雍容不迫四合周顧
卜其主客山欲其迎水欲其澄.山來水回逼貴豐財.山囚水流虜王滅侯.山
頓水曲子孫千億.山走水直從人寄食.水過西東財寶無窮三橫四直官職
彌崇九曲委蛇準擬沙堤重重交鎖極品官資.氣乘風散脈遇水止藏隱婉蜒
富貴之地不蓄之穴是爲腐骨不及之穴生人絶滅騰漏之穴飜棺敗槨背凶
之穴寒泉滴瀝其爲可畏可不愼哉.百年幻化離形歸眞精神入門骨骸反
根吉氣感應累福及人.東山吐焰西山起雲穴吉而溫富貴延綿.其或反是
子孫孤貧.童斷與石過獨逼側能生新凶能消已福.貴氣相資本原不脫前
後區衛有主有客水行不流外狹內闊大地平洋杳茫莫測沼沚池湖眞龍憩
息情當內求愼莫外覓形勢彎趨享用五福.勢止形昂前澗後岡位至侯王.
形止勢縮前案回曲金穀璧玉.山隨水著迢迢來路挹而注之穴須回顧.
天光下臨百川同歸眞龍所泊執云玄微.鷄鳴犬吠閑市烟村隆隆隱隱執
探其原.若乃斷而復續去而復留奇形異相千金難求.折藕貫珠眞機落莫
臨穴坦然誠難捫摸.障空補缺天造地設留與至人先賢難說草木鬱茂吉
氣相隨內外表裏或然或爲.三岡全氣八方會勢前遮後擁諸祥畢至.地貴
平夷土貴有支穴取安止水取迢遞.向定陰陽切莫乖戾.差以毫釐繆以千
里.擇術盡善對都立縣一或非宜法主貧賤.公侯之地龍馬騰起面對玉圭
所而首銳更遇本方不學而至.宰相之地繡緻伊邇大水洋潮無上至貴.外

臺之地捍門高峙屯踏排迎.周圍數里筆大橫椽是名判死此昂彼低誠難推擬.官貴之地文筆插耳魚袋雙聯庫金之位南火東木北水鄙传 地有佳氣隨土所起山有吉氣因方所主.文筆之地筆尖以細諸福不隨虛馳才藝.大富之地圓峯金櫃貝寶沓來如川之地.貧賤之地亂如散蟻.達人大觀,如示諸指幽陰之宮神靈所主葬不斬草名曰盜葬.葬近祖墳殃及兒孫.一墳榮盛一墳孤貧.穴吉葬凶與棄屍同.陰陽符合天地交通內氣萌生外氣成形.內外相乘風水自成.察以眼界會以性情若能悟此天下橫行.

2. 靑烏經의 讀音文

盤古渾淪 氣萌大朴 分陰分陽 爲淸爲濁 生老病死 誰實主之 無其始
반고혼륜 기맹대박 분음분양 위청위탁 생로병사 수실주지 무기시
也. 無有議焉 不能無也. 吉凶形焉. 曷如其無 何惡其有. 藏於杳冥 實
야. 무유의언 부능무야. 길흉형언. 갈여기무 하오기유. 장어묘명 실
關休咎. 以言諭人 似若非是 其於末也 一無外此. 其若可忽 何假於予
관휴구. 이언유인 사약비시 기어말야 일무외차. 기약가홀 하가어여
辭之尢矣 理無越斯. 山川融結 峙流不絶 雙眸若無 烏乎其別 福厚之
사지우의 리무월사. 산천융결 치류부절 쌍모약무 오호기별 복후지
地 雍容不迫 四合周顧 卜其主客. 山欲其迎 水欲其澄. 山來水回 逼貴
지 옹용부박 사합주고 변기주객. 산욕기영 수욕기징. 산래수회 핍귀
豊財 山囚水流 虜王減侯. 山頓水曲 子孫千億. 山走水直 從人寄食 水
풍재 산수수류 로왕멸후. 산돈수곡 자손천억. 산주수직 종인기식 수
過西東 財寶無窮 三橫四直 官職彌崇. 九曲委蛇 準擬沙堤 重重交鎖
과서동 재보무궁 삼횡사직 관직미숭. 구곡위사 준의사제 중중교쇄
極品官資. 氣乘風散 脈遇水止 藏隱蜿蜓 富貴之地 不蓄之穴 是爲腐
극품관자. 기승풍산 맥우수지 장은완연 부귀지지 부축지혈 시위부

骨 不及之穴 生人絶滅 騰漏之穴 鱻棺敗槨 背囚之穴 寒泉滴歷 其爲
골 불급지혈 생인절멸 등루지혈 번관패곽 배수지혈 한천적력 기위

可畏 可不愼哉. 百年幻化 離形歸眞 精神入門 骨骸反根 吉氣感應 累
가외 가부신재. 백년환화 리형귀진 정신입문 골해반근 길기감응 누

福及人. 東山吐焰 西山起雲 穴吉而溫 富貴延綿. 其或反是 子孫孤貧.
복급인. 동산토염 서산기운 혈길이온 부귀연면. 기혹반시 자손고빈.

童斷與石 過獨逼側 能生新凶 能消已福. 貴氣相資 本原不脫 前後區
동단여석 과독핍측 능생신흉 능소이복. 귀기상자 본원부탈 전후구

衛 有主有客. 水行不流 外狹內闊 大地平洋 杳茫莫測. 沼沚池湖 眞龍
위 유주유객. 수행부류 외협내활 대지평양 묘망막측. 소지지호 진룡

憩息 情當內求 愼莫外覓. 形勢彎趨 享用五福. 勢止形昂 前澗後岡 位
게식 정당내구 신막외멱. 형세만추 향용오복. 세지형앙 전간후강 위

至侯王. 形止勢縮 前案回曲 金穀璧玉. 山隨水著 迢迢來路 挹而注之
지후왕. 형지세축 전안회곡 금곡벽옥. 산수수저 초초래로 읍이주지

穴須回顧. 天光下臨 百川同歸 眞龍所泊 孰云玄微. 鷄鳴犬吠 閑市烟
혈수회고. 천광하림 백천동귀 진룡소박 숙운현미. 계명견폐 한시연

村 隆隆隱隱 孰探其原. 若乃 斷而復續 去而復留 奇形異相 千金難求.
촌 융융은은 숙탐기원. 약내 단이부속 거이부류 기형이상 천금난구.

折藕貫珠 眞機落莫 臨穴坦然 誠難捫摸. 障空補缺 天造地設 留與至
절우관주 진기낙막 임혈탄연 성난문모. 장공보결 천조지설 유여지

人 先賢難說. 草木鬱茂吉氣相隨 內外表裏 或然或爲 三岡全氣 八方
인 선현난설. 초목울무 길기상수 내외표리 혹연혹위 삼강전기 팔방

會勢 前遮後擁 諸祥畢至. 地貴平夷 土貴有支 穴取安止 水取迢遞. 向
회세 전차후옹 제상필지. 지귀평이 토귀유지 혈취안지 수취초체. 향

定陰陽 切莫乖戾. 差以毫釐 繆以千里. 擇術盡善 對都立縣 一或非宜
정음양 절막괴려. 차이호리 무이천리. 택술진선 대도입현 일혹비의

法主貧賤. 公侯之地 龍馬騰起 面對玉圭 所而首銳 更遇本方 不學
법주빈천. 공후지지 용마등기 면대옥규 소이수예 갱우본방 불학

법주빈천. 공후지지 용마등기 면대옥규 소이수예 경우본방 불학
而至. 宰相之地 繡緞伊邇 大水洋潮 無上至貴. 外臺之地 捍門高峙 屯
이지. 재상지지 수격이이 대수양조 무상지귀. 외대지지 한문고치 둔
踏排迎. 周圍數里 筆大橫椽 是名判死 此昻彼低 誠難推擬. 官貴之地
답배영. 주위수리 필대횡연 시명판사 차앙피저 성난추의. 관귀지지
文筆揷耳. 魚袋雙聯 庚金之位 南火東木 北水鄙伎. 地有佳氣 隨土所
문필삽이. 어대쌍련 경금지위 남화동목 북수비기. 지유가기 수토소
起 山有吉氣 因方所主. 文筆之地 筆尖以細 諸福不隨 虛馳才藝. 大富
기 산유길기 인방소주. 문필지지 필첨이세 제복부수 허치재예. 대부
之地 圓峯金櫃 貝寶沓來 如川之地. 貧賤之地 亂如散蟻. 達人大觀 如
지지 원봉금궤 패보답래 여천지지. 빈천지지 난여산의. 달인대관 여
示諸指 幽陰之宮 神靈所主 葬不斬草 名曰盜葬. 葬近祖墳 殃及兒孫.
시제지 유음지궁 신령소주 장부참초 명왈도장. 장근조분 앙급아손.
一墳榮盛 一墳孤貧. 穴吉葬凶 與棄屍同. 陰陽符合 天地交通 內氣萌生
일분영성 일분고빈. 혈길장흉 여기시동. 음양부합 천지교통 내기맹생
外氣成形. 內外相乘 風水自成. 察以眼界 會以性情 若能悟此 天下橫行.
외기성형. 내외상승 풍수자성. 찰이안계 회이성정 약능오차 천하횡행.

第3節 靑烏經原文解說과 楊均松註釋解說

1. 原文1段落과 楊公註釋

〔原文1段落〕
盤古渾淪氣萌大朴分陰分陽爲淸爲濁生老病死誰實主之無其始也無有

議焉不能無也吉凶形焉曷如其無何惡其有藏於杳冥實關休咎以言諭人
似若非是其於末也一無外此其若可忽何可於予辭之疣矣理無越斯.

〔원문1단락독음문〕
盤古渾淪(반고혼륜)에서 氣萌大朴(기맹대박)하여 分陰分陽(분음분
양)하고 爲淸爲濁(위청위탁)하며 生老病死(생노병사)함에 誰實主
之(수실주지)니 無其始也(무기시야)라. 無有議焉(무유의언)이면 不
能無也(불능무야)니 吉凶形焉(길흉형언)이라. 曷如其無(갈여기무)
인저 何惡其有(하오기유)인저. 藏於杳冥(장어묘명)으로 實關休咎
(실관휴구)한데 以言諭人(이언유인)이니 似若非是(사약비시)면 其
於末也(기어말야)에 一無外此(일무외차)라. 其若可忽(기약가홀)이
면 何可於予(하가어여)인가. 辭之疣矣(사지우의)로 理無越斯(이무
월사)리라.

〔원문1단락해설〕
盤古渾淪(반고혼륜)에서 • 반고＝태고라는 아주 먼 옛날 혼돈의 상
태에서
氣萌大朴(기맹대박)하여 • 氣(기)가 싹트고 생겨서 크게 밑바탕을
이루게 되었던 것이다.
分陰分陽(분음분양)으로 • 이러한 氣가 음양의 2개로 나뉘었는데,
爲淸爲濁(위청위탁)이니 • 즉 음양이 淸濁(청탁)으로 1개(淸)나 2
개 이상(濁)의 다양한 형태가 이루어지게 되었음이니
生老病死(생노병사)라 • 이로부터 비로소 생노병사가 일어나게 되
었음인 것이다.
誰實主之(수실주지)니 • 과연 어떠한 存在(존재＝New-Being)가
이러함을 실제로 주관＝관장을 하였을 것인가에 대한 의문이 생기
지 않을 수가 없는 것이다.

無其始也(무기시야)라 • 그런데 처음의 시작이라는 것은 無(무)인 것이다

無有議焉(무유의언)라 • 그래서 처음이 있는지 없는지에 대해서 논의를 하여 볼 필요가 있는 것이다.

不能無也(불능무야)니 • 처음의 유무를 따져 본다면 없다고 할 수도 없는 것이나 無하기에 아무것도 존재함이 없다고 함은 불가능한 것이다.

吉凶形焉(길흉형언)이라 • 그렇기 때문에 吉凶(길흉)이란 그렇게 나타난 것이고 이러한 길흉에는 형상이 있는 것이다.

葛如其無(갈여기무)인저 • 그러므로 길흉이 어찌 그것이 없다고 할 것이며

何惡其有(하오기유)인저 • 어찌 그 흉악한 길흉이 있다고 할 것인가 말이다.

藏於杳冥(장어묘명)으로 • 그래서 깊고 어두운 곳에 수렴하고 갈무리하여 葬(장)하는 것은

實關休咎(실관휴구)함이니 • 허물을 그치게 함과 같이 진실로 길흉에 관계되는 일일 것이다.

以言諭人(이언유인)이니 • 그런데 말로써 사람들을 깨우쳐 주고 지도함에 있어서

似若非是(사약비시)라 • 마치 옳지 않아서 그렇지가 않은 것처럼 보이기도 한다.

其於末也(기어말야)에 • 그러나 그 결말을 보게 되면

一無外此(일무외차)라 • 조금도 길흉에서 벗어나지 못함인 것이다.

其若可忽(기약가홀)이면 • 즉 이러한 것이 만약에 가볍게 생각하여도 되는 것이라고 한다면

何可於予(하가어여)인가 • 어찌 나에게 좋을 수가 있겠는가.

辭之疣矣(사지우의)로 • 이러한 것들을 모두 말과 글로서는 다 표현

할 수 없는 것이기 때문에

理無越斯(이무월사)리라 • 이러한 이치는 이를 뛰어 넘지를 못하는
것이다.

〔楊公註釋原文〕
謂太始之世無陰陽之說則亦無禍福之可議及其有也吉凶感應如影隨
形亦不可得而逃也言後世泥陰陽之學曷如上古無之爲愈旣不能無焉
則亦何惡之有以地理禍福諭人似若譎詐欺罔及其終之效驗無毫髮之
所差焉萬一陰陽之學可忽則又何取於予之言也然予之辭若贅庮理則
無越於此.

〔양공주석독음문〕
謂(위), 太始之世(태시지세)에는 無陰陽之說(무음양지설)이니 則亦
無禍福之可議(칙역무화복지가의)나 及其有也(급기유야)에 吉凶感
應(길흉감응)이 如影隨形(여영수형)이니 亦不可得而逃也(역부가득
이도야)라. 言(언), 後世(후세)에 泥陰陽之學(니음양지학)함에 曷如
上古無之爲(갈여상고무지위)하고 愈旣不能無焉(유기부능무언)이며
則亦何惡之有(칙역하오지유)인가. 以地理禍福(이지리화복)으로 諭
人(유인)한데 似若譎詐欺罔(사약휼사기망)이면 及其終之效驗(급기
종지효험)이니 無毫髮之所差焉(무호발지소차언)이, 萬一陰陽之學
(만일음양지학)이 可忽(가홀)이면 則又何取於予之言也(칙우하취어
여지언야)인가. 然(연)이나 予之辭(여지사)가 若贅庮(약췌상)이어
도 理則無越於此(이칙무월어차)라.

〔양공주석해설〕
謂(위)라 • 이른바
太始之世(태시지세)에 • 태초의 세상＝우주공간에는

無陰陽之說(무음양지설)이니 • 음양이론 이라는 것이 없었음이다.

則亦無禍福之可議(칙역무화복지가의)나 • 그래서 길흉화복이라는 것도 역시 말할 수가 없었을 것이다.

及其有也(급기유야)에 • 그러나 필경 어느 순간에 그와 같은 음양이 존재함을 알게 되었을 것이다.

如影隨形(여영수형)이니 • 길흉감응이, 즉 이러한 길흉의 감응함이 마치 그림자가 그 자신의 몸체를 수행하여 따라다니는 것과 같음이다.

亦不可得而逃也(역부가득이도야)라 • 즉 만물 중생들이 이러한 길흉을 자유의사로 선택하여서 가질 수도 없는 것이고 이러한 길흉은 피할 수도 없음인 것이다. 말하자면 훗날의 후세에

泥陰陽之學(니음양지학)함에 • 음양학에 꼭꼭 얽매어서

曷如上古無之爲(갈여상고무지위)하니 • 어찌 태고=태초의 시절에 無라고 하는 없음에서 모든 만물이 만들어졌다고 할 수 있으며

愈旣不能無焉(유기부능무언)이라 • 더욱이 이러한 점이 不能(불능)하므로 이미 없을 수 없다고 할 수도 없는 것이고

則亦何惡之有(칙역하오지유)이니 • 또한 어찌 있다고 말할 수도 있을 것인가.

以地理禍福(이지리화복)이니 • 풍수지리의 禍福說(화복설)로써 사람들을 깨우치고 지도하는 것이

似若譎詐欺罔(사약휼사기망)으로 • 마치 남을 속이고 상대방에게 거짓말을 하는 것 같을 것이다.

及其終之效驗(급기종지효험)이니 • 종국에는 길흉화복이라는 그 효험=응험이 만물에 미침에 있어서는

無毫髮之所差焉(무호발지소차언)이라 • 터럭만큼의 조금에 오차의 차이도 없음을 알게 될 것이다.

萬一陰陽之學(만일음양지학)으로 • 만약에 음양학을 가볍게 여길 수 있는 논리라고 한다면

則又何取於予之言也(칙우하취어여지언야)이라 • 감히 나 자신이 이러한 말을 취용할 수가 없을 것이다.

予之辭(여지사)가 • 즉 나 자신의 말이

若贅庮(약췌상)이라 • 비록 아무런 쓸모가 없는 무용지물이라고 할지라도

理則無越於此(이칙무월어차)라 • 음양과 길흉화복의 이치는 이를 뛰어 넘음이 없을 것이다.

2. 原文2段落과 楊公註釋

〔原文2段落〕

山川融結峙流不絶雙眸若無烏乎其別福厚之地雍容不迫四合周顧卜其主客山欲其迎水欲其澄山來水回逼貴豊財山囚水流虜王滅侯山頓水曲子孫千億山走水直從人寄食水過西東財寶無窮三橫四直官職彌崇九曲委蛇準擬沙堤重重交鎖極品官資氣乘風散脈遇水止藏隱蜿蜒富貴之地.

〔원문2단락독음문〕

山川融結(산천융결)하여 峙流不絶(치류부절)함에 雙眸若無(쌍모약무)면 烏乎其別(오호기별)이리오. 福厚之地(복후지지)는 雍容不迫(옹용불박)이오 四合周顧(사합주고)니 卜其主客(변기주객)이라. 山欲其迎(산욕기영)하고 水欲其澄(수욕기징)이라. 山來水回(산래수회)이면 逼貴豊財(핍귀풍재)요 山囚水流(산수수류)면 虜王滅侯(노왕멸후)라. 山頓水曲(산돈수곡)이면 子孫千億(자손천억)이오, 山走水直(산주수직)이면 從人寄食(종인기식)이며, 水過西東(수과서동)이면 財寶無窮(재보무궁)이오, 三橫四直(삼횡사직)이면 官職彌崇

(관직미숭)이며, 九曲委蛇(구곡위사)가 準擬沙堤(준의사제)하여 重
重交鎖(중중교쇄)면 極品官資(극품관자)라. 氣乘風散(기승풍산)이
오 脈遇水止(맥우수지)니 藏隱蜿蜒(장은완연)이면 富貴之地(부귀
지지)라.

〔원문2단락해설〕
山川融結(산천융결)이라 • 산천이 융결을 하여서
峙流不絕(치류부절)이라 • 산이 솟고 물이 흐르듯 치류함에 그침이
없으나
雙眸若無(쌍모약무)이라 • 만약에 두 눈이 없다고 한다면,
烏乎其別(오호기별)이라 • 아! 어떻게 그것들(융결/치류)을 분별할
수가 있을 것인가.
福厚之地(복후지지)라 • 복이 많고 후덕한 터＝땅은
雍容不迫(옹용불박)이라 • 온화한 모습을 하여 너그러워서 궁핍하
듯 답답하지 않고
四合周顧(사합주고)라 • 주위에 있는 사방의 산수인 4신사가 주밀하
게 두루 두루 감싸 안듯 하게 된다면
卜其主客(변기주객)이라 • 그 主客(주객)의 法道(법도)＝體用原理
(체용원리)에 적격하여 맞음인 것이다.
山欲其迎(산욕기영)이라 • 산은 나아가서 맞이하려 하고,
水欲其澄(수욕기징)이라 • 물은 안정되어 맑아지려 함이다.
山來水回(산래수회)이면 • 산이 앞으로 나아가서 다가들고 물이 앞
으로 나아가서 다시 돌아들게 되면
逼貴豊財(핍귀풍재)라 • 貴함이 더욱 더 가까이 오게 되고 재물도
풍족해질 것이다.
山囚水流(산수수류)면 • 산이 답답하게 갇히고 물이 곧바로 빠져서
나간다면

虜王滅侯(노왕멸후)라 • 왕은 붙잡히는 처지가 됨이고 제후는 망하는 처지에 놓이게 되는 것과 같음이다. 여기서 山囚란 첩첩산중에 둘러싸여 있는 산이나 들판의 한 가운데 외롭게 홀로 서 있는 獨山(독산)을 가리키는 것이다.

山頓水曲(산돈수곡)이면 • 산이 넘어져 조아리듯 그치어 모여서 쌓이고 물이 감아 돌아서 다시 들게 되면

子孫千億(자손천억)이오 • 자손이 번창하게 되는 것이다. 그러나

山走水直(산주수직)이면 • 산이 달려서 나가고 물이 곧바로 세차게 흘러서 나가게 되면

從人寄食(종인기식)하므로 • 남의 식객=종자가 되어서 남에게 의지하면서 생활하게 되는 것이다.

水過西東(수과서동)이라 • 물이 西出東流水(서출동류수)로 서쪽을 지나서 동쪽으로 가게 되면

財寶無窮(재보무궁)이라 • 재보가 무궁무진할 것이다.

三橫四直(삼횡사직)이라 • 물이 세 번 휘돌고 네 번 내지르게 되면

官職彌崇(관직미숭)이니 • 관직이 더욱 더 높이 오르게 될 것이다.

九曲委蛇(구곡위사)하여 • 물이 굽이굽이 굴곡함이

準擬沙堤(준의사제)라 • 마치 물가에 있는 모래의 물결처럼

重重交鎖(중중교쇄)하듯이 • 겹겹으로 서로 감싸서 빗장을 치듯이 포옹하여 안게 되면

極品官資(극품관자)라 • 제일 높은 관직을 얻을 수가 있게 되는 것이다.

氣乘風散(기승풍산)이니 • 氣는 바람을 타면 흩어지고

脈遇水止(맥우수지)라 • 용맥은 물을 만나면 머물러 쉬는 것이니

藏隱蜿蜒(장은완연)으로 • 길게 감돌아서 포옹하듯 감싸서 안아주는 곳에 갈무리=葬事(장사)를 해야만

富貴之地(부귀지지)라 • 부귀의 땅이라고 할 수 있는 것이다.

〔楊公註釋原文〕
雍容不迫言氣象之寬大四合周顧言左右前後無空缺山本靜而欲其動水
本動而欲其靜也逼貴者言貴來之速也郭璞引證言壽貴而財字雖少異而
意則稍同璞云界水則止意則一也.

〔양공주석독음문〕
雍容不迫(옹용불박)이란 言氣象之寬大(언기상지관대)요, 四合周顧
(사합주고)란 言左右前後無空缺(언좌우전후무공결)이라. 山本靜而
欲其動(산본정이욕기동)이오 水本動而欲其靜也(수본동이욕기정야)
라. 逼貴者(핍귀자)는 言貴來之速也(언귀래지속야)오, 郭璞引證言
壽貴而財(곽박인증언수귀이재)는 字雖少異(자수소이)나 而意則稍
同(이의칙초동)이라. 璞云界水則止(박운계수칙지)가 意則一也(의
칙일야)라.

〔양공주석해설〕
雍容不迫(옹용불박)이라•온화하고 답답하지 않다고 함은
言氣象之寬大(언기상지관대)라•그 기상이 관대함을 말하는 것이고
四合周顧(사합주고)라•주위 사방의 4신사인 산수가 두루 감싸안은
듯 하다고 함은
言左右前後無空缺(언좌우전후무공결)이라•전후좌우에 비거나 빠
진 것이 없어 결함=결격이 없음을 말하는 것이다.
山本靜而欲其動(산본정이욕기동)이오•산은 본래가 정적으로 안정
된 것이기 때문에 움직임이 필요한 것이고
水本動而欲其靜也(수본동이욕기정야)라•물은 본래가 동적으로 움
직이는 것이기 때문에 안정함이 필요한 것이다.
逼貴者(핍귀자)라•곧 귀하게 된다고 함은
言貴來之速也(언귀래지속야)라•貴가 가깝게 빨리 온다는 것을 뜻

하는 것이다.

郭璞引證言壽貴而財(곽박인증언수귀이재)라 • 곽박이 인증하고 증명하는 장수와 부귀영화라는 말도

字雖少異(자수소이)라 • 그 글자는 비록 약간의 차이가 있으나

而意則稍同(이의칙초동)이니 • 그 본래의 의미는 거의가 같은 것이다.

璞云界水則止(박운계수칙지)라 • 즉 곽공께서 운운하여 말한 바, 氣는 계수에서 머무르니 흐르는 기운이 물에 다달으면 멈추게 된다는 것과

意則一也(의칙일야)라 • 한 가지로 같은 의미인 것이다.

3. 原文3段落과 楊公註釋

〔原文3段落〕
不蓄之穴是謂腐骨不及之穴生人絶滅騰漏之穴翻棺敗槨背水之穴寒泉滴歷其爲可畏可不愼哉.

〔원문3단락독음문〕
不蓄之穴(불축지혈)은 是謂腐骨(시위부골)이고, 不及之穴(불급지혈)은 生人絶滅(생인절멸)이며, 騰漏之穴(등루지혈)은 翻棺敗槨(번관패곽)이고, 背水之穴(배수지혈)은 寒泉滴歷(한천적력)이니, 其爲可畏(기위가외)로 可不愼哉(가불신재)라.

〔원문3단락해설〕
不蓄之穴(불축지혈)이라 • 생기가 머물러 모이지 못하는 不蓄穴(불축혈)은

是謂腐骨(시위부골)이니 • 즉 뼈가 썩을 것이다.

不及之穴(불급지혈)이라 • 생기가 모자라서 이르지 못하는 不及穴

(불급혈)은

牛人絶滅(생인절멸)이니 • 살아있는 사람의 모두가 절멸하여 죽을 것이다.

騰漏之穴(등루지혈)이라 • 생기가 높이 날아가고 설기되어서 빠져나가는 騰漏穴(등루혈)은

翻棺敗槨(번관패곽)하니 • 관곽이 뒤집어지고 깨지거나 관곽이 삭아질 것이다.

背水之穴(배수지혈)이라 • 생기가 뒤돌아서고 막힌 背水穴(배수혈)은

寒泉滴歷(한천적력)하니 • 차가운 샘물의 방울이 떨어져 내릴 것이다.

其爲可畏(기위가외)라 • 이러한 것들이 바로 두려운 일들인 것이니

可不愼哉(가불신재)라 • 어찌하여 조심하지 않을 수 있겠는가?

〔楊公註釋原文〕

不蓄者言山之無包藏也不及者言山之無朝對也騰漏者言其空缺背囚者言其幽陰此等之穴不可葬也.

〔양공주석독음문〕

不蓄者(불축자)는 言山之無包藏也(언산지무포장야)이고, 不及者(불급자)는 言山之無朝對也(언산지무조대야)이며, 騰漏者(등루자)는 言其空缺(언기공결)이고, 背囚者(배수자)는 言其幽陰(언기유음)이니, 此等之穴(차등지혈)은 不可葬也(부가장야)니라.

〔양공주석해설〕

不蓄者(불축자)라 • 생기를 聚氣(취기)하여서 모으지 못한다는 것은 言山之無包藏也(언산지무포장야)라 • 산으로 감싸서 포옹을 하듯이 안아주는 것이 없다는 말이다.

不及者(불급자)라 • 생기가 이르러 미치지 못한다는 것은

言山之無朝對也(언산지무조대야)라 • 산에 마주 대하는 朝對山(조대산), 즉 案山(안산)과 朝山(조산)이 없다는 말인 것이다.

騰漏者(등루자)라 • 생기가 날아가고 빠져서 샌다고 함은

言其空缺(언기공결)로 • 혈에 빈 허점＝결격이 있다는 말인 것이고,

背囚者(배수자)라 • 생기가 뒤돌아서고 막혔다고 함은

言其幽陰(언기유음)이니 • 혈장이 어둡고 음랭하다는 의미이니

此等之穴(차등지혈)이라 • 이런 혈들에서는

不可葬也(불가장야)라 • 葬事(장사)를 지낼 수가 없다고 함인 것이다.

4. 原文4段落과 楊公註釋

〔原文4段落〕

百年幻化離形歸眞精神入門骨骸返根吉氣感應累福及人東山吐焰西山起雲穴吉而溫富貴延綿其或反是子孫孤貧童斷與石過獨逼側能生新凶能消已福貴氣相資本原不脫前後區衛有主有客.

〔원문4단락독음문〕

百年幻化(백년환화)함에 離形歸眞(이형귀진)하고 精神入門(정신입문)하며 骨骸返根(골해반근)하니, 吉氣感應(길기감응)하면 累福及人(누복급인)이고, 東山吐焰(동산토염)이면 西山起雲(서산기운)이며, 穴吉而溫(혈길이온)이면 富貴延綿(부귀연면)인데, 其或反是(기혹반시)면 子孫孤貧(자손고빈)이라. 童斷與石過獨(동단여석과독)과 逼側(핍측)은 能生新凶(능생신흉)이고 能消已福(능소이복)이라. 貴氣相資(귀기상자)는 本原不脫(본원불탈)하고 前後區衛(전후구위)하며 有主有客(유주유객)함이다.

〔원문4단락해설〕
百年幻化(백년환화)라•백년의 백세에 허깨비에 홀리듯이 모양이
바뀌어서 죽음을 맞게 되니
離形歸眞(이형귀진)이라•형체를 벗어나고 떠나서 본래의 참모습
으로 되돌아가고
精神入門(정신입문)이니•정신은 천상의 天門(천문)으로 들어가는
것이며
骨骸返根(골해반근)이라•골해인 뼈는 뿌리인 地下(지하)로 다시
되돌아가는 것인데
吉氣感應(길기감응)이라•골해가 길한 기운에 서로 감응하게 된다면
累福及人(누복급인)이라•누적된 많은 복이 生人인 사람에게 미치
게 될 것이다.
東山吐焰(동산토염)이라•동쪽 산에 연기처럼 불빛을 토해내듯 드
리우면서 오르게 되면
西山起雲(서산기운)이라•서산에 구름이 일어나 날아서 오르는 것이다.
穴吉而溫(혈길이온)이라•혈장이 길하여서 온화하다고 하면
富貴延綿(부귀연면)이니•부귀를 끌어서 인도하듯이 끊임이 없을
것이지만
其或反是(기혹반시)라•혹간 그렇지 못하여서 혈장이 흉하여 냉랭
하다고 한다면
子孫孤貧(자손고빈)이라•자손들이 외롭고 고독하며 가난해지게
되는 것이다.
童斷與石過獨(동단여석과독)이니•초목들이 자랄 수 없는 산과 옷
을 벗은 산을 지칭하는 童山(동산)이나, 산세가 허물어지고 움푹 꺼
진 산과 氣가 없는 산을 지칭하는 斷山(단산)이나, 흙이 비옥하지
못한 산을 지칭하는 石山(석산)이나, 산의 脈(맥)과 勢(세)가 머물
지를 못한 산을 지칭하는 過山(과산)이나, 雌雄(자웅)으로 음양의

조화를 갖추지 못한 산을 지칭하는 獨山(독산)이나

逼側(핍측)이라 • 명당이 없는 산을 지칭하는 逼山(핍산)이나, 산이
기울어져서 바르지 못한 산을 지칭하는 側山(측산) 등은 모두가

能生新凶(능생신흉)이니 • 새롭게 재앙을 능히 야기하여 불러들일
수 있음이고

能消已福(능소이복)이라 • 이미 있던 복도 능히 소멸시킬 수 있음인
것이다.

貴氣相資(귀기상자)라 • 귀한 기운이 밑천이 되어서 서로 보고 돕는
자리(位置)는

本原不脫(본원불탈)함이니 • 본래의 근원으로부터 이탈을 하지 않고

前後區衛(전후구위)하며 • 앞뒤로 혈장인 명당의 구역과 블럭을 호
위하는 것이니

有主有客(유주유객)함이라 • 즉 주인인 주산＝부모산과 賓客(빈객)
인 朝案山(조안산)이 각각 있는 곳을 이르는 것이다.

〔楊公註釋原文〕

累者多也言受多福郭璞以爲鬼福鬼字誤西山雲氣之融結者以動山煙焰
之奔衝然也生人富貴之長久者以亡魂穴吉蔭注然也苟不得其地則子孫
陵替必至於孤獨貧賤而後已不生草木爲童崩陷坑塹爲斷童山則無衣斷
山則無氣石山則土不滋過山則勢不住獨則無雌雄逼則無明堂側則斜歌
而不正郭璞引證戒此五者亦節文也本原不脫以氣脈之相連相接也有主
有客者以區穴之前後有衛護.

〔양공주석독음문〕

累者多也(누자다야)니　言受多福(언수다복)이라. 郭璞以爲鬼福(곽
박이위귀복)에 鬼字(귀자)는 誤(오)라. 西山雲氣之融結者(서산운기
지융결자)는　以動山煙焰之奔衝然也(이동산연염지분충연야)오,　生

人富貴之長久者(생인부귀지장구자)는　以亡魂穴吉蔭注然也(이망혼혈길음주연야)인데,　苟不得其地(구부득기지)면　則子孫陵替(칙자손능체)하여　必至於孤獨貧賤而後已(필지어고독빈천이후이)라.　不生草木爲童(부생초목위동)이오,　崩陷坑塹爲斷(붕함갱참위단)인데,　童山則無衣(동산칙무의)요　斷山則無氣(단산칙무기)라.　石山則土不滋(석산칙토불자)요　過山則勢不住(과산칙세불주)요　獨則無雌雄(독칙무자웅)이오　逼則無明堂(핍칙무명당)이오　側則斜歌而不正(측칙사가이불정)이니,　郭璞引證戒此五者(곽박인증계차오자)는　亦節文也(역절문야)라.　本原不脫(본원부탈)은　以氣脈之相連相接也(이기맥지상연상접야)오,　有主有客者(유주유객자)는　以區穴之前後有衛護(이구혈지전후유위호)라.

〔양공주석해설〕
累者多也(누자다야)니 • 累者(누자)란 모이고 누적되어서 많다고 함을 의미하는 것이고
言受多福(언수다복)이라 • 다량의 수많은 복을 받는다는 것을 이르는 말이다.
郭璞以爲鬼福(곽박이위귀복)에서 • 鬼字(귀자)라는 글자는 誤(오)라 하여 잘못된 字임을 지적함인 것 같다.
西山雲氣之融結者(서산운기지융결자)라 • 서쪽의 산에 雲氣인 구름이 모여드는 것은
以動山煙焰之奔衝然也(이동산연염지분충연야)라 • 동쪽의 산에서 연기와 불꽃이 달아나고 찌르듯 어지러이 일어나기 때문인 것이다.
生人富貴之長久者(생인부귀지장구자)라 • 살아있는 산사람에게 부귀가 장구하여 길게 이어지는 이유는
以亡魂穴吉蔭注然也(이망혼혈길음주연야)라 • 돌아가신 조상의 혼령이 吉穴에 감응하여 그 길한 蔭德(음덕)이 전해지기 때문인 것이다.

苟不得其地(구부득기지)라 • 그러나 만약에 그러한 길지의 땅을 얻지 못한다고 하면

則子孫陵替(칙자손능체)라 • 자손들이 갈수록 점점 더 쇠퇴하게 되는 것이고

必至於孤獨貧賤而後已(필지어고독빈천이후이)라 • 반드시 후손들이 고독과 빈천 속에 빠지게 되는 것이다.

不生草木爲童(부생초목위동)이오 • 초목들이 자랄 수 없는 산과 옷을 벗은 산을 지칭하는 童山(동산)이나

崩陷坑塹爲斷(붕함갱참위단)이라 • 무너지고 가라앉고 구덩이로 패여서 쪼개지고 끊어지듯 절단되어

童山則無衣(동산칙무의)요 • 옷을 벗은 동산이나

斷山則無氣(단산칙무기)라 • 산세가 허물어지고 움푹 꺼져서 氣가 없는 산을 지칭하는 斷山(단산)이나.

石山則土不滋(석산칙토불자)라 • 흙이 비옥하지 못한 산을 지칭하는 石山(석산)이나

過山則勢不住(과산칙세불주)라 • 산의 脈(맥)과 勢(세)가 머물지를 못한 산을 지칭하는 過山(과산)이나

獨則無雌雄(독칙무자웅)이라 • 雌雄(자웅)으로 음양의 조화를 갖추지 못한 산을 지칭하는 獨山(독산)이나

逼則無明堂(핍칙무명당)이오 • 逼側(핍측)이라 명당이 없는 산을 지칭하는 逼山(핍산)이나

側則斜欹而不正(측칙사가이불정)이니 • 산이 기울어져서 바르지 못한 산을 지칭하는 側山(측산) 등은 모두가

郭璞引證戒此五者(곽박인증계차오자)라 • 곽박이 증명하여 인용하면서 경계한 다섯 가지의 경우인 것이다.

亦節文也(역절문야)라 • 그것이 역시 적절한 문구로 지적한 것이다.

本原不脫(본원부탈)이라 • 본래의 근원으로부터 이탈을 하지 않고

以氣脈之相連相接也(이기맥지상연상접야)라 • 산의 기맥들이 상련하여 서로가 연접되어 있는 것이기 때문에
有主有客者(유주유객자)라 • 주인과 손님이 각각 있음이란
以區穴之前後有衛護(이구혈지전후유위호)라 • 혈장이 있는 곳의 전후인 앞과 뒤에는 호위를 하여 주는 朝案山(조안산)이 각각 있는 곳을 이르는 것이다.

5. 原文5段落과 楊公註釋

〔原文5段落〕
水行不流外狹內濶大地平洋杳茫莫測沼沚池湖眞龍憩息情當內求愼莫外覓形勢彎趨享用五福勢止形昂前澗後岡位至侯王形止勢縮前案回曲金穀璧玉山隨水著迢迢來路挹而注之穴須回顧天光下臨百川動歸眞龍所迫孰云玄微鷄鳴犬吠閑市烟村隆隆隱隱孰探其原.

〔원문5단락독음문〕
水行不流(수행불류)하고 外狹內濶(외협내활)하니 大地平洋(대지평양)은 杳茫莫測(묘망막측)이라. 沼沚池湖(소지지호)는 眞龍憩息(진룡게식)이니 情當內求(정당내구)요 愼莫外覓(신막외멱)이라. 形勢彎趨(형세만추)면 享用五福(향용오복)하리라. 勢止形昂(세지형앙)하고 前澗後岡(전간후강)이면 位至侯王(위지후왕)이오 形止勢縮(형지세축)하고 前案回曲(전안회곡)이면 金穀璧玉(금곡벽옥)이라. 山隨水著(산수수저)한데 迢迢來路(초초래로)하고 挹而注之(읍이주지)면 穴須回顧(혈수회고)니라. 天光下臨(천광하림)하고 百川動歸(백천동귀)한데 眞龍所迫(진룡소박)이니 孰云玄微(숙운현미)리오. 鷄鳴犬吠(계명견폐)한 閑市烟村(한시연촌)이 隆隆隱隱(융융은은)

하니 孰探其原(숙탐기원)이리오.

〔원문5단락해설〕
水行不流(수행불류)라 • 물은 움직임(行)은 있지만 흩어짐(流)이 없고,
外狹內濶(외협내활)이라 • 명당의 밖은 협소하여 좁지만 안은 어지럽게 넓기 때문에
大地平洋(대지평양)이라 • 크고 넓으며 평평한 땅이라는 것은
杳茫莫測(묘망막측)이니 • 그 아득하고 망망하여 고요함을 헤아릴 길이 없음인 것이다.
沼沚池湖(소지지호)라 • 늪·물가·연못·호수 등은
眞龍憩息(진룡게식)이니 • 진룡이 한숨을 돌리며 쉬는 곳이니
情當內求(정당내구)라 • 진정, 진실로 그 안에서 구해야 할 것이다.
愼莫外覓(신막외멱)이니 • 삼가 밖에서 곁눈질로 찾는 일은 없어야 할 것이다.
形勢彎趨(형세만추)라 • 그 형세가 활시위처럼 부드럽게 굽어져 있으면서 지나치지 않게 내밀고 있다면
享用五福(향용오복)이라 • 오복을 누리고 쓰게 될 것이다.
勢止形昻(세지형앙)이니 • 산세=산맥은 멈추어 서는데 그 산형은 우뚝하고
前澗後岡(전간후강)이라 • 앞에는 계곡의 시냇물이 흐르고 뒤에서는 산등성이나 언덕이 받혀주게 된다면
位至侯王(위지후왕)이라 • 그 지위가 제후나 임금의 자리에 오르게 될 것이다.
形止勢縮(형지세축)이라 • 산형은 멈추어 서는데 산세가 곧게 축약되고
前案回曲(전안회곡)으로 • 명당의 앞으로 안산이 돌아서 굽어들게 되면
金穀璧玉(금곡벽옥)이라 • 돈·곡식·보물 등의 귀한 물건들을 손에 넣을 수가 있을 것이다.

山隨水著(산수수저)라 • 산이 수행하여 따르고 물이 분명하게 드러
나 곁에 있는 입지＝땅에서
迢迢來路(초초래로)로 • 아득히 저 멀리서 오는 산수의 흐름이
挹而注之(읍이주지)라 • 잡아서 당기듯이 물이 흘러서 모이게 되면
穴須回顧(혈수회고)함이니 • 혈은 반드시 회고를 하듯이 고개를 돌
려서 돌아다 볼 것이다.
天光下臨(천광하림)이라 • 天氣인 하늘의 빛＝천광이 땅에 내려서
모여들고
百川動歸(백천동귀)라 • 모든 하천이 굽이굽이 변하면서 한 곳으로
모여 돌아오는 곳에
眞龍所迫(진룡소박)이니 • 진룡이 접근하여 다가와서 머무는 것이니
孰云玄微(숙운현미)라 • 어떤 누가 그 현미하여서 깊고 미묘한 것을
분별할 수 있을 것인가.
鷄鳴犬吠(계명견폐)라 • 닭이 울고 개가 짖는
閑市烟村(한시연촌)이라 • 한가로운 시장＝인가의 밥을 짓고 연기
가 나는 마을에
隆隆隱隱(융융은은)으로 • 산세가 크고 높듯 융성하게 또는 가리어 숨
기듯 은은하게 다가오니, 즉 솟은 듯 가라앉은 듯 기복이 없는 모양을
孰探其原(숙탐기원)이라 • 그 누가 그 본래의 근원을 찾을 수 있을 것
인가?

〔楊公註釋原文〕
凡平洋大地無左右龍虎者但遇池湖便可遷穴以池湖爲明堂則水行不流
而生人享福也勢止龍之住也形昂氣之盛也前則遇水而止後則相連如此
之地可致貴也形止勢縮氣象之局促也前案回曲賓主之淺近也如此之地
可致富也貴未聞也山谷回龍顧祖之地也近江迎接潮水之地也鄕井平洋
氣脈之地也.

〔양공주석독음문〕

凡平洋大地(범평양대지)는 無左右龍虎者(무좌우용호자)한데 但遇
池湖(단우지호)면 便可遷穴(편가천혈)이라. 以池湖爲明堂(이지호
위명당)하니 則水行不流(칙수행부류)로 而生人享福也(이생인향복
야)라. 勢止(세지)는 龍之住也(용지주야)오 形昻(형앙)은 氣之盛也
(기지성야)라. 前則遇水而止(전칙우수이지)하고 後則相連(후칙상
연)한데 如此之地(여차지지)면 可致貴也(가치귀야)라. 形止勢縮(형
지세축)은 氣象之局促也(기상지국촉야)오, 前案回曲(전안회곡)은
賓主之淺近也(빈주지천근야)인데 如此之地(여차지지)면 可致富也
(가치부야)나 貴未聞也(귀미문야)라. 山谷(산곡)은 回龍顧祖之地也
(회룡고조지지야)이고, 近江(근강)은 迎接潮水之地也(영접조수지
지야)이며 鄕井(향정)은 平洋氣脈之地也(평양기맥지지야)라.

〔양공주석해설〕

凡平洋大地(범평양대지)라 • 무릇 크고 넓으며 평평한 땅에서는

無左右龍虎者(무좌우용호자)이니 • (明堂의) 좌우에 청룡과 백호가
없는데

但遇池湖(단우지호)면 • 다만 연못이나 호수를 만나는 때에는

便可遷穴(편가천혈)이라 • 가히 혈을 옮길 수 있는 것이다.

以池湖爲明堂(이지호위명당)하니 • 연못과 호수로써 명당을 삼았기
때문에

則水行不流(칙수행부류)라 • 물은 움직임은 있으나 흩어짐이 없을
것이므로

而生人享福也(이생인향복야)라 • 살아 있는 사람들이 복을 누리게
될 것이다.

勢止(세지)는 • 세가 멈춘다는 것은

龍之住也(용지주야)이니 • 龍이 자리를 잡았다는 것이고

形昂(형앙)은 • 形이 우뚝하다는 것은

氣之盛也(기지성야)라 • 氣가 성하다는 것을 의미하는 것이다.

前則遇水而止(전칙우수이지)라 • 혈전의 앞으로는 물을 만나서 龍의 나아감이 멈추고

後則相連(후칙상연)이라 • 혈후의 뒤로는 곁가지 산들이 서로 연접하여 있는

如此之地(여차지지)면 • 그런 땅이라면

可致貴也(가치귀야)라 • 가히 높이 됨을 바랄 수가 있을 것이다.

形止勢縮(형지세축)은 • 형이 멈추고 세가 축약된다는 것은

氣象之局促也(기상지국촉야)라 • 그 기상이 줄어든다는 것이고

前案回曲(전안회곡)으로 • 앞으로 안산이 돌아든 다는 것은

賓主之淺近也(빈주지천근야)라 • 주인＝주산과 손님＝案山朝山(안산조산)이 너무 가까이에 있다는 뜻인데

如此之地(여차지지)면 • 이런 땅이라고 한다면

可致富也(가치부야)나 • 財富(재부)는 가하다고 할 것이지만

貴未聞也(귀미문야)라 • 높이 되었다는 말은 듣지 못할 것이다.

山谷(산곡)에서 • 산골짜기에서

回龍顧祖之地也(회룡고조지지야)이고 • 즉 회룡고조는 매우 귀하게 여기는 형국 중의 하나로 來龍이 둥근 원을 그리듯이 한 바퀴 돌아서 내려와 명당의 주산을 이루고 그 아래에 혈을 맺는데 그 주산이 來龍 쪽을 향한 경우의 터＝땅을 말하는 것이다.

近江(근강)은 • 강을 접함이란

迎接潮水之地也(영접조수지지야)이며 • 즉 강의 근처에 바닷물을 접하여 맞는 땅으로 강의 하구가 바다와 맞부딪히는 땅을 말하는 것이다.

鄕井(향정)은 • 井字形(정자형)의 一里(일리) 사방의 땅이란

平洋氣脈之地也(평양기맥지지야)라 • 즉 이것은 마을에서 넓고 평평한 땅의 기맥을 지칭하는 것이다.

6. 原文6段落과 楊公註釋

〔原文6段落〕
若乃斷而復續去而復留奇形異相千金難求折藕貫珠眞氣落莫臨穴坦然
誠難捫莫障空補缺天造地設留與至人先賢難說.

〔원문6단락독음문〕
若乃(약내) 斷而復續(단이복속)하고 去而復留(거이부류)하며 奇形
異相(기형이상)함은 千金難求(천금난구)요, 折藕貫珠(절우관주)하
며 眞氣落莫(진기락막)타가 臨穴坦然(임혈탄연)은 誠難捫莫(성난
문막)라. 障空補缺(장공보결)하고 天造地設(천조지설)하여 留與至
人(유여지인)하니 先賢難說(선현난설)이라.

〔원문6단락해설〕
若乃(약내) • 만일 이에
斷而復續(단이복속)하고 • 절단되어 끊어진 듯 하다가 또 다시 이어
지고,
去而復留(거이부류)하며 • 가는 듯 하다가도 또 다시 머무르는
奇形異相(기형이상)함은 • 기이한 형상의 터＝자리는
千金難求(천금난구)라 • 천금을 주고도 얻기 어려운 입지＝장소인
것이다.
折藕貫珠(절우관주)라 • 연뿌리를 꺾어서 보면 그 속은 구슬을 꿴
듯하고, 즉 연뿌리는 잘라 끊어도 그 속에 들어 있던 끈끈한 기운은
서로 거미줄같이 가는 실처럼 되어 이어져 있는 현상들을 비유하여
말하는 것이다.
眞氣落莫(진기락막)이라 • 진기가 내려오며 엷어지다가
臨穴坦然(임혈탄연)으로 • 혈에 도달하여서는 평정한 모양이 되었으니

誠難捫莫(성난문막)이라 • 정성=진실로 헤아려서 찾아 붙잡기가
매우 어려운 것이다. 즉 平洋(평양)이 풍수에서는 워낙 땅이 低平
(저평)하여 낮기 때문에 山의 맥이 끊어졌는지 아니면 이어졌는지
의 여부를 판단하기가 매우 어렵다는 의미인 것이다. 이렇게 산맥들
은 마치 끊어진 것도 같지만 실제로는 은은하게 이어져 있는 맥을
藕斷絲連(우단사련)이라고 비유하는 것이다.

障空補缺(장공보결)하고 • 모자라 빈곳을 막아주고 깨져서 터진 곳
을 보완하여

天造地設(천조지설)로 • 하늘이 만들고 땅이 펼쳐놓은 곳이기 때문에
留與至人(유여지인)으로 • 머물며 기다림에 착한 사람에게 이르는
것이니

先賢難說(선현난설)이라 • 어떤 선현들이라도 이 모두를 설명하기
란 어려운 것이다.

〔楊公註釋原文〕
夫貴賤異路貧富兩塗地之善耶然而貴之地常少而爲富之地常多何耶愚
以爲富地利害輕人得而識之故常多貴地所係大造物不令人識之故常少
言衆人之所不喜者則爲大貴之地此奇形異相所以千金難求也.

〔양공주석독음문〕
夫(부), 貴賤異路(귀천이로)와 貧富兩塗(빈부양도)는 地之善耶(지
지선야)인데, 然(연)이나 而貴之地常少(이귀지지상소)하고 而爲富
之地常多(이위부지지상다)는 何耶(하야)인가. 愚(우), 以爲富地利
害(이위부지리해)는 輕人得而識之(경인득이식지)니 故(고)로 常多
(상다)요, 貴地所係大造物(귀지소계대조물)로 不令人識之(부령인
식지)니 故(고)로 常少(상소)라. 言(언)키를 衆人之所不喜者(중인
지소부희자)가 則爲大貴之地(칙위대귀지지)라 한데 此(차)는 奇形

異相所以(기형이상소이)로 千金難求也(천금난구야)라.

〔양공주석해설〕
夫(부)라 • 무릇
貴賤異路(귀천이로)와 • 귀천이라는 두 가지의 서로 다른 행로라든지
貧富兩塗(빈부양도)는 • 빈부라고 하는 두 갈래의 길이 서로가 다른
것은
地之善耶(지지선야)인데 • 땅=터의 좋고 나쁨 때문인 것이다.
然(연)이나 • 그렇지만
而貴之地常少(이귀지지상소)라 • 귀하게 되는 길지의 터는 언제나
늘 적고
而爲富之地常多(이위부지지상다)라 • 부유하게 되는 길지의 터는
언제나 늘 많은 것은
何耶(하야)라 • 어떻게 된 일인가?
愚(우)라 • 우둔한 생각으로는
以爲富地利害(이위부지리해)라 • 부유하게 되는 땅은 그 이익이 되
고 해악됨이
輕人得而識之(경인득이식지)라 • 사람들에게 쉽게 인식되어서 알려
질 수 있는 것으로
故(고)로 • 그러한 까닭에
常多(상다)요 • 언제나 많은 것이고
貴地所係大造物(귀지소계대조물)이라 • 貴地所로써 귀하게 되는 땅
=터는 대음양의 조물주에 의해서, 즉 조물주에 매여 있는 것이므로
不令人識之(부령인식지)니 • 사람들이 쉽게 인식하여 알지를 못하
게 하므로,
故(고), • 그러므로
常少(상소)라 • 언제나 적은 것이다.

言(언)키를, • 말하기를

衆人之所不喜者(중인지소부희자)라 • 여러 사람들이 기뻐하지를 않고 좋아하지를 않는 터가

則爲大貴之地(칙위대귀지지)라 • 바로 大貴의 땅이 된다고 말하는 바

此(차)는 • 이러한 곳은

奇形異相所以(기형이상소이)로 • 그 형상이 아주 이상스럽게 기이한 땅인 것이니

千金難求也(천금난구야)라 • 천금을 주고서도 얻어서 구하기 매우 어려운 것이다.

7. 原文7段落과 楊公註釋

〔原文7段落〕
草木鬱茂吉氣相隨內外表裏或然或爲三岡全氣八方會勢前遮後擁諸祥畢至地貴平夷土貴有支穴取安止水取迢遞向定陰陽切莫乖戾差以豪釐繆以千里.

〔원문7단락독음문〕
草木鬱茂(초목울무)하고 吉氣相隨(길기상수)하며 內外表裏(내외표리)함은 或然或爲(혹연혹위)라. 三岡全氣(삼강전기)면 八方會勢(팔방회세)하고 前遮後擁(전차후옹)이니 諸祥畢至(제상필지)리라. 地貴平夷(지귀평이)요 土貴有支(토귀유지)며 穴取安止(혈취안지)요 水取迢遞(수취초체)라. 向定陰陽(향정음양)에 切莫乖戾(절막괴려)하라. 差以豪釐(차이호리)면 繆以千里(무이천리)리라.

〔원문7단락해설〕

草木鬱茂(초목울무)하고 • 초목인 나무와 풀들이 울창하듯 무성하고

吉氣相隨(길기상수)하며 • 길기의 길한 기운이 서로가 수행하듯 따르는 데

內外表裏(내외표리)함은 • 이렇게 안팎인 내외와 겉과 속의 표리는

或然或爲(혹연혹위)라 • 혹은 자연적일 수도 있고 혹은 인위적일 수도 있는 것이다.

三岡全氣(삼강전기)면 • 3산이라는 현무사·청룡사·백호사의 氣가 온전하다고 하면

八方會勢(팔방회세)하여 • 4방8방의 세=기운이 모여들고

前遮後擁(전차후옹)이니 • 앞산은 막아서 가려주고 뒷산은 끌어 앉고서 감싸주니

諸祥畢至(제상필지)리라 • 여러 가지의 복되고 상서로운 일들이 모두 다 이르러 모여들게 될 것이다.

地貴平夷(지귀평이)요 • 터=땅이 귀한 것은 평탄할 것이고,

土貴有支(토귀유지)며 • 흙이 귀한 것은 지탱해주는 가지가 있을 것이며

穴取安止(혈취안지)라 • 혈은 안정되게 멈춘 곳에서 취해야 할 것이고

水取迢遞(수취초체)라 • 물은 아득히 멀리서 번갈아 가며 띠를 두른 듯한 곳을 취해야 할 것이다.

向定陰陽(향정음양)에 • 좌향으로써 음양을 정함에 있어서는

切莫乖戾(절막괴려)하라 • 절대적으로 사리에서 어긋나거나 어그러지지 말아야 하는 것이니

差以豪釐(차이호리)면 • 만약에 실수로 터럭의 끝만한 차이라도 어긋남이 생기게 된다면

繆以千里(무이천리)리라 • 그 어그러져 잘못됨이 천리나 되게 되는 것이다.

〔楊公註釋原文〕

左右案對或自然而成或人力而爲之氣全卽龍脈不脫勢會則山水有情前
遮則有客後擁則有主安止則穴法無遞則水來有源流陰陽者當以左右取
之穴左爲陽穴右爲陰左血以陽向右穴以陰向不可差也.

〔양공주석독음문〕

左右案對(좌우안대)가 或自然而成(혹자연이성)이오 或人力而爲之
(혹인력이위지)라. 氣全卽龍脈不脫(기전즉용맥부탈)이오 勢會則山
水有情(세회칙산수유정)이네. 前遮則有客(전차칙유객)이오 後擁則
有主(후옹칙유주)라. 安止則穴法無(안지칙혈법무)이오 遞則水來有
源流(체칙수래유원류)일세. 陰陽者(음양자)는 當(당), 以左右取之
(이좌우취지)한데 穴左爲陽(혈좌위양)이오 穴右爲陰(혈우위음)이
라. 左血以陽向(좌혈이양향)이오 右穴以陰向(우혈이음향)이니 不可
差也(부가차야)라.

〔양공주석해설〕

左右案對(좌우안대)라•혈장의 좌우에 있는 靑龍白虎와 혈전에 있
는 朝案對山(조안대산)인 朱雀砂(주작사)들이 있는데
或自然而成(혹자연이성)이라•혹은 자연적으로 이루어져 형성된
것일 수도 있고
或人力而爲之(혹인력이위지)라•혹은 인위적으로 만들어진 것일
수도 있는 것이다.
氣全卽龍脈不脫(기전즉용맥부탈)이라•氣가 온전하다는 것은, 즉
龍脈(용맥)이 벗어남이 없다는 것이고
勢會則山水有情(세회칙산수유정)이라•勢가 모인다고 하는 것은,
즉 山水가 서로 有情하다는 것이다.
前遮則有客(전차칙유객)이라•앞산이 가려준다는 것은 손님 산인

案山과 朝山이 있다는 것이고

後擁則有主(후옹칙유주)라 • 뒷산이 감싸준다는 것은 주인 산인 主山 또는 鎭山(진산)이 있음을 말하는 것이다.

安止則穴法無(안지칙혈법무)라 • 안정되게 머물러서 멈춘다고 함은, 즉 穴法에 비추어서 기울거나 결함이 없다는 것이고

遞則水來有源流(체칙수래유원류)라 • 멀리서 띠를 두른 듯이 水來함은 물이 흘러옴에 있어서 그 원류가 있다는 것이다.

陰陽者(음양자)는 • 음양이라는 것은

當(당)이니 • 마땅히

以左右取之(이좌우취지)한데 • 좌우로써 취하는 것인데

穴左爲陽(혈좌위양)이니 • 혈의 왼쪽 편은 양이 되고

穴右爲陰(혈우위음)이라 • 혈의 오른 편은 음이 되는 것이다.

左血以陽向(좌혈이양향)이니 • 왼쪽의 좌혈은 陽向으로써 취하고

右穴以陰向(우혈이음향)이니 • 오른쪽의 우혈은 陰向으로써 해야 되는 것이니

不可差也(부가차야)라 • 이러한 점에서 차이가 나서는 안되는 것이다.

8. 原文8段落과 楊公註釋

〔原文8段落〕
擇術盡善封都立縣一或非宜法主貧賤公侯之地龍馬騰起面對玉圭小而首銳更遇本方不學而至宰相之地繡緻伊邐大水洋潮無上之貴外臺之地捍門高峙屯踏排迎周圍數里筆大橫椽是名判死此昻彼低誠難推擬.

〔원문8단락독음문〕
擇術盡善(택술진선)이면 封都立縣(봉도입현)이나 一或非宜(일혹비

의)면 法主貧賤(법주빈천)이리. 公侯之地(공후지지)는 龍馬騰起(용
마등기)하고 面對玉圭(면대옥규)가 小而首銳(소이수예)하니 更遇本
方(갱우본방)이면 不學而至(불학이지)리라. 宰相之地(재상지지)는
繡緞伊邐(수격이이)니 大水洋潮(대수양조)면 無上之貴(무상지귀)리
라. 外臺之地(외대지지)는 捍門高峙(한문고치)에 屯踏排迎(둔답배
영)이라, 周圍數里(주위수리)에 筆大橫椽(필대횡연)이면 是名判死
(시명판사)인데 此昻彼低(차앙피저)니 誠難推擬(성난추의)리오.

〔원문8단락해설〕
擇術盡善(택술진선)이면 • 땅을 선택하는 술법으로 택지술=풍수법
에 최선을 다한다면
封都立縣(봉도입현)이니 • 나라=도읍을 세우고 고을=지방을 다스
릴 수 있지만
一或非宜(일혹비의)면 • 만약에 한 가지라도 이치에 합당하지 않게
되면
法主貧賤(법주빈천)이니 • 그 주인은 가난하고 천한 처지에 떨어지
는 법이다.
公侯之地(공후지지)는 • 공후(＝제후/임금)가 나는 땅이라는 것은
龍馬騰起(용마등기)하고 • 좌우의 산세＝용마가 뛰어서 오르는 듯,
날아서 오르는 듯하고
面對玉圭(면대옥규)가 • 앞에 면대한 옥규봉이
小而首銳(소이수예)하니 • 봉우리가 작지만 성봉이 날렵하고,
更遇本方(갱우본방)이면 • 제대로 된 방위를 회합하여 만나기만 한다면
不學而至(불학이지)라 • 불학으로 배움이 없다고 할지라도 이러한
입지는 공후지지에 이르는 것이다.
宰相之地(재상지지)는 • 재상이 되는 땅이라는 것은
繡緞伊邐(수격이이)니 • 生絲(생사)로 수를 놓은 듯이 얽혀있는 봉

우리가 가까이에 있고

大水洋潮(대수양조)이면 • 큰물이 밀려드는 바다가 가까이 있는 곳
으로

無上之貴(무상지귀)라 • 그러한 장소라면 더 이상 귀할 수가 없을
것이다.

外臺之地(외대지지)는 • 외대＝관청의 높은 관직에 오를 수 있는 땅
이라는 것은

捍門高峙(한문고치)로 • 명당입구의 門은 감싸지고 산은 높이 갖추
어져 있으며

屯踏排迎(둔답배영)이라 • 군사들이 여기저기에 진지＝둔을 치고
배치되어 있듯이

周圍數里(주위수리)에 • 주위의 數里를 산들이 둘러서 싸고 있는 땅
을 말하는 것이다.

筆大橫椽(필대횡연)이라 • 필봉이 크게 옆으로 가로지른 서까래＝
사닥다리 같은 것을

是名判死(시명판사)라 • 이름하여 判死, 즉 죽음을 판가름하는 것이
라 일컫는데

此昂彼低(차앙피저)로 • 이곳은 높아서 밝고 저곳은 낮아서 어두우니

誠難推擬(성난추의)라 • 진정＝진실로 헤아리고 짐작하여 추론＝
생각하기 어려운 것이다.

〔楊公註釋原文〕
本方者以馬要在南方爲得也圭笏山在東方爲正位有山主出宰執五府之
貴門旗山取其聳拔屯軍踏節排徛迎從貴其周遮右畔有山在低處橫列則
爲判死筆須是穴法眞正昂然獨尊不然則暗刀屍山故曰誠難推擬.

〔양공주석독음문〕
本方者(본방자)는 以馬要在南方爲得也(이마요재남방위득야)요, 圭笏山(규홀산)은 在東方爲正位(재동방위정위)요, 有山(유산)이면 主出宰(주출재)하여 執五府之貴(집오부지귀)리라. 門旗山(문기산)은 取其聳拔(취기용발)이오, 屯軍踏節排衙迎從貴其周遮右畔(둔군답절배아영종귀기주차우반)이니 有山在低處橫列則爲判死(유산재저처횡열칙위판사)라. 筆(필)은 須是穴法眞正(수시혈법진정)이면 昂然獨尊(앙연독존)이나 不然(불연)이면 則暗刀屍山(칙암도시산)이니 故曰(고왈)로, 誠難推擬(성난추의)라.

〔양공주석해설〕
本方者(본방자)는 • 제대로 된 방위(方位)라는 것은
以馬要在南方爲得也(이마요재남방위득야)요 • 馬가 반드시 남방＝午方(오방)에 있음으로써, 즉 남방이 됨을 本方이라고 하는 것이다. 예컨대 12支에서 午는 馬를 뜻하는 것으로써 터를 얻을 수 있는 경우인 것이다.
圭笏山(규홀산)은 • 홀테같은 규홀산은
在東方爲正位(재동방위정위)요 • 반드시 東方에 있음으로써 正方이 되는 것이다.
有山(유산)이면 • 산이 있다면
繡繳有山(수격유산)이면 • 수를 놓듯 얽혀 있는 수교산이 있다고 한다면
主出宰(주출재)하여 • 그곳에서는 재상이 나와서
執五府之貴(집오부지귀)리라 • 권부를 장악하는 귀한 땅이 될 것이다.
門旗山(문기산)은 • 명당의 입구가 감싸 안기듯 문이 호위되고 깃대같은 旗山(기산)이 있는 장소는
取其聳拔(취기용발)이라 • 그 빼어나게 우뚝하게 솟음을 취하는 것인데

屯軍踏節排衙迎從貴其周遮右畔(둔군답절배아영종귀기주차우반)이니 • 군사가 주둔한 듯, 그리고 우뚝한 곳을 밟고 선 듯, 官衙(관아)가 벌여져 있는 듯, 귀함을 따라서 맞이하는 듯한데, 한편 그 주위는 가려져서 오른쪽으로 둔덕이 있게 되는 것이다.

有山在低處橫列則爲判死(유산재저처횡열칙위판사)라 • 산이 있음에도 그 낮은 곳이 빗겨서 줄지어 있는 것은 판사가 되는 것이다.

筆(필)이 • 필봉이

須是穴法眞正(수시혈법진정)이면 • 반드시 이렇게 그 혈법이 眞正하려면

昂然獨尊(앙연독존)이나 • 昂然하며 獨尊해야만 하는 것인데

不然(불연)이면 • 그렇지 못하다고 한다면

則暗刀屍山(칙암도시산)이니 • 숨겨놓은 칼의 아래에 시체가 산같이 쌓여있는 꼴=형상이 되기 때문에

故曰(고왈)로 • 그래서

誠難推擬(성난추의)라 • 진정=진실로 헤아리고 짐작하여 추론=생각하기가 어렵다고 한 것이다.

9. 原文9段落과 楊公註釋

〔原文9段落〕
官貴之地文筆揷耳魚袋雙聯庚金之位南火東木北水鄙伎地有佳氣隨土所起山有吉氣因方所主文筆之地筆尖以細諸福不隨虛馳才藝.

〔원문9단락독음문〕
官貴之地(관귀지지)는 文筆揷耳(문필삽이)에 魚袋雙聯(어대쌍련)으로 庚金之位(경금지위)이나 南火東木北水(남화동목북수)는 鄙伎

(비기)라. 地有佳氣(지유가기)니 隨土所起(수토소기)요 山有吉氣 (산유길기)니 因方所主(인방소주)로다. 文筆之地(문필지지)에 筆尖 以細(필첨이세)면 諸福不隨(제복불수)에 虛馳才藝(허치재예)니라.

〔원문9단락해설〕
官貴之地(관귀지지)는 • 관귀를 얻을 수 있는 입지는
文筆揷耳(문필삽이)라 • 문필봉이 귀를 꽂듯이 융성하게 서있고
魚袋雙聯(어대쌍련)으로 • 고기자루와 같은 어대봉이 쌍으로 연결 되어 잇닿아 있는데
庚金之位(경금지위)라 • 경금의 서방방위에 있어야만 하는 것이다.
南火東木北水(남화동목북수)는 • 화의 남방이나 목의 동방 그리고 수의 북방에 있게 되면
鄙伎(비기)라 • 비천한 재주밖에 안 나오는 것이다.
地有佳氣(지유가기)니 • 땅에는 아름답고 상서로운 좋은 기운이 있 는 것인데
隨土所起(수토소기)라 • 이는 흙을 따라서 일어나는 것이고,
山有吉氣(산유길기)니 • 산에는 길하고 좋은 기운이 있는데
因方所主(인방소주)라 • 이는 방위로 인하여서 임자＝주인이 결정 되는 것이다.
文筆之地(문필지지)라 • 총명과 준걸을 주관＝관장하는 문필봉이 있는 입지에서는
筆尖以細(필첨이세)면 • 문필봉의 봉우리가 가늘면서도 뾰족하다면
諸福不隨(제복불수)라 • 모든 복들이 따르지 않는 것이고
虛馳才藝(허치재예)니라 • 제멋대로 방자하듯 才藝(재예)가 헛되이 스쳐서 지나가는 것이다.

〔楊公註釋原文〕

兩圓峯相連是爲魚袋西方出則爲金魚袋主官貴南方出爲火魚主醫家東方出爲木魚主僧道北方出爲水魚主漁人文筆山主聰俊若無吉山夾從不成名.

〔양공주석독음문〕

兩圓峯(양원봉)이 相連(상련)하니 是爲魚袋(시위어대)라. 西方出則爲金魚袋(서방출칙위금어대)니 主官貴(주관귀)하고, 南方出爲火魚(남방출위화어)니 主醫家(주의가)하며, 東方出爲木魚(동방출위목어)니 主僧道(주승도)하고, 北方出爲水魚(북방출위수어)니 主漁人(주어인)하다. 文筆山(문필산)은 主聰俊(주총준)이나 若無吉山夾從(약무길산협종)이면 不成名(부성명)이라.

〔양공주석해설〕

兩圓峯(양원봉)이 • 두 개의 둥근 봉우리가

相連(상련)함을 • 서로가 이어져 있는 것을

是爲魚袋(시위어대)라 • 魚袋峰(어대봉)이라고 하는 것이다.

西方出則爲金魚袋(서방출칙위금어대)니 • 이러한 어대봉이 서쪽에 나타나면 金魚袋니

主官貴(주관귀)로 • 그 주인이 官貴를 얻게 되고,

南方出爲火魚(남방출위화어)니 • 이러한 어대봉이 남쪽에 나타나면 火魚袋니

主醫家(주의가)로 • 그 주인이 醫家를 하게 되며

東方出爲木魚(동방출위목어)니 • 이러한 어대봉이 동쪽에 나타나면 木魚袋니

主僧道(주승도)로 • 그 주인이 僧道를 따르게 되고

北方出爲水魚(북방출위수어)니 • 이러한 어대봉이 북쪽에 나타나면

水魚袋니
主漁人(주어인)으로 • 그 주인은 어부가 된다고 할 것이다
文筆山(문필산)은 • 문필봉은
主聰俊(주총준)이나 • 총명과 준걸을 주관＝관장하는데
若無吉山夾從(약무길산협종)이면 • 만약에 길한 산이 곁에 따르지
않는다고 한다면
不成名(불성명)이라 • 그 이름을 이루지 못할 것이다.

10. 原文10段落과 楊公註釋

〔原文10段落〕
大富之地圓峰金櫃貝寶沓來如川之地貧賤之地亂如散蟻達人大觀如視
諸指幽陰之宮神靈所主葬不斬草名曰盜葬葬近祖墳殃及兒孫一墳榮盛一
墳孤貧穴吉葬凶與棄屍同.

〔원문10단락독음문〕
大富之地(대부지지)는 圓峰金櫃(원봉금궤)니 貝寶沓來(패보답래)
가 如川之地(여천지지)오, 貧賤之地(빈천지지)는 亂如散蟻(난여산
의)라. 達人大觀(달인대관)이 如視諸指(여시제지)나 幽陰之宮(유음
지궁)은 神靈所主(신령소주)니 葬不斬草(장불참초)면 名曰盜葬(명
왈도장)이라. 葬近祖墳(장근조분)이면 殃及兒孫(앙급아손)한데 一
墳榮盛(일분영성)이오 一墳孤貧(일분고빈)일세, 穴吉葬凶(혈길장
흉)이면 與棄屍同(여기시동)이라.

〔원문10단락해설〕
大富之地(대부지지)는 • 큰 부자가 되는 입지＝터는

圓峰金櫃(원봉금궤)니 • 둥그런 봉우리가 금궤의 형상처럼 생긴 것
으로

貝寶沓來(패보답래)가 • 돈＝재물이 넘치듯 몰려서 들어옴이

如川之地(여천지지)오 • 마치 냇물이 흘러서 들어옴과 같다.

貧賤之地(빈천지지)는 • 빈천하여 가난한 터는

亂如散蟻(난여산의)라 • 마치 개미떼가 흩어지는 것과 같이 주위 산
들이 난잡한 모양을 하고 있다.

達人大觀(달인대관)이 • 통달한 사람이 크게 보여줌이

如視諸指(여시제지)나 • 마치 손가락을 모아서 가르쳐주는 것 같으나

幽陰之宮(유음지궁)은 • 음택＝묘택은

神靈所主(신령소주)이니 • 신령이 주관＝관장하는 것이기 때문에

葬不斬草(장불참초)면 • 장사를 지냄에 있어서 斬草(참초), 즉 땅에
술을 부어 권하며 공경함을 고하지를 않는다는 것은

名曰盜葬(명왈도장)이라 • 남몰래 도둑질을 하여 장사를 치르는 일
이나 마찬가지라고 할 것이다.

葬近祖墳(장근조분)이면 • 조상의 묘＝산소 근처에 장사를 지내면

殃及兒孫(앙급아손)한데 • 그 재앙이 어린 손자에게까지 미치게 될
것이다.

一墳榮盛(일분영성)이오 • 어떤 산소는 번영하고 융성하는데

一墳孤貧(일분고빈)일세 • 어떤 산소는 고독하고 빈한하구나!

穴吉葬凶(혈길장흉)이면 • 혈처는 비록 길한 곳을 잘 잡았으나 장사
법을 잘못하여 지내게 되면

與棄屍同(여기시동)이라 • 시체를 버리는 것과 같음인 것이다.

〔楊公註釋原文〕

斬草者言當酌酒告於地祇穴雖吉而葬不得其年月亦凶.

〔양공주석독음문〕
斬草者(참초자)는 言當酌洒告於地祇(언당작주고어지지)라. 穴雖
吉(혈수길)이나 而葬不得其年月(이장불득기년월)이면 亦凶(역흉)
이라.

〔양공주석해설〕
斬草者(참초자)는•斬草라는 것은
言當酌洒告於地祇(언당작주고어지지)라•땅의 지신에게 술을 부어
서 권하면서 공경함을 고한다는 말이다.
穴雖吉(혈수길)이나•혈처를 비록 잘 잡았다 하더라도
而葬不得其年月(이장불득기년월)이면•장사를 지내는 때를 잘못
잡게 되면
亦凶(역흉)이라•오히려 거꾸로 흉하다고 할 것이다.

11. 原文11段落과 楊公註釋

〔原文11段落〕
陰陽符合天地交通內氣萌生外氣成形內外相乘風水自成察以眼界會以
性情若能悟此天下橫行.地理全書 靑烏先生 葬經 終.

〔원문11단락독음문〕
陰陽符合(음양부합)하고 天地交通(천지교통)한데 內氣萌生(내기맹
생)이오 外氣成形(외기성형)이라. 內外相乘(내외상승)이면 風水自
成(풍수자성)이리. 察以眼界(찰이안계)하며 會以性情(회이성정)하
니 若能悟此(약능오차)면 天下橫行(천하횡행)이리라. 地理全書 靑
烏先生 葬經 終(지리전서 청오선생 장경 종)

〔원문11단락해설〕

陰陽符合(음양부합)하고 • 음양이 서로가 교구＝부합을 하고

天地交通(천지교통)한데 • 천지가 서로 통할 경우에

內氣萌生(내기맹생)이고 • 내기는 안에서 생명의 싹(芽)＝精氣를 틔우게 되고

外氣成形(외기성형)이라 • 외기는 밖에서 형체의 상(象)＝形氣를 이루게 되는 것이다.

內外相乘(내외상승)이면 • 내외＝음양＝천지가 서로 의지하는 곳에서

風水自成(풍수자성)이니 • 풍수는 스스로 이루어지는 것이다.

察以眼界(찰이안계)하며 • 눈으로써 살피고

會以性情(회이성정)하니 • 마음으로 이해를 하면서

若能悟此(약능오차)면 • 만약 이러한 이치를 깨달을 수만 있다고 한다면

天下橫行(천하횡행)이리라 • 천하에 아무런 거리낌도 없을 것이다.

〔楊公註釋原文〕

內氣者言穴煖而萬物萌生也外氣者言山川融結而成形象也察以眼界者形之於外人皆可觀之至於會以性情非上智之士莫能也.

〔양공주석독음문〕

內氣者(내기자)는 言穴煖而萬物萌生也(언혈난이만물맹생야)오, 外氣者(외기자)는 言山川融結而成形象也(언산천융결이성형상야)라. 察以眼界者(찰이안계자)는 形之於外(형지어외)니 人皆可觀之(인개가관지)나 至於會以性情(지어회이성정)은 非上智之士莫能也(비상지지사막능야)라.

〔양공주석해설〕

內氣者(내기자)는 • 내기라고 하는 것은

言穴煖而萬物萌生也(언혈난이만물맹생야)라 • 혈이 따뜻하기 때문
에 만물에서 생명이 싸이 솟아ㅑ 트는 것이고

外氣者(외기자)는 • 외기라고 하는 것은

言山川融結而成形象也(언산천융결이성형상야)라 • 산천이 융결을
하기 때문에 그 형상이 이루어지는 것을 말하는 것이다.

察以眼界者(찰이안계자)는 • 눈으로 살핀다고 하는 것은

形之於外(형지어외)니 • 그 형상들이 밖에 존재하고 있기 때문에

人皆可觀之(인개가관지)나 • 사람들이 모두 볼 수 있는 것이지만

至於會以性情(지어회이성정)은 • 성정인 마음으로써 이러한 것들을
이해한다는 문제에 이르게 되면

非上智之士莫能也(비상지지사막능야)라 • 높은 지혜에 이른 사람이
아니라면 감히 어찌 할 수가 없는 것이다.

第2章 錦囊經(葬書)

第1節 錦囊經의 序

　지금으로부터 약 1700년 전쯤에 우리나라 삼국시대에 즈음하는
중국의 서진(西晉)-동진(東晉)시대, 즉 晉(진)나라 때에 곽박(郭
撲:276-324년)이 청오경(靑烏經)을 인용하여 금낭경(錦囊經)을 저
술하였다. 그는 책 곳곳에 경왈(經曰)하면서 청오경(靑烏經)을 인용
하고 있다. 이러한 연유로 청오경을 장경(葬經)이라 하고 금낭경을
장서(葬書)라고 부르게 되었던 것이다.

　곽박의 면모는 괴기스런 대목이 많음이 사실이다. 예컨대 용이나
학을 타고 운중(雲中)을 노니는 신선의 풍모가 완연하다. 그가 주석
을 가한 유명한 책도 산해경(山海經)이나 초사(楚辭)도 모두가 신선
과 무당과 귀신이 한데 어우러진 것들이 대부분이다. 그가 남긴 저
명한 문학작품이 유선시(遊仙詩)라 해서 신선을 소재로 하고 있는
데 이런 그가 금낭경과 같은 풍수학서를 쓰기에는 적격이었을지도
모른다.

　금낭경의 책은 상하의 2권 8편으로 구성되어 있다. 전체 내용이
간략하고 짧아서 모두 2000여자(字)에 불과하지만, 문장이 간결하
면서도 군더더기가 없음이 특징이다. 5천언(五千言)이라는 노자도
덕경에 비해서 그 절반에도 미치지를 못한다. 즉 고전의 반열에 올
라서기 위한 제1요건은 간단명료함인데 금낭경은 이를 훌륭하게 충

족시키고 있는 셈이다. 그리고 다루고 있는 범위가 매우 넓어서 풍수고전 중에서 최고로 삼을 수가 있는 경전이라고 할 수가 있다.

상권은 제1 기감편(氣感篇), 제2 인세편(因勢篇), 제3 평지편(平支篇), 제4 산세편(山勢篇), 제5 사세편(四勢篇)으로 구성되고 있다. 하권은 제6 귀혈편(貴穴篇), 제7 형세편(形勢篇), 제8 취류편(取類篇)으로 이루어져 있다. 이러한 금낭경은 풍수학에 대한 구체적인 해석을 내리면서, 풍수이론과 실제를 전체적으로 기술함으로써 풍수학 발전에 크게 공헌하였다고 할 것이다.

이러한 장서를 금낭경(錦囊經)이라고 하는 어원에 대해서 살펴볼 필요가 있다. 양귀비와의 떠들썩한 로맨스로 유명한 당나라 황제 현종이 지리에 대해서 해박한 홍사(泓師)라는 신하를 자주 불러서 산천의 형세를 문답을 하여 보았다. 그런데 홍사는 장서를 자주 인용하면서 대답을 하였던 것이다. 어느 날인가 현종께서 홍사에게 그 인용하던 책을 요구하게 되었고 홍사는 책을 받치면서, 이 책은 세상에서 매우 귀한 책으로 함부로 다른 사람들에게 보여서는 안 되는 비보서(秘寶書)라고 말하였던 것이다. 이러한 말을 들은 현종은 이 책을 비단으로 만든 보자기, 즉 금낭(錦囊)에 넣고서 다시 이를 궤짝=상자 속에 깊이 넣어서 보관을 하였던 것이다. 이렇게 하여 금낭경이란 이름이 생겨나고 유래되었던 것이다.

이러한 금낭경이 우리나라에 미친 영향은 매우 큰데 청오경과 함께 술사(術士)가 되기 위한 잡과(雜科)의 과거시험 필수과목이었다는 점에서 증명된다. 즉 우리나라 조선시대 지리과(地理科)의 과거시험에서 청오경과 함께 금낭경은 배강(背講)이라는 암기의 필수과목이었다. 이러한 금낭경은 당나라 연국공(燕國公)이였던 장설(張說)과 승려인 홍사(泓師)와 일행(一行) 등이 주석을 달아서 설명한 판본(板本)이 전해지고 있다.

葬書(西晉: 郭璞-西元: 276-324年)西晉末東晉初著名學者, 文學家,

장서(서진: 곽박-서원: 276-324년)서진말동진초저명학자, 문학가,
術數學家. 字景純, 死後追贈弘農太守. 河東聞喜人. 東晉(元帝時, 歷
술수학가. 자경순, 사후추증홍농태수. 하동문희인. 동진(원제시, 력
任著作佐郎, 尙書郎, 曾與王隱共同撰寫(晉史) 他博學多才, 好經術,
임저작좌랑, 상서랑, 증여왕은공동찬사(진사) 타박학다재, 호경술,
擅辭賦, 精通天文, 曆算, 蔔筮, 相地之術. 著有(爾雅注), (方言注),
천사부, 정통천문, 력산, 복서, 상지지술. 저유(이아주), (방언주),
(穆天子傳注), (楚辭注) 以及(洞林) (新林), (蔔韻) 等十數種. 郭璞
(목천자전주), (초사주) 이급(동림) (신림), (복운) 등십수종. 곽박
(葬書), 始見於(宋史, 藝文志), 只一卷. 以後歷代術士爭相粉飾. 增
(장서), 시견어(송사, 예문지), 지일권. 이후력대술사쟁상분식. 증
至二十篇. 後被宋代蔡元定刪去十二篇存八篇. 元代吳澄又加刪削,
지이십편. 후피송대채원정산거십이편존팔편. 원대오징우가산삭
遂成中篇, 外篇, 雜篇共三篇. (四庫全書) 子部術數類相宅相墓之屬
수성중편, 외편, 잡편공삼편. (사고전서) 자부술수류상댁상묘지속
所收(葬書), 卽吳氏刪削本.
소수(장서), 즉오씨산삭본.

第2節 錦囊經의 原文과 讀音文

1. 錦囊經의 原文

▶**氣感編第一**:葬者乘生氣也五氣行乎地中人受體於父母本骸得氣遺
體受蔭經曰氣感而應鬼福及人是以銅山西崩靈鐘東應木華於春栗芽於

室毫釐之差禍福千里經曰地有四勢氣從八方夫陰陽之氣噫而爲風升而
爲雲降而爲雨行乎地中則爲生氣經曰氣乘風則散界水則止古人聚之使
不散行之使有止故謂之風水風水之法得水爲上藏風次之何以言之氣之
盛雖流行而其餘者猶有止雖零散而其深者猶有聚故藏於涸燥者宜淺經
曰淺深得乘風水自成葬於夷坦者宜深夫土者氣之體有土斯有氣氣者水
之母有氣斯有水經曰外氣橫形內氣止生盖言此也丘壟之骨岡阜之支氣
之所隨經曰土形氣行物因以生盖生者氣之聚凝結者成骨骨者人之生氣
死而獨留故葬者反氣納骨以蔭所生之法也▶**因勢編第二**：五氣行於地
中發而生乎萬物其行也因地之勢其聚也因勢之止．葬者原其起乘其止．
寅申巳亥四勢也衰旺繫乎形應．震離坎兌乾坤艮巽八方也．來止迹乎岡
阜．地勢原脈山勢原骨．委蛇東西或爲南北．千尺爲勢百尺爲形．勢來形
止是謂全氣全氣之地當葬其止．全氣之地宛委自復回還重復．若踞而候
也．若攬而有也．欲進而却欲止而深．來積止聚沖陽和陰．土膏水深鬱草
茂林．貴若千乘富如萬金經曰形止氣蓄化生萬物爲上地也．▶**平支編第
三**：地貴平夷土貴有支．支之所起氣隨而始支之所終氣隨而鍾．觀支之法
必以隱隱隆隆微妙玄通吉在其中．經曰地有吉氣隨土而起支有止氣隨
水而比其法以勢順形而動回復終始．法葬其中永吉無凶▶**山勢編第四**：
山者勢險而有也．法葬其所會．乘其所來．審其所廢．擇其所相．避其所害．
禍福不旋日是以君子奪神工改天命．經曰葬山之法若呼谷中言應速也．
是故四勢之山生八方之龍四勢行氣，八龍旋生一得其宅吉慶榮貴．山之
不可葬者五氣因土行而石山不可葬也．氣因形來而斷山不可葬也．氣以
勢止而過山不可葬也．氣以龍會而獨山不可葬也．氣以生和而童山不可
葬也．經曰童斷石過獨生新凶消已福．占山之法以勢爲難而形次之方又
次之．上地之山若伏若連其原自天．若水之波．若馬之馳．其來若奔．其止
若尸．若懷萬寶而燕息．若具萬饍而潔齊．若橐之鼓．若器之貯．若龍若鸞．
或騰或盤．禽伏獸蹲．若萬乘之尊也．天光發新．朝海拱辰．四勢端明五害
不親．十一不具是謂其次．▶**四勢編第五**：夫葬以左爲青龍右爲白虎前爲

朱雀後爲玄武.玄武垂頭.朱雀翔舞.靑龍蜿蜒.白虎蹲踞.形勢反此法當
破死.故虎繞謂之啣尸.龍踞謂之嫉主.玄武不垂者拒尸.朱雀不翔舞者
騰去.夫以水爲朱雀者忌夫湍激謂之悲泣.以支爲龍虎者要若肘臂謂之
回抱.朱雀源於生氣.派於已盛.朝於大旺.澤於將衰.流於囚謝.以返不
絶.法每一折瀦而後泄.洋洋悠悠顧我欲留.其來無源其去無流.經曰山
來水回貴壽而財.山囚水流虜王滅侯.▶貴穴編第六:夫外氣所以聚內氣
過水所以止來龍.千尺之勢宛委頓息外無以聚內氣散於地中.經曰不蓄
之穴,腐骨之藏也.夫噫氣爲風能散生氣龍虎所以衛區穴.疊疊中阜左空
右缺前曠,後折生氣散於飄風.經曰騰漏之穴敗槨之藏也.夫土欲細而堅
潤而不澤.裁肪切玉備具五色.夫乾如聚粟.濕如刲肉.水泉沙礫皆爲凶
宅.皆穴有三吉葬有六凶天光下臨地德上載.藏神合朔.神迎鬼避一吉
也.陰陽冲和五土四備已穴而溫二吉也.目力之巧工力之具趨全避闕增
高益下三吉也.陰陽差錯爲一凶.歲時之乖爲二凶.力小圖大爲三凶.憑
福恃勢爲四凶.僭上偪下爲五凶.變應怪見爲六凶.經曰穴吉葬凶與棄屍
同.▶形勢編第七:經曰勢止形昂前澗後岡龍首之藏.鼻顙吉昌角目滅
亡耳致侯王脣死兵傷.宛而中蓄曰龍之腹其臍深曲,必世後福金穀璧玉
傷其胸脇朝穴暮哭其法滅族.夫古人之葬蓋亦難矣,岡壟之辨眩目惑心
禍福之差侯虜有間.故山勢盡而擧者爲尾而占首有疑.其法在耳角目之
具.耳角之辨百尺之山十尺相邇.以坎爲首甲角震耳.八山對求乾角在癸
龍目宛然直離之申.兌以坎爲鼻艮以坎爲脣.土圭測其方位玉尺度其遠
邇.乘金相水穴土印木.外藏八風內秘五行.龍虎抱衛主客相迎.微妙在
智觸類而長.玄通陰陽功奪造化.夫葬乾者勢欲起伏而長形欲濶厚而方.
葬坤者勢欲連袤而不傾形欲廣厚而長平.葬艮者勢欲委蛇而順形欲高
峙而峻.葬震者勢欲蟠而和形欲聳而峨.葬巽者勢欲峻而秀形欲銳而雄.
葬離者勢欲馳而穹形欲起而崇.葬兌者勢欲大來而坡垂形欲方廣而平
夷.葬坎者勢欲曲折而長形欲秀直而昂.夫牛臥馬馳鸞舞鳳飛騰蛇委蛇.
黿鼉魚鱉以水別之.牛富鳳貴.騰蛇凶危.形類百動葬皆非宜.四應前案法

同忌之.▶**取類編第八**:夫重岡疊阜群壟衆支當擇其特情如伏尸.大者特小小者特大.參形雜勢主客同情所不葬也.夫支欲起於地中.壟欲峙於地上.支壟之前平夷如掌. 故支葬其巓壟葬其麓.卜支如首卜壟如足.形勢不經氣脫如逐.形如仰刀凶禍伏逃.形如臥劍誅夷逼僭.形如橫几孫滅子死.形如覆舟女病男囚. 形如灰囊災舍焚倉.形如投筭百事昏亂.形如亂衣妬女淫妻.形如植冠永昌且歡.形如覆釜其巓可富.形如負扆有壟中峙法葬其止王侯崛起.龍遠虎踞前案如戶貴不可露.形如燕巢法葬其凹脏土分茅.形如側疊後岡遠來前應曲回九棘三槐.勢如萬馬自天而下其葬王者.勢如巨浪重嶺疊障千乘之葬.勢如降龍水繞雲從爵祿三公.勢如雲從壁立雙峯翰墨詞鋒. 勢如重屋茂草喬木開府建國.勢如驚蛇屈曲徐斜滅國亡家.勢如戈矛兵死刑囚.勢如流水生人皆鬼.夫勢與形順者吉勢與形逆者凶.勢凶形吉百福希一勢吉形凶禍不旋日.

2. 錦囊經의 讀音文

1) 氣感編第一

葬者乘生氣也 五氣行乎地中 人受體於父母 本骸得氣遺 體受蔭 經曰
장자승생기야 오기행호지중 인수체어부모 본해득기유체수음 경왈
氣感而應鬼福及人 是以銅山西崩靈鐘東應 木華於春栗 芽於室 毫釐
기감이응귀복급인 시이동산서붕영종동응 목화어춘율 아어실 호리
之差禍福千里 經曰地有四勢氣從八方 夫陰陽之氣噫而 爲風升而爲雲
지차화복천리 경왈지유사세기종팔방 부음양지기희이 위풍승이위운
降而爲雨行乎地中則爲生氣 經曰氣乘風則散 界水則止 古人聚之使不
강이위우행호지중칙위생기 경왈기승풍칙산 계수칙지 고인취지사부
散行之使有止故謂之風水 風水之法得水爲上藏風次之 何以言之氣之
산행지사유지고위지풍수 풍수지법득수위상장풍차지 하이언지기지

盛雖流行而其餘者猶有止 雖零散而其深者猶有聚 故藏於涸燥者宜淺
성수류행이기여자유지 수령산이기심자유유취 고장어학조자의천
經曰淺深得乘風水自成 葬於夷坦者宜深 夫土者氣之體有土斯有氣 氣
경왈천심득승풍수자성 장어이탄자의심 부토자기지체유토사유기 기
者水之母有氣斯有水 經曰外氣橫形內氣止生盖言此也 丘壟之骨岡阜
자수지모유기사유수 경왈외기횡형내기지생개언차야 구롱지골강부
之支氣之所隨 經曰土形氣行物因以生 盖生者氣之聚凝結者成骨骨者
지지기지소수 경왈토형기행물인이생 개생자기지취응결자성골골자
人之生氣死而獨留故葬者反氣納骨以蔭所生之法也
인지생기사이독유고장자반기납골이음소생지법야

2) 因勢編第二

五氣行於地中發而生乎萬物其行也因地之勢其聚也因勢之止. 葬者原
오기행어지중발이생호만물기행야인지지세기취야인세지지. 장자원
其起乘其止. 寅申巳亥四勢也衰旺繫乎形應. 震離坎兌乾坤艮巽八方
기기승기지. 인신사해사세야쇠왕계호형응. 진이감태건곤간손팔방
也.來止迹乎岡阜. 地勢原脈山勢原骨. 委蛇東西或爲南北. 千尺爲勢
야.내지적호강부. 지세원맥산세원골. 위사동서혹위남북. 천척위세
百尺爲形. 勢來形止是謂全氣全氣之地當葬其止. 全氣之地宛委自復
백척위형. 세래형지시위전기전기지지당장기지. 전기지지완위자부
回還重復. 若踞而候也.若攬而有也. 欲進而却欲止而深.來積止聚沖陽
회환중부. 약거이후야.약람이유야. 욕진이각욕지이심.래적지취충양
和陰. 土膏水深鬱草茂林. 貴若千乘富如萬金經曰形止氣蓄化生萬物
화음. 토고수심울초무림. 귀약천승부여만금경왈형지기축화생만물
爲上地也.
위상지야.

3) 平支編第三

地貴平夷土貴有支. 支之所起氣隨而始支之所終氣隨而鍾. 觀支之法
지귀평이토귀유지. 지지소기기수이시지지소종기수이종. 관지지법
必以隱隱隆隆微妙玄通吉在其中. 經曰地有吉氣隨土而起支有止氣隨
필이은은륭륭미묘현통길재기중. 경왈지유길기수토이기지유지기수
水而比其法以勢順形而動回復終始. 法葬其中永吉無凶.
수이비기법이세순형이동회부종시. 법장기중영길무흉.

4) 山勢編第四

山者勢險而有也. 法葬其所會. 乘其所來. 審其所廢. 擇其所相. 避其
산자세험이유야. 법장기소회. 승기소래. 심기소폐. 택기소상. 피기
所害. 禍福不旋日是以君子奪神工改天命,經曰葬山之法若呼谷中言應
소해. 화복부선일시이군자탈신공개천명,경왈장산지법약호곡중언응
速也. 是故四勢之山生八方之龍四勢行氣, 八龍旋生一得其宅吉慶榮
속야. 시고사세지산생팔방지룡사세행기, 팔룡선생일득기택길경영
貴. 山之不可葬者五氣因土行而石山不可葬也. 氣因形來而斷山不可
귀. 산지부가장자오기인토행이석산부가장야. 기인형래이단산부가
葬也. 氣以勢止而過山不可葬也. 氣以龍會而獨山不可葬也. 氣以生和
장야. 기이세지이과산부가장야. 기이룡회이독산부가장야. 기이생화
而童山不可葬也. 經曰童斷石過獨生新凶消已福. 占山之法以勢爲難
이동산부가장야. 경왈동단석과독생신흉소이복. 점산지법이세위난
而形次之方又次之. 上地之山若伏若連其原自天. 若水之波. 若馬之馳.
이형차지방우차지. 상지지산약복약련기원자천. 약수지파. 약마지치.
其來若奔. 其止若尸. 若懷萬寶而燕息. 若具萬饍而潔齊. 若橐之鼓. 若
기래약분. 기지약시. 약회만보이연식. 약구만선이결제. 약탁지고. 약
器之貯. 若龍若鸞或騰或盤. 禽伏獸蹲. 若萬乘之尊也. 天光發新. 朝
기지저. 약룡약란혹등혹반. 금복수준. 약만승지존야. 천광발신. 조

海拱辰. 四勢端明五害不親. 十一不具是謂其次.
해공진. 사세단명오해부친. 십일부구시위기차.

5) 四勢編第五

夫葬以左爲靑龍右爲白虎前爲朱雀後爲玄武. 玄武垂頭. 朱雀翔舞.
부장이좌위청룡우위백호전위주작후위현무. 현무수두. 주작상무.
靑龍蜿蜒. 白虎蹲踞. 形勢反此法當破死. 故虎繞謂之啣尸. 龍踞謂
청룡완연. 백호준거. 형세반차법당파사. 고호요위지함시. 용거위
之嫉主. 玄武不垂者拒尸. 朱雀不翔舞者騰去. 夫以水爲朱雀者忌夫
지질주. 현무부수자거시. 주작부상무자등거. 부이수위주작자기부
湍激謂之悲泣. 以支爲龍虎者要若肘臂謂之回抱. 朱雀源於生氣. 派
단격위지비읍. 이지위룡호자요약주비위지회포. 주작원어생기. 파
於已盛. 朝於大旺. 澤於將衰. 流於囚謝. 以返不絶. 法每一折瀦而後
어이성. 조어대왕. 택어장쇠. 유어수사. 이반불절. 법매일절저이후
泄. 洋洋悠悠顧我欲留. 其來無源其去無流. 經曰山來水回貴壽而財.
설. 양양유유고아욕류. 기래무원기거무류. 경왈산래수회귀수이재.
山囚水流虜王滅侯.
산수수류노왕멸후.

6) 貴穴編第六

夫外氣所以聚內氣過水所以止來龍. 千尺之勢宛委頓息外無以聚內氣
부외기소이취내기과수소이지래룡. 천척지세완위돈식외무이취내기
散於地中. 經曰不蓄之穴,腐骨之藏也. 夫噫氣爲風能散生氣龍虎所以
산어지중. 경왈부축지혈,부골지장야. 부희기위풍능산생기용호소이
衛區穴. 疊疊中阜左空右缺前曠, 後折生氣散於飄風. 經曰騰漏之穴
위구혈. 첩첩중부좌공우결전광, 후절생기산어표풍. 경왈등루지혈
敗槨之藏也. 夫土欲細而堅潤而不澤. 裁肪切玉備具五色. 夫乾如聚
패곽지장야. 부토욕세이견윤이불택. 재방절옥비구오색. 부건여취

패곽지장야. 부토욕세이견윤이부택. 재방절옥비구오색. 부건여취栗. 濕如刲肉. 水泉沙礫皆爲凶宅, 皆穴有三吉葬有六凶天光下臨地속. 습여규육. 수천사력개위흉택. 개혈유삼길장유육흉천광하림지德上載. 藏神合朔. 神迎鬼避一吉也. 陰陽冲和五土四備已穴而溫二덕상재. 장신합삭. 신영귀피일길야. 음양충화오토사비이혈이온이吉也. 目力之巧工力之具趨全避闕增高益下三吉也. 陰陽差錯爲一凶.길야. 목력지교공력지구추전피궐증고익하삼길야. 음양차착위일흉.歲時之乖爲二凶. 力小圖大爲三凶. 憑福恃勢爲四凶. 僭上偪下爲五세시지괴위이흉. 역소도대위삼흉. 빙복시세위사흉. 참상핍하위오凶. 變應怪見爲六凶. 經曰穴吉葬凶與棄屍同.흉. 변응괴견위육흉. 경왈혈길장흉여기시동.

7) 形勢編第七

經曰勢止形昂前澗後岡龍首之藏. 鼻顙吉昌角目滅亡耳致侯王脣死兵경왈세지형앙전간후강용수지장. 비상길창각목멸망이치후왕순사병傷. 宛而中蓄曰龍之腹其臍深曲, 必世後福金穀璧玉傷其胸脇朝穴暮傷. 완이중축왈룡지복기제심곡, 필세후복김곡벽옥상기흉협조혈모哭其法滅族. 夫古人之葬蓋亦難矣, 岡壟之辨眩目惑心禍福之差侯虜곡기법멸족. 부고인지장개역난의, 강롱지변현목혹심화복지차후로有間. 故山勢盡而擧者爲尾而占首有疑. 其法在耳角目之具. 耳角之유간. 고산세진이거자위미이점수유의. 기법재이각목지구. 이각지辨百尺之山十尺相邇. 以坎爲首甲角震耳. 八山對求乾角在癸龍目宛변백척지산십척상이. 이감위수갑각진이. 팔산대구건각재계용목완然直離之申. 兌以坎爲鼻艮以坎爲脣. 土圭測其方位玉尺度其遠邇.연직이지신. 태이감위비간이감위순. 토규측기방위옥척도기원이.乘金相水穴土印木. 外藏八風內秘五行. 龍虎抱衛主客相迎. 微妙在승김상수혈토인목. 외장팔풍내비오행. 용호포위주객상영. 미묘재

智觸類而長. 玄通陰陽功奪造化. 夫葬乾者勢欲起伏而長形欲潤厚而
지촉류이장. 현통음양공탈조화. 부장건자세욕기복이장형욕활후이
方. 葬坤者勢欲連衮而不傾形欲廣厚而長平. 葬艮者勢欲委蛇而順形
방. 장곤자세욕연무이부경형욕광후이장평. 장간자세욕위사이순형
欲高崎而峻. 葬震者勢欲蟠而和形欲聳而峨. 葬巽者勢欲峻而秀形欲
욕고치이준. 장진자세욕반이화형욕용이아. 장손자세욕준이수형욕
銳而雄. 葬離者勢欲馳而穹形欲起而崇. 葬兌者勢欲大來而坡垂形欲
예이웅. 장이자세욕치이궁형욕기이숭. 장태자세욕대래이파수형욕
方廣而平夷. 葬坎者勢欲曲折而長形欲秀直而昂. 夫牛臥馬馳鸞舞鳳
방광이평이. 장감자세욕곡절이장형욕수직이앙. 부우와마치난무봉
飛騰蛇委蛇. 䵷黿魚鱉以水別之. 牛富鳳貴. 騰蛇凶危. 形類百動葬皆
비등사위사. 원타어별이수별지. 우부봉귀. 등사흉위. 형류백동장개
非宜. 四應前案法同忌之.
비의. 사응전안법동기지.

8) 取類編第八

夫重岡疊阜群壠衆支當擇其特情如伏尸. 大者特小小者特大. 參形雜
부중강첩부군롱중지당택기특정여복시. 대자특소소자특대. 참형잡
勢主客同情所不葬也. 夫支欲起於地中. 壠欲峙於地上. 支壠之前平
세주객동정소부장야. 부지욕기어지중. 롱욕치어지상. 지롱지전평
夷如掌. 故支葬其巓壠葬其麓. 卜支如首卜壠如足. 形勢不經氣脫如
이여장. 고지장기전롱장기록. 복지여수복롱여족. 형세부경기탈여
逐. 形如仰刀凶禍伏逃. 形如臥劍誅夷逼僭. 形如橫几孫滅子死. 形如
축. 형여앙도흉화복도. 형여와검주이핍참. 형여횡궤손멸자사. 형여
覆舟女病男囚. 形如灰囊災舍焚倉. 形如投筭百事昏亂.形如亂衣妬女
복주여병남수. 형여회낭재사분창. 형여투산백사혼란.형여란의투녀
淫妻. 形如植冠永昌且歡. 形如覆釜其巓可富. 形如負扆有壠中峙法
음처. 형여식관영창차환. 형여복부기전가부. 형여부의유롱중치법

음처. 형여식관영창차환. 형여복부기전가부. 형여부의유롱중치법
葬其止王侯崛起. 龍遶虎踞前案如戶貴不可露. 形如燕巢法葬其凹肝
장기지왕후굴기. 용요호거전안여호귀부가로. 형여연소법장기요조
土分茅. 形如側疊後岡遠來前應曲回九棘三槐. 勢如萬馬自天而下其
토분모. 형여측뢰후강원래전응곡회구극삼괴. 세여만마자천이하기
葬王者. 勢如巨浪重嶺疊障千乘之葬. 勢如降龍水繞雲從爵祿三公.
장왕자. 세여거랑중령첩장천승지장. 세여강룡수요운종작록삼공.
勢如雲從壁立雙峯翰墨詞鋒. 勢如重屋茂草喬木開府建國. 勢如驚蛇
세여운종벽립쌍봉한묵사봉. 세여중옥무초교목개부건국. 세여경사
屈曲徐斜滅國亡家. 勢如戈矛兵死刑囚. 勢如流水生人皆鬼. 夫勢與
굴곡서사멸국망가. 세여과모병사형수. 세여류수생인개귀. 부세여
形順者吉勢與形逆者凶. 勢凶形吉百福希一勢吉形凶禍不旋日.
형순자길세여형역자흉. 세흉형길백복희일세길형흉화부선일.

第3節 錦囊經의 原文解說과 張說外註釋解說

1. 第1 氣感編(기감편)

1) 葬者乘生氣也(장자승생기야)

〔원문1구독음문〕

葬者(장자)는 乘生氣也(승생기야)라.

〔원문1구해설〕

葬者(장자)는 • 장법, 즉 장사를 지냄에 있어서는

乘生氣也(승생기야)라 • 생기를 타는 것이기 때문에 생기에 의지해

야만 하는 것이다.

〔註釋原文〕
張曰萬物之所生無著於地中者以地中有生氣故也葬者穴也葬骨求四勢
擇八龍是乘生氣也.又曰葬埋也藏也生氣地中之生氣配之以五行之生
氣是也若橐之鼓如器之貯地中之生氣是也金生水水生木木生火火生土
土生金坐穴如來山相生放水如坐穴相生年月日時又復常生此卽五行之
生氣也乘之則吉反之則凶此自然之理也.

〔주석독음문〕
張曰(장왈), 萬物之所生(만물지소생)은 無著於地中者(무저어지중
자)인데 以地中有生氣故也(이지중유생기고야)라. 葬者(장자)는 穴
也(혈야)니, 葬骨(장골)은 求四勢(구사세)하고 擇八龍(택팔룡)하나
니 是乘生氣也(시승생기야)라. 又曰(우왈), 葬(장)은 埋也(매야)오,
藏也(장야)라. 生氣(생기)가 地中之生氣(지중지생기)하여 配之以五
行之生氣(배지이오행지생기)가 是也(시야)라. 若橐之鼓(약포지고)
하고 如器之貯(여기지저)면 地中之生氣(지중지생기)가 是也(시야)
라. 金生水(금생수)하고 水生木(수생목)하고 木生火(목생화)하고
火生土(화생토)하며 土生金(토생금)이니, 坐穴(좌혈)은 如來山(여
래산)으로 相生(상생)하고 放水(방수)는 如坐穴(여좌혈)로 相生(상
생)하며 年月日時(년월일시)도 又復常生(우부상생)이면 此卽五行
之生氣也(차즉오행지생기야)라. 乘之則吉(승지칙길)이오 反之則凶
(반지칙흉)이니 此自然之理也(차자연지리야)라.

〔주석해설〕
張曰(장왈)•張說께서는 다음과 같이 말하고 있다.
萬物之所生(만물지소생)은•일체의 만물이 생겨나는 곳(의지처)＝
것(氣)은

無著於地中者(무저어지중자)인데 • 地中者인 땅속의 그것에 힘입지 않은 것이 없는데

以地中有生氣故也(이지중유생기고야)라 • 그것은 바로 땅속에 생기가 깃들여 있는 까닭인 것이다.

葬者(장자)는 • 묻는다는 것, 즉 장사를 지낸다는 것은

穴也(혈야)니 • 土室(토실)=壙中(광중)=穴(혈)에 모시는 것을 말하는 것이다. 예컨대 시신을 혈에 접목=위치시킴으로써 생기를 타게 한다는 것이기 때문에 결과적으로는 생기가 혈에 모였음을 말하고 있음인 것이다.

葬骨(장골)은 • 장사를 지내서 묻힌 유골은

求四勢(구사세)하고 • 4세(寅=太陽/申=少陽/巳=太陰/亥=少陰), 즉 사방의 勢가 衰旺(쇠왕)함에 따라서 응하는 것을 말하는 것인데, 이는 4象(상)이나 혈주위의 4神砂(동청룡/서백호/남주작/북현무)를 지칭하기도 하는 것이다.

擇八龍(택팔룡)하나니 • 8龍=8卦方位, 즉 乾坤坎離巽兌艮震(건곤감리손태간진)의 山龍(산룡)이나 龍의 生死順逆(생사순역) 등의 龍格(용격)을 말하기도 하는데, 4勢8龍이라는 것은 혈주위의 4面8方의 좋은 山龍脈勢(산룡맥세)을 택해야 하는 것이니,

是乘生氣也(시승생기야)라 • 그래서 일체만물이 생기에 의지한다고 하는 것이다.

又曰(우왈) • 덧붙여서 다음과 같이 말하고 있다.

葬(장)은 • 장사를 지낸다 라고 하는 것은

埋也(매야)오 • 땅에 묻는 것이고

藏也(장야)라 • 땅속에 감춘다는 의미인 것이다.

生氣(생기)가 • 생기라는 것은

地中之生氣(지중지생기)하여 • 지중의 땅속에 있는 생기의 형태로

配之以五行之生氣(배지이오행지생기)라 • 장사와 짝지어서 도울 수

있음은 그것 자체가 5행의 생기이기 때문인 것이다.

是也(시야)라 • 그러함인 것이다.

若橐之鼓(약포지고)하고 • 마치 부풀려진 주머니의 고동＝북과 같거나

如器之貯(여기지저)면 • 그릇에 가득 쌓여진 형상과 같다고 한다면

地中之生氣(지중지생기)가 • 그것이 바로 땅속의 생기라고 할 것이다.

是也(시야)라 • 바로 그것이다.

金生水(금생수)하고 • 金은 水를 生하고

水生木(수생목)하며 • 水는 木을 生하며

木生火(목생화)하고 • 木은 火를 生하는 것이고

火生土(화생토)하며 • 火는 土를 生하며

土生金(토생금)으로 • 다시 土는 金을 生하는 것이다.

坐穴(좌혈)은 • 명당의 혈처를 말하는 坐穴은

如來山(여래산)으로 • 來山, 즉 혈장까지에 이르러서 도달하는 來龍
(래용)의 맥세와 더불어서

相生(상생)하고 • 상생을 하여야 하고

放水(방수)는 • 內水인 명당수와 外水인 객수는

如坐穴(여좌혈)로 • 坐穴과 더불어서

相生(상생)하며 • 상생을 하여야 하는 것이며

年月日時(년월일시)도 • 년월일시인 4星4柱도

又復常生(우부상생)이면 • 또한 상생을 해야만 하는데

此卽五行之生氣也(차즉오행지생기야)라 • 이것을 이름하여서 五行
의 생기라고 하는 것이다.

乘之則吉(승지칙길)이오 • 모든 것이 생기에 의지하면 길한 것이고,

反之則凶(반지칙흉)이니 • 모든 것이 생기에 의지하지 않고 어긋나
게 되면 흉한 것이기 때문에

此自然之理也(차자연지리야)라 • 이러한 것이 자연의 이치인 것이다.

2) 五氣行乎地中

〔원문2구독음문〕

五氣(5기)는 行乎地中(행호지중)이라.

〔원문2구해설〕

五氣(5기)는 • 오행의 氣＝5氣(금목수화토)는

行乎地中(행호지중)이라 • 땅속을 유행하면서 돌아다니는 것이다.

〔註釋原文〕

五行之氣備具方能生物行於地中人自不知也又曰五氣卽五行之氣也謂
五行之氣行乎地中周乎八方如乾山屬金坤山屬土之類是也.

〔주석독음문〕

五行之氣(오행지기)는 備具方能生物(비구방능생물)로 行於地中(행
어지중)한데 人自不知也(인자불지야)라. 又曰(우왈), 五氣(오기)는
卽五行之氣也(즉오행지기야)로 謂五行之氣(위오행지기)는 行乎地
中(행호지중)하며 周乎八方(주호팔방)하니 如乾山屬金(여건산속
금), 坤山屬土之類(곤산속토지류)가 是也(시야)라.

〔주석해설〕

五行之氣(오행지기)는 • 5行의 氣는

備具方能生物(비구방능생물)이라 • 능히 사두사방의 온천지에 생명
을 가진 모든 것들에 두루 갖추어져 있으면서

行於地中(행어지중)한데 • 땅속을 유행하면서 돌아다니는 것인데,

人自不知也(인자불지야)라 • 사람들이 자기 스스로 그것을 깨우쳐
서 알지를 못하고 있을 뿐인 것이다.

又曰(우왈) • 덧붙여서 다음과 같이 말하고 있다.

五氣(오기)는 • 5氣라는 것은

卽五行之氣也(즉오행지기야)로 • 5行의 氣인 것인데

謂五行之氣(위오행지기)는•소위 말하여 5行의 氣는

行乎地中(행호지중)하며•땅속을 유행하여 돌아다니면서

周乎八方(주호팔방)하니•4방8방에 두루두루 퍼져서 있음인 것이다.

如乾山屬金(여건산속금)이고•乾山은 金에 속하고

坤山屬土之類(곤산속토지류)라•坤山은 土에 속함과 같은 것이

是也(시야)라•바로 그러한 이치인 것이다.

3) 人受體於父母

〔원문3구독음문〕

人受體於父母(인수체어부모)하다.

〔원문3구해설〕

人受體於父母(인수체어부모)라•모든 사람들은 부모로부터 몸=육
신을 이어 받는다.

〔註釋原文〕

張曰子息者父母之遺體也又曰夫人皆由父母之體以生是謂受父母之遺
體也.

〔주석독음문〕

張曰(장왈), 子息者(자식자)는 父母之遺體也(부모지유체야)라. 又
曰(우왈), 夫(부), 人皆由父母之體(인개유부모지체)로 以生(이생)
이니 是謂(시위), 受父母之遺體也(수부모지유체야)라.

〔주석해설〕

張曰(장왈)•張說께서는 다음과 같이 말하고 있다.

子息者(자식자)는•자식이라는 것은

父母之遺體也(부모지유체야)라•부모가 남겨서 놓는 몸=遺體(유
체)인 것이다.

又曰(우왈) • 덧붙여서 다음과 같이 말하고 있다.

夫(부) • 무릇

人皆由父母之體(인개유부모지체)라 • 사람들은 모두가 하나같이 부모의 몸으로 인하여

以生(이생)하니 • 삶을 이어서 받은 것이기 때문에

是謂(시위) • 이러한 것이 바로

受父母之遺體也(수부모지유체야)라 • 사람들이 자신의 부모로부터 遺體를 받은 것이라고 하는 까닭이고 이유인 것이다.

4) 本骸得氣遺體受蔭

〔원문4구독음문〕

本骸得氣(본해득기)요 遺體受蔭(유체수음)이라.

〔원문4구해설〕

本骸得氣(본해득기)요 • 부모의 本骸＝遺體는 부모의 시신 중에서 피와 살은 썩어서 흙으로 돌아가고 남아 있는 뼈인 遺骨(유골)이 氣를 얻게 되면

遺體受蔭(유체수음)이라 • 그 부모가 남긴 유체＝몸인 자식＝遺體가 그 蔭德(음덕)을 이어서 받게 되는 것이다.

〔註釋原文〕

張曰本骸者父母之骸乃子孫之本父母本骸乘得生氣則遺體受蔭子孫興福矣又曰父母生人之本父母之骸乘得五行之生氣則父母之遺體爲子若孫寧不享受蔭注之福哉.

〔주석독음문〕

張曰(장왈), 本骸者(본해자)는 父母之骸(부모지해)요 乃子孫之本(내자손지본)이니 父母本骸(부모본해)가 乘得生氣(승득생기)면 則遺體受蔭(칙유체수음)하여 子孫興福矣(자손흥복의)리라. 又曰(우

왈), 父母(부모)는 生人之本(생인지본)이니 父母之骸(부모지해)가
乘得五行之生氣(승득오행지생기)면 則父母之遺體爲子若孫(칙부모
지유체위자약손)이 寧不享受蔭注之福哉(영부향수음주지복재)리까.

〔주석해설〕
張曰(장왈)•張說께서는 다음과 같이 말하고 있다.
本骸者(본해자)는• 본해, 즉 유해라는 것은
父母之骸(부모지해)요• 부모의 遺體(유체)로서
乃子孫之本(내자손지본)이니• 당연히 자손들의 근본이 되는 것이다.
父母本骸(부모본해)가• 부모의 본해가
乘得生氣(승득생기)면• 생기를 얻어서 그 생기에 의지를 하게 되면
則遺體受蔭(칙유체수음)하여• 그 遺體=자식들은 蔭德(음덕)을 받
게 되는 것이니
子孫興福矣(자손흥복의)리라• 자손들이 흥성함과 복됨을 누리게
될 것이다.
又曰(우왈)• 덧붙여서 다음과 같이 말하고 있다.
父母(부모)는• 부모라는 것은
生人之本(생인지본)이니• 모든 살아 있는 사람=생명들의 근본이므로
父母之骸(부모지해)가• 부모의 유해가
乘得五行之生氣(승득오행지생기)면• 오행의 생기를 얻어서 의지를
하게 되면
則父母之遺體爲子若孫(칙부모지유체위자약손)이• 그 부모의 유체
인 자손으로서 어찌
寧不享受蔭注之福哉(영부향수음주지복재)리• 그 음덕이 끌어다가
대주는 흥복을 입지 않는다고 할 수 있을 것인가?

5) 經曰氣感而應鬼福及人
〔원문5구독음문〕
經曰(경왈), 氣感而應鬼(기감이응귀)면 福及人(복급인)이라.
〔원문5구해설〕
經曰(경왈)•經에 이르기를
氣感而應鬼(기감이응귀)면•氣=생기가 鬼에 감응을 하게 되면
福及人(복급인)이라•그 복이 살아 있는 사람=자손에게 미친다고
하고 있다.

〔註釋原文〕
張曰璞引經曰盖古葬經也若感應於穴中卽父母福及子孫父母已葬故曰
鬼子孫受蔭故曰福及人一行曰經者璞引靑囊經也又曰生曰人死曰鬼父
母死葬得地氣類相感而福應必及生人.
〔주석독음문〕
張曰(장왈), 璞引經曰(박인경왈)은 盖古葬經也(개고장경야)라. 若
感應於穴中(약감응어혈중)이면 卽父母福(즉부모복)이 及子孫(급자
손)인데 父母已葬(부모이장)이니 故(고)로 曰鬼(왈귀)이며 子孫受
蔭(자손수음)이니 故(고)로 曰福及人(왈복급인)이라. 一行曰(일행
왈), 經者(경자)는 璞引靑囊經也(박인청낭경야)라. 又曰(우왈), 生
曰人(생왈인)이오 死曰鬼(사왈귀)라. 父母死葬(부모사장)함에 得地
氣(득지기)면 類相感(유상감)이니 而福應必及生人(이복응필급생
인)이라.

〔주석해설〕
張曰(장왈)•張說께서는 다음과 같이 말하고 있다.
璞引經曰(박인경왈)은•葬經(장경)의 저자인 곽박이 經에서 이르기
를 하고 인용하면서

盖古葬經也(개고장경야)라•인용한 經이란 바로 古葬經(고장경),
즉 옛날의 장경을 일컫는 다고 할 것이다.

若感應於穴中(약감응어혈중)이면•만약에 穴中에 있는 부모유골에
생기의 감응이 미치게 되면

卽父母福(즉부모복)이•즉 그 부모유골이 地氣로부터 받은 복이,

及子孫(급자손)인데•자손에게 미치게 되는 것인데

父母已葬(부모이장)이니•부모가 예전에 돌아가시어 이미 장사를
치렀다면

故(고)로•그러하기 때문에

曰鬼(왈귀)이며•鬼라고 하는 것이며

子孫受蔭(자손수음)이니•자손이 그 음덕을 받는 것인데

故(고)로•그러하기 때문에

曰福及人(왈복급인)이라•그 복이 생인인 산사람에게 미친다고 하
는 것이다.

一行曰(일행왈)•일행스님께서 이르기를

經者(경자)는•본문에 나오는 經이라는 것은,

璞引靑囊經也(박인청낭경야)라•곽박이 靑囊經(청낭경)을 인용한
것이라고 하고 있다.

又曰(우왈)•덧붙여서 다음과 같이 말하고 있다.

生曰人(생왈인)이오•살아 있을 때는 사람(人)이고

死曰鬼(사왈귀)라•죽으면 鬼神(鬼)인 것이다.

父母死葬(부모사장)함에•부모가 별세=돌아가시어 장사를 지냈는데

得地氣(득지기)면•그 遺骸(유해)가 地氣(지기)를 얻게 되면

類相感(유상감)이니•서로 같은 종류의 氣가 서로간에 감응을 하게
되고

而福應必及生人(이복응필급생인)이라•그 복은 반드시 살아 있는
사람인 생인에게 응함이 있을 것이다.

6) 是以銅山西崩靈鐘東應

〔원문6구독음문〕

是以銅山西崩(시이동산서붕)에 靈鐘東應(영종동응)이어라.

〔원문6구해설〕

是以銅山西崩(시이동산서붕)에 • 이러한 상호간 감응은 구리광산인
銅山이 서쪽에서 무너질 경우에

靈鐘東應(영종동응)이어라 • 영험스러운 靈鐘이 동쪽에서 메아리치
듯 감응을 하여 울림을 하는 것과 같은 이치인 것이다.

〔註釋原文〕

張曰漢未央宮中一夕無故而鐘自鳴東方朔曰必有銅山崩者未幾西蜀秦
銅山崩以日揆之正未央鐘鳴之日帝問朔何以知之朔曰盖銅出於銅山氣
相感應猶人受體於父母帝歎曰物尚爾況於人乎況於鬼神乎又曰銅出於
銅山之山崩而鐘自鳴亦猶本骸同氣子孫蒙福自然之理也.

〔주석독음문〕

張曰(장왈), 漢(한), 未央宮中(미앙궁중), 一夕(일석)에 無故(무고)
이 而鐘自鳴(이종자명)이라. 東方朔曰(동방삭왈), 必有銅山崩者(필
유동산붕자)리라 未幾(미기)에 西蜀秦銅山崩(서촉진동산붕)하거늘
以日揆之正(이일규지정)하니 未央鐘鳴之日(미앙종명지일)이라. 帝
問朔(제문삭)키를 何以知之(하이지지)인가 하니 朔曰(삭왈), 盖銅
出於銅山(개동출어동산)이니 氣相感應(기상감응)이오, 猶人受體於
父母(유인수체어부모)니이다. 帝歎曰(제탄왈), 物尚爾(물상이)인데
況於人乎(황어인호)인가. 況於鬼神乎(황어귀신호)인가. 又曰(우
왈), 銅出於銅山之(동출어동산지)니 山崩而鐘自鳴(산붕이종자명)
이오, 亦猶本骸同氣子孫(역유본해동기자손)이 蒙福(몽복)함은 自然
之理也(자연지리야)라.

〔주석해설〕

張曰(장왈) • 張說께서는 다음과 같이 말하고 있다.

漢(한) • 漢나라 때에

未央宮中(미앙궁중) • 미앙궁에서

一夕(일석)에 • 어느 날 저녁경에

無故(무고)라 • 아무런 이유도 없이

而鐘自鳴(이종자명)이라 • 치지도 않은 종이 스스로 소리를 내어서 울었었다.

東方朔曰(동방삭왈) • 동방삭이가 있다가

必有銅山崩者(필유동산붕자)리라 • 반드시 구리광산이 무너진 일이 있을 것이라고 말을 하였던 것이다.

未幾(미기)에 • 머지않아서

西蜀秦銅山崩(서촉진동산붕)하거늘 • 서쪽의 땅인 秦嶺(진령)에 있는 구리광산이 무너졌다는 소식이 왔었는데

以日揆之正(이일규지정)이라 • 날짜를 헤아려 상량을 해보니 바로

未央鐘鳴之日(미앙종명지일)이라 • 미앙궁의 종이 스스로 소리를 내어 울린 그날이었던 것이다.

帝問朔(제문삭)하기를 • 이에 황제가 동방삭에게

何以知之(하이지지)인가 하니 • 어떻게 그 일을 알 수 있었느냐고 물으니

朔曰(삭왈) • 동방삭이 대답하기를

盖銅出於銅山(개동출어동산)이니 • 무릇 종은 구리로 만든 것이고 구리는 구리광산에서 나온 것이라고 아뢰었다.

氣相感應(기상감응)이오 • 그러니 두 氣가 서로 감응을 하는 것은

猶人受體於父母(유인수체어부모)니이다 • 마치 사람이 자신의 부모로부터 몸을 받는 것과 마찬가지의 이치라고 하였던 것이다.

帝歎曰(제탄왈) • 황제가 감탄하여 소리치기를

物尙爾(물상이)인데 • 물체의 짝지음도 그러할진대

況於人乎(황어인호)인가 • 하물며 사람에게 있어서두 그러하지 않
겠는가, 귀신에게 있어서도 그러하지 않겠는가 라고 하였던 것이다.

又曰(우왈) • 덧붙여서 다음과 같이 말하고 있다.

銅出於銅山之(동출어동산지)니 • 구리가 그 자신이 태어난 동산이

山崩而鐘自鳴(산붕이종자명)이오 • 그 구리광산이 무너짐에 따라
그 구리로 만든 구리종이 스스로 소리를 내어 우는 것은

亦猶本骸同氣子孫(역유본해동기자손)이 • 마치 부모의 유해와 같은
同氣인 자손에게

蒙福(몽복)함은 • 부모의 유해가 받은 기가 복을 입히는 것과 같은
것이므로

自然之理也(자연지리야)라 • 이는 모두가 자연의 이치인 것이다.

7) 木華於春栗芽於室

〔원문7구독음문〕

木華於春(목화어춘)이면 栗芽於室(율아어실)이라.

〔원문7구해설〕

木華於春(목화어춘)이면 • 봄이 되어서 나무에 꽃이 피게 되면

栗芽於室(율아어실)이라 • 방안에 있던 밤송이에서도 싹이 트는 것이다.

〔註釋原文〕

張曰亦言氣之相感也野人藏栗春栗木華而家栗之實亦芽實之去木已久
而彼華此芽盖以本性元在得氣則相感而應如父母之骨葬得生氣則子孫
福旺也又曰且孝子之於父母要求吉山吉水以爲父母送終之所父母之遺
骸得安卽孝子之心亦安至若福流後嗣蔭注生人非孝子所敢覬覦萬一也
雖然事有必至理有固然山崩鐘應木華栗芽物類且然葬寧不然世之孝子
固不敢萌福應之念而庸之知有蔭注必然之理汲汲求佳地以爲生人之計

父母遺骸亦福得安風水之理其功博矣夫親生之膝下固不待言出繼過房
所當沈辨今世之昧者往往貴重於所生忽略於所養竭力盡於所生父母墳
塋所養父母之喪葬減裂殊甚問人則曰我受所生父母家蔭注與所養父母
家血脈不相關也殊不知蒙彼所養父母之鞠育佩服所養父母之訓誨承續
所養父母之祭祀居所養父母之家堂享所養父母之田業愛切體層恩沈骨
髓骨骸苟有神靈蔭注必歸抱養禮爲人後者以爲之子則是所生父母於義
當絶安有義絶父母尙能越蔭義絶之子孫耶世之過房出繼者可不戒哉可
不戒哉.

〔주석독음문〕

張曰(장왈), 亦言氣之相感也(역언기지상감야)라. 野人藏栗(야인장
률)한데 春(춘)에 栗木華(율목화)하니 而家栗之實(이가율지실)도
亦芽(역아)하다. 實之去木(실지거목)이 已久(이구)이나 而彼華(이
피화)면 此芽(차아)라. 盖以本性元在得氣(개이본성원재득기)면 則
相感而應(칙상감이응)함이 如父母之骨(여부모지골)이 葬得生氣(장
득생기)면 則子孫福旺也(칙자손복왕야)라. 又曰(우왈), 且孝子之於
父母(차효자지어부모)에 要求吉山吉水(요구길산길수)는 以爲父母
送終之所(이위부모송종지소)니라. 父母之遺骸得安(부모지유해득
안)이면 卽孝子之心亦安至(즉효자지심역안지)라. 若福流後嗣(약복
유후사)하여 蔭注生人(음주생인)일진대 非孝子(비효자)가 所敢覬
覦(소감기유) 萬一也(만일야)이나, 雖然(수연)이나 事有必至理(사
유필지리)요 有固然(유고연)이라. 山崩(산붕)이면 鐘應(종응)이오,
木華(목화)면 栗芽(율아)이니, 物類且然(물류차연)이어늘 葬寧不然
(장녕부연)이리까. 世之孝子(세지효자)는 固不敢萌福應之念(고부
감맹복응지념)이오 而庸之(이용지)는 知有蔭注(지유음주)를 必然
之理(필연지리)하여 汲汲求佳地(급급구가지)를 以爲生人之計(이위
생인지계)라. 父母遺骸(부모유해)를 亦福得安(역복득안)함이 風水
之理(풍수지리)니 其功(기공)은 博矣(박의)라. 夫(부), 親生之膝下

(친생지슬하)는 固不待言(고부대언)이어니와 出繼過房(출계과방)일세는 所當沈辨(소당침변)이라. 今世之昧者(금세지매자)가 往往貴重於所生(왕왕귀중어소생)하고 忽略於所養(홀약어소양)하며 竭力盡於所生父母墳塋(갈력진어소생부모분영)이나 所養父母之喪葬(소양부모지상장)은 滅裂(멸열)이 殊甚(수심)이라. 問人則曰(문인칙왈), 我受所生父母家(아수소생부모가)이니 蔭注(음주)요 與所養父母家(여소양부모가)이니 血脈不相關也(혈맥부상관야)라. 殊不知蒙彼(수부지몽피), 所養父母之鞠育(소양부모지국육)이오 佩服所養父母之訓誨(패복소양부모지훈회)요 承續所養父母之祭祀(승속소양부모지제사)며 居所養父母之家堂(거소양부모지가당)으로 享所養父母之田業(향소양부모지전업)이라. 愛切體層(애절체층)하고 恩沈骨髓(은심골수)하라. 骨骸(골해)에 苟有神靈(구유신령)이면 蔭注必歸抱養禮爲人(음주필귀포양예위인)이라. 後者以爲之子(후자이위지자)에는 則是所生父母於義當絶(칙시소생부모어의당절)이라. 安有義絶父母(안유의절부모)에 尙能越蔭義絶之子孫耶(상능월음의절지자손야)리이까. 世之過房出繼者(세지과방출계자)가 可不戒哉(가부계재)인가 可不戒哉(가부계재)인가?

[주석해설]

張曰(장왈) • 張說께서는 다음과 같이 말하고 있다.

亦言氣之相感也(역언기지상감야)라 • 이것 역시 氣가 서로 감응함을 말한 것이라고 하였다.

野人藏栗(야인장률)한데 • 어떤 야인＝농부가 밤을 추수한 후 저장하여 갈무리해 두었는데

春(춘)에 • 봄에

栗木華(율목화)하니 • 밤나무에서 꽃이 피어나니까

而家栗之實(이가율지실)도 • 집에서 보관 중이던 밤송이에서도,

亦芽(역아)하더라 • 역시 같은 시기에 싹이 트더라는 것이다.

實之去木(실지거목)이 • 열매가 나무를 떠난 지가

已久(이구)이나 • 이미 오래 전인데

而彼華(이피화)면 • 그 나무에서 꽃이 피어나면

此芽(차아)라 • 같은 그 열매에서도 싹이 튼다는 것이다.

盖以本性元在得氣(개이본성원재득기)면 • 대체적으로 본성의 근원이 득기하여 氣를 얻게 되면

則相感而應(칙상감이응)함이 • 즉 서로 감응함이

如父母之骨(여부모지골)이 • 마치 부모의 장사지낸 유골과 같이

葬得生氣(장득생기)면 • 葬中에서 생기를 얻게 되면

則子孫福旺也(칙자손복왕야)라 • 그 자손이 왕성한 복을 얻게 됨과 같은 것이다.

又曰(우왈) • 덧붙여서 다음과 같이 말하고 있다.

且孝子之於父母(차효자지어부모)에 • 효자는 부모에게

要求吉山吉水(요구길산길수)는 • 산수가 길한 곳을 찾아서 구해드려야 하는데

以爲父母送終之所(이위부모송종지소)라 • 그것은 부모를 마지막으로 보내드리는 일=곳이기 때문인 것이다.

父母之遺骸得安(부모지유해득안)이면 • 부모의 유해가 편안함을 얻는 다면

卽孝子之心亦安至(즉효자지심역안지)라 • 즉 효자의 마음도 동일하게 편안함에 이를 것이다.

若福流後嗣(약복유후사)하여 • 만약에 복이 후손들에게 흘러서

蔭注生人(음주생인)일진대 • 음덕이 자식들에게 모이는 것이라고 한다면

非孝子(비효자)가 • 효자가 아니라고 할지라도

所敢覬覦(소감기유)라 • 감히 그러한 음덕을 분수에 넘게 넘볼 수

있음인데

萬一也(만일야)이나 • 만에 하나

雖然(수연)이나 • 비록 그렇다고 하드래도

事有必至理(사유필지리)요 • 일이라는 것은 반드시 이치에 이르는 법인 것이고

有固然(유고연)이라 • 당연히 그러함이 있게 되는 것이다.

山崩(산붕)이면 • 산이 무너지면

鐘應(종응)이오 • 종이 응하는 것이고

木華(목화)이면 • 나무에 꽃이 피어나면

栗芽(율아)이니 • 밤의 열매에서도 싹이 트는 것이다.

物類且然(물류차연)이니 • 물류, 즉 일체만물이 또한 그러함과 같은 것이다.

葬寧不然(장녕부연)이리까 • 葬事(장사)에서도 그러하지 않다고는 할 수 없는 이치인 것이다.

世之孝子(세지효자)는 • 세세=대대로 내려오는 효자는

固不敢萌福應之念(고불감맹복응지념)이오 • 진실로 복이 응하리라는 생각을 감히 꿈도 꾸지를 않는데

而庸之(이용지)는 • 복응을 쓰고자 하는, 즉 어리석고 천한 무리들은

知有蔭注(지유음주)를 • 음덕의 모임과 그 존재를 알고

必然之理(필연지리)하여 • 필연의 이치라고 알고는

汲汲求佳地(급급구가지)를 • 佳地(가지), 즉 좋은 땅을 구함에 급급하고 있는 것이다.

以爲生人之計(이위생인지계)라 • 사람이 살아가는 책략으로서 말이다.

父母遺骸(부모유해)를 • 부모의 유해가

亦福得安(역복득안)함이 • 역시 편안함을 얻게 함이

風水之理(풍수지리)니 • 풍수의 이치이기 때문에

其功(기공)은 • 그 보람은, 즉 음덕을 입는 데에 있는 것이 아니라

부모님의

安慰(안위)를 • 편안하게 위로하는

博矣(박의)라 • 근심함에 있다는 것을 알아야 할 것이다.

夫(부) • 무릇

親生之膝下(친생지슬하)는 • 친자식으로 부모님의 슬하에 있는 경우에는

固不待言(고부대언)이니 • 말할 나위도 없을 것이지만

出繼過房(출계과방)으로 • 양자로 나아가서 조카로서 그 代를 이을 경우에는

所當沈辨(소당침변)이라 • 마땅히 깊은 분별이 있어야만 하는 것이다.

今世之昧者(금세지매자)가 • 오늘날에 愚昧(우매)한 자가

往往貴重於所生(왕왕귀중어소생)하고 • 왕왕 자신을 낳아준 친부모에게 돌아와 그분들만을 중히 여기고

忽略於所養(홀약어소양)하며 • 길러주신 양부모에게는 소홀히 대접하는 경우가 있음이다.

竭力盡於所生父母墳塋(갈력진어소생부모분영)이나 • 힘을 다해서 낳아준 친부모의 산소관리에는 진력을 다해 몸이 파리해지도록 애를 쓰면서도

所養父母之喪葬(소양부모지상장)은 • 길러준 양부모의 喪葬(상장)에는

減裂(멸열)하다 • 支離減裂(지리멸렬)하는 경우가 있다.

殊甚(수심)이라 • 그 다름이 이토록 심할 수가 없음이다.

問人則曰(문인칙왈) • 그렇게 이중의 행동을 하는 사람에게 물어보니

我受所生父母家(아수소생부모가)이니 • 나를 낳아준 친부모의 집안에

蔭注(음주)나 • 蔭德(음덕)이 쌓이는 것이요

與所養父母家(여소양부모가)이니 • 나를 길러준 양부모의 집안과는

血脈不相關也(혈맥불상관야)라 • 혈맥이 닿지 않는 것이니

殊不知蒙彼(수부지몽피)라 • 숨기려 들면서 아닌가요 라고 했다.

所養父母之鞠育(소양부모지국육)이오 • 그들은 양부모로서 길러줘 기른 공을

佩服所養父母之訓誨(패복소양부모지훈회)요 • 양부모가 훈회, 즉 사랑하여 가르치고 인도하며 길러준 공=일을 佩服(패복)으로 옷에 차듯 마음에 새겨서 잊지 않아야 하고

承續所養父母之祭祀(승속소양부모지제사)며 • 가르치고 이어준 양부모의 공을 알아서 항상 제사를 받들어 모셔야 하는 것이며

居所養父母之家堂(거소양부모지가당)으로 • 양부모의 집안에 흠향이 끊이지 않아야 함은 물론이고

享所養父母之田業(향소양부모지전업)이라 • 田業들이 그분들, 즉 양부모로 부터 은혜를 입어 누리는 것임을 알아야만 하는 것이다.

愛切體層(애절체층)하고 • 양부모의 몸을 받들어 극진히 사랑해야 하고

恩沈骨髓(은심골수)하라 • 양부모의 그 은혜를 깊이 골수에 간직해야만 하는 것이다.

骨骸(골해)에 • 유해=해골에

苟有神靈(구유신령)이면 • 진실로 신령이 있다고 한다면

蔭注必歸抱養禮爲人(음주필귀포양예위인)이라 • 음덕은 반드시 길러주신 바에 예를 다하여 봉양하는 사람=자손에게로 돌아가 모여 쌓이게 될 것이다.

後者以爲之子(후자이위지자)에는 • 후세의 사람들이 그 자식을 위함에 있어서는

則是所生父母於義當絶(칙시소생부모어의당절)일지라 • 낳아주신 친부모와의 義를 당연히 絶=끊어야만 하는 것이다.

安有義絶父母(안유의절부모)에 • 義絶(의절)한 부모에게 있어서

尙能越蔭義絶之子孫耶(상능월음의절지자손야)이니 • 어찌 이렇게

의절된 자식에게 음덕이 넘어갈 수 있다고 할 것인가?

世之過房出繼者(세지과방출계자)가 • 世系＝代를 잇기 위하여 양자로 나간 자들이

可不戒哉(가불계재)인가 • 어찌 경계치 않을 수 있으며

可不戒哉(가불계재)인가 • 아 어떻게 이를 경계치 않을 수 있을 것인가?

8) 毫釐之差禍福千里

〔원문8구독음문〕

毫釐之差(호리지차)로도 禍福千里(화복천리)라.

〔원문8구해설〕

毫釐之差(호리지차)로도 • 털끝 만한 차이로도

禍福千里(화복천리)라 • 禍와 福이 천리의 거리＝차이가 나는 것이다.

〔註釋原文〕

張曰此言形勢之難辨也故差之毫釐失之千里又曰張言形勢難辨未是盖形勢之差便隔數里宅穴之差則較毫芒若認得勢正形眞而宅穴之毫髮不惟不足以集福而禍之不旋踵矣已上論風水感應之理如此.

〔주석독음문〕

張曰(장왈), 此言(차언)은 形勢之難辨也(형세지난변야)니 故差之毫釐(고차지호리)로도 失之千里(실지천리)라. 又曰(우왈), 張言形勢難辨(장언형세난변)은 未是盖形勢之差(미시개형세지차)가 便隔數里宅穴之差(편격수리택혈지차)라. 則較毫芒(칙교호망)으로도 若認得勢正形眞(약인득세정형진)이면 而宅穴之毫髮不惟不足以集福(이택혈지호발부유불족이집복)이오 而禍之不旋踵矣(이화지부선종의)라. 已上論(이상론)은 風水感應之理(풍수감응지리)가 如此(여차)하니라.

〔주석해설〕

張曰(장왈)•張說께서는 다음과 같이 말하고 있다.

此言(차언)은•이러한 말은

形勢之難辨也(형세지난변야)니•형세를 분별하여 구별하기가 매우 어렵다는 말이다.

故差之毫釐(고차지호리)로도•따라서 조그마한 차이＝호리로도

失之千里(실지천리)라•잃는 것은 천리만큼이나 큰 것이다.

又曰(우왈)•덧붙여서 다음과 같이 말하고 있다.

張言形勢難辨(장언형세난변)은•장설이 형세를 分辨(분변)하기가 매우 어렵다고 한 말은

未是盖形勢之差(미시개형세지차)가•대체적으로 형세의 차이 때문에 옳지 않음을 덮을 수가 있음이니

便隔數里宅穴之差(편격수리택혈지차)라•宅穴의 차이가 크게 數里(수리)를 달리하여 隔한 것과 같다는 것이 아니고

則較毫芒(칙교호망)으로•즉 까끄라기나 바늘의 끝만큼 그리고 털 끝만한 싹의 차이로도 비교해 견주어야 한다는 말이니

若認得勢正形眞(약인득세정형진)이면•勢를 얻어서 바르고 形이 진실 됨을 알 수 있는 것이라면

而宅穴之毫髮不惟不足以集福(이택혈지호발부유불족이집복)이고•宅穴의 조그마한 차이로도 福을 모으기에 부족함이 없을 것이며

而禍之不旋腫矣(이화지부선종의)라•禍가 역시 발길을 돌려 돌아가지 않아 부스럼＝혹에 이를 수도 있다는 뜻인 것이다.

已上論(이상론)은•지금까지 이미 논한 이론들은

風水感應之理(풍수감응지리)가•풍수에서 감응의 이치가

如此(여차)하니라•이와 같다는 논리인 것이다.

9) 經曰地有四勢氣從八方

〔원문9구독음문〕

經曰(경왈), 地有四勢(지유사세)요 氣從八方(기종팔방)이라.

〔원문9구해설〕

經曰(경왈) • 장경에 이르기를

地有四勢(지유사세)요 • 땅에는 4勢가 있는 것이고

氣從八方(기종팔방)이라 • 氣는 8方을 따라서 유행한다고 하였다.

〔註釋原文〕

張曰四勢者寅申巳亥也八方者乾坎艮震巽離坤兌也八方必有四勢始而氣必從八方來者不正之氣葬家所忌也一行曰四勢四方之勢八方行乎地中之氣也又曰一行之言是也張言不正之氣是未深乎地理者也四勢謂山勢從寅申巳亥而來也八方八卦之方位也五行之氣各隨八方之所屬而實生於四勢如乾曰金金生巳坎曰水水生申之類是也.

〔주석독음문〕

張曰(장왈), 四勢者(사세자)는 寅申巳亥也(인신사해야)오, 八方者(팔방자)는 乾坎艮震巽離坤兌也(건감간진손이곤태야)라. 八方(팔방)은 必有四勢始(필유사세시)오, 而氣(이기)는 必從八方來者(필종팔방래자)라. 不正之氣(불정지기)는 葬家所忌也(장가소기야)인저. 一行曰(일행왈), 四勢(사세)는 四方之勢(사방지세)요 八方(팔방)은 行乎地中之氣也(행호지중지기야)라. 又曰(우왈), 一行之言(일행지언)이 是也(시야)니, 張言不正之氣(장언불정지기)는 是未深乎地理者也(시미심호지리자야)라. 四勢(사세)는 謂山勢從寅申巳亥而來也(위산세종인신사해이래야)오, 八方(팔방)은 八卦之方位也(팔괘지방위야)라. 五行之氣(오행지기)는 各隨八方之所屬(각수팔방지소속)한데 而實生於四勢(이실생어사세)로 如乾曰金(여건왈금)에 金生巳(금생사)요, 坎曰水(감왈수)에 水生申之類(수생신지류)가 是也

(시야)라.

〔주석해설〕
張曰(장왈) • 張設께서는 다음과 같이 말하고 있다.
四勢者(사세자)는 • 4勢라는 것은
寅申巳亥也(인신사해야)오 • 寅申巳亥의 4방위를 말하는 것이다.
八方者(팔방자)는 • 8方이라는 것은
乾坎艮震巽離坤兌也(건감간진손이곤태야)라 • 건감간진손리곤태의
8방위를 말하는 것이다.
八方(팔방)은 • 8방은
必有四勢始(필유사세시)오 • 반드시 4勢로부터 비롯되는 것이며
而氣(이기)는 • 氣라는 것은
必從八方來者(필종팔방래자)라 • 반드시 8방으로부터 오는 것을 따
르는 것이다.
不正之氣(부정지기)는 • 일반적으로 8방으로부터 오지 않는 바르지
않은 氣는
葬家所忌也(장가소기야)이므로 • 葬家(장가)에서는 禁忌(금기)하여
꺼리는 것이다.
一行曰(일행왈) • 일행스님께서 말씀하기를
四勢(사세)는 • 4勢라는 것은
四方之勢(사방지세)요 • 4방의 형세인 것이고
八方(팔방)은 • 8방은
行乎地中之氣也(행호지중지기야)라 • 땅속으로 유행을 하면서 떠돌
아다니는 氣인 것이다.
又曰(우왈) • 덧붙여서 다음과 같이 말하고 있다.
一行之言(일행지언)이 • 일행께서 한 이야기가
是也(시야)니 • 맞는 것이다.

張言不正之氣(장언불정지기)라 • 장설이 不正之氣라고 말한 것은
是未深乎地理者也(시미심호지리자야)라 • 그가 아직 땅의 이치를
깊이 몰랐던 까닭일 것이다.
四勢(사세)는 • 4勢라는 것은
謂山勢從寅申巳亥而來也(위산세종인신사해이래야)오 • 산세가 寅申
巳亥方位를 따로 따로 오는 것을 일컫는 것이고
八方(팔방)은 • 8방위는
八卦之方位也(팔괘지방위야)라 • 8卦의 방위인 것이다.
五行之氣(오행지기)는 • 5行의 氣는
各隨八方之所屬(각수팔방지소속)한데 • 각각 8방위의 소속됨을 따
르는데,
而實生於四勢(이실생어사세)로 • 그것은 결국 4勢에서 싹이 터서 생
기는 것이다.
如乾曰金(여건왈금)에 • 마치 乾은 金이고
金生巳(금생사)요 • 金은 巳를 生하는 것이고
坎曰水(감왈수)에 • 坎은 水인데
水生申之類(수생신지류)가 • 水는 申을 生하는 등의 유형이
是也(시야)라 • 바로 그러한 것이다.

　10) 夫陰陽之氣噫而爲風升而爲雲降而爲雨行乎地中則爲生氣
〔원문10구독음문〕
夫(부) 陰陽之氣(음양지기)는 噫而爲風(희이위풍)이고 升而爲雲(승
이위운)이며 降而爲雨(강이위우)고 行乎地中(행호지중)이면 則爲
生氣(칙위생기)라.
〔원문10구해설〕
夫(부) • 무릇
陰陽之氣(음양지기)는 • 음양의 氣라는 것은

噫而爲風(희이위풍)이고 • 탄식하듯 트림하듯 내뿜으면 바람이 되는 것이고

升而爲雲(승이위운)이며 • 새처럼 날아오르면 구름이 되는 것이며

降而爲雨(강이위우)고 • 땅으로 떨어져 내리면 비가 되는 것이고

行乎地中(행호지중)이면 • 땅속을 유행하면서 돌아다니게 되면

則爲生氣(칙위생기)라 • 즉 이것이 生氣가 되는 것이다.

〔註釋原文〕

張曰夫大塊之內無不自陰陽者陰陽乃氣之母陰陽二氣噫則爲風升而爲雲墜而爲水皆氣出乎地上有形可見至於行乎地中施生萬物則不可得而見故謂之地氣也一行曰均是氣而謂地中者爲氣則葬法可以乘之者也又曰不獨陰不生獨陽不成陰陽二氣相孚相感然後生成之道盡矣故形而上者有聲有形則爲風爲雲爲雨行乎地中無聲無形則爲五行之生氣故葬者乘得生旺之氣則獲洪福若遇衰絶之氣則災禍立見矣.

〔주석독음문〕

張曰(장왈), 夫大塊之內(부대괴지내)에 無不自陰陽者(무불자음양자)니 陰陽乃氣之母(음양내기지모)라. 陰陽二氣(음양이기)는 噫則爲風(희칙위풍)이오 升而爲雲(승이위운)이오 墜而爲水(추이위수)인데, 皆氣出乎地上(개기출호지상)이면 有形可見(유형가견)이나 至於行乎地中(지어행호지중)이면 施生萬物(시생만물)이나 則不可得而見(칙부가득이견)이니 故謂之地氣也(고위지지기야)라. 一行曰(일행왈), 均是氣而謂地中者爲氣(균시기이위지중자위기)면 則葬法可以乘之者也(칙장법가이승지자야)라. 又曰(우왈), 不獨陰不生(불독음부생)이오 獨陽不成(독양부성)이라. 陰陽二氣(음양이기)는 相孚相感然後(상부상감연후)에 生成之道盡矣(생성지도진의)라. 故(고)로 形而上者(형이상자)로 有聲有形(유성유형)이면 則爲風爲雲爲雨(칙위풍위운위우)요, 行乎地中(행호지중)으로 無聲無形(무성

무형)이면 則爲五行之生氣(칙위오행지생기)니, 故(고)로 葬者(장자)는 乘得生旺之氣(승득생왕지기)면 則獲洪福(칙획홍복)이나 若遇衰絶之氣(약우쇠절지기)면 則災禍立見矣(칙재화립견의)라.

〔주석해설〕
張曰(장왈) • 장설께서는 다음과 같이 말하고 있다.
夫大塊之內(부대괴지내)에 • 무릇 큰 흙덩어리인 대괴＝대지의 안에서
無不自陰陽者(무불자음양자)니 • 음양으로부터 비롯되지 않은 것이 없음이니
陰陽乃氣之母(음양내기지모)라 • 이에 음양은 氣의 모체가 되는 것이다.
陰陽二氣(음양이기)는 • 음양이라는 2氣는
噫則爲風(희칙위풍)이오 • 탄식하듯 트림하듯 내뿜으면 바람이 되고
升而爲雲(승이위운)이고 • 새처럼 날아오르면 구름이 되며
墜而爲水(추이위수)인데 • 땅으로 떨어져 내리면 물이 되는 것이다.
皆氣出乎地上(개기출호지상)이면 • 지상의 땅위에 드러나 있는 모든 氣들은
有形可見(유형가견)이나 • 모양이나 형체가 있어서 볼 수가 있음이다.
至於行乎地中(지어행호지중)이면 • 이러한 氣가 땅속을 유행하여 돌아다니기에 이르게 되면
施生萬物(시생만물)이나 • 이러한 氣가 일체의 만물에 생명을 베풀어 주고 있는 것이다.
則不可得而見(칙부가득이견)이니 • 그렇지만 지중의 氣는 손으로 잡을 수도 눈으로 볼 수도 없는 새로운 존재(Newbeing)인 것이다.
故謂之地氣也(고위지지기야)라 • 그러므로 이러한 것을 소위 地氣라고 명명한 것이다.
一行曰(일행왈) • 일행께서는 다음과 같이 말하고 있다.
均是氣而謂地中者爲氣(균시기이위지중자위기)면 • 이렇게 氣가 땅

속에 균일하게 골고루 퍼져서 있는 것을 地氣라고 하는데

則葬法可以乘之者也(칙장법가이승지자야)라 • 그래서 葬法(장법)은 이러한 지기를 타고 의지하는 이론(Theory)이 성립되고 가능하게 된 것이다.

又曰(우왈) • 덧붙여서 다음과 같이 말하고 있다.

不獨陰不生(불독음부생)이오 • 무릇 陰만이 홀로서 生을 하지 못하고

獨陽不成(독양부성)이라 • 陽만도 홀로서는 成을 하지 못하는 것이니

相孚相感然後(상부상감연후)에 • 음양2기는 음양2기가 상부상조를 하듯이 서로 돕고 서로 감응을 해야만

生成之道盡矣(생성지도진의)라 • 生成의 道가 이루어질 수 있는 것이다.

故(고)로 • 그러므로

形而上者(형이상자)로 • 形보다는 상위의 단계에 있는 것으로서 氣는

有聲有形(유성유형)이면 • 음향의 소리로 존재하고 형상의 모양으로 존재함은

則爲風爲雲爲雨(칙위풍위운위우)라 • 즉 바람소리도 되고 구름형상도 되며 빗소리와 빗물형상도 되는 것이다.

行乎地中(행호지중)으로 • 그러나 땅속을 유행하면서 돌아다니는 Newbeing인 地氣는

無聲無形(무성무형)이니 • 음향의 소리로 존재하지 않고 형상의 모양으로도 존재하지 않는 것이니

則爲五行之生氣(칙위오행지생기)라 • 즉 5행의 生氣(생기)가 되는 것이다.

故(고)로 • 따라서

葬者(장자)는 • 장사를 지내는 것으로

乘得生旺之氣(승득생왕지기)면 • 生旺의 氣를 얻어 타고 의지를 해야만

則獲洪福(칙획홍복)이나 • 큰 홍복을 얻을 수 있는 것이지만

若遇衰絶之氣(약우쇠절지기)면 • 만약에 衰絶(쇠절)하여 약한 氣를

만나게 되면

則災禍立見矣(칙재화립견의)라 • 재앙과 불행의 災禍(재화)가 야기
되어 일어나는 것을 직면하고 보게 될 것이다.

11) 經曰氣乘風則散

〔원문11구독음문〕

經曰(경왈), 氣乘風則散(기승풍칙산)이오

〔원문11구해설〕

經曰(경왈) • 장경에 이르기를

氣乘風則散(기승풍칙산)이오 • 氣라는 것은 바람을 타거나 만나면
흩어진다고 정의를 하고 있다.

〔註釋原文〕

張曰謂地中之氣散出於外被風吹則散矣葬者前應後岡左回右抱四面前
有支瓏一如龍之掩藏區穴懼八風能吹散生氣則葬者雖吉地而無益於生
人也又曰李淳風曰氣行土中氣聚易以興氣散易以敗若高不露風低不失
脈橫中取曲瘦中取肉斷中取續若此之類皆爲氣聚高低不等小大不應左
右不隨前後不對如此之類皆爲氣散.

〔주석독음문〕

張曰(장왈), 謂地中之氣(위지중지기)가 散出於外(산출어외)하여 被
風吹(피풍취)면 則散矣(칙산의)라. 葬者(장자)는 前應後岡(전응후
강)하고 左回右抱(좌회우포)하며 四面前有支瓏(사면전유지롱)으로
一如龍之掩藏區穴(일여룡지엄장구혈)이라. 懼八風能吹散生氣(구팔
풍능취산생기)러니 則葬者雖吉地(칙장자수길지)어도 而無益於生人
也(이무익어생인야)라. 又曰(우왈), 李淳風曰(이순풍왈), 氣行土中
(기행토중)한데 氣聚易以興(기취역이흥)이고 氣散易以敗(기산역이
패)라. 若高不露風(약고부로풍)이고 低不失脈(저부실맥)이면 橫

中取曲(횡중취곡)이고　瘦中取肉(수중취육)이며　斷中取續(단중취속)인　若此之類(약차지류)는皆爲氣聚(개위기취)라，高低不等(고저불등)이고　小大不應(소대부응)이며　左右不隨(좌우부수)고　前後不對(전후불대)인　如此之類(여차지류)는 皆爲氣散(개위기산)이라．

〔주석해설〕
張曰(장왈)•장설께서는 다음과 같이 말하고 있다.
謂地中之氣(위지중지기)가•소위 지중지기, 즉 땅속의 氣라고 일컬어지는 것이
散出於外(산출어외)하여•지표의 밖으로 흘러 나와서
被風吹(피풍취)면•부는 바람을 맞게 될 경우에는
則散矣(칙산의)라•그 氣는 곧 흩어져 버리게 된다.
葬者(장자)는•葬事(장사)라는 것은
前應後岡(전응후강)하고•앞으로는 應함이 있고 뒤에는 기댈 산＝언덕이 있어야 하며
左回右抱(좌회우포)하며•좌로는 돌아서 들고 우로는 감싸서 안는 곳에서 행해져야 하는 것이다.
四面前有支瓏(사면전유지롱)으로•혈주위의 사면사방에 앞으로는 地壟, 즉 穴의 主龍脈이 아니고 주룡맥의 곁가지인 산등성이가 있어서
一如龍之掩藏區穴(일여룡지엄장구혈)이라•마치 龍이 區穴을 가리워 갈무리를 하듯이 해야만 하는 것이다.
懼八風能吹散生氣(구팔풍능취산생기)러니•8山忌風(산기풍)으로 艮山忌巽風(간산기손풍)，巽山忌乾風(손산기건풍)，坤山忌震風(곤산기진풍)，坎山忌艮風(감산기간풍)，震山忌乾風(진산기건풍)，離山忌坤風(이산기곤풍)，兌山忌坎風(태산기감풍) 등의 8風의 바람이 불어와서 만나게 되면 능히 생기를 불어서 흩어버릴 수가 있음이니 이를 두려워해야만 하는 것이다.

則葬者雖吉地(칙장자수길지)어도 • 만약에 그렇게 되면 葬事가 비록 吉地에 이루어졌다고 할지라도

而無益於生人也(이무익어생인야)라 • 살아있는 사람에게 무익이라 이익 됨이 없을 것이다.

又曰(우왈) • 덧붙여서 다음과 같이 말하고 있다.

李淳風曰(이순풍왈) • 이순풍께서 말하기를

氣行土中(기행토중)한데 • 氣는 땅속을 유행하며 흘러다니는 것인데

氣聚易以興(기취역이흥)이고 • 氣가 모이기 쉬운 곳＝입지는 興하고

氣散易以敗(기산역이패)이라 • 氣가 흩어지기 쉬운 곳＝입지는 敗한다고 하고 있다.

若高不露風(약고부로풍)이고 • 만약에 장소는 높지만 바람이 드러나지 않고

低不失脈(저부실맥)이면 • 장소가 낮지만 脈을 잃지 않는다면

橫中取曲(횡중취곡)이고 • 가로 험해서 옆으로 비낀 가운데 부드러운 굽음을 얻으며

瘦中取肉(수중취육)이며 • 야위어서 수척한 것 같으면서도 도톰한 토살이 있으며

斷中取續(단중취속)인 • 맥이 끊어진 듯하면서도 계속하여 이어진

若此之類(약차지류)는 • 이와 같은 종류의 입지＝땅을 만날 수만 있다면

皆爲氣聚(개위기취)라 • 이러한 유형의 모든 땅에는 氣가 모여드는 것이다.

高低不等(고저부등)이고 • 고저가 균등치를 못하고

小大不應(소대부응)이며 • 대소에 상응함이 없으며

左右不隨(좌우부수)고 • 좌우가 서로 따라서 짝을 하듯 隨伴(수반)이 되지를 못하고

前後不對(전후불대)인 • 전후가 대등치 못하는

如此之類(여차지류)는 • 이러한 종류의 땅들은
皆爲氣散(개위기산)이라 • 이러한 유형의 모든 땅에는 氣가 흩어져 모이지를 않는 것이다.

12) 界水則止

〔원문12구독음문〕
界水則止(계수칙지)라
〔원문12구해설〕
界水則止(계수칙지)라 • 氣가 물에 닿으면 머물러 그친다고 하였다.

〔註釋原文〕
張曰界水者以前水爲界域也謂氣行乎地中遇土而住隨土而去惟界水則止之也又曰夫氣隨地而流行地因水而止氣亦隨地而止也.

〔주석독음문〕
張曰(장왈), 界水者(계수자)는 以前水(이전수)로 爲界域也(위계역야)라. 謂氣行乎地中(위기행호지중)타가 遇土而住(우토이주)요 隨土而去(수토이거)니 惟界水則止之也(유계수칙지지야)라. 又曰(우왈), 夫氣隨地而流行(부기수지이류행)타가 地因水而止氣(지인수이지기)니 亦隨地而止也(역수지이지야)라.

〔주석해설〕
張曰(장왈) • 장설께서는 다음과 같이 말하고 있다.
界水者(계수자)는 • 界水라는 것은 물이 경계를 이룸인데
以前水(이전수)로 • 앞으로 물을 대하여
爲界域也(위계역야)라 • 界域된 것을 뜻하는 것이다.
謂氣行乎地中(위기행호지중)타가 • 소위 氣가 땅속을 유행하며 돌아다니다가
遇土而住(우토이주)요 • 土를 만나게 되면 머물고

隨土而去(수토이거)니 • 土를 따라서 가면 떠난다는 말이니

惟界水則止之也(유계수칙지지야)라 • 오직 물에 닿아야만 氣가 멈추게 되는 것이다.

又曰(우왈) • 덧붙여서 다음과 같이 말하고 있다.

夫氣隨地而流行(부기수지이류행)타가 • 무릇 氣는 땅을 좇으면서 돌아다니는 것이며

地因水而止氣(지인수이지기)니 • 땅은 물로써 界域이 지어지는 것이므로 땅은 물로 인하여 氣가 머물 수 있게 되는 것이다.

亦隨地而止也(역수지이지야)라 • 역시 氣는 땅을 좇아서 머무는 것이라고 할 수 있음인 것이다.

13) 古人聚之使不散行之使有止故謂之風水

〔원문13구독음문〕

古人(고인)은 聚之使不散(취지사부산)하고 行之使有止(행지사유지)하나니 故(고)로 謂之風水(위지풍수)라

〔원문13구해설〕

古人(고인)은 • 고인들은

聚之使不散(취지사부산)하고 • 氣를 모아서 흩어지지 않게 하고

行之使有止(행지사유지)하나니 • 氣를 行케 하다가도 멈추게 하고자 하나니,

故(고)로 • 따라서

謂之風水(위지풍수)라 • 이름하여 풍수라고 하는 것이다. 氣가 바람을 만나서 타면 흩어져버리니 風이고, 氣가 물을 만나면 멈추게 되는 것이므로 水인 것이다.

〔註釋原文〕

張曰聚生氣於穴中得法之多也使之不散則無風吹也行之使有止謂前必

有水以止來氣使穴中之生起下流故也又曰若藏大聚氣勢止流環風水之
名豈不兩盡.

〔주석독음문〕

張曰(장왈), 聚生氣於穴中得法之多也(취생기어혈중득법지다야)라.
使之不散則無風吹也(사지부산칙무풍취야)라. 行之使有止(행지사유
지)는 謂前必有水以止(위전필유수이지)요 來氣使穴中之生起下流
(래기사혈중지생기하류), 故也(고야)라. 又曰(우왈), 若藏大聚氣(약
장대취기)하여 勢止流環(세지류환)이면 風水之名(풍수지명)이 豈
不兩盡(개부양진)이리까.

〔주석해설〕

張曰(장왈)• 장설께서는 다음과 같이 말하고 있다.

聚生氣於穴中得法之多也(취생기어혈중득법지다야)라• 穴中에 모여
있는 생기를 얻는 방법에는 여러 가지가 있다고 한다.

使之不散則無風吹也(사지부산칙무풍취야)라• 사용 중인 氣가 흩어
지지 않게 하려면 무풍취로 바람이 부는 일이 없어야 할 것이고

行之使有止(행지사유지)는• 氣가 行하다가 멈추게 하려고 하면

謂前必有水以止(위전필유수이지)라• 반드시 앞에 물이 있어 머무
르게 하여

來氣使穴中之生起下流(래기사혈중지생기하류)라• 來氣, 즉 오는
氣가 穴中의 생기를 흘러가지 못하도록 해야 하는,

故也(고야)라• 까닭인 것이다.

又曰(우왈)• 덧붙여서 다음과 같이 말하고 있다.

若藏大聚氣(약장대취기)하여• 만약에 氣를 크게 모아서 갈무리하여

勢止流環(세지류환)이면• 勢가 머물러서 돌아들게 된다면

風水之名(풍수지명)이• 風水라고 하는 이름이

豈不兩盡(개부양진)이리까• 어찌해서 風과 水의 두 가지가 다함이

없다 할 것인가?

14) 風水之法得水爲上藏風次之

〔원문14구독음문〕

風水之法(풍수지법)은 得水爲上(득수위상)이고 藏風次之(장풍차지)니라.

〔원문14구해설〕

風水之法(풍수지법)은 • 풍수의 술법은

得水爲上(득수위상)이고 • 得水가 첫째 으뜸이고

藏風次之(장풍차지)니라 • 藏風이 그 다음인 것이다.

〔註釋原文〕

張曰得水以止生氣則氣不流過藏風則氣不吹散然而得水勝藏風也又曰張言不流過不吹散猶未得郭氏之深旨也盖爲來龍高遠不得水則不止是謂得水四圍有山風門不露是謂藏風若但藏風不得水而界止則來龍飛舞而去無龍之地葬者不吉故寧可得水以止來龍縱使四圍無山有水朝應亦是佳地是謂得水爲上藏風次之今之師巫不識龍之行度或住或去或大或小但見四山環抱外從秀聳曾不究龍何從而來何從而落冒焉安憤災禍立至.

〔주석독음문〕

張曰(장왈), 得水以止生氣(득수이지생기)는 則氣不流過(칙기부류과)요 藏風則氣不吹散(장풍칙기부취산)이니, 然而得水勝藏風也(연이득수승장풍야)라. 又曰(우왈), 張言不流過(장언부류과), 不吹散(부취산)은 猶未得郭氏之深旨也(유미득곽씨지심지야)라. 盖爲來龍高遠不得水則不止(개위래용고원부득수칙부지)가 是謂得水(시위득수)요 四圍有山(사위유산)에 風門不露(풍문부로)가 是謂藏風(시위장풍)이라. 若但藏風不得水而界止(약단장풍부득수이계지)면 則來龍

飛舞而去(칙래용비무이거)하여 無龍之地(무용지지)니 葬者不吉(장
자부길)이라. 故(고)로 寧可得水以止來龍(영가득수이지래용)이리
까. 縱使四圍無山(종사사위무산)이어도 有水朝應(유수조응)이면 亦
是佳地(역시가지)니 是謂得水爲上(시위득수위상)이오 藏風次之(장
풍차지)라 하다. 今之師巫(금지사무)가 不識龍之行度(부식용지행
도)로 或住或去或大或小(혹주혹거혹대혹소)하여 但見四山環抱(단
견사산환포)하고 外從秀聳(외종수용)하니 曾不究龍(증부구용)이
라. 何從而來(하종이래)오 何從而落(하종이락)으로 冒焉安墳(모언
안분)이면 災禍立至(재화입지)리라.

〔주석해설〕
張曰(장왈) • 장설께서는 다음과 같이 말하고 있다.
得水以止生氣(득수이지생기)는 • 물을 얻어서, 즉 得水로 생기를 머
물게 하면
則氣不流過(칙기부류과)요 • 氣가 흘러 지나가지를 못하는 것이다.
여기에서 不流過라 함은 지나쳐 흐르지를 못하여서 氣가 머물러 고
이게 된다는 의미인 것이다.
藏風則氣不吹散(장풍칙기부취산)이니 • 장풍, 즉 바람을 갈무리한
다고 함은 氣가 바람 등에 불리어서 흩어지지 않게 함인 것이다.
然而得水勝藏風也(연이득수승장풍야)라 • 그래서 得水가 藏風보다
도 위에 있는 것으로 더 중요한 것이다.
又曰(우왈) • 덧붙여서 다음과 같이 말하고 있다.
張言不流過(장언부류과) 不吹散(부취산)은 • 장설이 不流過 不吹散
이라고 말한 것은
猶未得郭氏之深旨也(유미득곽씨지심지야)라 • 아직도 그가 곽박의
깊은 가르침을 얻지 못한 까닭이라고 할 것이다.
盖爲來龍高遠不得水則不止(개위래용고원부득수칙부지)가 • 대개 來

龍이 고원한데 물을 얻지 못하면 氣의 머무름이 없는 것이니

是謂得水(시위득수)요 • 이러한 것을 살핌이 得水인 것이고

四圍有山(사위유산)에 • 4방의 주위에 산이 있어서

風門不露(풍문부로)가 • 바람의 문이 드러나 있지를 않으면

是謂藏風(시위장풍)이라 • 이것이 바로 장풍인 것이다.

若但藏風不得水而界止(약단장풍부득수이계지)면 • 만약에 장풍은 되었는데 得水가 되지 않아서 氣가 水에 닿아 머무름이 없다고 한다면

則來龍飛舞而去(칙래용비무이거)하여 • 그것은, 즉 來龍이 나르듯 춤추며 가버리는 것이기 때문에

無龍之地(무용지지)니 • 龍이 없는 땅인 것이니

葬者不吉(장자부길)이라 • 葬者에게는 매우 불길한 것이다.

故(고)로 • 따라서

寧可得水以止來龍(영가득수이지래용)이리까 • 어찌 득수하여 래용을 머무르게 하지 않을 수 있을 것인가?

縱使四圍無山(종사사위무산)이어도 • 비록 주위의 사방에 山이 없다고 하드래도

有水朝應(유수조응)이면 • 명당의 앞쪽에서 水의 조응함만 있다고 한다면

亦是佳地(역시가지)이니 • 역시 아름다운 땅(佳地)이 될 수 있는 것이니

是謂得水爲上(시위득수위상)이오 • 득수가 우선함이고

藏風次之(장풍차지)라 • 장풍이 차선함인 것이다. 이것이 바로 득수위상장풍차라고 하는 까닭인 것이다.

今之師巫(금지사무)가 • 오늘날의 지사들과 巫家(무가)들이

不識龍之行度(부식용지행도)로 • 龍의 行度를 살핌에 있어서

或住或去或大或小(혹주혹거혹대혹소)하여 • 龍이 머물고 있는 것인지 떠나고 있는 것인지, 혹은 龍이 큰지 작은지도 알지 못하면서

但見四山環抱(단견사산환포)하고 • 다만 사방 산들의 환포됨만을

보거나

外從秀聳(외종수용)하니 • 주위산들이 빼어나고 峑이남만 띠르니

曾不究龍(증부구용)이라 • 이러한 점은 바로 龍을 탐구하는 것이라고 할 수 없음일 것이다.

何從而來(하종이래)라 • 어떻게 龍이 흘러들어 오고

何從而落(하종이락)이라 • 어떻게 龍이 자리를 잡는지도 모르면서

冒焉安墳(모언안분)이면 • 감히 安墳, 즉 좋은 산소자리를 잡는다고 한다면,

災禍立至(재화입지)리라 • 災禍가 일어나 이르게 될 것이다.

15) 何以言之氣之盛雖流行而其餘者猶有止

〔원문15구독음문〕

何以言之氣之盛(하이언지기지성)인가 雖流行而其餘者(수류행이기여자)가 猶有止(유유지)니라.

〔원문15구해설〕

何以言之氣之盛(하이언지기지성)인가 • 氣의 왕성함을 어떠한 언어로 표현할 수 있을 것인가?

雖流行而其餘者(수류행이기여자)가 • 氣라는 것이 비록 유행을 하여 흘러서 다니는 것이지만 결국 그 나머지의 末尾(말미)는

猶有止(유유지)니라 • 역시 머무름에 있는 것이다.

〔註釋原文〕

張曰言氣之盛雖無水止設皆流行而其餘猶有止者是得水爲上也一行曰本氣旣盛前之雖流行不得力而其餘力猶可止氣是得水爲上也又曰張言是也.

〔주석독음문〕

張曰(장왈), 言氣之盛(언기지성)은 雖無水止(수무수지)로 設皆流行

而其餘猶有止者(설개류행이기여유유지자)니　是得水爲上也(시득수위상야)라. 一行曰(일행왈), 本氣旣盛(본기기성)이면　前之雖流行(전지수류행)으로 不得力(부득력)이어도　而其餘力猶可止氣(이기여력유가지기)니　是得水爲上也(시득수위상야)라. 又曰(우왈), 張言是也(장언시야)라.

〔주석해설〕
張曰(장왈) • 장설께서는 다음과 같이 말하고 있다.
言氣之盛(언기지성)은 • 氣가 왕성할 경우에는
雖無水止(수무수지)로 • 비록 界水則止(계수칙지)로 물에 의한 머무름이 없어서
設皆流行而其餘猶有止者(설개류행이기여유유지자)니 • 설령 모두가 흘러가 버린다고 하드래도 그 나머지의 말미는 결국 머무름이 있을 것이니
是得水爲上也(시득수위상야)라 • 그래서 得水가 우선이 되는 것이다. 즉 물을 얻지 못하면 왕성하지 못한 氣는 남김없이 류행해서 흘러버리는 것이므로 물이 우선하여 중요한 것이다.
一行曰(일행왈) • 일행께서는 이렇게 말하고 있다.
本氣旣盛(본기기성)이면 • 본래의 氣가 이미 성왕하면
前之雖流行(전지수류행)로 • 그 앞의 氣가 비록 흘러가버려서
不得力(부득력)이어도 • 힘을 얻을 수가 없다고 하드래도
而其餘力猶可止氣(이기여력유가지기)니 • 그 나머지의 말미의 힘은 오히려 氣를 머물게 할 수 있는 것이기 때문에
是得水爲上也(시득수위상야)라 • 이것이 바로 得水가 더 중요한 이유인 것이다.
又曰(우왈) • 덧붙여서 다음과 같이 말하고 있다.
張言是也(장언시야)라 • 장설의 말씀이 옳음은 인정한다.

16) 雖零散而其深者猶有聚

〔원문16구독음문〕

雖零散(수령산)이나 而其深者(이기심자)는 猶有聚(유유취)니라.

〔원문16구해설〕

雖零散(수령산)이나 • 비록 氣라는 것이 떨어져서 흩어지는 것이라고 할지라도

而其深者(이기심자)는 • 그 氣가 깊이 있는 곳에서는

猶有聚(유유취)니라 • 오히려 모여 있을 것이다.

〔註釋原文〕

張曰雖爲八風吹之零散而其深處猶有聚氣也.

〔주석독음문〕

張曰(장왈), 雖爲八風吹之零散(수위팔풍취지령산)이어도 而其深處(이기심처)는 猶有聚氣也(유유취기야)라.

〔주석해설〕

張曰(장왈) • 장설께서는 다음과 같이 말하고 있다.

雖爲八風吹之零散(수위팔풍취지령산)이어도 • 비록 8風이 氣를 불어서 조용히 흩뜨리듯 零散시켜버렸다고 하드래도

而其深處(이기심처)는 • 그 깊은 곳에는

猶有聚氣也(유유취기야)라 • 오히려 모여 있는 氣의 모임이 있을 것이다.

17) 故藏於涸燥者宜淺

〔원문17구독음문〕

故(고)로 藏於涸燥者(장어학조자)는 宜淺(의천)이니라.

〔원문17구해설〕

故(고)로 • 그러므로,

藏於涸燥者(장어학조자)는 • 메마르고 燥渴(조갈)한 땅에 갈무리 = 장사를 할 경우에는

宜淺(의천)이니라 • 당연히 얕게 모셔야만 하는 것이다.

〔註釋原文〕

張曰涸燥無水處宜淺藏求水以止氣也此法深妙蓋前水無源生氣常隨土走過今當淺穴以用雨澤津流是亦乘生氣之法又曰張言雨澤津流恐未必然盖此言壙法也山壟之地雖不燥種氣甚淺故宜淺葬以乘生氣.

〔주석독음문〕

張曰(장왈), 涸燥無水處(학조무수처)는 宜淺藏求水(의천장구수)로 以止氣也(이지기야)야니라. 此法深妙(차법심묘)라. 蓋前水無源(개전수무원)이면 生氣常隨土走過(생기상수토주과)라. 今當淺穴(금당천혈)에 以用雨澤津流(이용우택진류)니 是亦乘生氣之法(시역승생기지법)야라. 又曰(우왈), 張言雨澤津流(장언우택진류)가 恐未必然(공미필연)이라. 盖此言壙法也(개차언광법야)라. 山壟之地(산롱지지)는 雖不燥(수부조)여도 種氣甚淺(종기심천)이니 故(고)로 宜淺葬以乘生氣(의천장이승생기)라.

〔주석해설〕

張曰(장왈) • 장설께서는 다음과 같이 말하고 있다.

涸燥無水處(학조무수처)는 • 메말라서 물이 없는 곳에서는

宜淺藏求水(의천장구수)로 • 마땅히 淺葬(천장), 즉 屍身(시신)을 얕게 묻어 물을 구함으로써

以止氣也(이지기야)야니라 • 氣를 머무르게 해야만 하는 것이다.

此法深妙(차법심묘)라 • 이러한 법은 참으로 현묘한 방법인 것이다.

蓋前水無源(개전수무원)이면 • 대개 혈장의 앞에 水源이 없게 되면

生氣常隨土走過(생기상수토주과)라 • 생기는 늘 土를 따라서 달려

가 버리는 것이다.

今當淺穴(금당천혈)에 • 작금에 淺穴(천혈)에 처하여서는

以用雨澤津流(이용우택진류)니 • 그로써 빗물과 방죽=연못의 물을 이용할 수 있는 것이므로

是亦乘生氣之法(시역승생기지법)야라 • 이러한 법이 역시 생기에 의지하는 방법이라고 할 것이다.

又曰(우왈) • 덧붙여서 다음과 같이 말하고 있다.

張言雨澤津流(장언우택진류)가 • 장설이 말한 雨澤津流法(우택진류법)이

恐未必然(공미필연)이라 • 필연이 아닐까 두렵다고 해야 할 것이다.

盖此言壙法也(개차언광법야)라 • 대체적으로 이러한 이야기는 壙中(광중)을 쓰는 방법에 관한 것이다.

山壟之地(산롱지지)는 • 山壟의 땅에서는

雖不燥(수부조)여도 • 비록 메마르고 건조한 땅이 아니라고 하드래도

種氣甚淺(종기심천)이니 • 氣가 아주 얕게 모이는 경우가 있게 된다.

故(고)로 • 따라서, 이렇게 山壟의 땅인 경우에는

宜淺葬以乘生氣(의천장이승생기)라 • 의당 마땅히 淺葬(천장)을 해야만 생기를 탈 수 있음인 것이다. 예컨대 메마른 땅이나 산꼭대기의 헐벗은 땅에서는 基盤岩(기반암)이 얕게 깔려 있는 경우가 많게 된다. 그래서 이럴 경우에는 토층이 얇기 때문에 시신을 표토에서 깊지 않은 곳에 모시는 것이 시신이 달아나 없어지는 逃尸穴(도시혈)의 위험을 방지할 수 있는 길인 것이다. 만약에 이러한 상황임에도 불구하고 아주 깊게 매장을 한다면 기반암의 바로 위에 시신이 떠있게 되는데, 그렇게 되면 시신이 기반암의 정사면을 따라서 눈에 보이지 않게 서서히 棺槨(관곽)의 斜面移動(사면이동)이 쉽게 되기 때문인 것이다.

18) 經曰淺深得乘風水自成

〔원문18구독음문〕

經曰(경왈), 淺深得乘(천심득승)이면 風水自成(풍수자성)이라.

〔원문18구해설〕

經曰(경왈) • 장경에서 이르기를

淺深得乘(천심득승)이면 • 穴의 깊고 얕음인 深淺(심천)을 알고, 生氣에 의지함을 얻게 되면

風水自成(풍수자성)이라 • 풍수는 스스로 이루어진다고 하였다.

〔註釋原文〕

張曰謂淺深用前法得乘生氣則風水自然成也又曰山壟平洋之地或淺或深雖或不同基所以乘生氣者實一然後可以成風水矣已上專論五行之生氣四山朝集無風則聚衆流交會界水則止是以謂之風水.

〔주석독음문〕

張曰(장왈), 謂淺深用前法(위천심용전법)하여 得乘生氣(득승생기)면 則風水自然成也(칙풍수자연성야)라. 又曰(우왈), 山壟平洋之地(산롱평양지지)하고 或淺或深(혹천혹심)으로 雖或不同(수혹부동)이나 基所以乘生氣者(기소이승생기자)는 實一(실일)이니 然後(연후)에 可以成風水矣(가이성풍수의)라. 已上(이상)에 專論五行之生氣(전논오행지생기)하다. 四山朝集(사산조집)하고 無風則聚(무풍칙취)하며 衆流交會(중류교회)면 界水則止(계수칙지)니 是以謂之風水(시이위지풍수)라.

〔주석해설〕

張曰(장왈) • 장설께서는 다음과 같이 말하고 있다.

謂淺深用前法(위천심용전법)하여 • 소위 深淺에 대하여 앞에서 기술한 방법을 사용하고

得乘生氣(득승생기)면 • 乘生氣함을 얻게 되면

則風水自然成也(칙풍수자연성야)라 • 즉 풍수는 스스로 이루어지게
되는 것이다.

又曰(우왈) • 덧붙여서 다음과 같이 말하고 있다.

山壟平洋之地(산롱평양지지)하고 • 山壟의 땅이건 平洋의 땅이건,

或淺或深(혹천혹심)으로 • 혹은 얕고 혹은 깊어서

雖或不同(수혹부동)이나 • 비록 다르기는 하다고 하지만

基所以乘生氣者(기소이승생기자)는 • 그곳이 乘生氣를 했다고 한다면

實一(실일)이니 • 그 實은 하나인 것이다.

然後(연후)에 • 그런 다음에야

可以成風水矣(가이성풍수의)라 • 가히 풍수가 이루어지는 것이다.

已上(이상)에 • 위에서 언급한데로

專論五行之生氣(전논오행지생기)하다 • 五行의 生氣에 관하여만 專
論하였다.

四山朝集(사산조집)하고 • 명당 주위의 4방의 산들이 서로 응하여
모이고

無風則聚(무풍칙취)하며 • 무풍으로 바람이 없어 氣가 모이며

衆流交會(중류교회)면 • 生氣가 뭉치게 되고 뭇 물이 서로 만나게 되면

界水則止(계수칙지)니 • 界水가되어서 氣가 멈추는 것이니

是以謂之風水(시이위지풍수)라 • 이것을 일러 소위 풍수라고 하는
것이다.

19) 葬於夷坦者宜深

〔원문19구독음문〕

葬於夷坦者(장어이탄자)는 宜深(의심)이니라.

〔원문19구해설〕

葬於夷坦者(장어이탄자)는 • 평평한 평탄한 땅에 장사를 지내고자

할 경우에는

宜深(의심)이니라 • 의당 당연히 깊이 파서 깊게 모셔야만 하는 것이다.

〔註釋原文〕
張曰謂四面坦夷八風所吹故宜深穴以聚地中之氣又曰此言平洋之地種氣頗深故宜深葬以乘生氣凡時師執泥此說或有掘深數丈以成壙者凶地雖不能生災吉地亦不能發福豈不謬哉.

〔주석독음문〕
張曰(장왈), 謂四面坦夷(위사면탄이)면 八風所吹(팔풍소취)이니 故(고)로 宜深穴(의심혈)로 以聚地中之氣(이취지중지기)니라. 又曰(우왈), 此言(차언)은 平洋之地(평양지지)에 種氣頗深(종기파심)이니 故(고)로 宜深葬(의심장)으로 以乘生氣(이승생기)라. 凡時師(범시사)는 執泥此說(집니차설)하여 或有掘深數丈(혹유굴심수장)으로 以成壙者(이성광자)라. 凶地(흉지)라면 雖不能生災(수부능생재)이나 吉地(길지)라면 亦不能發福(역부능발복)이니 豈不謬哉(기부류재)리까.

〔주석해설〕
張曰(장왈) • 장설께서는 다음과 같이 말하고 있다.
謂四面坦夷(위사면탄이)면 • 4면이 평탄하고 평평하면
八風所吹(팔풍소취)이니 • 8풍이 불어 닦치는 장소가 되는 것이다.
故(고)로 • 따라서
宜深穴(의심혈)로 • 마땅히 穴을 깊게 함으로써
以聚地中之氣(이취지중지기)니라 • 땅속의 氣를 모을 수 있는 것이라고 한 것이다.
又曰(우왈) • 덧붙여서 다음과 같이 말하고 있다.
此言(차언)은 • 이러한 말은

平洋之地(평양지지)에 • 平洋의 땅에서는

種氣頗深(종기파심)이니 • 氣가 조금=약가 깊은 곳인 파신에 뭉치
게 됨을 말한 것이다.

故(고)로 • 그러므로 이러한 곳에서는

宜深葬(의심장)으로 • 깊이 장사지냄으로써

以乘生氣(이승생기)라 • 생기를 탈 수 있는 것이다.

凡時師(범시사)는 • 대체적으로 오늘날의 地師들이

執泥此說(집니차설)하여 • 이 설을 극구 인집=고집하여

或有掘深數丈(혹유굴심수장)으로 • 어떤 경우에는 數丈(수장)에 이
르도록 깊이 파서

以成壙者(이성광자)라 • 광중을 만들기까지도 하는 것이다.

凶地(흉지)라면 • 흉지라고 한다면

雖不能生災(수부능생재)이나 • 비록 재앙을 일으키지는 못할 것이지만

吉地(길지)라면 • 길지라고 한다면,

亦不能發福(역부능발복)이니 • 역시 발복이 가능하지를 않게 되기
때문에

豈不謬哉(기부류재)리까 • 어찌 오류라고 하지 않을 것인가?

20) 夫土者氣之體有土斯有氣

〔원문20구독음문〕

夫土者氣之體(부토자기지체)요 有土斯有氣(유토사유기)라.

〔원문20구해설〕

夫土者氣之體(부토자기지체)요 • 무릇 흙이라고 함은 氣의 體=몸
으로써

有土斯有氣(유토사유기)라 • 흙이 있는 곳에는 이러한 氣가 있음인
것이다.

〔註釋原文〕
張曰氣無形而藏於土中假土而行故以爲體有土所在斯有氣也一行曰土
分旺於四季五氣行乎地中皆本乎土故以爲氣之體也又曰五行之氣不能
自生隨土而生是之謂體土之所行氣因以行土之所止氣亦隨之而止.

〔주석독음문〕
張曰(장왈), 氣無形(기무형)으로 而藏於土中(이장어토중)한데 假土
而行(가토이행)이니 故(고)로 以爲體(이위체)라. 有土所在(유토소
재)로 斯有氣也(사유기야)라. 一行曰(일행왈), 土分旺於四季(토분
왕어사계)하고 五氣行乎地中(오기행호지중)하니 皆本乎土(개본호
土)요 故(고)로 以爲氣之體也(이위기지체야)라. 又曰(우왈), 五行之
氣(오행지기)는 不能自生(불능자생)이오 隨土而生(수토이생)이니
是之謂體(시지위체)라. 土之所行(토지소행)이면 氣因以行(기인이
행)하고 土之所止(토지소지)면 氣亦隨之而止(기역수지이지)라.

〔주석해설〕
張曰(장왈)•장설께서는 다음과 같이 말하고 있다.
氣無形(기무형)으로•氣는 형상＝형체가 없는 것으로
而藏於土中(이장어토중)한데•토중인 흙속에 갈무리 되어있는 것이다.
假土而行(가토이행)이니•氣는 흙을 빌려서, 즉 흙에 의지를 하여
서 옮겨 다니는 것이기 때문에
故(고)로•그러므로
以爲體(이위체)라•흙이 氣의 體＝몸이 되는 것이다.
有土所在(유토소재)로•흙이 있게 되면
斯有氣也(사유기야)라•이러한 氣가 있게 되는 것이다.
一行曰(일행왈)•일행은 이렇게 말하였다.
土分旺於四季(토분왕어사계)하고•흙이라는 土氣는 4季, 즉 토왕용
사기간(3/6/9/12월)으로 나뉘어서 왕성하고

五氣行乎地中(오기행호지중)하니 • 5氣는 지중의 땅속을 옮겨 다니니, 즉 中央土, 春木, 夏火, 秋金, 冬水하여 4季에 5氣가 됨을 의미한다.

皆本乎土(개본호토)요 • 모든 만물의 근본은 土=흙이 되며

故(고)로 • 따라서

以爲氣之體也(이위기지체야)라 • 흙은 氣의 體가 되는 것이다.

又曰(우왈) • 덧붙여서 다음과 같이 말하고 있다.

五行之氣(오행지기)는 • 5行의 氣는

不能自生(불능자생)이오 • 스스로는 자생할 수가 없는 것이고

隨土而生(수토이생)이니 • 흙을 따라 生하는 것이므로

是之謂體(시지위체)라 • 그래서 土=흙을 氣의 體라고 하는 것이고

土之所行(토지소행)이면 • 土가 가면

氣因以行(기인이행)하고 • 그로 인해 氣도 가는 것인데

土之所止(토지소지)면 • 흙이 머물고자 하는 곳에

氣亦隨之而止(기역수지이지)라 • 氣도 역시 따라서 머물 수가 있는 것이다.

21) 氣者水之母有氣斯有水

〔원문21구독음문〕

氣者水之母(기자수지모)니 有氣斯有水(유기사유수)라.

〔원문21구해설〕

氣者水之母(기자수지모)니 • 氣는 水의 어머니=근본이므로

有氣斯有水(유기사유수)라 • 氣가 있다는 것은 水가 있다는 것을 의미하는 것이다.

〔註釋原文〕

張曰氣烝則爲雲墜則爲雨故氣爲水之母生水而不息也一行曰水者五行

之本陰陽二氣降生五行五行以水爲本則氣者水之母也又曰夫水不能自
生因氣而生故爲之母張言是也.

〔주석독음문〕

張曰(장왈), 氣烝則爲雲(기증칙위운)이오 墜則爲雨(추칙위우)니 故
(고)로 氣爲水之母(기위수지모)요 生水而不息也(생수이불식야)라.
一行曰(일행왈), 水者五行之本(수자오행지본)으로 陰陽二氣(음양
이기)가 降生五行(강생오행)하고 五行以水爲本(오행이수위본)이니
則氣者水之母也(칙기자수지모야)라. 又曰(우왈), 夫水不能自生(부
수불능자생)이오 因氣而生(인기이생)이니 故(고)로 爲之母(위지모)
라. 張言是也(장언시야)라.

〔주석해설〕

張曰(장왈) • 장설께서는 다음과 같이 말하고 있다.
氣烝則爲雲(기증칙위운)이오 • 氣가 증발되어서 오르게 되면 구름
이 되는 것이고
墜則爲雨(추칙위우)니 • 증발되어 올라간 氣가 墜落(추락)하여 내려
오면 비가 되는 것이다.
故(고)로 • 따라서
氣爲水之母(기위수지모)라 • 氣는 물(水)의 근본(母體)이 되는 것이다.
生水而不息也(생수이불식야)라 • 살아있는 물은 그침이 없는 것이다.
一行曰(일행왈) • 일행은 이렇게 말하였다.
水者五行之本(수자오행지본)으로 • 水라는 것은 5행의 근본으로서
陰陽二氣(음양이기)가 • 음양의 2氣가
降生五行(강생오행)하고 • 내려와서 5행을 생하는 것이다.
五行以水爲本(오행이수위본)이니 • 5행은 水로써 근본을 삼기 때문에
則氣者水之母也(칙기자수지모야)라 • 氣는 水의 모체가 되는 것이다.
又曰(우왈) • 덧붙여서 다음과 같이 말하고 있다.

夫水不能自生(부수불능자생)이오 • 무릇 水는 스스로 生할 수는 없는 것이고

因氣而生(인기이생)이니 • 氣로 인해서라야 生할 수 있는 것이다. 예컨대 마치 남자의 정자는 스스로 생 할 수는 없는 것이고 여자의 난자로 인해서라야 생 할 수 있는 것이기 때문에 여자는 정자의 모체가 되는 것과 같은 이치인 것이다.

故(고)로 • 그래서

爲之母(위지모)라 • 氣를 水의 모체라고 하는 것이니

張言是也(장언시야)라 • 이러한 점에서 장설의 말이 옳은 것이다.

22) 經曰外氣橫形內氣止生盖言此也

〔원문22구독음문〕

經曰(경왈), 外氣橫形(외기횡형)하고 內氣止生(내기지생)함은 盖言此也(개언차야)니라.

〔원문22구해설〕

經曰(경왈) • 장경에 이르기를

外氣橫形(외기횡형)하고 • 外氣는 좌우로 가로질러 橫行(횡행)하여 形을 만들고

內氣止生(내기지생)함은 • 內氣는 멈추어 生을 이룬다고 함은

盖言此也(개언차야)니라 • 대체적으로 이러한 것을 지칭하여서 말하는 것이다. 예컨대 이 문구의 원뜻에서 外氣는 땅위에 있는 氣로써 안개와 구름 그리고 비 등을 지칭하는 것이고, 內氣는 땅속의 氣를 지칭하는 것이다.

〔註釋原文〕

張曰水流於外謂之外氣地中所行謂之內氣水橫流形於外以止內氣則內氣止而生氣聚也一行曰橫形者遇水止來山之謂也又曰外氣謂水也內氣

謂五行之氣也生卽五行之生氣也一水橫流形之於外則五行之氣因之而
止內氣旣止則生氣亦因之而聚也.

〔주석독음문〕

張曰(장왈), 水流於外(수유어외)면 謂之外氣(위지외기)요 地中所行
(지중소행)이면 謂之內氣(위지내기)라. 水橫流形於外(수횡유형어
외)인데 以止內氣(이지내기)니 則內氣止而生氣聚也(칙내기지이생
기취야)라. 一行曰(일행왈), 橫形者(횡형자)는 遇水止來山之謂也
(우수지래산지위야)라. 又曰(우왈), 外氣謂水也(외기위수야)오, 內
氣謂五行之氣也(내기위오행지기야)며 生卽五行之生氣也(생즉오행
지생기야)라. 一水橫流(일수횡유)로 形之於外(형지어외)는 則五行
之氣因之而止(칙오행지기인지이지)니 內氣旣止(내기기지)면 則生
氣亦因之而聚也(칙생기역인지이취야)라.

〔주석해설〕

張曰(장왈)•장설을 이렇게 말하였다.

水流於外(수유어외)면•水流인 물길이, 즉 시냇물이나 강물과 같은
물길만을 말하는 것은 아니고 수증기가 오르는 길이나 비가 내리는
길 등을 모두 포괄하여 말한 것인데

謂之外氣(위지외기)요•소위 말하여 이 땅의 바깥이나 땅의 위쪽으
로 行하면 外氣라고 하고

地中所行(지중소행)이면•지중으로 行하면

謂之內氣(위지내기)라•소위 內氣라고 하는 것이다.

水橫流形於外(수횡유형어외)인데•水는 橫流(횡류)를 하여 바깥에
形을 만드는데, 즉 水流의 浸蝕作用(침식작용)에 의하여 지형이 형
성되는 것인데

以止內氣(이지내기)니•머무르면 內氣가 되는 것이다.

則內氣止而生氣聚也(칙내기지이생기취야)라•즉 內氣가 머무는 곳

에 생기가 모이게 되는 것이다.

一行曰(일행왈) • 일행은 이렇게 말하였다.

橫形者(횡형자)는 • 횡행하여 形을 만든다는 것은

遇水止來山之謂也(우수지래산지위야)라 • 물을 만나 來山이 그침을 말하는 것인데, 즉 길게 달려온 山龍이 명당을 열게 되려면 그 달려옴이 行을 그쳐야만 한다는 것이므로 이러한 점을 지적하여 來山이 그친다고 표현한 것일 것이다.

又曰(우왈) • 덧붙여서 다음과 같이 말하고 있다.

外氣謂水也(외기위수야)오 • 外氣란 소위 水를 말하는 것이고,

內氣謂五行之氣也(내기위오행지기야)며 • 內氣란 소위 5행의 氣를 말하는 것이다.

生卽五行之生氣也(생즉오행지생기야)라 • 生은, 즉 5행의 生氣인 것이다.

一水橫流(일수횡유)로 • 一水, 즉 하나의 물이 횡류를 하여

形之於外(형지어외)는 • 外形을 이룬다고 하는 것은

則五行之氣因之而止(칙오행지기인지이지)니 • 즉 5행의 氣가 머뭄으로 인한 것이니

內氣旣止(내기기지)면 • 內氣가 이미 머물게 되면

則生氣亦因之而聚也(칙생기역인지이취야)라 • 즉 生氣도 역시 그로 인하여 모이게 되는 것이다.

23) 丘壟之骨岡阜之支氣之所隨

[원문23구독음문]

丘壟之骨(구롱지골)과 岡阜之支(강부지지)는 氣之所隨(기지소수)라.

[원문23구해설]

丘壟之骨(구롱지골)과 • 언덕같은 구롱의 骨과

岡阜之支(강부지지)는 • 산등성이 같은 岡阜의 가지는

氣之所隨(기지소수)라·氣가 따르는 바인 것이다.

〔註釋原文〕
張曰此言有土斯有氣丘壟之骨者以氣隱隱降降處取之岡阜之支者謂隱
伏而下也此辨之宜審一行曰骨者基大體支者基形勢故丘壟岡阜有骨必
有支有支必有骨言骨則見丘壟有支言支則見岡阜有骨山脊曰岡岡者亢
也在上之言也土山曰阜阜者高厚也在氣之言也又曰丘壟之骨謂眞龍正
骨也骨亦石也岡阜之支謂分支別派也岡阜亦土也不論正骨分支不論有
石有土內氣皆隨之以生也.

〔주석독음문〕
張曰(장왈), 此言(차언)은 有土斯有氣(유토사유기)라. 丘壟之骨者
(구롱지골자)는 以氣隱隱降降處(이기은은항항처)에 取之(취지)요,
岡阜之支者(강부지지자)는 謂隱伏而下也(위은복이하야)니 此辨之
宜審(차변지의심)이라. 一行曰(일행왈), 骨者基大體(골자기대체)요
支者基形勢(지자기형세)니 故(고)로 丘壟岡阜(구롱강부)에 有骨必
有支(유골필유지)요 有支必有骨(유지필유골)인데, 言骨則見丘壟有
支(언골칙견구롱유지)요 言支則見岡阜有骨(언지칙견강부유골)이
라. 山脊曰岡(산척왈강)이오 岡者亢也(강자항야)인데 在上之言也
(재상지언야)라. 土山曰阜(토산왈부)요 阜者高厚也(부자고후야)로
在氣之言也(재기지언야)라. 又曰(우왈), 丘壟之骨(구롱지골)은 謂
眞龍正骨也(위진용정골야)오 骨亦石也(골역석야)라. 岡阜之支(강
부지지)는 謂分支別派也(위분지별파야)오 岡阜亦土也(강부역토야)
라 不論正骨分支(부론정골분지)하고 不論有石有土(부논유석유토)
하면 內氣皆隨之以生也(내기개수지이생야)라.

〔주석해설〕
張曰(장왈)·장설께서는 다음과 같이 말하고 있다.

此言(차언)은 • 이러한 말은

有土斯有氣(유토사유기)라 • 土가 있는 곳에 이러한 氣가 있다는 것이다.

丘壟之骨者(구롱지골자)는 • 丘壟의 骨에서는

以氣隱隱窿隆處(이기은은륭륭처)에 • 은은하기도 하고 隆隆하여 풍성하고 크기도한 곳으로써, 즉 이러한 氣가 은은히 솟아 오르는 곳에 氣가 있다는 의미인 것인데

取之(취지)요 • 이를 取하는 것이며

岡阜之支者(강부지지자)는 • 岡阜, 즉 산등성이나 언덕과 같은 땅은

謂隱伏而下也(위은복이하야)니 • 소위 은복하여 아래로 내려가는 것이므로, 즉 언덕의 가지는 숨은 듯이 맥을 이어서 지나간다는 의미인 것이다.

此辨之宜審(차변지의심)이라 • 이러한 곳을 마땅히 자세히 살펴야만 하는 것이다.

一行曰(일행왈) • 일행은 이렇게 말하였다.

骨者基大體(골자기대체)요 • 骨이라는 것은 그 大體, 즉 대략=대강=줄거리를 말하는 것이고

支者基形勢(지자기형세)니 • 支라는 것은 그 形勢를 말하는 것이다.

故(고)로 • 따라서

丘壟岡阜(구롱강부)에 • 丘壟과 岡阜에

有骨必有支(유골필유지)요 • 骨이 있으면 반드시 支가 있는 것이고

有支必有骨(유지필유골)인데 • 支가 있으면 반드시 骨이 있음인 것이다.

言骨則見丘壟有支(언골칙견구롱유지)요 • 骨이란, 즉 丘壟에 支가 있음을 말함인 것이고

言支則見岡阜有骨(언지칙견강부유골)이라 • 支라고 함은, 즉 岡阜에 骨이 있음을 말하는 것이다.

山脊曰岡(산척왈강)이오 • 산의 등성마루는 산등성이라는 것이고
岡者亢也(강자항야)인데 • 산등성이의 岡이라는 것은 亢(항), 즉 새의 목＝목구멍처럼 높은 곳을 의미하는 것이다.
在上之言也(재상지언야)라 • 骨과 支가 그 위에 있음을 말한 것이다.
土山曰阜(토산왈부)요 • 土山을 阜＝언덕이라고 하는데
阜者高厚也(부자고후야)로 • 阜는 高厚한 것, 즉 높고 두터운 것을 의미하는 것이다.
在氣之言也(재기지언야)라 • 그러한 곳에 氣가 있다는 것을 말한 것이다.
又曰(우왈) • 덧붙여서 다음과 같이 말하고 있다.
丘壟之骨(구롱지골)은 • 丘壟의 骨이라는 것은
謂眞龍正骨也(위진룡정골야)오 • 소위 眞龍이 正骨인 것이며
骨亦石也(골역석야)라 • 骨은 역시 石인 것이다.
岡阜之支(강부지지)는 • 岡阜의 支＝가지는
謂分支別派也(위분지별파야)오 • 소위 分支의 別派인 것이며
岡阜亦土也(강부역토야)라 • 岡阜는 역시 土인 것이다.
不論正骨分支(부론정골분지)하고 • 正骨이고 分支이고를 막론하고
不論有石有土(부논유석유토)하면 • 土이고 石이고를 막론하고
內氣皆隨之以生也(내기개수지이생야)라 • 內氣는, 즉 丘壟之骨과 岡阜之支를 따름으로써 生이 있게 된다는 것이다.

   24) 經曰土形氣行物因以生
〔원문24구독음문〕
經曰(경왈), 土形氣行(토형기행)이라야 物因以生(물인이생)이니라.
〔원문24구해설〕
經曰(경왈) • 장경에서 이르기를
土形氣行(토형기행)이라야 • 土＝땅이 그 형체를 이루고 氣가 유행

하여 돌아다녀야만

物因以生(물인이생)이니라 • 일체만물이 그로 인하여 生을 얻는다고 하고 있다. 즉 땅에 형체가 갖추어져 거기에 기맥이 뛰어야만 생명을 유지할 수 있다는 것이다.

〔註釋原文〕
張曰土有形處氣卽能行又謂土成形於可見氣行於不可見當以法推之又曰有土斯有氣氣之所行物之所由以生此自然之理也.

〔주석독음문〕
張曰(장왈), 土有形處(토유형처)라야 氣卽能行(기즉능행)이오 又謂土成形於可見(우위토성형어가견)이나 氣行於不可見(기행어부가견)이니 當以法推之(당이법추지)라. 又曰(우왈), 有土斯有氣(유토사유기)나 氣之所行(기지소행)이라야 物之所由(물지소유)로 以生(이생)이니 此自然之理也(차자연지리야)라.

〔주석해설〕
張曰(장왈) • 장설께서는 다음과 같이 말하고 있다.
土有形處(토유형처)라야 • 땅이 그 형체를 갖추고 있는 곳이라야만
氣卽能行(기즉능행)이고 • 氣가, 즉 능히 돌아다닐 수 있는 것이다.
又謂土成形於可見(우위토성형어가견)이나 • 그리고 소위 땅은 그 형체를 이루고 있으므로 可見이라, 볼 수가 있는 것이지만
氣行於不可見(기행어부가견)이니 • 氣는 돌아다니는 것으로 不可見이라, 볼 수가 없는 것이기 때문에
當以法推之(당이법추지)라 • 당연히 法=理致로써 그것을 窮究(궁구)를 해야만 하는 것이다.
又曰(우왈) • 덧붙여서 다음과 같이 말하고 있다.
有土斯有氣(유토사유기)고 • 땅이 있는 곳에는 이러한 氣가 있는 법

이고

氣之所行(기지소행)이라야 • 氣가 돌아다녀야만

物之所由(물지소유)로 • 일체만물이 由來(유래)함이 있어서,

以生(이생)이니 • 그로써 生이 있게 되는 것이니

此自然之理也(차자연지리야)라 • 이러함이 바로 자연의 순리＝이치
인 것이다.

25) 盖生者氣之聚凝結者成骨骨者人之生氣死而獨留故葬者反氣納骨以蔭所生之法也

〔원문25구독음문〕

盖生者氣之聚(개생자기지취)니 凝結者成骨(응결자성골)이오 骨者
人之生氣(골자인지생기)인데 死而獨留(사이독유)라. 故(고)로 葬者
(장자)는 反氣納骨(반기납골)이오 以蔭所生之法也(이음소생지법
야)라.

〔원문25구해설〕

盖生者氣之聚(개생자기지취)니 • 대체적으로 生이라는 것은 氣의
모임인 것인데

凝結者成骨(응결자성골)이오 • 氣가 응결하여 뭉치게 되면 骨을 이
루는 것이다.

骨者人之生氣(골자인지생기)인데 • 骨이라는 것은 사람의 생기인데

死而獨留(사이독유)라 • 사람이 죽으면 骨만 홀로 남게 되는 것이다.

故(고)로 • 따라서

葬者(장자)는 • 장사를 지냄은

反氣納骨(반기납골)이오 • 氣를 되돌려 骨＝遺(유)에 납입하여 들임
으로써

以蔭所生之法也(이음소생지법야)라 • 살아있는 생인인 그 후손에게
蔭德(음덕)을 주어서 입히는 이치가 있게 되는 것이다.

〔註釋原文〕

一行曰人之生也特氣之聚也氣聚而爲血肉氣間結者乃爲骨故人死而血肉消化惟骨獨留骨本聚氣今尙可以類而納氣死而葬其骨使更納生氣以蔭其子孫子孫內骨之餘化也夫精祥葬於骨構精氣而萬物化成則子孫之生自父母骨爲之本也上古聖智求福於生人者使蔭其本是以葬法擇生氣於本骸感福祥於遺體生人亦氣也萬物無不以氣相感亦無不以氣爲禍福吉凶人之休咎雖自外至而其實乃自人之氣所生故氣吉則爲祥氣凶則爲禍一身之間無不自有顧聚生肉眼不能觀見是以聖人智巧求以奪造化葬本福末爲門福利之門亦神妙之方也又曰人之生也陰陽配合生氣交感聚以爲人凝結而成骨及其死也支體血脈皆腐而惟骨獨有盖人骨稟五行之生氣而骨者又人之生氣人能死而骨不死故葬者所以復人之生氣合地中之生氣受遺體以生者寧不亭蔭注之福哉已上論五行之生氣地中之生氣與遺骨之生氣三者合而爲一則可以福流生人矣.

〔주석독음문〕

一行曰(일행왈), 人之生也(인지생야)란 特氣之聚也(특기지취야)인데 氣聚而爲血肉(기취이위혈육)이오 氣間結者(기간결자)가 乃爲骨(내위골)이니 故(고)로 人死而血肉消化(인사이혈육소화)요 惟骨獨留(유골독유)라. 骨本聚氣(골본취기)로 今尙(금상)에 可以類而納氣(가이유이납기)인데 死而葬(사이장)이면 其骨(기골)이 使更納生氣(사경납생기)로 以蔭其子孫(이음기자손)하니 子孫內骨之餘化也(자손내골지여화야)라. 夫精(부정)이 祥葬於骨(상장어골)인데 構精氣而萬物化成(구정기이만물화성)이니 則子孫之生(칙자손지생)은 自父母骨爲之本也(자부모골위지본야)라. 上古聖智(상고성지)에 求福於生人者(구복어생인자)는 使蔭其本(사음기본)이니 是以葬法(시이장법)이오 擇生氣於本骸(택생기어본해)하여 感福祥於遺體(감복상어유체)하니 生人亦氣也(생인역기야)라 萬物(만물)은 無不以氣相感(무불이기상감)이오 亦無不以氣爲禍福吉凶(역무불이기위화복길

흉)이니 人之休咎(인지휴구)는 雖自外至(수자외지)이나 而其實乃
自人之氣所生(이기실내자인지기소생)이라. 故(고)로 氣吉則爲祥
(기길칙위상)이오 氣凶則爲禍(기흉칙위화)니 一身之間(일신지간)
에 無不自有(무불자유)라. 顧聚生肉眼(고취생육안)으로는 不能觀見
(불능관견)이니 是以聖人智巧(시이성인지교)가 求以奪造化(구이탈
조화)라. 葬本福末爲門(장본복말위문)이니 福利之門(복리지문)은
亦神妙之方也(역신묘지방야)라. 又曰(우왈), 人之生也(인지생야)는
陰陽配合(음양배합)이오 生氣交感(생기교감)이오 聚以爲人(취이위
인)이니 凝結而成骨(응결이성골)이오 及其死也(급기사야)에 支體
血脈(지체혈맥)은 皆腐(개부)이나 而惟骨獨有(이유골독유)라. 盖人
骨(개인골)은 稟五行之生氣(품오행지생기)하고 而骨者又人之生氣
(이골자우인지생기)니 人能死而骨不死(인능사이골불사)라. 故(고)
로 葬者(장자)는 所以復人之生氣(소이부인지생기)하여 合地中之生
氣(합지중지생기)로 受遺體(수유체)이니 以生者(이생자)로 寧不亭
蔭注之福哉(녕불정음주지복재)리까. 已上論(이상론)은 五行之生氣
(오행지생기), 地中之生氣(지중지생기), 與遺骨之生氣(여유골지생
기), 三者合而爲一(삼자합이위일)이면 則可以福流生人矣(칙가이복
류생인의)라.

〔주석해설〕
一行曰(일행왈)・일행께서는 다음과 같이 말하고 있다.
人之生也(인지생야)란・사람의 生이라는 것은
特氣之聚也(특기지취야)인데・특별한 氣의 모임인 것인데
氣聚而爲血肉(기취이위혈육)이오・氣가 모여서 이로 말미암아 血
과 肉이 되는 것이고
氣間結者(기간결자)가・그 가운데서 응결한 것이
乃爲骨(내위골)이니・骨이 되는 것이니

故(고)로 • 따라서

人死而血肉消化(인사이혈육소화)라 • 사람이 죽으면 血과 肉은 소멸되어 버리는 것이고

惟骨獨留(유골독유)라 • 오직 骨만이 홀로 남는 것이니 피와 살은 썩어 없어지고 뼈만 홀로 남는 것이다.

骨本聚氣(골본취기)로 • 骨도 본래는 氣의 모임이기 때문에,

今尙(금상)에 • 살아서 숭상될 때까지는

可以類而納氣(가이유이납기)인데 • 같은 類로서 氣를 받아들이는 것이지만

死而葬(사이장)이면 • 죽어서 장사를 지내게 되면

其骨(기골)이 • 그 骨이

使更納生氣(사경납생기)로 • 다시 생기를 받아들임으로써

以蔭其子孫(이음기자손)하니 • 자손들에게 그 음덕을 입히는 것이니

子孫內骨之餘化也(자손내골지여화야)라 • 자손은 이에 祖上骨(조상골)의 나머지로써 化成함을 보게 되는 것이다.

夫精(부정)이 • 무릇 精氣라 함은

祥葬於骨(상장어골)인데 • 骨에 길상스러운 장사가 이루어지게 되면 精=眞氣가 骨에 들어가게 되는데

構精氣而萬物化成(구정기이만물화성)이니 • 精氣가 결합하여 구축되면 이로써 만물을 화성하여 이루게 되는 것이니

則子孫之生(칙자손지생)은 • 따라서 자손의 生은

自父母骨爲之本也(자부모골위지본야)라 • 부모의 骨로부터 그 근본을 삼게 되는 것이다.

上古聖智(상고성지)에 • 오랜 옛날부터 성인의 슬기와 지혜에

求福於生人者(구복어생인자)는 • 복을 구하려는 살아있는 사람들이라고 한다면

使蔭其本(사음기본)이니 • 그 근본(=父母骨)이 음덕(=천지신명)

의 도움인 蔭祐(음우)＝를 입어야 한다는 것을 알고 있었으니

是以葬法(시이장법)이라 • 이것이 바로 장사의 이치인 葬法(장법)인 것이다.

擇生氣於本骸(택생기어본해)하여 • 생기를 本骸(본해＝부모유골)가 택하게 하여

感福祥於遺體(감복상어유체)하니 • 福祥(복상)이 그의 遺體(유체＝자손)에게 감응하게 하는 것은

生人亦氣也(생인역기야)라 • 살아있는 생인 자식들도 역시 氣인 까닭인 것이다.

萬物(만물)은 • 일체의 만물은

無不以氣相感(무불이기상감)이오 • 氣로써 서로 감응치 않는 것이 없고

亦無不以氣爲禍福吉凶(역무불이기위화복길흉)이니 • 역시 氣로써 화복과 길흉이 되지 않는 것이 없기 때문에

人之休咎(인지휴구)는 • 인간의 기쁜일(＝길상)과 나쁜재앙(＝허물)은

雖自外至(수자외지)이나 • 비록 외부의 밖에서 와서 이르는 것이지만

而其實乃自人之氣所生(이기실내자인지기소생)이라 • 그 실제는 사람의 氣로부터 생겨나는 것이다.

故(고)로 • 그러므로

氣吉則爲祥(기길칙위상)이오 • 氣가 길하면 상서로운 것이고

氣凶則爲禍(기흉칙위화)니 • 氣가 흉하면 재화나 불행이 되는 것이기 때문에

一身之間(일신지간)에 • 일신의 사이에 있는 것으로부터

無不自有(무불자유)라 • 나오지 않는 것이 없는 것이다.

顧聚生肉眼(고취생육안)으로는 • 그러나 그러한 것들을 우매한 중생들의 육안으로 돌아보아서는

不能觀見(불능관견)이니 • 자세히 살펴볼 수가 없는 것이기 때문에

是以聖人智巧(시이성인지교)가 • 이것이 성인의 기이하고도 교묘한 지혜와 슬기로써

求以奪造化(구이탈조화)라 • 奪造化(탈조화)로써 신의 조화를 빼앗고 하늘의 命(명)을 고쳐서 구하는 것이다.

葬本福末爲門(장본복말위문)이니 • 장사를 지내 모심이 근본으로써 복을 받을 문이 된다는 것이니, 즉 枝葉末端(지엽말단)이 됨을 문으로 삼으니

福利之門(복리지문)은 • 복리의 문은

亦神妙之方也(역신묘지방야)라 • 역시 신묘한 방편일 뿐인 것이다.

又曰(우왈) • 덧붙여서 다음과 같이 말하고 있다.

人之生也(인지생야)는 • 사람의 生이라는 것은

陰陽配合(음양배합)이오 • 음양이 배합하고

生氣交感(생기교감)이오 • 생기가 교감하여

聚以爲人(취이위인)이니 • 이들이 서로 모임으로써 사람이 되어 사는 것이니

凝結而成骨(응결이성골)이오 • 그 氣가 응결하면 骨을 이루는 것이다.

及其死也(급기사야)에 • 이러한 사람이 죽으면

支體血脈(지체혈맥)은 • 支體=사지오체와 혈맥은,

皆腐(개부)이나 • 모두가 썩지만

而惟骨獨有(이유골독유)라 • 오직 骨만은 홀로 남게 되는 것이다.

盖人骨(개인골)은 • 대체적으로 사람의 骨이

稟五行之生氣(품오행지생기)하고 • 5행의 생기를 받는 것인데

而骨者又人之生氣(이골자우인지생기)니 • 骨이라는 것은 또 사람의 생기이기 때문에

人能死而骨不死(인능사이골불사)라 • 사람은 능히 죽지만 骨은 不死라 죽지를 않는 것이다.

故(고)로 • 그러므로

葬者(장자)는 • 장사를 지낸다는 것은

所以復人之生氣(소이부인지생기)하여 • 사람의 생기가 다시 부활하여

合地中之生氣(합지중지생기)로 • 땅속의 생기와 다시 합한 후에

受遺體(수유체)이니 • 遺體＝遺骨＝子孫들에게 받게 하는 것이기 때문에

以生者(이생자)로 • 生者, 즉 산 사람으로서

寧不亭蔭注之福哉(녕불정음주지복재)리까 • 어찌 음덕이 주입하는 복을 정수하지 않는다고 할 수 있을 것인가?

已上論(이상론)은 • 이상에서 논의한 바는 다음과 같이 요약될 수 있다.

五行之生氣(오행지생기)와 • 오행의 생기와

地中之生氣(지중지생기) • 지중의 생기

與遺骨之生氣(여유골지생기)가 • 유골의 생기가

三者合而爲一(삼자합이위일)이면 • 이 세 가지가 합하여서 하나가 되면

則可以福流生人矣(칙가이복류생인의)라 • 복이 살아있는 자손들에게 능히 흘러가서 유입될 것이다.

2. 第2 因勢編(인세편)

1) 五氣行於地中發而生乎萬物其行也因地之勢其聚也因勢之止.

〔원문1구독음문〕

五氣(오기)가 行於地中(행어지중)하다가, 發而生乎萬物(발이생호만물)인데 其行也(기행야)는 因地之勢(인지지세)이고, 其聚也(기취야)는 因勢之止(인세지지)니라.

〔원문1구해설〕

五氣(오기)가 • 5氣, 즉 목화토금수의 생기가

行於地中(행어지중)하다가 • 땅속을 유행하여 흘러서 돌아다니다가

發而生乎萬物(발이생호만물)인데 • 이러한 생기가 발아하여 만물을 생성하게 하는 것인데

其行也(기행야)는 • 오기의 흐름은, 즉 그 돌아다님은

因地之勢(인지지세)이고 • 땅의 勢＝형세에 의한 것이고

其聚也(기취야)는 • 오기의 응취(凝聚)＝모임은

因勢之止(인세지지)니라 • 그 勢＝형세가 멈춤으로서 일어나는 것이다.

〔註釋原文〕

張曰五行之氣行乎地中發而生乎萬物其行也必因地之勢謂丘壟岡阜之勢若血脈注人之四肢因有而往及其聚也必因勢之止處若或形勢不止氣脈不聚葬之何益尤宜精觀而審擇之又曰五行之氣不能自行因地而行地之行也必而其勢勢趨東則爲震山震則爲木勢向西則爲兌山兌則爲金之類是也氣之聚也亦必以勢之止則氣之聚於此矣如勢止處而得震山則木之氣聚矣勢止處而得兌山則金之氣聚矣他皆類此.

〔주석독음문〕

張曰(장왈), 五行之氣(오행지기)는 行乎地中(행호지중)하다가 發而生乎萬物(발이생호만물)한데 其行也(기행야)는 必因地之勢(필인지지세)러니 謂丘壟岡阜之勢(위구농강부지세)라 若血脈注人之四肢(약혈맥주인지사지)로 因有而往(인유이왕)이니 及其聚也(급기취야)는 必因勢之止處(필인세지지처)라 若或形勢不止(약혹형세불지)면 氣脈不聚(기맥불취)니 葬之(장지)에 何益尤宜精觀而審擇之(하익우의정관이심택지)리까. 又曰(우왈), 五行之氣(오행지기)는 不能自行(불능자행)으로 因地而行(인지이행)이고 地之行也(지지행야)

는 必而其勢(필이기세)인데 勢(세)가 趨東則爲震山(추동칙위진산)이고 震則爲木勢(진칙위목세)라 向西則爲兌山(향서칙위태산)이고 兌則爲金之類(태칙위금지류)이니 是也(시야)라. 氣之聚也(기지취야)는 亦必以勢之止(역필이세지지)인데 則氣之聚於此矣(칙기지취어차의)니 如勢止處而得(여세지처이득)이고 震山則木之氣聚矣(진산칙목지기취의)니 勢止處而得(세지처이득)이며 兌山則金之氣聚矣(태산칙금지기취의)니 他皆類此(타개류차)라.

〔주석해설〕
張曰(장왈)•張說께서는 다음과 같이 말하고 있다.
五行之氣(오행지기)는•5행의 氣는
行乎地中(행호지중)하다가•지중의 땅속을 유행하여 돌아다니다가
發而生乎萬物(발이생호만물)한데•발아를 하여서 일체만물에게 생명을 주게 됨인 것인데
其行也(기행야)는•그 5행의 돌아다님은
必因地之勢(필인지지세)러니•반드시 땅의 형세로 인한 것이기 때문에
謂丘壟岡阜之勢(위구농강부지세)라•이러할 경우에 땅의 형세라는 것은 소위 丘壟岡阜의 지세를 의미하는 것이다.
若血脈注人之四肢(약혈맥주인지사지)로•비유컨대 혈맥이 인체의 사지에 주입됨으로써
因有而往(인유이왕)이니•有而往＝生死라, 즉 낳고 죽음이 있게 되기 때문에
及其聚也(급기취야)는•또한 그 5氣의 모임도
必因勢之止處(필인세지지처)라•반드시 지세의 머무름과 멈춤으로 인하는 것이다.
若或形勢不止(약혹형세불지)면•만약에 형세의 그침과 멈춤이 없다고 한다면

氣脈不聚(기맥불취)이니 • 기맥도 멈춤이 없을 것이므로

葬之(장지)에 • 장사를 모심에 있어서

何益尤宜精觀而審擇之(하익우의정관이심택지)리까 • 어떻게 그 문제를 더욱 정밀하고 자세하게 精觀하지 않고 자세히 살펴서 고르듯 審擇하지 않을 것인가?

又曰(우왈) • 덧붙여서 다음과 같이 말하고 있다.

五行之氣(오행지기)는 • 5氣라는 존재는

不能自行(불능자행)으로 • 스스로는 돌아다니지를 못하고

因地而行(인지이행)이라 • 땅에 의지를 함으로써

地之行也(지지행야)라 • 땅속에서 움직일 수가 있음은

必而其勢(필이기세)인데 • 반드시 그 형세로써만 가능한 것이다.

勢(세)가 • 형세가

趨東則爲震山(추동칙위진산)이고 • 동쪽을 趨=向하게 되면, 즉 震山이 되는데

震則爲木勢(진칙위목세)라 • 震山은 木勢에 해당하는 것이다.

向西則爲兌山(향서칙위태산)이고 • 서쪽을 향하게 되면, 즉 兌山이 되는데

兌則爲金之類(태칙위금지류)이니 • 兌山은 金勢에 해당하는 것이니

是也(시야)라 • 이러한 방식으로 형세와 5氣를 분류할 수가 있음인 것이다.

氣之聚也(기지취야)는 • 氣가 모인다고 하는 것은

亦必以勢之止(역필이세지지)인데 • 역시 땅의 형세가 머물러 멈춤이 있을 경우인데

則氣之聚於此矣(칙기지취어차의)니 • 즉 氣가 모이는 곳은 바로 이러한 장소인 것이다.

如勢止處而得(여세지처이득)이고 • 형세가 머무르는 곳을 얻고

震山則木之氣聚矣(진산칙목지기취의)이니 • 震山을 얻게 되면, 즉

木氣가 이러한 곳에 모이는 것이다.

勢止處而得(세지처이득)이며 • 형세가 머무르는 곳을 얻고

兌山則金之氣聚矣(태산칙금지기취의)이니 • 兌山을 얻게 되면, 즉 金氣가 이러한 곳에 모이는 것이니

他皆類此(타개류차)라 • 다른 방위의 경우도 모두다 이와같은 유형인 것이다.

2) 葬者原其起乘其止

〔원문2구독음문〕

葬者(장자)는 原其起(원기기)하여 乘其止(승기지)하니라.

〔원문2구해설〕

葬者(장자)는 • 장사를 지낼 경우에는

原其起(원기기)하여 • 氣=지맥이 일어나는 곳을 찾아서 근원으로 삼아야 하고

乘其止(승기지)하니라 • 氣가 머물러 멈추어 있는 곳에다 乘=의지=묻어야 하는 것이다.

〔註釋原文〕

張曰原其自何方而來乘其形勢之所止處而爲穴也又曰眞龍正穴子不離母乾以乾應坤以坤應土以土應石以石應起處如是止亦如是龍之發也實同一原及其行也千枝萬派或一頓一伏便可安墳或一二里或三四里又成一穴所謂枝枝生葉節節生芽二十四位無不俱足惟大脈居中委蛇曲折或衝東奔西或馳南閃北未易緝捉及其止也實同所起原起乘止之勢而行止故葬者必求其勢之止以乘其氣之聚.

〔주석독음문〕

張曰(장왈), 原其自何方而來(원기자하방이래)하여 乘其形勢之所止處(승기형세지소지처)면 而爲穴也(이위혈야)라. 又曰(우왈), 眞龍

正穴(진룡정혈)은 子不離母(자불리모)니 乾以乾應(건이건응)이고
坤以坤應(곤이곤응)이며 土以土應(토이토응)이고 石以石應(석이석
응)으로 起處如是(기처여시)오 止亦如是(지역여시)라. 龍之發也(용
지발야)는 實同一原(실동일원)이고 及其行也(급기행야)는 千枝萬
派(천지만파)가 或一頓一伏(혹일돈일복)으로 便可安墳(편가안분)
은 或一二里(혹일이리), 或三四里(혹삼사리)에 又成一穴(우성일혈)
이니 所謂枝枝生葉(소위지지생엽)이고 節節生芽(절절생아)라. 二十
四位(이십사위)에 無不俱足(무불구족)이라. 惟大脈(유대맥)이어도
居中委蛇曲折(거중위사곡절)로 或衝東奔西(혹충동분서), 或馳南閃
北(혹치남섬북)이니 未易緝捉(미역집착)이라 及其止也(급기지야)
는 實同所起(실동소기)니 原起乘止之勢(원기승지지세), 而行止(이
행지)라. 故(고)로 葬者(장자)가 必求其勢之止(필구기세지지)로 以
乘其氣之聚(이승기기지취)니라.

〔주석해설〕
張曰(장왈) • 張說께서는 다음과 같이 말하고 있다.
原其自何方而來(원기자하방이래)하여 • 원래의 그 지맥이 어떤 방
위로부터 도래하여 왔는지를 보고서
乘其形勢之所止處(승기형세지소지처)면 • 그 형세가 머무르는 곳=
장소를 타고 의지한다면
而爲穴也(이위혈야)라 • 이러함이, 즉 이러한 곳이 바로 穴場인 것
이다.
又曰(우왈) • 덧붙여서 다음과 같이 말하고 있다.
眞龍正穴(진룡정혈)은 • 진룡의 바른 穴이라는 것은
子不離母(자불리모)니 • 자식이 어머니와 분리되어서 떨어질 수가
없는 것처럼
乾以乾應(건이건응)이고 • 乾龍은 乾穴로써 응하는 것이고

坤以坤應(곤이곤응)이며 • 坤龍은 坤穴로써 응하는 것이며

土以土應(토이토응)이고 • 土龍은 土穴로써 응하는 것이고

石以石應(석이석응)으로 • 石龍은 石穴로써 응하는 것으로

起處如是(기처여시)오 • 그렇게 일어나는 장소도 이와 같고

止亦如是(지역여시)라 • 그렇게 머무르는 장소도 역시 이와 같은 것이다.

龍之發也(용지발야)는 • 龍의 발원이라는 것은

實同一原(실동일원)이고 • 실제로 근원이 동일한 것이고

及其行也(급기행야)는 • 그리고 그러한 龍이 나아가 진행함에는

千枝萬派(천지만파)가 • 천 가지의 支龍과 만 가지의 물갈래가

或一頓一伏(혹일돈일복)으로 • 혹은 넘어져 부서지기도 하고 혹은 엎드려 숨기도 하는 것으로

便可安墳(편가안분)은 • 편안하여 좋은 분묘로 가능함은

或一二里(혹일이리) • 혹은 1리 또는 2리

或三四里(혹삼사리)에 • 혹은 3리 또는 4리에

又成一穴(우성일혈)이니 • 오직 1穴만이 可함이니

所謂枝枝生葉(소위지지생엽)이고 • 소위 가지들이 잎사귀를 생하고

節節生芽(절절생아)라 • 마디들이 싹을 생하는 것이라.

二十四位(이십사위)에 • 24산 방위의 자리마다

無不俱足(무불구족)이라 • 구족으로 갖추어지지 않는 곳이 없는 것이다.

惟大脈(유대맥)이어도 • 비록 대맥으로 큰 맥이라고 하여도

居中委蛇曲折(거중위사곡절)로 • 그 속내에서는 뱀처럼 꿈틀거리면서 이리저리 휘돌아 감아서 도는 곡절의 흐름이 있는 것으로

或衝東奔西(혹충동분서)이고 • 혹간은 동쪽으로 찌르고 혹간은 서쪽으로 달아나고

或馳南閃北(혹치남섬북)이니 • 혹은 남쪽으로 달리다가 혹은 북쪽

으로 섬뜩섬뜩 떨어져나가 숨으니

未易緝捉(미역집착)이라 • 길쌈으로 이어지고 포착으로 잡혀진이 결코 쉽지가 않음이라.

及其止也(급기지야)는 • 그리고 그 머물러 멈춤이라는 것은

實同所起(실동소기)이니 • 실제로 그 일어나는 바와 동일한 것이니

原起乘止之勢(원기승지지세)이고 • 본래의 일어나는 起를 찾고 머무르는 勢를 타야하는 것이고

而行止(이행지)라 • 이렇게 行으로 달려가다가 止로 멈추는 곳으로,

故(고)로 • 그러므로

葬者(장자)가 • 장사는

必求其勢之止(필구기세지지)로 • 반드시 그러한 勢가 멈추는 곳을 구하여야만

以乘其氣之聚(이승기기지취)니라 • 그러한 聚氣, 즉 氣의 모임을 탈 수가 있고 의지할 수가 있음인 것이다.

   3) 寅申巳亥四勢也衰旺繫乎形應

〔원문3구독음문〕

寅申巳亥(인신사해)는 • 四勢也(사세야)라. 衰旺繫乎形應(쇠왕계호형응)이라.

〔원문3구해설〕

寅申巳亥(인신사해)는 • 인방(寅方-火), 신방(申方-水), 사방(巳方-金), 해방(亥方-木)은

四勢也(사세야)라 • 4勢인 것이다.

衰旺繫乎形應(쇠왕계호형응)이라 • 이러한 4세가 衰하고 盛=旺하는 것은 그 형세가 응하는 바에 달려 있는 것이다.

〔註釋原文〕

張曰四方地勢謂相剋相生休囚旺絶一山之形以諸山爲應其說在山勢篇
又曰火生寅水土生申金生巳木生亥正如火山自寅至午爲生旺有氣之山
水年月也從未至丑爲衰絶無氣之山水年月也火長生寅沐浴卯冠帶辰臨
官巳帝旺午衰未病申死酉葬戌絶亥胎子養丑故也水火金木土準此.

〔주석독음문〕

張曰(장왈), 四方地勢(사방지세)는 謂相剋相生(위상극상생), 休囚
旺絶(휴수왕절)인데　一山之形(일산지형)이　以諸山爲應(이제산위
응)이라. 其說在山勢篇(기설재산세편)이라. 又曰(우왈), 火生寅(화
생인)이고, 水土生申(수토생신)이며, 金生巳(금생사)이고, 木生亥
(목생해)이니, 正如火山(정여화산), 自寅至午爲生旺(자인지오위생
왕)으로　有氣之山水年月也(유기지산수년월야)이고, 從未至丑爲衰
絶(종미지축위쇠절)이니, 無氣之山水年月也(무기지산수년월야)라.
火(화)는　長生寅(장생인)이고, 沐浴卯(목욕묘)이며, 冠帶辰(관대
진)이고, 臨官巳(임관사)이며, 帝旺午(제왕오)이고, 衰未(쇠미), 病
申(병신), 死酉(사유), 葬戌(장술), 絶亥(절해), 胎子(태자), 養丑
(양축)으로 故也(고야)라. 水火金木土(수화금목토), 準此(준차)라.

〔주석해설〕

張曰(장왈)•張說께서는 다음과 같이 말하고 있다.

四方地勢(사방지세)는•혈장주위, 즉 4방의 산세는

謂相剋相生(위상극상생)•이른바 상생과 상극으로써

休囚旺絶(휴수왕절)인데•休와 囚 그리고 旺과 絶로 말할 수 있음
인데

一山之形(일산지형)이•어떠한 산의 形이

以諸山爲應(이제산위응)이라•모든 산들로써 그 응함이 있는 것이다.

其說在山勢篇(기설재산세편)이라•그러한 구체적인 설명은 산세편

에 있다.

又曰(우왈) • 덧붙여서 다음과 같이 말하고 있다

火生寅(화생인)이고 • 火는 寅을 생하고

水土生申(수토생신)이며 • 水와 土는 申을 생하며

金生巳(금생사)이고 • 金은 巳를 생하고

木生亥(목생해)이니 • 木은 亥를 생하니

正如火山(정여화산) • 火山과 같은 경우에 올바른 것은

自寅至午爲生旺(자인지오위생왕)으로 • 寅에서 부터 午까지가 생왕
으로

有氣之山水年月也(유기지산수년월야)이고 • 氣가 있는 山水年月이
되는 것이고

從未至丑爲衰絕(종미지축위쇠절)이니 • 未에서 부터 丑까지가 쇠절
이니

無氣之山水年月也(무기지산수년월야)라 • 氣가 없는 山水年月이 되
는 것이다.

火(화)는 • 火에서

長生寅(장생인)이고 • 장생은 寅이고

沐浴卯(목욕묘)이며 • 목욕은 卯이며

冠帶辰(관대진)이고 • 관대는 辰이고

臨官巳(임관사)이며 • 임관은 巳이며

帝旺午(제왕오)이고 • 제왕은 午이고

衰未(쇠미), 病申(병신), 死酉(사유), 葬戌(장술), 絕亥(절해), 胎子
(태자), 養丑(양축)으로

故也(고야)라 • 그러함인 것이다.

水火金木土(수화금목토)도 • 水山, 火山, 金山, 木山, 土山도

準此(준차)라 • 이러함에 준하는 것이다.

4) 震離坎兌乾坤艮巽八方也.來止迹乎岡阜

〔원문4구독음문〕

震離坎兌乾坤艮巽(진이감태건곤간손)이 八方也(팔방야)인데 來止
(내지)는 迹乎岡阜(적호강부)라.

〔원문4구해설〕

震離坎兌乾坤艮巽(진이감태건곤간손)이 • 震=동쪽, 離=남쪽, 坎
=북쪽, 兌=서쪽, 乾=서북, 坤=남서, 艮=북동, 巽=동남은,
八方也(8방야)라 • 8방위인 것이다.

來止(내지)는 • 5기가 來하여 흘러오거나 止하여 멈추는 것은

迹乎岡阜(적호강부)라 • 산과 언덕, 즉 岡阜(강부)=산세=용세를
따라서 이루어지는 산의 맥세를 총칭하는 것이다.

〔註釋原文〕

張曰所以定八方者迹乎岡阜之來無不以乾坤艮巽八方也其說在山勢篇
又曰合爲八方分則二十四位岡阜之來也本乎何方其止也合乎體是之謂
迹已上論八卦五行相爲表裏八方之龍必求止處爲穴形穴要捨休囚而取
生旺也.

〔주석독음문〕

張曰(장왈), 所以定八方者(소이정팔방자)는 迹乎岡阜之來(적호강
부지래)로 無不以乾坤艮巽八方也(무불이건곤간손팔방야)이니 其說
(기설)은 在山勢篇(재산세편)이니라. 又曰(우왈), 合爲八方(합위팔
방)이고 分則二十四位(분칙이십사위)라 岡阜之來也(강부지래야)는
本乎何方(본호하방)인가. 其止也(기지야)는 合乎體(합호체)이니 是
之謂迹(시지위적)이라. 已上論(이상론)은 八卦五行(팔괘오행)이 相
爲表裏(상위표리)라, 八方之龍(팔방지룡)은 必求止處爲穴形(필구
지처위혈형)이니 穴要捨休囚(혈요사휴수)하고 而取生旺也(이취생
왕야)라.

〔주석해설〕

張曰(장왈) • 張說께서는 다음과 같이 말하고 있다.

所以定八方者(소이정팔방자)는 • 8방이라는 것이 정해지는 바는

迹乎岡阜之來(적호강부지래)로 • 岡阜의 來하는 흔적이나 자취로 정해지므로

無不以乾坤艮巽八方也(무불이건곤간손팔방야)이니 • 乾坤艮巽 등의 8방으로써 아니 되는 것이 없음이니

其說(기설)은 • 그러한 설명은

在山勢篇(재산세편)이니라 • 산세편에 있음이다.

又曰(우왈) • 덧붙여서 다음과 같이 말하고 있다.

合爲八方(합위팔방)이고 • 모두 합하면 8방이고

分則二十四位(분칙이십사위)라 • 이를 세분하여서 나누면 24방위라

岡阜之來也(강부지래야)는 • 岡阜가 來한다고 함은

本乎何方(본호하방)인가 • 본래 어떠한 방향에서 오는 것인가

其止也(기지야)는 • 그러한 岡阜가 止하여 머무른다고 함은

合乎體(합호체)이니 • 岡阜가 합하여 형체를 갖추는 것을 말함이니

是之謂迹(시지위적)이라 • 이러함이 소위 迹(적)＝자취인 것이다.

已上論(이상론)은 • 이상과 같은 이론은

八卦五行(팔괘오행)이 • 8괘와 5행이

相爲表裏(상위표리)라 • 상호관계가 서로 표리관계가 됨이라

八方之龍(팔방지룡)은 • 8방위의 龍은

必求止處爲穴形(필구지처위혈형)이니 • 반드시 머무르는 止處를 구해야만 穴形을 이루게 되는 것이니

穴要捨休囚(혈요사휴수)하고 • 穴은 休囚를 버리는 것이 필요로 하고

而取生旺也(이취생왕야)라 • 穴은 生旺을 취해야만 하는 것이다.

5) 地勢原脈山勢原骨

〔원문5구독음문〕

地勢原脈(지세원맥)이고 山勢原骨(산세원골)이라.

〔원문5구해설〕

地勢原脈(지세원맥)이고 • 地勢는 脈을 근원으로 하기 때문에 지세
＝형세에서 脈을 찾고

山勢原骨(산세원골)이라 • 山勢는 산의 높이와 형태를 나타내는 骨
을 근원으로 하기 때문에 산세＝형세에서는 骨을 찾는 것이다.

〔註釋原文〕

張曰地勢平夷須以土脈所來爲原山勢隆高故以岡阜爲本又曰平洋之地
取其脈如顯顯釣鰲玉女堆緝之類是也山壟之地取其骨如龍蟠虎距鸞舞
鳳翔之類是也.

〔주석독음문〕

張曰(장왈), 地勢平夷(지세평이)면 須以土脈(수이토맥)으로 所來
(소래)하고 爲原山勢(위원산세)면 隆高(융고)니, 故(고)로 以岡阜
爲本(이강부위본)이라. 又曰(우왈), 平洋之地(평양지지)에 取其脈
(취기맥)은 如顯顯(여현현), 釣鰲(조오), 玉女堆緝之類(옥녀퇴집지
류), 是也(시야)오, 山壟之地(산롱지지)에 取其骨(취기골)은 如龍蟠
(여룡반), 虎距(호거), 鸞舞(란무), 鳳翔之類(봉상지류), 是也(시
야)라.

〔주석해설〕

張曰(장왈) • 張說께서는 다음과 같이 말하고 있다.

地勢平夷(지세평이)면 • 지세가 평탄하고 평이하면

須以土脈(수이토맥)으로 • 마땅히 土脈으로써

所來(소래)하고 • 來하는 바가 있는 것이고

爲原山勢(위원산세)이면 • 산세를 찾기를 원한다고 하면

隆高(융고)니 • 풍성하고 아주 높게 솟았으니

故(고)로 • 그러므로

以岡阜爲本(이강부위본)이라 • 岡阜로써 그 근본이 되는 것이다.

又曰(우왈) • 덧붙여서 다음과 같이 말하고 있다.

平洋之地(평양지지)에 • 평양한 땅에서

取其脈(취기맥)은 • 그러한 脈을 취함에 있어서는

如顯顯(여현현)이고 • 빨랫줄에 걸려서 하늘거리는 비단실과 같고

釣鰲(조오)이며 • 자라를 낚아서 올리는 낚싯줄과 같으며

玉女堆緝之類(옥녀퇴집지류)이고 • 귀한 여인 옥녀가 물레질로 길쌈을 하여서 쌓아놓은 것과 같은 類이고

是也(시야)오 • 이러함과 같은 유형으로써 그 脈을 찾는 것이다.

山壟之地(산롱지지)에 • 山壟의 땅에서

取其骨(취기골)은 • 그러한 骨을 취함에 있어서는

如龍蟠(여룡반)이고 • 마치 龍이 서리듯 주위를 빙 감아서 돌고

虎距(호거)이며 • 호랑이가 쭈구리고서 걸터앉은 듯하며

鸞舞(란무)하고 • 영물스러운 난새가 춤을 추는 듯하고

鳳翔之類(봉상지류)이라 • 봉황이 날개를 펴고서 높이 날아서 오르는 듯 함이라

是也(시야)라 • 이러함과 같은 유형으로써 그 骨을 찾는 것이다.

6) 委蛇東西或爲南北

〔원문6구독음문〕

委蛇(위사)가 東西或爲南北(동서혹위남북)이라.

〔원문6구해설〕

委蛇(위사)가 • 지세나 산세=용맥이 마치 뱀처럼 구불구불하게

東西或爲南北(동서혹위남북)이라 • 동서로 혹은 남북으로 가는 듯

하다.

〔註釋原文〕
張曰此言形勢曲折未定葬者宜審觀一行曰委蛇之形曲折殽亂東西南北
宜以形勢原脈原勢觀之又曰此言龍之行度也.

〔주석독음문〕
張曰(장왈), 此言(차언)은 形勢曲折(형세곡절)이 未定(미정)이니
葬者(장자)는 宜審觀(의심관)일지라. 一行曰(일행왈), 委蛇之形(위
사지형)은 曲折殽亂(곡절효난)이 東西南北(동서남북)하니 宜以形
勢(의이형세)로 原脈原勢觀之(원맥원세관지)하라. 又曰(우왈), 此
言(차언)은 龍之行度也(룡지행도야)라.

〔주석해설〕
張曰(장왈) • 張說께서는 다음과 같이 말하고 있다.
此言(차언)은 • 이것은
形勢曲折(형세곡절)이 • 形勢의 曲折함이
未定(미정)이니 • 아직 정하여지지 않았음이니
葬者(장자)는 • 장사를 지냄에 있어서는
宜審觀(의심관)일지라 • 의당히 審觀하여 세심하게 관찰을 해야만
하는 것이다.
一行曰(일행왈) • 일행께서는 다음과 같이 말씀을 하셨다.
委蛇之形(위사지형)은 • 구불구불 굽은 뱀의 형상이라는 것은
曲折殽亂(곡절효난)이 • 휘어서 굽어지고 꺽이어서 조개지며 뒤섞
이어서 혼란함이
東西南北(동서남북)하니 • 동서남북으로 각양각색이니
宜以形勢(의이형세)로 • 의당히 형세로써
原脈原勢觀之(원맥원세관지)하라 • 脈을 찾고 勢를 찾아서 그 근원

을 살펴야 함인 것이다.

又曰(우왈) • 덧붙여서 다음과 같이 말하고 있다

此言(차언)은 • 이것은

龍之行度也(룡지행도야)라 • 龍이 움직여서 지나가는 모양인 行度인 것이다.

7) 千尺爲勢百尺爲形

〔원문7구독음문〕

千尺爲勢(천척위세)이고 百尺爲形(백척위형)이라.

〔원문7구해설〕

千尺爲勢(천척위세)이고 • 천척으로 勢가 되고, 즉 지세나 산세가 천척으로 길고 크게 勢=내룡맥세를 이루고

百尺爲形(백척위형)이라 • 백척으로 形이 됨이니 백척으로 짧고 작게 形=혈장모양을 이루는 것이다.

〔註釋原文〕

張曰勢者其來之來千尺之遠形者其勢止處於百尺之近觀之也又曰勢者謂來龍頓伏有勢形者謂已成形穴可以安墳也千尺言其來勢之遠也百尺言其形穴之近也.

〔주석독음문〕

張曰(장왈), 勢者(세자)는 其來之來(기래지래)니 千尺之遠(천척지원)이고, 形者(형자)는 其勢止處(기세지처)이니 於百尺之近(어백척지근)으로 觀之也(관지야)라. 又曰(우왈), 勢者(세자)는 謂來龍頓伏有勢(위래룡돈복유세)이고 形者(형자)는 謂已成形穴(위이성형혈)로 可以安墳也(가이안분야)이니 千尺言(천척언), 其來勢之遠也(기래세지원야)이고 百尺言(백척언), 其形穴之近也(기형혈지근야)라.

〔주석해설〕
張曰(장왈)•張說께서는 다음과 같이 말하고 있다.
勢者(세자)는•勢라고 하는 것은
其來之來(기래지래)니•그 오는 바이니
千尺之遠(천척지원)이고•천척의 멀리로부터 살피는 것이고
形者(형자)는•形이라고 하는 것은
其勢止處(기세지처)이니•勢가 머무르는 곳인 止處임이니
於百尺之近(어백척지근)으로•백척정도의 가까운 것으로
觀之也(관지야)라•관찰하여 살피는 것이다.
又曰(우왈)•덧붙여서 다음과 같이 말하고 있다.
勢者(세자)는•勢라고 하는 것은
謂來龍頓伏有勢(위래룡돈복유세)이고•소위 來龍이 엎드려서 조아
리듯 돈복하는 곳에 勢가 있음을 일컫는 것이고
形者(형자)는•形이라고 하는 것은
謂已成形穴(위이성형혈)로•이른바 이미 形穴이 이루어졌다고 하
는 것으로
可以安墳也(가이안분야)이니•편안한 분묘로써 可함이니
千尺言(천척언)•천척이라고 하는 것은
其來勢之遠也(기래세지원야)이고•그 來勢가 멀리에 있음을 말하
는 것이고
百尺言(백척언)•백척이라고 하는 것은
其形穴之近也(기형혈지근야)라•그 穴形이 근처에 가까이 있음을
말하는 것이다.

  8) 勢來形止是謂全氣全氣之地當葬其止
〔원문8구독음문〕
勢來形止(세래형지)가 是謂全氣(시위전기)니 全氣之地(전기지지)

는 當葬其止(당장기지)니라.

〔원문8구해설〕

勢來形止(세래형지)가 • 勢=龍勢로 와서 形으로 멈추는 것

是謂全氣(시위전기)라 • 이러한 것을 소위 완전한 기라고 한다.

全氣之地(전기지지)는 • 완전한 기를 갖춘 땅에는

當葬其止(당장기지)니라 • 의당 당연히 그 기가 멈춘 그 곳에 장사를 모시고 지내야 하는 것이다.

〔註釋原文〕

張曰勢須要來形須要止勢若不來氣不全形若不止氣不聚氣止而聚是謂全氣言氣不飄揚流散也葬者當其形勢止處乃是穴也詳其形勢篇又曰山峯堆疊高峻勇猛其下發迹委蛇曲折各有趨向或受全氣脈或受偏氣脈惟全氣脈子不離母乾以乾應坤以坤應包含結裹門戶關鑰左右朝應高峙聳秀隱隱隆隆吉在其中是亦謂全氣之地景純至此發露已盡特其庸瑣之流識不到此.

〔주석독음문〕

張曰(장왈), 勢須要來(세수요래)이고 形須要止(형수요지)인데 勢若不來(세약불래)면 氣不全(기불전)이고 形若不止(형약불지)이면 氣不聚(기불취)이니 氣止而聚(기지이취)가 是謂全氣(시위전기)라. 言(언), 氣不飄揚流散也(기불표양류산야)라. 葬者(장자)는 當其形勢止處(당기형세지처)에 乃是穴也(내시혈야)라. 詳其形勢篇(상기형세편)하다. 又曰(우왈), 山峯(산봉)이 堆疊高峻勇猛(퇴첩고준용맹)이면 其下(기하)에 發迹委蛇曲折(발적위사곡절)한데 各有趨向(각유추향)하면 或受全氣脈(혹수전기맥)이고 或受偏氣脈(혹수편기맥)이라. 惟全氣脈(유전기맥)이라야 子不離母(자불리모)로 乾以乾應(건이건응)하고 坤以坤應(곤이곤응)하듯이, 包含結裹(포함결과)하고 門戶關鑰(문호관약)하며 左右朝應(좌우조응)하고 高峙聳秀(고

치용수)하며　隱隱隆隆(은은융융)하여　吉在其中(길재기중)이니　是
亦謂全氣之地(시역위전기지지)라. 景純(경순)이　至此(지차)에　發露
已盡特其(발로이진특기)한데　庸瑣之流(용쇄지류)가　識不到此(식불
도차)이라.

〔주석해설〕
張曰(장왈)•張說께서는 다음과 같이 말하고 있다.
勢須要來(세수요래)이고•勢라는 것은 모름지기 來하여 달려옴을
필요로 하는 것이고
形須要止(형수요지)인데•形이라는 것은 모름지기 止하여 머물러
그침을 필요로 하는데
勢若不來(세약불래)면•勢가 만약에 來하여 달려옴이 없다면
氣不全(기불전)이고•氣가 완전할 수가 없는 것이고
形若不止(형약불지)이면•形이 만약에 止하여 머물러 그침이 없다면
氣不聚(기불취)이니•氣가 취집하여 모일 수가 없는 것이니
氣止而聚(기지이취)가•氣가 멈추어서 모인 것을
是謂全氣(시위전기)라•이러한 것을 소위 완전한 氣인 全氣라고 하
는 것이다.
言(언)•즉 다시 말해서
氣不飄揚流散也(기불표양류산야)라•氣가　飄散(표산)하듯 날리지
를 않고 發揚(발양)하듯 쏘아 오르지를 않으며 流去(류거)하듯 흐르
지를 않고 分散(분산)하듯 흩어지지를 않는 것이, 즉 全氣인 것이다.
葬者(장자)는•장사를 지냄에 있어서는
當其形勢止處(당기형세지처)에•당연히 그러한 形勢가 멈추는 곳
에 해야만
乃是穴也(내시혈야)라•이에 이러한 것을 穴이라고 할 수가 있는
것이다.

詳其形勢篇(상기형세편)하다 • 더욱 상세한 내용은 形勢篇에 있다.

又曰(우왈) • 덧붙여서 다음과 같이 말하고 있다.

山峯(산봉)이 • 산의 봉우리가

堆疊高峻勇猛(퇴첩고준용맹)이면 • 언덕이 겹치듯 堆疊하고 높고 엄준하듯 高峻하며 날쌔고 용감하듯 勇猛하면

其下(기하)에 • 그 산봉우리 아래에

發迹委蛇曲折(발적위사곡절)한데 • 위사곡절로 구불구불한 뱀이 곡절을 하여 지나간듯한 岡阜의 흔적과 자취가 발생하여 드러나는 것인데

各有趨向(각유추향)하면 • 각각의 방향들을 좇아가 보면

或受全氣脈(혹수전기맥)이고 • 혹은 전기맥을 얻을 수도 있는 것이고

或受偏氣脈(혹수편기맥)이라 • 혹은 편기맥을 얻을 수도 있는 것이다.

惟全氣脈(유전기맥)이라야 • 오직 전기맥이라야

子不離母(자불리모)로 • 자식이 어머니와 분리되어 떨어질 수가 없는 이치로

乾以乾應(건이건응)하고 • 건룡에는 건으로써 응하고

坤以坤應(곤이곤응)하듯이 • 곤룡에는 곤으로써 응하듯이

包含結裹(포함결과)하고 • 보자기의 끈을 매어서 포근하게 감싸서 앉은 듯

門戶關鑰(문호관약)하며 • 문호인 문을 자물쇠통으로 잠궈서 빗장을 걸듯

左右朝應(좌우조응)하고 • 좌우가 조응하여 마주 응하듯

高峙聳秀(고치용수)하며 • 높은 산이 우뚝 솟아서 빼어난 듯

隱隱隆隆(은은융융)하여 • 웅크려 숨은 듯 당당하게 드러난 듯하여

吉在其中(길재기중)이니 • 吉함이 그 속에 있음인 것이니

是亦謂全氣之地(시역위전기지지)라 • 이러한 것이 소위 全氣의 땅인 것이다.

景純(경순)이 • 금낭경의 저자인 곽박, 즉 곽경순이

至此(지차)에 • 이러한 경지에 도달하여

發露已盡特其(발로이진특기)한데 • 온 정성을 다하여 특별히 그러한 것을 드러내어서 발표하였는데

庸瑣之流(용쇄지류)가 • 자질구레하고 어리석으며 좀스러운 무리가

識不到此(식불도차)이라 • 깨달음이 이에 이르지를 못한 것이다.

9) 全氣之地宛委自復回還重復

〔원문9구독음문〕

全氣之地(전기지지)는 宛委自復回還重復(완위자복회환중부)하다.

〔원문9구해설〕

全氣之地(전기지지)는 • 완전한 氣를 갖춘 땅은

宛委自復回還重復(완위자복회환중부)하다 • 쌓이어 굴곡하듯이 宛委(완위)하고 스스로 감싸서 안듯이 自復(자복)하며, 휘돌아서 감돌듯이 回還(회환)＝環抱(환포)하기도 하고 겹겹이 둘러서 싸듯이 重複(중복)을 하는 것이다.

〔註釋原文〕

張曰宛委自復謂宛轉委曲勢雖去而形自回復回環重複謂四方地勢山形岡阜周回環繞重複是也又曰張言形回則是勢去非也勢來形止則爲全氣勢若去走氣便不全宛委自復明言後龍宛轉委曲而來回環重複則是朝對左右又復周圍環繞前案重疊三陽六建靡不俱足豈不爲十全好也已上論山勢奔騰而來形像宛委而止止處安墳是謂全氣.

〔주석독음문〕

張曰(장왈), 宛委自復(완위자복)은 謂宛轉委曲勢(위완전위곡세)인데 雖去(수거)이어도, 而形自回復(이형자회복)이라. 回環重複(회환중복)은 謂四方地勢(위사방지세)와 山形岡阜(산형강부)가 周回環

繞重複(주회환요중복), 是也(시야)라. 又曰(우왈), 張言(장언), 形
回則是勢去非也(형회칙시세거비야)는 勢來形止則爲全氣(세래형지
칙위전기)이고 勢若去走氣(세약거주기)이면 便不全(편불전)이라.
宛委自復(완위자복)은 明言(명언), 後龍宛轉委曲(후룡완전위곡)이
고 而來回環重複(이래회환중복)은 則是朝對左右又復周圍環繞(칙시
조대좌우우복주위환요)이며 前案重疊(전안중첩)에 三陽六建(삼양
육건)이고 靡不俱足(미불구족)이면 豈不爲十全好也(기불위십전호
야)리이까. 已上論(이상론)은 山勢奔騰(산세분등)하고 而來形像宛
委而止(이래형상완위이지)할때 止處(지처)에 安墳(안분)이면 是謂
全氣(시위전기)라.

〔주석해설〕
張曰(장왈) • 張說께서는 다음과 같이 말하고 있다.
宛委自復(완위자복)은 • 구부정하게 밀리듯 宛委하고, 스스로 뒤집
히듯 自復함이라는 것은
謂宛轉委曲勢(위완전위곡세)인데 • 소위 어슴푸레하게 돌아서 들면
서 구불구불하게 굴곡을 하는 형세인데
雖去(수거)이어도 • 비록 龍脈이 去하여 가도
而形自回復(이형자회복)이라 • 形은 스스로 회복되는 것이다.
回環重複(회환중복)은 • 돌고 돌듯 回環하고 거듭 겹치어서 중복함
이라는 것은
謂四方地勢(위사방지세)와 • 소위 4방의 지세와
山形岡阜(산형강부)가 • 山形의 岡阜가
周回環繞重複(주회환요중복)이니 • 두루 돌듯 周回하고 고리를 두
르듯 環繞하며 중복함을 말하는 것이니
是也(시야)라 • 이러함인 것이다.
又曰(우왈) • 덧붙여서 다음과 같이 말하고 있다.

張言(장언) • 장설께서 말한

形回則是勢去非也(형회칙시세거비야)는 • 形이 回하여 돌아서 들면, 즉 이것은 勢가 去하여 가는 것이 아니라고 함은

勢來形止則爲全氣(세래형지칙위전기)이고 • 勢가 來하여 오고 形이 止하여 머물러야, 즉 全氣가 되는 것이고

勢若去走氣(세약거주기)이면 • 勢가 만약에 去하여 달려가 버리고 氣도 역시 走하여 질주해 도망을 간다고 하면

便不全(편불전)이라 • 이러한 경우는 全氣가 될 수가 없음인 것이다.

宛委自復(완위자복)은 • 구부정하게 밀리듯 宛委하고 스스로 뒤집히듯 自復함이라는 것은

明言(명언) • 분명히 말해서

後龍宛轉委曲(후룡완전위곡)이고 • 主山의 뒤에서 이어지는 後龍이 어슴푸레하게 돌아서 들면서 구불구불하게 굴곡을 하는 형세로 宛轉委曲(완전위곡)함이고

而來回環重複(이래회환중복)은 • 그 오는 來가 回環하고 중복한다는 것은

則是朝對左右又復周圍環繞(칙시조대좌우우복주위환요)이며 • 즉 穴前에서 주산과 마주대하고 있는 朝對山＝朝山과 좌우청룡백호가 또다시 周圍하고 環繞하여

前案重疊(전안중첩)에 • 前案인 案山이 중첩하며

三陽六建(삼양육건)이고 • 三陽과 六建을 이룬다는 의미인 것이다.

靡不俱足(미불구족)이면 • 그러함이 구족되지 않음이 없다(靡＝無)고 하면

豈不爲十全好也(기불위십전호야)리이까 • 어찌 모든 것을 갖추어서 좋다는 十全好가 아니라고 할 것인가.

已上論(이상론)은 • 이상에서 언급한 논리는

山勢奔騰(산세분등)하고 • 산세가 달리다가 말에 타서 오르듯 奔騰하고

而來形像宛委而止(이래형상완위이지)할때 • 來하는 形像이 宛委하
다가 止하여 머물렀을 경우에

止處(지처)에 • 그렇게 멈추는 곳인 止處에

安墳(안분)이면 • 편안하게 장사를 지내 분묘를 모시게 되면

是謂全氣(시위전기)라 • 이러함이 소위 全氣가 되는 것이다.

10) 若踞而候也

〔원문10구독음문〕

若踞而候也(약거이후야)라.

〔원문10구해설〕

若踞而候也(약거이후야)라 • 완전한 기를 갖춘 땅은 마치 웅크리고
있으면서 무엇을 기다리는 것 같은데, 즉 걸터앉아서 사람을 기다리
는 듯한 형상인 것이다.

〔註釋原文〕

張曰地勢若人踞而候人言安穩不動蹲而有所待也又曰前言是也.

〔주석독음문〕

張曰(장왈), 地勢(지세)가 若人踞而候人(약인거이후인)이면 言安穩
不動蹲而有所待也(언안온불동준이유소대야)라. 又曰(우왈), 前言
是也(전언시야)라.

〔주석해설〕

張曰(장왈) • 張說께서는 다음과 같이 말하고 있다.

地勢(지세)가 • 지세가

若人踞而候人(약인거이후인)이면 • 만약에 사람이 쭈구리고 걸터앉
아서 사람을 기다리는 듯하면

言安穩不動蹲而有所待也(언안온불동준이유소대야)라 • 이것은 安

穩不動함이기 때문에 편안하게 앉아서 기다릴 수가 있는 장소가 됨을 의미하는 것이다.

又曰(우왈) • 덧붙여서 다음과 같이 말하고 있다.

前言是也(전언시야)라 • 앞에서 말한 이러한 것들이 옳은 것이다.

11) 若攬而有也

〔원문11구독음문〕

若攬而有也(약람이유야)라.

〔원문11구해설〕

若攬而有也(약람이유야)라 • 완전한 기를 갖춘 땅은 마치 혈주위의 산세들을 잡아 끌고 당겨서 그곳에 있도록 하는 것과 같음이다.

〔註釋原文〕

張曰若人以手攬取物而有之若攬而無有者非也又曰成龍之地入形之穴若端正福厚侵於雲漢在後而來者則爲寶殿在前而應者則爲龍樓尖秀者爲筆圓秀者爲簡方秀者爲笏走足者爲旗頭高者爲馬連接者爲羅城踏節重重者爲屯軍銜隊方而小者爲金箱圓而小者則爲玉印尖而利者爲牙刀橫而直者爲衙杖羅前殿後聳左森右重重疊疊靡一不具是之謂攬而有者也.

〔주석독음문〕

張曰(장왈), 若人以手(약인이수)로 攬取物而有之(람취물이유지)이고 若攬而無有者(약람이무유자), 非也(비야)이니라. 又曰(우왈), 成龍之地(성룡지지)에 入形之穴(입형지혈)이 若端正福厚侵於雲漢(약단정복후침어운한)하고 在後而來者(재후이래자), 則爲寶殿(칙위보전)이고, 在前而應者(재전이응자), 則爲龍樓(칙위용루)이며 尖秀者爲筆(첨수자위필)이고 圓秀者爲簡(원수자위간)이며 方秀者爲笏(방수자위홀)이고 走足者爲旗(주족자위기)이며 頭高者爲馬(두고자위마)이고 連接者爲羅城踏節(연접자위나성답절)이며 重重者爲屯軍衙隊(중중자위둔군아대)이고 方而小者爲金箱(방이소자위금상)이며 圓而小者則爲玉印(원이소자칙위옥인)이고 尖而利者爲牙刀(첨이이자위아도)이며 橫而直者爲衙杖(횡이직자위아장)이기에 羅前殿後(나전전후)하고 聳左森右(용좌삼우)하며 重重疊疊(중중첩첩)하여 靡一不具(미일불구)이면 是之謂攬而有者也(시지위람이유자야)라.

〔주석해설〕

張曰(장왈) • 張說께서는 다음과 같이 말하고 있다.

若人以手(약인이수)로 • 마치 사람이 손으로써

攬取物而有之(람취물이유지)이고 • 손으로 쥐어 잡고서 물건을 취하여 당기듯 하고 있음을 지적하는 것이고

若攬而無有者(약람이무유자)는 • 마치 손으로 쥐어 잡고서 끌어서 당겼으나 있지 아니한 것은

非也(비야)이니라 • 아닌 것이다.

又曰(우왈) • 덧붙여서 다음과 같이 말하고 있다.

成龍之地(성룡지지)에 • 龍을 이룬 땅에

入形之穴(입형지혈)이 • 形에 들어있는 穴이

若端正福厚侵於雲漢(약단정복후침어운한)하고 • 만약에 단정하고 福厚하며 구름과 은하수인 雲漢이＝하늘을 찌를 듯 하고

在後而來者(재후이래자)는 • 뒤에 있으면서 來하는 것은

則爲寶殿(칙위보전)이고 • 즉 보배로운 궁전인 寶殿이 되는 것이고

在前而應者(재전이응자)는 • 앞에 있으면서 응하는 것은

則爲龍樓(칙위용루)이며 • 즉 다락이나 망루인 龍樓인 것이며

尖秀者爲筆(첨수자위필)이고 • 뾰쪽하게 빼어나 尖秀한 것은 筆峯(필봉)인 것이고

圓秀者爲簡(원수자위간)이며 • 둥글게 빼어나 圓秀한 것은 簡峯(간

봉)인 것이며

方秀者爲笏(방수자위홀)이고 • 방각하게 빼어나 方秀한 것은 笏峯(홀봉)인 것이고

走足者爲旗(주족자위기)이며 • 달아나고 달리듯 走足한 것은 旗(기)인 것이며

頭高者爲馬(두고자위마)이고 • 꼭대기가 높아 頭高한 것은 馬(마)인 것이고

連接者爲羅城踏節(연접자위나성답절)이며 • 서로가 연결되듯 연접한 것은 羅城踏節(나성답절)인 나성의 마디마디인 것이며

重重者爲屯軍衙隊(중중자위둔군아대)이고 • 重重한 것은 屯軍衙隊인 것이고

方而小者爲金箱(방이소자위금상)이며 • 方하고 小한 것은 금상자인 金箱이며

圓而小者則爲玉印(원이소자칙위옥인)이고 • 圓하고 小한 것은, 즉 玉印의 옥도장인 것이고

尖而利者爲牙刀(첨이이자위아도)이며 • 尖하고 利한 것은 송곳칼인 牙刀인 것이며

橫而直者爲衙杖(횡이직자위아장)이기에 • 橫하고 直한 것은 관청의 지팡이인 衙杖과 같은 것이기에

羅前殿後(나전전후)하고 • 나성이 앞에 있으며 보전이 뒤에 있고

聳左森右(용좌삼우)하며 • 왼쪽은 우뚝 솟고 오른쪽은 숲으로 우거져

重重疊疊(중중첩첩)하여 • 거듭 거듭하고 겹쳐서

靡一不具(미일불구)이면 • 한 가지라도 구비하여 갖추어지지 않음이 없다면

是之謂攬而有者也(시지위람이유자야)라 • 이것이 소위 쥐어 잡고 끌어당겨서 그 곳에 있게 하는 듯 함인 것이다.

12) 欲進而却欲止而深

〔원문12구독음문〕

欲進而却(욕진이각)이고 欲止而深(욕지이심)이라.

〔원문12구해설〕

欲進而却(욕진이각)이고 • 나가고 싶은 것은 물리쳐야함이니, 즉 나아가고자 한다면 솟아야만 하는 것이고

欲止而深(욕지이심)이라 • 멈추고자 하면 깊어야만 하는 것이다.

〔註釋原文〕

張曰進而却勢去而形止也止而深氣不爲風吹散也又曰張言勢去形止不爲風吹皆非也盖上句言山而下句言水也謂山豈能進若欲進前而又退却者則是勢來形止之義水豈能止若欲止息而又洪深者則是洋洋悠悠顧我欲留之義.

〔주석독음문〕

張曰(장왈), 進而却(진이각)이라 勢去而形止也(세거이형지야)이고, 止而深(지이심)은 氣不爲風吹散也(기불위풍취산야)라. 又曰(우왈), 張言(장언), 勢去形止(세거형지), 不爲風吹(불위풍취), 皆非也(개비야)는 盖上句言山(개상구언산)이고 而下句言水也(이하구언수야)라. 謂山豈能進(위산기능진)은 若欲進前而又退却者(약욕진전이우퇴각자), 則是勢來形止之義(칙시세래형지지의)이고 水豈能止(수기능지)는 若欲止息而又洪深者(약욕지식이우홍심자), 則是洋洋悠悠(칙시양양유유), 顧我欲留之義(고아욕유지의)라.

〔주석해설〕

張曰(장왈) • 張說께서는 다음과 같이 말하고 있다.

進而却(진이각)이라 • 앞으로 나아가고자 한다면 물러나듯 솟아야함이라

勢去而形止也(세거이형지야)이고 • 勢는 去하여 나아가지만 形은
止하여 머물러서 멈추는 것이고

止而深(지이심)은 • 止하여 멈추고자 한다면 深으로 깊어야 함인데,
즉 머물러서 氣가 깊다는 것은

氣不爲風吹散也(기불위풍취산야)라 • 氣가 바람에 불리어서 흩어지
지 않음인 것이다.

又曰(우왈) • 덧붙여서 다음과 같이 말하고 있다.

張言(장언) • 장설께서 말씀하시기를

勢去形止(세거형지), 不爲風吹(불위풍취), 皆非也(개비야)는 盖上
句言山(개상구언산)이고 • 대체적으로 상구인 앞에서 한 말들은 山
을 가리키는 것이고

而下句言水也(이하구언수야)라 • 하구인 뒤에서 한 말들은 水를 가
리키는 것이다.

謂山豈能進(위산기능진)은 • 소위 산이 어떻게 진행하여 앞으로 나
아갈 수가 있을 것인가는

若欲進前而又退却者(약욕진전이우퇴각자)이면 • 만약에 앞으로 나
아가 進前하고자 하고, 또한 뒤로 물러서 退却하고자 한다면

則是勢來形止之義(칙시세래형지지의)이라 • 즉 이는 勢가 來하여
오고 形이 止하여 머물러야 한다는 의미인 것이다.

水豈能止(수기능지)는 • 水가 어떻게 하여 능히 멈출 수가 있겠는가는

若欲止息而又洪深者(약욕지식이우홍심자)이면 • 만약에 水가 머물
러서 쉬듯 止息(지식)을 하고자 하고, 또한 水가 큰물과 깊은 물인
洪深(홍심)이 되고자 한다면

則是洋洋悠悠(칙시양양유유)하여 • 대해의 洋洋으로 멀리멀리 悠悠
하여

顧我欲留之義(고아욕유지의)라 • 돌아보고서 水인 자신이 머물고
싶어 해야만 한다는 의미인 것이다.

13) 來積止聚沖陽和陰.

〔원문13구독음문〕
來積止聚(래적지취)이면 沖陽和陰(충양화음)이라.

〔원문13구해설〕
來積止聚(래적지취)이면 •氣가 와서 쌓이고 水가 멈추어서 모이고 뭉치게 되면
沖陽和陰(충양화음)이라 •음양＝산수가 부드럽게 沖和＝교구＝화합을 하게 되어 조화되는 것이다.

〔註釋原文〕
張曰氣來者積而不散氣聚者止而不走如此則陰陽冲和矣陰陽之和爲冲又曰來積和陰言山止聚冲陽言水謂衆山積疊而皆來衆水聚會而不流陰陽之道自然冲和矣.

〔주석독음문〕
張曰(장왈), 氣來者(기래자)는 積而不散(적이불산)이고 氣聚者(기취자)는 止而不走(지이불주)라. 如此則陰陽冲和矣(여차칙음양충화의)라. 陰陽之和爲冲(음양지화위충)이라. 又曰(우왈), 來積和陰(래적화음)은 言山(언산)이고 止聚冲陽(지취충양)은 言水(언수)인데 謂衆山(위중산)이 積疊(적첩)하여 而皆來(이개래)하고 衆水(중수)가 聚會(취회)하여서 而不流(이불류)이면 陰陽之道(음양지도)가 自然冲和矣(자연충화의)라.

〔주석해설〕
張曰(장왈) •張說께서는 다음과 같이 말하고 있다.
氣來者(기래자)는 •氣가 來하여 온다는 것은
積而不散(적이불산)이고 •쌓임으로써 말미암아 흩어지지를 않음이고
氣聚者(기취자)는 •氣가 모여서 뭉친다는 것은

止而不走(지이불주)라 • 머물러 멈춤으로써 달아나지를 않음이다.

如此則陰陽冲和矣(여차칙음양충화의)라 • 마치 이와 같다면, 즉 음
양이 서로 冲和＝造化된 것이다.

陰陽之和爲冲(음양지화위충)이라 • 음양이 和하여 조화됨을 冲이
되었다고 함인 것이다. 즉 三陽三陰論의 서로 相配하여 짝함을 가리
키는 것이다.

又曰(우왈) • 덧붙여서 다음과 같이 말하고 있다.

來積和陰(래적화음)은 • 來하여 와서 쌓이고 陰에 和한다는 것은

言山(언산)이고 • 山에 대한 언급이고

止聚冲陽(지취충양)은 • 머물러 멈춰서 모이고 뭉쳐서 陽에 冲을 한
다는 것은

言水(언수)인데 • 水에 대한 언급인데

謂衆山(위중산)이 • 소위 모든 山들이

積疊(적첩)하여 • 포개어 쌓이듯 겹쳐

而皆來(이개래)하고 • 모두가 來하여 모여들어 오고

衆水(중수)가 • 모든 물들이

聚會(취회)하여서 • 뭉치고 모여들어 와서

而不流(이불류)이면 • 빠져서 나가지를 않으면

陰陽之道(음양지도)가 • 음양의 道가

自然冲和矣(자연충화의)라 • 자연스럽게 冲和＝造化가 되는 것이다.

14) 土膏水深鬱草茂林.

〔원문14구독음문〕

土膏水深(토고수심)하면 鬱草茂林(울초무림)하다.

〔원문14구해설〕

土膏水深(토고수심)하면 • 흙은 기름지고 물은 깊으면

鬱草茂林(울초무림)하다 • 풀이 울창하고 숲이 무성하게 된다.

〔註釋原文〕
張曰言陰陽冲和生氣盛而草木生如此之地葬之必有福應又曰後龍高龍
而落穴前水沈蓄而不流鬱草茂林中有佳地.

〔주석독음문〕
張曰(장왈), 言陰陽冲和(언음양충화)이면 生氣盛(생기성)하여 而草
木生(이초목생)이니 如此之地(여차지지)에 葬之(장지)이면 必有福
應(필유복응)이니라. 又曰(우왈), 後龍高龍而落穴(후룡고용이낙혈)
하고 前水沈蓄而不流(전수침축이불류)이면 鬱草茂林中(울초무림
중)에 有佳地(유가지)니라.

〔주석해설〕
張曰(장왈) • 張說께서는 다음과 같이 말하고 있다.
言陰陽冲和(언음양충화)이면 • 陰陽冲和라고 하는 언급은
生氣盛(생기성)하여 • 생기가 왕성하여
而草木生(이초목생)이니 • 이로 말미암아서 초목이 생한다는 것이
기 때문에
如此之地(여차지지)에 • 마치 이와 같은 땅=장소에
葬之(장지)이면 • 장사를 지내어 모시게 되면
必有福應(필유복응)이니라 • 반드시 복의 응함이 있을 것이다.
又曰(우왈) • 덧붙여서 다음과 같이 말하고 있다.
後龍高龍而落穴(후룡고룡이낙혈)하고 • 穴後인 後龍이 높이 솟아올
랐다가 穴場으로 떨어지게 되고
前水沈蓄而不流(전수침축이불류)이면 • 穴前의 前水인 명당수와 객
수가 沈蓄(침축)으로 빠지고 가라앉아서 쌓이듯 흐르면서도 빠져나
가지를 않는다면
鬱草茂林中(울초무림중)에 • 울창한 초목과 무성한 삼림의 숲속에
有佳地(유가지)니라 • 아름답고 좋은 길지의 땅=터가 있게 되는 것

이다.

15) 貴若千乘富如萬金經曰形止氣蓄化生萬物爲上地也

〔원문15구독음문〕

貴若千乘(귀약천승)이고 富如萬金(부여만금)이라. 經曰(경왈), 形
止氣蓄(형지기축)하여 化生萬物(화생만물)이니 爲上地也(위상지
야)니라.

〔원문15구해설〕

貴若千乘(귀약천승)이고 • 貴는 마치 千乘=諸侯(제후)에 오르고
富如萬金(부여만금)이라 • 富는 萬金에 이르게 될 것이다.

經曰(경왈) • 경에 이르기를

形止氣蓄(형지기축)하여 • 形이 멈추어서 氣를 축적하게 되면

化生萬物(화생만물)이니 • 만물을 생하게 하고 변화하게 하니

爲上地也(위상지야)니라 • 이러한 곳을 上地, 즉 좋은 땅이라고 하
는 것이다.

〔註釋原文〕

張曰言形氣之尊貴岡脈之富厚也故爲上地又曰謂葬得來積止聚冲陽和
陰之佳地千乘之貴萬金之富可坐致也又引葬經形止氣蓄之說以明其言
之不誣已上論後龍積疊昻聳而方來前水聚會洪深而不去是之謂大富大
貴之地.

〔주석독음문〕

張曰(장왈), 言形氣之尊貴(언형기지존귀)이고 岡脈之富厚也(강맥
지부후야)이니 故(고)로 爲上地(위상지)라. 又曰(우왈), 謂葬得來積
止聚(위장득래적지취)하면 冲陽和陰之佳地(충양화음지가지)이니,
千乘之貴(천승지귀)와 萬金之富(만금지부)를 可坐致也(가좌치야)
라. 又引葬經(우인장경)하여 形止氣蓄之說(형지기축지설)로 以明其

言之不誣(이명기언지불무)라. 已上論(이상론), 後龍(후룡)은 積疊
昻聳而方來(적첩앙용이방래)하고 前水(전수)는 聚會洪深而不去(취
회홍심이불거)이니 是之謂大富大貴之地(시지위대부대귀지지)라.

〔주석해설〕
張曰(장왈) • 張說께서는 다음과 같이 말하고 있다.
言形氣之尊貴(언형기지존귀)이고 • 形氣는 존귀하다고 언급하고
岡脈之富厚也(강맥지부후야)이니 • 岡脈은 富厚(부후)로 부유하고
후덕한 것이니
故(고)로 • 그러므로
爲上地(위상지)라 • 최고의 좋은 땅인 上地라
又曰(우왈) • 덧붙여서 다음과 같이 말하고 있다.
謂葬得來積止聚(위장득래적지취)하면 • 소위 來積으로 氣가 쌓이고
止聚로 氣가 머물러서 뭉친 곳을 얻어서 장사를 모시게 된다면
冲陽和陰之佳地(충양화음지가지)이니 • 冲陽和陰한 아주 좋은 佳地
인 것이니
千乘之貴(천승지귀)와 萬金之富(만금지부)를
可坐致也(가좌치야)라 • 가히 가만히 앉아서 다스릴 수가 있음인 것
이다.
又引葬經(우인장경)하면 • 또한 장경인 청낭경을 인용하면
形止氣蓄之說(형지기축지설)로 • 形止하여 氣蓄한다는 설명으로
以明其言之不誣(이명기언지불무)라 • 그와 같은 언급은 명확함으로
써 사실을 굽혀서 무고함이 없을 것이다.
已上論(이상론) • 이미 이상에서 설명한 논리를 요약하면
後龍(후룡)은 • 穴後에 있는 後龍은
積疊昻聳而方來(적첩앙용이방래)하고 • 쌓여서 겹치듯 積疊(적첩)하
고 높게 솟아오르듯 昻聳(앙용)하며 사방에서 來하여 오듯 方來하고

前水(전수)는 • 穴前의 前水인 명당수와 객수는

聚會洪深而不去(취회홍심이불거)하면 • 물이 뭉쳐서 모이듯 聚會하고 큰물과 깊은 물인 洪深(홍심)이 不去하여서 빠져서 나가지를 않는다고 한다면

是之謂大富大貴之地(시지위대부대귀지지)라 • 이러한 땅을 소위 大富大貴의 땅=터라고 할 수가 있는 것이다.

3. 第3 平支編(평지편)

1) 地貴平夷土貴有支

〔원문1구독음문〕

地貴平夷(지귀평이)이고 土貴有支(토귀유지)라.

〔원문1구해설〕

地貴平夷(지귀평이)이고 • 地의 귀함은 평평하고 편안한 곳에 있고 土貴有支(토귀유지)라 • 土의 귀함은 支에 있으므로 支脈=가지가 있는 것이다.

〔註釋原文〕

張曰凡山形土脈所落處必須在平夷之地不在平夷之地或山勢土脈來止非穴也土貴有支者此言葬於平洋之地須得土有支脈所以聚生氣也又曰丘壟若獸之奔若馬之馳落在平坦夷壙之處極爲難得要須認得支節分明氣脈所聚方可安墳.

〔주석독음문〕

張曰(장왈), 凡山形土脈所落處(범산형토맥소낙처)는 必須在平夷之地(필수재평이지지)이고 不在平夷之地(부재평이지지)에 或山勢土脈來止(혹산세토맥래지)이면 非穴也(비혈야)라. 土貴有支者(토귀

유지자), 此言(차언)은 葬於平洋之地(장어평양지지)에 須得土有支脈(수득토유지맥)으로 所以聚生氣也(소이취생기야)라. 又曰(우왈), 丘壟(구롱)이 若獸之奔(약수지분)이고 若馬之馳(약마지치)하다가 落在平坦夷壙之處(낙재평탄이광지처)는 極爲難得(극위난득)인데 要須認得支節分明(요수인득지절분명)이면 氣脈所聚(기맥소취)로 方可安墳(방가안분)이라.

〔주석해설〕
張曰(장왈) • 張說께서는 다음과 같이 말하고 있다.
凡山形土脈所落處(범산형토맥소낙처)는 • 대체적으로 山形과 土脈이 떨어져 내려와서 初落(초락)과 中落(중락) 그리고 末落(말락)과 같은 落處(낙처)를 만드는 것은
必須在平夷之地(필수재평이지지)이고 • 필수적으로 평탄한 곳에 있는 것이고
不在平夷之地(부재평이지지)에 • 평탄한 땅이 있지 아니한 곳에
或山勢土脈來止(혹산세토맥래지)이면 • 혹여 山勢와 土脈에 와서 멈추듯 來止하면
非穴也(비혈야)라 • 이는 穴이라고 할 수가 없음인 것이다.
土貴有支者(토귀유지자)는 • 土가 貴한 것은 가지가 있음이다.
此言(차언)은 • 이러한 언급은
葬於平洋之地(장어평양지지)에 • 평탄하게 평양한 땅에서 장사를 모실 경우에는
須得土有支脈(수득토유지맥)으로 • 필수적으로 올망졸망한 둔덕의 支脈들이 있는 땅을 얻음으로써
所以聚生氣也(소이취생기야)라 • 생기를 모을 수가 있음인 것이다.
又曰(우왈) • 덧붙여서 다음과 같이 말하고 있다.
丘壟(구롱)이 • 언덕과 밭이랑이

若獸之奔(약수지분)이고 • 마치 치솟아 달려 오르는 짐승과 같고

若馬之馳(약마지치)하다가 • 마치 달리는 말처럼 하다가

落在平坦夷壙之處(낙재평탄이광지처)는 • 평탄한 땅과 평이한 壙中
(광중)의 장소에다가 자리를 만드는 경우는

極爲難得(극위난득)인데 • 지극히 얻기가 어려운 일인데

要須認得支節分明(요수인득지절분명)이면 • 이러할 경우에 필수적
으로 支節이 分明함을 인지하고서 얻는다고 한다면

氣脈所聚(기맥소취)로 • 이러한 곳이 氣脈이 모여드는 곳으로

方可安墳(방가안분)이라 • 가히 장사지내어 편안한 무덤으로 쓸 수
가 있음인 것이다.

2) 支之所起氣隨而始支之所終氣隨而鍾
〔원문2구독음문〕

支之所起(지지소기)는 氣隨而始(기수이시)이고 支之所終(지지소
종)은 氣隨而鍾(기수이종)이라.

〔원문2구해설〕

支之所起(지지소기)는 • 龍脈에 있어서 支=지맥의 일어남은

氣隨而始(기수이시)이고 • 氣를 따라서 시작이 되는 것이고

支之所終(지지소종)은 • 支=지맥의 끝남은

氣隨而鍾(기수이종)이라 • 氣를 따라서 뭉쳐(鍾=聚)지는 것이다.

〔註釋原文〕

張曰言氣因支止有支隨氣聚也.

〔주석독음문〕

張曰(장왈), 言氣因支止(언기인지지)는 有支隨氣聚也(유지수기취
야)라.

〔주석해설〕
張曰(장왈)‧張說께서는 다음과 같이 말하고 있다.
言氣因支止(언기인지지)는‧支가 止하여 그침으로써 氣가 있다고
언급을 함은
有支隨氣聚也(유지수기취야)라‧支가 있어야만 氣가 그를 따라서
모이고 뭉친다는 것이다.

3) 觀支之法必以隱隱隆隆微妙玄通吉在其中
〔원문3구독음문〕
觀支之法(관지지법)은 必以隱隱隆隆(필이은은룡룡)으로 微妙玄通
(미묘현통)인데 吉在其中(길재기중)이라.
〔원문3구해설〕
觀支之法(관지지법)은‧支=지맥을 보는 방법은
必以隱隱隆隆(필이은은룡룡)으로‧숨었다가 나타나기를 반복하고
微妙玄通(미묘현통)인데‧미묘하고 현통한 것인데
吉在其中(길재기중)이라‧吉함은 그 가운데에 있는 것이다.

〔註釋原文〕
張曰觀支之法必以隱隱隆隆卽支之中以取氣吉在其中矣.
〔주석독음문〕
張曰(장왈), 觀支之法(관지지법)이 必以隱隱隆隆(필이은은융융)이
라고 함은 卽支之中(즉지지중)에 以取氣(이취기)이면 吉在其中矣
(길재기중의)라.

〔주석해설〕
張曰(장왈)‧張說께서는 다음과 같이 말하고 있다.
觀支之法(관지지법)이‧支를 관찰하여서 살피는 방법이

必以隱隱隆隆(필이은은융융)이라고 • 함은 반드시 숨듯 솟구치듯
隱隱隆隆함으로써
卽支之中(즉지지중)에 • 支의 마디인 節의 가운데에
以取氣(이취기)이면 • 氣를 취할 수가 있다면
吉在其中矣(길재기중의)라 • 吉함이 그 속에 있다는 의미인 것이다.

4) 經曰地有吉氣隨土而起支有止氣隨水而比其法以勢順形而動回復終始

〔원문4구독음문〕
經曰(경왈), 地有吉氣(지유길기)는 隨土而起(수토이기)이고 支有止氣(지유지기)는 隨水而比(수수이비)인데 其法(기법)은 以勢順形而動(이세순형이동)이고 回復終始(회복종시)니라.

〔원문4구해설〕
經曰(경왈) • 경에 이르기를
地有吉氣(지유길기)는 • 地=땅속에 길기가 있다고 하는 것은
隨土而起(수토이기)이고 • 土=흙을 따라서 일어나는 것이고
支有止氣(지유지기)는 • 支=지맥에 길기의 머무름이 있다는 것은
隨水而比(수수이비)인데 • 물을 따라서 견주고 아우른다고 하였는데
其法(기법)은 • 이 법에 있어서는
以勢順形而動(이세순형이동)이고 • 산세=龍勢는 순하게 따르고 형세=水形은 움직임으로써 하는 것이고
回復終始(회복종시)니라 • 시작과 끝이, 즉 그 끝이 처음으로 휘돌아서 들며 맞잡는 형태를 따르는 것이다.

〔註釋原文〕
張曰言必以隱隱隆隆而觀地之吉氣其吉氣自隨土而起後論八土詳矣其法以勢順形而動者勢以以來爲順形必以止爲吉回復終始者言五行之氣

相生相剋回復無窮其說在八土篇.

〔주석독음문〕

張曰(장왈), 言必以隱隱隆隆(언필이은은융융)으로 而觀地之吉氣
(이관지지길기)라고 했는데, 其吉氣(기길기)는 自隨土(자수토)로
而起(이기)이니 後論八土詳矣(후논팔토상의)라. 其法以勢順形而動
者(기법이세순형이동자)는 勢必以來爲順(세필이래위순), 形必以止
爲吉(형필이지위길)이며 回復終始者(회복종시자)란 言五行之氣(언
오행지기)가 相生相剋回復無窮(상생상극회복무궁)이니 其說在八土
篇(기설재팔토편)이라.

〔주석해설〕

張曰(장왈)•張說께서는 다음과 같이 말하고 있다.

言必以隱隱隆隆(언필이은은융융)으로•필히 숨듯 솟구치듯한 은은
융융이라는 언급으로

而觀地之吉氣(이관지지길기)라고 했는데•땅의 吉氣를 관찰하는
방법이라고 했는데

其吉氣(기길기)는•그러한 吉氣는

自隨土(자수토)로•스스로 土를 따름으로써

而起(이기)이니•그로 말미암아서 일어나는 것이니

後論八土詳矣(후논팔토상의)라•후반부의 8土論에서 상세하게 다
루게 된다.

其法以勢順形而動者(기법이세순형이동자)는•그러한 법으로써 산
세는 순응을 하여서 따르고 水形은 움직이는 것이라고 함은

勢必以來爲順(세필이래위순)•산세는 반드시 來하여서 달려옴이
순응을 해야만 하고

形必以止爲吉(형필이지위길)이며•水形은 반드시 止하여서 멈춤이
있어야만 길함이 있다는 것이며

回復終始者(회복종시자)란 • 돌아서 뒤집히고 끝나고 시작되는 것이란
言五行之氣(언오행지기)가 • 5행의 生氣가
相生相剋回復無窮(상생상극회복무궁)이니 • 상생상극으로 回復(회복)이 무궁함을 말하는 것이니
其說在八土篇(기설재팔토편)이라 • 그러한 설명은 八土篇에 있다.

5) 法葬其中永吉無凶

〔원문5구독음문〕
法葬其中(법장기중)이면 永吉無凶(영길무흉)이라.

〔원문5구해설〕
法葬其中(법장기중)이면 • 이러한 곳에 법도에 맞추어서 장사를 지내고 모시게 되면
永吉無凶(영길무흉)이라 • 영원히 길하고 흉함이 없을 것이다.

〔註釋原文〕
張曰言平坦支壟之地能於其中尋吉穴而葬之則子子孫孫永吉無凶已上論五行之生氣常隨支脈而起伏要卽其中氣而葬之斯可取吉避凶也.

〔주석독음문〕
張曰(장왈), 言平坦支壟之地(언평탄지농지지)에 能於其中尋吉穴而葬之(능어기중심길혈이장지)이면 則子子孫孫永吉無凶(칙자자손손영길무흉)이라. 已上論(이상론), 五行之生氣(오행지생기)는 常隨支脈而起伏(상수지맥이기복)이니 要卽其中氣而葬之(요즉기중기이장지)이면 斯可(사가), 取吉避凶也(취길피흉야)니라.

〔주석해설〕
張曰(장왈) • 張說께서는 다음과 같이 말하고 있다.
言平坦支壟之地(언평탄지농지지)에 • 평탄한 支壟의 땅에 대한 언

급에

能於其中尋吉穴而葬之(능어기중심길혈이장지)이면 • 평탄한 支龍의
땅과 같은 그러한 곳에서도 능히 吉穴을 찾아서 장사를 지내게 되면
則子子孫孫永吉無凶(칙자자손손영길무흉)이라 • 즉 자자손손이 영
구히 길하고 흉이 없는 것이다.

已上論(이상론) • 이상에서 다룬 내용들을 요약해 보면

五行之生氣(오행지생기)는 • 5행의 生氣는

常隨支脈而起伏(상수지맥이기복)이니 • 항상 支脈의 起伏을 따르는
것이니

要卽其中氣而葬之(요즉기중기이장지)이면 • 요컨대, 즉 그러한 곳
들 중에서 氣를 찾아서 장사를 지내게 된다면

斯可(사가) • 이러함은 가히

取吉避凶也(취길피흉야)니라 • 취길피흉으로 길함을 얻고 흉함을
피할 수가 있음인 것이다.

4. 第4 山勢編(산세편)

1) 山者勢險而有也

〔원문1구독음문〕

山者(산자)는 勢險而有也(세험이유야)이니라.

〔원문1구해설〕

山者(산자)는 • 山이라는 것은

勢險而有也(세험이유야)이니라 • 그 勢가 험함이 있는 것이다.

〔註釋原文〕

陳曰山勢雖險中有吉穴也.

〔주석독음문〕
陳曰(진왈), 山勢雖險(산세수험)이나 中有吉穴也(중유길혈야)라.

〔주석해설〕
陳曰(진왈) • 陳希夷께서는 다음과 같이 말하고 있다.
山勢雖險(산세수험)이나 • 산세라는 것은 비록 험한 것이나
中有吉穴也(중유길혈야)라 • 그러한 險중에 吉穴이 있는 것이다.

2) 法葬其所會
〔원문2구독음문〕
法葬其所會(법장기소회)라.
〔원문2구해설〕
法葬其所會(법장기소회)라 • 이치에 맞는 제대로 된 장사는 그 주위의 산세가 모여드는 곳에 하여야 하는 것이다.

〔註釋原文〕
張曰謂形勢所會之處衆山衆水聚會之地法當葬之.
〔주석독음문〕
張曰(장왈), 謂形勢所會之處(위형세소회지처)는 衆山衆水聚會之地(중산중수취회지지)인데 法當葬之(법당장지)라.

〔주석해설〕
張曰(장왈) • 張說께서는 다음과 같이 말하고 있다.
謂形勢所會之處(위형세소회지처)는 • 소위 形勢가 모여드는 곳은
衆山衆水聚會之地(중산중수취회지지)인데 • 산이 모여들고 물이 모여들어서 모이는 땅인데
法當葬之(법당장지)라 • 풍수법상으로 그러한 곳에 장사를 지내는

것이 당연히 옳은 것이다.

3) 乘其所來
〔원문3구독음문〕
乘其所來(승기소래)니라.
〔원문3구해설〕
乘其所來(승기소래)니라 • 장사는 그 氣가 오는 바를 타야만 하는
것이다.

〔註釋原文〕
定穴要乘其生氣之所來從來.
〔주석독음문〕
定穴(정혈)은 要乘其生氣之所來從來(요승기생기지소래종래)하라.

〔주석해설〕
定穴(정혈)은 • 穴을 정하는 것은
要乘其生氣之所來從來(요승기생기지소래종래)하라 • 요컨대 생기가
따라서 오는 바를 타고 의지를 해야만 하는 것이다.

4) 審其所廢
〔원문4구독음문〕
審其所廢(심기소폐)니라.
〔원문4구해설〕
審其所廢(심기소폐)니라 • 그 廢하여 기가 오지 않는 곳, 즉 결함이
있는 곳을 자세히 살펴야만 한다.

〔註釋原文〕

謂休囚死絶地與坐向年月不可犯.

〔주석독음문〕

謂休囚死絶(위휴수사절)을 地與坐向年月(지여좌향년월)이 不可犯(불가범)이라.

〔주석해설〕

謂休囚死絶(위휴수사절)을 • 소위 말해서 休囚死絶을
地與坐向年月(지여좌향년월)이 • 땅=地과 坐向과 年月=葬事日時가
不可犯(불가범)이라 • 범해서는 아니 되는 것이다.

5) 擇其所相

〔원문5구독음문〕

擇其所相(택기소상)하라.

〔원문5구해설〕

擇其所相(택기소상)하라 • 그 相(=전후좌우산세)한 바, 즉 서로 잘 어우러진 산세를 택하여야 한다.

〔註釋原文〕

擇其五行旺相地之坐向年月竝合擇而用之.

〔주석독음문〕

擇其五行旺相地之(택기오행왕상지지)하고 坐向年月竝合(좌향년월병합)하여 擇而用之(택이용지)라.

〔주석해설〕

擇其五行旺相地之(택기오행왕상지지)하고 • 그러한 5행의 氣가 왕성하게 일어나는 地相=땅을 택하고

坐向年月竝合(좌향년월병합)으로 • 좌향과 년월을 나란히 맞추어
擇而用之(택이용지)라 • 그렇게 선택함으로 말미암아 장사에 취용
을 하는 것이다.

6) 避其所害

〔원문6구독음문〕
避其所害(피기소해)니라.

〔원문6구해설〕
避其所害(피기소해)니라 • 그 害가 있는 곳은 피해야만 한다.

〔註釋原文〕
謂凶神惡殺剋害處故宜避之也.

〔주석독음문〕
謂凶神惡殺(위흉신악살)은 剋害處(극해처)이니 故(고)로 宜避之也
(의피지야)라.

〔주석해설〕
謂凶神惡殺(위흉신악살)은 • 소위 흉신과 악살이라는 것은
剋害處(극해처)이니 • 극해하여 해로운 곳이니
故(고)로 • 그러므로
宜避之也(의피지야)라 • 의당 그러한 것은 피해야만 하는 것이다.

7) 禍福不旋日是以君子奪神工改天命經曰葬山之法若呼谷中言應速也

〔원문7구독음문〕
禍福不旋日(화복부선일)이니 是以君子(시이군자)는 奪神工改天命
(탈신공개천명)하니라. 經曰(경왈), 葬山之法(장산지법)은 若呼谷
中言(약호곡중언)으로 應速也(응속야)니라.

〔원문7구해설〕

禍福不旋日(화복부선일)이니 • 화복은 지나간 날들을 되돌릴 수 없으므로

是以君子(시이군자)는 • 여기서 군자라고 하면

奪神工改天命(탈신공개천명)하니라 • 신이 할 수 있는 것을 빼앗고 하늘이 정한 운명을 바꿀 수 있어야만 하는 것이다.

經曰(경왈) • 장경에 이르기를

葬山之法(장산지법)은 • 산에 장사를 지내는 법은

若呼谷中言(약호곡중언)으로 • 마치 산골짜기 한 가운데서 소리를 지르면

應速也(응속야)니라 • 메아리 = 言應(언응)이 바로 빠르게 돌아오는 것과 같다고 하였으니, 즉 좋은 혈장에 장사를 지내면 그 발복이 매우 빠르게 반응한다는 것이다.

〔註釋原文〕

葬得其地則轉禍爲福葬失咫地則移福爲禍不旋日之間而禍福見焉復引葬經以明効驗之速也已上論坐向年月當取其長生帝旺捨其休囚死絶蔡曰地勢北高南下故其勢險險故有所謂山山必有聚處故葬法聚其所會也其曰乘其所來審其所廢者主力有衰旺也擇其所相避其所害者左右應對有善惡也來興相福之所自生廢與害禍之所自出不旋日言應速也.

〔주석독음문〕

葬得其地(장득기지)면 則轉禍爲福(칙전화위복)이고 葬失咫地(장실지지)이면 則移福爲禍(칙이복위화)인데 不旋日之間(불선일지간)에 而禍福見焉(이화복견언)이라. 復引葬經(복인장경)으로 以明効驗之速也(이명효험지속야)하다. 已上論(이상론), 坐向年月(좌향년월)은 當取其長生帝旺(당취기장생제왕)이고 捨其休囚死絶(사기휴수사절)이라. 蔡曰(채왈), 地勢(지세)가 北高南下(북고남하)하면 故其勢險(고기세험)

(고기세험)이고 險(험)이라. 故(고)로 有所謂山(유소위산)인데 山
(산)은 必有聚處(필유취처)이니 故(고)로 葬法(장법)은 聚其所會也
(취기소회야)라. 其曰(기왈), 乘其所來(승기소래), 審其所廢者(심기
소폐자)는 主力有衰旺也(주력유쇠왕야)이고 擇其所相(택기소상),
避其所害者(피기소해자)는 左右應對有善惡也(좌우응대유선악야)
라. 來興相福之所(래흥상복지소)는 自生(자생)이고 廢與害禍之所
(폐여해화지소)는 自出(자출)이며 不旋日(부선일)은 言應速也(언응
속야)라.

〔주석해설〕
葬得其地(장득기지)면 • 장사를 지냄에 그러한 땅을 얻게 되면
則轉禍爲福(칙전화위복)이고 • 즉 전화위복이 되는 것이고
葬失恕地(장실지지)이면 • 장사를 지냄에 恕(지)＝여덟치를 잃듯 그
러한 땅을 잃게 되면
則移福爲禍(칙이복위화)인데 • 즉 이복위화가 되는 것인데
不旋日之間(불선일지간)에 • 되 돌이킬 수가 없는 빠른 시일에
而禍福見焉(이화복견언)이라 • 이로 말미암아 禍福을 보게 되는 것
이다.
復引葬經(복인장경)으로 • 다시 장경을 인용하여 보면
以明効驗之速也(이명효험지속야)하다 • 이러한 효험이 속성으로 빠
름이 명확해진다.
已上論(이상론) • 이상에서 살펴본 내용을 요약해 보면
坐向年月(좌향년월)은 • 좌향과 년월은
當取其長生帝旺(당취기장생제왕)이고 • 그것의 長生과 帝旺을 취하
는 것이고
捨其休囚死絶(사기휴수사절)이라 • 그것의 休囚와 死絶은 취하지를
않고 버리는 것이다.

蔡曰(채왈)・蔡牧堂(채목당=文節公)께서는 다음과 같이 말하고 있다.

地勢(지세)가・지세가

北高南下(북고남하)하면・북쪽이 높으면서 남쪽으로 내려오면

故其勢險(고기세험)이고・그로 그러한 산세는 험준한 것이고

險(험)이라・험준한 것이다.

故(고)로・그러므로

有所謂山(유소위산)인데・이렇게 험함이 있으므로 소위 산이라고 부르는 것인데

山(산)은・산에는

必有聚處(필유취처)이니・반드시 기운이 모여서 뭉치는 聚處가 있음이니

故(고)로・그러므로

葬法(장법)은・장사를 지내는 법은

聚其所會也(취기소회야)라・그렇게 모이는 바를 얻어야만 하는 것이다.

其曰(기왈)・또한 그렇게 말하기를

乘其所來(승기소래)하고・그렇게 來하여 오는 바를 타고 의지를 해야 하고

審其所廢者(심기소폐자)는・그렇게 부서져서 廢가 되는 곳을 살펴야 함은

主力有衰旺也(주력유쇠왕야)이고・主山의 힘에는 쇠함과 왕성함이 존재한다는 것이고

擇其所相(택기소상)이니・그렇게 相=旺盛한 바를 택하는 것이니

避其所害者(피기소해자)는・그렇게 害=衰絕한 바를 피하라는 것은

左右應對有善惡也(좌우응대유선악야)라・좌우의 응대함에 선악이 있다는 것이다.

來興相福之所(래흥상복지소)는・용맥과 산세가 來하여 오다가 그

福에 상응하는 바가 있는 곳은

自生(자생)이고 • 스스로 생하여 자생을 할 것이ㄱ

廢與害禍之所(폐여해화지소)는 • 부서져서 廢가 되어 害禍＝衰絶함이 있는 곳은

自出(자출)이며 • 스스로 드러남이 있을 것이며

不旋日(부선일)은 • 되 돌이킬 수가 없는 빠른 시일은

言應速也(언응속야)라 • 그 응험이 아주 빠르다는 언급인 것이다.

8) 是故四勢之山生八方之龍四勢行氣八龍旋生一得其宅吉慶榮貴

〔원문8구독음문〕

是故(시고)로 四勢之山(사세지산)은 生八方之龍(생팔방지룡)한데 四勢行氣(사세행기)이면 八龍旋生(팔룡선생)이니 一得其宅(일득기택)이면 吉慶榮貴(길경영귀)라.

〔원문8구해설〕

是故(시고)로 • 그러므로

四勢之山(사세지산)은 • 4세지산(주산/청룡/백호/안산)은

生八方之龍(생팔방지룡)한데 • 8방에 있는 용을 생하는데

四勢行氣(사세행기)이면 • 4勢에 氣가 흘러 다니면서 돌면

八龍旋生(팔룡선생)이니 • 8방에 있는 龍에게 生이 되돌아서 들어가는 것이다.

一得其宅(일득기택)이면 • 그 곳에서 하나의 자리를 얻게 되면

吉慶榮貴(길경영귀)라 • 길하고 경사스럽고 번영하고 귀하게 될 것이다.

〔註釋原文〕

四勢謂山勢從寅申巳亥四方位而來也寅申巳亥卽五行生氣之地八方卽八卦之方也龍卽山也宅亦穴也火生寅如離山坐向得寅爲生坎艮山坐向

得申爲生之地是也是謂生八方之龍八龍不能自施生要合得寅申巳亥五
行之生氣然後能施生也宅穴合此豈不亨吉慶榮貴之美哉已上論八方之
龍皆要合長生之位方亨榮貴.

〔주석독음문〕

四勢(사세)는 謂山勢從寅申巳亥(위산세종인신사해), 四方位而來也
(사방위이래야)라. 寅申巳亥卽五行生氣之地(인신사해즉오행생기지
지)라. 八方卽八卦之方也(팔방즉팔괘지방야)라. 龍卽山也(용즉산
야)이고 宅亦穴也(택역혈야)라. 火生寅(화생인)인데 如離山坐向得
寅(여이산좌향득인)이면 爲生(위생)이고 坎艮山坐向得申(감간산좌
향득신)이면 爲生之地(위생지지)이니 是也(시야)라. 是謂生八方之
龍(시위생팔방지룡)이어도 八龍不能自施生(팔룡불능자시생)이니
要合得寅申巳亥五行之生氣(요합득인신사해오행지생기)하여 然後
(연후)에 能施生也(능시생야)라. 宅穴合此(택혈합차)이면 豈不亨吉
慶榮貴之美哉(기불형길경영귀지미재)리이까. 已上論(이상론), 八方
之龍(팔방지룡)은 皆要合長生之位方(개요합장생지위방)이 亨榮貴
(형영귀)라.

〔주석해설〕

四勢(사세)는 • 4勢라는 것은

謂山勢從寅申巳亥(위산세종인신사해)의 • 소위 산세가 寅申巳亥를
따라서

四方位而來也(사방위이래야)라 • 4방위로 來하여 내려옴을 일컫는
것이다.

寅申巳亥卽五行生氣之地(인신사해즉오행생기지지)라 • 寅申巳亥는,
즉 5행 생기의 땅인 것이다.

八方卽八卦之方也(팔방즉팔괘지방야)라 • 8방은, 즉 8괘의 방위이다.

龍卽山也(용즉산야)이고 • 龍 은, 즉 山이고

宅亦穴也(택역혈야)이라 • 幽宅은 穴인 것이다.

火生寅(화생인)인데 • 火는 寅을 생하는데

如離山坐向得寅(여이산좌향득인)이면 • 만일에 離山이 좌향으로 寅방위를 얻게 되면

爲生(위생)이고 • 생할 것이고

坎艮山坐向得申(감간산좌향득신)이면 • 坎山과 艮山이 좌향으로 申방위를 얻게 되면

爲生之地(위생지지)이니 • 생하는 땅이 될 것이다.

是也(시야)라 • 이러함이 바로 그러함인 것이다.

是謂生八方之龍(시위생팔방지룡)이어도 • 이렇게 소위 8방위의 龍이 생하였어도

八龍不能自施生(팔룡불능자시생)이니 • 8龍은 자기 스스로가 생함을 베풀 수가 없는 것이니

要合得寅申巳亥五行之生氣(요합득인신사해오행지생기)하여 • 요컨대 寅申巳亥라는 5행의 생기를 합득을 하여

然後(연후)에 • 그러한 후에야

能施生也(능시생야)라 • 능히 생함을 베풀 수가 있는 것이다.

宅穴合此(택혈합차)이면 • 幽宅과 穴場이 이러함에 부합이 되면

豈不亨吉慶榮貴之美哉(기불형길경영귀지미재)리이까 • 어찌 吉慶榮貴의 아름답고 좋은 기쁨을 享受(향수)하여 누리지 않을 수가 있겠는가?

已上論(이상론) • 이상에서 살펴본 내용을 요약해 보면

八方之龍(팔방지룡)은 • 8방위의 龍은

皆要合長生之位方(개요합장생지위방)이 • 모두가 반드시 장생의 방위에 부합되는 것이

亨榮貴(형영귀)라 • 부귀와 영화를 누릴 수가 있는 것이다.

9) 山之不可葬者五氣因土行而石山不可葬也

〔원문9구독음문〕

山之不可葬者(산지불가장자)가 五(5)인데 氣因土行(기인토행)이니
而石山不可葬也(이석산불가장야)라.

〔원문9구해설〕

山之不可葬者(산지불가장자)가 • 산에 장사를 지내면 안 되는 곳이
五(5)인데 • 다섯 곳이 있는데
氣因土行(기인토행)이니 • 氣는 土＝흙으로 흘러 다니는 것이므로
而石山不可葬也(이석산불가장야)라 • 土가 없는 석산＝돌산에서는
장사를 지내지 못하는 것이다.

〔註釋原文〕

土者氣之體有土斯有氣石山無土氣所不隨故不可葬一行曰葬者乘生氣
石無生氣故不葬.

〔주석독음문〕

土者氣之體(토자기지체)이니 有土(유토)라야 斯有氣(사유기)라. 石
山無土氣(석산무토기)이니 所不隨(소불수)로 故不可葬(고불가장)
이라. 一行曰(일행왈), 葬者乘生氣(장자승생기)인데 石無生氣(석무
생기)이니 故不葬(고불장)이라.

〔주석해설〕

土者氣之體(토자기지체)이니 • 土는 氣의 몸으로써 體이니
有土(유토)라야 • 土가 있어야
斯有氣(사유기)라 • 이러한 土가 있어야만 氣가 있는 것이다.
石山無土氣(석산무토기)이니 • 석산에는 土氣가 없으니
所不隨(소불수)로 • 氣의 따름이 없는 것인 바
故不可葬(고불가장)이라 • 그러므로 장사를 지낼 수가 없음인 것이다.

一行曰(일행왈) • 일행께서는 다음과 같이 말하고 있다.

葬者乘生氣(장자승생기)인데 • 장사를 지냄에 있어서는 생기에 의지를 해야 한다고 하였는데

石無生氣(석무생기)이니 • 돌에는 지중생기가 없음이니

故不葬(고불장)이라 • 그러므로 장사를 지낼 수가 없는 것이다.

10) 氣因形來而斷山不可葬也

〔원문10구독음문〕

氣因形來(기인형래)이니 而斷山(이단산)은 不可葬也(불가장야)라.

〔원문10구해설〕

氣因形來(기인형래)이니 • 氣는 形=용맥을 따라서 오는 것이기 때문에

而斷山(이단산)은 • 맥이 끊긴 단산에는

不可葬也(불가장야)라 • 장사를 지낼 수가 없음인 것이다.

〔註釋原文〕

所謂丘壟之骨岡阜之支氣之所隨山旣斷絶氣不隨來故不可葬也.

〔주석독음문〕

所謂(소위), 丘壟之骨(구농지골)과 岡阜之支(강부지지)는 氣之所隨(기지소수)인데 山旣斷絶(산기단절)이면 氣不隨來(기불수래)이니 故(고)로 不可葬也(불가장야)라.

〔주석해설〕

所謂(소위) • 소위

丘壟之骨(구농지골)과 岡阜之支(강부지지)는 氣之所隨(기지소수)인데 • 支를 따라서 氣가 흐르는 것인데

山旣斷絶(산기단절)이면 • 산이 이미 단절이 되었다고 한다면

氣不隨來(기불수래)이니 • 氣는 따라서 오지를 못할 것이니

故(고)로 • 그러므로

不可葬也(불가장야)라 • 장사를 지낼 수가 없음인 것이다.

11) 氣以勢止而過山不可葬也

〔원문11구독음문〕

氣(기), 以勢(이세)로 止(지)한데 而過山(이과산)은 不可葬也(불가
장야)라.

〔원문11구해설〕

氣(기) • 氣는

以勢(이세)로 • 勢로써

止(지)한데 • 멈추는 것이므로, 즉 용세가 멈추어야만 혈을 맺을 수
가 있는 것이므로

而過山(이과산)은 • 지나가는 용맥인 과산에는

不可葬也(불가장야)라 • 장사를 지내지 못함인 것이다.

〔註釋原文〕

氣隨山勢所止處而止山或橫過其勢不住則隨而往經曰支之所起氣隨而
起支之所終氣隨而種盖生氣每隨山勢而去此所以不可葬也.

〔주석독음문〕

氣(기), 隨山勢所止處而止(수산세소지처이지)인데 山或橫過(산혹
횡과)이면 其勢不住(기세부주)이니 則隨而往(칙수이왕)이라. 經曰
(경왈), 支之所起(지지소기)이면 氣隨而起(기수이기)이고 支之所終
(지지소종)이면 氣隨而種(기수이종)이니 盖生氣每隨山勢而去(개생
기매수산세이거)이면 此所以不可葬也(차소이불가장야)라.

〔주석해설〕
氣(기) • 氣는
隨山勢所止處而止(수산세소지처이지)인데 • 산세를 따르다가 止處
되는 곳에 머무르는 것인데
山或橫過(산혹횡과)이면 • 산이 혹간 옆으로 빗겨 지나가듯 횡과를
하게 되면
其勢不住(기세부주)이니 • 그 산세가 머무를 수가 없는 것이니
則隨而往(칙수이왕)이라 • 즉 氣가 산세를 따라서 가버리는 것이다.
經曰(경왈) • 장경에서는 다음과 같이 말하고 있다.
支之所起(지지소기)이면 • 산의 가지인 支龍이 일어서면
氣隨而起(기수이기)이고 • 氣도 그를 따라서 일어나는 것이고
支之所終(지지소종)이면 • 산의 가지인 支龍이 멈추어 그치면
氣隨而種(기수이종)이니 • 氣도 그를 따라서 멈추어 모이는 것이니
盖生氣每隨山勢而去(개생기매수산세이거)이면 • 대체적으로 생기가
매번 산세를 따라서 去하듯 가버린다고 하면
此所以不可葬也(차소이불가장야)라 • 이러한 곳에서는 장사를 지낼
수가 없음인 것이다.

12) 氣以龍會而獨山不可葬也
〔원문12구독음문〕
氣以龍(기이룡)으로 會(회)한데 而獨山(이독산)은 不可葬也(불가장
야)라.
〔원문12구해설〕
氣以龍(기이룡)으로 • 氣는 龍으로써
會(회)한데 • 모이고 뭉치는 것이므로
而獨山(이독산)은 • 雌雄(자웅)의 조화가 없이 홀로 떨어진 독산에는
不可葬也(불가장야)라 • 장사를 지내지 못함인 것이다.

〔註釋原文〕

後岡前應左回右抱衆山環合乃爲吉地獨山謂後無岡壟又無氣脈前無朝
對又無橫案然後謂之獨也必欲葬此災害立至.

〔주석독음문〕

後岡前應(후강전응)하고 左回右抱(좌회우포)하여 衆山環合(중산환
합)하여야 乃爲吉地(내위길지)인데 獨山(독산)은 謂後無岡壟(위후
무강롱)으로 又無氣脈(우무기맥)하고 前無朝對(전무조대)로 又無
橫案(우무횡안)이라 然後(연후)에 謂之獨也(위지독야)이니 必欲葬
此(필욕장차)이면 災害立至(재해입지)라.

〔주석해설〕

後岡前應(후강전응)하고 • 穴後에 岡阜의 산이 있으며 穴前에 應함
이 있고

左回右抱(좌회우포)하여 • 좌로 돌고 우로 둘러서 감싸 앉듯 하여

衆山環合(중산환합)하여야 • 모든 산들이 하나의 고리로 합하여야

乃爲吉地(내위길지)인데 • 비로소 길지가 되는 것인데

獨山(독산)은 • 홀로 서있는 산은

謂後無岡壟(위후무강롱)으로 • 소위 穴後의 뒤에 기댈 山岡阜가 없
음이니

又無氣脈(우무기맥)하고 • 또한 氣脈이 없음인 것이고

前無朝對(전무조대)로 • 穴前의 앞에 朝對＝朝案山이 없음이므로

又無橫案(우무횡안)이라 • 또한 명당을 빗겨서 앉은 橫案＝案山이
없음인 것이다.

然後(연후)에 • 그러하기 때문에

謂之獨也(위지독야)이니 • 이른바 獨이라고 하는 것이니

必欲葬此(필욕장차)이면 • 필시 이러한 곳에 장사를 지내려고 마음
을 먹는 다면

災害立至(재해입지)라 • 재앙과 손해에 이르게 될 것이다.

13) 氣以生和而童山不可葬也
〔원문13구독음문〕
氣(기), 以生(이생)으로 和(화)한데 而童山(이동산)은 不可葬也(불
가장야)라.
〔원문13구해설〕
氣(기) • 기는
以生(이생)으로 • 生으로써
和(화)한데 • 和함이 있는 것인데, 즉 生化함으로써 땅에서 만물이
생기고 자라는 것인데
而童山(이동산)은 • 동산=민둥산에서는
不可葬也(불가장야)라 • 장사를 지내지 못함인 것이다.

〔註釋原文〕
冲陽和陰鬱草茂林乃有生氣今童山謂崩岩破壟焦枯險怪不生草木而后
謂之童山故不葬也.
〔주석독음문〕
冲陽和陰(충양화음)하고 鬱草茂林(울초무림)하여 乃有生氣(내유생
기)인데 今童山(금동산)은 謂崩岩破壟(위붕암파롱)하고 焦枯險怪
(초고험괴)하여 不生草木(불생초목)이니 而后謂之童山(이후위지동
산)이라. 故(고)로 不葬也(부장야)라.

〔주석해설〕
冲陽和陰(충양화음)하고 • 음양이 冲和=造化하고
鬱草茂林(울초무림)하여 • 울창한 초목과 삼림이 무성해야
乃有生氣(내유생기)인데 • 이에 생기가 있음인 것인데

今童山(금동산)은 • 이제 지금부터 童山은

謂崩岩破壟(위붕암파롱)하고 • 소위 바위는 깨져서 흘러내리고 산은 부셔지고

焦枯險怪(초고험괴)하여 • 지치고 말라서 여위듯 焦枯(초고)하고 험하고 비정상적이듯 險怪(험괴)하여

不生草木(불생초목)이니 • 초목이 살지를 못함이니

而后謂之童山(이후위지동산)이라 • 그러므로 말미암아 이러한 後龍을 소위 동산이라고 하는 것이다.

故(고)로 • 그러므로

不葬也(부장야)라 • 장사를 지낼 수가 없음인 것이다.

14) 經曰童斷石過獨生新凶消已福

〔원문14구독음문〕

經曰(경왈), 童斷石過獨(동단석과독)은 生新凶(생신흉)하고 消已福(소이복)이니라.

〔원문14구해설〕

經曰(경왈) • 장경에 이르기를

童斷石過獨(동단석과독)은 • 동산, 단산, 석산, 과산, 독산은

生新凶(생신흉)하고 • 새로이 흉을 일으켜서 생기게 하고

消已福(소이복)이니라 • 이미 존재하여 있는 복도 소멸시켜서 없앤다고 하였다.

〔註釋原文〕

五山謂五害也如葬若犯此五害雖見亨福亦變新凶謂五凶山皆無氣之地其何可葬.

〔주석독음문〕

五山(오산)은 謂五害也(위오해야)라. 如葬(여장)에 若犯此五害(약

범차오해)이면 雖見亨福(수견형복)이어도 亦變新凶(역변신흉)이니 謂五凶(위오흉)이라 山皆無氣之地(산개무기지지)인데 其何可葬(기하가장)이리오.

〔주석해설〕
五山(오산)은 • 5산＝동산/단산/석산/과산/독산은
謂五害也(위오해야)라 • 소위 5害라고 하는 것이다.
如葬(여장)에 • 하여간 장사를 지냄에 있어서
若犯此五害(약범차오해)이면 • 만약에 이러한 5害를 범하게 되면
雖見亨福(수견형복)이어도 • 비록 복을 누리고 있음을 보았다고 하여도
亦變新凶(역변신흉)이니 • 역시 새로운 凶으로 변할 것이니
謂五凶(위오흉)이라 • 소위 5凶이라고 하는 것이다.
山皆無氣之地(산개무기지지)인데 • 산들이 대개는 氣가 없는 땅인데
其何可葬(기하가장)이리오 • 그러한 곳에 어떻게 장사를 지낼 수가 있을 것인가?

15) 占山之法以勢爲難而形次之方又次之
〔원문15구독음문〕
占山之法(점산지법)은 以勢爲難(이세위난)이고 而形次之(이형차지)이며 方又次之(방우차지)라.
〔원문15구해설〕
占山之法(점산지법)은 • 산에 혈처를 정하는 占山法은
以勢爲難(이세위난)이고 • 勢＝용세로써 하는 것이 가장 어렵고
而形次之(이형차지)이며 • 形으로써 하는 것이 다음이며
方又次之(방우차지)라 • 방위로써 하는 것이 또 그 다음으로 어려운 것이다.

〔註釋原文〕

勢謂山勢或起或伏或去或止要識其從何方而來何處而落此其所以爲最難也其次莫如形一龍住處必成一形如龜形穴居肩蛇形穴居氣或在須之類是也又其次莫如定方位如坎山坐宜某方向宜某方之類是也已上論方位難正不如形象之難別形象難別又不如體勢之難辨也.

〔주석독음문〕

勢謂山勢(세위산세)가 或起或伏或去或止(혹기혹복혹거혹지)하는데 要識其從何方而來何處而落(요식기종하방이래하처이낙)이니 此其所以爲最難也(차기소이위최난야)라. 其次(기차)는 莫如形(막여형)인데 一龍住處(일룡주처)에 必成一形(필성일형)이니 如龜形穴(여구형혈)은 居肩(거견)이고 蛇形穴(사형혈)은 居氣或在須之類(거기혹재수지류)가 是也(시야)라. 又其次(우기차)는 莫如定方位(막여정방위)인데 如坎山(여감산)은 坐宜某方(좌의모방)이고 向宜某方之類(향의모방지류)가 是也(시야)라. 已上論(이상론), 方位難正(방위난정)이고 不如形象之難別(불여형상지난별)이며 形象難別(형상난별)이니 又不如體勢之難辨也(우불여체세지난변야)라

〔주석해설〕

勢謂山勢(세위산세)가 • 勢라는 소위 산세가

或起或伏或去或止(혹기혹복혹거혹지)하는데 • 혹은 起하여 일어나고 혹은 伏하여 엎드리며 혹은 去하여 가기도 하고 혹은 止하여 멈추어 머물기도 하는데

要識其從何方而來何處而落(요식기종하방이래하처이낙)이니 • 반드시 그러한 산세가 어느 방위에서 와서 어느 곳에 떨어져 모이는지를 알아야만 하는 것이니

此其所以爲最難也(차기소이위최난야)라 • 이렇게 그러한 바를 앎이 아주 어려운 것이다.

其次(기차)는 • 그 다음으로는

草如形(막여형)인데 • 形만한 것이 없는데

一龍住處(일룡주처)에 • 하나의 龍이 머무르는 곳에는

必成一形(필성일형)이니 • 반드시 하나의 形이 이루어지는 것이니

如龜形穴(여구형혈)은 • 거북형상의 龜形穴과 같은 경우에는

居肩(거견)이고 • 그 어깨에 있는 것이고

蛇形穴(사형혈)은 • 뱀형상의 蛇形穴에서는

居氣或在須之類(거기혹재수지류)가 • 氣가 있는 곳이 정수리의 머리에 있다는 등이

是也(시야)라 • 바로 이러함인 것이다.

又其次(우기차)는 • 또 그다음으로는

莫如定方位(막여정방위)인데 • 방위를 정하는 일만한 것이 없음인데

如坎山(여감산)은 • 坎山과 같은 경우에는

坐宜某方(좌의모방)이고 • 坐는 의당히 某方으로 하고

向宜某方之類(향의모방지류)가 • 向은 의당히 某方으로 하는 등이

是也(시야)라 • 바로 이러함인 것이다.

已上論(이상론) • 이상에서 살펴본 내용을 요약해 보면

方位難正(방위난정)이고 • 方位를 바르게 바로함이 어려운 난제이지만

不如形象之難別(불여형상지난별)이며 • 形象을 구별하는 어려움만은 못한 것이며

形象難別(형상난별)이니 • 형상을 구별하는 어려움이

又不如體勢之難辨也(우불여체세지난변야)라 • 또한 體勢를 구별하여 판단하는 어려움보다는 낫다는 것이다.

16) 上地之山若伏若連其原自天

〔원문16구독음문〕

上地之山(상지지산)은 若伏若連(약복약련)으로 其原自天(기원자

천)이라.

〔원문16구해설〕

上地之山(상지지산)은 • 상지인 좋은 땅이 있는 산은

若伏若連(약복약련)으로 • 엎드린 듯 이어진 듯 하는 데

其原自天(기원자천)이라 • 그 근원은 하늘로부터 오는 것이다.

〔註釋原文〕

謂望之若伏尋之又連一頓一起表裏承接不絶來勢綿遠若自天而下也又曰其原自天謂究其原本來處若天之遠非謂從天而下也.

〔주석독음문〕

謂望之若伏尋之(위망지약복심지)하고 又連一頓一起(우연일돈일기), 表裏承接(표리승접), 不絶來勢綿遠(부절래세면원)이면 若自天而下也(약자천이하야)라. 又曰(우왈), 其原自天(기원자천)은 謂究其原(위구기원)에 本來處(본래처)가 若天之遠(약천지원)이니 非謂從天而下也(비위종천이하야)라.

〔주석해설〕

謂望之若伏尋之(위망지약복심지)하고 • 소위 그것들을 관망함에 마치 엎드려 있는 듯한 것을 심찰하여 찾으라는 것이고

又連一頓一起(우연일돈일기)이며 • 또한 한번은 엎드려서 웅크리고 한번은 일어나 치솟으며 연결되어

表裏承接(표리승접)하고 • 겉과 속인 表裏가 공경하고 계승하며 서로 사귀듯이 承接하고

不絶來勢綿遠(부절래세면원)이면 • 來勢가 不絶로 끊어짐이 없이 아득히 어어지듯 綿遠을 하게 되면

若自天而下也(약자천이하야)라 • 마치 하늘에서부터 아래로 내려온 듯 함인 것이다.

又曰(우왈) • 덧붙여서 다음과 같이 말하고 있다.

其原自天(기원자천)은 • 그러한 근원이 하늘에서 부터라는 말은

謂究其原(위구기원)에 • 소위 그 근원을 탐구하여 찾고 살핌에

本來處(본래처)가 • 본래의 근원처가

若天之遠(약천지원)이니 • 마치 하늘처럼 먼 곳에 있음인 것이니

非謂從天而下也(비위종천이하야)라 • 소위 그러한 근원이 하늘에서 부터 아래로 직접적으로 내려왔다고 함은 아닌 것이다.

17) 若水之波
〔원문17구독음문〕

若水之波(약수지파)하고

〔원문17구해설〕

若水之波(약수지파)라 • 마치 물결과 같은 것이고

〔註釋原文〕

謂平洋之地過氣露脈如輕紋細浪所宜詳察.

〔주석독음문〕

謂平洋之地(위평양지지)에 過氣露脈(과기로맥)은 如輕紋細浪(여경문세랑)이니 所宜詳察(소의상찰)하라.

〔주석해설〕

謂平洋之地(위평양지지)에 • 소위 넓고 평탄한 땅에

過氣露脈(과기로맥)은 • 氣가 지나가고 脈이 드러남은

如輕紋細浪(여경문세랑)이니 • 가벼운 무늬와 같은 輕紋(경문)이나 가늘고 작은 물결과 같은 細浪(세랑)이니

所宜詳察(소의상찰)하라 • 의당히 자세하고도 상세하게 관찰을 해야 하는 것이다.

18) 若馬之馳

〔원문18구독음문〕

若馬之馳(약마지치)하며

〔원문18구해설〕

若馬之馳(약마지치)라 • 마치 달리는 말과 같은 것이며

〔註釋原文〕

此言支壟之奔勝也.

〔주석독음문〕

此言(차언), 支壟之奔勝也(지농지분승야)라.

〔주석해설〕

此言(차언) • 이러한 말은

支壟之奔勝也(지농지분승야)라 • 支壟이 치달아서 내닫는 듯하다는 것이다.

19) 其來若奔

〔원문19구독음문〕

其來若奔(기래약분)하고

〔원문19구해설〕

其來若奔(기래약분)이라 • 그것, 즉 산=용맥이 來하여 오는 것이 마치 달리는 말과 같고

〔註釋原文〕

言來處超疊不欲因弱要欲奔焉.

〔주석독음문〕

言(언), 來處(래처)는 超疊(초첩)으로 不欲因弱(불욕인약)하고 要

欲奔焉(요욕분언)이라.

〔주석해설〕
言(언) • 말하기를
來處(래처)는 • 오는 곳으로 來處는
超疊(초첩)으로 • 중첩함을 뛰어서 넘는 자세와 기세로
不欲因弱(불욕인약)하고 • 因弱하듯 쇠하여 약해짐을 원하지 않고
要欲奔焉(요욕분언)이라 • 반드시 치달음을 바란다는 것이다.

20) 其止若尸
〔원문20구독음문〕
其止若尸(기지약시)라.
〔원문20구해설〕
其止若尸(기지약시)라 • 그것이, 즉 용맥이 움직이지를 않고 멈추어 머무름이 마치 시신과 같음이다.

〔註釋原文〕
言止處隱伏無有去意要如尸焉.
〔주석독음문〕
言(언), 止處(지처)는 隱伏(은복)하여 無有去意(무유거의)로 要如 尸焉(요여시언)이라.
〔주석해설〕
言(언) • 말하기를
止處(지처)는 • 머무르는 곳으로 止處는
隱伏(은복)하여 • 은밀하게 엎드린 듯하여
無有去意(무유거의)로 • 가고자 하는 의사가 있지를 않아야 하는 것으로
要如尸焉(요여시언)이라 • 마치 시신과 같을 필요가 있음인 것이다.

21) 若懷萬寶而燕息

〔원문21구독음문〕
若懷萬寶而燕息(약회만보이연식)하고
〔원문21구해설〕
若懷萬寶而燕息(약회만보이연식)하고 • 마치 만개의 보물을 안고서
편안히 쉬는 듯 하고

〔註釋原文〕
謂來龍至貴衆山朝從如人燕安休息而萬寶畢陳豈不文哉.
〔주석독음문〕
謂(위), 來龍至貴(래룡지귀)는 衆山(중산)이 朝從(조종)하여 如人
(여인)이 燕安休息(연안휴식)으로 而萬寶(이만보)를 畢陳(필진)한
데 豈不文哉(기불문재)인가.

〔주석해설〕
謂(위) • 소위
來龍至貴(래룡지귀)는 • 來龍이 지극히 존귀하다고 하는 것은
衆山(중산)이 • 모든 산들이
朝從(조종)하여 • 아침에 나아가서 알현을 하듯 조종을 한다는 형상으로
如人(여인)이 • 마치 사람들이
燕安休息(연안휴식)으로 • 매우 편안히 휴식을 하면서
而萬寶(이만보)를 • 만 가지의 보물들을
畢陳(필진)한데 • 늘어서 펼쳐놓듯 다함인데
豈不文哉(기불문재)인가 • 어찌하여 아름답지 않은 무늬라고 할 것
인가?

22) 若具萬饌而潔齊

〔원문22구독음문〕
若具萬饌而潔齊(약구만선이결제)하여
〔원문22구해설〕
若具萬饌而潔齊(약구만선이결제)하여 • 마치 만 가지의 반찬들을
구비하여 깨끗하고 가지런히 그리고 단정하게 차려 놓은 것과 같고

〔註釋原文〕
謂來龍富厚池湖繚繞如貴人端坐水陸珍差羅列森嚴於前.
〔주석독음문〕
謂(위), 來龍(래룡)이 富厚池湖(부후지호)란 繚繞如貴人端坐(료요
여귀인단좌)하여 水陸珍差(수륙진차)를 羅列森嚴於前(나열삼엄어
전)이라.

〔주석해설〕
謂(위) • 소위
來龍(래룡)이 • 來하여 오는 龍이
富厚池湖(부후지호)란 • 부유하고 후덕하여 커다란 연못과 호수와
같다고 함은
繚繞如貴人端坐(료요여귀인단좌)하여 • 山龍들이 繚繞(료요)로 얽
히고 섞이여 있는 모양이 마치 귀인이 단정하게 앉아서
水陸珍差(수륙진차)를 • 水陸의, 즉 바다와 육지의 진미를
羅列森嚴於前(나열삼엄어전)이라 • 나열하여서 森嚴하듯 빽빽하게
펼쳐 놓은 듯 함인 것이다.

23) 若橐之鼓

〔원문23구독음문〕

若橐之鼓(약탁지고)하고

〔원문23구해설〕

若橐之鼓(약탁지고)하고 • 마치 가득 찬 전대의 자루를 두드리는 것과 같고, 즉 공기가 가득 찬 가죽주머니를 두드리는 소리와 같고

〔註釋原文〕

如橐之吹鼓言納氣之滿也.

〔주석독음문〕

如橐之吹鼓(여탁지취고)는 言納氣之滿也(언납기지만야)라.

〔주석해설〕

如橐之吹鼓(여탁지취고)는 • 마치 가득 찬 전대의 자루를 두드리는 것과 같다는 것은

言納氣之滿也(언납기지만야)라 • 納氣하여서 받아드린 氣가 가득 찼다는 언급인 것이다.

24) 若器之貯

〔원문24구독음문〕

若器之貯(약기지저)하며

〔원문24구해설〕

若器之貯(약기지저)하며 • 마치 그릇을 쌓아 놓은 것 같으며

〔註釋原文〕

謂左右前後形勢無不納於穴中也.

〔주석독음문〕
謂左右前後形勢(위좌우전후형세)가 無不納於穴中也(무불납어혈중야)라.

〔주석해설〕
謂左右前後形勢(위좌우전후형세)가 • 소위 좌우와 전후의 형세가 無不納於穴中也(무불납어혈중야)라 • 穴中에 가득 차지 않음이 없다는 것이다.

25) 若龍若鸞或騰或盤

〔원문25구독음문〕
若龍若鸞或騰或盤(약룡약란혹등혹반)하고
〔원문25구해설〕
若龍若鸞或騰或盤(약룡약란혹등혹반)하고 • 마치 용 같기도 하고 난새=봉황 같기도 하고, 혹은 높은 곳으로 오르듯 겅중거리기도 하고, 혹은 뱀이 또아리를 트는 것처럼 밑바닥에 서려있듯 좌정하기도 하며

〔註釋原文〕
謂定形也龍言其蟠屈鸞言其翔舞蹇若鸞盤若龍.
〔주석독음문〕
謂定形也(위정형야)한데 龍言其蟠屈(용언기반굴)이고 鸞言其翔舞(난언기상무)이며 蹇若鸞(건약난)이고 盤若龍(반야룡)이라.

〔주석해설〕
謂定形也(위정형야)한데 • 소위 定形을 말하는 것이다.
龍言其蟠屈(용언기반굴)이고 • 龍은 그 形이 또아리를 틀고서 서림

하듯 蟠屈(반굴)함인 것이고

鸞言其翔舞(난언기상무)이며 • 난새는 그 形이 천사가 춤을 추듯 翔舞(상무)함인 것이며

蹇若鸞(건약난)이고 • 절름발이는 마치 겅중거림 하는 것과 같고

盤若龍(반야룡)이라 • 대야의 소반은 마치 龍이 자리를 잡은 듯함인 것이다.

26) 禽伏獸蹲

〔원문26구독음문〕

禽伏獸蹲(금복수준)하여

〔원문26구해설〕

禽伏獸蹲(금복수준)으로 • 날짐승들이 엎드려 웅크린 듯 하고 길짐승들이 걸터앉아서 웅크린 듯 하여

〔註釋原文〕

諸山對之如禽之見鸞如獸之見龍無不蹲伏言玄武之尊隆也.

〔주석독음문〕

諸山對之(제산대지)가 如禽之見鸞(여금지견난)이고 如獸之見龍(여수지견룡)이니 無不蹲伏(무불준복)이라. 言玄武之尊隆也(언현무지존융야)라.

〔주석해설〕

諸山對之(제산대지)가 • 모든 산들이 서로 마주 대하고 있음이

如禽之見鸞(여금지견난)이고 • 마치 금수인 날짐승들이 난새나 봉황을 바라보는 듯하고

如獸之見龍(여수지견룡)이니 • 마치 금수인 길짐승들이 龍을 바라보는 듯하니

無不蹲伏(무불준복)이라 • 웅크리고 엎드려서 굴복하지 않음이 없는 것이라.

言玄武之尊隆也(언현무지존융야)라 • 玄武砂가 존엄하고 융성하게 우뚝 솟아있음을 지칭하는 것이다.

27) 若萬乘之尊也

〔원문27구독음문〕

若萬乘之尊也(약만승지존야)라.

〔원문27구해설〕

若萬乘之尊也(약만승지존야)라 • 마치 만승＝천자의 존엄한 지위와 같음이다.

〔註釋原文〕

言玄武形勢尊貴如此.

〔주석독음문〕

言(언), 玄武形勢(현무형세)가 尊貴如此(존귀여차)라.

〔주석해설〕

言(언) • 말하기를

玄武形勢(현무형세)가 • 玄武砂의 형세가

尊貴如此(존귀여차)라 • 이와 같이 존귀함을 언급한 것이다.

28) 天光發新

〔원문28구독음문〕

天光發新(천광발신)이고

〔원문28구해설〕

天光發新(천광발신)이고 • 하늘의 빛인 천광이 새롭게 발하여 비

치고

〔註釋原文〕
日月星辰皆照塚宅謂之天光發新言擇穴得吉雖天光舊有而今發若新也.
〔주석독음문〕
日月星辰(일월성신)이 皆照塚宅(개조총택)함이 謂之天光發新(위지천광발신)이란 言(언), 擇穴得吉(택혈득길)이면 雖天光舊有(수천광구유)이어도 而今發若新也(이금발약신야)라.

〔주석해설〕
日月星辰(일월성신)이 • 일월성신이
皆照塚宅(개조총택)함이 • 모두가 무덤인 총택에 비추어서 듦이
謂之天光發新(위지천광발신)이란 • 소위 하늘의 빛인 천광이 발신을 한다는 것은
言(언) • 말하기를
擇穴得吉(택혈득길)이면 • 선택한 穴이 길함을 얻으면
雖天光舊有(수천광구유)이어도 • 비록 천광이 예로부터 있었다고는 하여도
而今發若新也(이금발약신야)라 • 이로 말미암아 이제 지금 새로이 빛을 발하는 것 같이 보인다는 것이다.

29) 朝海拱辰
〔원문29구독음문〕
朝海拱辰(조해공진)이라.
〔원문29구해설〕
朝海拱辰(조해공진)이라 • 바닷물인 朝海(조해)가 별들을 움켜서 안

고 줜 듯 함이다.

〔註釋原文〕
言衆流畢會如百川朝海千山環衛如萬宿拱辰也.
〔주석독음문〕
言(언), 衆流畢會(중류필회)가 如百川朝海(여백천조해)이고 千山環衛(천산환위)가 如萬宿拱辰也(여만숙공진야)라.

〔주석해설〕
言(언) • 말하기를
衆流畢會(중류필회)가 • 모든 흐르는 流水가 마침내 모여드는 것이
如百川朝海(여백천조해)이고 • 마치 백종의 하천들이 아침에 조공을 하듯, 朝海를 하듯 하고
千山環衛(천산환위)가 • 천종의 산들이 환옥의 고리를 형성하여 지키고 방위를 하듯 環衛함이
如萬宿拱辰也(여만숙공진야)라 • 마치 수 만종의 별들이 북두칠성을 에워서 둘러 싸는듯하다는 것이다.

30) 四勢端明五害不親
〔원문30구독음문〕
四勢端明(사세단명)하고 五害不親(오해부친)하다.
〔원문30구해설〕
四勢端明(사세단명)하고 • 사방의 산세=4勢가 단정하고 명랑하게 밝고
五害不親(오해부친)하다 • 다섯 가지의 해로움인 5害, 즉 童山, 斷山, 石山, 過山, 獨山 등이 가까이 하지 않아야 하는 것이다.

〔註釋原文〕
張曰五不葬山謂之五害又曰此四勢指前後左右之四勢非寅申巳亥之四
勢也五害謂童斷石過獨也.

〔주석독음문〕
張曰(장왈), 五不葬山(오불장산), 謂之五害(위지오해)라. 又曰(우
왈), 此四勢(차사세)는 指前後左右之四勢(지전후좌우지사세)이고
非寅申巳亥之四勢也(비인신사해지사세야)라. 五害(오해)는 謂童斷
石過獨也(위동단석과독야)라.

〔주석해설〕
張曰(장왈) • 張說께서는 다음과 같이 말하고 있다.
五不葬山(오불장산)은 • 다섯 가지의 장사지낼 산이 아님은
謂之五害(위지오해)라 • 소위 5害인 것이다.
又曰(우왈) • 덧붙여서 다음과 같이 말하고 있다.
此四勢(차사세)는 • 이러한 4勢 는
指前後左右之四勢(지전후좌우지사세)이고 • 전후좌우의 4방형세를
지칭하는 것이고
非寅申巳亥之四勢也(비인신사해지사세야)라 • 寅申巳亥의 4勢를 지
칭하는 것은 아닌 것이다.
五害(오해)는 • 5害는
謂童斷石過獨也(위동단석과독야)라 • 소위 동산/단산/석산/과산/독
산을 지칭하는 것이다.

31) 十一不具是謂其次
〔원문31구독음문〕
十一不具(십일부구)라도 是謂其次(시위기차)니라.

〔원문31구해설〕
十一不具(십일부구)라도 • 길지의 조건 중에서 열 가지 중에서 한 가지만이라도 갖추지 못하게 되면
是謂其次(시위기차)니라 • 이는 그 다음으로 뒤떨어지는 터＝입지인 것이라고 일컫게 되는 것이다.

〔註釋原文〕
張曰十中有一不具便謂次也此言上地之法已上論體勢之奔騰形狀之肖似來積止聚就中安墳星宿照臨山川朝揖是謂上地.

〔주석독음문〕
張曰(장왈), 十中有一不具(십중유일불구)이면 便謂次也(편위차야)이니 此言上地之法(차언상지지법)이니라. 已上論(이상론), 體勢之奔騰(체세지분등)하고 形狀之肖似(형상지초사)하며 來積止聚(래적지취)하여 就中安墳(취중안분)이면 星宿照臨(성숙조임)하고 山川朝揖(산천조읍)하니 是謂上地(시위상지)라.

〔주석해설〕
張曰(장왈) • 張說께서는 다음과 같이 말하고 있다.
十中有一不具(십중유일불구)이면 • 십중에 하나만이라도 갖추어 구비되지 않으면
便謂次也(편위차야)이니 • 소위 그 다음이라고 함이니
此言上地之法(차언상지지법)이니라 • 이러한 말은 가장 좋은 터인 上地를 택하여서 구하고자 할 경우의 법칙인 것이다.
已上論(이상론) • 이상에서 살펴본 내용을 요약해 보면
體勢之奔騰(체세지분등)하고 • 山體와 水勢를 나타내는 體勢가 웅장하게 살아서 꿈틀거리듯 奔騰하고
形狀之肖似(형상지초사)하며 • 그 형상이 닮아서 비슷하게 肖似하

여 본을 받을 만하며

來積止聚(래적지취)하여 • 와서 쌓이고 머물러서 뭉치고 모이는 곳으로

就中安墳(취중안분)이면 • 나아가서 그러한 중간에다가 편안하게 장사를 지내 분묘를 취하면

星宿照臨(성수조임)하고 • 성수인 하늘의 모든 별빛이 그 자리에 비치는 듯하고

山川朝揖(산천조읍)하니 • 모든 산천들이 그 자리를 향하여 머리를 조아리듯이 조읍을 하니

是謂上地(시위상지)라 • 이러한 것을 소위 좋은 터인 上地라고 하는 것이다.

5. 第5 四勢編(4세편)

1) 夫葬以左爲靑龍右爲白虎前爲朱雀後爲玄武

〔원문1구독음문〕

夫葬(부장)에 • 以左爲靑龍(이좌위청룡)이고, 右爲白虎(우위백호)이며, 前爲朱雀(전위주작)이고, 後爲玄武(후위현무)라.

〔원문1구해설〕

夫葬(부장)에 • 무릇 장사를 지냄에 있어서는

以左爲靑龍(이좌위청룡)이고 • 穴左의 좌측은 청룡을 삼고

右爲白虎(우위백호)이며 • 穴右의 우측은 백호를 삼으며

前爲朱雀(전위주작)이고 • 穴前의 앞은 주작을 삼고

後爲玄武(후위현무)라 • 穴後의 뒤는 현무로 삼는 것이다.

〔註釋原文〕

張曰皆自主山上分之朱雀前應之山玄武本山也靑龍左山也白虎右山也

大率如此.
〔주석독음문〕
張曰(장왈), 皆自主山上分之(개자주산상분지)인데 朱雀前應之山
(주작전응지산)이고 玄武本山也(현무본산야)이며 靑龍左山也(청룡
좌산야)이고 白虎右山也(백호우산야)이니 大率如此(대솔여차)라.

〔주석해설〕
張曰(장왈)•張說께서는 다음과 같이 말하고 있다.
皆自主山上分之(개자주산상분지)인데•대체적으로 주산으로부터
上分하여 위로부터 나뉘는 것인데
朱雀前應之山(주작전응지산)이고•朱雀은 穴前의 앞에서 應하는
산으로 朝案山인 것이고
玄武本山也(현무본산야)이며•玄武는 本山=主山인 것이며
靑龍左山也(청룡좌산야)이고•靑龍은 左山이고
白虎右山也(백호우산야)이니•白虎는 右山인 것이니
大率如此(대솔여차)라•크게 좇아서 보면 이와 같음인 것이다.

2) 玄武垂頭

〔원문2구독음문〕
玄武垂頭(현무수두)하고
〔원문2구해설〕
玄武垂頭(현무수두)하고•현무는 머리를 똑바로 드리운 듯하고

〔註釋原文〕
玄武本山也垂頭山之住也言定止之意.
〔주석독음문〕
玄武本山也(현무본산야)인데 垂頭山之住也(수두산지주야)이니 言

定止之意(언정지지의)라.

〔주석해설〕
玄武本山也(현무본산야)인데 • 玄武는 本山=主山을 지칭하는 것인데
垂頭山之住也(수두산지주야)이니 • 머리를 내려서 드리운다는 것은
住하여 머무른다는 것이니
言定止之意(언정지지의)라 • 멈출 뜻, 즉 멈출 곳을 정한다는 언급
인 것이다.

3) 朱雀翔舞
〔원문3구독음문〕
朱雀翔舞(주작상무)하며
〔원문3구해설〕
朱雀翔舞(주작상무)하며 • 주작은 날개를 펴고서 춤추듯이 상무하며

〔註釋原文〕
謂前山來向而集勢若翔舞也.
〔주석독음문〕
謂前山(위전산)이 來向而集(래향이집)하니 勢若翔舞也(세약상무
야)라.

〔주석해설〕
謂前山(위전산)이 • 소위 穴前의 산=朝案山이
來向而集(래향이집)하니 • 來向=明堂으로 모여드는 듯하니
勢若翔舞也(세약상무야)라 • 勢가 마치 빙돌아 날아서 춤을 추듯 상
무를 하는 것과 같아야 함인 것이다.

4) 靑龍蜿蜒
〔원문4구독음문〕
靑龍蜿蜒(청룡완연)하고
〔원문4구해설〕
靑龍蜿蜒(청룡완연)하고 • 청룡은 벌레가 굼틀거리듯이, 혹은 굽어서 감싸고 안아주듯이 완연하고

〔註釋原文〕
謂左山欲如龍之蜿蜒而回抱之也.
〔주석독음문〕
謂左山(위좌산)은 欲如龍之蜿蜒(욕여룡지완연)하여 而回抱之也(이회포지야)라.

〔주석해설〕
謂左山(위좌산)은 • 소위 왼쪽의 좌산은
欲如龍之蜿蜒(욕여룡지완연)하여 • 마치 龍이 꿈틀거리며 나아가듯이 蜿蜒(완연)하기를 원하여
而回抱之也(이회포지야)라 • 돌아서 들듯 감싸서 안아야 하는 것이다.

5) 白虎蹲踞
〔원문5구독음문〕
白虎蹲踞(백호준거)라
〔원문5구해설〕
白虎蹲踞(백호준거)라 • 백호는 웅크리고 걸터앉듯, 또는 길들여져서 순한 듯 머리를 숙여야 하는 것이다.

〔註釋原文〕

謂右山欲如虎之蹲踞而相迎之也.

〔주석독음문〕

謂右山(위우산)은 欲如虎之蹲踞(욕여호지준거)하여 而相迎之也(이
상영지야)라.

〔주석해설〕

謂右山(위우산)은 • 소위 오른쪽의 우산은

欲如虎之蹲踞(욕여호지준거)하여 • 마치 호랑이가 걸터앉아서 蹲踞
(준거)하기를 원하여

而相迎之也(이상영지야)라 • 서로가 영접을 하듯이 해야 한다는 것
이다.

6) 形勢反此法當破死

〔원문6구독음문〕

形勢反此(형세반차)이면 法當破死(법당파사)리라.

〔원문6구해설〕

形勢反此(형세반차)이면 • 형세가 이러한 원칙에 反하여 거스르게
되면

法當破死(법당파사)리라 • 당연히 집안이 패망하고 사람은 죽음을
당하게 되는 법인 것이다.

〔註釋原文〕

謂一山形勢不如此者當破滅也.

〔주석독음문〕

謂一山形勢(위일산형세)가 不如此者(불여차자)이면 當破滅也(당파
멸야)라.

〔주석해설〕

謂一山形勢(위일산형세)가 • 소위 히니의 신세가

不如此者(불여차자)이면 • 이러함과 같지를 않다면

當破滅也(당파멸야)라 • 당연히 파멸할 것이다.

7) 故虎繞謂之啣尸

〔원문7구독음문〕

故(고)로 虎繞(호요)는 謂之啣尸(위지함시)이고

〔원문7구해설〕

故(고)로 • 그러므로

虎繞(호요)는 • 백호가 얽히듯 감아서 돌려있는 것, 즉 백호가 몸을
돌려서 주산을 노려봄은

謂之啣尸(위지함시)이고 • 이른바 시신을 재갈하듯 啣(함)함이니 물
어뜯으려 하는 형상인 것이고

〔註釋原文〕

右山不欲盤繞謂之啣塚中之尸.

〔주석독음문〕

右山(우산)은 不欲盤繞(불욕반요)이니 謂之啣塚中之尸(위지함총중
지시)라.

〔주석해설〕

右山(우산)은 • 오른쪽의 우산인 白虎는

不欲盤繞(불욕반요)이니 • 쟁반을 둘러싸서 두르듯 빙빙 둘러서 감
듯 盤繞(반요)함을 바라지 않음이니

謂之啣塚中之尸(위지함총중지시)라 • 소위 이는 그렇게 되면 무덤
속에 있는 시신을 재갈=啣(함)하여서 물어서 뜯으려하는 격이 되

기 때문인 것이다.

8) 龍踞謂之嫉主

〔원문8구독음문〕

龍踞(용거)는 謂之嫉主(위지질주)라.

〔원문8구해설〕

龍踞(용거)는 • 청룡이 달려들 자세처럼 웅크리고 걸터앉아서 있으면 謂之嫉主(위지질주)라 • 이른바 주인인 주산을 향해서 시기와 질투를 함인 것이다.

〔註釋原文〕

左山不欲立踞謂之妬本主之山.

〔주석독음문〕

左山(좌산)은 不欲立踞(불욕입거)이니 謂之妬本主之山(위지투본주지산)이라.

〔주석해설〕

左山(좌산)은 • 왼쪽에 있는 좌산의 靑龍은

不欲立踞(불욕입거)이니 • 주산을 향해서 웅크리고(踞)서 달려들 자세를 바라지 않음이니

謂之妬本主之山(위지투본주지산)이라 • 소위 이는 주산을 질투하고 시기하는 격이 되기 때문인 것이다.

9) 玄武不垂者拒尸

〔원문9구독음문〕

玄武不垂者(현무부수자)는 拒尸(거시)라.

〔원문9구해설〕
玄武不垂者(현무부수자)는 • 현무＝주산이 똑바로 드리우지 않는
것은
拒尸(거시)라 • 屍身(시신)을 拒否(거부)하는 것이다.

〔註釋原文〕
不垂者主山昂也昂則不藏不藏者不納塚中之尸也.
〔주석독음문〕
不垂者(불수자)는 主山昂也(주산앙야)이니 昂則不藏(앙칙불장)이
고 不藏者(불장자)는 不納塚中之尸也(불납총중지시야)라.

〔주석해설〕
不垂者(불수자)는 • 머리를 내려서 드리우지를 않았다는 것은
主山昂也(주산앙야)이니 • 주산이 고개를 빳빳이 세워서 쳐들었다
는 것이니
昂則不藏(앙칙불장)이고 • 주산이 고개를 빳빳이 세워서 쳐들었다
는 것은, 즉 氣의 갈무리가 이뤄지지를 않음인 것이고
不藏者(불장자)는 • 氣의 갈무리가 이뤄지지 않았다는 것은
不納塚中之尸也(불납총중지시야)라 • 무덤 속에 시신을 받아서 들
일 수가 없음인 것이다.

10) 朱雀不翔舞者騰去
〔원문10구독음문〕
朱雀不翔舞者(주작부상무자)는 騰去(등거)니라.
〔원문10구해설〕
朱雀不翔舞者(주작부상무자)는 • 주작이 날개를 펴고서 춤추듯이
상무를 하지 않으면

騰去(등거)니라 • 높이 날아서 올라가 버린다.

〔註釋原文〕
不舞者前山背也背則無情無情者不顧主山而去也玄武欲壯而住朱雀欲
峻而秀靑龍欲先而繞白虎欲遲而後又曰左山不回敗官失財右山不抱財
物虛耗前乏案遮羈旅無家來龍惡弱坐見銷鑠斯言得之矣已上論左右前
後之四勢合要如此.

〔주석독음문〕
不舞者(불무자)는 前山背也(전산배야)이니 背則無情(배칙무정)이
고 無情者(무정자)는 不顧主山而去也(불고주산이거야)라. 玄武(현
무)는 欲壯而住(욕장이주)이고 朱雀(주작)은 欲峻而秀(욕준이수)이
며 靑龍(청룡)은 欲先而繞(욕선이요)이고 白虎(백호)는 欲遲而後
(욕지이후)라. 又曰(우왈), 左山(좌산)이 不回(불회)하면 敗官失財
(패관실재)이고, 右山(우산)이 不抱(불포)하면 財物虛耗(재물허모)
이며, 前乏案遮(전핍안차)하면 羈旅無家(기려무가)이고, 來龍惡弱
(래룡악약)이면 坐見銷鑠(좌견소삭)이니, 斯言得之矣(사언득지의)
라. 已上論(이상론), 左右前後之四勢(좌우전후지사세)가 合要如此
(합요여차)니라.

〔주석해설〕
不舞者(불무자)는 • 주작이 춤을 추듯 하지를 않는 것은
前山背也(전산배야)이니 • 穴前의 前山인 朝案山이 현무＝주산에
背逆을 함인 것이니
背則無情(배칙무정)이고 • 배역을 하였다는 것은 무정한 것이고
無情者(무정자)는 • 이렇게 무정한 산은
不顧主山而去也(불고주산이거야)라 • 주산을 회고하여 돌아서 보지
를 않고서 가버리는 것이다.

玄武(현무)는 • 穴後에 있는 현무는

欲壯而住(욕장이주)이고 • 웅장하게 머물기를 바라고

朱雀(주작)은 • 穴前에 있는 주작은

欲峻而秀(욕준이수)이며 • 준수하기를 바라며

靑龍(청룡)은 • 穴左에 있는 청룡은

欲先而繞(욕선이요)이고 • 먼저 나아가서 두르듯 先繞(선요)하기를
바라고

白虎(백호)는 • 穴右에 있는 백호는

欲遲而後(욕지이후)라 • 늦게 뒤에 있듯 遲後(지후)하기를 바라는
것이다.

又曰(우왈) • 덧붙여서 다음과 같이 말하고 있다.

左山(좌산)이 • 왼쪽의 좌청룡산이

不回(불회)하면 • 돌아서 들지를 않으면

敗官失財(패관실재)이고 • 敗官을 失財하여 잃게 되고

右山(우산)이 • 오른쪽의 우백호산이

不抱(불포)하면 • 감싸서 안지를 않으면

財物虛耗(재물허모)이며 • 재물을 헛되게 소모할 것이며

前乏案遮(전핍안차)하면 • 朝案山이 가로막고 어루만져 끌어안듯
하는 형세가 결핍하여 모자라게 되면

羈旅無家(기려무가)이고 • 가족들이 끌리는 나그네와 같이 흩어져
떠나듯이 羈旅(기려)하여서 無家(무가)가 될 것이고

來龍惡弱(래룡악약)이면 • 來龍＝主山來脈이 惡弱하면

坐見銷鑠(좌견소삭)이니 • 꼼짝없이 앉아서 흩어지고 흐물흐물 녹
아서 없어지듯 銷鑠(소삭)함을 보게 될 것이니

斯言得之矣(사언득지의)라 • 이러한 언급을 잘 새겨야 하는 것이다.

已上論(이상론), 이상의 내용을 요약하여 보면

左右前後之四勢(좌우전후지사세)가 • 좌우와 전후의 4방의 형세가

合要如此(합요여차)니라 • 이와 같이 반드시 부합되어야 한다는 것
이다.

11) 夫以水爲朱雀者忌夫湍激謂之悲泣
〔원문11구독음문〕
夫以水爲朱雀者(부이수위주작자)는 忌夫湍激(기부단격)이니 謂之
悲泣(위지비읍)이라.
〔원문11구해설〕
夫以水爲朱雀者(부이수위주작자)는 • 무릇 水＝물로써 주작을 삼을
경우에는
忌夫湍激(기부단격)이니 • 저 여울물이 격렬하게 물결이 부딪쳐 흐
르면서 소리를 내는 곳은 기피하여야 하는 것인데,
謂之悲泣(위지비읍)이라 • 소위 소리 없이 슬피 우는 悲泣을 가리키
는 것이다.

〔註釋原文〕
張曰朱雀前朝所應是也水近則先用水爲案所謂外氣橫形者是也湍激謂
四季有聲潺潺不斷若悲泣焉法謂哭尸主死亡相繼大則滅族小則孤寡又
曰聲如悲泣者貧窮孤寡之象順流曲折有環佩劍履之聲者公卿之象然則
水聲吉凶亦在夫見別之審也.
〔주석독음문〕
張曰(장왈), 朱雀(주작)은 前朝所應(전조소응)이 是也(시야)라. 水
近則先用水爲案(수근칙선용수위안)인데 所謂外氣橫形者(소위외기
횡형자)는 是也(시야)라. 湍激(단격)은 謂四季有聲(위사계유성)이
潺潺不斷(잔잔불단)으로 若悲泣焉(약비읍언)이니, 法(법)은 謂(위)
하기를 哭尸主死亡相繼(곡시주사망상계)에 大則滅族(대칙멸족)이
고 小則孤寡(소칙고과)라. 又曰(우왈), 聲如悲泣者(성여비읍자)는

貧窮孤寡之象(빈궁고과지상)이고 順流曲折(순류곡절)하여 有環佩劍(유환패검)으로 履之聲者(이지성자)는 公卿之象(공경지상)이니 然則水聲吉凶(연칙수성길흉)이 亦在(역재)라. 夫見別之審也(부견별지심야)라.

〔주석해설〕
張曰(장왈) • 張說께서는 다음과 같이 말하고 있다.
朱雀(주작)은 • 주작이라는 것은
前朝所應(전조소응)이 • 穴前에 있는 朝山이 應하는 바가
是也(시야)라 • 그 본분인 것이다.
水近則先用水爲案(수근칙선용수위안)인데 • 물이 가까이 있으면, 즉 먼저 물을 案山으로 취용하여 써야하는 것인데
所謂外氣橫形者(소위외기횡형자)는 • 소위 外氣가 橫形을 한다고 하는 것은
是也(시야)라 • 이러함을 이르는 것이다.
湍激(단격)은 • 소용돌이를 치면서 급류로 물결이 부딪혀 흐른다는 것은
謂四季有聲(위사계유성)이 • 소위 춘하추동 4계절 언제나 흐르는 물소리가 있음이니
潺潺不斷(잔잔불단)으로 • 눈물이 흐르듯 물이 흐르는 소리가 끊임이 없으므로
若悲泣焉(약비읍언)이니 • 마치 슬피 울고 잇는 듯함을 말하는 것이니
法(법)은 • 葬法에서
謂(위)하기를 • 이르기를
哭尸主死亡相繼(곡시주사망상계)에 • 尸主(시주)가 사망을 하여서 슬피우는 哭(곡)으로 相繼함이라, 즉 喪主(상주)까지 죽음에 이르게 되는 것이기에

大則滅族(대칙멸족)이고 • 이러함이 크다면, 즉 멸족인 것이고

小則孤寡(소칙고과)라 • 이러함이 작다면, 즉 孤寡(고과)함이니 부모를 잃어 고아가 되거나 배우자를 잃어서 혼자되는 것이다.

又曰(우왈) • 덧붙여서 다음과 같이 말하고 있다.

聲如悲泣者(성여비읍자)는 • 물소리가 마치 슬피 우는 듯 하는 것은

貧窮孤寡之象(빈궁고과지상)이고 • 빈궁과 고과의 상인 것이고

順流曲折(순류곡절)하여 • 순하게 구불구불하게 흘러서

有環佩劍(유환패검)으로 • 環玉의 고리와 같이 劍(검)을 차고서

履之聲者(이지성자)는 • 신을 신고서 뚜벅 뚜벅 걸어서 가는 것 같은 소리의 터는

公卿之象(공경지상)이니 • 공경의 상이니

然則水聲吉凶(연칙수성길흉)이 • 그러므로, 즉 물소리의 길흉이

亦在(역재)라 • 역시 있는 것이다.

夫見別之審也(부견별지심야)라 • 무릇 잘 살피고 분별하는 심찰이 요구되는 것이다.

12) 以支爲龍虎者要若肘臂謂之回抱

〔원문12구독음문〕

以支爲龍虎者(이지위룡호자)이니 要若肘臂(요약주비)이므로 謂之回抱(위지회포)라.

〔원문12구해설〕

以支爲龍虎者(이지위룡호자)이니 • 主龍의 가지인 支龍으로써 청룡과 백호를 삼는 것이기 때문에

要若肘臂(요약주비)이므로 • 마치 양쪽의 팔뚝과 같은 것이니

謂之回抱(위지회포)라 • 소위 돌아서 안듯, 부둥켜서 끌어안듯 하는 回抱함을 가리키는 것이다.

〔註釋原文〕

謂如人肘臂左回右抱則吉氣在中也蔡曰四象以玄武爲主若朱雀亦有以
水得名者龍虎有以支得名者水欲靜深而支欲拱揖也.

〔주석독음문〕

謂如人肘臂(위여인주비)가 左回右抱(좌회우포)하면 則吉氣在中也
(칙길기재중야)라. 蔡曰(채왈), 四象(사상)은 以玄武爲主(이현무위
주)인데 若朱雀亦有以水得名者(약주작역유이수득명자)이고 龍虎有
以支得名者(용호유이지득명자)이니 水欲靜深(수욕정심)이고 而支
欲拱揖也(이지욕공읍야)라.

〔주석해설〕

謂如人肘臂(위여인주비)가 • 소위 사람의 肘臂(주비)인 팔꿈치와
팔이

左回右抱(좌회우포)하면 • 左回하고 右抱하면

則吉氣在中也(칙길기재중야)라 • 즉 吉氣가 그 속에 있음인 것이다.

蔡曰(채왈) • 蔡牧堂(채목당＝文節公)께서는 다음과 같이 말하고 있다.

四象(사상)은 • 4방의 형상은

以玄武爲主(이현무위주)인데 • 현무로써 主를 삼는 것인데

若朱雀亦有以水得名者(약주작역유이수득명자)이고 • 만약에 주작은
水로써도 역시 得名을 할 수가 있는 것이고

龍虎有以支得名者(용호유이지득명자)이니 • 龍虎는 支로써도 得名
을 할 수가 잇는 것이니

水欲靜深(수욕정심)이고 • 水는 매우 깊어서 精深(정심)하기를 바라
는 것이고

而支欲拱揖也(이지욕공읍야)라 • 그로 말미암아 支는 두 손을 맞잡
고 읍을 하듯 拱揖(공읍)하기를 바라는 것이다.

13) 朱雀源於生氣

〔원문13구독음문〕

朱雀源於生氣(주작원어생기)이니

〔원문13구해설〕

朱雀源於生氣(주작원어생기)이니•주작은 생기에 그 근원을 두고 있는 것이니

〔註釋原文〕

此言水爲朱雀者當以五行所生處爲源也假如兌山屬金金水發源來處則是巳方金生在巳是謂源之生氣.

〔주석독음문〕

此言(차언), 水爲朱雀者(수위주작자)는 當以五行所生處(당이오행소생처)가 爲源也(위원야)라. 假如(가여), 兌山屬金(태산속금)인데 金水發源來處(금수발원래처)는 則是巳方(칙시사방)이니 金生在巳(금생재사)이고 是謂源之生氣(시위원지생기)라.

〔주석해설〕

此言(차언)•이러한 말은

水爲朱雀者(수위주작자)는•水를 주작으로 삼는 경우에는

當以五行所生處(당이오행소생처)가•당연히 5행의 소생처가

爲源也(위원야)라•그 근본이 되는 것이다.

假如(가여)•가령

兌山屬金(태산속금)인데•서쪽의 兌山은 金에 속하는데

金水發源來處(금수발원래처)는•金水가 발원하여서 오는 곳은

則是巳方(칙시사방)이니•즉 巳方인 것이니

金生在巳(금생재사)이고•金의 장생처는 巳方인 것이고

是謂源之生氣(시위원지생기)라•이러한 것이 소위 생기의 근원인

것이다.

14) 派於已盛
〔원문14구독음문〕
派於已盛(파어이성)이고
〔원문14구해설〕
派於已盛(파어이성)이고 • 分岐(분기)되어 나누어지면 왕성함이 그
치는 것이고

〔註釋原文〕
流廣於五行已盛之地又曰謂如金山金水漸流至坤申之方.
〔주석독음문〕
流廣於五行已盛之地(류광어오행이성지지)라. 又曰(우왈), 謂如金山
金水漸流(위여금산금수점류)하면 至坤申之方(지곤신지방)이라.

〔주석해설〕
流廣於五行已盛之地(류광어오행이성지지)라 • 流水의 흐름이 넓어
서 분산이 되면 5행생기의 왕성함이 끝나서 그치는 땅인 것이다.
又曰(우왈) • 덧붙여서 다음과 같이 말하고 있다.
謂如金山金水漸流(위여금산금수점류)하면 • 소위 金山金水가 천천
히 흘러서 나가듯 마치 漸流(점류)를 하게 되면
至坤申之方(지곤신지방)이라 • 坤申의 방위에 이르게 되는 것과 같
음인 것이다.

15) 朝於大旺
〔원문15구독음문〕
朝於大旺(조어대왕)이라.

〔원문15구해설〕
朝於大旺(조어대왕)이라 • 穴前에 모여서 받쳐줌이 있으면 크게 왕
성 함이다.

〔註釋原文〕
朝入如山家生旺之地又曰謂如金山金水墳前朝揖恰是庚酉大旺之方也.
〔주석독음문〕
朝入(조입), 如山家生旺之地(여산가생왕지지)라. 又曰(우왈), 謂如
金山金水(위여금산금수)가 墳前(분전)에 朝揖(조읍)이면 恰是庚酉
大旺之方也(흡시경유대왕지방야)라.

〔주석해설〕
朝入(조입) • 穴前으로 받쳐주는 산이 朝入하여 들어오게 되면
如山家生旺之地(여산가생왕지지)라 • 山家＝風水師들은 생기가 왕
성한 땅이라고 여기는 것이다.
又曰(우왈) • 덧붙여서 다음과 같이 말하고 있다.
謂如金山金水(위여금산금수)가 • 소위 말하여 가령 金山金水가
墳前(분전)에 • 무덤인 분묘의 앞쪽에
朝揖(조읍)이면 • 절을 하면서 받쳐 들어서 조읍을 하면
恰是庚酉大旺之方也(흡시경유대왕지방야)라 • 흡사 이러한 경우는
庚方과 酉方이 크게 왕성한 방위의 땅이 되는 것이다.

16) 澤於將衰
〔원문16구독음문〕
澤於將衰(택어장쇠)니
〔원문16구해설〕
澤於將衰(택어장쇠)니 • 연못과 같이 갇힌 물이 되면 장차 衰하게

되니

〔註釋原文〕
五行衰處憑朱雀以澤之也又曰謂如金山金水墳前一折而歸之辛戌之方也.

〔주석독음문〕
五行衰處(오행쇠처)는 憑朱雀以澤之也(빙주작이택지야)라. 又曰
(우왈), 謂如金山金水(위여금산금수)가 墳前(분전)에 一折(일절)하
여 而歸之辛戌之方也(이귀지신술지방야)라.

〔주석해설〕
五行衰處(오행쇠처)는 • 5행의 기운이 시들어가는 衰處는
憑朱雀以澤之也(빙주작이택지야)라 • 주작이 연못인 澤(택)으로써
그 전거를 삼아서 의지를 하고 기대게 되는 것이다.
又曰(우왈) • 덧붙여서 다음과 같이 말하고 있다.
謂如金山金水(위여금산금수)가 • 소위 金山金水가
墳前(분전)에 • 무덤인 분묘의 앞쪽에
一折(일절)하여서 • 한 번 꺾이여서
而歸之辛戌之方也(이귀지신술지방야)라 • 이로 말미암아 辛方과 戌
方으로 되돌아옴과 같다는 의미인 것이다.

17) 流於囚謝
〔원문17구독음문〕
流於囚謝(유어수사)라.
〔원문17구해설〕
流於囚謝(유어수사)라 • 물＝流水(유수)는 가둔다음에 囚謝(수사)
로 흘러서 나가야 하는 것이다. 즉 물의 흘러나감은 옷깃을 여민 듯,

빗장을 지른 듯 꼬리를 감추듯이 흘러서 나가야 하는 것이다.

〔註釋原文〕
五行謝處放諸水以流之也如金山金水流出去處是乾亥壬以後之方也.
〔주석독음문〕
五行謝處(오행사처)에 放諸水以流之也(방제수이류지야)라. 如金山金水流出去處(여금산금수류출거처)가 是乾亥壬以後之方也(시건해임이후지방야)라.

〔주석해설〕
五行謝處(오행사처)에 • 5행이 사퇴하여 물러나는 듯한 謝處(사처), 즉 닫힌 듯 보이는 곳에
放諸水以流之也(방제수이류지야)라 • 모든 물을 방류하듯 풀어서 흘러나가게 하는 것이다.
如金山金水流出去處(여금산금수류출거처)가 • 마치 金山金水가 유출하여 흘러서 나가는 곳이
是乾亥壬以後之方也(시건해임이후지방야)라 • 이러한 乾方과 亥方과 壬方을 穴後(혈후)의 방위로써 삼는 것과 같은 것이다.

18) 以返不絕
〔원문18구독음문〕
以返不絕(이반부절)이라.
〔원문18구해설〕
以返不絕(이반부절)이라 • 돌아옴으로써 끊어짐이 없는 것이다. 즉 고인 후에 세어 나가야 함이니, 囚謝(수사)로 흘러서 나갔기에 명당의 氣가 되돌아오게 된다는 것이다.

〔註釋原文〕
法所謂因山裁穴乘穴放水不使流去欲其回環此宗廟水法也能依此法則
可返而歸諸綿綿不絶之地矣.

〔주석독음문〕
法(법)은 所謂因山(소위인산)으로 裁穴乘穴(재혈승혈)이고 放水(방
수)는 不使流去(불사류거)로 欲其回環(욕기회환)이니 此宗廟水法
也(차종묘수법야)라. 能依此法(능의차법)이라야 則可返而歸諸綿綿
不絶之地矣(칙가반이귀제면면부절지지의)라.

〔주석해설〕
法(법)은 • 풍수의 법도에는
所謂因山(소위인산)으로 • 소위 山으로 인하여
裁穴乘穴(재혈승혈)이고 • 穴을 재단하고 穴을 타는 것이고
放水(방수)는 • 물이 흘러나간다는 것은
不使流去(불사류거)로 • 흘러서 가버리지 못하게 하여서
欲其回環(욕기회환)이니 • 그것이 돌아서 돌듯 回環을 바라는 것이니
此宗廟水法也(차종묘수법야)라 • 이러한 것이 宗廟水法인 것이다.
能依此法(능의차법)이라야 • 능히 이러한 법에 의지를 하여야
則可返而歸諸綿綿不絶之地矣(칙가반이귀제면면부절지지의)라 • 즉
可히 되돌아오듯 返하여 歸할 수가 있음인 것으로 말미암아 능히 이
어지고 연속되듯 綿綿토록 끊김이 없는 땅이 되는 것이다.

19) 法每一折瀦而後泄

〔원문19구독음문〕
法每一折(법매일절)에 瀦而後泄(저이후설)이니라.
〔원문19구해설〕
法每一折(법매일절)에 • 매번 한 번 꺾이어 괴였다가

瀦而後泄(저이후설)이니라 • 웅덩이에서 후에 빠져 나가는 것이 법
인 것이다.

〔註釋原文〕
前水之法每一方位必一折爲準如不折不謂之源流潮澤每一折其水必瀦
蓄而後泄去乃吉言不欲傾注直流無情也.

〔주석독음문〕
前水之法(전수지법)은 每一方位(매일방위)에 必一折(필일절)을 爲
準(위준)하니 如不折(여불절)이면 不謂之源流潮澤(불위지원류조
택)인데 每一折(매일절)에 其水必瀦蓄而後泄去(기수필저축이후설
거)하면 乃吉(내길)이라. 言(언)에 不欲傾注(불욕경주)이니 直流無
情也(직류무정야)라.

〔주석해설〕
前水之法(전수지법)은 • 穴前의 前水인 명당수와 객수에 대한 법은
每一方位(매일방위)에 • 매번의 방위 때마다
必一折(필일절)을 • 반드시 한 번의 굴곡함을
爲準(위준)하니 • 기준으로 삼는 것이니
如不折(여불절)이면 • 굴곡함이 없다고 하면
不謂之源流潮澤(불위지원류조택)인데 • 소위 원래의 물의 흐름이
不流로 빠져나가지를 못하고 潮澤(조택)함으로 연못으로 흘러들어
가 고이게 되는 것인데
每一折(매일절)에 • 매번 굴곡을 할 때마다
其水必瀦蓄而後泄去(기수필저축이후설거)하면 • 그러한 水는 반드
시 웅덩이에 물이 고이고 쌓이듯 瀦蓄(저축)함으로 말미암아 그 후
에 泄水를 하듯이 세어나가고 빠져나가야만
乃吉(내길)이라 • 이러함이 吉한 것이다.

言(언)에 • 언급하기를

不欲傾注(불욕경주)이니 • 水는 기울어 뒤집히고 쏟아 붓듯 傾注(경주)함을 바라지 않음이니

直流無情也(직류무정야)라 • 곧바로 흘러나가듯 직류를 하면 무정한 것이다.

20) 洋洋悠悠顧我欲留

〔원문20구독음문〕

洋洋悠悠(양양유유)라도 顧我欲留(고아욕류)라.

〔원문20구해설〕

洋洋悠悠(양양유유)라도 • 물이 넘치듯 가득차서 멀리멀리 흘러서 가면서도

顧我欲留(고아욕류)라 • 나인 주산을 되돌아보면서 이별하기 아쉬운 듯 머물고 싶어 하는 것이다.

〔註釋原文〕

洋洋大也悠悠遠也水之來也遠其勢洋洋而大委蛇曲折若欲去而復留也.

〔주석독음문〕

洋洋大也(양양대야)이고 悠悠遠也(유유원야)라. 水之來也遠(수지래야원)이고 其勢洋洋而大(기세양양이대)이며 委蛇曲折(위사곡절)이면 若欲去(약욕거)라도 而復留也(이복류야)라.

〔주석해설〕

洋洋大也(양양대야)이고 • 洋洋함이란 크다는 것이고

悠悠遠也(유유원야)라 • 悠悠함이란 멀다는 것이다.

水之來也遠(수지래야원)이고 • 물은 먼 곳으로부터 오는 것이고

其勢洋洋而大(기세양양이대)이며 • 그러한 水勢는 洋洋하게 큰 것

이며

委蛇曲折(위사곡절)이면 • 뱀이 굴곡하면서 헤쳐서 나가듯 水勢가 굴곡을 하면서 흐르면

若欲去(약욕거)라도 • 만약에 水가 떠나가고 싶어 할지라도

而復留也(이복류야)라 • 굴곡함으로 말미암아서 다시 되돌아와서 머무르게 되는 것이다.

21) 其來無源其去無流

〔원문21구독음문〕

其來無源(기래무원)이고 其去無流(기거무류)라.

〔원문21구해설〕

其來無源(기래무원)이고 • 그 물이 어디서 오는 것인지, 그 근원을 알 수가 없고

其去無流(기거무류)라 • 그 물이 흘러서 나가는 곳도 꼬리를 감추듯 흔적이 없으니 알 수가 없는 것이다.

〔註釋原文〕

其來無源言遠而不可窮究也葬法見前水所出則謂之短其其法無流言前山回抱不見流去之處葬法見水去謂流破生氣是也無源謂不見其發來處其遠可知無流謂汪汪洋洋如萬頃之波停蓄不動不見其流去踪跡也.

〔주석독음문〕

其來無源(기래무원)은 言(언)하면 遠而不可窮究也(원이불가궁구야)이니 葬法(장법)에 見前水所出(견전수소출)이면 則謂之短其(즉위지단기)라. 其法無流(기법무류)는 言(언)하면 前山回抱(전산회포)하고 不見流去之處(불견류거지처)이니 葬法(장법)에 見水去(견수거)이면 謂流破生氣(위류파생기)가 是也(시야)라. 無源(무원)은 謂不見其發來處(위불견기발래처)로 其遠(기원)을 可知(가지)이고 無流(무

류)는 謂汪汪洋洋(위왕왕양양)이 如萬頃之波(여만경지파)로 停蓄不動(정축부동)이고 不見其流去踌跡也(불견기류거종적야)라.

〔주석해설〕
其來無源(기래무원)은 • 그 물이 어디서 오는 것인지, 그 근원을 알 수가 없음은
言(언)하면 • 말하자면
遠而不可窮究也(원이불가궁구야)이니 • 그 근원이 너무 멀어서 窮究를 할 수가 없음이니
葬法(장법)에 • 장사법에
見前水所出(견전수소출)이면 • 前水가 所出로 나아가는 바가 보이면
則謂之短其(칙위지단기)라 • 즉 소위 短氣라고 하는 것이다.
其法無流(기법무류)는 • 그 물이 흘러서 나가는 곳도 꼬리를 감추듯 흔적이 없어서 알 수가 없음은
言(언)하면 • 말하자면
前山回抱(전산회포)하고 • 前山인 朝案山이 回抱를 하듯 감싸서 안듯 감아 돌아들고
不見流去之處(불견류거지처)이니 • 물이 흘러서 나가는 곳이 보이지를 않는 것이니
葬法(장법)에 • 장사법에
見水去(견수거)이면 • 물이 나가는 것이 보이면
謂流破生氣(위류파생기)가 • 소위 물이 流去하여서 나감이 생기를 파하여 없앤다는 말이
是也(시야)라 • 바로 이러함인 것이다.
無源(무원)은 • 水의 근원=발원이 없다고 함은
謂不見其發來處(위불견기발래처)로 • 소위 그러한 發來處를 볼 수가 없음을 의미하는데

其遠(기원)을・그 발원함이 멀어서 遠微(원미)함을
可知(가지)이고・가히 알 수가 있음인 것이고
無流(무류)는・물이 흘러서 나가는 곳도 꼬리를 감추듯 흔적이 없어서 알 수가 없음은
謂汪汪洋洋(위왕왕양양)이・소위 넓고 넓듯 汪汪하고 크고 크듯 洋洋함이
如萬頃之波(여만경지파)로・마치 만경의 물결과 같이
停蓄不動(정축부동)이고・머무르고 쌓이듯 停蓄(정축)하고 不動하여 움직이지를 않는 것을 의미하는 것이고
不見其流去踪跡也(불견기류거종적야)라・그래서 그렇게 빠져서 나가는 흔적인 종적을 볼 수가 없음인 것이다.

22) 經曰山來水回貴壽而財

〔원문22구독음문〕
經曰(경왈), 山來水回(산래수회)이면 貴壽而財(귀수이재)니라.
〔원문22구해설〕
經曰(경왈)・장경에서 이르기를
山來水回(산래수회)이면・산이 내려오고 물이 돌아서 들게 되면
貴壽而財(귀수이재)니라・부귀하고 수복하게 되며 부자가 된다고 하였다.

〔註釋原文〕
本山欲如馬之馳奔騰而來前水欲得洋洋悠悠顧我而不欲去也葬遇此地則貴壽而多財也.
〔주석독음문〕
本山(본산)은 欲如馬之馳奔騰(욕여마지치분등)하여 而來(이래)하고 前水(전수)는 欲得洋洋悠悠顧我(욕득양양유유고아)하여 而不欲

去也(이불욕거야)이니 葬遇此地(장우차지)이면 則貴壽而多財也(칙 귀수이다재야)라.

〔주석해설〕

本山(본산)은 • 본산＝현무＝주산은

欲如馬之馳奔騰(욕여마지치분등)하여 • 마치 말이 奔騰하듯이 달리 다가 솟구쳐 오르듯 달려서 내려오는 듯해야 하는 것이고

而來(이래)하고 • 이렇게 來하여 옴으로 말미암아서

前水(전수)는 • 穴前의 前水는

欲得洋洋悠悠顧我(욕득양양유유고아)하여 • 洋洋悠悠하게 我＝주산 인 자신을 되돌아보려는 듯하게

而不欲去也(이불욕거야)이니 • 去하여 도망가듯 나아감을 원치 않 아야 함이니

葬遇此地(장우차지)이면 • 장사를 지냄에 있어서 이러한 장소를 만 나게 된다면

則貴壽而多財也(칙귀수이다재야)라 • 즉 貴한 명예와 長壽와 많은 財物을 얻게 될 것이다.

23) 山囚水流虜王滅侯

〔원문23구독음문〕

山囚水流(산수수류)이면 虜王滅侯(노왕멸후)이니라.

〔원문23구해설〕

山囚水流(산수수류)이면 • 산이 좁고 답답하게 갇힌 듯하고 물이 무 정하게 흘러가 버리면

虜王滅侯(노왕멸후)이니라 • 왕후의 지위에 있더라도 왕은 포로가 되고 제후는 멸망할 것이다.

〔註釋原文〕

山囚言無氣水流言無情葬遇此地則王見虜侯見滅也.已上論水之朝集
流去皆合方位亦須眞龍正脈止集於此方爲佳地故曰山來水回蔡曰四勢
之山以十二辰而定所生旺水之來去亦因山而爲吉凶卽上文所謂衰旺係
乎形氣之地聚于將衰死之方盛于於旺氣之地.故來欲自之方而潮于旺
氣之位如北山宜來於坤申朝於亥子聚于寅卯去于辰巳是朝者自南方趨
亥子之地.非流于亥子之地也以返不絶者死而更生無窮已也.山來水回
山囚水流者消息之期會也山水回旋也洋洋悠悠顧我而不欲去若眷戀而
不及貴也其來無源其去無流者上下周密也山來水回者山水相聚也山囚
水去者山水相去也水逐山而變化山因水而盛衰此法古術多秘之.

〔주석독음문〕

山囚(산수)는 言無氣(언무기)이고 水流(수류)는 言無情(언무정)이
니 葬遇此地(장우차지)이면 則王見虜侯見滅也(칙왕견노후견멸야)
이니라. 已上論(이상론), 水之朝集流去(수지조집류거)가 皆合方位
(개합방위)러니 亦須眞龍正脈(역수진룡정맥)이 止集於此方(지집어
차방)이면 爲佳地(위가지)이니 故曰(고왈), 山來水回(산래수회)라.
蔡曰(채왈), 四勢之山(사세지산)은 以十二辰(이십이진)으로 而定所
生旺(이정소생왕)이고 水之來去(수지래거)는 亦因山(역인산)으로
而爲吉凶(이위길흉)이니 卽上文(즉상문)은 所謂衰旺(소위쇠왕)이
係乎形氣之地(계호형기지지)이고 聚于將衰死之方(취우장쇠사지방)
이며 盛于於旺氣之地(성우어왕기지지)라. 故(고)로 來欲自之方(래
욕자지방), 而潮于旺氣之位(이조우왕기지위)라. 如北山(여북산),
宜來於坤申(의래어곤신), 朝於亥子(조어해자), 聚于寅卯(취우인
묘), 去于辰巳(거우진사)이니 是朝者(시조자), 自南方(자남방), 趨
亥子之地(추해자지지)라. 非流于亥子之地也(비류우해자지지야)이
면 以返不絶者(이반부절자)로 死而更生無窮已也(사이갱생무궁이
야)이니라. 山來水回(산래수회), 山囚水流者(산수수류자)는 消息之

期會也(소식지기회야)이고 山水回旋也(산수회선야)이며 洋洋悠悠 (양양유유), 顧我而不欲去(고아이불욕거)는 若眷戀而不及貴也(약 권연이불급귀야)이고 其來無源(기래무원), 其去無流者(기거무류 자)는 上下周密也(상하주밀야)이며 山來水回者(산래수회자)는 山 水相聚也(산수상취야)이고 山囚水去者(산수수거자)는 山水相去也 (산수상거야)이며 水逐山而變化(수축산이변화)이고 山因水而盛衰 (산인수이성쇠)이니 此法古術多秘之(차법고술다비지)니라.

〔주석해설〕
山囚(산수)는 • 산이 좁고 답답하게 갇힌 산은
言無氣(언무기)이고 • 氣가 없음을 말함이고
水流(수류)는 • 물이 무정하게 흘러가 버리는 것은
言無情(언무정)이니 • 무정함을 말하는 것이니
葬遇此地(장우차지)이면 • 장사를 지냄에 있어서 이러한 장소를 만나게 된다면
則王見虜侯見滅也(칙왕견노후견멸야)이니라 • 즉 왕은 사로잡힘을 당하는 것이고 제후는 멸망함을 보게 될 것이다.
已上論(이상론) • 이상의 내용을 요약해 보면
水之朝集流去(수지조집류거)가 • 水가 朝集으로 명당안에 모여들고 流去로 흘러서 나감이
皆合方位(개합방위)러니 • 모두가 방위에 합당해야 하는 것이니
亦須眞龍正脈(역수진룡정맥)이 • 또한 필수적으로 진룡과 진맥이
止集於此方(지집어차방)이면 • 이와 같은 방위에 머물러서 모이게 되면
爲佳地(위가지)이니 • 좋은 땅이 되는 것이니
故曰(고왈) • 그러므로 말하기를
山來水回(산래수회)라 • 산이 내려오고 물이 돌아서 들게 된다고 말

하게 되는 것이다.

蔡曰(채왈)・蔡牧堂(채목당＝文節公)께서는 다음과 같이 말하고 있다.

四勢之山(사세지산)은・4勢, 즉 4방의 산은

以十二辰(이십이진)으로・12지지의 방위로써

而定所生旺(이정소생왕)이고・그로 말미암아 생왕하는 바를 정하는 것이고

水之來去(수지래거)는・물의 오고 감은

亦因山(역인산)으로・역시 산으로 인하여

而爲吉凶(이위길흉)이니・이로 말미암아 길흉을 이루는 것이니

卽上文(즉상문)은・즉 위의 문구는

所謂衰旺(소위쇠왕)이・소위 쇠하고 왕함이

係乎形氣之地(계호형기지지)이고・땅의 形勢와 氣象에 달려(係)있는 것이고

聚于將衰死之方(취우장쇠사지방)이며・뭉쳐서 聚함은 장차 앞으로 衰方과 死方에 나아서 이어지는 것이며

盛于於旺氣之地(성우어왕기지지)라・왕성함은 旺氣의 땅에 있음인 것이다.

故(고)로・그러므로

來欲自之方(래욕자지방)이고・來하여 스스로 오고자하는 방위는

而潮于旺氣之位(이조우왕기지위)라・왕성한 기운이 있는 자리에 모이려하는 것이다.

如北山(여북산)・마치 북산이

宜來於坤申(의래어곤신)하고・의당 坤申에서 來하고

朝於亥子(조어해자)하며・亥子에서 朝하며

聚于寅卯(취우인묘)하고・寅卯에서 聚하고

去于辰巳(거우진사)이니・辰巳로 去하는 것이니

是朝者(시조자)는・이러한 朝는

自南方(자남방)해서 • 남방으로부터 와서

趣亥子之地(추해자지지)라 • 亥子의 땅으로 니아간다는 것이나.

非流于亥子之地也(비류우해자지지야)이면 • 亥子의 땅으로 나아가지를 않는 다면

以返不絶者(이반부절자)로 • 돌아서 옴으로써 끊어짐이 없는 것으로

死而更生無窮已也(사이갱생무궁이야)이니라 • 죽음으로써 다시 갱생을 하여 살아나듯 생사순환에 무궁함이 끝이 없는 것이니라.

山來水回(산래수회)하고 • 산이 내려오고 물이 돌아서 들게 되고

山囚水流者(산수수류자)함은 • 산이 좁고 답답하게 갇힌 듯하고 물이 무정하게 흘러가 버리는 것은

消息之期會也(소식지기회야)이고 • 모자라서 쇠하여 쉬고 모이기를 기약하는 것이고

山水回旋也(산수회선야)이며 • 산수가 돌고 도는 것이며

洋洋悠悠(양양유유)가도 • 물이 넘치듯 가득차서 멀리멀리 흘러서 가면서도

顧我而不欲去(고아이불욕거)는 • 주산인 나를 되돌아보면서 떠나가기를 원하지 않음은

若眷戀而不及貴也(약권연이불급귀야)이고 • 사모하고 그리워서 돌아봄으로 말미암아 귀함에 미치지를 못하는 것과 같은 것이고

其來無源(기래무원)은 • 그 물이 어디서 오는 것인지, 그 근원을 알 수가 없음은

其去無流者(기거무류자)는 • 그 물이 흘러서 나가는 곳도 꼬리를 감추듯 흔적이 없어서 알 수가 없음은

上下周密也(상하주밀야)이며 • 상하가 주밀한 것이며

山來水回者(산래수회자)는 • 산이 내려오고 물이 돌아서 들게 되는 것은

山水相聚也(산수상취야)이고 • 산수가 서로 뭉쳐서 모인다는 것이고

山囚水去者(산수수거자)는 • 산이 좁고 답답하게 갇히고 물이 흘러
서 나간다는 것은

山水相去也(산수상거야)이며 • 산수가 서로 떨어져서 간다는 것이며

水逐山而變化(수축산이변화)이고 • 水는 山을 좇음으로 말미암아
변화를 하는 것이고

山因水而盛衰(산인수이성쇠)이니 • 山은 水로 인하여 왕성하고 쇠
절함인 것이니

此法古術多秘之(차법고술다비지)니라 • 이러한 법칙은 오래된 술법
으로써 秘術다운 점이 있음인 것이다.

6. 第6 貴穴編(귀혈편)

1) 夫外氣所以聚內氣過水所以止來龍

〔원문1구독음문〕

夫(부), 外氣(외기)는 所以聚(소이취)로 內氣(내기)이고 過水(과
수)는 所以止(소이지)로 來龍(래룡)이라.

〔원문1구해설〕

夫(부) • 무릇

外氣(외기)는 • 외기라고 하는 것은

所以聚(소이취)로 • 내기를 모이게 하는 것, 聚함으로

內氣(내기)이고 • 물＝水이고

過水(과수)는 • 지나는 물인 過水는

所以止(소이지)로 • 止함으로써

來龍(래룡)이라 • 來龍을 멈추게 하는 것인데, 즉 過水가 止함으로
써 來龍이 되는 것이다.

〔註釋原文〕

外氣水也謂得水回抱以聚內山之氣使不散失也過水謂橫過之水界斷來
山則生氣有所止住也又曰內氣五行之生氣周流乎地中是也有水以環繞
於外則五行之生氣停蓄不散也過水止來龍張言是也.

〔주석독음문〕

外氣水也(외기수야)인데 謂得水回抱以聚(위득수회포이취)로 內山
之氣(내산지기)를 使不散失也(사불산실야)이고 過水(과수)는 謂橫
過之水(위횡과지수)가 界斷來山則(계단래산칙), 生氣有所止住也
(생기유소지주야)라. 又曰(우왈), 內氣(내기)는 五行之生氣(오행지
생기)로 周流乎地中(주류호지중)이 是也(시야)라. 有水(유수)하여
以環繞(이환요)로 於外(어외)한 則(칙), 五行之生氣(오행지생기)가
停蓄(정축), 不散也(불산야)이고 過水止來龍(과수지래룡)이 張言是
也(장언시야)라.

〔주석해설〕

外氣水也(외기수야)인데 • 外氣는 水인데

謂得水回抱以聚(위득수회포이취)로 • 소위 得水하고 回抱하여 뭉치
듯 聚하는 것으로써

內山之氣(내산지기)를 • 內山의 氣를

使不散失也(사불산실야)이고 • 흩어져서 잃지 않게 한다는 것이고

過水(과수)는 • 지나가는 물은

謂橫過之水(위횡과지수)가 • 소위 옆으로 지나가듯 橫過를 하는 물이

界斷來山則(계단래산칙)이고 • 來하여 오는 산을 경계를 짓기 위해
서 쪼개어서 절단을 하듯 界斷(계단)을 하는 것인 즉

生氣有所止住也(생기유소지주야)라 • 생기가 그치어 멈추고 머물러
서 住한다는 것이다.

又曰(우왈) • 덧붙여서 다음과 같이 말하고 있다.

內氣(내기)는 • 내기라는 것은

五行之生氣(오행지생기)로 • 5행의 생기로

周流乎地中(주류호지중)이 • 지중의 땅속을 두루두루 흘러다니듯 주류를 하는 것이니

是也(시야)라 • 이러한 것이다.

有水(유수)하여 • 물(水)이 있는데

以環繞(이환요)로 • 이러한 물은 고리를 두루 듯 環繞함으로써

於外(어외)한 • 穴場의 밖에서

則(칙) • 즉

五行之生氣(오행지생기)가 • 5행의 생기가

停蓄(정축)해 • 멈추고 모여져서

不散也(불산야)이고 • 흩어져 분산되지 않게 되는 것이고

過水止來龍(과수지래룡)이 • 지나가는 물인 過水가 멈추어서 來龍이 된다는 것이

張言是也(장언시야)라 • 장설이 언급하고 있는 이러함인 것이다.

2) 千尺之勢宛委頓息外無以聚內氣散於地中, 經曰不蓄之穴, 腐骨之藏也

〔원문2구독음문〕

千尺之勢(천척지세)로 宛委頓息(완위돈식)이나 外無以聚(외무이취)이면 內氣散於地中(내기산어지중)이니 經曰(경왈), 不蓄之穴(불축지혈)은 腐骨之藏也(부골지장야)이니라.

〔원문2구해설〕

千尺之勢(천척지세)로 • 千尺의 강력한 기세로

宛委頓息(완위돈식)이나 • 구불거리고 조아리며 먼 거리를 와서 그쳤더라도

外無以聚(외무이취)이면 • 바깥의 모임인 외기의 모임이 없다면

內氣散於地中(내기산어지중)이니 • 내기는 지중의 땅속에서 흩어지
는 것이다.
經曰(경왈) • 장경에 이르기를
不蓄之穴(불축지혈)은 • 기가 축적되어 모이지 않는 땅은
腐骨之藏也(부골지장야)이니라 • 장사지낸 유골＝뼈가 땅속에서 썩
는 것이다.

〔註釋原文〕
千尺言遠也宛委言其勢欲住也頓息言其山之止也若此者外無水以聚內
氣則內氣不蓄聚於地中矣.故經謂不蓄之穴葬之適足腐骨耳無益於生
人也.又曰言山勢高大又復宛轉委曲而來頓然止息可謂佳矣若外無水
以環繞則生氣散漫而不聚結矣故葬經指是爲不蓄之地骸骨若腐豈不害
及生人.
〔주석독음문〕
千尺(천척)은 言遠也(언원야)이고 宛委(완위)는 言其勢欲住也(언기
세욕주야)이며 頓息(돈식)은 言其山之止也(언기산지지야)인데 若
此者(약차자)가 外無水以聚內氣(외무수이취내기)이면 則內氣不蓄
聚於地中矣(칙내기불축취어지중의)라. 故(고)로 經謂(경위), 不蓄
之穴(불축지혈)은 葬之適足腐骨耳(장지적족부골이)이니 無益於生
人也(무익어생인야)라. 又曰(우왈), 言山勢高大(언산세고대)하고
又復宛轉委曲(우복완전위곡)하며 而來頓然止息(이래돈연지식)이면
可謂佳矣(가위가의)이나 若外無水以環繞(약외무수이환요)이면 則
生氣散漫而不聚結矣(칙생기산만이불취결의)이니 故(고)로 葬經指
是(장경지시), 爲不蓄之地(위불축지지)에서는 骸骨若腐(해골약부)
이니 豈不害及生人(기불해급생인)이리오.

〔주석해설〕
千尺(천척)은 • 천척이라는 것은
言遠也(언원야)이고 • 저 멀리서부터 온다는 말이고
宛委(완위)는 • 구부정하게 밀리는 완위는
言其勢欲住也(언기세욕주야)이며 • 멀리서부터 온 그러한 勢가 머
물러야 한다는 말이며
頓息(돈식)은 • 넘어져 쉬면서 그치는 돈식은
言其山之止也(언기산지지야)인데 • 그러한 산이 멈추려 한다는 말
인 것인데
若此者(약차자)가 • 만약에 이렇다고 하더라도
外無水以聚內氣(외무수이취내기)이면 • 혈장외부의 밖에 있는 水가
내기를 모을 수가 없다고 하면
則內氣不蓄聚於地中矣(칙내기불축취어지중의)라 • 즉 내기는 지중의
땅속에 不蓄聚함이니 內氣가 모이지도 않고 쌓이지도 않을 것이다.
故(고)로 • 그러므로
經謂(경위) • 장경에서 소위 이르기를
不蓄之穴(불축지혈)은 • 내기가 모여서 쌓이지 않는 불축혈은
葬之適足腐骨耳(장지적족부골이)이니 • 장사를 지내게 되면 뼈가
썩는 腐骨(부골)이 되고 싹(耳)이 나기에 알맞은 適足한 곳이니
無益於生人也(무익어생인야)라 • 살아있는 생인인 후손들에게 이익
될 것이 없는 것이다.
又曰(우왈) • 덧붙여서 다음과 같이 말하고 있다.
言山勢高大(언산세고대)하고 • 말하기를 산세가 고대하고
又復宛轉委曲(우복완전위곡)하며 • 또한 구불구불 굴곡을 하며
而來頓然止息(이래돈연지식)이면 • 오던 來龍이 넘어짐으로 말미암
아서 자연스럽게 멈추어서 편안히 휴식을 취하는 형상이면
可謂佳矣(가위가의)이나 • 이른바 아름답고 좋은 것이라 할 것이나

若外無水以環繞(약외무수이환요)이면 • 만약에 외부의 밖에서 환요
의 고리를 두르듯 화요를 해주는 묻이 없다고 히면

則生氣散漫而不聚結矣(칙생기산만이불취결의)이니 • 즉 생기가 산
만함으로 말미암아서 不聚結함이니 內氣가 모여들어 뭉치지를 못하
는 것이니

故(고)로 • 그러므로

葬經指是(장경지시)에 • 장경에서 이러함을 가리켜

爲不蓄之地(위불축지지)에서는 • 內氣가 모이지도 않고 쌓이지도
않는 불축지에서는

骸骨若腐(해골약부)이니 • 骸骨(해골)이 腐敗하여서 썩을 것이니

豈不害及生人(기불해급생인)이리오 • 어찌 살아있는 생인인 자손들
에게 해로움이 없다고 할 것인가.

3) 夫噫氣爲風能散生氣龍虎所以衛區穴. 疊疊中阜左空右缺前曠
   後折生氣散於飄風. 經曰騰漏之穴敗槨之藏也

〔원문3구독음문〕

夫噫氣爲風(부희기위풍)이면 能散生氣(능산생기)이니 龍虎所以衛
區穴(용호소이위구혈)이라. 疊疊中阜(첩첩중부)이나 左空右缺(좌
공우결)이고 前曠後折(전광후절)이면 生氣散於飄風(생기산어표풍)
이라. 經曰(경왈), 騰漏之穴(등루지혈)은 敗槨之藏也(패곽지장야)
이니라.

〔원문3구해설〕

夫噫氣爲風(부희기위풍)이면 • 무릇 기가 내뿜어지면 바람이 되는
것인데

能散生氣(능산생기)이니 • 이러한 바람이 능히 생기를 흩어버릴 수
가 있음이니

龍虎所以衛區穴(용호소이위구혈)이라 • 청룡과 백호는 구혈=혈장

=명당을 호위함으로써 그 소용됨이 있음인 것이다.
疊疊中阜(첩첩중부)이나•中阜(중부), 즉 언덕들이 첩첩으로 있다
고 하더라도
左空右缺(좌공우결)이고•좌우용호가 비거나 허약하고
前曠後折(전광후절)이면•혈전의 조안산이 툭 터져서 넓고 혈후의
주산이 끊겨서 있게 되면
生氣散於飄風(생기산어표풍)이라•생기는 회오리풍에 흩어져 버리
고 마는 것이다.
經曰(경왈)•장경에 이르기를
騰漏之穴(등루지혈)은•바람에 노출되어 氣가 세어서 나가거나 위
로 올라가는 혈에 다가
敗槨之藏也(패곽지장야)이니라•장사를 지내게 되면 棺槨(관곽)이
흩어져 버린다고 하였다.

〔註釋原文〕
噫氣謂風也能吹散山之生氣故葬法以龍虎衛之謂左右回抱藏其區穴若
護衛也.中阜本山也.左空右缺無龍虎也前曠無前住後折玄武短折而不
來也.四向皆空故地之生氣爲風所吹散.騰漏者生氣上乘飄風而升騰下
無水界而漏泄也葬於此者徒能敗腐棺槨耳無益於生人也.
〔주석독음문〕
噫氣謂風也(희기위풍야)인데 能吹散山之生氣(능취산산지생기)이니
故(고)로 葬法以龍虎(장법이룡호), 衛之(위지)라. 謂左右回抱(위좌
우회포)한 藏其區穴(장기구혈)은 若護衛也(약호위야)라. 中阜本山
也(중부본산야)라. 左空右缺(좌공우결)이란 無龍虎也(무룡호야)이
고 前曠(전광)이란 無前住(무전주)이고 後折(후절)이란 玄武短折而
不來也(현무단절이불래야)라. 四向皆空(사향개공)이니 故(고)로 地
之生氣爲風所吹散(지지생기위풍소취산)이라. 騰漏者(등루자)란 生

氣(생기)가 上乘飄風而升騰(상승표풍이승등)이고 下無水界而漏泄也(하무수계이루설야)라. 葬於此者(장어차자)면 徒能敗腐棺槨耳(도능패부관곽이)이니 無益於生人也(무익어생인야)라.

〔주석해설〕
噫氣謂風也(희기위풍야)인데 • 氣가 내뿜어지면 소위 바람인데
能吹散山之生氣(능취산산지생기)이니 • 바람은 능히 산의 생기를 불어서 흩어버릴 수가 있음이니
故(고)로 • 그러므로
葬法以龍虎(장법이룡호)로 • 장법은 청룡과 백호로써
衛之(위지)라 • 그러한 산의 생기를 호위하여 지키게 하는 것이다.
謂左右回抱(위좌우회포)한 • 소위 혈장의 좌우가 청룡과 백호에 의해서 감싸여지듯 좌우회포한
藏其區穴(장기구혈)은 • 청룡과 백호로 블록화=區域화된 혈장=장소에 갈무리를 함은
若護衛也(약호위야)라 • 마치 좌우를 호위함과 같은 것이다.
中阜本山也(중부본산야)라 • 중간정도의 언덕인 中阜는 本山인 것이다.
左空右缺(좌공우결)이란 • 좌측이 비고 우측에 결함이 있음이란
無龍虎也(무룡호야)이고 • 좌청룡과 우백호가 없다는 것이고
前曠(전광)이란 • 앞이 환하여 공허하다고 함이란
無前住(무전주)이고 • 穴前의 앞에 머무름=住함이 없다는 것이고
後折(후절)이란 • 穴後의 뒤가 꺽이고 단절되었음이란
玄武短折而不來也(현무단절이불래야)라 • 玄武가 짧게 잘리듯 短折하여서 不來함인 것이다.
四向皆空(사향개공)이니 • 4개의 전후좌우방위가 모두 다 공허하게 비게 되니

故(고)로 • 그러므로

地之生氣爲風所吹散(지지생기위풍소취산)이라 • 땅의 생기가 바람으로 인하여 所吹散함이니 불어서 흩어지게 되는 것이다.

騰漏者(등루자)란 • 날아서 올라가고 새어나가는 것이란

生氣(생기)가 • 생기가

上乘飄風而升騰(상승표풍이승등)이고 • 위로는 회오리바람인 飄風(표풍)을 탐으로써 그로 말미암아 날아서 올라가 버리는 것이고

下無水界而漏泄也(하무수계이루설야)라 • 아래로는 水界가 없음으로써 그로 말미암아 누설되어서 새어나가는 것이다.

葬於此者(장어차자)면 • 이러한 곳에다가 장사를 지내게 되면

徒能敗腐棺槨耳(도능패부관곽이)이니 • 능히 관곽의 모서리가 부서지고 썩을 뿐인 것이니

無益於生人也(무익어생인야)라 • 살아있는 생인인 자손들에게 이익될 것이 없음인 것이다.

   4) 夫土欲細而堅潤而不澤

〔원문4구독음문〕

夫(부), 土欲細而堅(토욕세이견)이고 潤而不澤(윤이불택)이라.

〔원문4구해설〕

夫(부) • 무릇

土欲細而堅(토욕세이견)이고 • 土＝흙은 미세하여서 가늘면서도 단단해야 하고

潤而不澤(윤이불택)이라 • 윤택해야 하지만 濕＝澤하여서 질퍽거려서는 않된다.

〔註釋原文〕

謂穴中土雖細欲其堅實雖潤而不濕澤忌如刲肉也.

〔주석독음문〕
謂穴中土(위혈중토)는 雖細(수세)이나 欲其堅實(욕기견실)하고 雖潤(수윤)이나 而不濕澤(이불습택)이니 忌如刲肉也(기여규육야)라.

〔주석해설〕
謂穴中土(위혈중토)는 • 소위 穴中의 土=흙은
雖細(수세)이나 • 비록 미세=세밀하여서 가늘고 가는 것이나
欲其堅實(욕기견실)하고 • 그러한 土는 견실하게 단단해야 하는 것이고
雖潤(수윤)이나 • 비록 윤택해야 하는 것이나
而不濕澤(이불습택)이니 • 그로 말미암아 濕澤(습택)하여서 질퍽거려서는 아니 되는 것이니
忌如刲肉也(기여규육야)라 • 창에 찔린 고기처럼 刲肉(규육)함을 꺼리는 것과 같음인 것이다.

  5) 裁肪切玉備具五色
〔원문5구독음문〕
裁肪切玉(재방절옥)하여 備具五色(비구오색)이라.
〔원문5구해설〕
裁肪切玉(재방절옥)하여 • 고기의 지방을 오려내어 마름질하듯 옥을 끊고 잘라서 바로잡아
備具五色(비구오색)이라 • 영롱한 빛의 오색을 구비하여 갖추어야 한다.

〔註釋原文〕
如裁肪言理膩也切玉豊潤也備具五色五氣行乎地中金氣凝則白木氣凝則靑水氣凝則黑火氣凝則赤土氣凝則黃陋地難得五色之氣俱會而凝結

有具三四色有具一二色者然具一色者區內皆是謂具黃色也盖地之初凝
結以黃爲本故多具黃色今以五色爲上三四次之一二色斯爲下矣.

〔주석독음문〕

如裁肪言理膩也(여재방언리니야)이고 切玉豊潤也(절옥풍윤야)이며
備具五色(비구오색)은 五氣行乎地中(오기행호지중)한데 金氣凝則
白(금기응칙백)이고 木氣凝則靑(목기응칙청)이며 水氣凝則黑(수기
응칙흑)이고 火氣凝則赤(화기응칙적)이며 土氣凝則黃(토기응칙황)
인데, 陋地(누지)는 難得五色之氣(난득오색지기)이니 俱會而凝結
(구회이응결)이고 有具三四色(유구삼사색)이며 有具一二色者(유구
일이색자)이나 然(연)이나 具一色者(구일색자)는 區內(구내)에 皆
是謂具黃色也(개시위구황색야)라. 盖地之初凝結(개지지초응결)에
는 以黃爲本(이황위본)이니 故(고)로 多具黃色(다구황색)에 今以五
色爲上(금이오색위상)이고 三四次之(삼사차지)이며 一二色斯爲下
矣(일이색사위하의)라.

〔주석해설〕

如裁肪言理膩也(여재방언리니야)이고 • 기름기를 마름질하는 裁肪
(재방)이라는 것은 고기의 지방=기름을 칼로 잘라내고 베어내어
처리하는 理膩(이니)라는 말이고

切玉豊潤也(절옥풍윤야)이며 • 옥을 자르고 문지르는 切玉(절옥)이
라는 것은 넉넉히 적시듯 豊潤(풍윤)해야 한다는 것이며

備具五色(비구오색)은 • 5색을 구비하여 갖춘다는 것은

五氣行乎地中(오기행호지중)한데 • 5氣가 지중의 땅속을 유행하여
다닌다는 것인데

金氣凝則白(금기응칙백)이고 • 金氣가 凝結(응결)하면, 즉 白色이고

木氣凝則靑(목기응칙청)이며 • 木氣가 凝結(응결)하면, 즉 靑色이며

水氣凝則黑(수기응칙흑)이고 • 水氣가 凝結(응결)하면, 즉 黑色이고

火氣凝則赤(화기응칙적)이며 • 火氣가 凝結(응결)하면, 즉 赤色이며

土氣凝則黃(토기응칙황)인데 • 土氣가 凝結(응결)히면, 즉 黃色인데

陋地(누지)는 • 장소가 좁고 낮고 미천하여 나쁜 터는

難得五色之氣(난득오색지기)이니 • 5색의 氣를 얻기가 어려운 것이니

俱會而凝結(구회이응결)이고 • 모두 다 갖추듯 구비하고 모임으로 말미암아 응결이 될 수도 있는 것이고

有具三四色(유구삼사색)이며 • 3색이나 4색을 구비할 수도 있는 것이며

有具一二色者(유구일이색자)이나 • 1색이나 2색을 구비할 수도 있는 것이나

然(연)이나 • 그러나

具一色者(구일색자)는 • 1색만을 구비할 경우에는

區內(구내)에 • 구내＝穴場內에

皆是謂具黃色也(개시위구황색야)라 • 이러한 경우의 대부분은 소위 黃色을 갖추어 구비한 경우인 것이다.

盖地之初凝結(개지지초응결)에는 • 대체적으로 땅이 처음으로 응결을 할 경우에는

以黃爲本(이황위본)이니 • 黃色으로써 근본이 되는 것이니

故(고)로 • 그러므로

多具黃色(다구황색)에 • 기본적으로 黃色을 갖추어 구비한 위에

今以五色爲上(금이오색위상)이고 • 이제부터 5색이면 上인 것이고

三四次之(삼사차지)이며 • 3색이나 4색이면 그 다음인 것이며

一二色斯爲下矣(일이색사위하의)라 • 1색이나 2색이면 이러한 경우는 가장 아래에 해당하는 것이다.

6) 夫乾如聚粟

〔원문6구독음문〕

夫乾如聚粟(부건여취속)이라.

〔원문6구해설〕

夫乾如聚粟(부건여취속)이라 • 무릇 穴土＝흙이 건조하기가 좁쌀을
모아 놓은 것과 같다.

〔註釋原文〕

謂地乾燥不潤澤如聚粟於穴中.

〔주석독음문〕

謂地乾燥(위지건조)하고 不潤澤(불윤택)이 如聚粟於穴中(여취속어
혈중)이라.

〔주석해설〕

謂地乾燥(위지건조)하고 • 소위 땅이 건조하고

不潤澤(불윤택)이 • 윤택하지를 않음이

如聚粟於穴中(여취속어혈중)이라 • 마치 穴中에 粟(속)인 좁쌀들이
뭉쳐서 있음과도 같은 것이다.

7) 濕如刲肉

〔원문7구독음문〕

濕如刲肉(습여규육)이라.

〔원문7구해설〕

濕如刲肉(습여규육)이라 • 습하기가 마치 베어서 갈라놓은 고깃덩
어리와 같음이다.

〔註釋原文〕

地淤濕不堅膩如刲肉之腐爛.

〔주석독음문〕

地(지), 淤濕不堅膩(어습불견니)가 如刲肉之腐爛(여규육지부란)이라.

〔주석해설〕

地(지) • 땅의

淤濕不堅膩(어습불견니)가 • 진흙탕의 축축한 습기처럼 淤濕(어습)함이 튼튼하고 투룽투룽하게 기름기만 쪄서 미끄러운 고기덩어리처럼 견실하지 못한 땅은

如刲肉之腐爛(여규육지부란)이라 • 마치 찌르고 잘라서 베어놓은 살찐 고기인 刲肉(규육)이 썩고 문드러진 腐爛(부란)과 같음인 것이다.

8) 水泉沙礫皆爲凶宅

〔원문8구독음문〕

水泉沙礫(수천사력)이면 皆爲凶宅(개위흉택)이라.

〔원문8구해설〕

水泉沙礫(수천사력)이면 • 샘물이 솟아 나오거나 모래와 자갈이 섞여있는 땅이라면

皆爲凶宅(개위흉택)이라 • 이러한 것의 모두는 흉택인 것이다.

〔註釋原文〕

或水泉或沙礫皆爲不吉.已上論龍眞穴正則必具五行之生氣有五行之生氣則必有五色土以應之皆自然之理也.

〔주석독음문〕

或水泉(혹수천)이고 或沙礫(혹사력)이면 皆爲不吉(개위불길)이라.

已上論(이상론), 龍眞穴正則必具五行之生氣(룡진혈정칙필구오행지
생기)이고 有五行之生氣則必有五色土以應之(유오행지생기칙필유오
색토이응지)이니 皆自然之理也(개자연지리야)라.

〔주석해설〕
或水泉(혹수천)이고 • 혹여 샘물이 솟아 나오거나
或沙礫(혹사력)이면 • 혹여 모래와 자갈이 섞여있는 땅이라고 하면
皆爲不吉(개위불길)이라 • 모두가 불길한 것이다.
已上論(이상론) • 이미 위에서 논의한 이상의 내용을 요약해 보면
龍眞穴正則必具五行之生氣(룡진혈정칙필구오행지생기)이고 • 來龍
이 眞情하여 眞龍이고 穴場이 바른 正穴이면, 즉 반드시 5행의 생기
가 갖추어져 구비되어 있을 것이고
有五行之生氣則必有五色土以應之(유오행지생기칙필유오색토이응
지)이니 • 5행의 생기가 갖추어져 구비되어 있다면, 즉 반드시 5색
토가 그에 응하여서 존재하여 있을 것이니
皆自然之理也(개자연지리야)라 • 이러한 모두는 자연의 이치인 것
이다.

9) 皆穴有三吉葬有六凶天光下臨地德上載
〔원문9구독음문〕
皆(개), 穴有三吉(혈유삼길)이고 葬有六凶(장유육흉)한데 天光下臨
(천광하림)이고 地德上載(지덕상재)라.
〔원문9구해설〕
皆(개) • 대개가
穴有三吉(혈유삼길)이고 • 혈에는 3가지의 길한 것이 있고
葬有六凶(장유육흉)한데 • 장사를 지내는데 6가지 흉한 것이 있는데
天光下臨(천광하림)이고 • 천광인 하늘의 빛은 내려와서 비치는 것

이고
地德上載(지덕상재)라 • 지덕은 위로 올리기 실리는 것이다.

〔註釋原文〕
天光謂日月星辰也葬得吉穴則天光下臨照於塚宅也地德謂山川氣脈也葬得吉穴則地德上乘載於棺槨也陳曰天光貪狼巨門祿存文曲廉貞武曲破軍左輔右弼九星是也地德乾坤艮巽坎離震兌八山是也如貪狼常主艮山巨門常主巽山在天則爲貪狼巨門在地則爲艮巽二山貪狼巨門照臨於其下艮巽二山脗合於其上是以謂之天光下臨地德上載今世之昧者不察九星所屬八山之理一山尖秀則曰此貪狼木星一山高峙則曰此巨門土星也九星在天本無形相八山在地難可比配指爲貪狼巨門之肖似者豈不謬哉.
〔주석독음문〕
天光謂日月星辰也(천광위일월성신야)인데 葬得吉穴則天光下臨(장득길혈칙천광하임)하면 照於塚宅也(조어총택야)라. 地德謂山川氣脈也(지덕위산천기맥야)인데 葬得吉穴則地德上乘(장득길혈칙지덕상승)하면 載於棺槨也(재어관곽야)라. 陳曰(진왈), 天光(천광)은 貪狼(탐랑), 巨門(거문), 祿存(녹존), 文曲(문곡), 廉貞(염정), 武曲(무곡), 破軍(파군), 左輔(좌보), 右弼(우필)인데 九星是也(구성시야)라. 地德乾坤艮巽坎離震兌(지덕건곤간손감리진태)인데 八山是也(팔산시야)라. 如貪狼常主艮山(여탐랑상주간산)이고 巨門常主巽山(거문상주손산)인데 在天則爲貪狼巨門(재천칙위탐랑거문)이고 在地則爲艮巽二山(재지칙위간손이산)이라. 貪狼巨門(탐랑거문)이 照臨於其下(조임어기하)이면 艮巽二山(간손이산)이고 脗合於其上(문합어기상)이면 是以謂之天光下臨(시이위지천광하임)이고 地德上載(지덕상재)라. 今世之昧者(금세지매자)가 不察九星(불찰구성), 所屬八山之理(소속팔산지리)하여 一山尖秀則曰此貪狼木星(일산첨

수칙왈차탐랑목성)이고 一山高峙則曰此巨門土星也(일산고치칙왈차
거문토성야)한데 九星在天(구성재천), 本無形相(본무형상)이고 八
山在地(팔산재지), 難可比配(난가비배)이니 指爲貪狼巨門之肖似者
(지위탐랑거문지초사자)를 豈不謬哉(기불류재)리이까.

〔주석해설〕
天光謂日月星辰也(천광위일월성신야)인데 • 천광인 하늘의 빛은 소
위 일월성신인데
葬得吉穴則天光下臨(장득길혈칙천광하임)하면 • 장사를 지냄에 있어
서 길혈을 얻게 되면, 즉 천광인 하늘의 빛이 내려와서 비치게 되면
照於塚宅也(조어총택야)라 • 塚宅＝幽宅이라는 무덤에 비치게 될
것이다.
地德謂山川氣脈也(지덕위산천기맥야)인데 • 지덕은 소위 산천의 기
맥인데
葬得吉穴則地德上乘(장득길혈칙지덕상승)하면 • 장사를 지냄에 있
어서 길혈을 얻게 되면, 즉 지덕이 위로 올라가면
載於棺槨也(재어관곽야)라 • 시신을 넣은 관곽속의 遺骸(유해)에 실
리게 될 것이다.
陳曰(진왈) • 眞希矣께서는 다음과 같이 말하고 있다.
天光(천광)은 貪狼(탐랑), 巨門(거문), 祿存(녹존), 文曲(문곡), 廉
貞(염정), 武曲(무곡), 破軍(파군), 左輔(좌보), 右弼(우필)인데
九星是也(구성시야)라 • 9星이 바로 이러한 것이다.
地德乾坤艮巽坎離震兌(지덕건곤간손감리진태)인데 • 지덕이라는 것
은 건곤간손감리진태인데
八山是也(팔산시야)라 • 8산이 바로 이러한 것이다.
如貪狼常主艮山(여탐랑상주간산)이고 • 탐랑은 항상 艮山을 主로
하는 것이고

巨門常主巽山(거문상주손산)인데 • 거문은 항상 巽山을 主로 하는 것인데

在天則爲貪狼巨門(재천칙위탐랑거문)이고 • 在天이면, 즉 탐랑과 거문이 되는 것이고

在地則爲艮巽二山(재지칙위간손이산)이라 • 在地이면, 즉 艮과 巽의 2山이 되는 것이다.

貪狼巨門(탐랑거문)이 • 탐랑과 거문이

照臨於其下(조임어기하)이면 • 그 아래로 조임을 하여서 비추게 되면

艮巽二山(간손이산)이고 • 艮과 巽의 2山이 되는 것이고

朌合於其上(문합어기상)이면 • 그 위로 올라가서 꼭 맞게 붙듯 朌合(문합)을 하게 되면

是以謂之天光下臨(시이위지천광하임)이고 • 이러한 것을 소위 천광하임이라고 하는 것이고

地德上載(지덕상재)라 • 지덕상재라고 하는 것이다.

今世之昧者(금세지매자)가 • 금세기의 어리석고 우매한 자들이

不察九星(불찰구성)하고 • 9星을 살피지를 못하고

所屬八山之理(소속팔산지리)하여 • 이러한 9성이 8山理法에 속한 바를 몰라서

一山尖秀則曰此貪狼木星(일산첨수칙왈차탐랑목성)이고 • 一山이 尖秀하면, 즉 이러한 것을 이르기를 貪狼木星이라고 하고

一山高峙則曰此巨門土星也(일산고치칙왈차거문토성야)한데 • 一山이 高峙하면, 즉 이러한 것을 이르기를 巨門土星이라고 해버리는데

九星在天(구성재천)는 • 9星이 在天하여 하늘에 있을 경우에는

本無形相(본무형상)이고 • 본래 그 形相이 없는 것이고

八山在地(팔산재지)는 • 8山이 在地하여 땅에 있을 경우에는

難可比配(난가비배)이니 • 가히 짝을 견주어 비교하듯 比配(비배)하기가 어려운 것이니

指爲貪狼巨門之肖似者(지위탐랑거문지초사자)를 • 탐랑이나 거문이
비슷하게 닮아서 같듯 肖似(초사)함을 비교함에 있어서
豈不謬哉(기불류재)리이까 • 어찌 오류가 없을 것인가?

  10) 藏神合朔
〔원문10구독음문〕
藏神合朔(장신합삭)이니
〔원문10구해설〕
藏神合朔(장신합삭)이니 • 藏神함에 合朔(합삭＝천광지덕합치)을
이루니, 즉 무덤에 있는 귀신이 좋은 날＝日＝朔에 장사를 하여 합
하니

〔註釋原文〕
神謂人神魂也朔謂歲月日時也言藏神當合夫吉朔也.
〔주석독음문〕
神謂人神魂也(신위인신혼야)이고 朔謂歲月日時也(삭위세월일시야)
이니 言藏神(언장신)에 當合夫吉朔也(당합부길삭야)라.

〔주석해설〕
神謂人神魂也(신위인신혼야)이고 • 神이라는 것은 소위 사람의 神
魂인 것이고
朔謂歲月日時也(삭위세월일시야)이니 • 朔(삭)이라는 것은 소위 年
月日時인 것이니
言藏神(언장신)에 • 藏神이라는 언급에는
當合夫吉朔也(당합부길삭야)라 • 당연히 吉朔＝吉日에 합당하여야
함인 것이다.

11) 神迎鬼避一吉也

〔원문11구독음문〕

神迎鬼避(신영귀피)함이 一吉也(일길야)이고

〔원문11구해설〕

神迎鬼避(신영귀피)함이 • 좋은 청신은 맞아들이고 나쁜 陰冷(음랭)한 귀신은 피하는 것이

一吉也(일길야)이고 • 이것이 첫 번째의 길함인 것이다.

〔註釋原文〕

言吉神迎而凶鬼避者得年月好也.

〔주석독음문〕

言吉神迎而凶鬼避者(언길신영이흉귀피자)는 得年月好也(득년월호야)라.

〔주석해설〕

言吉神迎而凶鬼避者(언길신영이흉귀피자)는 • 좋은 청신인 吉神을 영접하여서 맞아들이고, 나쁘고 음랭한 귀신인 凶鬼는 피해야 한다는 언급은

得年月好也(득년월호야)라 • 좋고 길한 년월을 얻어야 함을 지적한 것이다.

12) 陰陽冲和五土四備已穴而溫二吉也

〔원문12구독음문〕

陰陽冲和(음양충화)하고 五土四備(오토사비)하며 已穴而溫(이혈이온)이 二吉也(이길야)라.

〔원문12구해설〕

陰陽冲和(음양충화)하고 • 음양이 충화＝조화하고

五土四備(오토사비)하며 • 오색토와 4色＝4神砂가 구비되었다면
已穴而溫(이혈이온)이 • 이미 혈은 온화할 것이니
二吉也(이길야)라 • 이것이 두 번째 길함인 것이다.

〔註釋原文〕
言得陰陽冲和之氣五土而四色皆備已穴而土氣溫煖是二也葬法謂土中
溫溫者盖得生氣之盛也一行曰開穴一日大吉二日次之三日又次之四日
而葬失氣之常前賢廣陵子驗穴惟怕地風所吹以神法燭驗之燭入而輒滅
者是非吉地盖世人皆知形勢之凶吉而不知穴法之有凶吉燭入而燄動此
地風吹之能飜棺轉尸大凶不可知也.

〔주석독음문〕
言得陰陽冲和之氣(언득음양충화지기)하고 五土而四色皆備(오토이
사색개비)하며 已穴而土氣溫煖(이혈이토기온난)이면 是二也(시이
야)인데 葬法(장법), 謂土中溫溫者(위토중온온자)는 盖得生氣之盛
也(개득생기지성야)라. 一行曰(일행왈), 開穴一日大吉(개혈일일대
길)이고 二日次之(이일차지)이며 三日又次之(삼일우차지)이고 四
日而葬失氣之常(사일이장실기지상)이라. 前賢(전현), 廣陵子(광릉
자)가 驗穴(험혈)한데 惟怕地風所吹(유파지풍소취)이니 以神法(이
신법), 燭驗之(촉험지)라. 燭入而輒滅者(촉입이첩멸자)는 是非吉地
(시비길지)라. 盖世人皆知形勢之凶吉(개세인개지형세지흉길)이나
而不知穴法之有凶吉(이불지혈법지유흉길)이라. 燭入而燄動(촉입이
염동)이면 此地(차지)는 風吹之能(풍취지능), 飜棺轉尸(번관전시)
이니 大凶不可知也(대흉불가지야)라.

〔주석해설〕
言得陰陽冲和之氣(언득음양충화지기)하고 • 이름하여 음양이 冲和
된 氣를 얻었고

五土而四色皆備(오토이사색개비)하며 • 5土와 4色을 모두 다 갖추어서 구비하였으며

已穴而土氣溫煖(이혈이토기온난)이면 • 이미 穴의 土氣가 온난하다면

是二也(시이야)인데 • 이러함이 2吉인 것인데

葬法(장법) • 장사법에서는

謂土中溫溫者(위토중온온자)는 • 소위 土中이 온온하여 따뜻하면

盖得生氣之盛也(개득생기지성야)라 • 대체적으로 생기가 왕성함을 얻었음인 것이다.

一行曰(일행왈) • 일행께서는 다음과 같이 말하고 있다.

開穴一日大吉(개혈일일대길)이고 • 開穴하여 1일이면 大吉이고

二日次之(이일차지)이며 • 2일이면 그 다음이며

三日又次之(삼일우차지)이고 • 3일이면 또 그 다다음인 것이고

四日而葬失氣之常(사일이장실기지상)이라 • 4일이면 장사를 지냄에 失氣함이 예사로 있는 일이다.

前賢(전현) • 이전에 선량하고 어진 현인인

廣陵子(광릉자)가 • 광릉자께서

驗穴(험혈)한데 • 穴의 증거를 요구하는 徵驗(징험)을 하였는바

惟怕地風所吹(유파지풍소취)이니 • 오직 바람이 불어서 오는 장소를 두려워했으니

以神法(이신법) • 神法으로써

燭驗之(촉험지)라 • 촛불을 증거로 시험을 하였던 것이다.

燭入而輒滅者(촉입이첩멸자)는 • 촛불을 들이밀었을 경우에 輒滅(첩멸)하듯 촛불이 갑자기 꺼지게 되는 경우에는

是非吉地(시비길지)라 • 이러한 곳은 길지가 아님인 것이다.

盖世人皆知形勢之凶吉(개세인개지형세지흉길)이나 • 대체적으로 세상의 모든 사람들이 形勢의 길흉에 대해서는 알고 있으나

而不知穴法之有凶吉(이불지혈법지유흉길)이라 • 穴法에 길흉이 있

음은 알지를 못하고 있는 것이다.

燭入而燄動(촉입이염동)이면 • 촛불을 들이밀었을 경우에 燄動(염동)하듯 불꽃이 움직인다면

此地(차지)는 • 이러한 땅의 穴場은

風吹之能(풍취지능) • 바람이 불어와서 능히

飜棺轉尸(번관전시)이니 • 관이 뒤집히는 飜棺(번관)과 시신이 옮겨지는 轉尸(전시)가 있게 됨이니

大凶不可知也(대흉불가지야)라 • 대흉함이 어느 정도일지를 不可知라 가히 알 수가 없음인 것이다.

13) 目力之巧工力之具趨全避闕增高益下三吉也

〔원문13구독음문〕

目力之巧(목력지교)하고 工力之具(공력지구)하여 趨全避闕(추전피궐)하고 增高益下(증고익하)함이 三吉也(삼길야)라.

〔원문13구해설〕

目力之巧(목력지교)하고 • 눈으로 잘 살피고

工力之具(공력지구)하여 • 인공＝공력으로 터＝묘지를 잘 꾸며서 구비하여

趨全避闕(추전피궐)하고 • 완전함을 쫓고 결함＝부족함을 피하고

增高益下(증고익하)함이 • 높은 곳은 골라서 부드럽게 하고 낮은 곳은 돋우어서 도두룩하게 증가시키는 것이

三吉也(삼길야)라 • 세 번째 길함인 것이다.

〔註釋原文〕

目力之巧言能用葬法審觀形勢用人工備具度其形勢全處趨之缺處避之法宜高處卽增崇之法宜下處卽益下之此亦遷龍下穴避凶趨吉之一端故爲三吉也.

〔주석독음문〕
目力之巧(목력지교)는 言能用葬法(언능용장법)으로 審觀形勢(심관형세)이고 用人工備具(용인공비구)로 度其形勢(도기형세)하여 全處(전처)는 趨之(추지)하고 缺處(결처)는 避之(피지)한다. 法宜高處卽增崇之(법의고처즉증숭지)하고 法宜下處卽益下之(법의하처즉익하지)이니 此亦遷龍下穴(차역천룡하혈)하여 避凶趨吉之一端(피흉추길지일단)이라. 故(고)로 爲三吉也(위삼길야)라.

〔주석해설〕
目力之巧(목력지교)는 • 눈으로 잘 살피는 것은
言能用葬法(언능용장법)으로 • 장법을 능숙하게 능용＝이용하는 것을 말하는 것으로
審觀形勢(심관형세)이고 • 형세를 심관하여 잘 살피는 것을 말하는 것이고
用人工備具(용인공비구)로 • 인공적인 공력으로 터＝묘지를 잘 꾸미고 구비하여
度其形勢(도기형세)하여 • 그러한 형세를 척도로 잘 헤아려
全處(전처)는 • 완전한 터＝장소는
趨之(추지)하고 • 그렇게 완전함을 쫓고
缺處(결처)는 • 결함과 부족함이 있는 터는
避之(피지)한다 • 그러한 缺處는 피하는 것이다.
法宜高處卽增崇之(법의고처즉증숭지)하고 • 장법은 의당 고처로 높은 곳은, 즉 增崇(증숭)하듯 골라서 부드럽게 해야 하는 것이고
法宜下處卽益下之(법의하처즉익하지)이니 • 장법은 의당 하처로 낮은 곳은, 즉 益下(익하)하듯 돋우어서 도두룩하게 증가를 시키는 것이니
此亦遷龍下穴(차역천룡하혈)하여 • 이러한 것 역시 遷龍(천룡)으로

龍을 바꾸고 下穴(하혈)로 혈을 내리어

避凶趨吉之一端(피흉추길지일단)이라 • 피흉추길하는 올바른 방법의 첫 번째인 것이다.

故(고)로 • 그러므로

爲三吉也(위삼길야)라 • 3吉이 되는 것이다.

14) 陰陽差錯爲一凶

〔원문14구독음문〕

陰陽差錯爲一凶(음양차착위일흉)이고

〔원문14구해설〕

陰陽差錯爲一凶(음양차착위일흉)이고 • 음양이 서로 어긋나 차이가 생기면 이것이 1흉이고

〔註釋原文〕

謂四勢八方左右前後凡事差錯乃爲凶之一也陳曰如世俗之用壺卦陰山必放陰水則是有陰無陽陽山必放陽水則是有陽無陰失冲陽和陰之義豈不差錯凶之一也.

〔주석독음문〕

謂四勢八方(위사세팔방)과 左右前後(좌우전후)가 凡事差錯(범사차착)이면 乃爲凶之一也(내위흉지일야)라. 陳曰(진왈), 如世俗之用壺卦(여세속지용호괘)로 陰山必放陰水則是有陰無陽(음산필방음수칙시유음무양)이고 陽山必放陽水則是有陽無陰(양산필방양수칙시유양무음)이라. 失冲陽和陰之義(실충양화음지의)이니 豈不差錯凶之一也(기불차착흉지일야)리오.

〔주석해설〕

謂四勢八方(위사세팔방)과 • 소위 4勢8方과

左右前後(좌우전후)가 • 좌우와 전후가

凡事差錯(범사차착)이면 • 모두 다 서로 어그러지고 이긋나 사이가
생기는 일이 있게 되면

乃爲凶之一也(내위흉지일야)라 • 이는 凶중에서 제일의 으뜸이 되
는 것이다.

陳曰(진왈) • 陳希矣께서는 다음과 같이 말하고 있다.

如世俗之用壺卦(여세속지용호괘)로 • 마치 속세에서 壺卦(호괘)를
사용하는 것과 같은 것으로

陰山必放陰水則是有陰無陽(음산필방음수칙시유음무양)이고 • 陰山
이 반드시 陰水를 放하여 내면, 즉 이것이 有陰無陽인 것이고

陽山必放陽水則是有陽無陰(양산필방양수칙시유양무음)이라 • 陽山
이 반드시 陽水를 放하여 내면, 즉 이것이 有陽無陰인 것이다.

失冲陽和陰之義(실충양화음지의)이니 • 이와 같이 음양이 冲和＝造
化를 이뤄야 하는 義＝원칙을 잃음이니

豈不差錯凶之一也(기불차착흉지일야)리오 • 어찌 서로 어그러지고
어긋나 차이가 생기는 差錯(차착)된 凶함의 제일 첫째라고 하지 않
겠는가?

15) 歲時之乖爲二凶
〔원문15구독음문〕

歲時之乖爲二凶(세시지괴위이흉)이며
〔원문15구해설〕

歲時之乖爲二凶(세시지괴위이흉)이며 • 歲時, 즉 시신이 매장되어 땅
에 접촉되는 시간으로 장사지내는 시간이 어긋나면 이것이 2흉이며

〔註釋原文〕

謂藏神合朔檢擇年月不得其人乃爲凶之二也又曰年月日時要合山頭坐

向之生旺不合則爲乖也.
〔주석독음문〕
謂藏神合朔(위장신합삭)하며 檢擇年月(검택년월)이나 不得其人(불
득기인)이면 乃爲凶之二也(내위흉지이야)라. 又曰(우왈), 年月日時
(연월일시)가 要合(요합)인데 山頭坐向之生旺(산두좌향지생왕)하
니 不合(불합)이면 則爲乖也(칙위괴야)라.

〔주석해설〕
謂藏神合朔(위장신합삭)하며 • 소위 藏神하고 合朔하며
檢擇年月(검택년월)이나 • 년월을 살피고 고르듯 檢擇을 하였으나
不得其人(불득기인)이면 • 그와 같은 일을 행할 사람을 얻지를 못하면
乃爲凶之二也(내위흉지이야)라 • 이는 흉함의 두 번째가 되는 것이다.
又曰(우왈) • 덧붙여서 다음과 같이 말하고 있다.
年月日時(연월일시)가 • 연월일시가
要合(요합)인데 • 다음의 요건과 합해야 함인데
山頭坐向之生旺(산두좌향지생왕)하니 • 山頭坐向의 생왕과 합해야
함이니
不合(불합)이면 • 이러한 요건에 不合하면
則爲乖也(칙위괴야)라 • 즉 어그러져 나쁜 것이 되는 것이다.

16) 力小圖大爲三凶
〔원문16구독음문〕
力小圖大爲三凶(역소도대위삼흉)이고
〔원문16구해설〕
力小圖大爲三凶(역소도대위삼흉)이고 • 소인배들이 노력은 적게 하
고 과분하게 큰 大穴을 도모하는 것이 3흉이고

〔註釋原文〕

謂生人福力微小而圖干侯之地乃爲凶之三也.

〔주석독음문〕

謂生人(위생인)이 福力微小(복력미소)한데 而圖王侯之地(이도왕후지지)이면 乃爲凶之三也(내위흉지삼야)라.

〔주석해설〕

謂生人(위생인)이 • 소위 살아있는 생인으로써 자손이

福力微小(복력미소)한데 • 福力이 微小한데도

而圖王侯之地(이도왕후지지)이면 • 王侯의 땅을 도모하여 꾀하는 것이 라면

乃爲凶之三也(내위흉지삼야)라 • 이는 흉함의 세 번째가 되는 것이다.

17) 憑福恃勢爲四凶

〔원문17구독음문〕

憑福恃勢爲四凶(빙복시세위사흉)이고

〔원문17구해설〕

憑福恃勢爲四凶(빙복시세위사흉)이고 • 財福(재복)의 부유한 재산과 권세에 믿고 의지하려 함이 4흉이고

〔註釋原文〕

謂依憑福勢貌視陰陽不求吉地乃爲凶之四也.

〔주석독음문〕

謂依憑福勢(위의빙복세)로 貌視陰陽(모시음양)하여 不求吉地(불구길지)이면 乃爲凶之四也(내위흉지사야)라.

〔주석해설〕

謂依憑福勢(위의빙복세)로 • 소위 財福의 부유한 재산과 권세를 믿고서 의지하려 하는 것으로

貌視陰陽(모시음양)하여 • 음양대도를 경시하듯 貌視(모시)하여

不求吉地(불구길지)이면 • 길지를 구하지를 아니하면

乃爲凶之四也(내위흉지사야)라 • 이는 흉함의 네 번째가 되는 것이다.

18) 僭上偪下爲五凶

〔원문18구독음문〕

僭上偪下爲五凶(참상핍하위오흉)이며

〔원문18구해설〕

僭上偪下爲五凶(참상핍하위오흉)이며 • 僭上(참상)으로 신분이 낮은 자가 화려한 격식을 갖추어 묘지를 꾸미려는 것이나, 偪下(핍하)로 자기 조상의 묘지를 좋게 하기 위해 타인의 묘지를 음해하는 것들은 5흉이며

〔註釋原文〕

謂丘塚之制棺槨之美過與不及乃爲凶之五也.

〔주석독음문〕

謂丘塚之制(위구총지제)하고 棺槨之美(관곽지미)함에 過與不及(과여불급)이니 乃爲凶之五也(내위흉지오야)라.

〔주석해설〕

謂丘塚之制(위구총지제)하고 • 소위 무덤자리를 잡음에 制=葬禮=格式을 따르고

棺槨之美(관곽지미)함에 • 관곽을 아름답게 꾸밈에

過與不及(과여불급)이니 • 지나침은 미치지를 못함만도 못한 것이니

乃爲凶之五也(내위흉지오야)라 • 이것이 흉함의 다섯 번째가 되는 것이다.

19) 變應怪見爲六凶

〔원문19구독음문〕
變應怪見爲六凶(변응괴견위육흉)이라.

〔원문19구해설〕
變應怪見爲六凶(변응괴견위육흉)이라 • 變應(변응)으로 정해진 장법에 따르지 않고 아무렇게나 묘지를 만드는 것과 怪見(괴견)으로 괴이한 현상이 나타나는 것은 6흉인 것이다.

〔註釋原文〕
謂灾異口舌敗破傷損泉沙蛇蟻乃爲凶之六也.

〔주석독음문〕
謂灾異口舌敗破傷損泉沙蛇蟻(위재이구설패파상손천사사의)가
乃爲凶之六也(내위흉지육야)라.

〔주석해설〕
謂灾異口舌敗破傷損泉沙蛇蟻(위재이구설패파상손천사사의)가 • 소위말해서 평소에는 발생하지 않던 灾變(재변)＝災異가 일어나거나, 남들의 입방아에 오르내리는 口舌(구설)이 생기거나, 재산을 잃고 자리에서 파직되는 敗破(패파)가 있거나, 신체에 상처를 입거나 신체일부를 훼손하는 傷損(상손)을 당하거나, 광중에 물이 나거나 모래가 섞이는 泉沙(천사)가 있거나, 광중에 뱀이나 곤충들이 들어있는 蛇蟻(사의)가 있게 되는 것이
乃爲凶之六也(내위흉지육야)라 • 이러함이 흉함의 여섯 번째가 되는 것이다.

20) 經曰穴吉葬凶與棄屍同

〔원문20구독음문〕

經曰(경왈), 穴吉葬凶(혈길장흉)은 與棄屍同(여기시동)이라.

〔원문20구해설〕

經曰(경왈) • 장경에서 이르기를

穴吉葬凶(혈길장흉)은 • 혈은 좋은데 장사지내는 것이 흉하면

與棄屍同(여기시동)이라 • 시신을 버리는 것과 같다고 하였다.

〔註釋原文〕

形穴雖具三吉葬法若犯六凶是與棄尸一同已上論三吉六凶吉得其一猶可消災若犯一凶爲害亦大.

〔주석독음문〕

形穴(형혈)이 雖具三吉(수구삼길)이나 葬法(장법)이 若犯六凶(약범육흉)이면 是與棄尸一同(시여기시일동)이라. 已上論(이상론), 三吉六凶(삼길육흉)인데 吉得其一(길득기일)이면 猶可消災(유가소재)이나 若犯一凶(약범일흉)이면 爲害亦大(위해역대)이니라.

〔주석해설〕

形穴(형혈)이 • 形과 穴이

雖具三吉(수구삼길)이나 • 비록 3吉함을 갖추어 구비를 하였다고는 하나

葬法(장법)이 • 장사를 지내는 법이

若犯六凶(약범육흉)이면 • 만약에 위와 같은 6凶함을 범하게 된다면

是與棄尸一同(시여기시일동)이라 • 이것은 시신을 버리는 것과 동일한 것이다.

已上論(이상론) • 이미 위에서 논의가 된 내용을 요약해 보면

三吉六凶(삼길육흉)인데 • 穴法에는 3吉함이 있고 葬法에는 6凶함

이 있는데

吉得其一(길득기일)이면 • 吉함을 하나라도 얻었다면

猶可消灾(유가소재)이나 • 마땅히 災殃을 소멸시킬 수가 있음이 가
능한 것이지만

若犯一凶(약범일흉)이면 • 만약에 하나의 흉함이라도 범하여 어겼
다면

爲害亦大(위해역대)이니라 • 그 해로움도 역시 커지게 되는 것이다.

7. 第7 形勢編(형세편)

1) 經曰勢止形昻前澗後岡龍首之藏

〔원문1구독음문〕

經曰(경왈), 勢止形昻(세지형앙)하고 前澗後岡(전간후강)하여야 龍
首之藏.(용수지장)이라.

〔원문1구해설〕

經曰(경왈) • 장경에 이르기를

勢止形昻(세지형앙)하고 • 來龍의 龍勢＝脈勢가 내려와 穴場에 머
물러 그치어서 멈추며 穴場의 地貌(지모)＝形象(형상)이 둥그스럼
한 毬(구)가 솟아 쳐들고

前澗後岡(전간후강)하여야 • 穴前에서는 溪澗水(계간수)의 물이 흐
르고 穴後로는 의지처로 岡＝언덕＝산등성이가 있어야

龍首之藏.(용수지장)이라 • 龍.의 머리를 갈무리할 수 있는, 즉 眞氣
가 뭉쳐있는 머리, 즉 穴處＝立地가 될 수 있는 것이다.

〔註釋原文〕

謂以山形爲龍也勢欲止形欲昻前欲有水後欲有岡故謂之龍首之藏又曰

山勢來而止形象聳而昂溪澗朝集於前岡阜積疊於後穴藏其間故以龍首
而言之也.

〔주석독음문〕
謂以山形爲龍也(위이산형위룡야)인데　勢欲止(세욕지)이고　形欲昂
(형욕앙)이며　前欲有水(전욕유수)이고　後欲有岡(후욕유강)이므로
故(고)로　謂之龍首之藏(위지룡수지장)이라.　又曰(우왈),　山勢來而
止(산세래이지)이고　形象聳而昂(형상용이앙)이며　溪澗朝集於前(계
간조집어전)이고　岡阜積疊於後(강부적첩어후)인데　穴藏其間(혈장
기간)이므로　故以龍首而言之也(고이룡수이언지야)라.

〔주석해설〕
謂以山形爲龍也(위이산형위룡야)인데 • 소위　산의　형상으로써　龍이
되는 것인데
勢欲止(세욕지)이고 • 脈勢는　멈추어　머물러야　하는　것이고
形欲昂(형욕앙)이며 • 形象은　앙앙하게　솟아올라야　하는　것이며
前欲有水(전욕유수)이고 • 穴前의　앞에는　물이　있어야　하고
後欲有岡(후욕유강)이므로 • 穴後의　뒤에는　山岡阜가　있어야　하는
것이므로
故(고)로 • 그러므로
謂之龍首之藏(위지룡수지장)이라 • 소위　龍首가　갈무리　되어　있다
고 말할 수가 있음인 것이다.
又曰(우왈) • 덧붙여서 다음과 같이 말하고 있다.
山勢來而止(산세래이지)이고 • 산세는　내려옴으로　말미암아　멈추는
것이고
形象聳而昂(형상용이앙)이며 • 형상은　솟아오름으로　말미암아　높이
둥두름하게 떠오르는 것이며
溪澗朝集於前(계간조집어전)이고 • 溪澗水는　穴前의　앞에서　朝集하

여 조당수로 모여드는 것이고

岡阜積疊於後(강부적첩어후)인데 • 山岡阜는 穴後의 뒤에서 積疊하여 쌓이고 포개져서 겹치게 되는 것인데

穴藏其間(혈장기간)이므로 • 穴場은 그러한 것들의 사이에 갈무리되어 있는 것이므로

故以龍首而言之也(고이룡수이언지야)라 • 그러므로 龍首로써 말미암아 이러한 것들을 말하고 설명하는 것이다.

2) 鼻顙吉昌角目滅亡耳致侯王脣死兵傷

〔원문2구독음문〕

鼻顙吉昌(비상길창)이고 角目滅亡(각목멸망)이며 耳致侯王(이치후왕)이고 脣死兵傷(순사병상)이라.

〔원문2구해설〕

鼻顙吉昌(비상길창)이고 • 龍鼻(룡비)인 룡의 코나 龍顙(룡상)인 룡의 이마에 자리하면 길한 것이고

角目滅亡(각목멸망)이며 • 龍角(룡각)인 룡의 뿔이나 龍目(룡목)인 룡의 눈알과 같이 한 쪽으로 기울어진 곳에 자리하게 되면 멸망할 자리이며

耳致侯王(이치후왕)이고 • 龍耳(룡이)인 룡의 귀부위와 같이 깊숙한 위치에 자리를 하게 되면 임금이나 제후의 지위에 등극할 자리이고

脣死兵傷(순사병상)이라 • 龍脣(룡순)인 룡의 입술부위와 같이 엷은 위치에 자리를 하게 되면 사망하거나 전쟁터에서 크게 상해를 입게 될 자리가 되는 것이다.

〔註釋原文〕

鼻顙得其中正故能吉昌角目俱在偏方而不受穴所以滅亡耳在彎而曲脣復淺而露是以有侯王兵傷之別.

〔주석독음문〕
鼻顙(비상)은 得其中正(득기중정)이니 故(고)로 能吉昌(능길창)이
고 角目(각목)은 俱在偏方(구재편방)으로 而不受穴所(이불수혈소)
이니 以滅亡(이멸망)이며 耳在彎而曲(이재만이곡)이고 脣復淺而露
(순복천이로)이니 是以有侯王兵傷之別(시이유후왕병상지별)이라.

〔주석해설〕
鼻顙(비상)은 • 코와 이마는, 즉 龍鼻(룡비)인 룡의 코나 龍顙(룡
상)인 룡의 이마는
得其中正(득기중정)이니 • 그 中正을 얻음이니
故(고)로 • 그러므로
能吉昌(능길창)이고 • 능히 길한 것이고
角目(각목)은 • 뿔과 눈은, 즉 龍角(룡각)인 룡의 뿔이나 龍目(룡목)
인 룡의 눈알은
俱在偏方(구재편방)으로 • 편방과 같이 한 쪽으로 기울어진 곳으로
而不受穴所(이불수혈소)이니 • 이로 말미암아 穴所로 받아들이지를
못함이니
以滅亡(이멸망)이며 • 멸망의 자리인 것이며
耳在彎而曲(이재만이곡)이고 • 귀는 굽어지고 휘어진 彎曲(만곡)에
있음이고
脣復淺而露(순복천이로)이니 • 입술은 또한 얕고 좁고 이슬에 적시
듯 노출된 淺露(천로)에 있음이니
是以有侯王兵傷之別(시이유후왕병상지별)이라 • 이러함이 바로 侯
王과 兵傷의 구별이 있게 된 이유인 것이다.

3) 宛而中蓄曰龍之腹其臍深曲必世後福金穀璧玉傷其胸脇朝穴暮
   哭其法滅族

〔원문3구독음문〕

宛而中蓄曰龍之腹(완이중축왈룡지복)이니 其臍深曲(기제심곡)이
라. 必世後福(필세후복), 金穀璧玉(금곡벽옥)이고 傷其胸脇(상기흉
협)이면 朝穴暮哭(조혈모곡)이니 其法滅族(기법멸족)이라.

〔원문3구해설〕

宛而中蓄曰龍之腹(완이중축왈룡지복)이니 • 구릉을 이루면서 구불
구불하게 내려오던 龍이 중앙에 혈장을 만들어서 氣를 응축하게 되
는데 이를 龍腹(룡복)인 용의 배라고 하는데

其臍深曲(기제심곡)이라 • 그 배꼽(臍)은 깊고 움푹 들어가 우묵진
곳이라

必世後福(필세후복) • 반드시 후세에 복을 받아서

金穀璧玉(금곡벽옥)이고 • 금과 곡식과 옥이 가득가득 넘치게 될 것
이고

傷其胸脇(상기흉협)이면 • 龍의 가슴이나 갈비뼈의 부분에 손상=
상처가 있게 되면

朝穴暮哭(조혈모곡)이니 • 그러한 곳에 아침에 혈을 쓰고 장사를 지
내게 되면 저녁에 울음의 哭聲=곡소리가 날 것이니

其法滅族(기법멸족)이라 • 이러한 경우에는 가계를 멸족시킬 법이
라는 것이다.

〔註釋原文〕

宛宛而中若有所蓄者龍之腹也其深曲處爲臍葬之大吉必世後福者言其
應之遠也葬龍腹主先富後貴不得其穴而葬則傷其本身法主子孫滅亡也
上言龍首此言龍腹龍首之穴利於耳龍腹之穴在於臍胸脇之穴與角目之
穴其爲禍害則一也.

〔주석독음문〕

宛宛而中(완완이중)에 若有所蓄者(약유소축자)이면 龍之腹也(룡지복야)인데 其深曲處爲臍(기심곡처위제)이니 葬之大吉(장지대길)로 必世後福者(필세후복자)이니 言其應之遠也(언기응지원야)라. 葬龍腹(장룡복)이면 主(주)가 先富後貴(선부후귀)함인데 不得其穴而葬(불득기혈이장)이면 則傷其本身(칙상기본신)하여 法(법), 主子孫滅亡也(주자손멸망야)라. 上言龍首(상언용수)이고 此言龍腹(차언룡복)인데 龍首之穴(룡수지혈)은 利於耳(이어이)이고 龍腹之穴(룡복지혈)은 在於臍(재어제)이나 胸脇之穴與角目之穴(흉협지혈여각목지혈)은 其爲禍害則一也(기위화해칙일야)라.

〔주석해설〕

宛宛而中(완완이중)에 • 구릉을 이루고 구불구불하게 屈身(굴신)을 하면서 내려오던 중에

若有所蓄者(약유소축자)이면 • 만약에 氣가 축적되어 모여 있는 곳이 있다면, 즉 龍이 중앙에 혈장을 만들어서 氣를 응축하게 되는데

龍之腹也(룡지복야)인데 • 이와 같은 것을 용의 배인 龍腹(룡복)이라고 하는 것인데

其深曲處爲臍(기심곡처위제)이니 • 그러한 가운데서 깊고 움푹 들어가 우묵진 곳인 深曲處(심곡처)가 배꼽(臍)인 것이니

葬之大吉(장지대길)로 • 이러한 곳에 장사를 지내게 되면 대길 하는 것으로

必世後福者(필세후복자)이니 • 반드시 후세에 복을 받아서 누릴 것이니

言其應之遠也(언기응지원야)라 • 말하기를 그러한 應驗(응험)은 멀리멀리 미치게 될 것이다.

葬龍腹(장룡복)이면 • 장사를 지내기를 龍의 배에다가 하게 되면

主(주)가 • 喪主(상주)가

先富後貴(선부후귀)한인데 • 먼저 부유하게 되고 그 뒤에 기함의 명예를 갖게 되는데

不得其穴而葬(불득기혈이장)이면 • 그러한 穴場을 얻지 못한 채로 장사를 지내게 되면

則傷其本身(칙상기본신)하여 • 즉 그러한 本身을 손상하게 되어

法(법) • 장법에 의하면

主子孫滅亡也(주자손멸망야)라 • 喪主의 자손들이 멸망하게 되는 것이다.

上言龍首(상언용수)이고 • 위에서의 맨 먼저의 언급은 龍首에 관한 것이고

此言龍腹(차언룡복)인데 • 그 다음의 언급은 龍腹에 관한 것인데

龍首之穴(룡수지혈)은 • 龍首穴(용수혈)은

利於耳(이어이)이고 • 귀에 이익 됨이 잇는 것이고

龍腹之穴(룡복지혈)은 • 龍腹穴(용복혈)은

在於臍(재어제)이나 • 배꼽에 이익 됨이 있는 것이나

胸脇之穴與角目之穴(흉협지혈여각목지혈)은 • 갈비뼈에 해당하는 胸脇穴(흉협혈)과 뿔과 눈에 해당하는 角目穴(각목혈)은

其爲禍害則一也(기위화해칙일야)라 • 그러한 胸脇穴(흉협혈)과 角目穴(각목혈)은 불행과 해로움의 재앙이, 즉 하나가 됨이니 끊이지를 않듯 不絶할 것이다.

4) 夫古人之葬蓋亦難矣岡壟之辨眩目惑心禍福之差侯虜有間

〔원문4구독음문〕

夫古人之葬(부고인지장)은 蓋亦難矣(개역난의)라. 岡壟之辨(강롱지변)은 眩目惑心(현목혹심)이고 禍福之差(화복지차)는 侯虜有間(후로유간)이라.

〔원문4구해설〕

夫古人之葬(부고인지장)은 • 무릇 고인의 장법은

蓋亦難矣(개역난의)라 • 대체적으로 더없이 어려운 것이다.

岡壟之辨(강롱지변)은 • 산룡＝岡과 평양룡＝壟＝밭이랑을 분별하려면

眩目惑心(현목혹심)이고 • 눈을 현혹시키고 마음을 의심케 할 것이고

禍福之差(화복지차)는 • 그 災禍와 福祿의 차이라는 것은

侯虜有間(후로유간)이라 • 公侯(공후)와 從僕(종복)＝奴僕(노복)의 차이가 있음인 것이다.

〔註釋原文〕

禍福乃差至於福而爲侯禍而爲虜虜者滅也故宜審之是謂毫釐之差禍福千里又曰岡壟所以難辨別者蓋有重岡疊阜群壟衆支重岡疊阜有時而起群壟衆支有時復落一伏一起千變萬化欲落未落莫知其往山端由欲去未去難識其行度踪跡千山聳秀當於何處安墳諸阜垂頭要定孰賓孰主細思心頭挐絮孰視眼底生花辨別一差侯虜判矣.

〔주석독음문〕

禍福乃差(화복내차)는 至於福而爲侯(지어복이위후)이고 禍而爲虜(화이위로)인데 虜者滅也(로자멸야)이니 故(고)로 宜審之(의심지)라. 是謂(시위), 毫釐之差禍福千里(호리지차화복천리)라. 又曰(우왈), 岡壟所以難辨別者(강농소이난변별자)는 蓋有重岡(개유중강), 疊阜(첩부), 群壟(군농), 衆支(중지)인데 重岡(중강), 疊阜(첩부)는 有時而起(유시이기)이고 群壟(군농), 衆支(중지)는 有時復落(유시복낙)이라. 一伏一起(일복일기)에 千變萬化(천변만화)한데 欲落未落(욕낙미낙)에 莫知其往山端由(막지기왕산단유)이고 欲去未去(욕거미거)에 難識其行度踪跡(난식기행도종적)이라. 千山聳秀(천산용수)이니 當於何處(당어하처)에 安墳(안분)이며 諸阜垂頭(제부수두)

이니 要定執賓執主(요정숙빈숙주)리오. 細思(세사)하여 心頭挈絮(심두나서)이니 執視(숙시)로 眼底生花(안저생화)이니 辨別 差(변별일차)이면 侯虜判矣(후로판의)이리까.

〔주석해설〕
禍福乃差(화복내차)는 • 災禍(재화)와 福祿(복록)의 차이라는 것은
至於福而爲侯(지어복이위후)이고 • 福이면 공후에 이르는 것이고
禍而爲虜(화이위로)인데 • 禍이면 포로의 갇힌 신세가 된다는 것인데
虜者滅也(로자멸야)이니 • 붙잡힌 포로라는 것은 멸망인 것이니
故(고)로 • 그러므로
宜審之(의심지)라 • 의당히 자세하게 심찰을 하여야 하는 것이다.
是謂(시위) • 이러한 것이 소위
毫釐之差禍福千里(호리지차화복천리)라 • 약간의 차이를 탐하듯 毫釐之差로도 禍福이 천리만큼이나 다르다는 것이다.
又曰(우왈) • 덧붙여서 다음과 같이 말하고 있다.
岡壟所以難辨別者(강농소이난변별자)는 • 岡=山龍과 壟=平洋龍을 변별하기가 난해하다는 것은
盖有重岡(개유중강) • 대체적으로 重岡(중강), 疊阜(첩부), 群壟(군농), 衆支(중지)가 있기 때문인데 重岡(중강)과 疊阜(첩부)는
有時而起(유시이기)이고 • 때로는 일어나 起하는 것이고
群壟(군농)과 衆支(중지)는
有時復落(유시복낙)이라 • 때로는 다시 떨어져 落하는 것이다.
一伏一起(일복일기)에 • 한번 엎드리고 한번 일어나는데
千變萬化(천변만화)한데 • 천 가지로 변하고 만 가지로 변화하는데
欲落未落(욕낙미낙)하니 • 생기가 머물듯 말듯하니
莫知其往山端由(막지기왕산단유)이고 • 그와 같이 가고자 움직이는 往山(왕산)의 올바른 실마리인 端緖(단서)와 따라서 오는 由來(유

래)를 알기가 莫測(막측)한 것이고

欲去未去(욕거미거)에 • 갈듯 말듯 함에

難識其行度踪跡(난식기행도종적)이라 • 그러한 행도와 종적을 식별
하기가 어려운 것이다.

千山聳秀(천산용수)이니 • 많은 산들이 俊秀(준수)하게 솟아서 올랐
으니

當於何處(당어하처)에 • 당연히 어떠한 곳에

安墳(안분)이며 • 편안하게 분묘를 모실 것이며

諸阜垂頭(제부수두)이니 • 대부분의 구릉들이 垂頭(수두), 즉 머리
를 내밀듯 드리웠으니

要定孰賓孰主(요정숙빈숙주)리오 • 요컨대 어느 것이 賓=손님이고
어느 것이 主=주인인지 올바로 정할 수가 없음인 것이다.

細思(세사)하여 • 소상하고 곰곰이 생각을 하여

心頭挐絮(심두나서)이니 • 마음과 생각(頭)을 눈송이(絮)를 손에 넣
(挐)듯 하여서 가다듬어야 할 것이니

孰視(숙시)로 • 누군가가 자세히 살펴서

眼底生花(안저생화)이니 • 눈구멍 밑으로 生花가 있는 채로 보니

辨別一差(변별일차)이면 • 변별을 함에도 하나의 차이가 있을 것
이니

侯虜判矣(후로판의)이리까 • 公侯와 捕虜를 판별 할 수가 있을 것
인가?

5) 故山勢盡而擧者爲尾而占首有疑

〔원문5구독음문〕

故(고)로 山勢盡而擧者爲尾(산세진이거자위미)이니 而占首有疑(이
점수유의)라.

〔원문5구해설〕
故(고)로 • 그러므로

山勢盡而擧者爲尾(산세진이거자위미)이니 • 산세가 다할 때 쯤 하여 일어나 불끈 솟은 것이 龍尾인 꼬리인 것이니

而占首有疑(이점수유의)라 • 龍頭인 머리에 占穴을 하고자 할 경우에는 의심을 가져 보아야만 하는 것이다.

〔註釋原文〕
謂山勢之止者實龍之尾今以首言之何也盖以其形而言之所以有鼻顙角目之別矣.

〔주석독음문〕
謂山勢之止者(위산세지지자)가 實(실)로 龍之尾(룡지미)이니 今以首言之(금이수언지)는 何也(하야)인가. 盖以其形而言之(개이기형이언지)이면 所以有鼻顙角目之別矣(소이유비상각목지별의)라.

〔주석해설〕
謂山勢之止者(위산세지지자)가 • 소위 산세가 머물러서 멈추는 것은

實(실)로 • 실제로

龍之尾(룡지미)이니 • 龍의 꼬리인 것이니

今以首言之(금이수언지)는 • 이제부터 이러한 꼬리를 머리(首)라고 말을 하고 있는 것은

何也(하야)인가 • 어찌된 것인가?

盖以其形而言之(개이기형이언지)이면 • 대체적으로 그러한 形으로써 말미암아 말을 하자면

所以有鼻顙角目之別矣(소이유비상각목지별의)라 • 코=鼻, 이마=顙, 뿔=角, 눈=目 등의 구별이 있어야만 함인 것이다.

6) 其法在耳角目之具

〔원문6구독음문〕

其法(기법)은 在耳角目之具(재이각목지구)라.

〔원문6구해설〕

其法(기법)은 • 그 법, 즉 머리에 쓰는 법은

在耳角目之具(재이각목지구)라 • 귀, 뿔, 눈, 코를 갖추는데 있는 것이다.

〔註釋原文〕

此所以難辨首尾也若尾則無鼻角耳目矣一行曰上在東宮日與白雲先生獵於溫泉之野御驅疾馳約二十餘里緩轡上過一小山遇新墳白雲先生乃張約也與上顧視久之而曰葬失其穴上曰何言也約對曰下龍頭枕龍角不三年自銷鑠適遇樵人問曰何人葬也樵者曰山之南崔巽死而葬焉上欲救之遂令樵者引導至巽至門巽之子斬衰迎之不知東宮也上曰前山新墳誤葬矣曰父之遺言葬此帝何言對曰安龍頭枕龍耳不三年萬乘至上驚約曰臣學未精故經曰毫釐之差禍福千里又曰盖言穴在耳鼻若誤遷角目則滅亡之禍立至.

〔주석독음문〕

此所以難辨首尾也(차소이난변수미야)이니 若尾則(약미칙), 無鼻角耳目矣(무비각이목의)라. 一行曰(일행왈), 上在東宮日(상재동궁일)에 與白雲先生(여백운선생)으로 獵於溫泉之野(렵어온천지야)할새 御驅疾馳(어구질치)로 約二十餘里(약이십여리)하다가 緩轡(완비)하고 上過一小山(상과일소산)한데 遇新墳(우신분)이라. 白雲先生乃張約也(백운선생내장약야)가 與上(여상)으로 顧視久之(고시구지)하여 而曰(이왈), 葬失其穴(장실기혈)임이다. 上曰(상왈), 何言也(하언야)인가. 約對曰(약대왈), 下龍頭枕龍角(하룡두침룡각)이니 不三年(불삼년)에 自銷鑠(자소삭)이라. 適遇樵人(적우초인)하니 問曰(문왈), 何人葬也(하인장야)인가. 樵者曰(초자왈), 山之南(산지남)에 崔巽死而葬焉(최손사이장언)이라. 上欲救之(상유구기)히어 遂介樵者引導(수령초자인도)로 至巽至門(지손지문)하니 巽之子(손지자)가 斬衰(참쇠)로 迎之(영지)한데 不知東宮也(불지동궁야)라. 上曰(상왈), 前山(전산)에 新墳(신분)이 誤葬矣(오장의)이라하니 曰(왈), 父之遺言葬此(부지유언장차)라. 帝曰(제왈), 何言(하언)인가. 對曰(대왈), 安龍頭枕龍耳(안룡두침룡이)이면 不三年(불삼년)에 萬乘至(만승지)라. 上驚(상경)하니 約曰(약왈), 臣學未精(신학미정)이고 故(고)로 經曰(경왈), 毫釐之差(호리지차)로 禍福千里(화복천리)라 하였다. 又曰(우왈), 盖言(개언), 穴在耳鼻(혈재이비)인데 若誤遷角目(약오천각목)이면 則滅亡之禍立至(칙멸망지화입지)라.

〔주석해설〕
此所以難辨首尾也(차소이난변수미야)이니 • 이러한 점이 머리와 꼬리를 변별하기가 어려운 이유인 것이니
若尾則(약미칙) • 만약에 산세의 멈춤을 꼬리(尾)라고 한다면 즉
無鼻角耳目矣(무비각이목의)라 • 코, 뿔, 귀, 눈이 있을 수가 없음인 것이다.
一行曰(일행왈) • 일행께서는 다음과 같이 말하고 있다.
上在東宮日(상재동궁일)에 • 임금인 上帝께서 동궁인 시절에
與白雲先生(여백운선생)으로 • 백운선생과 함께
獵於溫泉之野(렵어온천지야)할새 • 온천이 있는 야지에서 수렵중이었는데
御驅疾馳(어구질치)로 • 御驅(어구)라 탄말을 채찍질하면서, 疾馳(질치)라 달리는 버릇으로
約二十餘里(약이십여리)하다가 • 약 20여리를 가다가
緩轡(완비)하고 • 고삐로 속도를 늦추고

上過一小山(상과일소산)한데 • 위에 있는 작은 산 하나를 지나게 되었는데

遇新墳(우신분)이라 • 우연하게도 새로 쓴 분묘 하나를 보게 되었던 것이다.

白雲先生乃張約也(백운선생내장약야)가 • 백운선생 이는 장약인데

與上(여상)으로 • 동궁과 같이

顧視久之(고시구지)하여 • 되돌아서 오랫동안 살피고서는

而曰(이왈) • 이어서 백운선생이 말하기를

葬失其穴(장실기혈)임이다 • 장사를 지냈어도 그 穴을 찾기를 실패를 했다라고 하였던 것이다.

上曰(상왈) • 동궁께서 이르기를

何言也(하언야)인가 • 무슨 말인가?

約對曰(약대왈) • 장약이 대답하여 말하기를

下龍頭枕龍角(하룡두침룡각)이니 • 아래에 있는 龍頭가 龍角을 베고서 누워 있으니

不三年(불삼년)에 • 3년이 채 못 되어서

自銷鑠(자소삭)이라 • 스스로 녹아서 흩어지고 태워지듯이 銷鑠(소삭)을 하여서 멸문과 멸족이 될 것이다.

適遇樵人(적우초인)하니 • 때마침 나무꾼을 만나게 되었음이니

問曰(문왈) • 물어서 말하기를

何人葬也(하인장야)인가 • 어떤 사람의 분묘인가?

樵者曰(초자왈) • 나무꾼이 말하기를

山之南(산지남)에 • 산의 아래 남쪽에

崔巽死而葬焉(최손사이장언)이라 • 최손이 죽었는데 그를 장사지냈다고 하엿다.

上欲救之(상욕구지)하여 • 上帝인 동궁께서 구해주고자 하여서

遂令樵者引導(수령초자인도)로 • 나무꾼이 인도하는 바를 따라서

至巽至門(지손지문)하니 • 최손의 집대문에 이르니

巽之子(손지자)가 • 최손의 자식이

斬衰(참쇠)로 • 심히 쇠약해진 모습으로

迎之(영지)한데 • 맞이하여 들이는데

不知東宮也(불지동궁야)라 • 동궁인지를 모르는 것이었다.

上曰(상왈) • 동궁께서 말하기를

前山(전산)에 • 앞산에

新墳(신분)은 • 새로 장사지내 쓴 분묘는

誤葬矣(오장의)이라하니 • 잘못하여 쓴 장사라고 하니

曰(왈) • 죽은 최손의 자식이 말하기를

父之遺言葬此(부지유언장차)라 • 부모의 유언으로 장사를 이렇게
하였다고 한 것이었다.

帝曰(帝曰) • 上帝인 동궁께서 말하기를

何言(하언)인가 • 어떠한 말의 유언이었는가?

對曰(대왈) • 그에 대하여 말하기를

安龍頭枕龍耳(안룡두침룡이)이면 • 龍頭가 龍耳를 베개처럼 베도록
안장을 하게 되면

不三年(불삼년)에 • 3년이 채 되지 않아서

萬乘至(만승지)라 • 萬乘=皇帝가 여기에 이르러 납시실 거라는 것
이었다.

上驚(상경)하니 • 동궁이 놀라하니

約曰(약왈) • 장약인 백운선생이 말하기를

臣學未精(신학미정)이고 • 신의 학문이 아직 정수치 못함이고

故(고)로 • 그러므로

經曰(경왈) • 장경에서 이르기를

毫釐之差(호리지차)로 • 아주 작은 차이로도

禍福千里(화복천리)라 하였다 • 화복이 천리라고 하였던 것입니다

라고 하였다.

又曰(우왈) • 또한 덧붙여서 이렇게 말을 하였다.

盖言(개언) • 대부분의 말들이

穴在耳鼻(혈재이비)인데 • 穴이 귀와 코에 있는데

若誤遷角目(약오천각목)이면 • 만약에 오류로 뿔이나 눈에다가 옮겨서 잘못 遷葬(천장)을 하게 되면

則滅亡之禍立至(칙멸망지화입지)라 • 즉 멸망의 禍에 이르게 되는 것이다.

7) 耳角之辨百尺之山十尺相邇

〔원문7구독음문〕

耳角之辨(이각지변)은 百尺之山(백척지산)에 十尺相邇(십척상이)라.

〔원문7구해설〕

耳角之辨(이각지변)은 • 귀와 뿔의 분별에 있어서는

百尺之山(백척지산)에 • 백 척의 산에서

十尺相邇(십척상이)라 • 열 척 정도의 거리를 보다 상세히 구분하는 정도인 것이다.

〔註釋原文〕

大約百尺之山則耳角相去十尺之間故不遠宜細究之又曰盖恐時人不知耳角之遠特立尺寸以明之.

〔주석독음문〕

大約百尺之山(대약백척지산)에 則耳角相去(칙이각상거)는 十尺之間(십척지간)이니 故(고)로 不遠(불원)이라. 宜細究之(의세구지)라. 又曰(우왈), 盖恐時人(개공시인)이 不知耳角之遠(불지이각지원)이니 特立尺寸以明之(특립척촌이명지)라.

〔주석해설〕

大約百尺之山(대약백척지산)에 • 대략 100척의 산에서

則耳角相去(칙이각상거)는 • 즉 귀와 뿔의 相去인 서로 떨어진 거리는

十尺之間(십척지간)이니 • 10척의 정도이니

故(고)로 • 그러므로

不遠(불원)이라 • 멀지 않음인 것이다.

宜細究之(의세구지)라 • 의당 세밀하게 연구하여서 살펴야 하는 것이다.

又曰(우왈) • 덧붙여서 다음과 같이 말하고 있다.

盖恐時人(개공시인)은 • 대체적으로 요즈음 사람들이 두려워해야 할 것은

不知耳角之遠(불지이각지원)이니 • 귀와 뿔간의 거리의 차이가 얼마나 큰 차이인지를 不知하여 모르는 일이니

特立尺寸以明之(특립척촌이명지)라 • 1척 1촌이라도 분명하게 명확하여야만 한다는 것을 특히 강조하는 것이다.

8) 以坎爲首甲角震耳

〔원문8구독음문〕

以坎爲首(이감위수)에 甲角震耳(갑각진이)라.

〔원문8구해설〕

以坎爲首(이감위수)에 • 坎山으로써 머리를 삼았을 경우에는

甲角震耳(갑각진이)라 • 甲의 방향이 뿔이 되는 것이고 震의 방향이 귀가 되는 것이다.

〔註釋原文〕

且以坎爲龍則角居甲地耳藏在震一行曰謂來龍也豈特觀之形應八山八龍遷穴處卽求原其起乘其止坎山大忌歸甲遷穴且以離爲龍耳則在乎震

地也.

〔주석독음문〕

且以坎爲龍(차이감위룡)이면　則角居甲地(칙각거갑지)이고　耳藏在震(이장재진)이라.　一行曰(일행왈),　謂來龍也(위래룡야)에　豈特觀之形應(기특관지형응)인가　八山八龍遷穴處(팔산팔룡천혈처)말이다.　卽求原其起(즉구원기기)이고　乘其止(승기지)이니　坎山(감산)은大忌歸甲遷穴(대기귀갑천혈)이니　且以離爲龍(차이리위룡)에　耳則在乎震地也(이칙재호진지야)라.

〔주석해설〕

且以坎爲龍(차이감위룡)이면 • 또한　坎山으로써　龍을　삼았을　경우이면

則角居甲地(칙각거갑지)이고 • 즉　뿔은　甲地에　있음인　것이고

耳藏在震(이장재진)이라 • 귀는　震地에　갈무리가　되어　있는　것이다.

一行曰(일행왈) • 일행께서는　다음과　같이　말하고　있다.

謂來龍也(위래룡야)에 • 소위　來龍이라　함에

豈特觀之形應(기특관지형응)인가 • 어떻게　形이　應함을　특별히　잘　관찰을　할　것인가?

八山八龍遷穴處(팔산팔룡천혈처)말이다 • 8山8龍의　遷穴處에서　말이다.

卽求原其起(즉구원기기)이고 • 즉　근원이　되는　그　起함을　구하고

乘其止(승기지)이니 • 그　止함을　타서　의지를　하는　것이니

坎山(감산)은 • 감산은

大忌歸甲遷穴(대기귀갑천혈)이니 • 甲으로　돌아가서　遷穴함을　크게꺼리는　것이니

且以離爲龍(차이리위룡)에 • 또한　離로써　龍을　삼음에

耳則在乎震地也(이칙재호진지야)라 • 귀는,　즉　震地에　있게　되는　것

이다.

9) 八山對求乾角在癸龍目宛然直離之申

〔원문9구독음문〕

八山對求(팔산대구)에 乾角在癸(건각재계)이고 龍目(용목)은 宛然
直離之申(완연직이지신)이라.

〔원문9구해설〕

八山對求(팔산대구)에 • 8산＝8괘의 방위에서 짝(對＝配)을 구함에
있어서

乾角在癸(건각재계)이고 • 乾山의 뿔은 癸에 있는 것이고

龍目(용목)은 • 龍의 눈은

宛然直離之申(완연직이지신)이라 • 완연히 離山의 申에 위치하는
것이다.

〔註釋原文〕

以八山對而求之則乾山角在癸耳在丑艮.

〔주석독음문〕

以八山對而求之(이팔산대이구지)는 則乾山(칙건산)에 角在癸(각재
계)이고 耳在丑艮(이재축간)이라.

〔주석해설〕

以八山對而求之(이팔산대이구지)는 • 8산＝8괘로써 그 짝(對＝配)
을 구함에 있어서는

則乾山(칙건산)에 • 즉 乾山에

角在癸(각재계)이고 • 뿔은 癸에 있는 것이고

耳在丑艮(이재축간)이라 • 귀는 丑艮에 있는 것이다.

10) 兌以坎爲鼻艮以坎爲脣

〔원문10구독음문〕

兌以坎爲鼻(태이감위비)이고 艮以坎爲脣(간이감위순)이라.

〔원문10구해설〕

兌以坎爲鼻(태이감위비)이고 • 兌山에서는 坎의 방향으로 코를 삼는 것이고

艮以坎爲脣(간이감위순)이라 • 艮山에서는 坎의 방향으로 입술을 삼는 것이다.

〔註釋原文〕

且以八山言之兌之直坎處爲鼻艮之直坎處爲脣言鼻在脣後則其理灼然但擇穴尤爲難耳一行曰穴坐其脣人口遭迍穴居其臍萬事咸宜穴居其目禍來必速穴居其尾流移不已穴居其顙富貴興旺穴居其腹珠珍滿目穴居其角人物銷鑠穴居其耳佐明天子穴居其腰人離物消穴居其足貧賤碌碌穴居其鼻名登上第穴居其腸必遇災殃起例云坤艮寅申居子位甲庚卯酉虎宮藏乙辛辰戌龍頭上巽乾巳亥馬家當丙壬子午猴門宿丁癸牛羊在犬方.

〔주석독음문〕

且以八山言之(차이팔산언지)컨대 兌之直坎處(태지직감처)는 爲鼻(위비)이고 艮之直坎處(간지직감처)는 爲脣(위순)이니 言鼻在脣後(언비재순후)로 則其理灼然(칙기리작연)이나 但擇穴(단택혈)은 尤爲難耳(우위난이)라. 一行曰(일행왈), 穴坐其脣(혈좌기순)이면 人口遭迍(인구조둔)이고, 穴居其臍(혈거기제)이면 萬事咸宜(만사함의)이며, 穴居其目(혈거기목)이면 禍來必速(화래필속)이고, 穴居其尾(혈거기미)이면 流移不已(류이불이)이며, 穴居其顙(혈거기상)이면 富貴興旺(부귀흥왕)이고, 穴居其腹(혈거기복)이면 珠珍滿目(주진만목)이며, 穴居其角(혈거기각)이면 人物銷鑠(인물소삭)이고, 穴居其

耳(혈거기이)이면 佐明天子(좌명천자)이며, 穴居其腰(혈거기요)이면 人離物消(인리물소)이고, 穴居其足(혈거기족)이면 貧賤碌碌(빈천록록)이며, 穴居其鼻(혈거기비)이면 名登上第(명등상제)이고, 穴居其腸(혈거기장)이면 必遇灾殃(필우재앙)이라. 起例云(기예운)하면 坤艮寅申(곤간인신)은 居子位(거자위)이고, 甲庚卯酉(갑경묘유)는 虎宮藏(호궁장)이며, 乙辛辰戌(을신진술)은 龍頭上(용두상)이고, 巽乾巳亥(손건사해)는 馬家當(마가당)이며, 丙壬子午(병임자오)는 猴門宿(후문숙)이고, 丁癸牛羊(정계우양)은 在大方(재견방)이라.

〔주석해설〕
且以八山言之(차이팔산언지)컨대 • 또한 8산을 말하건대
兌之直坎處(태지직감처)는 • 兌의 直坎處는
爲鼻(위비)이고 • 코가 되는 것이고
艮之直坎處(간지직감처)는 • 艮의 直坎處는
爲脣(위순)이니 • 입술이 되는 것이니
言鼻在脣後(언비재순후)로 • 말하자면 코라는 것은 입술의 뒤에 있는 것이므로
則其理灼然(칙기리작연)이나 • 즉 그러한 이치는 명확히 그러함이나
但擇穴(단택혈)은 • 단지 穴을 가리고 고르는 擇穴은
尤爲難耳(우위난이)라 • 더욱 귀로 듣기가 어려운 것이다.
一行曰(일행왈) • 일행께서는 다음과 같이 말하고 있다.
穴坐其脣(혈좌기순)이면 • 穴이 입술=脣(순)에 坐=居하여 있으면
人口遭迍(인구조둔)이고 • 인구가 遭迍(조둔)하여 상봉함이 머뭇거림으로 가족이라는 식구가 늘어나지를 않을 것이고
穴居其臍(혈거기제)이면 • 穴이 배꼽=臍(제)에 坐=居하여 있으면
萬事咸宜(만사함의)이며 • 만사가 咸宜(함의)하여 두루두루 화목함이니 만사형통할 것이며

穴居其目(혈거기목)이면 • 穴이 눈＝目(목)에 坐＝居하여 있으면

禍來必速(화래필속)이고 • 災禍가 속히 빨리 올 것이고

穴居其尾(혈거기미)이면 • 穴이 꼬리＝尾(미)에 坐＝居하여 있으면

流移不已(류이불이)이며 • 흘러서 딴 곳으로 떠나감이 그침이 없음으로 가족의 흩어짐이 그치질 않을 것이며

穴居其顙(혈거기상)이면 • 穴이 이마＝顙(상)에 坐＝居하여 있으면

富貴興旺(부귀흥왕)이고 • 부귀가 흥왕할 것이고

穴居其腹(혈거기복)이면 • 穴이 배＝腹(복)에 坐＝居하여 있으면

珠珍滿目(주진만목)이며 • 진주 같은 보석이 눈에 가득할 것이며

穴居其角(혈거기각)이면 • 穴이 뿔＝角(각)에 坐＝居하여 있으면

人物銷鑠(인물소삭)이고 • 인물이 녹아내리고 흩어지며 태워지므로 인물이 사라질 것이고

穴居其耳(혈거기이)이면 • 穴이 귀＝耳(이)에 坐＝居하여 있으면

佐明天子(좌명천자)이며 • 천자를 좌명＝돕게 될 것이며

穴居其腰(혈거기요)이면 • 穴이 허리＝腰(요)에 坐＝居하여 있으면

人離物消(인리물소)이고 • 인물은 이별하여 흩어지고 재물은 소실되어 없어질 것이고

穴居其足(혈거기족)이면 • 穴이 발＝足(족)에 坐＝居하여 있으면

貧賤碌碌(빈천록록)이며 • 가난하고 빈천함이 자갈땅과 같음이며

穴居其鼻(혈거기비)이면 • 穴이 코＝鼻(비)에 坐＝居하여 있으면

名登上第(명등상제)이고 • 이름＝문패가 높고 귀한 집에 걸릴 것이고

穴居其腸(혈거기장)이면 • 穴이 창자＝腸(장)에 坐＝居하여 있으면

必遇災殃(필우재앙)이라 • 반드시 재앙을 만나게 될 것이다.

起例云(기예운)하면 • 예를 들어서 말하자면

坤艮寅申(곤간인신)은 • 坤艮寅申은

居子位(거자위)이고 • 子位에 있음이고

甲庚卯酉(갑경묘유)는 • 甲庚卯酉는

虎宮藏(호궁장)이며 • 虎宮인 寅位에 있음이며
乙辛辰戌(을신진술)은 • 乙辛辰戌은
龍頭上(용두상)이고 • 龍頭인 辰位에 있음이고
巽乾巳亥(손건사해)는 • 巽乾巳亥는
馬家當(마가당)이며 • 馬家인 午位에 있음이며
丙壬子午(병임자오)는 • 丙壬子午는
猴門宿(후문숙)이고 • 猴門인 申位에 있음이고
丁癸牛羊(정계우양)은 • 丁癸牛(丑)羊(未)는
在犬方(재견방)이라 • 犬方인 戌位에 있음인 것이다.

11) 土圭測其方位玉尺度其遠邇

〔원문11구독음문〕
土圭(토규)로 測其方位(측기방위)이고 玉尺(옥척)으로 度其遠邇(도기원이)라.

〔원문11구해설〕
土圭(토규)로 • 土圭＝해 그림자, 즉 고대의 나경으로는
測其方位(측기방위)이고 • 그 방위를 측정하고
玉尺(옥척)으로 • 깊이나 길이를 재는 옥척으로는
度其遠邇(도기원이)라 • 멀고 가깝고 깊고 낮음 등의 깊이를 측정하는 것이다.

〔註釋原文〕
土圭正日影之法測其次序惟洛邑能用其法故擇其起止如坎山測甲震離山測其兌艮之位以玉尺度其遠邇故量其形測其勢定其脈然後求其穴相去百尺之山求十尺相邇之類.

〔주석독음문〕
土圭(토규)로는 正日影之法(정일영지법)이니 測其次序(측기차서)

라. 惟洛邑(유낙읍), 能用其法(능용기법)이니 故(고)로 擇其起止(택
기기지)를 如坎山測甲震(여감산측갑진)이고 離山測其兌艮之位(리
산측기태간지위)라. 以玉尺(이옥척)으로 度其遠邇(도기원이)니 故
(고)로 量其形(량기형)하고 測其勢(측기세)하며 定其脈(정기맥)하
여 然後(연후)에 求其穴(구기혈)이라. 相去百尺之山(상거백척지산)
이고 求十尺相邇之類(구십척상이지류)라.

〔주석해설〕
土圭(토규)로는 • 해 그림자인 고대의 나경으로는
正日影之法(정일영지법)이니 • 日影=해 그림자를 바르게 하는 법이니
測其次序(측기차서)라 • 그 次序인 차례 차례의 순서를 측정하는 것
이다.
惟洛邑(유낙읍) • 오직 洛=황하강과 邑=國都만이
能用其法(능용기법)이니 • 능히 그러한 법을 쓸 수가 있음이니
故(고)로 • 그러므로
擇其起止(택기기지)를 • 그 일어남과 멈춤의 선택함을
如坎山測甲震(여감산측갑진)이고 • 마치 坎山은 甲位와 震位를 측
정함과 같은 것이고
離山測其兌艮之位(리산측기태간지위)라 • 離山은 兌位와 艮位를 측
정함과 같은 것이다.
以玉尺(이옥척)으로 • 깊이나 길이를 재는 옥척으로써
度其遠邇(도기원이)니 • 멀고 가깝고 깊고 낮음 등의 깊이를 측정하
여서 헤아리는 것이니
故(고)로 • 그러므로
量其形(량기형)하고 • 그러한 形을 측량하고
測其勢(측기세)하며 • 그러한 勢를 측량하며
定其脈(정기맥)하여 • 그러한 脈을 정하여

然後(연후)에 • 그러한 후에
求其穴(구기혈)이라 • 그러한 穴을 구하는 것이다.
相去百尺之山(상거백척지산)이고 • 떨어진 거리가 100척이면 산인 것이고
求十尺相邇之類(구십척상이지류)라 • 10척으로 서로 가까워 비슷한 유형의 무리들 속에서 穴을 구하는 것이다.

12) 乘金相水穴土印木

〔원문12구독음문〕
乘金相水(승금상수)이고 穴土印木(혈토인목)이라.
〔원문12구해설〕
乘金相水(승금상수)이고 • 혈장은 승금＝入首倒頭(입수도두)＝毬(구) 그리고 相水＝蟬翼砂(선익사)＝牛角砂(우각사)와
穴土印木(혈토인목)이라 • 穴土 그리고 印木＝脣氈(순전)＝氈脣(전순) 등으로 되어 있음이다. 즉 金을 乘하면 水를 相해야 하고, 穴이 土이면 초목이 이를 인증해주는 것이다.

〔註釋原文〕
乘金而葬則以水爲相穴坤之山則以木爲印金且生水而木克土故以爲印也.
〔주석독음문〕
乘金而葬(승금이장)하면 則以水爲相(칙이수위상)이고 穴坤之山(혈곤지산)이면 則以木爲印(칙이목위인)이라. 金且生水而木克土(금차생수이목극토)이니 故(고)로 以爲印也(이위인야)라.

〔주석해설〕
乘金而葬(승금이장)하면 • 승금으로 장사하면

則以水爲相(칙이수위상)이고 • 즉 水로써 相을 하는 것이고
穴坤之山(혈곤지산)이면 • 穴이 坤山이면
則以木爲印(칙이목위인)이라 • 즉 木으로써 印을 하는 것이다.
金且生水而木克土(금차생수이목극토)이니 • 金生水이고 木克土이니
故(고)로 • 그러므로
以爲印也(이위인야)라 • 그렇게 穴土로써 印을 하는 것이다.

13) 外藏八風內秘五行
〔원문13구독음문〕
外藏八風(외장팔풍)이고 內秘五行(내비오행)이라.
〔원문13구해설〕
外藏八風(외장팔풍)이고 • 밖으로는 8풍을 가두어서 갈무리를 하고,
內秘五行(내비오행)이라 • 안으로는 5행의 생기를 간직하는 것이다.

〔註釋原文〕
不使八方之風吹之內秘五行謂藏五氣也又曰四山環繞於外則是外藏八
風五氣流通於內則是內秘五行也矣.
〔주석독음문〕
不使(불사), 八方之風吹之(팔방지풍취지)이니 內秘五行(내비오행)
은 謂藏五氣也(위장오기야)라. 又曰(우왈), 四山環繞於外(사산환요
어외)함이 則是(칙시), 外藏八風(외장팔풍)이고 五氣流通於內(오기
류통어내)를 則是(칙시), 內秘五行也矣(내비오행야의)라.

〔주석해설〕
不使(불사) • 그렇게 못하게 하라
八方之風吹之(팔방지풍취지)이니 • 8방의 바람이 생기를 불어가는
것이니

內秘五行(내비오행)은 • 안으로 5행의 생기를 간직하는 것은
謂藏五氣也(위장오기야)라 • 수위 5행을 갈무리하는 것이다.
又曰(우왈) • 덧붙여서 다음과 같이 말하고 있다.
四山環繞於外(사산환요어외)함이 • 4산=4神砂가 환옥의 고리처럼
띠를 둘러서 밖을 에워서 싸고 있음이
則是(칙시) • 즉 이러함이
外藏八風(외장팔풍)이고 • 밖에서 8풍을 갈무리하는 것이고
五氣流通於內(오기류통어내)를 • 5氣가 안에서 유통하는 것을
則是(칙시) • 즉 이러함이
內秘五行也矣(내비오행야의)라 • 안에서 5행의 생기를 간직하는 것
이라고 할 수 있음인 것이다.

14) 龍虎抱衛主客相迎

〔원문14구독음문〕
龍虎抱衛(용호포위)이고 主客相迎(주객상영)이라.
〔원문14구해설〕
龍虎抱衛(용호포위)이고 • 청룡과 백호가 다정하게 둘러싸서 안아
포위=호위를 해주고
主客相迎(주객상영)이라 • 주산과 객산=조안산은 서로 영접하여
맞이한다.

〔註釋原文〕
言形勢主客內外左右皆相迎也又曰謂左右拱護前後朝揖也.
〔주석독음문〕
言(언), 形勢(형세), 主客(주객), 內外(내외), 左右(좌우), 皆相迎也
(개상영야)라. 又曰(우왈), 謂左右拱護(위좌우공호)이고 前後朝揖
也(전후조읍야)라.

〔주석해설〕

言(언)•이르기를

形勢(형세)•형세에 있어서

主客(주객) 內外(내외) 左右(좌우)가

皆相迎也(개상영야)라•모두가 다 서로 영접하는 것을 말하는 것이다.

又曰(우왈)•덧붙여서 다음과 같이 말하고 있다.

謂左右拱護(위좌우공호)이고•소위 좌우가 두 손을 맞잡고서 보호를 하는 것이고

前後朝揖也(전후조읍야)라•전후가 아침에 알현을 하듯 하는 것을 의미하는 것이다.

15) 微妙在智觸類而長

〔원문15구독음문〕

微妙(미묘)는 在智觸類而長(재지촉류이장)이라.

〔원문15구해설〕

微妙(미묘)는•미묘한 지혜가 있으려면

在智觸類而長(재지촉류이장)이라•오랫동안 여러 가지 유형의 많은 혈장을 접촉하여야 하는 것이다.

〔註釋原文〕

言其微妙之處不能備述觸類而長在乎人之智耳.

〔주석독음문〕

言其微妙之處(언기미묘지처)는 不能備述觸類而長(불능비구촉류이장)이니 在乎人之智耳(재호인지지이)라.

〔주석해설〕

言其微妙之處(언기미묘지처)는•그와 같이 미묘한 곳에서는

不能備述觸類而長(불능비구촉류이장)이니 • 여러 가지 같은 유형의 많은 혈장을 오랫동안 접촉하지를 않고서는 불가능한 것이니

在乎人之智耳(재호인지지이)라 • 사람의 슬기롭고 지혜로운 5觀에 있음인 것이다.

16) 玄通陰陽功奪造化

〔원문16구독음문〕

玄通陰陽(현통음양)하나 功奪造化(공탈조화)라.

〔원문16구해설〕

玄通陰陽(현통음양)하나 • 현묘=현달함은 음양의 이치에 통하는 것이지만

功奪造化(공탈조화)라 • 공=공덕이라는 것은 자연조화의 힘을 뛰어넘을 수도 있는 것이다.

〔註釋原文〕

辨方定向量山步水非智者莫能造其玄微也.

〔주석독음문〕

辨方定向(변방정향)하고 量山步水(량산보수)한데 非智者(비지자)는 莫能造其玄微也(막능조기현미야)라.

〔주석해설〕

辨方定向(변방정향)하고 • 方位를 변별하며 向을 정하고

量山步水(량산보수)한데 • 산을 측량하고 물은 어떻게 처하여 있는지를 걸어보아야만 하는데

非智者(비지자)는 • 슬기롭고 지혜롭지 못한 자는

莫能造其玄微也(막능조기현미야)라 • 그렇게 玄妙한 造化를 能用하지를 못하는 것이다.

17) 夫葬乾者勢欲起伏而長形欲濶厚而方. 葬坤者勢欲連袤而不傾
形欲廣厚而長平. 葬艮者勢欲委蛇而順形欲高峙而峻. 葬震者
勢欲蟠而和形欲聳而峨. 葬巽者勢欲峻而秀形欲銳而雄. 葬離
者勢欲馳而穹形欲起而崇. 葬兌者勢欲大來而坡垂形欲方廣而
平夷. 葬坎者勢欲曲折而長形欲秀直而昂.

〔원문17구독음문〕

夫葬乾者(부장건자)는 勢欲起伏而長(세욕기복이장)하고 形欲濶厚
而方(형욕활후이방)한다. 葬坤者(장곤자)는 勢欲連袤而不傾(세욕
연무이부경)하고 形欲廣厚而長平(형욕광후이장평)한다. 葬艮者(장
간자)는 勢欲委蛇而順(세욕위사이순)하고 形欲高峙而峻(형욕고치
이준)한다. 葬震者(장진자)는 勢欲蟠而和(세욕반이화)하고 形欲聳
而峨(형욕용이아)한다. 葬巽者(장손자)는 勢欲峻而秀(세욕준이수)
하고 形欲銳而雄(형욕예이웅)한다. 葬離者(장이자)는 勢欲馳而穹
(세욕치이궁)하고 形欲起而崇(형욕기이숭)한다. 葬兌者(장태자)는
勢欲大來而坡(세욕대래이파)하고 垂形欲方廣而平夷(수형욕방광이
평이)한다. 葬坎者(장감자)는 勢欲曲折而長(세욕곡절이장)하고 形
欲秀直而昂(형욕수직이앙)한다.

〔원문17구해설〕

夫葬乾者(부장건자)는 • 무릇 乾山＝戌乾亥龍에 장사를 지내고자
할 경우에는

勢欲起伏而長(세욕기복이장)하고 • 龍勢가 起伏하면서 멀리서 오듯
行龍이 長해야하고

形欲濶厚而方(형욕활후이방)하니 • 보국의 形局은 넓고 넉넉하듯
闊厚(활후)하면서 반듯하게 方해야 하는 것이다.

葬坤者(장곤자)는 • 坤山＝未坤申龍에 장사를 지내고자 할 경우에는
勢欲連袤而不傾(세욕연무이부경)하고 • 龍勢가 연달아 길게 뻗치듯
행룡이 連袤(연무)하되 기울어서는 안되는 것이고

形欲廣厚而長平(형욕광후이장평)하니 • 보국의 형국은 넓고 넉넉하 듯 廣厚(광후)하면서 널리 펴펴하듯 長平해야 하는 것이다.

葬艮者(장간자)는 • 艮山＝丑艮寅龍에 장사를 지내고자 할 경우에는 勢欲委蛇而順(세욕위사이순)하고 • 龍勢가 委蛇(위사)로 뱀처럼 거 스름 없이 順하게 행룡을 하고

形欲高峙而峻(형욕고치이준)하니 • 보국의 형국은 높게 우뚝 솟아 나듯 高峙(고치)하고 엄격(峻)해야만 하는 것이다.

葬震者(장진자)는 • 震山＝甲卯乙龍에 장사를 지내고자 할 경우에는 勢欲蟠而和(세욕반이화)하고 • 龍勢가 뱀이 몸을 감고 엎드려 있듯 이 蟠(반)하여 행룡하고 조화(和)가 이루어져야 하며

形欲聳而峨(형욕용이아)하니 • 보국의 형국이 높이 솟고 높듯 聳峨 (용아)해야 하는 것이다.

葬巽者(장손자)는 • 巽山＝辰巽巳龍에 장사를 지내고자 할 경우에는 勢欲峻而秀(세욕준이수)하고 • 龍勢가 높고 엄하며(峻) 빼어나고 수 려하게(秀) 행룡해야 하는 것이고

形欲銳而雄(형욕예이웅)하니 • 보국의 형국은 날카롭게 기세가 있 으며(銳) 웅장(雄) 해야만 하는 것이다.

葬離者(장이자)는 • 離山＝丙午丁龍에 장사를 지내고자 할 경우에는 勢欲馳而穹(세욕치이궁)하고 • 龍勢가 빠르게 달리는(馳)듯하고 크 게(穹) 행룡해야 하는 것이고

形欲起而崇(형욕기이숭)하니 • 보국의 형국은 우뚝 솟아(起) 높아야 (崇) 하는 것이다.

葬兌者(장태자)는 • 兌山＝庚酉辛龍에 장사를 지내고자 할 경우에는 勢欲大來而坡(세욕대래이파)하고 • 龍勢가 크게 달려와 고개(坡)를 드리우고(垂), 즉 과협하면서 행룡해야 하는 것이고

垂形欲方廣而平夷(수형욕방광이평이)하니 • 보국의 형국은 반듯하 게(方) 넓고(廣) 평평하면서(平)도 온화(夷)해야 하는 것이다.

葬坎者(장감자)는 • 坎山＝壬子癸龍에 장사를 하고자 할 경우에는

勢欲曲折而長(세욕곡절이장)하고 • 龍勢가 굴곡(曲)하고 꺾어(折)지며 길게(長) 행룡해야 하는 것이고

形欲秀直而昻(형욕수직이앙)한다 • 보국의 형국은 수려(秀)하면서 바르고(直) 높아야(昻)만 하는 것이다.

〔註釋原文〕

此八山之龍宜先乎勢次求其形.

〔주석독음문〕

此(차)는 八山之龍(팔산지룡)에 宜先乎勢(의선호세)하고 次求其形(차구기형)하라.

〔주석해설〕

此(차)는 • 이러한 것은

八山之龍(팔산지룡)에 • 8산의 龍에서

宜先乎勢(의선호세)하고 • 의당 먼저 勢를 살피고

次求其形(차구기형)하라 • 그다음에 形을 구하는 것이다.

18) 夫牛臥馬馳鸞舞鳳飛騰蛇委蛇

〔원문18구독음문〕

夫(부), 牛臥(우와), 馬馳(마치), 鸞舞(난무), 鳳飛(봉비), 騰蛇委蛇(등사위사)라.

〔원문18구해설〕

夫(부) • 무릇

牛臥(우와) • 소가 누운 듯

馬馳(마치) • 말이 달리는 듯

鸞舞(난무) • 난새가 춤을 추는 듯

鳳飛(봉비) • 봉황이 날아오르는 듯
騰蛇委蛇(등사위사)라 • 뱀이 위로 오르는 듯, 뱀이 구불구불 위곡
을 하는 듯.

〔註釋原文〕
此言山有岡阜支壠之形也如牛臥者欲伏而不走也如馬馳者欲顧而有情
如牛而不臥非象牛也如馬而不馳非象馬也如鸞者欲其舞如鳳者欲其飛
騰蛇委蛇謂屈曲隱伏長長而來也.

〔주석독음문〕
此言(차언), 山有岡阜支壠之形也(산유강부지농지형야)라. 如牛臥者
(여우와자)는 欲伏而不走也(욕복이불주야)이고 如馬馳者(여마치
자)는 欲顧而有情(욕고이유정)이라. 如牛而不臥(여우이불와)는 非
象牛也(비상우야)이고 如馬而不馳(여마이불치)는 非象馬也(비상마
야)라. 如鸞者(여난자)는 欲其舞(욕기무)이고 如鳳者(여봉자)는 欲
其飛(욕기비)이며 騰蛇委蛇(등사위사)는 謂屈曲隱伏(위굴곡은복)
으로 長長而來也(장장이래야)라.

〔주석해설〕
此言(차언) • 이와 같은 말은
山有岡阜支壠之形也(산유강부지농지형야)라 • 山에는 岡, 阜, 支,
壠 의 形이 있다는 것이다.
如牛臥者(여우와자)는 • 마치 누운 소와 같을 경우에는
欲伏而不走也(욕복이불주야)이고 • 엎드려서 달아나지 않으려고 하
는 것이고
如馬馳者(여마치자)는 • 마치 달리는 말과 같을 경우에는
欲顧而有情(욕고이유정)이라 • 돌아보아서 유정한 듯 하려고 하는
것이다.

如牛而不臥(여우이불와)는 • 소는 소인데 마치 눕지 않았을 경우에는
非象牛也(비상우야)이고 • 象牛가 아닌 것이고
如馬而不馳(여마이불치)는 • 말이지만 마치 달리지를 않을 경우에는
非象馬也(비상마야)라 • 象馬가 아닌 것이다.
如鸞者(여난자)는 • 마치 난새와 같은 모양일 경우에는
欲其舞(욕기무)이고 • 그 형상이 춤을 추듯 해야 하는 것이고
如鳳者(여봉자)는 • 마치 봉황과 같은 모양일 경우에는
欲其飛(욕기비)이며 • 그 형상이 나는 듯해야 하는 것이며
螣蛇委蛇(등사위사)는 • 마치 운무를 일으키는 등사나 뱀과 같을 경우에는
謂屈曲隱伏(위굴곡은복)으로 • 소위 굴곡하고 은복하면서
長長而來也(장장이래야)라 • 길고도 깊게 흘러서 내리는 것을 지적하는 것이다.

19) 黿鼉魚鱉以水別之

〔원문19구독음문〕
黿鼉魚鱉(원타어별)은 以水別之(이수별지)라.
〔원문19구해설〕
黿鼉魚鱉(원타어별)은 • 자라나 악어 그리고 거북이나 금계 등의 물고기는
以水別之(이수별지)라 • 水=물로써 이들을 구별하는 것이다.

〔註釋原文〕
水中之物要得水以養之亦以類取也.
〔주석독음문〕
水中之物(수중지물)은 要得水以養之(요득수이양지)이니 亦以類取也(역이류취야)라.

〔주석해설〕
水中之物(수중지물)은 • 물속에 있는 만물들은
要得水以養之(요득수이양지)이니 • 요컨대 물을 얻음으로써 양육될
수가 있는 것이니
亦以類取也(역이류취야)라 • 역시 그와 같은 部類로써 취하는 것이다.

  20) 牛富鳳貴
〔원문20구독음문〕
牛富鳳貴(우부봉귀)이고
〔원문20구해설〕
牛富鳳貴(우부봉귀)이고 • 소는 富를, 봉황은 貴를 뜻하는 것이다.

〔註釋原文〕
言葬牛者富葬鳳者貴不言鸞馬者其福皆不及牛鳳也青囊經曰山形如馬
凶及葬者囚獄復至道路消化又曰山形如鸞美女高官葬多姬妾是故不言.
〔주석독음문〕
言(언), 葬牛者富(장우자부)이고 葬鳳者貴(장봉자귀)이며 不言(불
언), 鸞馬者(난마자), 其福(기복), 皆不及牛鳳也(개불급우봉야)라.
青囊經曰(청낭경왈), 山形如馬凶(산형여마흉)이니 及葬者(급장자)
는 囚獄復至道路消化(수옥복지도로소화)라. 又曰(우왈), 山形如鸞
(산형여난)은 美女高官(미녀고관)이니 葬(장), 多姬妾(다희첩)이
라. 是故不言(시고불언)이라.

〔주석해설〕
言(언) • 이르기를
葬牛者富(장우자부)이고 • 牛에 장사함은 富함이고
葬鳳者貴(장봉자귀)이며 • 鳳에 장사함은 貴함이며

不言(불언) • 말이 아님은

鸞馬者(난마자)는 • 鸞과 馬는

其福(기복)이 • 그러한 福이

皆不及牛鳳也(개불급우봉야)라 • 모두 다 牛나 鳳에 미치지를 못한다는 말이 아닌 것이다.

靑囊經曰(청낭경왈) • 청낭경에서 이르기를

山形如馬凶(산형여마흉)이니 • 산형이 마치 말과 같다면 흉함인 것이니

及葬者(급장자)는 • 이러한 곳에 장사를 한자에게 미치는 바는

囚獄復至道路消化(수옥복지도로소화)라 • 교도소에 들어가고 다시 근원을 겪듯이 道路(도로)하고 쇠하여서 모양이 바뀌듯 消化(소화)에 이르리라고 함이다.

又曰(우왈) • 덧붙여서 다음과 같이 말하고 있다.

山形如鸞(산형여난)은 • 산형이 마치 난새와 같을 경우에는

美女高官(미녀고관)이니 • 미녀와 고관임인 것이니

葬(장) • 그러한 곳에 장사를 지내게 되면

多姬妾(다희첩)이라 • 여러 姓氏를 가진 첩을 거느릴 것이다.

是故不言(시고불언)이라 • 이러한 연고로 不言이라 말을 하지 아니하는 것이다.

21) 騰蛇凶危.

〔원문21구독음문〕

騰蛇凶危(등사흉위)이며

〔원문21구해설〕

騰蛇凶危(등사흉위)이며 • 騰蛇는 凶危한 것이니, 즉 죽은 뱀과 같이 직선으로 뻗은 등사는 흉악한 것이다.

〔註釋原文〕
言蛇形地多凶不可葬也一行曰正蛇之形發迹之驟葬之亦無害但易盛易衰耳.

〔주석독음문〕
言(언), 蛇形地(사형지)는 多凶(다흉)이니 不可葬也(불가장야)라.
一行曰(일행왈), 正蛇之形(정사지형)에 發迹之驟(발적지취)이니 葬之(장지)하면 亦無害(역무해)이나 但易盛易衰耳(단역성이쇠이)라.

〔주석해설〕
言(언) • 이르기를
蛇形地(사형지)는 • 뱀 모양을 한 蛇形의 땅은
多凶(다흉)이니 • 흉함이 많음이니
不可葬也(불가장야)라 • 장사를 지냄에 불가한 것이다.
一行曰(일행왈) • 일행께서는 다음과 같이 말하고 있다.
正蛇之形(정사지형)에 • 바른 뱀 모양의 형상은
發迹之驟(발적지취)이니 • 흔적인 자취가 갈지자로 달려가는 것이니
葬之(장지)하면 • 이러한 곳에 장사를 지내면
亦無害(역무해)이나 • 역시 해로움은 없는 것이나
但易盛易衰耳(단역성이쇠이)라 • 단지 쉽게 흥성하고 쉽게 衰絶하게 되는 것이다.

22) 形類百動葬皆非宜
〔원문22구독음문〕
形類百動(형류백동)이면 葬皆非宜(장개비의)라.
〔원문22구해설〕
形類百動(형류백동)이면 • 物形이 백 가지의 유형인데 이것들이 난동하듯이 움직이게 되면

葬皆非宜(장개비의)라 • 장사에는 모두가 합당치 않음인 것이다.

〔註釋原文〕
言山岡如前之形皆要隱伏不可動走如或動走則不可葬也.

〔주석독음문〕
言(언), 山岡如前之形(산강여전지형)이 皆要隱伏(개요은복)으로 不可動走(불가동주)인데 如或動走(여혹동주)이면 則不可葬也(칙불가장야)라.

〔주석해설〕
言(언) • 이르기를
山岡如前之形(산강여전지형)이 • 山岡이 앞에서 前述한 形象과 같을 경우에는
皆要隱伏(개요은복)으로 • 모두가 은복을 하여서 엎드려야만 하는 것으로
不可動走(불가동주)인데 • 움직이고 달려서는 불가한 것인데
如或動走(여혹동주)이면 • 마치 혹은 움직이고 혹은 달린다고 한다면
則不可葬也(칙불가장야)라 • 즉 이러한 곳에서의 장사는 불가한 것이다.

23) 四應前案法同忌之
〔원문23구독음문〕
四應前案(사응전안)이니 法同忌之(법동기지)이라.
〔원문23구해설〕
四應前案(사응전안)이니 • 4신사, 즉 사방에 응하는 산과 穴前에 있는 안산도, 原文22句의 形類百動(형류백동)과 같이 난동하듯이 어지럽게 움직이면 氣가 모이지 않고 흩어지기 때문에,

法同忌之(법동기지)이라 • 똑같은 이치로 장사를 금하고 피해야만 하는 것이다.

〔註釋原文〕
言左右前後之山皆欲止伏不欲其活動也活動則氣不聚葬法所忌也已上論山形肖似互有短長所宜避凶就吉.

〔주석독음문〕
言(언), 左右前後之山(좌우전후지산)이 皆欲止伏(개욕지복)이고 不欲其活動也(불욕기활동야)인데 活動則氣不聚(활동칙기불취)이니 葬法所忌也(장법소기야)라. 已上論(이상론), 山形肖似(산형초사)하나 互有短長(호유단장)이니 所宜避凶就吉(소의피흉취길)이라.

〔주석해설〕
言(언) • 이르기를
左右前後之山(좌우전후지산)이 • 좌우와 전후의 산들이
皆欲止伏(개욕지복)이고 • 모두 다 멈추고 엎드려야 하는 것이고
不欲其活動也(불욕기활동야)인데 • 그렇게 활동을 하려 해서는 아니 되는 것인데
活動則氣不聚(활동칙기불취)이니 • 활동을 하면, 즉 氣가 모여서 뭉치지를 못하는 것이니
葬法所忌也(장법소기야)라 • 장법에서는 그러함을 금기시하고 꺼리는 것이다.
已上論(이상론) • 이상에서 살펴본 내용을 요약해 보면
山形肖似(산형초사)하나 • 산형은 매우 흡사하게 닮았으나
互有短長(호유단장)이니 • 서로가 장단점이 있는 것이니
所宜避凶就吉(소의피흉취길)이라 • 그러한바 의당 흉함을 피하고 길함을 좇으라는 것이다.

8. 第8 取類編(취류편)

1) 夫重岡疊阜群壟衆支當擇其特情如伏尸

〔원문1구독음문〕

夫(부), 重岡疊阜(중강첩부)하고 群壟衆支(군룡중지)라도 當擇其特情如伏尸(당택기특정여복시)함이라.

〔원문1구해설〕

夫(부)・무릇

重岡疊阜(중강첩부)하고・산과 언덕이 중첩을 하고

群壟衆支(군룡중지)라도・山壟과 평양룡＝支龍이 무리를 지어 있다고 하더라도

當擇其特情如伏尸((당택기특정여복시)함이라・그 중에서 당연히 특이한 性情을 택하여서 시신을 묻어야만 함을 유의해야 하는 것이다.

〔註釋原文〕

謂岡阜支壟多重疊當於其中擇其一山特然獨異不與衆山同者爲上如尸者如尸之不動也又曰阜者岡之別也支者壟之分也壟降而支支降而岡岡降而阜此岡壟之差次也特者特異也餘如張說.

〔주석독음문〕

謂(위), 岡阜支壟(강부지농)이 多重疊(다중첩)한데 當於其中擇其一山(당어기중택기일산)에는 特然獨異(특연독이)로 不與衆山同者(불여중산동자), 爲上(위상)이니 如尸者(여시자)가 如尸之不動也(여시지불동야)라. 又曰(우왈), 阜者(부자)는 岡之別也(강지별야)이고 支者(지자)는 壟之分也(농지분야)이니 壟降而支(농강이지)이고 支降而岡(지강이강)이며 岡降而阜(강강이부)라. 此岡壟之差(차강농지차)는 次也(차야)이니 特者特異也(특자특이야)이고 餘如張說(여여장설)이라.

〔주석해설〕

謂(위) • 소위 말해서

岡阜支壟(강부지농)이 • 岡, 阜, 支. 壟이

多重疊(다중첩)한데 • 여러 겹으로 중첩을 하여있는데

當於其中擇其一山(당어기중택기일산)에는 • 당연히 그중에서 그 어떤 하나의 1산을 택하려고 할 경우에는

特然獨異(특연독이)로 • 특별히 혼자서 다른 것으로

不與衆山同者(불여중산동자)를 • 대부분의 산들과는 같지 않은 것을

爲上(위상)이니 • 제일로 하는 것이니

如尸者(여시자)가 • 마치 시체와 같은 것이

如尸之不動也(여시지불동야)라 • 마치 시체가 움직이지를 않음과 같은 것이다.

又曰(우왈) • 덧붙여서 다음과 같이 말하고 있다.

阜者(부자)는 • 언덕인 阜라는 것은

岡之別也(강지별야)이고 • 산등성이라는 岡과는 다른 것이고

支者(지자)는 • 가지에 해당하는 支라는 것은

壟之分也(농지분야)이니 • 언덕이라는 壟에서 분리된 것이니

壟降而支(농강이지)이고 • 壟이 降하여 내려오면 支인 것이고

支降而岡(지강이강)이며 • 支가 降하여 내려오면 岡이 되는 것이며

岡降而阜(강강이부)라 • 岡이 降하여 내려오면 阜가 되는 것이다.

此岡壟之差(차강농지차)는 • 이처럼 岡과 壟의 차이는

次也(차야)이니 • 다음이니

特者特異也(특자특이야)이고 • 특별하고 특이한 것이고

餘如張說(여여장설)이라 • 그 여타 나머지 내용은 장설과 같은 것이다.

2) 大者特小小者特大

〔원문2구독음문〕

大者特小(대자특소)이고 小者特大(소자특대)라.

〔원문2구해설〕

大者特小(대자특소)이고 • 산이 크면 작은 것이 특이한 곳이므로, 즉 큰 터에서는 小處(소처)인 작은 터가 特異處(특이처)가 되는 것이고

小者特大(소자특대)라 • 산이 작으면 큰 곳이 특이한 곳이기 때문에, 즉 작은 터에서는 大處(대처)인 큰 터가 특이처가 되는 것이다.

〔註釋原文〕

張曰衆山俱大宜取小者爲特衆山俱小宜取大者爲特.

〔주석독음문〕

張曰(장왈), 衆山俱大(중산구대)에 宜取小者爲特(의취소자위특)이고 衆山俱小(중산구소)에 宜取大者爲特(의취대자위특)이라.

〔주석해설〕

張曰(장왈) • 張說(장설)께서는 다음과 같이 말하고 있다.

衆山俱大(중산구대)에 • 모든 산들이 전부다 규모가 클 경우에

宜取小者爲特(의취소자위특)이고 • 의당 덩치가 작은 산을 취하는 것이 특이함이므로 으뜸인 것이고

衆山俱小(중산구소)에 • 모든 산들이 전부다 규모가 작을 경우에

宜取大者爲特(의취대자위특)이라 • 의당 덩치가 큰 산을 취하는 것이 특이함이므로 으뜸인 것이다.

3) 參形雜勢主客同情所不葬也

〔원문3구독음문〕

參形雜勢(참형잡세)하고 主客同情(주객동정)이면 所不葬也(소부장야)라.

〔원문3구해설〕

參形雜勢(참형잡세)하고 • 용맥의 형세가 불규칙하여 어지럽고 복잡하게 번거롭고

主客同情(주객동정)이면 • 주객, 즉 주산과 객산=주변사격이 특이하지 않고 대소가 똑같게 同情을 할 경우라면

所不葬也(소부장야)라 • 장사를 지낼 수가 없는 장소인 것이다.

〔註釋原文〕

參者不一也雜者雜亂也客者前之朝山也主者後之來山也參形雜勢言形勢之不眞也客主同情言賓主之無辨也如此參雜則法不可以葬也.

〔주석독음문〕

參者(삼자)는 不一也(불일야)이고 雜者(잡자)는 雜亂也(잡난야)라. 客者(객자)는 前之朝山也(전지조산야)이고 主者(주자)는 後之來山也(후지래산야)라. 參形雜勢(삼형잡세)는 言(언), 形勢之不眞也(형세지불진야)이고 客主同情(객주동정)은 言(언), 賓主之無辨也(빈주지무변야)이니 如此參雜(여차삼잡)이면 則法不可以葬也(칙법불가이장야)라.

〔주석해설〕

參者(삼자)는 • 3이라는 것은

不一也(불일야)이고 • 1이 아닌 것이고

雜者(잡자)는 • 뒤섞였다는 것은

雜亂也(잡난야)라 • 어지럽게 뒤섞이어서 번거로운 것이다.

客者(객자)는 • 손님에 해당하는 客山은
前之朝山也(전지조산야)이고 • 穴前에 있는 朝山인 것이고
主者(주자)는 • 주인에 해당하는 主山은
後之來山也(후지래산야)라 • 穴後에 있는 來山인 것이다.
參形雜勢(삼형잡세)는 • 山形이 3가지이고 山勢가 뒤섞이어 어지럽
고 번거롭다는 것은
言(언) • 이르기를
形勢之不眞也(형세지불진야)이고 • 形勢가 眞情＝眞實되지를 못하
다는 것이고
客主同情(객주동정)은 • 객산과 주산의 성정이 동일하여서 같다는
것은
言(언) • 이르기를
賓主之無辨也(빈주지무변야)이니 • 손님과 주인이 변별되지를 않음
이니
如此參雜(여차삼잡)이면 • 마치 이렇게 3雜하여서 3形과 亂勢(난
세)를 이루게 되면
則法不可以葬也(칙법불가이장야)라 • 즉 장사를 지내는 장소로써는
불가한 법인 것이다.

4) 夫支欲起於地中

〔원문4구독음문〕
夫(부), 支欲起於地中(지욕기어지중)이라.
〔원문4구해설〕
夫(부) • 무릇
支欲起於地中(지욕기어지중)이라 • 支＝평양룡은 지중인 땅속에서
隆起(융기)를 하여야 하는 것이다.

〔註釋原文〕
雖是要從地中突起亦須藕斷懸絲氣脈相連方可言支
〔주석독음문〕
雖是要從地中突起(수시요종지중돌기)이나 亦須藕斷懸絲(역수우단현사)로 氣脈相連(기맥상연)이면 方可言(방가언)이니 支(지)라.

〔주석해설〕
雖是要從地中突起(수시요종지중돌기)이나 • 비록 이렇게 지중을 좇아서, 즉 지중을 따라서 돌기를 하여야 함이 필요한 것이나
亦須藕斷懸絲(역수우단현사)로 • 역시 필수적으로 藕斷懸絲(우단현사), 즉 연뿌리를 끊었어도 매달려있는 명주실과 같은 것이므로
氣脈相連(기맥상연)이면 • 기맥이 서로 연결이 되었다면
方可言(방가언)이니 • 온 천하에 가히 말할 수가 있음이니
支(지)라 • 支가 되는 것이다.

5) 壟欲峙於地上
〔원문5구독음문〕
壟欲峙於地上(롱욕치어지상)이라.
〔원문5구해설〕
壟欲峙於地上(롱욕치어지상)이라 • 壟=산룡은 지상에서 峙하듯 높이 솟아야 한다.

〔註釋原文〕
高山大壟遠遠而來峙立於地上安然不動方是正壟.
〔주석독음문〕
高山大壟(고산대롱)은 遠遠而來(원원이래)함이니 峙立於地上(치립어지상)하여 安然不動(안연부동)이면 方是正壟(방시정농)이라.

〔주석해설〕

高山大壟(고산대농)은 • 높은 고산의 커다란 대롱은

遠遠而來(원원이래)함이니 • 저 멀리서 來하여 온 것이니

峙立於地上(치립어지상)하여 • 지상에 우뚝 솟아서 서면서

安然不動(안연부동)이면 • 편안하다고 여기면서 움직이지를 않으면

方是正壟(방시정롱)이라 • 사방에 확언컨대 이러한 것은 正壟이 되는 것이다.

6) 支壟之前平夷如掌

〔원문6구독음문〕

支壟之前(지롱지전)은 平夷如掌(평이여장)이라.

〔원문6구해설〕

支壟之前(지롱지전)은 • 支＝평양룡이나 壟＝산롱의 앞은

平夷如掌(평이여장)이라 • 손바닥처럼 평탄하고 아늑해야 하는 것이다. 예컨대 용의 바로 앞은 행룡이 끝나는 龍盡處(용진처)로 용세가 멈추어 氣가 머무는 곳이기 때문에 氣를 모아서 穴을 맺으려고 하면 반드시 손바닥처럼 평이＝평탄하고 아늑해야만 하는 것이다.

〔註釋原文〕

支壟所止之地要令平夷如掌不凹不趺不傾不突靑囊經曰明堂寬抱水不流是也.

〔주석독음문〕

支壟所止之地(지농소지지지)는 要令平夷如掌(요령평이여장)으로 不凹(불요)하고 不趺(불부)하며 不傾(불경)하고 不突(불돌)이라. 靑囊經曰(청낭경왈), 明堂寬抱(명당관포)하고 水不流(수불류)함이 是也(시야)라.

〔주석해설〕

支壟所止之地(지롱소지지지)는 • 支壟이 멈추어서 머무르는 땅은

要令平夷如掌(요령평이여장)으로 • 요컨대 마치 손바닥처럼 평이해
야 하는 것으로

不凹(불요)하고 • 오목＝凹陷(요함)하지 않아야 하고

不趺(불부)하며 • 책상다리＝趺(부)하지 않아야 하며

不傾(불경)하고 • 기움＝傾斜(경사)하지 않아야 하고

不突(불돌)이라 • 불룩＝突起(돌기)하지 않아야 하는 것이다.

靑囊經曰(청낭경왈) • 청낭경에 이르기를

明堂寬抱(명당관포)하고 • 명당은 너그럽게 품어서 안듯 관포를 해
야 하고

水不流(수불류)함이 • 물이 흘러서 나가지를 않아야 함이

是也(시야)라 • 바로 이러한 것이다.

7) 故支葬其巓壟葬其麓

〔원문7구독음문〕

故(고)로 支葬其巓(지장기전)이고 壟葬其麓(롱장기록)이라.

〔원문7구해설〕

故(고)로 • 그러므로

支葬其巓(지장기전)이고 • 支＝평양룡에 장사를 지낼 경우에는 그
꼭대기의 머리 부분에 하고

壟葬其麓(롱장기록)이라 • 壟＝산룡에 장사를 지낼 경우에는 그 기
슭 부분에 하는 것이다.

〔註釋原文〕

支不甚高大要盡乘其勢故直於其上取穴以取其氣止故也山壟高大須於
勢力止處取穴麓者山之足也葬其山壟之在平夷所止足處是也又曰支者

懸絲不斷平地突起結氣在頂故其巓可葬壠者高山盡處峙立不動結氣在
中故其麓可葬麓者謂林麓之間也.

〔주석독음문〕

支不甚高大(지불심고대)이니 要盡乘其勢(요진승기세)는 故直於其
上取穴(고직어기상취혈)로 以取其氣止故也(이취기기지고야)라. 山
壠(산롱)은 高大(고대)이니 須於勢力止處(수어세력지처)는 取穴麓
者山之足也(취혈록자산지족야)라. 葬其山壠之在平夷所止足處(장기
산농지재평이소지족처)라 是也(시야)라. 又曰(우왈), 支者(지자)는
懸絲不斷(현사불단)이고 平地突起(평지돌기)로 結氣在頂(결기재
정)이니 故(고)로 其巓可葬(기전가장)이고 壠者(농자)는 高山盡處
(고산진처)에 峙立不動(치립부동)으로 結氣在中(결기재중)이니 故
(고)로 其麓可葬(기록가장)이라. 麓者(록자)는 謂林麓之間也(위림
록지간야)라.

〔주석해설〕

支不甚高大(지불심고대)이니•支는 정도에 지나칠 정도로 높고 크
지를 않음이니

要盡乘其勢(요진승기세)는•요컨대 그러한 勢를 정성을 다해서 타
는 것은

故直於其上取穴(고직어기상취혈)로•그러므로 勢를 탐(乘)에 직면
해서는 바로 그 위에 穴을 취함으로

以取其氣止故也(이취기기지고야)라•그러한 氣의 머무름(止)을 취
함으로써 故也라 그러함인 것이니, 즉 氣의 머무름(止)을 얻게 되는
것이다.

山壠(산롱)은•산롱이라는 것은

高大(고대)이니•높고 큰 것이니

須於勢力止處(수어세력지처)는•필수적으로 勢力이 멈추(止)는 곳

에서는

取穴麓者山之足也(취혈록자산지족야)라 • 麓處(록처)＝산기슭, 즉 산의 발(足) 부분에서 穴을 취해야 하는 것이다.

葬其山壠之在平夷所止足處(장기산롱지재평이소지족처)라 • 장사를 지냄에 있어서는 山壠이 平夷하여서 머물러 멈추는 장소인 足處＝ 발부분에 해야 하는 것이다.

是也(시야)라 • 바로 이러함인 것이다.

又曰(우왈) • 덧붙여서 다음과 같이 말하고 있다.

支者(지자)는 • 支라는 것은

懸絲不斷(현사불단)이고 • 매달린 실끈이 끊어지지 않음과 같은 것 이고

平地突起(평지돌기)로 • 평평한 평지에 불룩하게 일어난 것으로

結氣在頂(결기재정)이니 • 결속되어 맺히는 氣는 정상의 꼭대기 부 분에 있게 됨이니

故(고)로 • 그러므로

其巓可葬(기전가장)이고 • 그러한 巓(전)＝산꼭대기 부분에 장사를 지냄이 옳은 것이고

壠者(농자)는 • 壠이라는 것은

高山盡處(고산진처)에 • 고산이 다하여 끝나는 盡處(진처)에

峙立不動(치립부동)으로 • 솟구쳐 서서 움직이지를 않는 것이므로

結氣在中(결기재중)이니 • 결속되어 맺히는 氣는 그 속의 중간 부분 에 있게 됨이니

故(고)로 • 그러므로

其麓可葬(기록가장)이라 • 그러한 산기슭 부분에 장사를 지냄이 옳 은 것이다.

麓者(록자)는 • 산기슭이라는 것은

謂林麓之間也(위림록지간야)라 • 소위 수풀과 산림의 사이에 해당

되는 것이다.

8) 卜支如首卜壟如足

〔원문8구독음문〕

卜支如首(복지여수)하고 卜壟如足(복롱여족)하라.

〔원문8구해설〕

卜支如首(복지여수)하고 • 支의 길흉은 首와 같은 것이고, 즉 卜支
(복지)로 支=평양룡에서 혈을 쓸 경우에는 머리(首)의 부분에 卜定
(복정)을 하고

卜壟如足(복롱여족)하라 • 壟의 길흉은 足과 같은 것이고, 즉 壟=
산룡에서 혈을 쓸 경우에는 발(足)의 부분인 기슭에 卜定(복정)을
하는 것이다.

〔註釋原文〕

卜支望之如葬其首卜壟望之如葬其足然雖有勢止處如首如足可也非謂
擇其首擇其足也又曰突起地中如首之聳便知是支峙立地上如足之峙便
知是壟已上論支壟之穴各有攸宜所當深察.

〔주석독음문〕

卜支望之(복지망지)는 如葬其首(여장기수)하고 卜壟望之(복롱망
지)는 如葬其足(여장기족)인데 然(연)이나 雖有勢止處(수유세지처)
가 如首如足(여수여족)이면 可也(가야)이나 非謂擇其首擇其足也
(비위택기수택기족야)라. 又曰(우왈), 突起地中(돌기지중)이 如首
之聳(여수지용)이면 便知是支(편지시지)이고 峙立地上(치립지상)
이 如足之峙(여족지치)이면 便知是壟(편지시롱)이라. 已上論(이상
론), 支壟之穴各有攸(지롱지혈각유유)이니 宜所當深察(의소당심
찰)이라.

〔주석해설〕
卜支望之(복지망지)는•支의 길흉을 살핌에는
如葬其首(여장기수)하고•마치 葬法을 머리＝首에서 함과 같이
하고
卜壟望之(복롱망지)는•壟의 길흉을 살핌에는
如葬其足(여장기족)인데•마치 葬法을 발＝足에서 함과 같이 하면
되는 것인데
然(연)이나•그러나
雖有勢止處(수유세지처)가•비록 勢가 머무르고 멈추어 있는 곳이
如首如足(여수여족)이면•마치 首나 足과 같다고 하면
可也(가야)이나•가능한 것이나
非謂擇其首擇其足也(비위택기수택기족야)라•소위 말해서 그러한
首를 택하고 그러한 足을 택하라는 것은 아닌 것이다.
又曰(우왈)•덧붙여서 다음과 같이 말하고 있다.
突起地中(돌기지중)이•地中에서 불룩하게 일어나 돌기함이
如首之䇂(여수지용)이면•마치 머리＝首가 솟구쳐 솟음과 같다면
便知是支(편지시지)이고•간편하게 이것이 支임을 알게 되는 것이고
峙立地上(치립지상)이•地上에서 우뚝하게 서있듯 峙立함이
如足之峙(여족지치)이면•마치 발＝足을 우뚝 세워서 세움과 같다면
便知是壟(편지시롱)이라•간편하게 이것이 壟임을 알게 되는 것이다.
已上論(이상론)•이상에서의 논리를 요약해 보면
支壟之穴各有攸(지농지혈각유유)이니•支와 壟의 穴은 각각의 장
소(攸＝所)가 따로 있는 것이니
宜所當深察(의소당심찰)이라•의당 당연히 깊이깊이 자세하게 심
찰을 하여야 하는 바인 것이다.

9) 形勢不經氣脫如逐

〔원문9구독음문〕

形勢不經(형세부경)이니 氣脫如逐(기탈여축)이라.

〔원문9구해설〕

形勢不經(형세부경)이니 • 형세가 장경의 지침에 따르지 않아서 맞지 않게 되면

氣脫如逐(기탈여축)이라 • 氣가 달려서 빠져나가듯 축출되듯 이탈하여 없어지는 것이다.

〔註釋原文〕

形勢如不依經法則生氣脫走如逐去也又曰經常也巉嚴險怪失其常也氣脫如逐者無復有生氣也.

〔주석독음문〕

形勢如不依經法(형세여불의경법)이면 則生氣脫走如逐去也(즉생기탈주여축거야)라. 又曰(우왈), 經常也(경상야)인데 巉嚴險怪(참엄험괴)는 失其常也(실기상야)이고 氣脫如逐者(기탈여축자)는 無復有生氣也(무복유생기야)라.

〔주석해설〕

形勢如不依經法(형세여불의경법)이면 • 形勢가 마치 장경의 법에 의지를 하지 않는다면

則生氣脫走如逐去也(즉생기탈주여축거야)라 • 즉 생기가 탈주하여 달아남이 마치 逐去(축거)하여 내쫓기듯 떠나버리듯 하는 것이다.

又曰(우왈) • 덧붙여서 다음과 같이 말하고 있다.

經常也(경상야)인데 • 장경은 상식적인 것인데

巉嚴險怪(참엄험괴)는 • 形勢가 가파르고 급하듯 巉嚴(참엄)하고 험하고 기이하듯 險怪(험괴)하다는 것은

失其常也(실기상야)이고 • 그러한 상식을 잃음인 것이고
氣脫如逐者(기탈여축자)는 • 氣가 이탈＝탈주한 것과 같이 마치 氣
를 물리쳐서 쫓아버리는 것은
無復有生氣也(무복유생기야)라 • 생기를 다시 되돌릴 수가 없음인
것이다.

10) 形如仰刀凶禍伏逃
〔원문10구독음문〕
形如仰刀(형여앙도)이면 凶禍伏逃(흉화복도)라.
〔원문10구해설〕
形如仰刀(형여앙도)이면 • 형세가 마치 칼날을 위로 보도록 세워놓
은 것 같이 등성마루인 脊(척)이 좁고 날카로우면
凶禍伏逃(흉화복도)라 • 凶禍가 숨어서 달려드는 격이므로 흉화를
당하거나 엎드리고 숨듯 달아나는 伏逃(복도)의 일이 생기게 되는
것이다.

〔註釋原文〕
如仰刀者言上俠而尖有峯脊法主伏藏逃鼠之禍也.
〔주석독음문〕
如仰刀者言上俠而尖有峯脊法(여앙도자언상협이첨유봉척법)이니 主
伏藏(주복장)하면 逃鼠之禍也(도서지화야)라.

〔주석해설〕
如仰刀者言上俠而尖有峯脊法(여앙도자언상협이첨유봉척법)이니 •
마치 칼날을 위로 보도록 세워놓은 듯한 仰刀(앙도)와 같은 것(形
勢)은 상부인 위가 가볍듯 上俠(상협)함이고 뾰쪽한 봉우리를 가짐
과 같이 尖有峯(첨유봉)한 脊法(척법)으로 등성마루의 법이니

主伏藏(주복장)하면 • 주산이 굴복하여 엎드리듯 伏藏(복장)을 하게
되면

逃鼠之禍也(도서지화야)라 • 도망치는 쥐의 禍를 당하게 되는 것이다.

11) 形如臥劍誅夷逼僭

〔원문11구독음문〕

形如臥劍(형여와검)이면 誅夷逼僭(주이핍참)이라.

〔원문11구해설〕

形如臥劍(형여와검)이면 • 형세가 마치 눕혀서 놓은 긴 칼과 같이
좁고 길다고 한다면

誅夷逼僭(주이핍참)이라 • 처참한 죽임으로 베어서 육시를 하듯 誅
戮(주륙)을 당하거나 참담한 위협이 닥쳐오는 逼僭(핍참)함을 겪게
되는 것이다

〔註釋原文〕

如臥劍者俠而長首銳有瘦峯脊法主受誅戮也.

〔주석독음문〕

如臥劍者(여와검자)이면 俠而長首銳有瘦峯脊法主受誅戮也(협이장
수예유수봉척법주수주륙야)라.

〔주석해설〕

如臥劍者(여와검자)이면 • 마치 눕혀서 놓은 긴 칼과 같이 좁고 길
다는 것은

俠而長首銳有瘦峯脊法主受誅戮也(협이장수예유수봉척법주수주륙
야)라 • 좁음＝俠(협)하고 김＝長首(장수)하며 날카로움＝銳(예)하
고 여위어서 수척한 瘦峯(수봉)의 脊法(척법)은 주산이 처참하게 베
어서 육시를 하듯 誅戮(주륙)을 받고 당하는 것이다.

12) 形如橫几孫滅子死

〔원문12구독음문〕

形如橫几형여횡궤)이면 孫滅子死(손멸자사)라.

〔원문12구해설〕

形如橫几(형여횡궤)이면 • 형세가 마치 祭祀時에 옆으로 가로로 연결해 놓은 횡궤=제사상과 같이 맥이 잘리게 되면

孫滅子死(손멸자사)라 • 자손이 멸망하고 죽는 禍(화)를 당하게 되는 것이다.

〔註釋原文〕

如几案之橫過則截然無穴法主絶祀滅族之禍.

〔주석독음문〕

如几案之橫過則截(여궤안지횡과칙절)은 然無穴法(연무혈법)이니 主絶祀滅族之禍(주절사멸족지화)라.

〔주석해설〕

如几案之橫過則截(여궤안지횡과칙절)은 • 제사상인 几案(궤안)이 가로놓여서 옆으로 지나가듯 橫過(횡과)를 하면서, 즉 끊어진 곳은 然無穴法(연무혈법)이니 • 그러므로 穴法이 없는 것이니

主絶祀滅族之禍(주절사멸족지화)라 • 주인이 죽어서 제사를 받게 되는 絶祀(절사)와 멸족의 禍를 당하게 되는 것이다.

13) 形如覆舟女病男囚

〔원문13구독음문〕

形如覆舟(형여복주)이면 女病男囚(여병남수)라.

〔원문13구해설〕

形如覆舟(형여복주)이면 • 형세가 마치 뒤집혀져 있는 배와 같다면

女病男囚(여병남수)라 • 여자에게는 질병이 침입하고 남자에게는 교도소에 갇히는 일이 생기게 되는 것이다.

〔註釋原文〕
如舟之覆言中高而兩頭垂法主女長病男囚獄.

〔주석독음문〕
如舟之覆(여주지복)이면 • 言中高而兩頭垂法(언중고이양두수법)인데 主女長病(주여장병)하고 男囚獄(남수옥)이라.

〔주석해설〕
如舟之覆(여주지복)이면 • 마치 배가 뒤집혀져 있는 것과 같다는 것은 言中高而兩頭垂法(언중고이양두수법)인데 • 가운데가 높고 그로 말미암아 양쪽머리인 밖의 쪽이 내려져 드리운듯함을 말하는 것인데 主女長病(주여장병)하고 • 분묘주인의 여자들이 長病을 앓게 되고 男囚獄(남수옥)이라 • 남자는 교도소에 갇히게 되는 것이다.

14) 形如灰囊災舍焚倉

〔원문14구독음문〕
形如灰囊(형여회낭)이면 災舍焚倉(재사분창)이라.

〔원문14구해설〕
形如灰囊(형여회낭)이면 • 형세가 마치 灰囊(회낭), 즉 재를 담는 주머니와 같은 형상이라면
災舍焚倉(재사분창)이라 • 집안에 재앙인 화재를 당하여 집이 불타고 창고가 잿더미가 되는 화를 입게 되는 것이다.

〔註釋原文〕
如灰囊者言有兩澤則明堂有水無兩澤則明堂乾燥如湯之淋灰囊焉法主

火災天火曰火人火曰灾也.
〔주석독음문〕
如灰囊者(여회낭자)에 言有兩澤(언유양택)이면 則明堂有水(칙명당
유수)이고 無兩澤(무양택)이면 則明堂乾燥(칙명당건조)라. 如湯之
淋(여탕지림)에 灰囊焉法(회낭언법)은 主火災(주화재)인데 天火曰
火(천화왈화)이고 人火曰灾也(인화왈재야)라.

〔주석해설〕
如灰囊者(여회낭자)에 • 마치 재를 담는 주머니와 같은 회낭에
言有兩澤(언유양택)이면 • 아울러(兩)서 못(澤)이 있다고 하면
則明堂有水(칙명당유수)이고 • 즉 명당에 물이 있음인 것이고
無兩澤(무양택)이면 • 아울러(兩)서 못(澤)이 없다면
則明堂乾燥(칙명당건조)라 • 즉 명당이 건조하여서 마른 것이다.
如湯之淋(여탕지림)에 • 마치 지나는 탕에 물방울을 떨어뜨려서 적
시는 것과 같음에
灰囊焉法(회낭언법)은 • 회낭의 장법을 쓰게 되는 것은
主火災(주화재)인데 • 주인이 火災를 당하게 되는 것인데
天火曰火(천화왈화)이고 • 天火는 火인 것이고
人火曰灾也(인화왈재야)라 • 人火는 災인 것이다.

15) 形如投筭百事昏亂
〔원문15구독음문〕
形如投筭(형여투산)이면 百事昏亂(백사혼란)이라.
〔원문15구해설〕
形如投筭(형여투산)이면 • 형세가 마치 섬대를 흩어놓은 것처럼 산
가지를 이리저리 흩어놓은 것 같은 형상이면
百事昏亂(백사혼란)이라 • 백사의 모든 일이 혼란에 빠져 어지럽게

되는 것이다.

〔註釋原文〕
言山形如籌筭之投擲法主百事昏昧敗亂也.
〔주석독음문〕
言(언), 山形如籌筭之投擲法(산형여주산지투척법)이면 主百事昏昧
敗亂也(주백사혼매패난야)라.

〔주석해설〕
言(언) • 이르기를
山形如籌筭之投擲法(산형여주산지투척법)이면 • 山形이 마치 섬대
를 흩어놓은 것처럼, 즉 산가지를 이리저리 흩어놓은 것 같은 형상
으로 던져버리는 법이면
主百事昏昧敗亂也(주백사혼매패난야)라 • 주인이 백사의 모든 일에
서 昏昧(혼매)로 어둡고 어두컴컴해지고 敗亂(패난)으로 부서지고
어지러워져서 혼란에 빠지게 되는 것이다.

16) 形如亂衣妬女淫妻
〔원문16구독음문〕
形如亂衣(형여란의)이면 妬女淫妻(투녀음처)라.
〔원문16구해설〕
形如亂衣(형여란의)이면 • 형세가 마치 옷가지들을 이리저리 흩어
놓은 것과 같은 형상이면
妬女淫妻(투녀음처)라 • 부녀자들 중에서 질투심이 많은 妬女(투녀)
와 음난한 淫女(음녀)가 나오게 되는 것이다.

〔註釋原文〕
言山形不圓淨如衣裳之亂擲法主女妬妻淫也.

〔주석독음문〕
言(언), 山形不圓淨(산형불원정)하여 如衣裳之亂擲法(여의상지난척법)이면 主女妬妻淫也(주여투처음야)라.

〔주석해설〕
言(언) • 이르기를

山形不圓淨(산형불원정)하여 • 산형이 원정치를 못하여, 즉 둥글고 맑지를 못하여

如衣裳之亂擲法(여의상지난척법)이면 • 마치 의상의 옷가지들을 이리저리 흩어놓은 것과 같은 형상으로 던져버리는 법이면

主女妬妻淫也(주여투처음야)라 • 주인입장에서 보아 여자는 시기질투를 하고 아내인 妻는 음란하게 되는 것이다.

17) 形如植冠永昌且歡

〔원문17구독음문〕
形如植冠(형여식관)이면 永昌且歡(영창차환)이라.

〔원문17구해설〕
形如植冠(형여식관)이면 • 형세가 마치 冠帽(관모)를 단정하게 쓰고 있는 것과 같은 형상이면

永昌且歡(영창차환)이라 • 영원히 昌盛(창성)하고 歡悅(환열)하여서 기쁠 것이다.

〔註釋原文〕
言後仰前峙坐向端正法主昌盛而且歡悅也.

〔주석독음문〕
言(언), 後仰(후앙)하고 前峙(전치)하며 坐向端正法(좌향단정법)이
면 主昌盛而且歡悅也(주창성이차환열야)라.

〔주석해설〕
言(언) • 이르기를
後仰(후앙)하고 • 穴後에 있는 主山이 고개를 바로 들고 있고
前峙(전치)하며 • 穴前에 있는 案山이 우뚝 솟아서 있으며
坐向端正法(좌향단정법)이면 • 坐向이 단정한 경우라면
主昌盛而且歡悅也(주창성이차환열야)라 • 주인이 창성함으로 말미
암아 또한 매우 기쁘게 환열을 하게 되는 것이다.

18) 形如覆釜其巓可富
〔원문18구독음문〕
形如覆釜(형여복부)이면 其巓可富(기전가부)라.
〔원문18구해설〕
形如覆釜(형여복부)이면 • 형세가 마치 엎어놓은 가마솥과 같은 형
상이면
其巓可富(기전가부)라 • 그 覆釜(복부)의 꼭대기의 부분에 장사를
지내는 것이 가당하여 富하게 될 것이다.

〔註釋原文〕
如釜之覆于平地四圍垂落其中突起處取穴也則可之致富盛也卽前所謂
支葬其巓是也.
〔주석독음문〕
如釜之覆(여부지복)은 于平地四圍(우평지사위)에 垂落其中突起處
(수락기중돌기처)를 取穴也(취혈야)이면 則可之致富盛也(칙가지치

부성야)인데 卽前所謂支葬其巓是也(즉전소위지장기전시야)라.

〔주석해설〕
如釜之覆(여부지복)은 • 마치 엎어놓은 가마솥과 같다고 하는 것은
于平地四圍(우평지사위)에 • 평지의 4방으로 행(于=行)함에
垂落其中突起處(수락기중돌기처)를 • 4방이 모두가 다 떨어져 있는
데 그 중에서 불룩하게 일어난 돌기처를
取穴也(취혈야)이면 • 穴로 취하게 되면
則可之致富盛也(칙가지치부성야)인데 • 즉 치부하고 융성함이 가당
할 것인데
卽前所謂支葬其巓是也(즉전소위지장기전시야)라 • 즉 앞에서 前述
한, 소위말해서 支龍에 장사를 지낼 경우에는 그와 같은 꼭대기＝巓
(전)을 취하라는 것이 이러함인 것이다.

19) 形如負扆有壟中峙法葬其止王侯崛起
〔원문19구독음문〕
形如負扆(형여부의)에 有壟中峙(유롱중치)하여 法葬其止(법장기
지)이면 王侯崛起(왕후굴기)니라.
〔원문19구해설〕
形如負扆(형여부의)에 • 형세가 負扆(부의), 즉 마치 둘러서 쳐놓은
병풍과 같은데
有壟中峙(유롱중치)하여 • 높이 솟은 산봉우리에서 내려온 壟＝산
룡이 있어서
法葬其止(법장기지)이면 • 그것이 그쳐서 멈추는 곳에 법에 맞추어
장사를 지내게 되면
王侯崛起(왕후굴기)니라 • 王侯와 같이 우뚝 솟아서 일어난 인물이
끊임없이 배출되어 나올 것이다.

〔註釋原文〕
其形如屏四向環合而中間有支壟之特峙葬其形之止處也主出公候.
〔주석독음문〕
其形如屏(기형여병)은 四向環合(사향환합)하고 而中間有支壟之特峙(이중간유지롱지특치)에 葬其形之止處也(장기형지지처야)이면 主出公候(주출공후)라.

〔주석해설〕
其形如屏(기형여병)은 • 그와 같은 형세가 마치 병풍과 같다고 하는 것은
四向環合(사향환합)하고 • 4向이 환옥의 고리처럼 環合(환합)하고
而中間有支壟之特峙(이중간유지롱지특치)에 • 그러므로 말미암아 중간에 支龍의 특별한 솟구침이 있을 경우에
葬其形之止處也(장기형지지처야)이면 • 그러한 形이 머무르고 멈춘 곳에 장사를 지내게 되면
主出公候(주출공후)라 • 장사를 지낸 주인에게 公候가 나오게 될 것이다.

20) 龍遶虎踞前案如戶貴不可露

〔원문20구독음문〕
龍遶虎踞(용요호거)하고 前案如戶(전안여호)하면 貴不可露(귀부가로)니라.
〔원문20구해설〕
龍遶虎踞(용요호거)하고 • 형세가 청룡이 두른 듯 감싸 안아주며 백호는 웅크린 듯하고
前案如戶(전안여호)하면 • 앞에 있는 안산이 마치 집안대문과 같을 경우에는

貴不可露(귀부가로)니라 • 貴가 이슬 맞는 일이 없을 것이다. 예컨대
명예가 실추되거나 벼슬에서 쫓겨나서 실직하는 일이 없을 것이다.

〔註釋原文〕
左右交度前案之山如門戶之閉密法主極貴機不可露恐人心僭越之心也
又曰左右盤旋前又閉密後龍若露亦未必貴此言四勢要得相應張言機不
可露恐未必然但是四勢綿密之地安可謂之極貴斯言過也.
〔주석독음문〕
左右交度(좌우교도)하고 前案之山(전안지산)으로 如門戶之閉密法
(여문호지폐밀법)하면 主極貴(주극귀)이나 機不可露(기불가로)이
니 恐人心僭越之心也(공인심참월지심야)라. 又曰(우왈), 左右盤旋
(좌우반선)하고 前又閉密(전우폐밀)하나 後龍若露(후룡약로)이면
亦未必貴(역미필귀)이니 此言四勢要得相應(차언사세요득상응)이
라. 張言機不可露(장언기불가로)는 恐未必然(공미필연)이나 但是四
勢綿密之地(단시사세면밀지지)는 安可(안가)이니 謂之極貴斯言過
也(위지극귀사언과야)라.

〔주석해설〕
左右交度(좌우교도)하고 • 穴左와 穴右가 서로 장사의 법도에 맞고
前案之山(전안지산)으로 • 穴前에 안산의 산이 있으므로
如門戶之閉密法(여문호지폐밀법)하면 • 마치 문호가 밀폐된 것과
같은 법수의 경우라면
主極貴(주극귀)이나 • 주체인 주산이 지극히 귀하게 되는 것이나
機不可露(기불가로)이니 • 機微(기미)가 노출되어서는 안 되는 것이니
恐人心僭越之心也(공인심참월지심야)라 • 두려운 것은 인심이 참람
하게 달아나듯 하는 僭越心(참월심)이 될까하는 것이다.
又曰(우왈) • 덧붙여서 다음과 같이 말하고 있다.

左右盤旋(좌우반선)하고 • 좌우가 쟁반을 회전하여 돌듯 하고

前又閉密(전우폐밀)하나 • 穴前의 案山이 또한 빗장으로 잠궈서 닫히듯 빽빽하나

後龍若露(후룡약로)이면 • 後龍이 만약에 노출되어 있다면

亦未必貴(역미필귀)이니 • 또한 반드시 귀함에 이르지 못할 것이니

此言四勢要得相應(차언사세요득상응)이라 • 이러한 언급은 4勢가 반드시 상응함을 필요로 한다는 것이다.

張言機不可露(장언기불가로)는 • 장설의 언급에서 機微가 노출되어서는 안 된다고 함은

恐未必然(공미필연)이나 • 필연이 아닐까 하는 두려움인 것이나

但是四勢綿密之地(단시사세면밀지지)는 • 다만 이러한 4勢가 이어짐이 촘촘하듯 면밀한 땅은

安可(안가)이니 • 안장함이 가할 것이니

謂之極貴斯言過也(위지극귀사언과야)라 • 소위 지극히 귀하다고 하는 이러한 언급은 지나친 것이다.

21) 形如燕巢法葬其凹胙土分茅

〔원문21구독음문〕

形如燕巢(형여연소)에 法葬其凹(법장기요)이면 胙土分茅(조토분모)라.

〔원문21구해설〕

形如燕巢(형여연소)에 • 형세가 마치 燕巢(연소), 즉 제비집과 같은 형상을 하고 있는데

法葬其凹(법장기요)이면 • 그 제비집의 움푹 들어간 부분＝窩(와)에 법에 맞추어 장사를 지내게 되면

胙土分茅(조토분모)라 • 胙(조)＝복록으로 土分茅(토분모)＝제후, 즉 토지로 녹을 받고 집을 분배받게 되는 것이므로, 예컨대 제후가

되는 귀한 현상이라 할 것이다.

〔註釋原文〕
四面周回如燕窠焉葬其中間凹處以乘聚氣也主出公侯守疆土之臣也.
〔주석독음문〕
四面周回(사면주회)하여 如燕窠焉(여연과언)인데 葬其中間凹處(장기중간요처)하여 以乘聚氣也(이승취기야)이면 主出公侯(주출공후)하고 守疆土之臣也(수강토지신야)라.

〔주석해설〕
四面周回(사면주회)하여 • 4방의 4면이 두루두루 돌아들어서
如燕窠焉(여연과언)인데 • 마치 제비의 보금자리와 같은 형상인데
葬其中間凹處(장기중간요처)하여 • 장사를 지냄에 그렇게 중간에 움푹 들어간 凹陷處(요함처)에 하여
以乘聚氣也(이승취기야)이면 • 氣를 모아서 타게 되면
主出公侯(주출공후)하고 • 주인에게 공후가 배출되는 것이고
守疆土之臣也(수강토지신야)라 • 강토를 지키는 신하가 되는 것이다.

22) 形如側罍後岡遠來前應曲回九棘三槐

〔원문22구독음문〕
形如側罍(형여측뢰)는 後岡遠來(후강원래)이니 前應曲回(전응곡회)가 九棘三槐(구극삼괴)라.
〔원문22구해설〕
形如側罍(형여측뢰)는 • 形勢가 마치 뒤집어 놓은 술병＝술독과 같다는 것은
後岡遠來(후강원래)이니 • 穴後의 주산＝용맥이 멀리에서 와 용이 長遠(장원)하고

前應曲回(전응곡회)가 • 穴前의 조안산에는 산과 물이 곡선으로 둘러 감싸안아 주면서 응대를 하게 되면
九棘三槐(구극삼괴)라 • 九卿三公(구경삼공)에 이르게 될 것이다. 예컨대 三槐=三公과 九棘=九卿 등 귀하고 높은 벼슬이 배출된다는 것이다.

〔註釋原文〕
如罍之側於平地來龍遠遠朝應周回法出公卿又曰來岡愈遠而愈大且又合形前案回抱是爲公相之地.
〔주석독음문〕
如罍之側(여뢰지측)은 於平地來龍遠遠(어평지래룡원원)이고 朝應周回(조응주회)이니 法出公卿(법출공경)이라. 又曰(우왈), 來岡(래강)이 愈遠而愈大(유원이유대)하고 且又合形前案回抱(차우합형전안회포)하면 是爲公相之地(시위공상지지)라.

〔주석해설〕
如罍之側(여뢰지측)은 • 마치 뒤집어 놓은 술병=술독이 옆에 있음과 같다는 것은
於平地來龍遠遠(어평지래룡원원)이고 • 平地에서 내려온 來龍이 遠遠으로 저 멀리에서 왔음이고
朝應周回(조응주회)이니 • 穴前의 朝應함이 두루두루 돌아서 들었음이니
法出公卿(법출공경)이라 • 이러한 장법의 법도라면 공경이 배출되어 나오는 것이다.
又曰(우왈) • 덧붙여서 다음과 같이 말하고 있다.
來岡(래강)이 • 내려오는 언덕=산등성이가
愈遠而愈大(유원이유대)하고 • 점점 아득히 멀고 그로 말미암아 점

점 크고

且又合形前案回抱(차우합형전안히포)하면 • 또 다시 形에 합하고 前案이 회포를 하게 되면

是爲公相之地(시위공상지지)라 • 이러한 곳이 바로 모두가 서로 相하는 장소가 되는 것이다.

23) 勢如萬馬自天而下其葬王者

〔원문23구독음문〕

勢如萬馬自天而下(세여만마자천이하)이면 其葬王者(기장왕자)라.

〔원문23구해설〕

勢如萬馬自天而下(세여만마자천이하)이면 • 산세가 마치 만 마리의 말이 스스로 하늘에서 하강하여 내려오는 것과 같은 형상이면

其葬王者(기장왕자)라 • 그러한 자리는 임금의 자리에 해당하는 것이다.

〔註釋原文〕

此以下言勢也勢如萬馬之奔馳驟相走出自天而下言其源之遠來若連於天也.

〔주석독음문〕

此以下言勢也(차이하언세야)라. 勢如萬馬之奔馳驟(세여만마지분치취)함이 相走出自天而下(상주출자천이하)은 言其源之遠來(언기원지원래)인데 若連於天也(약연어천야)라.

〔주석해설〕

此以下言勢也(차이하언세야)라 • 이 이하에서의 언급은 勢에 관한 것이다.

勢如萬馬之奔馳驟(세여만마지분치취)함이 • 勢가 마치 만 마리의

말이 달리고 질주하여 서로 뛰쳐나옴이

相走出自天而下(상주출자천이하)은 • 스스로 하늘에서 아래인 지상
으로 달려 나오는 듯한 形相은

言其源之遠來(언기원지원래)인데 • 그러한 근원이 저 멀리서 來하
여 오는 것이라는 언급인데

若連於天也(약연어천야)라 마치 • 하늘에서부터 이어진듯하다는 언
급인 것이다.

24) 勢如巨浪重嶺疊障千乘之葬

〔원문24구독음문〕

勢如巨浪(세여거랑)이고 重嶺疊障(중령첩장)이면 千乘之葬(천승지
장)이라.

〔원문24구해설〕

勢如巨浪(세여거랑)이고 • 산세가 마치 거대한 큰 파도와 같은 형상
이고

重嶺疊障(중령첩장)이면 • 산세가 잇달아 뻗어 있는 산봉우리들이
겹겹이 중첩으로 가로막아서 감싸고 보호해주게 되면

千乘之葬(천승지장)이라 • 千乘＝천자가 배출될 자리인 것이다.

〔註釋原文〕

言峯嶂支壟如浪起伏相連不絶.

〔주석독음문〕

言峯嶂支壟(언봉장지롱)이 如浪起伏相連不絶(여랑기복상연부절)이라.

〔주석해설〕

言峯嶂支壟(언봉장지롱)이 • 봉우리가 높고 가파른 산인 峯嶂(봉
장)과 가지의 언덕인 支壟(지롱)이

如浪起伏相連不絶(여랑기복상연부절)이라 • 마치 계속하여 밀려드
는 출렁출렁하는 피도의 같이 서로 이어져서 끊어짐이 없고 끊임이
없는 것이다.

25) 勢如降龍水繞雲從爵祿三公

〔원문25구독음문〕

勢如降龍(세여강룡)이고 水繞雲從(수요운종)이면 爵祿三公(작록삼
공)이라.

〔원문25구해설〕

勢如降龍(세여강룡)이고 • 산세가 마치 하늘에서 힘차게 내려오는
降龍(강룡)과 같은 형상이고

水繞雲從(수요운종)이면 • 물을 둘러싸고서 에워 감싸주듯, 戲弄(희
롱)을 하듯, 모든 산들의 모습이 마치 구름이 龍을 따르듯 하게 되면
爵祿三公(작록삼공)이라 • 爵祿(작록), 즉 벼슬과 녹봉이 三公에 이
르게 되는 자리인 것이다.

〔註釋原文〕

如龍自天而降前有水遶諸山相向若雲之從龍法出三公.

〔주석독음문〕

如龍自天而降(여룡자천이강)하고 前有水遶(전유수요)하여 諸山相
向(제산상향)함이 若雲之從龍(약운지종룡)이면 法出三公(법출삼
공)이라.

〔주석해설〕

如龍自天而降(여룡자천이강)하고 • 마치 龍이 스스로 하늘에서 하
강하여 내려오는 듯하고

前有水遶(전유수요)하여 • 穴前에 물이 에워싸듯 띠를 두르듯 하여

諸山相向(제산상향)함이 • 모든 산들이 서로 向함이

若雲之從龍(약운지종룡)이면 • 마치 구름이 龍을 좇아서 따르는듯

하게 되면

法出三公(법출삼공)이라 • 이러한 법수에는 三公이 배출되어 나오

는 법인 것이다.

26) 勢如雲從壁立雙峯翰墨詞鋒

〔원문26구독음문〕

勢如雲從壁立雙峯(세여운종벽립쌍봉)이면 翰墨詞鋒(한묵사봉)이라.

〔원문26구해설〕

勢如雲從壁立雙峯(세여운종벽립쌍봉)이면 • 산세가 마치 壁立雙峯

(벽립쌍봉)을 좇아서 따르는 구름과 같을 경우, 즉 옥처럼 아름답게

서있는 두 개의 봉우리가 구름을 좇아서 따르는 것같은 형상이라면

翰墨詞鋒(한묵사봉)이라 • 翰墨(한묵)의 詞鋒(사봉)이 나오게 되는

것이다. 예컨대 서예와 문장 등, 글 잘하는 翰墨=한림학사와 직언

을 아끼지 않는 詞鋒=사간원인 충신이 나오게 되는 것이다.

〔註釋原文〕

言勢如雲從溱集於雙峰者法出當代詞頌才臣又曰雙峯秀拔所以出詞藻

之士.

〔주석독음문〕

言勢如雲從溱集於雙峰者(언세여운종진집어쌍봉자)는 法出當代詞頌

才臣(법출당대사송재신)이라. 又曰(우왈), 雙峯秀拔所以出詞藻之士

(쌍봉수발소이출사조지사)라.

〔주석해설〕

言勢如雲從溱集於雙峰者(언세여운종진집어쌍봉자)는 • 勢가 마치

구름을 좇고 따라서 쌍봉에 아주 많이 모이듯 湊集(진집)하는 것은
法出當代詞頌才臣(법출당대사송개신)이라•당대에 詞頌才臣(사송
재신)이 배출되어서 나오는 법인 것이다. 여기서 詞鋒(사봉)이란 서
예와 문장 등, 글 잘하는 翰墨＝한림학사와 직언을 아끼지 않는 詞
鋒＝사간원인 충신이 나오게 되는 것이다. 즉 재주가 많은 신하들이
배출된다는 의미인 것이다.
又曰(우왈)•덧붙여서 다음과 같이 말하고 있다.
雙峯秀拔所以出詞藻之士(쌍봉수발소이출사조지사)라•쌍봉이 빼어
나고 특출하듯 秀拔(수발)한 곳에서는 직언을 아끼지 않고 두려워
하지 않는 詞藻之士(사조지사)가 배출되어 나온다는 것이다.

27) 勢如重屋茂草喬木開府建國
〔원문27구독음문〕
勢如重屋茂草喬木(세여중옥무초교목)이면 開府建國(개부건국)이라.
〔원문27구해설〕
勢如重屋茂草喬木(세여중옥무초교목)이면•산세가 마치, 重屋(중
옥)으로 많은 집들을 겹쳐놓은 것과 같고, 마치 茂草(무초)로 풀이
무성함과 같아서, 喬木(교목)이라 나무가 곧고 높이 자라는 곳으로
지기가 왕성한 곳이라면
開府建國(개부건국)이라•정부의 기관을 입지시키거나 국가를 세
울 수 있는 곳이 될 수가 있는 것이다. 예컨대 一國(일국)을 세울 수
있는 큰 인물이 나오는 터가 되는 것이다.

〔註釋原文〕
如重屋之連接不絶又草木茂盛又曰謂其來也如人之屋連接棟重重疊疊其
止也龍蟠虎踞鬱草茂林其護從也衆山朝揖四水回環是謂開府建國之地.

〔주석독음문〕
如重屋之連接不絶(여중옥지연접불절)이고　又草木茂盛(우초목무성)
이라. 又曰(우왈), 謂其來也(위기래야)가 如人之屋(여인지옥)이 連
接(연접)하고 棟重重疊疊(동중중첩첩)한 其止也(기지야)에 龍蟠虎
踞(용반호거)하고 鬱草茂林(울초무림)이 其護從也(기호종야)이니
衆山朝揖(중산조읍)하고 四水回環(사수회환)이 是謂開府建國之地
(시위개부건국지지)라.

〔주석해설〕
如重屋之連接不絶(여중옥지연접불절)이고 • 마치 重屋이 연접하여
서 끊이지를 않음과 같고
又草木茂盛(우초목무성)이라 • 또한 초목이 무성함과 같은 것이다.
又曰(우왈) • 덧붙여서 다음과 같이 말하고 있다.
謂其來也(위기래야)가 • 소위 그렇게 來하여 오는 것이
如人之屋(여인지옥)이 • 마치 사람들이 모여 사는 주택들이
連接(연접)하고 • 연결되어 접하고
棟重重疊疊(동중중첩첩)한 • 건물들이 중중첩첩한
其止也(기지야)에 • 그러한 가운데 머물러서 멈추는 곳에
龍蟠虎踞(용반호거)하고 • 靑龍이 엎드리듯 서리고 白虎가 웅크리
듯 걸터앉아 있고
鬱草茂林(울초무림)이 • 울창한 초목과 무성한 삼림이
其護從也(기호종야)이니 • 그를 호종함이니
衆山朝揖(중산조읍)하고 • 모든 산들이 아침에 알현을 하듯 하고
四水回環(사수회환)이 • 사방의 4水가 돌아와서 환옥의 고리를 만
듬이
是謂開府建國之地(시위개부건국지지)라 • 이러함이 소위 정부의 기
관을 입지시키거나 국가를 세울 수 있는 곳이 될 수가 있는 것이다.

즉 一國을 세울 수 있는 큰 인물이 나오는 터가 되는 것이다.

28) 勢如驚蛇屈曲徐斜滅國亡家
〔원문28구독음문〕
勢如驚蛇屈曲徐斜(세여경사굴곡서사)이면 滅國亡家(멸국망가)라.
〔원문28구해설〕
勢如驚蛇屈曲徐斜(세여경사굴곡서사)이면 • 산세가 마치 놀란 뱀처럼 굴곡하여 이리저리 휘어지고 삐뚤어지면서 도망을 치듯 서서히 기울어져 있는 형상이라면
滅國亡家(멸국망가)라 • 국가나 가정이나 모두가 멸망하는 자리인 것이다.

〔註釋原文〕
蛇謂之驚則是驚走不住之象何可安墳.
〔주석독음문〕
蛇謂之驚(사위지경)은 則是驚走不住之象(칙시경주불주지상)이니 何可安墳(하가안분)이리오.

〔주석해설〕
蛇謂之驚(사위지경)은 • 뱀이 소위 깜짝 놀랐다고 하는 것은
則是驚走不住之象(칙시경주불주지상)이니 • 즉 이렇게 놀라서 안주하지 못하고, 즉 멈추지를 못하고서 달아나는 象이니
何可安墳(하가안분)이리오 • 어떻게 편안하게 분묘를 모심이 가하겠는가?

29) 勢如戈矛兵死刑囚

〔원문29구독음문〕

勢如戈矛(세여과모)이면 兵死刑囚(병사형수)라.

〔원문29구해설〕

勢如戈矛(세여과모)이면 • 산세가 마치 날카롭고 딱딱한 긴 창과 같은 형상이면

兵死刑囚(병사형수)라 • 군대에 가서 죽거나 형벌로 罪囚(죄수)가 되어 교도소에 가게 되는 것이다.

〔註釋原文〕

戈矛尖利也何處安穴.

〔주석독음문〕

戈矛尖利也(과모첨리야)이면 何處安穴(하처안혈)이리오.

〔주석해설〕

戈矛尖利也(과모첨리야)이면 • 긴 창이 날카롭고 딱딱하여서 첨리한 것이면

何處安穴(하처안혈)이리오 • 어떻게 이러한 장소가 편안한 穴場이 되겠는가?

30) 勢如流水生人皆鬼

〔원문30구독음문〕

勢如流水(세여류수)이면 生人皆鬼(생인개귀)라.

〔원문30구해설〕

勢如流水(세여류수)이면 • 산세가 마치 무정하게 흘러서 달려 나가는 물과 같은 형상이면

生人皆鬼(생인개귀)라 • 산 사람이 모두가 怪鬼(괴귀)＝귀신에 홀린

듯 미쳐버리든가 귀신이 되는 것이다.

〔註釋原文〕
如水之直流傾注而去則主客無情也.
〔주석독음문〕
如水之直流傾注而去(여수지직류경주이거)이면 則主客無情也(칙주
객무정야)라.

〔주석해설〕
如水之直流傾注而去(여수지직류경주이거)이면 • 마치 물이 직류하
거나 물이 기울어서 뒤집히고 쏟아서 붓듯 傾注(경주)를 하면서 흘
러서 나가는 모양이면
則主客無情也(칙주객무정야)라 • 즉 주객이 모두 무정한 것이다.

31) 夫勢與形順者吉勢與形逆者凶
〔원문31구독음문〕
夫(부), 勢與形順者吉(세여형순자길)이고 勢與形逆者凶(세여형역
자흉)이라.
〔원문31구해설〕
夫(부) • 무릇
勢與形順者吉(세여형순자길)이고 • 形勢인 形과 勢가 똑같이 順理
(순리)에 맞은 것은 길한 것이고
勢與形逆者凶(세여형역자흉)이라 • 勢와 形이 동일하게 逆理(역리)
로 맞지 않은 것은 흉한 것이다.

〔註釋原文〕
勢如形順者俱吉形與勢逆者俱凶.

〔주석독음문〕
勢如形順者俱吉(세여형순자구길)이고 形與勢逆者俱凶(형여세역자
구흉)이라.

〔주석해설〕
勢如形順者俱吉(세여형순자구길)이고 • 形形과 勢가 똑같이 모두
順理에 맞게 갖추어진 것은 길한 것이고
形與勢逆者俱凶(형여세역자구흉)이라 • 勢와 形이 동일하게 逆理로
맞지 않게 갖추어진 것은 흉한 것이다.

32) 勢凶形吉百福希一勢吉形凶禍不旋日

〔원문32구독음문〕
勢凶形吉(세흉형길)이면 百福希一(백복희일)이고 勢吉形凶(세길형
흉)이면 禍不旋日(화불선일)이라.

〔원문32구해설〕
勢凶形吉(세흉형길)이면 • 勢는 흉한데 形이 길할 경우에는
百福希一(백복희일)이고 • 백가지의 복중에서 오직 한 가지는 바랄
수가 있음이니 多凶小福(다흉소복)함이고
勢吉形凶(세길형흉)이면 • 勢는 길하고 形이 흉할 경우에는
禍不旋日(화불선일)이라 • 禍＝不幸이 날을 돌이키지 않기 때문에
禍가 매우 빠르게 닥쳐온다고 할 것이다.

〔註釋原文〕
勢凶形吉者言百福之中尙可希其一福也勢吉形凶者言無吉兆禍患之來
不待終日而見也又曰勢者遠而難見形者近而易觀也已上論形與勢本自
不同形者謂本山之形象勢者謂來山之體勢然形與勢皆有吉凶不可不審
也.

[주석독음문]

勢凶形吉者(세흉형길자)는 言百福之中尙可希其一福也(언백복지중상가희기일복야)이고 勢吉形凶者(세길형흉자)는 言無吉兆(언무길조)이고 禍患之來不待終日而見也(화환지래불대종일이견야)라. 又曰(우왈), 勢者遠而難見(세자원이난견)이고 形者近而易觀也(형자근이역관야)라. 已上論(이상론), 形與勢(형여세)는 本自不同(본자불동)으로 形者謂本山之形象(형자위본산지형상)이고 勢者謂來山之體勢(세자위래산지체세)이라. 然(연)이나 形與勢(형여세)는 皆有吉凶(개유길흉)이니 不可不審也(불가불심야)라.

[주석해설]

勢凶形吉者(세흉형길자)는 • 勢는 흉한데 形이 길한 것은

言百福之中尙可希其一福也(언백복지중상가희기일복야)이고 • 백 가지의 복중에서 오직 한 가지는 바랄수가 있음이니 多凶小福을 말함인 것이고

勢吉形凶者(세길형흉자)는 • 勢는 길하고 形이 흉한 것은

言無吉兆(언무길조)이고 • 길조가 없다는 말이고

禍患之來不待終日而見也(화환지래불대종일이견야)라 • 禍患(화환)의 닥쳐옴이 때를 기다리지를 않고서 매우 빠르게 나타나서 보게 될 것이라는 말인 것이다.

又曰(우왈) • 덧붙여서 다음과 같이 말하고 있다.

勢者遠而難見(세자원이난견)이고 • 勢라는 것은 저 멀리에 있으므로 말미암아 보기가 어려운 것이고

形者近而易觀也(형자근이역관야)라 • 形이라는 것은 아주 가까운 근처에 있으므로 말미암아 관찰하여 살피기가 용이한 것이다.

已上論(이상론) • 이상에서 논의한 내용들을 요약해 보면

形與勢(형여세)는 • 형과 세는

本自不同(본자불동)으로 • 본래가 자체적으로 서로 다른 것이 아니므로

形者謂本山之形象(형자위본산지형상)이고 • 形이라는 것은 소위 본래 산의 형상인 것이고

勢者謂來山之體勢(세자위래산지체세)이라 • 勢라는 것은 소위 來山의 體勢인 것이다.

然(연)이나 • 그러므로

形與勢(형여세)는 • 형과 세는

皆有吉凶(개유길흉)이니 • 모두 다 길흉을 갖고 있는 것이므로

不可不審也(불가불심야)라 • 자세하게 심찰을 하지 않으면 아니 되는 것이다.

第3章 葬書問對

第1節 葬書問對의 序

　葬書問對(장서문대)는 元末明初(원말명초)의 시대에 趙방이라는 학자가 쓴 풍수서적이다. 이러한 장서문대의 底本(저본)은 古今圖書集成(고금도서집성)에 실린 내용이다. 장서문대의 핵심적인 내용은 풍수학에 대한 다양한 세속의 질문에 대한 비판적인 답변을 하고 있는 글이라고 할 수가 있을 것이다.

　청대의 초기에서는 풍수서적과 風水術法(풍수술법)들이 집대성되어 풍수학이론의 발전과 함께 그 술수도 역시 극한에 이른 시기라고 할 것이다. 그러한 풍수학의 혼란을 정리하고자 한 글이 바로 조방의 장서문대인 것이다.

　곽박의 장서인 금낭경에 대한 문답식으로 이루어져 있기 때문에 장서문대라는 제목을 갖고 있는 것이다. 대학자의 견지에서 관찰한 풍수학에 대한 글이기에 그만큼 합리성과 설득력을 갖는다고 할 수가 있을 것이다. 흔히 이러한 조방의 장서문대는 풍수학을 비판하는 글로 알려져 있는 것이 사실이다. 그러나 그 내용에 있어서 자세히 관찰을 하여 보면 형세론에 대해서는 그 논리성을 인정하고 있음이 엿보인다.

　여기서 곽박의 장서를 비판하는 것이 아니라 장서의 본질을 대변하고 있는 글에 유사하기 때문에 송대 성리학의 대가였던 주자나 정자의 풍수관을 그대로 계승하고 유지하고 있다고 해도 과언은 아닐 것이다. 즉 장서문대는 풍수학의 한 가지 유형인 형세론을 더욱 구체화시키고 있다고 할 수 있는 것이다.

이렇게 장서문대는 풍수학에 대해 제기 될 수 있는 다양한 질문에 대해서 질문과 답변의 형식으로 이루어진 글인 것이다. 그래서 풍수학의 논리성을 보다 더 정확하게 이해하기 위해서 반드시 읽어야 할 고전이라고 할 것이다. 도교의 일파였을 수도 있음을 엿보이는 대목이기도 한 것이다.

第2節 葬書問對의 原文과 讀音文

1. 葬書問對의 原文

或問葬地之說理有是乎對曰有之然則其說孰勝對曰葬書至矣問曰葬書眞郭氏之言乎抑古有其傳也對曰不可考周官人掌公墓墓大夫掌凡邦墓皆辨其尊卑度數而葬以其族大司俗以本俗大安萬民次二曰族墳墓則葬不擇地明矣豈有無事而著其法者哉漢書藝文志形法家大擧九州之勢以立城郭室舍形人及六畜骨法之度數器物之形容以求其聲氣貴賤吉凶而宮宅地形與相人之書列葬地之法其肇派于斯乎余嘗讀張平子賦見其自述上下岡之狀大略如今葬書尋龍捉脈之爲者豈東漢之末其說已行於士大夫間至景純最好方伎世見其葬母陽卒遠木患符其所徵而遂以葬書傳諸郭氏然無所考矣問曰葬書世所有然自齊梁至唐君子不道至宋司馬溫公乃欲焚其書禁絶其術何也對曰其言有大悖於理者書固可焚術固當絶也夫盛衰消長之變一定而不可推移者雖聖智巧力無能爲蓋天之所命而神功之不可測者也後世諸子百氏好爲異端奇論者衆矣未有敢易此以爲

言者而葬書獨曰神功可奪天命可改其欺天罔神謗造化而誣生民也甚矣
凵俗溺于其說以爲天道一定之分猶有術以易之則凡人事之是非黑白物
我得失之細固可顚倒錯亂伏藏擒制於方寸之隱發以遂吾私而無難而世
道人心遂有不可回者豈非葬書之有以誤之與禁以絶之固善問者曰夫其
謬戾固已如此而又以爲葬地之理在焉何也對曰術數之書其言不純往往
類此夫創物之智難以言傳固不可以爲言者之失而蔽其善也曰敢問其言
之善者何謂也對曰所謂乘生氣者是也班孟堅曰形與氣相首尾此精微之
獨異而數之自然最爲得形法之要蓋與葬書之言相表裏夫山川之起止合
散其神交氣感備百物之情故地形之書與觀宮宅人物者同出一原而後世
楊廖之徒遂精其能而極其變然後坤靈生息之機得乘以葬而後無失焉蓋
非殊資異識足以盡山川百物之情逆來順往旁見側出皆得其自然之數者
不足以語此則事雖鄙而理亦微矣故其書愈多其法愈密而此三言者足以
盡蔽其義蓋古先遺語之尙見於其書者乎又問曰星天象也術家以名山豈
葬書之旨耶對曰五行陰陽天地之化育在天成象在地成形聲色貌象各以
其類蓋無物不然無微不著而況山阜有形之最大者哉苟至理所存不必其
說之皆出于古也問曰直者吾知其爲木銳者吾知其爲火轉動者吾知其爲
水而圓之爲金方之爲土何也對曰易象乾爲天爲金爲圓因其從革以觀其
在鎔則知之矣四方形而土居其中蓋體坤而得地之象也問者曰然則或謂
人間萬事皆順惟金丹與地理爲逆者何也對曰人有五臟外應天地流精布
氣以養形也陽施陰受以傳代也非逆不足以握神機而成變化天有五氣行
乎地中流潤滋生草木榮也絪縕上騰發光景也非逆不足以配靈爽而貫幽
明知金丹之爲逆者則生氣得所乘之機矣夫豈一物對待之名哉又問曰今
閭巫方位之說亦得葬書之旨乎對曰論五行衰旺生克此是陰陽家事非所
以求形法葬書言方在勢與形之次而近世臨川吳公刊定其書置是語于雜
篇之首蓋嘗與人言方位時日無關于地理可謂得其本矣譬諸方伎家起死
回生必精乎色脈之度數長生久視不出乎內外之法象蓋形氣之冶神機合
變不係于方其本如此問者曰然則欲知葬地之理者將卽形法而求之備乎

抑合陰陽家而論之也對曰是固當辨釁之人事形法其言相也陰陽其推命
也有不相待者矣然言相者因百物之異形而各極其情狀以察造化之微而
知吉凶必不以相人者相六畜也推命者以生年月日時論禍福吉凶猶或失
之者由其爲術之本不足以範圍大化也移之以推六畜輒大謬者六畜之生
不同于人也夫方位之說本非所以求地理況乎隨意所擇不得形法之眞而
槩以其說加之則亦何異以虛中子平之術而推六畜以論牛馬者而論人耶
又問曰然則其說何自而始術家多談之者又何耶對曰不知其所自起也人
相傳以爲士有求葬法于江西者不遇其人遂泛觀諸郡名蹟以羅鏡測之各
識其方以相參合而傳會其說如此蓋者盤燭以求日之此而後出之書益加
巧密故遂行于中理或然也夫勢與形理顯而事難以管窺豹者每見一班按
圖索基者多失于驪黃牡牡苟非其人神定識超未必能造其微也方位者理
晦而事易畫師喜模鬼神憚作狗馬況羈旅求合之巫惡肯改其所難以艱其
衣食之途哉此可爲智者道爾問者又曰理卽如是則葬書所謂反氣納骨以
蔭所生者固在其術中矣何乃于奪神功改天命之說而斥絶之若是耶對曰
本骸得氣遺體受蔭者氣機自然之應也然吉地不易求而求全吉者尤未易
葬師嘗鮮遇而遇眞術者爲尤鮮是其術之明晦用舍地之是非得失且懸於
天而不可必今其言曰君子以是奪神功改天命何其不思之甚耶孔子曰不
知命無以爲君子豈葬書之謂君子者乎又曰然則今之名鄉大家其先世葬
地多驗如執券取物至其盛時竭力以求輒無所得或反倍謬取禍豈亦分定
者不可推移邪對曰不但如是而巳夫家之將興必先世多潛德陰善厚施而
不食其報若是者雖不擇而葬其吉土之遇與子孫之昌固巳潛符默契蓋天
界之也後世見其先之興盛而不知其所自來于是妙貪巧取牢籠刻削以爲
不知何人之計則其急于擇地者亦植私窺利之一端爾其設心如是則獲罪
于天而自促其數者多矣擇而無得與得而倍謬豈非人理之顯著者哉問曰
然則大儒朱子亦有取焉何也對曰大賢君子之事不可以常人類論古者三
月而葬凡附於棺者必誠必信地風水泉蟻之爲患至深善腐速朽之藏如委
棄於壑蓋時有定制民無得而遺焉皆昔人知之而無可奈何者伊川程子謂

死者安則生人安乃自後世擇地而言其自然之應爾朱子之葬必擇地亦曰
爲所得爲以自盡夫必誠必信之道而不失程子之意云爾然而君子之澤未
嘗有加于報施之常則其託斯事于季通氏者又豈有所歆羨期必也哉固非
可與常人類論也問者又曰死葬者生人之所必有而大儒君子所爲乃後世
之標準也故世之論葬地者必以朱子爲口實則仁人孝子之葬其親地不可
無擇也明矣今物理之難明者旣如彼而得失之懸於天者又如此則所謂其
得爲以盡其必誠必心信之道者將何自而可邪對曰死葬以禮祭之以禮斂
手足形還之葬與葬以天下一也故喪具稱家之有無夫吉地之難得豈特喪
具之費而哉先王制禮致嚴于廟以盡人鬼之情而藏魄於幽以順反原之變
其處此固有道矣積善有餘慶積不善有餘殃泰不及期周過其歷祈天永命
歸於有德而心術之壞氣數隨之此必然之理也聖賢豈欺我哉學士大夫秉
禮以葬親本仁以厚德明理以擇術得失之際觀乎時義而無所容心則庶乎
不悖於性命之常而無憾于愼終之教矣豈非先哲之志而君子之道哉又問
曰然則孝經所謂卜其宅兆而安葬之者果爲何事而前輩爲中原土厚水深
地可不擇江南水土淺薄不擇之患不可勝道則將奈何對曰聖人之心吉凶
與民同患也而不以獨智先群物故建元龜泰筮以爲生民立命而葬書之事
亦得用焉豈以偏方地氣之不齊而强人以所難知者哉且江南之林林總總
生生化化者無有窮時而地之可葬者有時而盡也又安得人傳景純之說而
家有楊廖之師哉夫道不足以公天下法不足以關後世而垂訓者未之聞也
雖然有一于此葬書所謂勢來形止地之全氣者誠未易言若夫童斷過獨空
缺曠折水泉砂礫凶宅之速滅亡者固有可避之道也大山長谷廻溪複嶺之
中豈無高平深厚之地可規以爲族葬者雖鬼福之應無及於人而盛衰之常
得以盡其天分譬如有病不治常得中醫其視委之庸巫聽其貪戾妄作冥暗
顚覆於一杯之壤而不自知者則大有逕庭矣昔人謂誤解本草爲生人之禍
今葬術豈輕於本草然藥餌得失見於目前而葬地吉凶每存身後故未有能
稽終知弊者也事有關於送終之大節儒先君子有所不廢而流俗因仍未能
極其表衰精粗之蘊與夫得失之由故作葬書問對

2. 葬書問對의 讀音文

或問葬地之說理有是乎 對曰有之然則其說孰勝 對曰葬書至矣 問曰
혹문장지지설리유시호 대왈유지연칙기설숙승 대왈장서지의 문왈
葬書眞郭氏之言乎 抑古有其傳也 對曰不可考周官人掌公墓墓大夫掌
장서진곽씨지언호 억고유기전야 대왈불가고주관인장공묘묘대부장
凡邦墓 皆辨其尊卑度數而葬以其族 大司俗以本俗大安萬民 次二曰
범방묘 개변기존비도수이장이기족 대사속이본속대안만민 차이왈
族墳墓則葬不擇地明矣 豈有無事而著其法者哉 漢書藝文志形法家大
족분묘칙장부택지명의 기유무사이저기법자재 한서예문지형법가대
擧九州之勢 以立城郭室舍形人及六畜骨法之度數 器物之形容以求其
거구주지세 이립성곽실사형인급육축골법지도수 기물지형용이구기
聲氣貴賤吉凶而 宮宅地形與相人之書列葬地之法其肇派于斯乎 余嘗
성기귀천길흉이 궁택지형여상인지서열장지지법기조파우사호 여상
讀張平子賦 見其自述上下岡之狀 大略如今葬書尋龍捉脈之爲者 豈
독장평자부 견기자술상하강지장 대약여금장서심룡착맥지위자 기
東漢之末其說已行於士大夫間 至景純最好方伎世見其葬母陽卒遠木
동한지말기설사행어사대부간 지경순최호방기세견기장모양졸원목
患符其所徵而逐以葬書傳諸郭氏然無所考矣 問曰葬書世所有然自齊
환부기소징이축이장서전제곽씨연무소고의 문왈장서세소유연자제
梁至唐君子不道 至宋司馬溫公乃欲焚其書禁絶其術何也 對曰其言有
양지당군자부도 지송사마온공내욕분기서금절기술하야 대왈기언유
大悖於理者 書固可焚術固當絶也 夫盛衰消長之變一定而不可推移者
대패어리자 서고가분술고당절야 부성쇠소장지변일정이부가추이자
雖聖智巧力無能爲蓋天之所命而神功之不可測者也 後世諸子百氏好
수성지교력무능위개천지소명이신공지부가측자야 후세제자백씨호
爲異端奇論者衆矣 未有敢易此以爲言者而葬書獨曰神功可奪天命可
위이단기론자중의 미유감역차이위언자이장서독왈신공가탈천명가

위이단기론자중의　미유감역차이위언자이장서독왈신공가탈천명가

改其欺天罔神謗造化而誣生民也甚矣　世俗溺于其說以爲天道一定之

개기기천망신방조화이무생민야심의　세속닉우기설이위천도일정지

分猶有術以易之則凡人事之是非黑白物我得失之細　固可顚倒錯亂伏

분유유술이역지칙범인사지시비흑백물아득실지세　고가전도착란복

藏擒制於方寸之隱發以逐吾私而無難而世道人心遂有不可回者　豈非

장금제어방촌지은발이수오사이무난이세도인심수유부가회자　기비

葬書之有以誤之與禁以絶之固善　問者曰夫其謬戾固已如此而又以爲葬

장서지유이오지여금이절지고선　문자왈부기류려고이여차이우이위장

地之理在焉何也　對曰術數之書其言不純　往往類此夫創物之智難以言

지지리재언하야　대왈술수지서기언부순　왕왕류차부창물지지난이언

傳固不可以爲言者之失而蔽其善也　曰敢問其言之善者何謂也　對曰所

전고부가이위언자지실이폐기선야　왈감문기언지선자하위야　대왈소

謂乘生氣者是也　班孟堅曰形與氣相首尾　此精微之獨異而數之自然最

위승생기자시야　반맹견왈형여기상수미　차정미지독이이수지자연최

爲得形法之要蓋與葬書之言相表裏　夫山川之起止合散其神交氣感備

위득형법지요개여장서지언상표리　부산천지기지합산기신교기감비

百物之情　故地形之書與觀宮宅人物者同出一原而後世楊廖之徒遂精

백물지정　고지형지서여관궁택인물자동출일원이후세양료지도수정

其能而極其變然後坤靈生息之機得乘以葬而後無失焉　蓋非殊資異識

기능이극기변연후곤령생식지기득승이장이후무실언　개비수자이식

足以盡山川百物之情逆來順往旁見側出皆得其自然之數者不足以語此

족이진산천백물지정역래순왕방견측출개득기자연지수자부족이어차

則事雖鄙而理亦微矣　故其書愈多其法愈密而此三言者足以盡蔽其義

칙사수비이리역미의　고기서유다기법유밀이차삼언자족이진폐기의

蓋古先遺語之尚見於其書者乎　又問曰星天象也術家以名山豈葬書之

개고선유어지상견어기서자호　우문왈성천상야술가이명산기장서지

旨耶 對曰五行陰陽天地之化育在天成象在地成形聲色貌象各以其類
지야 대왈오행음양천지지화육재천성상재지성형성색모상각이기류
蓋無物不然無微不著而況山阜有形之最大者哉 苟至理所存不必其說之
개무물부연무미부저이황산부유형지최대자재 구지리소존부필기설지
皆出于古也問曰直者吾知其爲木銳者吾知其爲火轉動者吾知其爲水而
개출우고야문왈직자오지기위목예자오지기위화전동자오지기위수이
圓之爲金方之爲土何也 對曰易象乾爲天爲金爲圓因其從革以觀其在
원지위김방지위토하야 대왈역상건위천위금위원인기종혁이관기재
鎔則知之矣 四方形而土居其中蓋體坤而得地之象也 問者曰然則或謂
용칙지지의 사방형이토거기중개체곤이득지지상야 문자왈연칙혹위
人間萬事皆順惟金丹與地理爲逆者何也 對曰人有五臟外應天地流精
인간만사개순유금단여지리위역자하야 대왈인유오장외응천지류정
布氣以養形也 陽施陰受以傳代也非逆不足以握神機而成變化天有五
포기이양형야 양시음수이전대야비역불족이악신기이성변화천유오
氣行乎地中流潤滋生草木榮也 絪縕上騰發光景也 非逆不足以配靈爽
기행호지중류윤자생초목영야 인온상등발광경야 비역불족이배령상
而貫幽明知金丹之爲逆者則生氣得所乘之機矣 夫豈一物對待之名哉
이관유명지금단지위역자칙생기득소승지기의 부기일물대대지명재
又問曰今閭巫方位之說亦得葬書之旨乎對曰論五行衰旺生克此是陰陽
우문왈금민무방위지설역득장서지지호대왈론오행쇠왕생극차시음양
家事非所以求形法 葬書言方在勢與形之次而近世臨川吳公刊定其書
가사비소이구형법 장서언방재세여형지차이근세임천오공간정기서
置是語于雜篇之首 蓋嘗與人言方位時日無關于地理可謂得其本矣 譬
치시어우잡편지수 개상여인언방위시일무관우지리가위득기본의 비
諸方伎家起死回生必精乎色脈之度數長生 久視不出乎內外之法象 蓋
제방기가기사회생필정호색맥지도수장생 구시부출호내외지법상 개
形氣之冶神機合變不係于方其本如此 問者曰 然則欲知葬地之理者將
형기지야신기합변불계우방기본여차 문자왈 연칙욕지장지지리자장

형기지야신기합변부계우방기본여차　문자왈　연칙욕지장지지리자장
卽形法而求之備乎抑合陰陽家而論之也　對曰是固當辨　譬之人事形法
즉형법이구지비호억합음양가이론지야　대왈시고당변　비지인사형법
其言相也陰陽其推命也　有不相待者矣　然言相者因百物之異形而各極
기언상야음양기추명야　유부상대자의　연언상자인백물지이형이각극
其情狀以察造化之微而知吉凶必不以相人者相六畜也　推命者以生年
기정상이찰조화지미이지길흉필부이상인자상육축야　추명자이생년
月日時論禍福吉凶猶或失之者由　其爲術之本不足以範圍大化也　移之
월일시론화복길흉유혹실지자유　기위술지본불족이범위대화야　이지
以推六畜輒大謬者　六畜之生不同于人也　夫方位之說本非所以求地理
이추육축첩대류자　육축지생부동우인야　부방위지설본비소이구지리
況乎　隨意所擇不得形法之眞而槪以其說加之則亦何異以虛中子平之術
황호　수의소택부득형법지진이개이기설가지칙역하이이허중자평지술
而推六畜以論牛馬者而論人耶　又問曰然則其說何自而始術家多談之
이추육축이론우마자이론인야　우문왈연칙기설하자이시술가다담지
者又何耶　對曰不知其所自起也　人相傳以爲士有求葬法于江西者不遇
자우하야　대왈불지기소자기야　인상전이위사유구장법우강서자부우
其人遂泛觀諸郡名蹟以羅鏡測之　各識其方以相參合而傳會其說如此
기인수범관제군명적이라경측지　각식기방이상참합이전회기설여차
蓋者盤燭以求日之此而　後出之書益加巧密故遂行于中理或然也　夫勢
개자반촉이구일지차이　후출지서익가교밀고수행우중리혹연야　부세
與形理顯而事難以管窺豹者每見一班按圖索基者多失于驪黃牡牝苟非
여형리현이사난이관규표자매견일반안도삭기자다실우려황빈모구비
其人神定識超末必能造其微也　方位者理晦而事易畵師喜模鬼神憚作
기인신정식초말필능조기미야　방위자리회이사역화사희모귀신탄작
狗馬　況羈旅求合之巫惡肯改其所難以艱其衣食之途哉此可爲智者道爾
구마　황기려구합지무악긍개기소난이간기의식지도재차가위지자도이

問者 又曰理卽如是則葬書所謂反氣納骨以蔭所生者固在其術中矣 何
문자 우왈리즉여시칙장서소위반기납골이음소생자고재기술중의 하

乃于奪神功改天命之說而斥絶之若是耶 對曰本骸得氣遺體受蔭者氣
내우탈신공개천명지설이척절지약시야 대왈본해득기유체수음자기

機自然之應也 然吉地不易求而求全吉者尤未易 葬師嘗鮮遇而遇眞術
기자연지응야 연길지부역구이구전길자우미역 장사상선우이우진술

者爲尤鮮 是其術之明晦用舍地之是非得失且懸於天而不可必今其言曰
자위우선 시기술지명회용사지지시비득실차현어천이부가필금기언왈

君子以是奪神功改天命何其不思之甚耶 孔子曰不知命無以爲君子豈
군자이시탈신공개천명하기부사지심야 공자왈불지명무이위군자기

葬書之謂君子者乎 又曰然則今之名鄕大家其先世葬地多驗如執券取
장서지위군자자호 우왈연칙금지명향대가기선세장지다험여집권취

物至其盛時竭力以求輒無所得 或反倍謬取禍豈亦分定者不可推移邪
물지기성시갈력이구첩무소득 혹반배류취화기역분정자부가추이사

對曰不但如是而已夫家之將興必先世多潛德陰善厚施而不食其報若是
대왈불단여시이사부가지장흥필선세다잠덕음선후시이부식기보약시

者雖不擇而葬其吉土之遇與子孫之昌固已潛符默契蓋天界之也 後世
자수부택이장기길토지우여자손지창고사잠부묵계개천계지야 후세

見其先之興盛而不知其所自來于是妙貪巧取牢籠刻削以爲不知何人之
견기선지흥성이부지기소자래우시묘탐교취뢰롱각삭이위부지하인지

計 則其急于擇地者亦植私窺利之一端爾 其設心如是則攫罪于天而自促
계 칙기급우택지자역식사규리지일단이 기설심여시칙획죄우천이자촉

其數者多矣 擇而無得與得而倍謬豈非人理之顯著者哉 問曰然則大儒
기수자다의 택이무득여득이배류기비인리지현저자재 문왈연칙대유

朱子亦有取焉何也 對曰大賢君子之事不可以常人類論古者三 月而葬
주자역유취언하야 대왈대현군자지사부가이상인류론고자삼 월이장

凡附於棺者必誠必信地風水泉蟻之爲患 至深善腐速朽之藏如委棄於
범부어관자필성필신지풍수천의지위환 지심선부속후지장여위기어

범부어관자필성필신지풍수천의지위환 지심선부속후지장여위기어
塱 蓋時有定制民無得而遺焉 皆昔人知之而無可奈何者 伊川程子謂
학 개시유정제민무득이유언 개석인지지이무가내하자 이천정자위
死者安則生人安乃自後世擇地而言其自然之應爾 朱子之葬必擇地 亦
사자안칙생인안내자후세택지이언기자연지응이 주자지장필택지 역
曰爲所得爲以自盡夫必誠必信之道而不失程子之意云爾 然而君子之
왈위소득위이자진부필성필신지도이불실정자지의운이 연이군자지
澤未嘗有加于報施之常則其託斯事于季通氏者又豈有所歆 羨期必也哉
택미상유가우보시지상칙기탁사사우계통씨자우기유소흠 선기필야재
固非可與常人類論也 問者又曰死葬者生人之所必有而大儒君子所爲
고비가여상인류론야 문자우왈사장자생인지소필유이대유군자소위
乃後世之標準也 故世之論葬地者必以朱子爲口實則仁人孝子之葬其
내후세지표준야 고세지론장지자필이주자위구실칙인인효자지장기
親地不可無擇也明矣 今物理之難明者旣如彼而得失之懸於天者又如
친지부가무택야명의 금물리지난명자기여피이득실지현어천자우여
此則所謂其得爲以盡其必誠必心信之道者將何自而可邪 對曰死葬以
차칙소위기득위이진기필성필심신지도자장하자이가사 대왈사장이
禮祭之以禮斂手足形還之葬與葬以天下一也 故喪具稱家之有無夫吉
례제지이례렴수족형환지장여장이천하일야 고상구칭가지유무부길
地之難得豈特喪具之費而哉 先王制禮致嚴于廟以盡人鬼之情而藏
지지난득기특상구지비이재 선왕제례치엄우묘이진인귀지정이장
魄於幽以順反原之變其處此固有道矣 積善有餘慶積不善有餘殃 泰不
백어유이순반원지변기처차고유도의 적선유여경적부선유여앙 태부
及期周過其歷祈天永命歸於有德而心術之壞氣數隨之此必然之理也
급기주과기역기천영명귀어유덕이심술지괴기수수지차필연지리야
聖賢豈欺我哉 學士大夫秉禮以葬親本仁以厚德明理以擇術得失之際
성현기기아재 학사대부병례이장친본인이후덕명리이택술득실지제

觀乎時義而無所容心則庶乎不悖於性命之常而無憾于愼終之敎矣 豈
관호시의이무소용심칙서호불패어성명지상이무감우신종지교의 기

非先哲之志而君子之道哉 又問曰然則孝經所謂卜其宅兆而安葬之者 果
비선철지지이군자지도재 우문왈연칙효경소위복기택조이안장지자 과

爲何事而前輩爲中原土厚水深地可不擇江南水土淺薄不擇之患不可勝
위하사이전배위중원토후수심지가부택강남수토천박부택지환불가승

道則將奈何 對曰聖人之心吉凶與民同患也而不以獨智先群物故建元
도칙장내하 대왈성인지심길흉여민동환야이부이독지선군물고건원

龜泰筮以爲生民立命而葬書之事亦得用焉 豈以偏方地氣之不齊而强人
구태서이위생민립명이장서지사역득용언 기이편방지기지부제이강인

以所難知者哉且江南之林林總總生生化化者無有窮時而地之可葬者有
이소난지자재차강남지임임총총생생화화자무유궁시이지지가장자유

時而盡也 又安得人傳景純之說而家有楊廖之師哉 夫道不足以公天下法
시이진야 우안득인전경순지설이가유양료지사재 부도불족이공천하법

不足以關後世而垂訓者 未之聞也雖然有一于此葬書所謂勢來形止 地
불족이관후세이수훈자 미지문야수연유일우차장서소위세래형지 지

之全氣者誠未易言若夫童斷過獨空缺曠折水泉砂礫凶宅之速減亡者固
지전기자성미역언약부동단과독공결광절수천사력흉택지속멸망자고

有可避之道也 大山長谷廻溪複嶺之中豈無高平深厚之地可規以爲族
유가피지도야 대산장곡회계복령지중기무고평심후지지가규이위족

葬者 雖鬼福之應無及於人而盛衰之常得以盡其天分譬如有病不治常得
장자 수귀복지응무급어인이성쇠지상득이진기천분비여유병부치상득

中醫 其視委之庸巫聽 其貪戾妄作冥暗顚覆於一杯之壤而不自知者
중의 기시위지용무청 기탐려망작명암전복어일배지양이부자지자

則大有逕庭矣 昔人謂誤解本草爲生人之禍今葬術豈輕於本草然 藥餌
칙대유경정의 석인위오해본초위생인지화금장술기경어본초연 약이

得失見於目前而葬地吉凶每存身後 故未有能稽終知弊者也 事有關於
득실견어목전이장지길흉매존신후 고미유능계종지폐자야 사유관어

득실견어목전이장지길흉매존신후 고미유능계종지폐자야 사유관어
途終之大節 儒先君子有所不廢而流俗因仍未能極其表亭精粗之蘊與
송종지대절 유선군자유소부폐이류속인잉미능극기표쇠정조지온여
夫得失之由故作葬書問對
부득실지유고작장서문대

第3節　葬書問對의 原文解說

1. 或問葬地之說理有是乎

〔질문1원문〕
或問葬地之說理有是乎.
〔질문1독음문〕
或問(혹문), 葬地之說(장지지설)에 理有是乎(리유시호)니까

〔질문1해설〕
或問(혹문) • 혹간 혹시 하여서 묻는데
葬地之說(장지지설)에 • 장사법에 대한 立地理論의 풍수설에
理有是乎(리유시호)니까 • 이치, 즉 논리에 옳은 바가 있는 것입니까?

〔대답1원문〕
對曰有之然則其說孰勝對曰葬書至矣.
〔대답1독음문〕
對曰(대왈), 有之(유지), 然則其說孰勝(연칙기설숙승)인가·對曰(대왈),

葬書至矣(장서지의)라.

〔대답1해설〕
對曰(대왈) • 대답하여 이르기를
有之(유지) • 옳음이 있는데
然則其說孰勝(연칙기설숙승)인가 • 그렇다면, 즉 그러한 풍수설이
어느 누구(孰)의 것이 뛰어났(勝)느냐고 하면
對曰(대왈) • 대답하여 이르기를
葬書至矣(장서지의)라 • 장서에 이르게 될 것이다.

2. 問曰葬書眞郭氏之言乎抑古有其傳也

〔질문2원문〕
問曰葬書眞郭氏之言乎抑古有其傳也.
〔질문2독음문〕
問曰(문왈), 葬書眞郭氏之言乎(장서진곽씨지언호)인가 抑古有其傳也
(억고유기전야)인가.

〔질문2해설〕
問曰(문왈) • 의문이 있어서 묻기를
葬書眞郭氏之言乎(장서진곽씨지언호)인가 • 장서가 진정으로 곽박
이 언급해 놓은 것입니까?
抑古有其傳也(억고유기전야)인가 • 그렇지 않고(抑) 옛날부터 그러
한 풍수설이 전해온 바가 있지는 않았습니까?

〔대답2원문〕

對口不可考周官人掌公墓墓大夫掌凡邦墓皆辨其尊卑度數而葬以其族
大司俗以本俗大安萬民次二曰族墳墓則葬不擇地明矣豈有無事而著其
法者哉漢書藝文志形法家大擧九州之勢以立城郭室舍形人及六畜骨法
之度數器物之形容以求其聲氣貴賤吉凶而宮宅地形與相人之書列葬地
之法其肇派于斯乎余嘗讀張平子賦見其自述上下岡之狀大略如今葬書
尋龍捉脈之爲者豈東漢之末其說已行於士大夫間至景純最好方伎世見
其葬母陽卒遠木患符其所徵而逐以葬書傳諸郭氏然無所考矣.

〔대답2독음문〕

對曰(대왈), 不可考(불가고)라. 周官人掌公墓(주관인장공묘)인데
墓大夫掌(묘대부장)이니 凡邦墓(범방묘)라. 皆辨其尊卑(개변기존비)
하여 度數而葬以其族(도수이장이기족)이라. 大司俗以本俗(대사속
이본속)으로 大安萬民(대안만민)이라. 次二曰(차이왈), 族墳墓則葬
不擇地明矣(족분묘칙장부택지명의)이니 豈有無事而著其法者哉
(기유무사이저기법자재)인가 漢書藝文志形法家(한서예문지형법가)
가 大擧九州之勢(대거구주지세)로 以立城郭室舍(이립성곽실사)하고
形人及六畜骨法之度數(형인급육축골법지도수)하고 器物之形容以求
其聲氣(기물지형용이구기성기)로 貴賤吉凶而(귀천길흉이)라. 宮宅
地形與相人之書列葬地之法(궁택지형여상인지서열장지지법)이니
其肇派于斯乎(기조파우사호)라. 余嘗讀張平子賦(여상독장평자부)
인데 見其自述上下岡之狀(견기자술상하강지장)이고 大略如今葬書
尋龍捉脈之爲者(대약여금장서심룡착맥지위자)라. 豈東漢之末(기동
한지말)에 其說已行於士大夫間(기설이행어사대부간)이라. 至景純
(지경순), 最好方伎世見(최호방기세견) 其葬母陽卒(기장모양졸)에
遠木患符(원목환부)로 其所徵而逐(기소징이축)이라 以葬書傳諸郭
氏(이장서전제곽씨)인데 然無所考矣(연무소고의)라.

〔대답2해설〕

對曰(대왈) • 대답하여 이르기를

不可考(불가고)라 • 견주고 상고하여서 자세히 밝히기란 불가한 것이다.

周官人掌公墓(주관인장공묘)인데 • 주나라에서는 관청에서 관인이 공원묘지인 공공의 묘들을 주관하고 관장을 하였는데

墓大夫掌(묘대부장)이니 • 묘지를 맡은 대부=시중이 관장하고 주관을 하였음이니

凡邦墓(범방묘)라 • 무릇 국가(邦)의 묘지들인 것이다.

皆辨其尊卑(개변기존비)하여 • 모두가 그러한 신분의 높고 낮은 존비를 분별하고

度數而葬以其族(도수이장이기족)이라 • 법도에 맞춰서 그로 말미암아 그렇게 가족들의 장사를 지냈던 것이다.

大司俗以本俗(대사속이본속)으로 • 대체적으로 이렇게 본원적인 풍속으로써 司俗(사속)함이니 관리들이 풍속에 따라서 관리함으로

大安萬民(대안만민)이라 • 대부분의 만백성들을 편안하게 하였던 것이다.

次二曰(차이왈) • 다음에 두 번째로 말하여 이르기를

族墳墓則葬不擇地明矣(족분묘칙장부택지명의)이니 • 가족의 분묘는, 즉 장사를 지냄에 있어서 땅을 선별하여 고르는 葬擇(장택)을 하지 않았음이 분명함이니

豈有無事而著其法者哉(기유무사이저기법자재)인가 • 어찌 그렇게 일(事)=장사를 했음에도 무사함이 있음이니 그로 말미암아 어찌하여 그러한 풍수에 관한 법이 나타나게 된 것인가?

漢書藝文志形法家(한서예문지형법가)가 • 한서예문지의 형세의 자연법칙을 다루는 形法家들이

大擧九州之勢(대거구주지세)로 • 대거=대부분 중국의 九州地勢로써

以立城郭室舍(이립성곽실사)하고 • 도읍인 성곽과 건물들을 세움으

로써

形人及六畜骨法之度數(형인급육축골법지도수)하고 • 인체의 形相과
六畜(육축:소/말/양/닭/개/돼지)의 骨法=骨相=物形=主形相의
도수인 법도에 맞추고

器物之形容以求其聲氣(기물지형용이구기성기)로 • 器物들의 형세와
용태는 그러한 器物=物形들이 쏟아내는 음성소리인 聲氣(성기)를
찾아 구함으로써

貴賤吉凶而(귀천길흉이)라 • 그러한 地勢의 귀함과 천함, 그리고 길
함과 흉함을 구하는 것이다.

宮宅地形與相人之書列葬地之法(궁택지형여상인지서열장지지법)이
니 • 宮宅相(궁택상)과 家宅相(가택상), 그리고 地相(지상)과 함께 相人
(상인)=觀相(관상)에 관련된 글=이론들이 장사지내는 방법인 葬
地法(장지법)의 글=이론과 함께 배열되고 나열되어 있었음이니

其肇派于斯乎(기조파우사호)라 • 그러함에서 시작되는 물갈래의 한
가닥과 시초인 肇派(조파)가 이렇게 하여서 비롯된 것이라고 할 것이다.

余嘗讀張平子賦(여상독장평자부)인데 • 내가 嘗(상)=일찍이 시험
을 삼아서 장평자의 賦(부)라는 책을 읽어 보았는데

見其自述上下岡之狀(견기자술상하강지장)이고 • 그 글을 보니 스스
로 설명하여 자술하기를 上下岡壟(상하강농)의 狀(장)인 형상과 모
양에 대한 것이었고

大略如今葬書尋龍捉脈之爲者(대약여금장서심룡착맥지위자)라 • 대
략적으로는 마치 지금의 葬書와 같이 龍을 찾고 脈을 잡는 尋龍捉脈
(심룡착맥)에 관한 것들이었다.

豈東漢之末(기동한지말)에 • 어찌 동한시대(AD.25-220년)의 말경에
其說已行於士大夫間(기설이행어사대부간)이라 • 그러한 풍수설이 이미
사대부의 사이에서 행하여지고 있었음인 것이다.

至景純(지경순) • 경순인 곽박에 이르러서

最好方伎世見(최호방기세견)은 • 최고수준의 방위의 伎(기)=재주
=기술로 세상에 보여 지는 것이 마땅히 옳다(好)함은

其葬母陽卒(기장모양졸)에 • 그러한 곽박이 어머니를 양지바른 곳
에 장사를 지냄에

遠木患符(원목환부)로 • 木과 근심의 상징인 患符(환부)가 아득히
먼 곳으로

其所徵而逐(기소징이축)이라 • 그러한 징후=조짐이 있으므로 말미
암아서 내쫓고 물리친 것이다.

以葬書傳諸郭氏(이장서전제곽씨)인데 • 장서의 전해지는 바가 모두
들 곽씨의 전함이라고는 하는데

然無所考矣(연무소고의)라 • 그러나 그러한 바를 견주고 상고하여
자세히 밝힐 수는 없음인 것이다.

3. 問曰葬書世所有然自齊梁至唐君子不道…下略…

〔질문3원문〕
問曰葬書世所有然自齊梁至唐君子不道至宋司馬溫公乃欲焚其書禁絶
其術何也.

〔질문3독음문〕
問曰(문왈), 葬書世所有(장서세소유)나 然自齊梁至唐(연자제양지당)에
君子不道(군자부도)라. 至宋司馬溫公(지송사마온공)은 乃欲焚其書
(내욕분기서)하고 禁絶其術(금절기술)은 何也(하야).

〔질문3해설〕
問曰(문왈) • 의문이 있어서 묻기를
葬書世所有(장서세소유)나 • 장서가 세상에 존재하여 있었으나

然自齊梁至唐(연자제양지당)에 • 그러나 齊(제:479-502)나라나 梁
(양:502-557)나라로부터 唐(당:618-907)나라에 까지 이르기에
君子不道(군자부도)라·군자들은 그 방법과 이치에 대해서 따르지를
않고 말을 하지 아니하였던 것이다.
至宋司馬溫公(지송사마온공)은 • 宋代(송대:960-1279)에 이르러
서 사마온공(資治通鑑著者-자치통감저자)은
乃欲焚其書(내욕분기서)하고 • 이에 그 책=서적을 태우려고 하였고
禁絶其術(금절기술)은 • 그러한 술법들을 금하고 전하지 못하게 끊
으려 하였던 것은
何也(하야)라 • 어떻게 된 것입니까?

〔대답3원문〕
對曰其言有大悖於理者書固可焚術固當絶也夫盛衰消長之變一定而不
可推移者雖聖智巧力無能爲蓋天之所命而神功之不可測者也後世諸子
百氏好爲異端奇論者衆矣未有敢易此以爲言者而葬書獨曰神功可奪天
命可改其欺天罔神謗造化而誣生民也甚矣世俗溺于其說以爲天道一定
之分猶有術以易之則凡人事之是非黑白物我得失之細固可顚倒錯亂伏
藏擒制於方寸之隱發以逐吾私而無難而世道人心逐有不可回者豈非葬
書之有以誤之與禁而絶之固善.
〔대답3독음문〕
對曰(대왈), 其言有大悖於理者(기언유대패어리자)이니 書固可焚
(서고가분)이고 術固當絶也(술고당절야)라. 夫盛衰消長之變(부성
쇠소장지변)는 一定而不可推移者(일정이부가추이자)라. 雖聖智巧
力無能爲(수성지교력무능위)이고 蓋天之所命(개천지소명)이니
而神功之不可測者也(이신공지부가측자야)라. 後世諸子百氏(후세제
자백씨)는 好爲異端奇論者衆矣(호위이단기론자중의)이나 未有敢易
此以爲言者(미유감역차이위언자)라. 而葬書獨曰(이장서독왈), 神功

可奪(신공가탈)하고 天命可改(천명가개)하며 其欺天罔神(기기천망신)하고 謗造化而誣(방조화이무)하여 生民也甚矣(생민야심의)라. 世俗溺于其說(세속익우기설)하여 以爲天道一定之分(이위천도일정지분)을 猶有術以易之(유유술이역지)라. 則凡人事之是非(즉범인사지시비)와 黑白物我得失之細(흑백물아득실지세)라. 固可顚倒錯亂(고가전도착란)인가. 伏藏擒制(복장금제)를 於方寸之隱發(어방촌지은발)하면 以遂吾私而無難(이수오사이무난)이나 而世道人心(이세도인심)이고 遂有不可回者(수유부가회자)라. 豈非葬書之有(기비장서지유)이니 以誤之與(이오지여)이고 禁而絶之(금이절지)하여 固善(고선)이라.

〔대답3해설〕
對曰(대왈)•대답하여 이르기를
其言有大悖於理者(기언유대패어리자)이니•그러한 풍수설의 언급은 이치에 크게 어긋남(悖)이 있는 것이므로
書固可焚(서고가분)이고•그러한 서적들은 단단히 굳(固)은 마음으로 불살라 태워버림이 가함인 것이고
術固當絶也(술고당절야)라•그러한 풍수설은 굳은 마음으로 당연히 전해지지 못하게 단절해야 마땅한 것이다.
夫盛衰消長之變(부성쇠소장지변)은•대저 왕성하고 쇠락하며 소멸하고 성장함의 일체만물의 변화라는 것은
一定而不可推移者(일정이부가추이자)라•일정하게 정해져있음으로 말미암아 이런 것들을 옮기거나 바꾸는 것이 불가한 것이다.
雖聖智巧力無能爲(수성지교력무능위)이고•비록 성인의 지혜로움과 공교한 힘으로도 능히 그러함을 바꿀 수가 없는 것이고
蓋天之所命(개천지소명)이니•이러한 모두는 하늘의 천명으로 명한 바이니
而神功之不可測者也(이신공지부가측자야)라•그로 말미암아 신공

으로도 헤아리어 측정하는 것은 불가한 것이다.

後世諸子百氏(후세제자백씨)는 • 후세의 제자백가들 중에서는

好爲異端奇論者衆矣(호위이단기론자중의)이나 • 그렇게 옳지 않은 異端(이단)과 기이한 논리인 奇論(기론)을 좋아하는 자가 많이 있었으나

未有敢易此以爲言者(미유감역차이위언자)라 • 감히 이러한 만물의 성쇠소장을 바꿀 수 있다고 언급하는 자는 존재하지 않았던 것이다.

而葬書獨曰(이장서독왈) • 그러함에도 장서에서만 유독 홀로 이르기를

神功可奪(신공가탈)하고 • 불가사의한 신의 일인 神功(신공)을 빼앗듯 탈취할 수 있음이 가능하고, 즉 군자가 신의 영역에서 할 일을 빼앗아 행할 수 있고

天命可改(천명가개)하며 • 천명을 고치고 바꾸는 것이 가능다고 하며

其欺天罔神(기기천망신)하고 • 그렇게 하늘의 천라신과 지상의 지망신을 거짓으로 속여

謗造化而誣(방조화이무)하여 • 비방과 조작화를 함으로 말미암아 신=조물주의 조화를 업신여기듯 무고를 하여

生民也甚矣(생민야심의)라 • 생민인 산 백성들을 속이고 기만함이 심하였던 것이다.

世俗溺于其說(세속익우기설)하여 • 세상의 풍속에 빠지고 그러한 설을 행하여

以爲天道一定之分(이위천도일정지분)을 • 천도의 일정한 분야를 謗造(방조)=조작함으로써

猶有術以易之(유유술이역지)라 • 오히려 마치 술수로써 그것들을 쉽게 바꿀 수가 있다고 한 것과 같음인 것이다.

則凡人事之是非(칙범인사지시비)와 • 즉 이러한 모두가 사람과 관련된 일들인 人事=세상일에서 일어나는 것들의 옳고 그름의 是非와

黑白物我得失之細(흑백물아득실지세)라 • 흑백과 상대=일체만물과

자신간의 득과 실을 따지는 자질구레하고도 세세한 일들이 있음인 것이다.

固可顚倒錯亂(고가전도착란)인가 • 정말로 미혹하여 거꾸로 넘어지듯 顚倒(전도)하고 섞이어 어지럽듯 錯亂(착란)하여 옳고 그름과 흑백의 뒤바뀜이 가당한 것인가?

伏藏擒制(복장금제)를 • 엎드려서 갈무리하듯 숨고 짓눌러 억제하여 사로잡음을

於方寸之隱發(어방촌지은발)하면 • 온 사방에 은밀하게 보낸다면

以遂吾私而無難(이수오사이무난)이나 • 나의 사사로운 이익을 쫓음으로써 말미암아 무난하여 처리함에 어려움이 없을 것이나

而世道人心(이세도인심)이고 • 세상의 도리와 인심은 되돌이킬 수는 없는 것이고

遂有不可回者(수유부가회자)라 • 성취하여서 이르는 것이 있으니 되돌리는 것은 불가한 것이다.

豈非葬書之有(기비장서지유)이니 • 어찌 장서에만 이런 폐단이 있었던 것이 아님이니

以誤之與(이오지여)이고 • 오류로 잘못된 것들도 함께 있을 수가 있는 것이고

禁而絶之(금이절지)함이 • 그러한 서적들을 금지함으로 말미암아 전해지지 못하게 단절해야 마땅함이니

固善(고선)이라 • 정말 굳은 마음으로 잘한 일인 것이다.

4. 問者曰夫其謬戾固已如此而又以爲葬地之理在焉何也

〔질문4원문〕
問者曰夫其謬戾固已如此而又以爲葬地之理在焉何也.

〔질문4독음문〕
問者曰(문자왈), 夫其謬戾固已如此(부기류려고이여차)인데 而又以
爲葬地之理在焉(이우이위장지지리재언)은 何也(하야)라.

〔질문4해설〕
問者曰(문자왈) • 의문이 있어서 묻기를
夫其謬戾固已如此(부기류려고이여차)인데 • 대체적으로 그러한 풍
수설이 그릇된 오류나 벗어나서 어그러짐(戾)이 이미 앞에서 언급
한대로 마치 이와 같이 확고한 것인데
而又以爲葬地之理在焉(이우이위장지지리재언)은 • 그럼에도 또다시
장지의 이론이 존재하고 이치가 있다고 하는 바는
何也(하야)라 • 어찌된 일입니까?

〔대답4원문〕
對曰術數之書其言不純往往類此夫創物之智難以言傳固不可以爲言者
之失而蔽其善也.

〔대답4독음문〕
對曰(대왈), 術數之書(술수지서)가 其言不純(기언부순)하여 往往類
此(왕왕류차)라. 夫創物之智(부창물지지)는 難以言傳(난이언전)이
니 固不可以爲言者之失(고부가이위언자지실)하여 而蔽其善也(이폐
기선야)라.

〔대답4해설〕
對曰(대왈) • 대답하여 이르기를
術數之書(술수지서)가 • 풍수술의 수법에 관한 서적들이
其言不純(기언부순)하여 • 그러한 언급이나 표현들이 순수하지를
못하고 불순하여

往往類此(왕왕류차)라 • 왕왕 때때로 이러한 유형의 비슷한 일들이 생기는 것이다.

夫創物之智(부창물지지)는 • 대저 일체만물을 창조하는 지혜라는 것은 難以言傳(난이언전)이니 • 말로써 전하기가 어려운 것이니

固不可以爲言者之失(고부가이위언자지실)하여 • 한결같이 말로써 전하는 사람이 실수를 하지 않음이 불가하여

而蔽其善也(이폐기선야)라 • 그럼으로 말미암아 그 좋은 이치인 善을 가려서 막는(蔽) 것이기 때문인 것이다.

5. 曰敢問其言之善者何謂也

〔질문5원문〕

曰敢問其言之善者何謂也.

〔질문5독음문〕

曰敢問(왈감문), 其言之善者何謂也(기언지선자하위야)인가.

〔질문5해설〕

曰敢問(왈감문) • 감히 의문이 있어서 묻기를

其言之善者何謂也(기언지선자하위야)인가 • 그 풍수설의 말이 옳고 善하다는 것은 소위 어떠한 무엇을 말하는 것인가?

〔대답5원문〕

對曰所謂乘生氣者是也班孟堅曰形與氣相首尾此精微之獨異而數之自然最爲得形法之要蓋與葬書之言相表裏夫山川之起止合散其神交氣感備百物之情故地形之書與觀宮宅人物者同出一原而後世楊廖之徒逐精其能而極其變然後坤靈生息之機得乘以葬而後無失焉蓋非殊資異識足

以盡山川百物之情逆來順往旁見側出皆得其自然之數者不足以語此則
事雖鄙而理亦微矣故其書愈多其法愈密而此三言者足以盡蔽其義蓋古
先遺語之尙見於其書者乎.

〔대답5독음문〕

對日(대왈), 所謂乘生氣者是也(소위승생기자시야)라. 班孟堅曰
(반맹견왈), 形與氣相首尾(형여기상수미)인데 此精微之獨異(차정
미지독이)이니 而數之自然(이수지자연)으로 最爲得形法之要(최위
득형법지요)이니 蓋與葬書之言相表裏(개여장서지언상표리)라.
夫山川之起止合散(부산천지기지합산)은 其神交氣感(기신교기감)하여
備百物之情(비백물지정)이라. 故地形之書(고지형지서)나 與觀宮宅
人物者(여관궁택인물자)는 同出一原(동출일원)이라. 而後世楊廖之徒
(이후세양료지도)가 遂精其能而(수정기능이)하고 極其變(극기변)
하니 然後坤靈生息之機(연후곤령생식지기)에 得乘以葬而後無失焉
(득승이장이후무실언)이라. 蓋非殊資異識(개비수자이식)이라도 足
以盡山川百物之情(족이진산천백물지정)이라. 逆來順往(역래순왕)
은 旁見側出(방견측출)이나 皆得其自然之數者(개득기자연지수자)
라. 不足以語此(불족이어차)라. 則事雖鄙(칙사수비)이나 而理亦微矣
(이리역미의)라. 故其書愈多(고기서유다)하고 其法愈密(기법유밀)
하나 而此三言者(이차삼언자)로 足以盡蔽其義(족이진폐기의)라.
蓋古先遺語之尙(개고선유어지상)하여 見於其書者乎(견어기서자호)
인가.

〔대답5해설〕

對日(대왈) • 대답하여 이르기를
所謂乘生氣者是也(소위승생기자시야)라 • 소위 생기를 타는 것이다.
班孟堅曰(반맹견왈) • 반맹견이 말하기를
形與氣相首尾(형여기상수미)인데 • 형과 기의 상관관계는 머리와

꼬리와 같은 것인데

此精微之獨異(차정미지독이)이니 • 이는 자세하고 은미하듯 精微(정미)함의 독특한 차이이니

而數之自然(이수지자연)으로 • 자연을 살피는 법수인 자연의 술수로 말미암아

最爲得形法之要(최위득형법지요)이니 • 形法의 대요를 얻음이 최고로 으뜸이 되는 것이니

蓋與葬書之言相表裏(개여장서지언상표리)라 • 대체적으로 장서에서 언급한 겉과 속의 표리관계와 같은 것이다.

夫山川之起止合散(부산천지기지합산)은 • 무릇 산천의 일으키어 일어남=시작됨, 그리고 머물러 멈춤=끝남과 취합하여 만남과 헤어져 흩어짐은

其神交氣感(기신교기감)하여 • 그러함은 산천의 神인 산천의 精氣와의 기감이 서로 교감을 하여

備百物之情(비백물지정)이라 • 일체만물의 형상이 성정을 갖추어 구비함인 것이다.

故地形之書(고지형지서)나 • 그러므로 땅의 形을 설명하는 지형에 관한 서적이나

與觀宮宅人物者(여관궁택인물자)는 • 더불어 宮宅相, 家宅相, 人相=觀相, 物相을 관찰하는 서적들은

同出一原(동출일원)이라 • 모두가 동일한 하나의 같은 뿌리에서 나온 것이다.

而後世楊廖之徒(이후세양료지도)가 • 후세에 사상가인 楊廖(양료), 즉 당대의 楊筠松救貧先生(양균송구빈선생)과 廖禹金精(료우금정)과 그의 제자들이

遂精其能而(수정기능이)하고 • 쓿고 찧어 精米(정미)하듯 그러함=분야별로 능력에 정미함을 이룩하고

極其變(극기변)하니 • 지극히 그러한 풍수론을 변화시켰으니

然後坤靈生息之機(연후곤령생식지기)에 • 그러한 연후에 대지의 영혼인 地靈(지령)과 생장과 휴식인 生息(생식)의 징후인 機微(기미)로써, 즉 地靈이 활동하는 비밀을 밝힌 후에

得乘以葬而後無失焉(득승이장이후무실언)이라 • 그와 같은 생기를 타고 얻어서 장사를 지냄으로써 말미암아 후에는 실수가 없게 되었음인 것이다.

蓋非殊資異識(개비수자이식)이라도 • 대개 특수한 자질과 특이하게 뛰어난 식견과 지식을 갖지는 않았다고 하더라도

足以盡山川百物之情(족이진산천백물지정)이라 • 족히 산천과 여러 가지 만물의 성정들을 정성을 다해서 살펴야 하는 것이다.

逆來順往(역래순왕)이나 • 역행으로 來하여 와서는 순행으로 흐름을 따라서 往하여 가는 것이나

旁見側出(방견측출)은 • 다가서서 곁에서 보면 측면으로 곁가지가 갈라져 나간 것이 보이는 것은

皆得其自然之數者(개득기자연지수자)이나 • 모두가 그와 같은 자연의 법수=수량을 관찰하여서 얻을 수 있는 것들이나

不足以語此(불족이어차)라 • 이러한 모든 점들을 언어로써 나타내고 표현하기란 부족한 것이다.

則事雖鄙(칙사수비)이나 • 즉 이러한 말들이 비록 吝嗇(인색)하고 비루하며 어리석은 것 같으나

而理亦微矣(이리역미의)라 • 이러한 이치 또한 精米한 것이다.

故其書愈多(고기서유다)하고 • 그러한 이유로 그런 유형의 풍수서적들이 더욱 뛰어나게 많아지고

其法愈密(기법유밀)하나 • 그러한 풍수법이 더욱 뛰어나고 깊숙하게 정밀해졌으나

而此三言者(이차삼언자)로 • 이러한 세 사람의 언급으로

足以盡蔽其義(족이진폐기의)라·그러한 질문에 義=뜻을 모두 가리고 포괄(蔽)하기에 충분하고 족한 것이다.

蓋古先遺語之尙(개고선유어지상)하여·대개 옛날 선사=선지식들이 남긴 말인 遺語(유어)을 숭상한다고 하여

見於其書者乎(견어기서자호)인가·그러한 것들 모두를 글로써 나타내어 서적으로 보여줄 수가 있겠는가?

6. 又問曰星天象也術家以名山豈葬書之旨耶

〔질문6원문〕

又問曰星天象也術家以名山豈葬書之旨耶.

〔질문6독음문〕

又問曰(우문왈), 星天象也(성천상야)라. 術家以名山(술가이명산)인데 豈葬書之旨耶(기장서지지야)인가.

〔질문6해설〕

又問曰(우문왈)·또 의문이 있어서 묻기를

星天象也(성천상야)라·성체인 별은 하늘에 나타나는 象인 것이다.

術家以名山(술가이명산)인데·술가들이 그러한 星으로써 산의 이름을 짓고 삼았는데

豈葬書之旨耶(기장서지지야)인가·어찌 그것도 장서의 가르침이겠습니까?

〔대답6원문〕

對曰五行陰陽天地之化育在天成象在地成形聲色貌象各以其類蓋無物不然無微不著而況山阜有形之最大者哉苟至理所存不必其說之皆出于

古也.
〔대답6독음문〕
對曰(대왈), 五行陰陽(오행음양)이 天地之化育(천지지화육)인데 在天成象(재천성상)이고 在地成形(재지성형)이며 聲色貌象(성색모상)이 各以其類(각이기류)라. 蓋無物不然(개무물부연)이고 無微不著(무미부저)로 而況山阜有形之最大者哉(이황산부유형지최대자재)라. 苟至理所存(구지리소존)이나 不必其說之皆出于古也(부필기설지개출우고야)라.

〔대답6해설〕
對曰(대왈)•대답하여 이르기를
五行陰陽(오행음양)이•오행과 음양이
天地之化育(천지지화육)인데•천지의 모양을 바꾸듯 변화시키고 자라나게 양육시키는 것인데
在天成象(재천성상)이고•하늘에서는 象인 형상을 이룸에 있는 것이고
在地成形(재지성형)이며•땅에서는 形인 형태를 이룸에 있는 것이며
聲色貌象(성색모상)이•음향의 소리인 聲(성)과 빛깔의 색체인 色(색)과 모양의 예모인 貌(모)와 형상의 象(상)은
各以其類(각이기류)라•각기 그러한 음양오행의 유형에 따라서 서로가 다른 것이다.
蓋無物不然(개무물부연)이고•대개 모든 만물=사물이 그렇지 않음이 없음인 것이고, 즉 無物이니 물질이 없이는 不然이라, 그러한 形을 이룰 수가 없는 것이고
無微不著(무미부저)로•隱微(은미)하고 精微(정미)함이 없이는 象이 드러날 수 없는 것임으로
而況山阜有形之最大者哉(이황산부유형지최대자재)라•비유하건대 山과 언덕인 阜(부)는 形을 이룬 것으로는 최대로 가장 큰 것이다.

苟至理所存(구지리소존)이나 • 이것은 진실로 지극히 보존할만한 이치에 이른 바이나

不必其說之皆出于古也(부필기설지개출우고야)라 • 반드시 그러한 풍수설이 모두 古書인 옛 책에서 나와야 하는 것은 아닌 것이다.

7. 問曰直者吾知其爲木銳者吾知其爲火…下略…

〔질문7원문〕

問曰直者吾知其爲木銳者吾知其爲火轉動者吾知其爲水而圓之爲金方之爲土何也

〔질문7독음문〕

問曰(문왈), 直者吾知其爲木(직자오지기위목)이고 銳者吾知其爲火(예자오지기위화)이며 轉動者吾知其爲水(전동자오지기위수)이고 而圓之爲金(이원지위금)이며 方之爲土(방지위토)인데 何也(하야)라.

〔질문7해설〕

問曰(문왈) • 의문이 있어서 묻기를

直者吾知其爲木(직자오지기위목)이고 • 곧은 것＝형상은 내가 알기로는 그것이 木이 되는 것이고

銳者吾知其爲火(예자오지기위화)이며 • 첨예하고 예리한 것＝형상은 내가 알기로는 그것이 火가 되는 것이며

轉動者吾知其爲水(전동자오지기위수)이고 • 흘러 구르며 움직이는 것＝형상은 내가 알기로는 그것이 水가 되는 것이고

而圓之爲金(이원지위금)이며 • 둥근 모양은 金이 되는 것이며

方之爲土(방지위토)인데 • 반듯하게 네모나 모가 진 것은 土가 되는 것으로 알고 있음인데

何也(하야)라 • 어째서 그렇게 말하고 있는 것입니까?

〔대답7원문〕
對曰易象乾爲天爲金爲圓因其從革以觀其在鎔則知之矣四方形而土居
其中蓋體坤而得地之象也.

〔대답7독음문〕
對曰(대왈), 易象乾爲天爲金(역상건위천위금)이고 爲圓因其從革
(위원인기종혁)이며 以觀其在(이관기재)로 鎔則知之矣(용칙지지
의)라. 四方形而土居其中(사방형이토거기중)이니 蓋體坤而得地之
象也(개체곤이득지지상야)라.

〔대답7해설〕
對曰(대왈) • 대답하여 이르기를
易象乾爲天爲金(역상건위천위금)이고 • 주역의 卦象(괘상)에 乾爲
天卦(건위천괘), 즉 乾은 하늘(天)을 뜻하는데 오행으로는 金이 되고
爲圓因其從革(위원인기종혁)이며 • 형상이 둥글다고 함은 그것이
북의 둘레를 좇아 나아가듯 從革(종혁)함을 따르기 때문이며
以觀其在(이관기재)로 • 그러한 존재=실재를 자세히 관찰해 봄으로써
鎔則知之矣(용칙지지의)라 • 쇳물이 녹는 것을 보아서, 즉 그것을
알 수 있는 것이다.
四方形而土居其中(사방형이토거기중)이니 • 네모가 나는 4방의 形
이 있으면 그로 말미암아 그 중간에 土가 있음인 것이니
蓋體坤而得地之象也(개체곤이득지지상야)라 • 대개가 坤(곤)의 體
로 말미암아서 地=땅의 象(상)을 얻게 되는 것이다.

8. 問者曰然則或謂人間萬事皆順惟金丹與地理爲逆者何也

〔질문8원문〕

問者曰然則或謂人間萬事皆順惟金丹與地理爲逆者何也.

〔질문8독음문〕

問者曰(문자왈) 然則或謂人間萬事皆順(연칙혹위인간만사개순)인데 惟金丹與地理爲逆者(유금단여지리위역자)는 何也(하야)인가.

〔질문8해설〕

問曰(문왈) • 의문이 있어서 묻기를

然則或謂人間萬事皆順(연칙혹위인간만사개순)인데 • 그러함인, 즉 혹간 소위 인간만사는 모두 순리를 따르는 것인데

惟金丹與地理爲逆者(유금단여지리위역자)는 • 유독 道家(도가)에서 행하는 神氣修鍊(신기수련)의 妙術(묘술)이라는 金丹(금단)과 함께 地理만은 逆(역)이 되어야 한다는 것은

何也(하야)인가 • 이것은 무슨 까닭인 것입니까?

〔대답8원문〕

對曰人有五臟外應天地流精布氣以養形也陽施陰受以傳代也非逆不足以握神機而成變化天有五氣行乎地中流潤滋生草木榮也絪縕上騰發光景也非逆不足以配靈爽而貫幽明知金丹之爲逆者則生氣得所乘之機矣夫豈一物對待之名哉.

〔대답8독음문〕

對曰(대왈), 人有五臟(인유오장)하고 外應天地(외응천지)하며 流精布氣(류정포기)하여 以養形也(이양형야)로 陽施陰受(양시음수)하여 以傳代也(이전대야)라. 非逆不足以握神機而成變化(비역부족이악신기이성변화)라. 天有五氣(천유오기)가 行乎地中(행호지중)하

여 流潤滋生(류윤자생)하고 草木榮也(초목영야)라. 絪縕上騰發光景
也(인온상등발광경야)라. 非逆不足以配靈爽(비역불족이배령상)이
고 而貫幽明(이관유명)하여 知金丹之爲逆者(지금단지위역자)라. 則
生氣得所乘之機矣(칙생기득소승지기의)인데 夫豈一物對待之名哉
(부기일물대대지명재)인가.

〔대답8해설〕
對曰(대왈) • 대답하여 이르기를
人有五臟(인유오장)하고 • 인간이 안으로는 오장을 갖고 있고
外應天地(외응천지)하며 • 밖으로는 천지에 상응하면서
流精布氣(류정포기)하여 • 精의 흐름으로 氣를 펼치듯 분포하여
以養形也(이양형야)로 • 形을 양육함으로
陽施陰受(양시음수)하여 • 陽은 베풀고 陰은 받아들임으로써
以傳代也(이전대야)라 • 대를 이어가면서 전하는 것이다.
非逆不足以握神機而成變化(비역부족이악신기이성변화)라 • 逆의 논
리가 아니고서는 신의 권능과 기미를 수중에 넣듯 잡음으로 말미암
아 그들을 이루고 변화시키기에는 충분하지 못한 것이다.
天有五氣(천유오기)가 • 하늘과 자연에 존재하고 있는 金木水火土
라는 5行의 氣가
行乎地中(행호지중)하여 • 지중의 땅속으로 유행을 하여 움직이고
다니면서
流潤滋生(류윤자생)하고 • 5氣의 흐름이 윤택하게 되면 생기가 번식
하여 불어나고
草木榮也(초목영야)라 • 초목을 살리고 무성하게 하여 번영하게 하
는 것이다.
絪縕上騰發光景也(인온상등발광경야)라 • 만물을 생성하는 천지기
운이 서로 합하여 왕성하고 풍부하듯 絪縕(인온)함이 상승하여 빛

을 발하면서 위로 오르는 것이다.

非逆不足以配靈爽(비역불족이배령상)이고 • 영혼의 상대인 영험한 짝=배우자로써 부족하다면 이는 逆이 아닌 것이고

而貫幽明(이관유명)하여 • 저승과 이승을 가리키는 幽明(유명)을 꿰뚫고 적중함으로 말미암아

知金丹之爲逆者(지금단지위역자)라 • 금단 즉, 역으로 생기를 타는 것을 알지 못하듯이 신묘한 逆이 되는 것의 논리를 알기에는 충분하지 못한 것이다.

則生氣得所乘之機矣(칙생기득소승지기의)인데 • 즉 생기를 얻는다고 함은 그러한 기미를 타는 것인데

夫豈一物對待之名哉(부기일물대대지명재)인가 • 대체적으로 어찌 하나의 사물을 대함에 있어서 있는 그대로 받아들이는 것만이 形일 것인가?

9. 又問曰今閩巫方位之說亦得葬書之旨乎

〔질문9원문〕
又問曰今閩巫方位之說亦得葬書之旨乎

〔질문9독음문〕
又問曰(우문왈), 今閩巫方位之說(금민무방위지설)도 亦得葬書之旨乎(역득장서지지호)인가.

〔질문9해설〕
又問曰(우문왈) • 또한 의문이 있어서 묻기를

今閩巫方位之說(금민무방위지설)도 • 요즈음에 閩(민)=福建省(복건성)지역의 무당들이 점하여 사용하는 방위설도

亦得葬書之旨乎(역득장서지지호)인가 • 또한 장서의 가르침을 얻어
서 쓰는 것입니까?

〔대답9원문〕
對曰論五行衰旺生克此是陰陽家事非所以求形法葬書言方在勢與形之
次而近世臨川吳公刊定其書置是語于雜篇之首蓋嘗與人言方位時日無
關于地理可謂得其本矣譬諸方伎家起死回生必精乎色脈之度數長生久
視不出乎內外之法象蓋形氣之冶神機合變不係于方其本如此.

〔대답9독음문〕
對曰(대왈), 論五行衰旺生克(론오행쇠왕생극)은 此是陰陽家事(차
시음양가사)로 非所以求形法(비소이구형법)이라. 葬書言方在勢與
形之次(장서언방재세여형지차)인데 而近世臨川吳公刊定其書(이근
세임천오공간정기서)하며 置是語于雜篇之首(치시어우잡편지수)하니
蓋嘗與人言方位時日(개상여인언방위시일)은 無關于地理(무관우지
리)이니 可謂得其本矣(가위득기본의)라. 譬諸方伎家(비제방기가)
가 起死回生(기사회생)에는 必精乎色脈之度數(필정호색맥지도수)
이지 長生久視(장생구시)라고 不出乎內外之法象(부출호내외지법
상)이라. 蓋形氣之冶(개형기지야)하여 神機合變(신기합변)이면 不
係于方(부계우방)이니 其本如此(기본여차)라.

〔대답9해설〕
對曰(대왈) • 대답하여 이르기를
論五行衰旺生克(론오행쇠왕생극)은 • 5행을 논함에 쇠함과 왕함 그
리고 상생과 상극이라는 것은
此是陰陽家事(차시음양가사)로 • 이러한 분류는 음양가들의 일로
非所以求形法(비소이구형법)이라 • 그러한 바를 形法을 구함에 있
어서는 사용치를 않는 것이다.

葬書言方在勢與形之次(장서언방재세여형지차)인데 • 장서에서의 언급은 勢를 우선하고 더불어 그다음으로 形을 중시하고 있는데, 예컨대 중국에서는 풍수학계의 양대학파가 있었는데 강서파는 형세파＝형기론＝정통풍수이론을 형성하고, 복건파는 방위파＝이기론＝일부지역풍수이론을 형성하였다.

而近世臨川吳公刊定其書(이근세임천오공간정기서)하며 • 근세에 臨川(임천)＝江西省臨川縣(강서성임천현)의 吳澄公(오징공)이 그러한 장서를 바로잡아 정간＝출판을 하면서

置是語于雜篇之首(치시어우잡편지수)하니 • 이러한 장서의 말인 5행의 쇠왕생극에 관한 문장들을 모두 뒤로 돌려 잡편의 머리말에다 두었으니

蓋嘗與人言方位時日(개상여인언방위시일)은 • 대개 일찍이 다른 사람들이 방위나 일시에 관하여 말한 것들은

無關于地理(무관우지리)이니 • 풍수지리와는 무관한 것이니

可謂得其本矣(가위득기본의)라 • 소위 그러한 풍수의 근본＝본질을 얻었다고 할 수 있음이 가할 것이다.

譬諸方伎家(비제방기가)가 • 비유하건대 좋은 술수로 시술을 하는 여러 方伎家(방기가)＝醫術家(의술가)들이

起死回生(기사회생)에는 • 죽음에 이른 瀕死者(빈사자)를 일으켜 회생＝소생시킴에는

必精乎色脈之度數(필정호색맥지도수)이지 • 반드시 色脈(색맥)의 도수인 안색을 보고 맥을 짚는 법과 기술이 정미＝정밀해야 하는 것이지

長生久視(장생구시)라고 • 장생법을 오랫동안 자세히 살펴본다고

不出乎內外之法象(부출호내외지법상)이라 • 내외의 방법과 象이 저절로 생겨나는 것은 아닌 것이다.

蓋形氣之治(개형기지야)하여 • 대개 形氣를 다루고 다스려서

神機合變(신기합변)이면 • 신의 機＝권세＝권능을 변화시킬만한 능

력을 갖추려고 한다면

不係于方(불계우방)이니 • 바야흐로 그러한 근본적인 방법에 얽매이지 않는 것이니

其本如此(기본여차)라 • 그러한 근본원리는 오랜 수련이 필요하듯 이러함과 마찬가지인 것이다.

10. 問者曰然則欲知葬地之理者將卽形法而求之備乎…下略…

〔질문10원문〕

問者曰然則欲知葬地之理者將卽形法而求之備乎抑合陰陽家而論之也.

〔질문10독음문〕

問者曰(문자왈), 然則欲知葬地之理者(연칙욕지장지지리자)는 將卽形法而求之備乎(장즉형법이구지비호)하며 抑合陰陽家而論之也(억합음양가이론지야)인가.

〔질문10해설〕

問者曰(문자왈) • 의문이 있는 자가 묻기를

然則欲知葬地之理者(연칙욕지장지지리자)는 • 그렇다면 장사지내고자 葬地인 땅을 고르는 理致=理法에 대해서 알고자 할 경우에는

將卽形法而求之備乎(장즉형법이구지비호)하며 • 장차 앞으로는, 즉 形法으로 말미암아 葬地를 구하고 갖추어야 하며

抑合陰陽家而論之也(억합음양가이론지야)인가 • 또한 여기에다가 음양가들과 그것을 논의함을 합해야 하는 것인가?

〔대답10원문〕

對曰是固當辨譬之人事形法其言相也陰陽其推命也有不相待者矣然言

相者因百物之異 形而各極其情狀以察造化之微而知吉凶必不以相人
者相六畜也推命者以生年月日時論禍福吉凶猶或失之者由其爲術之本
不足以範圍大化也移之以推六畜輒大謬者六畜之生不同于人也夫方位
之說本非所以求地理 況乎隨意所擇不得形法之眞而槪以其說加之則
亦何異以虛中子平之術而推六畜以論牛馬者而論人耶.

〔대답10독음문〕

對曰(대왈), 是固當辨(시고당변)이라. 譬之人事形法(비지인사형법)
은 其言相也(기언상야)이고 陰陽其推命也(음양기추명야)이니 有不
相待者矣(유부상대자의)라. 然言相者(연언상자)는 因百物之異形(인
백물지이형)이고 而各極其情狀(이각극기정상)이니 以察造化之微
(이찰조화지미)하여 而知吉凶(이지길흉)이라. 必不以相人者相六畜
也(필부이상인자상육축야)라. 推命者(추명자)는 以生年月日時
(이생년월일시)로 論禍福吉凶(론화복길흉)하여 猶或失之者(유혹실
지자)여도 由其爲術之本(유기위술지본)이니 不足以範圍大化也
(불족이범위대화야)라. 移之以推六畜(이지이추육축)하면 輒大謬者
(첩대류자)한데 六畜之生不同于人也(육축지생불동우인야)라. 夫方
位之說(부방위지설)은 本非所以求地理(본비소이구지리)인데 況乎
隨意所擇(황호수의소택)이고 不得形法之眞(불득형법지진)에 而槪
以其說加之(이개이기설가지)이니 則亦何異以虛中子平之術而推六畜
(칙역하이이허중자평지술이추육축)인가 以論牛馬者而論人耶(이론
우마자이론인야)인가.

〔대답10해설〕

對曰(대왈)・대답하여 이르기를

是固當辨(시고당변)이라・이러한 형기풍수법과 방위풍수법은 확실
하게 분별해야 함이 당연한 것이다.

譬之人事形法(비지인사형법)은・사람＝人事의 경우에 譬喩(비유)

를 하면 풍수설의 形法이라는 것은

其言相也(기언상야)이고 • 그러한 形法은 人相=觀相學(관상학)에 해당하는 것이라고 언급할 수 있는 것이고

陰陽其推命也(음양기추명야)이니 • 음양가의 그러한 이론은 推測(추측)하여서 看命(간명)을 하는 推命學(추명학)에 해당되는 것이니

有不相待者矣(유부상대자의)라 • 서로 대비를 해보는 相인 相待者(상대자)가 있고 없고의 차이인 것이다.

然言相者(연언상자)는 • 그런데 相이라고 언급함은

因百物之異形(인백물지이형)이고 • 일체만물의 서로 다른 形象으로 인한 것이고

而各極其情狀(이각극기정상)이니 • 그 異形으로 말미암아 각각 그 같은 만물의 성정과 상태도 지극히 다른 것이니

以察造化之微(이찰조화지미)하여 • 造物(조물)하고 氣化(기화)하는 천지조화의 정미하고 은미함을 자세히 살핌으로써

而知吉凶(이지길흉)이라 • 그로 말미암아 길흉을 알아서 叡智判斷(예지판단)하는 것이다.

必不以相人者相六畜也(필부이상인자상육축야)라 • 반드시 인간의 관상을 본다고 해서 6畜=가축의 관상도 볼 수 있는 것은 아닌 것이다.

推命者(추명자)는 • 推測(추측)하여서 看命(간명)을 하는 推命學(추명학)이라는 것은

以生年月日時(이생년월일시)로 • 사람이 출생한 생년월일시로

論禍福吉凶(론화복길흉)하여 • 길흉화복을 논하는 것으로

猶或失之者(유혹실지자)여도 • 오히려 或=늘 실수라는 잘못을 할 수 있는 것임에도

由其爲術之本(유기위술지본)이니 • 그러한 것이 술법의 근본이 되고 있는 이유인 것이니

不足以範圍大化也(불족이범위대화야)라 • 이러한 추명이론을 풍수

학에까지 범위를 확대하기에는 충족됨이 부족한 것이다.

移之以推六畜(이지이추육축)하면 • 나아가 가축을 推命術로써 살펴보면

輒大謬者(첩대류자)한데 • 번번이 誤謬(오류)가 생겨 크게 어긋나버리게 되는데

六畜之生不同于人也(육축지생불동우인야)라 • 가축의 생=삶이 인간과는 같지 않고 다르기 때문인 것이다.

夫方位之說(부방위지설)은 • 무릇 방위설이라는 것은

本非所以求地理(본비소이구지리)인데 • 본래 방위설은 땅의 이치인 풍수지리를 구하고 밝히는데 사용하는 것이 아니었는데

況乎隨意所擇(황호수의소택)이고 • 더구나 마음대로 뜻하는 바를 쫓고 선택하여서 쓴 것이고

不得形法之眞(불득형법지진)에 • 形法의 참=진리를 얻지 못할 경우에

而槪以其說加之(이개이기설가지)이니 • 그로 말미암아서 대개가 그러한 방위설을 추가하여서 사용한 것이니

則亦何異以虛中子平之術而推六畜(칙역하이이허중자평지술이추육축)인가 • 즉 이 또한 이허중과 연해자평의 술법으로써 가축의 사주를 보는 것과 무엇이 다르겠는가? 예컨대 대나무처럼 속이 빈 술수와 무엇이 다르겠는가?

以論牛馬者而論人耶(이론우마자이론인야)인가 • 牛馬인 소나 말을 논함과 같이 그로 말미암아 인간을 논하는 것과 또한 무엇이 다르겠는가?

11. 又問曰然則其說何自而始術家多談之者又何耶

〔질문11원문〕
又問曰 然則其說何自而始 術家多談之者又何也.

〔질문11독음문〕
又問曰(우문왈), 然則其說何自而始(연칙기설하자이시)이며 術家多
談之者(술가다담지자)는 又何也(우하야)인가.

〔질문11해설〕
又問曰(우문왈) • 또 의문이 있어서 묻기를
然則其說何自而始(연칙기설하자이시)이며 • 그렇다면, 즉 그러한
풍수설은 언제 어디서부터 시작되었던 것이며
術家多談之者(술가다담지자)는 • 술가들이 여러 가지로 말을 많이
하는 것은
又何也(우하야)인가 • 또 무엇이고 어찌된 것인가?

〔대답11원문〕
對曰不知其所自起也人相傳以爲士有求葬法于江西者不遇其人遂泛觀
諸郡名蹟以羅鏡測之各識其方以相參合而傳會其說如此蓋者盤燭以求
日之比而後出之書益加巧密故遂行于中理或然也夫勢與形理顯而事難
以管窺豹者每見一斑按圖索驥者多失于驪黃牝牡苟非其人神定識超未
必能造其微也方位者理晦而事易畫師喜模鬼神憚作狗馬況羈旅求合之
巫惡肯改其所難以艱其衣食之途哉此可爲智者道爾.

〔대답11독음문〕
對曰(대왈), 不知其所自起也(부지기소자기야)라 人相傳以爲(인상
전이위)인데 士有求葬法于江西者(사유구장법우강서자)한데 不遇其人
(부우기인)코 遂泛觀諸郡名蹟(수범관제군명적)하고 以羅鏡測之
(이라경측지)하여 各識其方(각식기방)하고 以相參合(이상삼합)하여
而傳會其說(이전회기설)이라. 如此蓋者盤(여차개자반)으로
燭以求日之比(촉이구일지비)인데 而後出之書(이후출지서)는 益加巧密
(익가교밀)하고 故遂行于中(고수행우중)이나 理或然也(리혹연야)라.

夫勢與形(부세여형)은 理顯而事難(리현이사난)인데 以管窺豹者(이관규표자)이니 每見一斑(매견일반)이고 按圖索驥者(안도색기자)이니 多失于驪黃牡牝(다실우려황빈모)라. 苟非其人神定識超(구비기인신정식초)는 未必能造其微也(미필능조기미야)라. 方位者(방위자)는 理晦而事易(리회이사이)인데 畵師喜模鬼神(화사희모귀신)하고 憚作狗馬(탄작구마)한데 況羈旅求合之巫(황기여구합지무)하면 惡肯改其所難(악긍개기소난)하여 以艱其衣食之途哉(이간기의식지도재)인가 此可爲智者道爾(차가위지자도이)인가.

〔대답11해설〕
對曰(대왈)•대답하여 이르기를
不知其所自起也(부지기소자기야)라•그러한 풍수법이 어디에서 일어나 시작된 것인 바를 알 수는 없는 일이다.
人相傳以爲(인상전이위)인데•사람들이 서로 전함으로써 이렇게 시작된 것인데
士有求葬法于江西者(사유구장법우강서자)한데•어떤 선비가 江西者(강서자)라 강서지역에 전해지고 있는 것에서 葬法(장법)을 구하고자 하였음인데
不遇其人(부우기인)코•강서지역의 그러한 풍수인들은 만나보지도 않고
遂泛觀諸郡名蹟(수범관제군명적)하고•오로지 여러 郡=지방에 풍수적으로 이름난 자취인 名墓(명묘)들이 수없이 널려서 가득찬 모양(泛)만을 보고
以羅鏡測之(이라경측지)하여•나경으로 측정함으로써
各識其方(각식기방)하고•그 명묘들의 방위가 제각각 다름을 알고
以相參合(이상삼합)하여•이러한 명묘들을 서로 참고하고 합하며 대조를 하여

而傳會其說(이전회기설)이라 • 그로 말미암아서 그러한 풍수설을
모아서 전한 것이다.

如此蓋者盤(여차개자반)하고 • 마치 이와 같은 풍수설은 밑바탕을
덮어씌운 것과 같고

燭以求日之比(촉이구일지비)인데 • 촛불이나 등불을 들고서 해를
구하여 찾는 것에 비유될 만한 것인데

而後出之書(이후출지서)는 • 그로 말미암아 후세에 뒤이어 출간되
어 나온 서적에서는

益加巧密(익가교밀)하고 • 공교=교묘하고 은밀한 이론들이 보태지
고 더해져서

故遂行于中(고수행우중)이나 • 그래서 복건지방에서 행하여진 것이나
理或然也(리혹연야)라 • 이치에 맞게 행한 것인지 혹여 확실하지는
않는 것이다.

夫勢與形(부세여형)은 • 대체적으로 勢와 더불어 形이라는 것은

理顯而事難(리현이사난)인데 • 理致=理法은 顯出(현출)하여 밝게
드러나 있지만 실제로 일에 적용하기가 어려운 것인데

以管窺豹者(이관규표자)이니 • 대나무 대롱(管)을 통해서 표범(豹)
을 엿보는 것=경우에 비유되는 것으로써

每見一斑(매견일반)이고 • 매번 어디를 봐도 어지러운 얼룩무늬만
보이는 것과 같은 것이고

按圖索驥者(안도색기자)이니 • 그림을 어루만지듯 그림 속에서 驥
(기)=千里馬(천리마)=駿馬(준마)를 찾아서 가려내려함이니

多失于驪黃牝牡(다실우려황빈모)라 • 검은 말인 驪馬(려마)와 누런
말인 黃馬(황마)를 구분하고 암컷 말인 牝馬(빈마)와 수컷 말인 牡
馬(모마)를 가려내고 구분하는 일에서조차 많은 실수가 발생하게
되는 것과 같은 것이다.

苟非其人神定識超(구비기인신정식초)는 • 최소(苟)한 그러한 일을

하는 풍수사가 神이 정해놓은 바를 명확히 알아서 초월하는 경지에 이르지 않고서는

未必能造其微也(미필능조기미야)라 • 반드시 그와 같이 微微하게 숨겨진 것에 능히 이를 수가 없는 것이다.

方位者(방위자)는 • 방위설이라는 것은

理晦而事易(리회이사이)인데 • 理致＝理法에 캄캄하고 어둡기에 그로 말미암아 일을 쉽게 해버리는데

畵師喜模鬼神(화사희모귀신)하고 • 전문적으로 技藝(기예)를 닦는 畵師(화사)들은 귀신을 모방하기를 좋아하여 실체도 없는 것을 꾸며내고 그리며 즐기고

憚作狗馬(탄작구마)한데 • 狗馬(구마)인 개나 말과 같이 흔한 실물을 작업하여 그리는 일은 싫어하여 꺼리는 것인데

況羈旅求合之巫(황기여구합지무)하면 • 더구나 고삐로 끌 수가 있는 무리인 羈旅(기려)와 합해서 巫堂(무당)이나 技藝家(기예가)＝醫師(의사)를 구하고 고칠 수가 있다고 하면

惡肯改其所難(악긍개기소난)하여 • 추하고 불길한 것에 얽매이지를 않듯 惡肯(악긍)하여 그가 어려워하는 바를 합리를 가장한 속임수로 고치고 바꾸게 하여

以艱其衣食之途哉(이간기의식지도재)인가 • 그러한 자신의 衣食을 해결하는 길(途)이 어려워(艱)서 곤란하겠는가?

此可爲智者道爾(차가위지자도이)인가 • 이와 같은 일들은 슬기롭고 지혜로운 智者(지자)의 무늬에 불과한 것으로 어찌 감히 어려운 바를 고치겠는가?

12. 問者又曰理旣如是則葬書所謂反氣納骨…下略…

〔질문12원문〕
問者又曰理旣如是則葬書所謂反氣納骨以蔭所生者固在其術中矣何乃
于奪神功改天命之說而斥絶之若是耶.

〔질문12독음문〕
問者又曰(문자우왈), 理旣如是(리기여시)이니 則葬書所謂反氣納骨
(칙장서소위반기납골)하여 以蔭所生者(이음소생자)한데 固在其術
中矣(고재기술중의)인가. 何乃于奪神功(하내우탈신공)하며 改天命
之說(개천명지설)을 而斥絶之若是耶(이척절지약시야)인가.

〔질문12해설〕
問者又曰(문자우왈) • 의문이 있어 물었던 자가 또 말하기를
理旣如是(리기여시)이니 • 理法과 理致가 이미 이러함이니
則葬書所謂反氣納骨(칙장서소위반기납골)하여 • 즉 장서에서는 소
위 氣를 되돌려서 장사지낸 유골인 納骨(납골)에 넣는 것인 바에 의해서
以蔭所生者(이음소생자)한데 • 살아있는 生者인 후손들이 음덕을
입는다고 하는데
固在其術中矣(고재기술중의)인가 • 이러한 것이 진실로 그러한 장
서의 술법에 들어있는 것인가?
何乃于奪神功(하내우탈신공)하며 • 어떻게 무엇이 이에 神의 할 일
인 神功(신공)을 빼앗아 행하며
改天命之說(개천명지설)을 • 천명을 고치고 바꿀 수가 있다고 하는
설명을
而斥絶之若是耶(이척절지약시야)인가 • 그러므로 말미암아 물리쳐
서 배척하고 전해지는 것을 끊으려 단절함이 마치 이렇게 함이 옳은
일인가?

〔대답12원문〕

對曰本骸得氣遺體受蔭者氣機自然之應也然吉地不易求而求全吉者尤
未易葬師嘗鮮遇而遇眞術者爲尤鮮是其術之明晦用舍地之是非得失且
懸於天而不可必今其言曰君子以是奪神功改天命何其不思之甚耶孔子
曰不知命無以爲君子豈葬書之謂君子者乎.

〔대답12독음문〕

對曰(대왈), 本骸得氣(본해득기)로 遺體受蔭者(유체수음자)는 氣機
自然之應也(기기자연지응야)라. 然吉地不易求(연길지부역구)하고
而求全吉者尤未易(이구전길자우미역)이라. 葬師嘗鮮遇(장사상선우)
이고 而遇眞術者爲尤鮮(이우진술자위우선)이라. 是其術之明晦用舍
(시기술지명회용사)이나 地之是非得失(지지시비득실)은 且懸於天
而不可必(차현어천이부가필)이라. 今其言曰(금기언왈), 君子以是奪
神功改天命(군자이시탈신공개천명)한데 何其不思之甚耶(하기부사
지심야)인가. 孔子曰(공자왈), 不知命無以爲君子(불지명무이위군자)
인데 豈葬書之謂君子者乎(기장서지위군자자호)인가.

〔대답12해설〕

對曰(대왈) • 대답하여 이르기를

本骸得氣(본해득기)로 • 장사를 지낸 조상의 본래 뼈인 遺骸(유해)
가 지중의 氣를 얻어서 뼈에다가 넣음으로

遺體受蔭者(유체수음자)는 • 유체가 음덕을 받아 입는다는 것은

氣機自然之應也(기기자연지응야)라 • 氣의 機(틀)＝작용이 자연스
럽게 응하는 것을 의미하는 것이다.

然吉地不易求(연길지부역구)하고 • 그러나 좋은 길지는 쉽게 구할
수가 없는 것이고

而求全吉者尤未易(이구전길자우미역)이라 • 그러므로 말미암아 완
전하고 완벽한 길지를 구하여 찾는다는 것은 더욱더 쉬운 일이 아닌

것이다.

葬師嘗鮮遇(장사상선우)이고 • 장사를 주관하는 스승인 風水師(풍수사)
는 嘗鮮遇(상선우)함이니 일찍이 뚜렷하게 잘 만나기가 힘든 것이고
而遇眞術者爲尤鮮(이우진술자위우선)이라 • 그로 말미암아 참된 술
법을 행하는 사람을 만나는 일이 더욱더 드물고 어려운 일인 것이다.
是其術之明晦用舍(시기술지명회용사)이나 • 그러한 술법이 명확하
여 분명한 것만 사용하고 술법이 불분명한 것은 버려야 옳은 일인
것이나
地之是非得失(지지시비득실)은 • 땅이 吉하여 좋고 凶하여 나쁜 것과,
같은 땅의 是非에 따른 得失이라는 것은
且懸於天而不可必(차현어천이부가필)이라 • 또한 하늘에 매달린
(懸)것임으로 말미암아 불가하여 반드시 뜻대로 할 수 있는 것은 아
닌 것이다.
今其言曰(금기언왈) • 이제 그러한 장서를 언급하여 이르기를
君子以是奪神功改天命(군자이시탈신공개천명)한데 • 군자가 이러한
법으로써 신공을 빼앗고 탈취를 해서 천명을 바꾸고 고칠 수 있다고
했음인데
何其不思之甚耶(하기부사지심야)인가 • 어찌 그러함을 심한 생각이
아니라고 할 것인가?
孔子曰(공자왈) • 공자께서 이르기를
不知命無以爲君子(불지명무이위군자)인데 • 천명을 알지 못하면 군
자가 될 수 없다고 하였는데
豈葬書之謂君子者乎(기장서지위군자자호)인가 • 어찌 장서에서 이
러함을 소위말해 군자라는 것에 비유를 하는 것인가?

13. 又曰然則今之名卿大家其先世葬地多驗…下略…

〔질문13원문〕
又曰然則今之名卿大家其先世葬地多驗如執券取物至其盛時竭力以求
輒無所得或反倍謬取禍豈亦分定者不可推移邪.

〔질문13독음문〕
又曰(우왈), 然則今之名卿大家(연칙금지명경대가)에서 其先世葬地
多驗(기선세장지다험)은 如執券取物(여집권취물)하여 至其盛時(지
기성시)에는 竭力以求(갈력이구)나 輒無所得(첩무소득)이거나 或
反倍謬取禍(혹반배류취화)하니 豈亦分定者不可推移邪(기역분정자
부가추이사)인가.

〔질문13해설〕
又曰(우왈) • 또한 묻기를
然則今之名卿大家(연칙금지명경대가)에서 • 그런데, 즉 금세기의
이름난 관직인 名卿(명경)을 가진 대가들의 집안에서
其先世葬地多驗(기선세장지다험)은 • 그러한 명문대가에서 先世＝
先代를 모신 葬地에 대한 대부분의 많은 경험＝증거는
如執券取物(여집권취물)하여 • 마치 권세를 가지고서 물건을 취하
는 것과 같이 하여
至其盛時(지기성시)에는 • 그들이 번성할 때에 이르러서는
竭力以求(갈력이구)나 • 힘을 다하듯 竭力(갈력)을 다하여 좋은 길
지를 구하였으나
輒無所得(첩무소득)이거나 • 번번이 얻는 바인 소득이 없거나
或反倍謬取禍(혹반배류취화)하니 • 혹간은 반대로 더욱더 오류를
범하여 그릇되고 禍를 취하여 당하니
豈亦分定者不可推移邪(기역분정자부가추이사)인가 • 어찌 또한 분

수가 정해진 것을 어긋남을 옮기고 딴대로 바꾸듯 推移邪(추이사)함이 가할 것인가? 그렇지 못한 것이다.

〔대답13원문〕
對曰不但如是而已夫家之將興必先世多潛德陰善厚施而不食其報若是者雖不擇而葬其吉土之遇與子孫之昌固已潛符默契蓋天界之也後世見其先之興盛而不知其所自來于是妙貪巧取牢籠刻削以爲不知何人之計則其急于擇地者亦植私竊利之一端爾其設心如是則獲罪于天而自促其數者多矣擇而無得與得而倍謬豈非人理之顯著者哉.

〔대답13독음문〕
對曰(대왈), 不但如是而已(불단여시이이)라. 夫家之將興(부가지장흥)이면 必先世多潛德陰善(필선세다잠덕음선)하고 厚施而不食其報(후시이부식기보)라. 若是者(약시자)이면 雖不擇而葬(수부택이장)이어도 其吉土之遇(기길토지우)하고 與子孫之昌(여자손지창)인데 固已潛符默契(고이잠부묵계)로 蓋天界之也(개천계지야)라. 後世見其先之興盛(후세견기선지흥성)하고 而不知其所自來(이불지기소자래)하여 于是妙貪巧取(우시묘탐교취)하고 牢籠刻削(뢰롱각삭)하니 以爲不知何人之計(이위불지하인지계)라. 則其急于擇地者(칙기급우택지자)는 亦植私竊利之一端爾(역식사규리지일단이)라. 其設心如是(기설심여시)는 則獲罪于天(칙획죄우천)이니 而自促其數者多矣(이자촉기수자다의)라. 擇而無得(택이무득)하고 與得而倍謬(여득이배류)하니 豈非人理之顯著者哉(기비인리지현저자재)라.

〔대답13해설〕
對曰(대왈) • 대답하여 이르기를
不但如是而已(불단여시이이)라 • 단지 마치 그렇기만 한 것은 아닌 것이다.

夫家之將興(부가지장흥)이면 • 무릇 한 집안이 장차 흥하려고 하면
必先世多潛德陰善(필선세다잠덕음선)하고 • 반드시 선대에서 숨어서 남모르게 덕행과 선행을 쌓듯 蔭德(음덕)을 많이 쌓아야 하는 것이고
厚施而不食其報(후시이부식기보)라 • 후덕하게 베풀면서도 그러한 보답을 不食(부식)이라 바라지 않아야 함인 것이다.
若是者(약시자)이면 • 만약에 이와 같이 베푼 덕을 깎아 없앨만한 짓을 하지 않아 그러한 보답이 옳게 나타난다면
雖不擇而葬(수부택이장)이어도 • 비록 장지를 택하지 않고서 아무렇게나 장사를 지낸다고 하더라도
其吉土之遇(기길토지우)하고 • 그렇게 좋은 터인 길지를 만나게 되고
與子孫之昌(여자손지창)인데 • 더불어 자손이 번창을 하고 기쁨이 있게 되는데
固已潛符默契(고이잠부묵계)로 • 이러함은 진실로 이미 땅속을 숨어서 자맥질하면서 흐르는 상서로움의 符信(부신)처럼 潛符(잠부)함과 말없이 합치되듯 默契(묵계)함이 있었던 것으로
蓋天界之也(개천계지야)라 • 모두가 하늘에서 境界하고 주관함인 것이다.
後世見其先之興盛(후세견기선지흥성)하고 • 후세의 후손들이 그들의 선대가 흥성했었다는 것만 생각을 해보고
而不知其所自來(이불지기소자래)하여 • 그러함이 어떠한 것＝葬擇(장택)으로부터 유래하고 연유한지를 不知하여 알지를 못하므로 말미암아서
于是妙貪巧取(우시묘탐교취)하고 • 교묘한 것만을 탐하고 욕심을 내어 취하면서 于是(우시)라 이를 옳다고 행하고
牢籠刻削(뢰롱각삭)하니 • 남을 자기 수중에 넣고 마음대로 조종하고 우롱하듯 牢籠(뢰롱)을 하고 새기고 벗기며 깎아서 학대하고 범

하듯 刻削(각삭)을 하니

以爲不知何人之計(이위불지하인지계)라 • 이러한 행위는 어떠한 사람이 계책하고 의도한 바인지를 不知로 알지를 못하는 것이다.

則其急于擇地者(칙기급우택지자)는 • 즉 그렇게 장사지낼 땅을 선택하여 고르는 일을 급하게 서두르는 것은

亦植私窺利之一端爾(역식사규리지일단이)라 • 역시 사사로운 사욕을 세워 이익만을 엿보려는 일단일 뿐인 것이다.

其設心如是(기설심여시)는 • 그렇게 베푸는 마음가짐이 마치 이와 같을 경우에는

則獲罪于天(칙획죄우천)이니 • 즉 하늘에 죄를 獲得(획득)=짓는 일이니

而自促其數者多矣(이자촉기수자다의)라 • 그로 말미암아 스스로 그러한 수량만큼의 운명을 再促(재촉)함이 많다고 할 것이다.

擇而無得(택이무득)하고 • 이렇게 해서는 좋은 길지의 땅을 택하려고 해도 얻지를 못하고

與得而倍謬(여득이배류)하니 • 한편 더불어 길지를 득하였다고 하더라도 더욱더 배로 그릇되어버리니

豈非人理之顯著者哉(기비인리지현저자재)인가 • 어찌 인간의 도리가 뚜렷이 드러나고 나타남이 아니라고 하겠는가?

14. 問曰然則大儒朱子亦有取焉何也

〔질문14원문〕
問曰然則大儒朱子亦有取焉何也.
〔질문14독음문〕
問曰(문왈), 然則大儒朱子(연칙대유주자)가 亦有取焉何也(역유취

언하야)라.

〔질문14해설〕
問曰(문왈) • 의문이 있어서 묻기를
然則大儒朱子(연칙대유주자)가 • 그러하면 대유학자였던 주자가
亦有取焉何也(역유취언하야)라 • 역시 취함이 있었다는 것은 무엇
이고 어떠함인가?

〔대답14원문〕
對曰大賢君子之事不可以常人類論古者三月而葬凡附於棺者必誠必信
地風水泉蟻之爲患至深善腐速朽之藏如委棄於壑蓋時有定制民無得而
遺焉皆昔人知之而無可奈何者伊川程子謂死者安則生人安乃自後世擇
地而言其自然之應爾朱子之葬必擇地亦曰爲所得爲以自盡夫必誠必信
之道而不失程子之意云爾然而君子之澤未嘗有加于報施之常則其託斯
事于季通氏者又豈有所歆羨期必也哉固非可與常人類論也.
〔대답14독음문〕
對曰(대왈), 大賢君子之事(대현군자지사)는 不可以常人類論(불가
이상인류론)이라. 古者三月而葬(고자삼월이장)인데 凡附於棺者(범
부어관자)하고 必誠必信(필성필신)하여 地風水泉(지풍수천)과 蟻
之爲患至深(의지위환지심)이라. 善腐速朽之藏(선부속후지장)은 如
委棄於壑(여위기어학)이라. 蓋時有定制(개시유정제)이나 民無得而
遺焉(민무득이유언)이라. 皆昔人知之(개석인지지)이나 而無可奈何者
(이무가내하자)라. 伊川程子謂死者安則生人安(이천정자위사자안칙
생인안)이니 乃自後世擇地而言(내자후세택지이언)인데 其自然之應爾
(기자연지응이)라. 朱子之葬必擇地(주자지장필택지)는 亦曰爲所得
爲以自盡(역왈위소득위이자진)이라. 夫必誠必信之道(부필성필신지도)
는 而不失程子之意云爾(이불실정자지의운이)라. 然而君子之澤

(연이군자지택)은 未嘗有加于報施之常(미상유가우보시지상)이니 則其託斯事(칙기탁사사)함에 于季通氏者(우계통씨자)를 又豈有所歆羨(우기유소흠선)인가 期必也哉(기필야재)이라. 固非可與常人類論也(고비가여상인류론야)라.

〔대답14해설〕
對曰(대왈) • 대답하여 이르기를
大賢君子之事(대현군자지사)는 • 큰 성현과 같은 大賢(대현)이나 군자에 관한 일은
不可以常人類論(불가이상인류론)이라 • 일반에 보통사람들의 일과 함께 같은 유형으로 논하기는 불가한 것이다.
古者三月而葬(고자삼월이장)인데 • 옛날 고대의 사람들은 死後(사후) 3개월 만에 장사를 지냈는데
凡附於棺者(범부어관자)하고 • 무릇 시신을 관에 附合(부합)＝의지하여 넣고
必誠必信(필성필신)하여 • 반드시 정성을 다하고 반드시 성심을 다하여
地風水泉(지풍수천)과 • 지상의 바람인 地風 그리고 용천수인 水泉과
蟻之爲患至深(의지위환지심)이라 • 개미나 땅강아지 같은 것들이 들끓는 우환을 깊이 근심하고 걱정했던 것이다.
善腐速朽之藏(선부속후지장)은 • 잘썩듯 善腐(선부)하고 빨리 부패하듯 速朽(속후)하여 사라져버리는 곳에 매장하여 갈무리를 하는 것은
如委棄於壑(여위기어학)이라 • 마치 산골짜기(壑)나 개천(壑)에 내다버리어 맡기듯 委棄(위기)하는 것과 같은 것이다.
蓋時有定制(개시유정제)이나 • 대개 장사를 지내는 시기＝때에 관해서는 정해진 제도가 있었으나
民無得而遺焉(민무득이유언)이라 • 백성들은 無得이라 얻을 바는 없었으나 후세에 전한 것이다.

皆昔人知之(개석인지지)이나 • 모두 옛사람들이 그러한 것들을 알고 있었으나

而無可奈何者(이무가내하자)라 • 어쩔 수가 없어서 그러한 것이다.

伊川程子謂死者安則生人安(이천정자위사자안칙생인안)이니 • 이천 정자가 이르기를 소위 죽은 자가 편안하면, 즉 살아있는 생인인 후손들도 편안한 것이니

乃自後世擇地而言(내자후세택지이언)인데 • 이에 후세부터는 길지를 고르듯 擇地를 하여서 장사를 지내라고 언급하게 되었는데

其自然之應爾(기자연지응이)라 • 그러한 주장은 자연의 형세에 따라서 응하라는 것뿐이었다.

朱子之葬必擇地(주자지장필택지)는 • 송대에 성리학을 집대성한 朱子(주자)＝朱熹(주희)가 장사를 함에는 반드시 땅을 골라서 하라고 한 것은

亦曰爲所得爲以自盡(역왈위소득위이자진)이라 • 역시 이르기를 스스로 다하듯 극진히 함으로써 길지를 얻게 된다는 말이었던 것이다.

夫必誠必信之道(부필성필신지도)는 • 대체적으로 반드시 정성을 다하고 성심을 다하는 길은

而不失程子之意云爾(이불실정자지의운이)라 • 정자의 그러한 뜻을 잃지 않는 것이라고 일렀을 뿐인 것이다.

然而君子之澤(연이군자지택)은 • 그러나 군자의 혜택과 은덕이라는 것은

未嘗有加于報施之常(미상유가우보시지상)이니 • 일찍이 일반의 사람들보다 보시를 행함에 있어서 더해야 하는 것은 아님이니

則其託斯事(칙기탁사사)함에 • 즉 그러한 장사를 청탁하고 부탁함에

于季通氏者(우계통씨자)를 • 蔡季通(채계통)과 같은 사람에게 하는 것을

又豈有所歆羨(우기유소흠선)인가 • 또한 어찌 神이나 조상혼령이

제사음식을 기쁘게 받음을 부러워하듯 歆羨(흠선)할 바가 있겠는가?
期必也哉(기필야재)이라 • 단단한 결심(期)으로 반드시 그렇게 해야
하는 것이다.
固非可與常人類論也(고비가여상인류론야)라 • 그러나 한결(固)같이
큰 성현과 같은 大賢(대현)이나 군자에 관한 일은 일반에 보통사람
들의 일과 함께 같은 유형으로 논하기는 가당치 않은 것이다.

15. 問者又曰死葬者生人之所必有而大儒君子所爲…下略…

〔질문15원문〕
問者又曰死葬者生人之所必有而大儒君子所爲乃後世之標準也故世之
論葬之者必以朱子爲口實則仁人孝子之葬其親地不可無擇也明矣今物
理之難明者旣如彼而得失之懸於天者又如此則所謂其得爲以盡其必誠
必心信之道者將何自而可邪.

〔질문15독음문〕
問者又曰(문자우왈), 死葬者(사장자)는 生人之所必有(생인지소필
유)인데 而大儒君子所爲(이대유군자소위)가 乃後世之標準也(내후
세지표준야)라. 故世之論葬之者(고세지론장지자)는 必以朱子爲口
實(필이주자위구실)하니 則仁人孝子之葬其親地(칙인인효자지장기
친지)는 不可無擇也明矣(부가무택야명의)라. 今物理之難明者旣如
彼(금물리지난명자기여피)이고 而得失之懸於天者又如此(이득실지
현어천자우여차)이니 則所謂其得爲以盡(칙소위기득위이진)하여 其
必誠必心信之道者(기필성필심신지도자)는 將何自而可邪(장하자이
가사)인가.

〔질문15해설〕

問者又曰(문자우왈) • 묻던 자가 또 묻기를

死葬者(사장자)는 • 죽은 사람을 장사지내는 일은

生人之所必有(생인지소필유)인데 • 살아있는 생인인 자손들에게 반드시 있게 되는 바＝일인데

而大儒君子所爲(이대유군자소위)가 • 학식이 높은 대유학자나 군자가 행하는 바가

乃後世之標準也(내후세지표준야)라 • 이에 후세의 표준이 되는 것이다.

故世之論葬之者(고세지론장지자)는 • 그러므로 세상에서 장사를 지내는 것에 관해 논할 경우에는

必以朱子爲口實(필이주자위구실)하니 • 반드시 주자가 말한 사실을 이야깃거리의 구실로 삼으니

則仁人孝子之葬其親地(칙인인효자지장기친지)는 • 즉 어진 사람들과 효자들이 그의 양친인 부모나 친족을 땅에 장사지냄에 있어서는

不可無擇也明矣(부가무택야명의)라 • 葬擇(장택)없이는 불가함이니 길지의 좋은 땅을 골라서 하지 않을 수 없게 됨이 명확한 것이다.

今物理之難明者旣如彼(금물리지난명자기여피)이고 • 이제 사물의 이치인 物理(물리)를 밝히기가 어렵다고 하는 것은 이미 저 앞에서 말한 바와 같은 것이고

而得失之懸於天者又如此(이득실지현어천자우여차)이니 • 그럼으로 말미암아 득실이 하늘에 매이고 달렸(懸)다고 하는 것, 또한 마치 이와 같은 것이니

則所謂其得爲以盡(칙소위기득위이진)하여 • 즉 소위말해서 극진하게 다함으로써 길지의 좋은 땅을 얻어서

其必誠必心信之道者(기필성필심신지도자)는 • 그렇게 반드시 정성을 다하고 성심을 다하는 길이라는 것은

將何自而可邪(장하자이가사)인가 • 장차 어떤 무엇부터 해야 可(가)
하여 옳고 邪(사)하여 그르다는 것인가?

〔대답15원문〕
對曰死葬以禮祭之以禮斂手足形還之葬與葬以天下一也故喪具稱家之
有無夫吉地之難得豈特喪具之費而哉先王制禮致嚴于廟以盡人鬼之情
而藏魄於幽以順反原之變其處此固有道矣積善有餘慶積不善有餘殃秦
不及期周過其曆祈天永命歸於有德而心術之壞氣隨數之此必然之理也
聖賢豈欺我哉學士大夫秉禮以葬親本仁以厚德明理以擇術得失之際觀
乎時義而無所容心則庶乎不悖於性命之常而無憾于愼終之敎矣豈非先
哲之志而君子之道哉.

〔대답15독음문〕
對曰(대왈), 死葬以禮祭之(사장이례제지)이고 以禮斂手足(이례렴
수족)하고 形還之葬(형환지장)이니 與葬以天下一也(여장이천하일야)
라. 故喪具稱家之有無(고상구칭가지유무)이고 夫吉地之難得(부길
지지난득)하여 豈特喪具之費而哉(기특상구지비이재)인가. 先王制禮
(선왕제례)는 致嚴于廟(치엄우묘)하고 以盡人鬼之情(이진인귀지정)
하여 而藏魄於幽(이장백어유)라도 以順反原之變(이순반원지변)이니
其處此固有道矣(기처차고유도의)라. 積善有餘慶(적선유여경)이고
積不善有餘殃(적부선유여앙)이라. 秦不及期(진부급기)이나 周過其曆
(주과기력)이니 祈天永命(기천영명)하고 歸於有德(귀어유덕)이니
而心術之壞(이심술지괴)이면 氣隨數之(기수수지)이고 此必然之理
也(차필연지리야)이니 聖賢豈欺我哉(성현기기아재)인가. 學士大夫
秉禮以葬親(학사대부병례이장친)은 本仁以厚德(본인이후덕)하고
明理以擇術(명리이택술)하며 得失之際(득실지제)에 觀乎時義而無
所容心(관호시의이무소용심)하면 則庶乎不悖於性命之常(칙서호부
패어성명지상)이고 而無憾于愼終之敎矣(이무감우신종지교의)라.

豈非先哲之志(기비선철지지)이고 而君子之道哉(이군자지도재)인가.

〔대답15해설〕
對曰(대왈)•대답하여 이르기를
死葬以禮祭之(사장이례제지)이고•죽은 자의 장사를 지내는 것은
死者(사자)에게 경의를 표하는 幣帛(폐백)의 禮度(예도)로써 제사를 지내는 것이고
以禮斂手足(이례렴수족)하고•예도로써 수족을 거두어 저장하듯 斂(렴)을 하고
形還之葬(형환지장)이니•육신인 몸(形)을 본래의 자리에 되돌려(還)주도록 장사를 지내는 것인데
與葬以天下一也(여장이천하일야)라•이와 같이 장사의 禮度(예도)는 천하가 한가지로 동일한 것이다.
故喪具稱家之有無(고상구칭가지유무)이고•그러므로 葬禮喪家(장례상가)에서 사용하는 여러 가지의 기구들을 갖추어 구비하는 정도는 가정형편의 有無에 걸맞게 부유하고 빈궁함에 알맞아야 하는 것이고
夫吉地之難得(부길지지난득)하여•대저 길지를 얻기가 어렵다고 하여
豈特喪具之費而哉(기특상구지비이재)인가•어찌 葬禮喪家(장례상가)에서 사용하는 여러 가지의 기구들을 갖추어 구비함에 과도한 비용을 소모한다고 한들 이것이 장사의 예절과 법도가 되겠는가?
先王制禮(선왕제례)는•선대임금인 선왕의 제례에서는
致嚴于廟(치엄우묘)하고•돌려보내듯 전송(致)을 함에 祠堂(사당)인 宗廟(종묘)에서 엄숙하게 행하고
以盡人鬼之情(이진인귀지정)하여•죽은 사람인 영혼＝鬼魂(귀혼)의 성정에 대해서 극진히 다하여 모심으로써
而藏魄於幽(이장백어유)라도•그럼으로 말미암아 넋＝몸＝魄(백)은 무덤 속에 갈무리되고 감춰져 있다고 하더라도

以順反原之變(이순반원지변)이니 • 근원(原)으로 되돌아(反)가는 변화가 자연의 순리인 것이니

其處此固有道矣(기처차고유도의)라 • 그렇게 장사지내 되돌아가 갈 무리된 무덤이 이처럼 한결같이 자연의 법도가 있음인 것이다.

積善有餘慶(적선유여경)이고 • 선행을 쌓는 적선에는 餘(여)＝末尾(말미)에 축하할만한 경사가 있는 것이고

積不善有餘殃(적부선유여앙)이라 • 악행의 나쁜 짓을 많이 하는 積不善(적부선)에는 餘(여)＝末尾(말미)에 재앙이 따르는 것이다.

秦不及期(진부급기)이나 • 秦(진:BC.221-BC.206)이라는 나라는 기약한 바가 85년밖에 지속되지 못했으나

周過其曆(주과기력)이니 • 周(주:BC.221-BC.11)라는 나라는 그 역사가 210년이라는 오랜 세월동안 지속되었음 이니

祈天永命(기천영명)하고 • 하늘에 기도하면 목숨이 길어 장수하고

歸於有德(귀어유덕)이니 • 덕행이 있는 곳으로 돌아오는 것이니

而心術之壞(이심술지괴)이면 • 마음의 규칙인 心術(심술), 즉 마음씨가 破壞(파괴)되듯 허물어지게 되면

氣隨數之(기수수지)이고 • 天氣가 心術(심술)＝運命(운명)의 수량만큼을 따르는 것이고

此必然之理也(차필연지리야)이니 • 이와 같음이 필연의 이치인 것이니

聖賢豈欺我哉(성현기기아재)인가 • 성현들께서 어찌 나를 속이겠습니까?

學士大夫秉禮以葬親(학사대부병례이장친)은 • 학식이 있는 학자나 사대부가 마음을 다하는 禮로 양친인 부모의 장사를 지내 모실 경우에는

本仁以厚德(본인이후덕)하고 • 본래 어진 마음으로 후덕하게 하고

明理以擇術(명리이택술)하며 • 땅을 고르는 擇術(택술)로써 理法인 理致를 분명하게 밝혀야 하며

得失之際(득실지제)에 • 좋은 점인 得과 나쁜 점인 失이 함께 있을

경우에

觀乎時義而無所容心(관호시의이무소용심)하면 • 장사지낼 때에 義롭게 관찰하고 잘 살펴봄으로 말미암아 몸과 마음가짐인 容心(용심)에 사사로운 욕심이 없이 한다고 하면

則庶乎不悖於性命之常(칙서호부패어성명지상)이고 • 즉 생명과 목숨인 性命(성명)의 떳떳한 이치인 사람으로서 행해야 함에 어그러(悖)지지 않게 될 것이고

而無憾于愼終之敎矣(이무감우신종지교의)라 • 그로 말미암아 마음속으로 부족하다고 느끼는 바인 愼終追遠(신종추원)함의 가르침에 서운함(憾)이 없게 될 것이다.

豈非先哲之志(기비선철지지)이고 • 어찌 이러함이 선현들의 뜻이 아니고

而君子之道哉(이군자지도재)인가 • 이러함이 군자의 도리가 아니라 하겠는가?

16. 又問曰然則孝經所謂卜其宅兆而安葬之者…下略…

[질문16원문]

又問曰然則孝經所謂卜其宅兆而安葬之者果爲何事而前輩爲中原土厚水深地可不擇江南水土淺薄不擇之患不可勝道則將奈何

[질문16독음문]

又問曰(우문왈), 然則孝經所謂卜其宅兆(연칙효경소위복기택조)하여 而安葬之者(이안장지자)는 果爲何事(과위하사)인가. 而前輩爲中原(이전배위중원)은 土厚水深地可不擇(토후수심지가부택)하나 江南水土淺薄(강남수토천박)하여 不擇之患(부택지환)이니 不可勝道(부가승도)면 則將奈何(칙장내하)인가.

〔질문16해설〕

又問曰(우문왈)•또한 의문이 있어서 묻기를

然則孝經所謂卜其宅兆(연칙효경소위복기택조)하여•그렇다면, 즉 효경에서 이르기를 소위 幽宅(유택)인 墓地의 길흉화복의 兆朕(조짐)을 점괘로 점(卜)치고 판단하여

而安葬之者(이안장지자)는•그로 말미암아 편안하게 장사하여 모신다는 것은

果爲何事(과위하사)인가•과연 무엇이고 어떻게 하는 일인가?

而前輩爲中原(이전배위중원)은•前輩(전배)＝선배들이 말하기를 황하유역에 해당하는 중원지역은

土厚水深地可不擇(토후수심지가부택)하나•땅이 후덕하여 두텁고 물이 깊어서 葬地인 터를 가려잡지 않아도 되나

江南水土淺薄(강남수토천박)하여•양쯔강의 남쪽지방인 강남은 水土가 淺薄(천박)함이니 물은 얕고 땅은 엷으므로

不擇之患(부택지환)인데•땅을 고르고 가려잡지 못할 근심걱정이 있음이니

不可勝道(부가승도)면•이것을 감당할 방도와 방법이 없다고 하면

則將奈何(칙장내하)인가•즉 장차 어떻게 해야 하는 것인가?

〔대답16원문〕

對曰聖人之心吉凶與民同患也而不以獨智先群物故建元龜泰筮以爲生民立命而葬書之事亦得用焉豈以偏方地氣之不齊而强人以所難知者哉且江南之林林總總生生化化者無有窮時而地之可葬者有時而盡也又安得人傳景純之說而家有楊廖之師哉夫道不足以公天下法不足以關後世而垂訓者未之聞也雖然有一于此葬書所謂勢來形止地之全氣者誠未易言若夫童斷過獨空缺曠折水泉砂礫凶宅之速滅亡者固有可避之道也大山長谷廻溪複嶺之中豈無高平深厚之地可規以爲族葬者雖鬼福之應無

及於人而盛衰之常得以盡其天分譬如有病不治常得中醫其視委之庸巫
聽其貪戾妄作冥暗顚覆於一杯之壞而不自知者則大有逕庭矣昔人謂誤
解本草爲生人之禍今葬術豈輕於本草然藥餌得失見於目前而葬地吉凶
每存身後故未有能稽終知弊者也事有關於送終之大節儒先君子有所不
廢而流俗因仍未能極其表裏精粗之蘊與夫得失之由故作葬書問對.

〔대답16독음문〕

對曰(대왈), 聖人之心(성인지심)은 吉凶與民同患也(길흉여민동환야)
이며 而不以獨智先群物(이부이독지선군물)이라. 故建元龜泰筮(고
건원구태서)하여 以爲生民立命(이위생민입명)하고 而葬書之事(이
장서지사)에도 亦得用焉(역득용언)이라. 豈以偏方地氣之不齊(기이
편방지기지불제)하여 而强人以所難知者哉(이강인이소난지자재)인
가. 且江南之林林總總(차강남지림림총총)이니 生生化化者(생생화
화자)가 無有窮時(무유궁시)이니 而地之可葬者(이지지가장자)가
有時而盡也(유시이진야)라. 又安得人傳景純之說(우안득인전경순지설)
이며 而家有楊廖之師哉(이가유양료지사재)인가. 夫道不足以公天下
(부도불족이공천하)이고 法不足以關後世(법불족이관후세)인데 而
垂訓者未之聞也(이수훈자미지문야)라. 雖然有一于此(수연유일우
차)이니 葬書所謂勢來形止(장서소위세래형지)를 地之全氣者(지지
전기자)라함은 誠未易言(성미역언)이라. 若夫童斷過獨(약부동단과독)
이나 空缺曠折水泉砂礫(공결광절수천사력)은 凶宅之速滅亡者(흉택
지속멸망자)이니 固有可避之道也(고유가피지도야)라. 大山長谷廻
溪複嶺之中(대산장곡회계복령지중)에 豈無高平深厚之地(기무고평
심후지지)인가 可規以爲族葬者(가규이위족장자)인가 雖鬼福之應無
(수귀복지응무)해도 及於人而盛衰之常(급어인이성쇠지상)이니 得
以盡其天分(득이진기천분)이라. 譬如有病不治(비여유병부치)에 常
得中醫(상득중의)면 其視委之庸巫(기시위지용무)이니 聽其貪戾妄作
(청기탐려망작)이라. 冥暗顚覆於一杯之壞(명암전복어일배지양)인

데 而不自知者(이불자지자)면 則大有逕庭矣(즉대유경정의)라. 昔人謂誤解本草爲生人之禍(석인위오해본초위생인지화)인데 今葬術豈輕於本草(금장술기경어본초)인가 然藥餌得失(연약이득실)은 見於目前(견어목전)이나 而葬地吉凶(이장지길흉)은 每存身後(매존신후)라. 故未有能稽終知弊者也(고미유능계종지폐자야)라. 事有關於送終之大節(사유관어송종지대절)이고 儒先君子有所不廢(유선군자유소부폐)이기에 而流俗因仍(이류속인잉)함인데 未能極其表裏精粗之蘊(미능극기표리정조지온)하고 與夫得失之由(여부득실지유)하기에 故作葬書問對(고작장서문대)함이라.

〔대답16해설〕
對曰(대왈)·대답하여 이르기를
聖人之心(성인지심)은·성인의 마음은
吉凶與民同患也(길흉여민동환야)이며·길흉을 백성과 함께 걱정하며
而不以獨智先群物(이부이독지선군물)이라·혼자만의 지혜로 앞에 놓인 여러 가지의 만물=사물들을 처리하는 것이 아님인 것이다.
故建元龜泰筮(고건원구태서)하여·그러므로 창업한 천자가 나라를 세우고 원년의 연호를 정함에도 거북의 龜甲(귀갑)을 태워서 泰筮(태서)함이니 편안하게 점괘를 하여
以爲生民立命(이위생민입명)하고·백성들의 命을 세워서 살리고
而葬書之事(이장서지사)에도·땅을 골라 무덤을 쓰는 葬事에도
亦得用焉(역득용언)이라·역시 그렇게 하였던 것이다.
豈以偏方地氣之不齊(기이편방지기지불제)하여·어찌 한쪽 지방인 편방의 地氣가 균일하게 같지 않다고 하여
而强人以所難知者哉(이강인이소난지자재)인가·그로 말미암아 강제=억지로 사람들이 그러한 것을 알기 어렵도록 하겠는가?
且江南之林林總總(차강남지림림총총)이니·또한 강남지역에는 사

람들이 많이 모여서 사니

生生化化者(생생화화자)가 • 출생하고 생장하여 변화하며 죽는 자가

無有窮時(무유궁시)이니 • 끊임없이 때를 맞추어 이어지니

而地之可葬者(이지지가장자)가 • 그로 말미암아 죽은 사람들을 장사지낼 수 있는 땅들이

有時而盡也(유시이진야)라 • 다해 없어질 때가 있었던 것이다.

又安得人傳景純之說(우안득인전경순지설)이며 • 또한 어찌 경순곽박의 풍수설을 편안히 전해 받고 얻을 수 있는 사람이 있었을 것이며

而家有楊廖之師哉(이가유양료지사재)인가 • 어찌 가정마다 救貧楊筠松(구빈양균송)이나 廖禹金精(료우금정)과 같은 좋은 地師(지사)가 있었겠는가?

夫道不足以公天下(부도불족이공천하)이고 • 대체적으로 正道는 천하에 널리 펴지듯 公辨(공변)함이 부족하여 어려운 것이고

法不足以關後世(법불족이관후세)인데 • 術法은 후세에까지 빗장이 잠기듯 關鎖(관쇄)됨으로써 부족하게 되어 어려운 것인데

而垂訓者未之聞也(이수훈자미지문야)라 • 이러한 敎訓(교훈)인 가르침을 내려주고 남겨준 사람이 있다는 말을 아직 들어보지 못함인 것이다.

雖然有一于此(수연유일우차)이니 • 비록 그러나 이러함에 한 가지가 있으니

葬書所謂勢來形止(장서소위세래형지)를 • 장서에서 소위 龍이 勢를 이루면서 來하여 와서 形을 만들고 止하여 멈춘 곳을

地之全氣者(지지전기자)라함은 • 땅이 온전한 氣를 갖춘 것이라고 한 것은

誠未易言(성미역언)이라 • 참으로 쉽게 할 수 있는 언급이 아닌 것이다.

若夫童斷過獨(약부동단과독)이나 • 만약에 초목이 없는 민둥산인 童山(동산)이나 맥이 끊긴 산인 斷山(단산)이나 멈추지 않고 지나쳐가는 산인 過山(과산), 그리고 홀로 서있는 獨山(독산)이나

空缺曠折水泉砂礫(공결광절수천사력)은 • 완전한 局을 이루지 못하고 空缺(공결)하여 비고 빠진 곳이 있거나, 曠折(광절)하여 공허하거나 잘리어 찢어졌거나, 水泉(수천)으로 혈에서 샘이 솟거나, 砂礫(사력)하여 穴土에 모래나 자갈이 있거나 함은

凶宅之速減亡者(흉택지속멸망자)이니 • 흉한 터이고 흉한 幽宅(유택)이므로 급히 망할 것이니

固有可避之道也(고유가피지도야)라 • 진실로 피해야만 하는 길인 것이다.

大山長谷廻溪複嶺之中(대산장곡회계복령지중)에 • 큰 산인 대산과 긴 골짜기인 長谷(장곡) 그리고 돌아서 흐르는 시냇물인 廻溪(회계) 그리고 복잡하게 겹친 산들 가운데에

豈無高平深厚之地(기무고평심후지지)인가 • 어찌 높고 평탄하며 깊고 두터운 땅이 없겠는가?

可規以爲族葬者(가규이위족장자)인가 • 가히 모범적으로 집안의 장사를 지낼만한 터＝장소가 없겠는가?

雖鬼福之應無(수귀복지응무)해도 • 비록 귀신이 주는 복의 응함이 없다고 하더라도

及於人而盛衰之常(급어인이성쇠지상)이니 • 사람에게 미치므로 말미암아 흥망성쇠가 항상 있는 것이니

得以盡其天分(득이진기천분)이라 • 그러한 성쇠의 법도는 능히 타고난 天分＝分數(분수)를 다함으로써 마땅히 얻어야 할 것이다.

譬如有病不治(비여유병부치)에 • 비유하건대 마치 치료가 불가능한 불치의 질병이 있다고 할 경우에

常得中醫(상득중의)면 • 늘 중간 정도의 의사를 얻었다고 한다면

其視委之庸巫(기시위지용무)이니 • 그러함을 용렬하고 섣부른 무당에게 주관하도록 위임하여 맡겨놓고 지켜보는 것과 같음이니

聽其貪戾妄作(청기탐려망작)이라 • 그러함을 탐하고 듣(聽)는 자세

는 虛妄(허망)하고 妄靈(망령)된 헛된 짓으로

冥暗顚覆於一杯之壤(명암전복어일배지양)인데 • 아득하고 어두운 冥暗(명암)의 세계로 一杯(일배)처럼 한줌의 흙＝土壤(토양)으로 넘어지고 무너지듯 顚覆(전복)되어 가는데

而不自知者(이불자지자)면 • 그러함을 스스로 알지를 못하는 사람이라면

則大有逕庭矣(칙대유경정의)라 • 즉 이렇게 큰 차이가 생기듯 逕庭(경정)함이 있게 되는 것이다.

昔人謂誤解本草爲生人之禍(석인위오해본초위생인지화)인데 • 옛날의 선지식들이 소위말하기를 식물과 약재에 관한 본초강목의 잘못된 해석도 산사람들에게 화가 된다고 했는데

今葬術豈輕於本草(금장술기경어본초)인가 • 지금의 葬事術法(장사술법)에 대한 잘못된 해석이나 오해가 어찌 본초강목에서 그랬던 것보다 적고 가볍겠는가?

然藥餌得失(연약이득실)은 • 그러나 약을 먹어(餌)서 생기는 득실은

見於目前(견어목전)이나 • 바로 목전의 눈앞에서 나타나는 것이나

而葬地吉凶(이장지길흉)은 • 장지로 인한 길흉은

每存身後(매존신후)라 • 언제나 身後＝死後에 후손들에게 나타나서 존재하는 것이다.

故未有能稽終知弊者也(고미유능계종지폐자야)라 • 그렇다고 能稽終(능계종)이라, 능히 그러한 죽음의 종말을 머무르(稽)게 하고 知弊者(지폐자)라, 나쁜 弊害(폐해)를 헤아려서 알아낸 바가 있는 것도 아닌 것이다.

事有關於送終之大節(사유관어송종지대절)이고 • 葬事는 고인을 마지막으로 보내드리는 대사의 큰 예절에 관계된 것이고

儒先君子有所不廢(유선군자유소부폐)이기에 • 유가의 선현들과 군자들이 그만 두듯 廢할 수가 없었던 바이기에

而流俗因仍(이류속인잉)함인데 • 그로 말미암아 유래가 거듭하듯
因仍(인잉)하여 풍속으로 전해져 오는 것인데

未能極其表裏精粗之蘊(미능극기표리정조지온)하고 • 그렇게 겉으로
드러남과 내적인 속사정의 表裏(표리)함과 정세함과 그렇지 못함인
精粗(정조)함을 蘊(온)하여 간직한 것들을 능히 다 알지를 못하고

與夫得失之由(여부득실지유)하기에 • 아울러 그러함에 득실의 이유
를 능히 알지를 못하기에

故作葬書問對(고작장서문대)함이라 • 그러함의 이유로 장서문대를
작성하게 된 것이다.

第4章 發微論

第1節 發微論의 序

　　發微論(발미론)은 조선시대의 시험과목에 비록 들지는 않았지만 조선조 사대부 유학자들 사이에서 풍수연구를 함에 필수서적 이였다고 하는 점에 그 의의가 있을 것이다. 사고전서에 수록되어 있는 발미론의 저자에 대해서는 기존의 문헌들에서도 가끔 혼란을 보이고 있음이 사실이다. 발미론의 저자가 송대의 牧堂蔡元定(목당채원정:1161-1237년)인지 아니면 그의 부친인 蔡發(채발)인지 하는 점이다. 분명한 것은 이 부자 가운데 한명이 발미론을 썼다고 하는 점일 것이다.

　　宋史(송사)의 기록에서 보면 채원정은 자를 季通(계통)이라고 하였으며 西山에 집을 지었다는 것으로 보아서 채서산일 가능성이 높다. 그러나 채원정의 저서로 열거된 것 가운데 발미론은 없다고 하는 점이다. 채원정의 아버지 채발에 대해서는 宋史(송사)에서 자세한 기록이 없이 단지 채원정의 부친이라는 것 이외에 다른 기록이 전혀 없음이다. 그러나 채원정의 아버지가 풍수에 능하였고 채원정 자신도 풍수에 능하여 스승인 주자에게 풍수를 가르쳤다는 점과 그의 부친인 채발에게서 풍수를 배웠다는 점에서 혹시 그의 부친인 채발의 저서가 아닐까하는 추정이 가능하다는 점이다.

　　발미론의 특징은 주역 계사전의 철저한 體化(체화)를 바탕으로 이루어진 글로써 형이상학적인 儒學風水(유학풍수)라고 말 할 수 있을

것이다. 즉 주역의 논리가 지배하고 있는 아주 아름다운 글이다. 이
글의 저자는 성리학의 대가라는 주자＝주희의 풍수관에도 커다라 영
향을 끼친 대유학자라는 점에서 유의를 해 볼 필요가 있는 것이다.

　그러므로 발미론이 글의 내용면이나 문체의 품격면에서 보았을
경우에 아주 뛰어난 훌륭한 글이라 할 수가 있을 것이다. 발미론은
다른 풍수경전들과 비교해 보았을 경우에 가장 기초적이면서도 가
장 철학적인 풍수라고 해도 부족함이 없을 것이다. 그래서 소위말해
풍수학의 초발심자경문이라고도 할 수가 있을 것이다.(註 : http://cafe.
naver.com/mathbyc.cafe에서, 이훈ㆍ김두규의 '발미론 감상후기문' 을 인용)

　발미론은 절대적이면서 궁극적인 그 무엇 즉 儒敎(유교)에서 말
하는 理(리)와 佛敎(불교)에서 말하는 眞如(진여), 道敎(도교)에서
말하는 道(도)와 같은 이러한 것들을 전제로 하여 상대성이 존재한
다는 점을 강조하고 있다는 점이다. 소위말해서 풍수학은 構成組合
原則(구성조합원칙)이 준수되는 自然造化法則(자연조화법칙)의 하
나라는 것이다. 이러한 점이 바로 인문학분야에 활력을 불어 넣을
수 있는 응용학문으로써 또는 실용과학으로써 풍수학의 존재가치와
그 가능성을 엿 볼 수가 있음인 것이다.

第2節 發微論의 原文과 讀音文

1. 發微論의 原文

剛柔篇第一：易曰立天之道曰陰與陽邵氏曰立地之道剛柔盡之矣故地
理之要莫尙於剛柔.剛柔者言乎其體質也天地之初固若沙之勢未有山
川之可言也旣而風氣相摩水土相蕩則剛者屹而獨存柔者淘而漸去於是

乎山川形焉山體剛而用柔故高聳而凝定水體柔而用剛故卑下而流行此
又剛中有柔柔中有剛也邵氏以水爲太柔火爲太剛土爲小柔石爲小剛所
謂地之四象也水則人身之血故爲太柔火則人身之氣故爲太剛土則人身
之肉故爲小柔石則人身之骨故爲小剛合水火土石而爲地猶合血氣骨肉
而爲人近取諸身遠取諸物無二理也若細推之凡故燥者皆剛夷坦者皆柔
然故燥之中有夷坦夷坦之中有故燥則是剛中有柔柔中有剛也凡强急者
皆强緩弱者皆柔然强急之中有緩弱緩弱之中有强急則是柔中有剛剛中
有柔也自此以往盡推無窮知者觀之思過半矣.**動靜篇第二**：其次莫若明
動靜心莫若和動靜者言乎其變通也夫槪天下之理欲向動中求靜靜中求
動不欲靜愈靜動愈動古語云水本動欲其靜山本靜欲其動此達理之言也
故山以靜爲常是爲無動動則成龍矣水以動爲常是爲無靜靜則結地矣故
成龍之山必躍翔舞結地之水必灣環悠揚若其偃硬側勒衝激牽射則動不
離動靜不離靜山水之不融結者也然一動一靜互相循環山亦有動極而靜
水亦有靜極而動不可執一而論又在人融化之爲妙也.**聚散篇第三**：其次
莫若觀聚散聚散者言乎其大勢也歷觀古人之葬大抵穴多奇怪非好怪也
良由得山水之正則怪穴所爲常也今人於大聚之中或乃拘于形穴而不葬
矣然有大勢之聚散有穴中之聚散大勢之聚散見乎遠穴中之聚散見乎近
是二者有相須之道焉.**向背篇第四**：其次莫若番向背向背者言乎其情性
也夫地理與人事不遠人之情性不一而向背之道可見其向我者必有周旋
相與之意其背我者必有厭棄不顧之狀.雖或暫焉矯飾而眞態自然不可
也故觀地者必觀其情之向背向者不難見凡相對如君臣相待如賓主相親
愛如兄弟骨肉此皆向之情也背者亦不難見凡相視如讐敵相抛如路人相
忌如嫉逆寇此皆背之情也觀形貌者得其僞觀情性者得其眞向背之理明
而吉凶禍福之機灼然故嘗謂地理之要不過山水向背而已矣.**雌雄篇第
五**：其次又當看雌雄雌雄者言乎其配合也夫孤陰不生獨陽不成天下之
物莫不要相配對地理家以雌雄言之大槪不過相對待之理何以言之山屬
陰水屬陽故山水相對有雌雄而山之與水各有雌雄陽龍取陰穴陰龍取陽

穴此龍穴相對有雌雄陽山取陰爲對陰山取陽爲對此主客相對有雌雄也
其地融結則雌雄必合龍穴砂水左右主客必相登對若單雌單雄不相登對
雖或結地必非眞造化也經曰雌雄相喜天地交通又曰雌雄不顧不勞看古
人多以此爲要妙然逆天地自然之理也.**强弱篇第六**:其此又當辯强弱强
弱者言乎其稟氣也夫天下之理中而已矣太剛則折故須濟之以柔太柔則
弱故須濟之以剛剛柔相濟中道得矣論地理者必須察其稟氣稟偏於柔故
其性緩稟偏於剛故其性急稟剛性急此宜穴於緩處若復穴於剛急之處則
必有絕宗之禍稟柔性緩此宜穴於急處若復穴於弱緩之處則必有冷退之
患.强來强下則傷龍弱來弱下則脫故立穴之法大概欲得酌中恰好底道
理不得僑於一偏才偏便生出病來然非權衡有定則亦未易語也.**順逆篇
第七**:其次又當分順逆順逆者言乎其去來也其來者何水之所發山之所
起是也其去者何水之所趨山之所止是也知來去而知順逆者有矣不知來
去而知順逆者未之有也夫順逆二路如盲如聾自非灼然有見鮮不以逆爲
順以順爲逆者矣要知順山順水者順也所謂來處來者是也逆山逆水者逆
也所謂去處去者是也立穴之法要順中取逆逆中取順此一定之理不可改
易若又推而廣之則脈有順逆龍有順逆順龍之穴結必逆逆龍之穴結必順
此亦山川自然之勢也大抵論逆順者要知山川之大勢默定于數里之外而
後能推順逆於咫尺微茫之間否則黑白混淆以逆爲順以順爲逆者多矣.
生死篇第八:其此又當識生死生死者言乎其取捨也夫千里來龍不過一
席之地非以生死別之則何所決擇哉生死之說非一端大概有氣者爲生無
氣者爲死活動者爲生粗硬者爲死龍勢推左則左爲生右爲死龍勢推右則
右爲生左爲死又有瘦中取肉則瘦處死而肉處生節中取饑則饑處生而節
處死如此之類在人細推之生則在所取死則在所捨取捨明而后穴法定穴
法定而后禍福應若生死難辨取捨何當則非達造化矣.**微著篇第九**:其此
又當察微著微著者言乎其氣脈也夫氣無形者也屬乎陽脈有形者也屬乎
陰陽清陰濁故氣微而脈著然氣不自成必依脈而立脈不自爲必因氣而成
蓋有脈而無氣者有矣未有無脈而有氣者也經曰氣乘風散界水止無脈無

氣者水害之也有脈無氣者風乘之也善觀氣脈者以有形察無形不善觀者
以無形蔽有形蓋無形只在有形之內但知者所見實故於粗淺而得精微愚
者所見昏故於荒忽茫昧而不曉豈知四水交流則有脈八風不動則有氣此
有目者所共見有心者所共知而術之至要初不外是也.**分合篇第十**:其此
又當究分合分合者言乎其出沒也夫脈之爲脈非徒然而生頓然而有其出
也必有自然之來則有分水以導之其沒者必有所止則有合水以界之郭氏
云地有吉氣隨土而起支有止氣隨水而比曰支之所起氣隨而始支之所終
氣隨而鍾此古人論氣脈之源流也氣隨土而起脈行必有夲氣隨水而比故
送脈必有水氣起于支之始故上有分脈鍾于支之終故下有合有合無分則
其來不眞爲其內無生氣之可接也有分無合則其止不明爲外無堂氣之可
受也有分有合則有來有止有出有沒則龍穴融結的定無疑然後爲全氣地
也然有大分合小分合眞地融結則有三分三合穴前後一分合起主龍虎所
交二分合祖龍至山水大會三分合也小合則爲小明堂大合則爲大明堂合
於龍虎內則爲內明堂合於龍虎外則爲外明堂各不相亂如此是又不可不
知也.**浮沈論第十一**:其次又當別浮沈浮沈者言乎其表裏夫脈有陰陽故
有浮沈陰脈常見乎表所謂浮也陽脈常收乎裏所謂沈也大抵地理家察脈
與醫家察脈無異善醫者察脈之陰陽而用藥善地理者察脈之浮沈而立穴
其理一也夫三陰從天生以其陰根于陽也故陰脈必上小而下大其出口也
必尖三陽從地出以其陽根于陰也故陽脈必上大而下小其出口也必圓後
之觀脈者不必問其何如但口尖者皆陰口其浮於表口圓者皆陽口其脈于
裏此一定不易之法若又推而廣之.則凸者脈浮凹者脈沈微細者脈浮粗
重者脈沈衆高一低者脈浮衆低一高者脈沈以此相乘除則陰陽之理得
矣.**淺深篇第十二**:其次又當定淺深淺深者言乎其準的也夫淺深得乘風
水自成故卜地者必以淺深爲準的宜淺而深則氣從上過宜深而淺則氣從
下過雖得吉地而效不應者爲此故也大概先觀來脈之陰陽次省四山之從
佐且如脈入首强作穴凹出口圓此皆脈浮而穴陽宜淺.來脈入首弱作穴
凸出口尖此皆脈沈而穴陰宜深故曰.淺深得乘風水自成深淺之法多端

至理莫過於是也切要辨認入首陰陽蝦鬚界合明白若當深而淺當淺而深差於咫尺之間反吉爲凶矣經曰地吉葬凶與棄屍同正此義也俗裝卦例論九星白法以定寸尺者大謬也.**趨避篇第十三**:其次又當詳趨避趨避者言乎其決擇也夫天下之道二吉凶善惡常相半不能皆吉也而必有凶不能皆善也而必有惡故人之所遭有不齊也既所遭之不齊則必有以處趨吉避凶去惡從善是也地理亦然夫山川之所鍾不能皆全純粹之氣不能無所駁雜則不能無所駁雜則妍醜好紛然前陳亦其宜耳然而山川之變態不一咫尺之移轉頓殊或低視而醜或高視而好或左視而妍或右視而或秀氣聚下而高則否或情意偏右而左則虧.**裁成篇第十四**:其次又當知裁成裁成者言乎其人事也夫人不天不因天不人不成自有宇宙卽有山川數不加多用不加少必天生自然而后定則天地之造化亦有限矣是故山川之融結在天而山水之裁成在人或過焉吾則裁其過或不及焉吾則益其不及使適於中截長補短損高益下莫不有當然之理其始也不過目力之巧工力之具其終也奪神功改天命而人與天無間矣故善者盡其當然而不害其爲自然不善者泥乎自然卒不知其所當然所以道不虛行存乎其人也.**感應篇第十五**:其次又當原感應感應者言乎其天道也夫天道不言而響應福善禍淫皆是物也諺云陰地好不如心地好此善言感應地理也是故求地者必以積德爲本若其德果厚天必以吉地應之是所以福其子孫者心也而地之吉亦將以符之也其惡果盈天必以凶地應之是所以禍其子孫者亦本於心也以地之凶亦將以符之也盖心者氣之主氣者德之符天未有心於人而人之一心一氣感應自相符合耳郭氏云吉凶感應鬼神及人人於先骸固不可不擇其所而安之然不修其本惟末是圖則不累祖宗者寡矣欲有以福其子孫哉地理之微吾旣發明之故述此於篇末以明天道之不可誣人心之所當謹噫觀是書者其之所戒哉.

2. 發微論의 讀音文

1) 剛柔篇第一(강유편제일)의 독음문

易日 立天之道 曰陰與陽 邵氏曰立地之道 剛柔盡之矣 故地理之要
역왈 입천지도 왈음여양 소씨왈입지지도 강유진지의 고지리지요
莫尙於剛柔. 剛柔者 言乎其體質也 天地之初 固若沙之勢 未有山川
막상어강유. 강유자 언호기체질야 천지지초 고약사지세 미유산천
之可言也 旣而風氣相摩 水土相蕩 則剛者屹而獨存 柔者淘而漸去
지가언야 기이풍기상마 수토상탕 칙강자흘이독존 유자도이점거
於是乎山川形焉 山體剛而用柔 故高聳而凝定 水體柔而用剛 故卑
어시호산천형언 산체강이용유 고고용이응정 수체유이용강 고비
下而流行 此又剛中有柔 柔中有剛也 邵氏以水爲太柔 火爲太剛 土
하이류행 차우강중유유 유중유강야 소씨이수위태유 화위태강 토
爲小柔 石爲小剛 所謂地之四象也 水則人身之血 故爲太柔 火則人
위소유 석위소강 소위지지사상야 수칙인신지혈 고위태유 화칙인
身之氣 故爲太剛 土則人身之肉 故爲小柔 石則人身之骨 故爲小剛
신지기 고위태강 토칙인신지육 고위소유 석칙인신지골 고위소강
合水火土石而爲地 猶合血氣骨肉而爲人 近取諸身 遠取諸物 無二理
합수화토석이위지 유합혈기골육이위인 근취제신 원취제물 무이리
也 若細推之 凡故燥者 皆剛夷坦者 皆柔然 故燥之中有夷坦夷坦
야 약세추지 범고조자 개강이탄자 개유연 고조지중유이탄이탄
之中有故燥 則是剛中有柔 柔中有剛也 凡强急者 皆强緩弱者 皆
지중유고조 칙시강중유유 유중유강야 범강급자 개강완약자 개
柔然 强急之中有緩弱 緩弱之中有强急 則是柔中有剛 剛中有柔也
유연 강급지중유완약 완약지중유강급 칙시유중유강 강중유유야
自此以往 盡推無窮 知者觀之 思過半矣
자차이왕 진추무궁 지자관지 사과반의

2) 動靜篇第二(동정편제이)의 독음문

其次莫若明動靜 心莫若和 動靜者 言乎其變通也 夫槪天下之理 欲
기차막약명동정 심막약화 동정자 언호기변통야 부개천하지리 욕

向動中求靜 靜中求動 不欲靜愈靜 動愈動 古語云 水本動 欲其靜
향동중구정 정중구동 부욕정유정 동유동 고어운 수본동 욕기정

山本靜 欲其動 此達理之言也 故山以靜爲常 是爲無動 動則成龍矣
산본정 욕기동 차달리지언야 고산이정위상 시위무동 동칙성룡의

水以動爲常 是爲無靜 靜則結地矣 故成龍之山必 躍翔舞 結地之水
수이동위상 시위무정 정칙결지의 고성룡지산필 약상무 결지지수

必灣環悠揚 若其偃硬側勒 衝激牽射 則動不離動 靜不離靜 山水之
필만환유양 약기언경측륵 충격견사 칙동부리동 정부리정 산수지

不融結者也 然一動一靜 互相循環 山亦有動極而靜 水亦有靜極而動
부융결자야 연일동일정 호상순환 산역유동극이정 수역유정극이동

不可執一而論 又在人融化之爲妙也.
부가집일이논 우재인융화지위묘야.

3) 聚散篇第三(취산편제삼)의 독음문

其次莫若觀聚散 聚散者 言乎其大勢也 歷觀古人之葬 大抵穴多奇怪
기차막약관취산 취산자 언호기대세야 역관고인지장 대저혈다기괴

非好怪也 良由得山水之正 則怪穴所爲常也 今人於大聚之中 或乃拘
비호괴야 량유득산수지정 칙괴혈소위상야 금인어대취지중 혹내구

于形穴而不葬矣 然有大勢之聚散 有穴中之聚散 大勢之聚散見乎遠
우형혈이부장의 연유대세지취산 유혈중지취산 대세지취산견호원

穴中之聚散見乎近 是二者有相須之道焉.
혈중지취산견호근 시이자유상수지도언.

4) 向背篇第四(향배편제사)의 독음문

其次莫若番向背 向背者 言乎其情性也 夫地理與人事不遠 人之情性
기차막약번향배 향배자 언호기정성야 부지리여인사부원 인지정성
不一 而向背之道可見 其向我者 必有周旋相與之意 其背我者 必有
부일 이향배지도가견 기향아자 필유주선상여지의 기배아자 필유
厭棄不顧之狀. 雖或暫焉矯飾 而眞態自然不可也 故觀地者必觀其情
염기부고지장. 수혹잠언교식 이진태자연부가야 고관지자필관기정
之向背 向者不難見 凡相對如君臣 相待如賓主 相親愛如兄弟骨肉
지향배 향자부난견 범상대여군신 상대여빈주 상친애여형제골육
此皆向之情也 背者亦不難見 凡相視如讐敵 相抛如路人 相忌如嫉逆
차개향지정야 배자역부난견 범상시여수적 상포여로인 상기여질역
寇 此皆背之情也 觀形貌者得其僞 觀情性者得其眞 向背之理明 而
구 차개배지정야 관형모자득기위 관정성자득기진 향배지리명 이
吉凶禍福之機灼然 故嘗謂地理之要 不過山水向背而已矣.
길흉화복지기작연 고상위지리지요 부과산수향배이이의.

5) 雌雄篇第五(자웅편제오)의 독음문

其次又當看雌雄 雌雄者 言乎其配合也 夫孤陰不生 獨陽不成 天下
기차우당간자웅 자웅자 언호기배합야 부고음부생 독양부성 천하
之物 莫不要相配對 地理家以雌雄言之大概 不過相對待之理 何以言
지물 막부요상배대 지리가이자웅언지대개 부과상대대지리 하이언
之 山屬陰 水屬陽 故山水相對有雌雄 而山之與水各有雌雄 陽龍取
지 산속음 수속양 고산수상대유자웅 이산지여수각유자웅 양룡취
陰穴 陰龍取陽穴 此龍穴相對有雌雄 陽山取陰爲對 陰山取陽爲對
음혈 음룡취양혈 차룡혈상대유자웅 양산취음위대 음산취양위대
此主客相對有雌雄也 其地融結則雌雄必合 龍穴砂水左右主客 必相
차주객상대유자웅야 기지융결칙자웅필합 룡혈사수좌우주객 필상

登對　若單雌單雄　不相登對　雖或結地　必非眞造化也　經曰雌雄相喜
등대　약단자단웅　부상등대　수혹결지　필비진조화야　경왈자웅상희
天地交通　又曰雌雄不顧不勞看　古人多以此爲要妙　然逆天地自然之
천지교통　우왈자웅부고부로간　고인다이차위요묘　연역천지자연지
理也.
리야.

6) 强弱篇第六(강약편제육)의 독음문
其此又當辯强弱　强弱者　言乎其稟氣也　夫天下之理　中而已矣　太剛
기차우당변강약　강약자　언호기품기야　부천하지리　중이이의　태강
則折　故須濟之以柔　太柔則弱　故須濟之以剛　剛柔相濟　中道得矣　論
칙절　고수제지이유　태유칙약　고수제지이강　강유상제　중도득의　논
地理者　必須察其稟氣　稟偏於柔　故其性緩　稟偏於剛　故其性急　稟剛
지리자　필수찰기품기　품편어유　고기성완　품편어강　고기성급　품강
性急　此宜穴於緩處　若復穴於剛急之處　則必有絶宗之禍　稟柔性緩
성급　차의혈어완처　약복혈어강급지처　칙필유절종지화　품유성완
此宜穴於急處　若復穴於弱緩之處　則必有冷退之患.　强來强下則傷龍
차의혈어급처　약복혈어약완지처　칙필유냉퇴지환.　강래강하칙상룡
弱來弱下則脫　故立穴之法　大槪欲得酌中恰好底道理　不得僑於一偏
약래약하칙탈　고입혈지법　대개욕득작중흡호저도리　부득교어일편
才偏便生出病來　然非權衝有定　則亦未易語也.
재편편생출병래　연비권충유정　칙역미이어야.

7) 順逆篇第七(순역편제칠)의 독음문
其次又當分順逆　順逆者　言乎其去來也　其來者何　水之所發　山之所
기차우당분순역　순역자　언호기거래야　기래자하　수지소발　산지소
起是也　其去者何　水之所趨　山之所止是也　知來去而知順逆者有矣

기시야 기거자하 수지소추 산지소지시야 지래거이지순역자유의
不知來去而知順逆者未之有也 夫順逆二路 如盲如聾 自非灼 然有見
부지래거이지순역자미지유야 부순역이로 여맹여롱 자비작 연유견
鮮不以逆爲順 以順爲逆者矣 要知順山順水者順也 所謂來處來者是
선부이역위순 이순위역자의 요지순산순수자순야 소위래처래자시
也 逆山逆水者逆也 所謂去處去者是也 立穴之法 要順中取逆 逆中
야 역산역수자역야 소위거처거자시야 입혈지법 요순중취역 역중
取順 此一定之理 不可改易 若又推而廣之 則脈有順逆 龍有順逆 順
취순 차일정지리 부가개이 약우추이광지 칙맥유순역 룡유순역 순
龍之穴結必逆 逆龍之穴結必順 此亦山川自然之勢也 大抵論逆順者
룡지혈결필역 역룡지혈결필순 차역산천자연지세야 대저론역순자
要知山川之大勢 默定于數里之外 而後能推順 逆於咫尺微茫之間 否
요지산천지대세 묵정우수리지외 이후능추순 역어지척미망지간 부
則黑白混淆 以逆爲順以順 爲逆者多矣.
칙흑백혼효 이역위순이순 위역자다의.

8) 生死篇第八(생사편제팔)의 독음문

其此又當識生死 生死者 言乎其取捨也 夫千里來龍 不過一席之地
기차우당식생사 생사자 언호기취사야 부천리래룡 부과일석지지
非以生死別之 則何所決擇哉 生死之說非一端 大槪有氣者爲生 無氣
비이생사별지 칙하소결택재 생사지설비일단 대개유기자위생 무기
者爲死 活動者爲生 粗硬者爲死 龍勢推左則左爲生 右爲死 龍勢推
자위사 활동자위생 조경자위사 룡세추좌칙좌위생 우위사 룡세추
右則右爲生 左爲死 又有瘦中取肉 則瘦處死而肉處生 節中取饑 則
우칙우위생 좌위사 우유수중취육 칙수처사이육처생 절중취기 칙
饑處生而節處死 如此之類 在人細推之 生則在所取 死則在所捨 取
기처생이절처사 여차지류 재인세추지 생칙재소취 사칙재소사 취

捨明而后穴法定 穴法定而后禍福應 若生死難辨 取捨何當 則非達造
사명이후혈법정 혈법정이후화복응 약생사난변 취사하당 칙비달조

化矣.
화의.

9) 微著篇第九(미저편제구)의 독음문

其此又當察微著 微著者 言乎其氣脈也 夫氣無形者也 屬乎陽 脈有
기차우당찰미저 미저자 언호기기맥야 부기무형자야 속호양 맥유

形者也 屬乎陰 陽淸陰濁 故氣微而脈著 然氣不自成 必依脈而立 脈
형자야 속호음 양청음탁 고기미이맥저 연기부자성 필의맥이립 맥

不自爲 必因氣而成 蓋有脈而無氣者有矣 未有無脈而有氣者也 經曰
부자위 필인기이성 개유맥이무기자유의 미유무맥이유기자야 경왈

氣乘風散界水止 無脈無氣者 水害之也 有脈無氣者 風乘之也 善觀
기승풍산계수지 무맥무기자 수해지야 유맥무기자 풍승지야 선관

氣脈者 以有形察無形 不善觀者 以無形蔽有形 蓋無形只在有形之內
기맥자 이유형찰무형 부선관자 이무형폐유형 개무형지재유형지내

但知者所見實 故於粗淺而得精微 愚者所見昏 故於荒忽茫昧而不曉
단지자소견실 고어조천이득정미 우자소견혼 고어황홀망매이부효

豈知四水交流則有脈 八風不動則有氣 此 有目者所共見 有心者所共
기지사수교류칙유맥 팔풍부동칙유기 차 유목자소공견 유심자소공

知 而術之至要 初不外是也.
지 이술지지요 초부외시야.

10) 分合篇第十(분합편제십)의 독음문

其此又當究分合 分合者 言乎其出沒也 夫脈之爲脈 非徒然而生 頓
기차우당구분합 분합자 언호기출몰야 부맥지위맥 비도연이생 돈

然而有 其出也 必有自然之來 則有分水以導之 其沒者 必有所止 則
연이유 기출야 필유자연지래 칙유분수이도지 기몰자 필유소지 칙

연이유 기출야 필유자연지래 칙유분수이도지 기몰자 필유소지 칙
有合水以界之 郭氏云 地有吉氣 隨土而起 支有止氣 隨水而比 曰支
유합수이계지 곽씨운 지유길기 수토이기 지유지기 수수이비 왈지
之所起 氣隨而始 支之所終 氣隨而鍾 此古人論氣脈之源流也 氣隨
지소기 기수이시 지지소종 기수이종 차고인논기맥지원류야 기수
土而起 脈行必有脊 氣隨水而比 故送脈必有水 氣起于支之始 故上
토이기 맥행필유척 기수수이비 고송맥필유수 기기우지지시 고상
有分 脈鍾于支之終 故下有合 有合無分 則其來不眞 爲其內無生氣
유분 맥종우지지종 고하유합 유합무분 칙기래부진 위기내무생기
之可接也 有分無合 則其止不明 爲外無堂氣之可受也 有分有合 則
지가접야 유분무합 칙기지부명 위외무당기지가수야 유분유합 칙
有來有止 有出有沒 則龍穴融結 的定無疑 然後爲全氣地也 然有大
유래유지 유출유몰 칙룡혈융결 적정무의 연후위전기지야 연유대
分合小分合 眞地融結則有三分三合 穴前後一分合 起主龍虎所交二
분합소분합 진지융결칙유삼분삼합 혈전후일분합 기주룡호소교이
分合 祖龍至山水大會三分合也 小合則爲小明堂 大合則爲大明堂 合
분합 조룡지산수대회삼분합야 소합칙위소명당 대합칙위대명당 합
於龍虎內 則爲內明堂 合於龍虎外 則爲外明堂 各不相亂如此 是又
어룡호내 칙위내명당 합어룡호외 칙위외명당 각부상란여차 시우
不可不知也.
부가부지야.

11) 浮沈論第十一(부침론제십일)의 독음문

其次又當別浮沈 浮沈者 言乎其表裏 夫脈有陰陽 故有浮沈 陰脈常
기차우당별부침 부침자 언호기표리 부맥유음양 고유부침 음맥상
見乎表 所謂浮也 陽脈常收乎裏 所謂沈也 大抵地理家察脈 與醫家
견호표 소위부야 양맥상수호이 소위침야 대저지리가찰맥 여의가

察脈無異　善醫者　察脈之陰陽而用藥　善地理者　察脈之浮沈而立穴
찰맥무이　선의자　찰맥지음양이용야　선지리지　찰맥지부침이입혈
其理一也　夫三陰從天生　以其陰根于陽也　故陰脈必上小而下大　其
기리일야　부삼음종천생　이기음근우양야　고음맥필상소이하대　기
出口也必尖　三陽從地出　以其陽根于陰也　故陽脈必上大而下小　其出
출구야필첨　삼양종지출　이기양근우음야　고양맥필상대이하소　기출
口也必圓　後之觀脈者　不必問其何如　但口尖者　皆陰口其浮於表　口
구야필원　후지관맥자　부필문기하여　단구첨자　개음구기부어표　구
圓者　皆陽口其脈于裏　此一定不易之法　若又推而廣之.　則凸者脈浮
원자　개양구기맥우이　차일정부역지법　약우추이광지.　칙철자맥부
凹者脈沈　微細者脈浮　粗重者脈沈　衆高一低者脈浮　衆低一高者脈
요자맥침　미세자맥부　조중자맥침　중고일저자맥부　중저일고자맥
沈　以此相乘除　則陰陽之理得矣.
침　이차상승제　칙음양지리득의.

12) 淺深篇第十二(천심편제십이)의 독음문
其次又當定淺深　淺深者　言乎其準的也　夫淺深得乘風水自成　故卜地
기차우당정천심　천심자　언호기준적야　부천심득승풍수자성　고복지
者　必以淺深爲準的　宜淺而深則氣從上過　宜深而淺則氣從下過　雖得
자　필이천심위준적　의천이심칙기종상과　의심이천칙기종하과　수득
吉地而效不應者　爲此故也　大槪先觀來脈之陰陽　次省四山之從佐　且
길지이효부응자　위차고야　대개선관래맥지음양　차성사산지종좌　차
如脈入首強　作穴凹　出口圓　此皆脈浮而穴陽　宜淺.　來脈入首弱　作
여맥입수강　작혈요　출구원　차개맥부이혈양　의천.　래맥입수약　작
穴凸　出口尖　此皆脈沈而穴陰　宜深　故曰淺深得乘　風水自成　深淺之
혈철　출구첨　차개맥침이혈음　의심　고왈천심득승　풍수자성　심천지
法多端　至理莫過於是也　切要辨認入首陰陽蝦鬚　界合明白　若當深而
법다단　지리막과어시야　절요변인입수음양하수　계합명백　약당심이

법다단 지리막과어시야 절요변인입수음양하수 계합명백 약당심이
淺 當淺而深 差於咫尺之間 反吉爲凶矣 經曰地吉葬凶 與棄屍同 正
천 당천이심 차어지척지간 반길위흉의 경왈지길장흉 여기시동 정
此義也 俗裝卦例 論九星白法以定寸尺者 大謬也.
차의야 속장괘례 론구성백법이정촌척자 대류야.

13) 趨避篇第十三(추피편제십삼)의 독음문

其次又當詳趨避 趨避者 言乎其決擇也 夫天下之道 二吉凶善惡常相
기차우당상추피 추피자 언호기결택야 부천하지도 이길흉선악상상
半 不能皆吉也 而必有凶 不能皆善也 而必有惡 故人之所遭有不齊
반 부능개길야 이필유흉 부능개선야 이필유악 고인지소조유부제
也 旣所遭之不齊 則必有以處趨吉避凶 去惡從善是也 地理亦然 夫
야 기소조지부제 칙필유이처추길피흉 거악종선시야 지리역연 부
山川之所鍾不能皆全 純粹之氣不能無所駁雜 則不能無所駁雜 則姸
산천지소종부능개전 순수지기부능무소박잡 칙부능무소박잡 칙연
醜好 紛然前陳 亦其宜耳 然而山川之變態不一 咫尺之移轉頓殊 或
추호 분연전진 역기의이 연이산천지변태부일 지척지이전돈수 혹
低視而醜 或高視而好 或左視而姸 或右視而 或秀氣聚下 而高則否
저시이추 혹고시이호 혹좌시이연 혹우시이 혹수기취하 이고칙부
或情意偏右 而左則虧.
혹정의편우 이좌칙휴.

14) 裁成篇第十四(재성편제십사)의 독음문

其次又當知裁成 裁成者 言乎其人事也 夫人不天不因 天不人不成
기차우당지재성 재성자 언호기인사야 부인부천부인 천부인불성
自有宇宙 卽有山川 數不加多 用不加少 必天生自然而后定 則天地
자유우주 즉유산천 수부가다 용부가소 필천생자연이후정 칙천지

之造化亦有限矣　是故山川之融結在天　而山水之裁成在人　或過焉　吾
지조화역유한의　시고산천지융결재천　이신수지재성재인　혹과언　오
則裁其過　或不及焉　吾則益其不及　使適於中　截長補短　損高益下　莫
칙재기과　혹부급언　오칙익기부급　사적어중　절장보단　손고익하　막
不有當然之理　其始也　不過目力之巧　工力之具　其終也　奪神功改天
부유당연지리　기시야　부과목력지교　공력지구　기종야　탈신공개천
命　而人與天無間矣　故善者盡其當然　而不害其爲自然　不善者泥乎自
명　이인여천무간의　고선자진기당연　이부해기위자연　부선자니호자
然　卒不知其所當然　所以道不虛行　存乎其人也.
연　졸부지기소당연　소이도부허행　존호기인야.

15) 感應篇第十五(감응편제십오)의 독음문

其次又當原感應　感應者　言乎其天道也　夫天道不言而響應　福善禍淫
기차우당원감응　감응자　언호기천도야　부천도부언이향응　복선화음
皆是物也　諺云陰地好　不如心地好　此善言感應地理也　是故求地者
개시물야　언운음지호　부여심지호　차선언감응지리야　시고구지자
必以積德爲本　若其德果厚　天必以吉地應之　是所以福其子孫者　心
필이적덕위본　약기덕과후　천필이길지응지　시소이복기자손자　심
也　而地之吉亦將以符之也　其惡果盈　天必以凶地應之　是所以禍其子
야　이지지길역장이부지야　기악과영　천필이흉지응지　시소이화기자
孫者　亦本於心也　以地之凶亦將以符之也　盖心者氣之主　氣者德之符
손자　역본어심야　이지지흉역장이부지야　개심자기지주　기자덕지부
天未有心於人　而人之一心一氣　感應自相符合耳　郭氏云吉凶感應
천미유심어인　이인지일심일기　감응자상부합이　곽씨운길흉감응
鬼神及人　人於先骸　固不可不擇其所而安之　然不修其本　惟末是圖
귀신급인　인어선해　고부가부택기소이안지　연불수기본　유말시도
則不累祖宗者寡矣　欲有以福其子孫哉　地理之微　吾旣發明之　故述
칙불루조종자과의　욕유이복기자손재　지리지미　오기발명지　고술

칙부루조종자과의 욕유이복기자손재 지리지미 오기발명지 고술
此於篇末 以明天道之不可誣 人心之所當謹 噫觀是書者 其之所戒哉
차어편말 이명천도지부가무 인심지소당근 희관시서자 기지소계재.

第3節 發微論의 讀音文과 原文解說

1. 剛柔篇

1) 강유편의 원문
易日立天之道日陰與陽邵氏日立地之道剛柔盡之矣故地理之要莫尙於
剛柔.剛柔者言乎其體質也天地之初固若沙之勢未有山川之可言也旣
而風氣相摩水土相蕩則剛者屹而獨存柔者淘而漸去於是乎山川形焉山
體剛而用柔故高聳而凝定水體柔而用剛故卑下而流行此又剛中有柔柔
中有剛也邵氏以水爲太柔火爲太剛土爲小柔石爲小剛所謂地之四象也
水則人身之血故爲太柔火則人身之氣故爲太剛土則人身之肉故爲小柔
石則人身之骨故爲小剛合水火土石而爲地猶合血氣骨肉而爲人近取諸
身遠取諸物無二理也若細推之凡故燥者皆剛夷坦者皆柔然故燥之中有
夷坦夷坦之中有故燥則是剛中有柔柔中有剛也凡强急者皆强緩弱者皆
柔然强急之中有緩弱緩弱之中有强急則是柔中有剛剛中有柔也自此以
往盡推無窮知者觀之思過半矣

2) 강유편의 독음문
易日立天之道(역왈입천지도)는 日陰與陽(왈음여양)이고 邵氏日立
地之道(소씨왈입지지도)는 剛柔盡之矣(강유진지의)라. 故地理之要

(고지리지요)는 莫尙於剛柔(막상어강유)라. 剛柔者(강유자)는 言乎
其體質也(언호기체질야)라. 天地之初(천지지초)는 固若沙之勢
(고약사지세)이니 未有山川之可言也(미유산천지가언야)라. 旣而風
氣相摩(기이풍기상마)하고 水土相蕩(수토상탕)하니 則剛者屹而獨存
(칙강자흘이독존)이고 柔者淘而漸去(유자도이점거)라. 於是乎山川
形焉(어시호산천형언)이라. 山體剛而用柔(산체강이용유)이니 故高
聳而凝定(고고용이응정)이고 水體柔而用剛(수체유이용강)이니
故卑下而流行(고비하이류행)이라. 此又剛中有柔(차우강중유유)이고
柔中有剛也(유중유강야)라. 邵氏以水爲太柔(소씨이수위태유)이고
火爲太剛(화위태강)이며 土爲小柔(토위소유)이고 石爲小剛(석위소강)
인데 所謂地之四象也(소위지지사상야)라. 水則人身之血(수칙인신
지혈)은 故爲太柔(고위태유)이고 火則人身之氣(화칙인신지기)는
故爲太剛(고위태강)이며 土則人身之肉(토칙인신지육)은 故爲小柔
(고위소유)이고 石則人身之骨(석칙인신지골)은 故爲小剛(고위소강)
이니 合水火土石而爲地(합수화토석이위지)가 猶合血氣骨肉而爲人
(유합혈기골육이위인)이라. 近取諸身(근취제신)하고 遠取諸物(원
취제물)하니 無二理也(무이리야)라. 若細推之(약세추지)면 凡故燥者
(범고조자)는 皆剛夷坦者(개강이탄자)이고 皆柔然(개유연)이니
故燥之中有夷坦(고조지중유이탄)이고 夷坦之中有故燥(이탄지중유
고조)이니 則是剛中有柔(칙시강중유유)이고 柔中有剛也(유중유강야)
라. 凡强急者(범강급자)는 皆强緩弱者(개강완약자)이고 皆柔然
(개유연)이니 强急之中有緩弱(강급지중유완약)이고 緩弱之中有强急(완
약지중유강급)이니 則是柔中有剛(칙시유중유강)이고 剛中有柔也
(강중유유야)라. 自此以往(자차이왕)이면 盡推無窮(진추무궁)이니
知者觀之(지자관지)는 思過半矣(사과반의)라.

3) 강유편의 원문해설

易曰立天之道(역왈입천지도)는 • 주역에 이르기를 하늘의 도인 天道(천도)가 세워지는 것은

曰陰與陽(왈음여양)이고 • 말하기를 음과 함께 양이라고 하였고

邵氏曰立地之道(소씨왈입지지도)는 • 易聖(역성)인 소씨＝소강절선생이 이르기를 땅의 도인 地道(지도)가 세워지는 것은

剛柔盡之矣(강유진지의)라 • 굳세고 단단함(剛)과 순하고 부드러움(柔)의 성정인 剛柔＝陰陽이 다하여 끝남이라고 하고 있다.

故地理之要(고지리지요)는 • 그러므로 풍수지리의 요점은

莫尙於剛柔(막상어강유)라 • 바라건대(尙) 剛柔보다 더할 것이 없음인 것이다.

剛柔者(강유자)는 • 剛柔라고 하는 것은

言乎其體質也(언호기체질야)라 • 그러한 剛柔의 체질을 언급하고 있음인 것이다.

天地之初(천지지초)는 • 천지의 시작인 최초는

固若沙之勢(고약사지세)이니 • 진실로 출렁이는 모래사막과 같은 勢＝氣勢(기세)이니

未有山川之可言也(미유산천지가언야)라 • 아직 산천이 가히 존재하여있다고 언급할 수가 없음인 것이다.

旣而風氣相摩(기이풍기상마)하고 • 이미 그럼으로 말미암아, 즉 그러는 동안에 바람과 기운인 風氣(풍기)는 서로 비벼대듯 어루만지며 부딪치고

水土相蕩(수토상탕)하니 • 물과 흙은 서로 쓸어버리듯 씻어내니

則剛者屹而獨存(칙강자흘이독존)이고 • 즉 굳세고 단단(剛)한 것은 우뚝 솟아(屹)서 홀로 존재하는 것이고

柔者淘而漸去(유자도이점거)라 • 부드럽고 순(柔)한 것은 물이 흔들어서 걸러내(淘)듯 차츰 차츰 천천히 흘러서 나아가게 되는 것이다.

於是乎山川形焉(어시호산천형언)이라 • 이리하여 산천의 모양인 形이 있게 된 것이다.

山體剛而用柔(산체강이용유)이니 • 山에 있어서 體＝主體(주체)는 굳세고 단단한 剛(강)이므로 말미암아 山에 있어서 用＝作用(작용)은 부드럽고 순한 柔(유)인 것이니

故高聳而凝定(고고용이응정)이고 • 그러므로 山은 높이 솟음으로 말미암아 뭉쳐서 응축됨으로 정하는 것이고

水體柔而用剛(수체유이용강)이니 • 水(물)에 있어서 體＝主體(주체)는 부드럽고 순한 柔(유)이므로 말미암아 水(물)에 있어서 用＝作用(작용)은 굳세고 단단한 剛(강)인 것이니

故卑下而流行(고비하이류행)이라 • 그러므로 水는 낮은 아래로 말미암아 흘러서 유행함인 것이다.

此又剛中有柔(차우강중유유)이고 • 그래서 또한 강(剛)함 중에 부드러움(柔)이 있는 것이고

柔中有剛也(유중유강야)라 • 부드럽고 순(柔)함 중에 강(剛)함이 있는 것이다.

邵氏以水爲太柔(소씨이수위태유)이고 • 소씨＝소강절선생은 水(물)의 체질은 매우 부드러운 太柔＝太陰에 속하고

火爲太剛(화위태강)이며 • 火(불)의 체질은 매우 굳세고 강한 太剛＝太陽에 속하며

土爲小柔(토위소유)이고 • 土(흙)의 체질은 어느 정도 부드러운 小柔＝小陰에 속하고

石爲小剛(석위소강)인데 • 石(돌)의 체질은 어느 정도 굳세고 강한 小剛＝小陽에 속하는데

所謂地之四象也(소위지지사상야)라 • 소위 땅＝地의 4象(水火土石)에 대해서 언급하고 있는 것이다.

水則人身之血(수칙인신지혈)은 • 水(물)는, 즉 인체의 피＝血液이니

故爲太柔(고위태유)이고 • 그러므로 매우 부드러운 太柔=太陰에
속하고

火則人身之氣(화칙인신지기)는 • 火(불)는, 즉 인체의 기=氣運이니
故爲太剛(고위태강)이며 • 그러므로 매우 굳세고 강한 太剛=太陽
에 속하며

土則人身之肉(토칙인신지육)은 • 土(흙)는, 즉 인체의 살=肉身이니
故爲小柔(고위소유)이고 • 그러므로 어느 정도 부드러운 小柔=小
陰에 속하고

石則人身之骨(석칙인신지골)은 • 石(돌)은, 즉 인체의 뼈=骨身이니
故爲小剛(고위소강)이니 • 그러므로 어느 정도 굳세고 강한 小剛=
小陽에 속하니

合水火土石而爲地(합수화토석이위지)가 • 水火土石(수화토석)의 4
象이 합해지므로 말미암아 땅=地를 이루는 것이

猶合血氣骨肉而爲人(유합혈기골육이위인)이라 • 마치 血氣骨肉(혈
기골육)의 4象이 합해지므로 말미암아 사람의 인체를 이루는 것과
같음인 것이다.

近取諸身(근취제신)하고 • 가깝게는 사람의 몸=신체를 취하여 의
지하고

遠取諸物(원취제물)하니 • 멀게는 사물=만물을 취하여 의지하니

無二理也(무이리야)라 • 理法=理致가 둘이 아닌 것이다.

若細推之(약세추지)면 • 만일 세세한 것들을 추천한다면

凡故燥者(범고조자)는 • 무릇 燥(조)하여 마른 것들은

皆剛夷坦者(개강이탄자)이고 • 모두가 굳세고 단단한 강(剛)함과 온
화하고 평평한 平夷(평이)함, 그리고 너그럽듯 平坦(평탄)함이 함께
한 것이고

皆柔然(개유연)이니 • 모두가 부드럽고 순하듯 柔軟(유연)함도 함께
한 것이기 때문에

故燥之中有夷坦(고조지중유이탄)이고 • 그러므로 燥(조)하여 마른 것들 속에 平夷(평이)하고 平坦(평탄)함이 함께 있는 것이고

夷坦之中有故燥(이탄지중유고조)이니 • 平夷(평이)하고 平坦(평탄)함 속에 燥(조)하여 마른 것이 있는 것이기 때문에

則是剛中有柔(칙시강중유유)이고 • 즉 이는 강(剛)함 중에 부드러움(柔)도 함께 있는 것이고

柔中有剛也(유중유강야)라 • 부드러움(柔) 중에 강(剛)함도 함께 있는 것이다.

凡强急者(범강급자)는 • 무릇 왕성하듯 강(强)하고 빠르듯 급(急)한 것들은

皆强緩弱者(개강완약자)이고 • 모두가 왕성하듯 강(强)함과 느리듯 완(緩)함, 그리고 쇠하듯 약(弱)함이 함께한 것이고

皆柔然(개유연)이니 • 모두가 부드럽고 순하듯 柔軟(유연)함도 함께한 것이기 때문에

强急之中有緩弱(강급지중유완약)이고 • 왕성하듯 강(强)하고 빠르듯 급(急)함 중에 느리듯 완(緩)함과 쇠하듯 약(弱)함이 함께 있는 것이고

緩弱之中有强急(완약지중유강급)이니 • 느리듯 완(緩)함과 쇠하듯 약(弱)함 중에도 왕성하듯 강(强)하고 빠르듯 급(急)함이 함께 있으니

則是柔中有剛(칙시유중유강)이고 • 즉 이렇게 부드러움(柔) 중에 강(剛)함이 있음이고

剛中有柔也(강중유유야)라 • 강(剛)함 중에 부드러움(柔)이 있음인 것이다.

自此以往(자차이왕)이면 • 이러한 관점에서 출발하여 가면

盡推無窮(진추무궁)이니 • 추리하기를 다한다면 끝이 없이 무궁할 것이니

知者觀之(지자관지)는 • 者=剛柔(강유)를 관찰할 줄 앎은

思過半矣(사과반의)라 • 이미 절반이상의 뜻=의미를 알았다는 것이다

2. 動靜篇

1) 동정편의 원문

其次莫若明動靜心莫若和動靜者言乎其變通也夫槪天下之理欲向動中
求靜靜中求動不欲靜愈靜動愈動古語云水本動欲其靜山本靜欲其動此
達理之言也故山以靜爲常是爲無動動則成龍矣水以動爲常是爲無靜靜
則結地矣故成龍之山必躍翔舞結地之水必灣環悠揚若其偃硬側勒衝激
牽射則動不離動靜不離靜山水之不融結者也然一動一靜互相循環山亦
有動極而靜水亦有靜極而動不可執一而論又在人融化之爲妙也.

2) 동정편의 독음문

其次莫若明動靜(기차막약명동정)이라. 心莫若和(심막약화)라. 動靜者
(동정자)는 言乎其變通也(언호기변통야)라. 夫槪天下之理(부개천
하지리)는 欲向動中求靜(욕향동중구정)하고 靜中求動(정중구동)이
라. 不欲靜愈靜(부욕정유정)하고 動愈動(동유동)이라. 古語云(고어
운), 水本動(수본동)이니 欲其靜(욕기정)하고 山本靜(산본정)이니
欲其動(욕기동)이라 此達理之言也(차달리지언야)라. 故山以靜爲常
(고산이정위상)이니 是爲無動(시위무동)이나 動則成龍矣(동칙성룡
의)라. 水以動爲常(수이동위상)이니 是爲無靜(시위무정)이나 靜則
結地矣(정칙결지의)라. 故成龍之山必躍翔舞(고성룡지산필약상무)
하고 結地之水必灣環悠揚(결지지수필만환유양)이라. 若其偃硬側勒
(약기언경측륵)하고 衝激牽射(충격견사)이면 則動不離動(칙동부리
동)이고 靜不離靜(정부리정)이니 山水之不融結者也(산수지부융결
자야)라. 然一動一靜(연일동일정)이 互相循環(호상순환)이면 山亦
有動極而靜(산역유동극이정)이고 水亦有靜極而動(수역유정극이동)
이라. 不可執一而論(부가집일이논)이고 又在人融化之爲妙也(우재
인융화지위묘야)라.

3) 동정편의 원문해설

其次莫若明動靜(기차막약명동정)이라•그 다음은 動靜을 명확하게 밝히는 것보다 더할 것은 없음이다.

心莫若和(심막약화)라•마음은 서로 응하듯 和함 보다 더할 것은 없는 것이다. 즉 마음의 和平(화평)함이 최고인 것이다.

動靜者(동정자)는•움직임의 動(동)과 고요함의 靜(정)이라는 것은 言乎其變通也(언호기변통야)라•그러한 動靜이 달라지듯 변화하고 꿰뚫듯 통하는 變通(변통)하는 것을 말하는 것이다.

夫槪天下之理(부개천하지리)는•무릇 天下理致(천하이치)의 大槪(대개)＝大要(대요)는

欲向動中求靜(욕향동중구정)하고•動중에서 靜을 구함이니, 즉 動으로 향하고자 할 경우에는 靜을 구하고

靜中求動(정중구동)이라•靜중에서 動을 구함이니, 즉 靜으로 향하고자 할 경우에는 動을 구해야만 하는 것이다.

不欲靜愈靜(부욕정유정)하고•靜함은 더욱더 靜하기를 바라지 않고 動愈動(동유동)이라•動함은 더욱더 動하기를 바라지 않는 것이다.

古語云(고어운)•옛말에 말하여 이르기를

水本動(수본동)이니•水는 본래가 動함인 것이니

欲其靜(욕기정)하고•靜하기를 바라는 것이고

山本靜(산본정)이니•山은 본래가 靜함인 것이니

欲其動(욕기동)이라•動하기를 바라는 것이다.

此達理之言也(차달리지언야)라•이러한 언급은 이치를 통달한 말인 것이다.

故山以靜爲常(고산이정위상)이니•그러므로 山은 靜으로써 常＝法則을 삼는 것이니

是爲無動(시위무동)이나•이러한 山은 動함이 없음인 것이나

動則成龍矣(동칙성룡의)라•動한, 즉 龍을 이루는 것이다.

水以動爲常(수이동위상)이니 • 水는 動으로써 常＝法則을 삼는 것이니

是爲無靜(시위무정)이나 • 이러한 水는 靜함이 없음인 것이나

靜則結地矣(정칙결지의)라 • 靜한, 즉 기운이 맺히듯, 열매가 맺히듯 結地(결지)를 이루어 成穴(성혈)을 하는 것이다.

故成龍之山必躍翔舞(고성룡지산필약상무)하고 • 그러므로 龍을 이룬 山은 반드시 뛰어오르듯 跳躍(도약)하고 날개를 펴고서 빙빙 돌아서 춤추듯 翔舞(상무)하여야 하고

結地之水必灣環悠揚(결지지수필만환유양)이라 • 땅의 맺힘인 結地(결지)를 하려고 하면 水가 반드시 물굽이가 쳐서 환옥의 고리를 만들듯 灣環(만환)하고 멀고 아득한 곳인 悠遠(유원)한 곳에서 돌아오면서 위로 오르듯 揚揚(양양)해야 하는 것이다.

若其偃硬側勒(약기언경측륵)하고 • 만약에 그러한 水가 넘어지듯 偃(언)하고 굳세고 단단하듯 硬(경)하며 옆의 측면이 묶이고 재갈로 물리듯 側勒(측륵)하고

衝激牽射(충격견사)이면 • 맞부딪치며 찌르듯 衝突(충돌)하고 물결이 부딪치면서 흐르듯 激浪(격랑)하며 끌어당기듯 牽引(견인)하고 찌르듯 沖射(충사)를 하면

則動不離動(칙동부리동)이고 • 즉 動이 動함을 떠나지 않음인 것이니, 예컨대 動＝水가 靜하지 못함인 것이고

靜不離靜(정부리정)이니 • 靜이 靜함을 떠나지 않음인 것이니, 예컨대 靜＝山이 動하지 못함인 것이니

山水之不融結者也(산수지부융결자야)라 • 山水가 融結(융결)을 하지 못함인 것이다.

然一動一靜(연일동일정)이 • 그러나 한번 動하고 한번 靜함이

互相循環(호상순환)이면 • 품앗이(互)를 하듯 순환을 하여 서로 좇으면서 돌아오면

山亦有動極而靜(산역유동극이정)이고 • 山도 역시 靜함이 極度(극

도)하면 動함이 있게 되는 것이고

水亦有靜極而動(수여유정극이동)이리 • 水도 역시 動힘이 極度(극도)하면 靜함이 있게 되는 것이다

不可執一而論(부가집일이논)이고 • 한 가지에 집착하여 논하는 것은 불가한 것이고

又在人融化之爲妙也(우재인융화지위묘야)라 • 또한 사람과의 융화에 奧妙(오묘)한 이치가 있는 것이다.

3. 聚散篇

1) 취산편의 원문

其次莫若觀聚散聚散者言乎其大勢也歷觀古人之葬大抵穴多奇怪非好怪也良由得山水之正則怪穴所爲常也今人於大聚之中或乃拘于形穴而不葬矣然有大勢之聚散有穴中之聚散大勢之聚散見乎遠穴中之聚散見乎近是二者有相須之道焉.

2) 취산편의 독음문

其次莫若觀聚散(기차막약관취산)이라. 聚散者(취산자)는 言乎其大勢也(언호기대세야)라. 歷觀古人之葬(역관고인지장)이 大抵穴多奇怪(대저혈다기괴)라. 非好怪也(비호괴야)이나 良由得山水之正(량유득산수지정)이면 則怪穴所爲常也(칙괴혈소위상야)라. 今人於大聚之中(금인어대취지중)에 或乃拘于形穴而不葬矣(혹내구우형혈이부장의)라. 然有大勢之聚散(연유대세지취산)이고 有穴中之聚散(유혈중지취산)이니 大勢之聚散見乎遠(대세지취산견호원)이고 穴中之聚散見乎近(혈중지취산견호근)이니 是二者有相須之道焉(시이자유상수지도언)이라.

3) 취산편의 원문해설

其次莫若觀聚散(기차막약관취산)이라 • 그 다음은 聚散을 관찰하는
것보다 더 할 것은 없음이다.

聚散者(취산자)는 • 모이(聚)고 흩어지(散)는 聚散이라고 하는 것은
言乎其大勢也(언호기대세야)라 • 그러한 취산의 大勢＝氣勢(기세)
를 말함인 것이다.

歷觀古人之葬(역관고인지장)이 • 歷代(역대)로 전해오는 것으로 옛
날 사람들이 장사지낸 것들을 보면

大抵穴多奇怪(대저혈다기괴)라 • 대체적으로 穴이 기이하고 비정상
적이듯 奇怪(기괴)함이 많이 보인다.

非好怪也(비호괴야)이나 • 괴이함이 좋은 것은 아닌 것이나

良由得山水之正(량유득산수지정)이면 • 뛰어나게 좋듯 良好(양호)
함으로 말미암아 山水의 올바름(正)을 얻었다면

則怪穴所爲常也(칙괴혈소위상야)라 • 즉 괴혈도 常＝法度(법도)을
이루게 되는 것이다.

今人於大聚之中(금인어대취지중)에 • 오늘날의 사람들이 大聚(대
취)의 무리들을 대함에 있어서

或乃拘于形穴而不葬矣(혹내구우형혈이부장의)라 • 혹자는 形穴(형
혈)를 꺼리듯 形穴(형혈)에 拘碍(구애)를 받고 그로 말미암아 장사
를 지내지 않는다.

然有大勢之聚散(연유대세지취산)이고 • 그러나 大勢(대세)에도 모
이고 흩어짐의 聚散(취산)이 있는 것이고

有穴中之聚散(유혈중지취산)이니 • 穴中(혈중)에도 모이고 흩어짐
의 聚散(취산)이 있는 것이니

大勢之聚散見乎遠(대세지취산견호원)이고 • 大勢의 聚散은 멀리서
보여 지는 것이고

穴中之聚散見乎近(혈중지취산견호근)이니 • 穴中의 취산은 가까운

데서 나타나 보여 지는 것이니

是二者有相須之道焉(시이자유상수지도언)이라 • 이러한 두 가지는
모름지기 상호보완적인 道=意義를 가지고 있는 것이다.

4. 向背篇

1) 향배편의 원문

其次莫若番向背向背者言乎其情性也夫地理與人事不遠人之情性不一
而向背之道可見其向我者必有周旋相與之意其背我者必有厭棄不顧之
狀.雖或暫焉矯飾而眞態自然不可也故觀地者必觀其情之向背向者不
難見凡相對如君臣相待如賓主相親愛如兄弟骨肉此皆向之情也背者亦
不難見凡相視如讐敵相抛如路人相忌如嫉逆寇此皆背之情也觀形貌者
得其僞觀情性者得其眞向背之理明而吉凶禍福之機灼然故嘗謂地理之
要不過山水向背而已矣.

2) 향배편의 독음문

其次莫若番向背(기차막약번향배)라. 向背者(향배자)는 言乎其情性也
(언호기정성야)라. 夫地理與人事不遠(부지리여인사부원)이고 人之
情性不一(인지정성부일)이며 而向背之道可見(이향배지도가견)이니
其向我者(기향아자)는 必有周旋相與之意(필유주선상여지의)라. 其
背我者(기배아자)는 必有厭棄不顧之狀(필유염기부고지장)이라. 雖
或暫焉矯飾(수혹잠언교식)인가. 而眞態自然不可也(이진태자연부가야)
라. 故觀地者必觀其情之向背(고관지자필관기정지향배)라. 向者不
難見(향자부난견)이니 凡相對如君臣(범상대여군신)이고 相待如賓主
(상대여빈주)며 相親愛如兄弟骨肉(상친애여형제골육)이니 此皆
向之情也(차개향지정야)라. 背者亦不難見(배자역부난견)이니 凡相

視如讐敵(범상시여수적)이고 相抛如路人(상포여로인)이며 相忌如
嫉逆寇(상기여질역구)이니 此皆背之情也(차개배지정야)라. 觀形貌
者得其僞(관형모자득기위)이고 觀情性者得其眞(관정성자득기진)이니
向背之理明(향배지리명)이면 而吉凶禍福之機灼然(이길흉화복지기
작연)이니 故嘗謂地理之要(고상위지리지요)는 不過山水向背而已矣
(부과산수향배이이의)라.

3) 향배편의 원문해설

其次莫若番向背(기차막약번향배)라 • 그 다음은 向背를 심찰하는
것보다 더 할 것은 없음이다.
向背者(향배자)는 • 산수를 향(向)함과 산수를 등지(背)는 향배라고
하는 것은
言乎其情性也(언호기정성야)라 • 그러한 향배의 情性을 말하는 것이다.
夫地理與人事不遠(부지리여인사부원)이고 • 무릇 地理와 더불어 人
事는 멀지 않음이고
人之情性不一(인지정성부일)이며 • 사람들의 성정＝내면도 한결같
게 똑같지 않아 다양한 것이며
而向背之道可見(이향배지도가견)이니 • 그러므로 말미암아 向背의
道度(법도)도 다양하게 나타나 보이는 것이니
其向我者(기향아자)는 • 그러한 산수가 나를 향하는 것은
必有周旋相與之意(필유주선상여지의)라 • 반드시 두루 회전하여 돌
듯 周旋(주선)하고 서로 함께하듯 相與(상여)를 한다는 의미인 것이다.
其背我者(기배아자)는 • 그러한 산수가 나를 등진(背)다는 것은
必有厭棄不顧之狀(필유염기부고지장)이라 • 반드시 싫어하고 꺼려
하여 멀리하듯 厭棄(염기)한 것이므로 응시하듯 돌아보(顧)는 형상
과 모양이 아닌 것이다.
雖或暫焉矯飾(수혹잠언교식)인가 • 비록 잠시라고 하더라도 어찌

바로잡아 꾸미듯 矯飾(교식)할 수가 있을 것인가?

而眞態自然不可也(이진태자연불가야)라 • 그러므로 말미암이 지언의 진실된 형태와 형상은 불가하여 가릴 수가 없음인 것이다.

故觀地者必觀其情之向背(고관지자필관기정지향배)라 • 그러므로 땅을 관찰하듯 觀地(관지)함에는 반드시 그러한 산수가 갖는 向背의 성정을 관찰해야 하는 것이다.

向者不難見(향자부난견)이니 • 向이라는 것은 육안으로 보듯 眼見(안견)함이 어렵지 않음이니

凡相對如君臣(범상대여군신)이고 • 무릇 서로 짝하여 상대함이 마치 군신관계와 같고

相待如賓主(상대여빈주)이며 • 서로 갖추어 대비함이 마치 손님과 주인관계와 같으며

相親愛如兄弟骨肉(상친애여형제골육)이니 • 서로 화친하게 사랑하듯 親愛(친애)함이 마치 형제나 骨肉關係(골육관계)와 같음이니

此皆向之情也(차개향지정야)라 • 이러한 것이 모두 向의 성정인 것이다.

背者亦不難見(배자역부난견)이니 • 背라는 것 역시 육안으로 보듯 眼見(안견)함이 어렵지 않음이니

凡相視如讐敵(범상시여수적)이고 • 무릇 서로 짝하여 살펴봄이 마치 원수나 적군관계와 같고

相抛如路人(상포여로인)이며 • 서로 내던져서 抛棄(포기)함이 마치 路上(노상)에서 걸어가는 사람과 같으며

相忌如嫉逆寇(상기여질역구)이니 • 서로 꺼리어 싫어(忌)함이 마치 시기하듯 嫉妬(질투)하고 배반하듯 反逆(반역)하며 쳐들어와 노략질하듯 寇賊(구적)함과 같음이니

此皆背之情也(차개배지정야)라 • 이러한 것이 모두 背의 성정인 것이다.

觀形貌者得其僞(관형모자득기위)이고 • 形象(형상)과 禮貌(예모)인 形貌(형모)만을 관찰하는 것은 그러한 산수의 거짓된 僞面貌(위면

모)를 얻음이고

觀情性者得其眞(관정성자득기진)이니 • 성정을 관찰하는 것은 그러한 산수의 참된 眞面貌(진면모)와 眞性情(진성정)을 얻음이니

向背之理明(향배지리명)이면 • 向背의 이치를 명확하게 밝히면

而吉凶禍福之機灼然(이길흉화복지기작연)이니 • 그로 말미암아 길흉화복의 기미인 조짐이 명확해지는 것이므로

故嘗謂地理之要(고상위지리지요)는 • 그러므로 일찍이 일컫기를 풍수지리의 要諦(요체)는

不過山水向背而已矣(부과산수향배이이의)라 • 산수의 向背에 지나지 않을 뿐이라고 이미 정의한 것이다.

5. 雌雄篇

1) 자웅편의 원문
其次又當看雌雄雌雄者言乎其配合也夫孤陰不生獨陽不成天下之物莫不要相配對地理家以雌雄言之大槪不過相對待之理何以言之山屬陰水屬陽故山水相對有雌雄而山之與水各有雌雄陽龍取陰穴陰龍取陽穴此龍穴相對有雌雄陽山取陰爲對陰山取陽爲對此主客相對有雌雄也其地融結則雌雄必合龍穴砂水左右主客必相登對若單雌單雄不相登對雖或結地必非眞造化也經曰雌雄相喜天地交通又曰雌雄不顧不勞看古人多以此爲要妙然逆天地自然之理也.

2) 자웅편의 독음문
其次又當看雌雄(기차우당간자웅)이라. 雌雄者(자웅자)는 言乎其配合也(언호기배합야)라. 夫孤陰不生(부고음불생)이고 獨陽不成.(독양불성)이니 天下之物(천하지물)은 莫不要相配對(막부요상배대)라.

地理家以雌雄言之大槪(지리가이자웅언지대개)는 不過相對待之理(부과상대대지리)인데 何以言之(하이언지)인기. 山屬陰(산속음)이고 水屬陽(수속양)이니 故山水相對有雌雄(고산수상대유자웅)이고 而山之與水各有雌雄(이산지여수각유자웅)이라. 陽龍取陰穴(양룡취음혈)이고 陰龍取陽穴(음룡취양혈)이니 此龍穴相對有雌雄(차룡혈상대유자웅)이라. 陽山取陰爲對(양산취음위대)이고 陰山取陽爲對(음산취양위대)이니 此主客相對有雌雄也(차주객상대유자웅야)라. 其地融結則雌雄必合(기지융결칙자웅필합)이라. 龍穴砂水左右主客(룡혈사수좌우주객)은 必相登對(필상등대)이니 若單雌單雄(약단자단웅)이면 不相登對(부상등대)이니 雖或結地(수혹결지)라도 必非眞造化也(필비진조화야)라. 經曰雌雄相喜(경왈자웅상희)이면 天地交通(천지교통)이고 又曰雌雄不顧不勞看(우왈자웅불고불로간)이니 古人多以此爲要妙(고인다이차위요묘)라. 然逆天地自然之理也(연역천지자연지리야)라.

3) 자웅편의 원문해설
其次又當看雌雄(기차우당간자웅)이라•그 다음은 또 마땅히 雌雄(자웅)을 짝하여 보듯 配看(배간)을 하여야 하는 것이다.
雌雄者(자웅자)는•암컷인 雌(자)와 수컷인 雄(웅)을 말하는 자웅이라는 것은
言乎其配合也(언호기배합야)라•그러한 자웅의 배합을 말하는 것이다.
夫孤陰不生(부고음불생)이고•무릇 陰만으로는 生=發生함이 없고
獨陽不成.(독양불성)이니•陽만으로는 成=成長함이 없음이니
天下之物(천하지물)은•천하의 사물들은
莫不要相配對(막부요상배대)라•서로 짝하는 상대를 요구=필요로 하지 않음이 없는 것이다.
地理家以雌雄言之大槪(지리가이자웅언지대개)는•풍수지리의 학계

에서 자웅으로써 풍수학의 대요를 언급함은

不過相對待之理(부과상대대지리)인데 • 서로 짝(對)하여 갖추(待)
는 이치에 불과한 것인데

何以言之(하이언지)인가 • 무엇을 말하는 것인가?

山屬陰(산속음)이고 • 山은 陰의 속성이고

水屬陽(수속양)이니 • 水는 陽의 속성이니

故山水相對有雌雄(고산수상대유자웅)이고 • 그러므로 山水가 서로
짝하여 대하듯 相對하는 자웅관계가 있음이고

而山之與水各有雌雄(이산지여수각유자웅)이라 • 그러므로 말미암아
山과 더불어 水는 각각 자웅관계에 있음인 것이다.

陽龍取陰穴(양룡취음혈)이고 • 陽龍은 陰穴을 취하여 의지하고

陰龍取陽穴(음룡취양혈)이니 • 陰龍은 陽穴을 취하여 의지하는 것이니

此龍穴相對有雌雄(차룡혈상대유자웅)이라 • 이렇게 龍과 穴이 서로
짝하여 대하듯 상대함에 자웅관계가 있음인 것이다.

陽山取陰爲對(양산취음위대)이고 • 陽山은 陰을 취하여야 짝(對)함
을 이루고

陰山取陽爲對(음산취양위대)이니 • 陰山은 陽을 취하여야 짝(對)함
을 이루니

此主客相對有雌雄也(차주객상대유자웅야)라 • 이렇게 主와 客이 서
로 짝하여 대하듯 상대함에 자웅관계가 있음인 것이다.

其地融結則雌雄必合(기지융결칙자웅필합)이라 • 그러한 땅이 화합
하여 모이듯 融合(융합)을 하고 地氣의 열매가 맺히듯 結地(결지)를
하는 融結(융결)됨에는, 즉 자웅의 和合(화합)이 필수적인 것이다.

龍穴砂水左右主客(룡혈사수좌우주객)은 • 龍穴砂水와 左右 그리고
主客은

必相登對(필상등대)이니 • 필수적으로 서로 짝하듯 상대함을 쓰(登)
는 것이니

若單雌單雄(약단자단웅)이면 • 만약에 암컷 혼자이듯 單雌(단자)하고, 수컷 혼자이듯 單雄(단웅)하게 되면

不相登對(부상등대)이니 • 서로 짝하듯 상대함을 이룸이 아닌 것이니

雖或結地(수혹결지)라도 • 비록 結地를 했다고 하더라도

必非眞造化也(필비진조화야)라 • 반드시 眞情(진정)한 참된 조화가 아닌 것이다.

經曰雌雄相喜(경왈자웅상희)이면 • 장경에서 이르기를 자웅이 서로 기뻐하고 좋아서 즐거워하면

天地交通(천지교통)이고 • 천지＝음양이 서로 통한다고 하였고

又曰雌雄不顧不勞看(우왈자웅부고불로간)이니 • 또 말하여 이르기를 자웅이 서로 응시하면서 돌아보지 않듯 不顧(불고)를 할 경우에는 손을 이마에 얹고 애써서 바라보듯 勞看(로간)함이 불필요하다고 하였으니

古人多以此爲要妙(고인다이차위요묘)라 • 옛날 사람들의 대부분이 이러한 점＝자웅으로써 妙理(묘리)의 大要(대요)를 삼은 것이다.

然逆天地自然之理也(연역천지자연지리야)라 • 그러므로 천지＝음양이 서로 반대(逆)됨이 자연의 이치인 것이다.

6. 强弱篇

1) 강약편의 원문

其此又當辯强弱强弱者言乎其稟氣也夫天下之理中而已矣太剛則折故須濟之以柔太柔則弱故須濟之以剛剛柔相濟中道得矣論地理者必須察其稟氣稟偏於柔故其性緩稟偏於剛故其性急稟剛性急此宜穴於緩處若復穴於剛急之處則必有絶宗之禍稟柔性緩此宜穴於急處若復穴於弱緩之處則必有冷退之患.强來强下則傷龍弱來弱下則脫故立穴之法大概欲得酌中恰好底道理不得僑於一偏才偏便生出病來然非權衡有定則亦

未易語也.

2) 강약편의 독음문

其此又當辯强弱(기차우당변강약)이라. 强弱者(강약자)는 言乎其稟
氣也(언호기품기야)라. 夫天下之理(부천하지리)는 中而已矣(중이
이의)라. 太剛則折(태강칙절)이니 故須濟之以柔(고수제지이유)라.
太柔則弱(태유칙약)이니 故須濟之以剛(고수제지이강)이라. 剛柔相齊
(강유상제)이니 中道得矣(중도득의)라. 論地理者(논지리자)는 必須
察其稟氣(필수찰기품기)이니 稟偏於柔(품편어유)는 故其性緩(고기
성완)이고 稟偏於剛(품편어강)은 故其性急(고기성급)이니 稟剛性急
(품강성급)이면 此宜穴於緩處(차의혈어완처)인데 若復穴於剛急之
處(약복혈어강급지처)이면 則必有絶宗之禍(칙필유절종지화)라. 稟
柔性緩(품유성완)이면 此宜穴於急處(차의혈어급처)인데 若復穴於
弱緩之處(약복혈어약완지처)이면 則必有冷退之患(칙필유냉퇴지환)
이라. 强來强下則傷龍(강래강하칙상룡)이고 弱來弱下則脫(약래약
하칙탈)이니 故立穴之法(고입혈지법)은 大槪欲得酌中恰好底道理
(대개욕득작중흡호저도리)이고 不得僑於一偏(부득교어일편)이니
才偏便生出病來(재편편생출병래)라. 然非權衝有定(연비권충유정)
이니 則亦未易語也(칙역미이어야)라.

3) 강약편의 원문해설

其此又當辯强弱(기차우당변강약)이라 • 그 다음으로는 또 당연히 强弱
을 말해야 하는 것이다.
强弱者(강약자)는 • 굳세고 왕성하듯 强(강)함과 쇠약하듯 弱(약)함
이라는 것은
言乎其稟氣也(언호기품기야)라 • 그러한 강약이 내려주는 기운인
稟氣(품기)를 언급함인 것이다.

夫天下之理(부천하지리)는 • 무릇 천하＝음양의 이치라는 것은

中而已矣(중이이의)라 • 치우침이 없는 中이라는 已＝句節－말속에 이미 있는 것이다.

太剛則折(태강칙절)이니 • 너무 지나치게 단단하듯 굳세(剛)면, 즉 꺾이듯 부러짐(折)이니

故須濟之以柔(고수제지이유)라 • 그러므로 太剛(태강)할 경우에는 필수적으로 부드러움(柔)으로써 부러짐(折)을 救濟(구제)＝補完(보완)해야 하는 것이다.

太柔則弱(태유칙약)이니 • 너무 지나치게 연하듯 柔軟(유연)하면, 즉 쇠해짐(弱)이니

故須濟之以剛(고수제지이강)이라 • 그러므로 太柔(태유)할 경우에는 필수적으로 굳세어 강직함(剛)으로써 쇠해짐(弱)을 救濟(구제)＝補完(보완)해야 하는 것이다.

剛柔相濟(강유상제)이니 • 剛(강)과 柔(유)는 서로가 救濟(구제)를 함이니

中道得矣(중도득의)라 • 치우치지 않는 中道(중도)를 얻음인 것이다.

論地理者(논지리자)는 • 풍수지리를 논함에 있어서는

必須察其稟氣(필수찰기품기)이니 • 필수적으로 그러한 강약이 내려주는 기운인 稟氣(품기)를 관찰해야 함이니

稟偏於柔(품편어유)는 • 稟氣(품기)가 부드러움(柔)으로 치우칠(偏) 경우에는

故其性緩(고기성완)이고 • 그러므로 그 성정＝성질이 緩慢(완만)해지는 것이고

稟偏於剛(품편어강)은 • 稟氣(품기)가 강직(剛)함으로 치우칠(偏) 경우에는

故其性急(고기성급)이니 • 그러므로 그 성정＝성질이 빠르듯 急迫(급박)해지는 것이니

稟剛性急(품강성급)이면 • 稟氣(품기)가 강직(剛)하고 性情(성정)
이 급박(急)할 경우라면

此宜穴於緩處(차의혈어완처)인데 • 위에서 언급한 것처럼 마땅히
穴은 緩慢(완만)한 곳으로 해야만 하는 것인데

若復穴於剛急之處(약복혈어강급지처)이면 • 만약에 거꾸로 뒤집혀
(復)서 穴이 강직하고 빠르듯 剛急(강급)한 곳에 있다고 한다면

則必有絶宗之禍(칙필유절종지화)라 • 즉 반드시 대가 끊기듯 絶宗
(절종)의 殃禍(앙화)가 있게 되는 것이다.

稟柔性緩(품유성완)이면 • 稟氣(품기)가 부드럽(柔)고 性情(성정)
이 緩慢(완만)할 경우라고 하면

此宜穴於急處(차의혈어급처)인데 • 위에서 언급한 것처럼 마땅히
穴은 急迫(급박)한 곳으로 해야만 하는 것인데

若復穴於弱緩之處(약복혈어약완지처)이면 • 만약에 거꾸로 뒤집혀
(復)서 穴이 부드럽고 연하듯 緩慢(완만)한 곳에 있다고 한다면

則必有冷退之患(칙필유냉퇴지환)이라 • 즉 반드시 쓸쓸하게 물러나
고 떠나듯 冷退(냉퇴)함의 憂患(우환)이 있게 되는 것이다.

强來强下則傷龍(강래강하칙상룡)이고 • 강하게 오고 강하게 내려옴
은, 즉 龍이 상해서 傷處(상처)를 입음이고

弱來弱下則脫(약래약하칙탈)이니 • 약하게 오고 약하게 내려옴은,
즉 脈이 살이 빠지듯 여위어서 瘦脫(수탈)함이니

故立穴之法(고입혈지법)은 • 그러므로 立穴(입혈)을 하는 법도는

大槪欲得酌中恰好底道理(대개욕득작중흡호저도리)이고 • 대개 대체
적으로 中을 취하고 따르(酌)듯 얻고자함이 恰似(흡사) 도리에 이르
름(底)을 좋아하는 것 같음이고

不得僑於一偏(부득교어일편)이니 • 외롭게 타관살이를 하는 僑胞
(교포)처럼 한쪽으로 치우침을 얻고자함이 아닌 것이니

才偏便生出病來(재편편생출병래)라 • 才=근본이 한쪽으로 치우치

듯 偏便(편변)할 경우에는 出病來(출병래)함이니 病弱(병약)함이
와서 발생되는 것이다.

然非權衝有定(연비권충유정)이니 • 그러나 대소를 분별하듯 저울질
(權)을 하고 정곡을 찌르듯 향하(衝)는 것이 정해진 것만은 아닌 것이니
則亦未易語也(칙역미이어야)라 • 즉 역시 쉽게 표현한 말은 아닌 것이다

7. 順逆篇

1) 순역편의 원문
其次又當分順逆順逆者言乎其去來也其來者何水之所發山之所起是也
其去者何水之所趨山之所止是也知來去而知順逆者有矣不知來去而知
順逆者未之有也夫順逆二路如盲如聾自非灼然有見鮮不以逆爲順以順
爲逆者矣要知順山順水者順也所謂來處來者是也逆山逆水者逆也所謂
去處去者是也立穴之法要順中取逆逆中取順此一定之理不可改易若又
推而廣之則脈有順逆龍有順逆順龍之穴結必逆逆龍之穴結必順此亦山
川自然之勢也大抵論逆順者要知山川之大勢默定于數里之外而後能推
順逆於咫尺微茫之間否則黑白混淆以逆爲順以順爲逆者多矣.

2) 순역편의 독음문
其次又當分順逆(기차우당분순역)이라. 順逆者(순역자)는 言乎其去
來也(언호기거래야)라. 其來者何(기래자하)는 水之所發(수지소발)
이고 山之所起是也(산지소기시야)라. 其去者何(기거자하)는 水之所趨
(수지소추)이고 山之所止是也(산지소지시야)라. 知來去而知順逆者
有矣(지래거이지순역자유의)이나 不知來去而知順逆者未之有也(부
지래거이지순역자미지유야)라. 夫順逆二路(부순역이로)는 如盲如聾(여
맹여롱)이니 自非灼(자비작)이라. 然有見(연유견)이면 鮮不以逆爲順

(선부이역위순)이고 以順爲逆者矣(이순위역자의)라. 要知順山順水
者順也(요지순산순수자순야)이니 所謂來處來者是也(소위래처래자
시야)라. 逆山逆水者逆也(역산역수자역야)이니 所謂去處去者是也
(소위거처거자시야)라. 立穴之法(입혈지법)은 要順中取逆(요순중
취역)이고 逆中取順(역중취순)인데 此一定之理(차일정지리)이니
不可改易(부가개이)라. 若又推而廣之(약우추이광지)이면 則脈有順逆
(칙맥유순역)이고 龍有順逆(룡유순역)이라. 順龍之穴結必逆(순룡
지혈결필역)이고 逆龍之穴結必順(역룡지혈결필순)이니 此亦山川自
然之勢也(차역산천자연지세야)라. 大抵論逆順者(대저론역순자)는
要知山川之大勢(요지산천지대세)인데 默定于數里之外(묵정우수리
지외)이니 而後能推順逆於咫尺微茫之間(이후능추순역어지척미망지간)
이라. 否則黑白混淆(부칙흑백혼효)이면 以逆爲順(이역위순)하고 以
順爲逆者多矣(이순위역자다의)라.

3) 순역편의 원문해설

其次又當分順逆(기차우당분순역)이라 • 그 다음은 또한 당연히 順
逆을 분별해야 하는 것이다.
順逆者(순역자)는 • 이어받아 따르듯 順(순)함과 어기어 거스르듯
逆(역)함이라고 하는 것은
言乎其去來也(언호기거래야)라 • 그러한 順逆함이 떠나가고 오는
去來(거래)에 대해서 언급함인 것이다.
其來者何(기래자하)는 • 그 어떤 무엇이 來하는 것인가 함은
水之所發(수지소발)이고 • 水가 시작되듯 出發＝發源하는 바인 것이고
山之所起是也(산지소기시야)라 • 山이 일어나 시작되듯 出起＝起峰
하는 바가 이러함인 것이다.
其去者何(기거자하)는 • 그 어떤 무엇이 去하는 것인가 함은
水之所趨(수지소추)이고 • 水가 달려서 나가듯 走趨(주추)하는 바인

것이고

山之所止是也(산지수지시야)라 • 山이 머물리시 멈추듯 止盡(지진)
하는 바가 이러함인 것이다.

知來去而知順逆者有矣(지래거이지순역자유의)이나 • 來去를 터득하
여서 알면 그로 말미암아 順逆이라는 것을 알게 되는 것이나

不知來去而知順逆者未之有也(부지래거이지순역자미지유야)라 • 來
去를 터득하여 알지를 못하면 그로 말미암아 順逆이라는 것도 아직
터득하지 못함인 것이다.

夫順逆二路(부순역이로)는 • 무릇 順逆이라는 두 가지의 길은

如盲如聾(여맹여롱)이니 • 마치 눈먼 소경의 色盲(색맹)＝盲眼(맹
안)과도 같음이고 마치 귀머거리 농아의 聽聾(청농)＝聾耳(농이)와
도 같음인 것이니

自非灼(자비작)이라 • 스스로 분명(灼)하지는 않음인 것이다.

然有見(연유견)이면 • 그런데 밝게 보이는 것이라고 한다면

鮮不以逆爲順(선부이역위순)이고 • 뚜렷하게 鮮明(선명)하므로 逆
을 順으로써 보지 않을 것이고

以順爲逆者矣(이순위역자의)라 • 順을 逆이 되는 것이라고도 보지
않을 것이다.

要知順山順水者順也(요지순산순수자순야)이니 • 요컨대 順山과 順
水하는 것을 안다는 것이 順함인 것이니

所謂來處來者是也(소위래처래자시야)라 • 소위말해서 來하여 와야
할 곳에 來하여 오는 것이 바로 이러함인 것이다.

逆山逆水者逆也(역산역수자역야)이니 • 逆山과 逆水라고 하는 것은
逆함인 것이니

所謂去處去者是也(소위거처거자시야)라 • 소위말해서 去하여 가야
할 곳에 去하여 가는 것이 바로 이러함인 것이다.

立穴之法(입혈지법)은 • 立穴(입혈)을 하는 법도는

要順中取逆(요순중취역)이고 • 요컨대 順중에서 逆함을 取用(취용)하여 의지함을 필요로 하는 것이고

逆中取順(역중취순)인데 • 逆중에 順함을 取用(취용)하여 의지함을 필요로 하는 것인데

此一定之理(차일정지리)이니 • 이렇게 일정한 이치가 있는 것이니

不可改易(부가개이)라 • 이러함을 고쳐서 바꾼다는 것은 불가한 것이다.

若又推而廣之(약우추이광지)이면 • 만약에 또 이러한 논리를 궁구하듯 推論(추론)함으로 말미암아 넓히듯 확장을 시킨다면

則脈有順逆(칙맥유순역)이고 • 즉 脈에도 順逆이 있음이고

龍有順逆(룡유순역)이라 • 龍에도 順逆이 있음인 것이다.

順龍之穴結必逆(순룡지혈결필역)이고 • 順龍의 穴은 반드시 逆으로 맺히고

逆龍之穴結必順(역룡지혈결필순)이니 • 逆龍의 穴은 반드시 順으로 맺히는 것이니

此亦山川自然之勢也(차역산천자연지세야)라 • 이것 역시 산천과 자연의 勢=氣勢인 것이다.

大抵論逆順者(대저론역순자)는 • 대저 逆順이라는 것을 논함에 있어서는

要知山川之大勢(요지산천지대세)인데 • 요컨대 산천의 큰 흐름인 대세의 앎이 요구되는 것인데

默定于數里之外(묵정우수리지외)이니 • 그러한 大勢는 조용하고 잠잠(默)하게 몇 리 밖에서부터 행해(于)져와 정해지는 것이니

而後能推順逆於咫尺微茫之間(이후능추순역어지척미망지간)이라 • 그로 말미암은 이후에 咫尺(지척)간의 미세하고 아득한 모양들 간에서 능히 順逆을 추정할 수 있음인 것이다.

否則黑白混淆(부칙흑백혼효)이면 • 거꾸(否)로, 즉 흑백이 混濁(혼탁)하고 어지럽게 뒤섞여(淆)서 있으면

以逆爲順(이역위순)하고 • 逆勢를 順勢가 된다고 하고
以順爲逆者多矣(이순위역자다의)라 • 順勢를 逆勢가 된다고 힘이
많아지게 되는 것이다.

8. 生死篇

1) 생사편의 원문
其此又當識生死生死者言乎其取捨也夫千里來龍不過一席之地非以生
死別之則何所決擇哉生死之說非一端大槪有氣者爲生無氣者爲死活動
者爲生粗硬者爲死龍勢推左則左爲生右爲死龍勢推右則右爲生左爲死
又有瘦中取肉則瘦處死而肉處生節中取饑則饑處生而節處死如此之類
在人細推之生則在所取死則在所捨取捨明而后穴法定穴法定而后禍福
應若生死難辨取捨何當則非達造化矣.

2) 생사편의 독음문
其此又當識生死(기차우당식생사)라. 生死者(생사자)는 言乎其取捨
也(언호기취사야)라. 夫千里來龍(부천리래룡)도 不過一席之地(부
과일석지지)라. 非以生死別之(비이생사별지)이면 則何所決擇哉(칙
하소결택재)인가. 生死之說非一端(생사지설비일단)이니 大槪有氣
者爲生(대개유기자위생)이고 無氣者爲死(무기자위사)라. 活動者爲
生(활동자위생)이고 粗硬者爲死(조경자위사)라. 龍勢推左則左爲生
(룡세추좌칙좌위생)이니 右爲死(우위사)라. 龍勢推右則右爲生(룡
세추우칙우위생)이니 左爲死(좌위사)라. 又有瘦中取肉(우유수중취
육)이니 則瘦處死而肉處生(칙수처사이육처생)이라. 節中取饑(절중
취기)이니 則饑處生而節處死(칙기처생이절처사)라. 如此之類(여차
지류)는 在人細推之(재인세추지)라. 生則在所取(생칙재소취)이고

死則在所捨(사즉재소사)이니 取捨明而后穴法定(취사명이후혈법정)이고 穴法定而后禍福應(혈법정이후화복응)이라. 若生死難辨(약생사난변)이면 取捨何當(취사하당)인가 則非達造化矣(즉비달조화의)라.

3) 생사편의 원문해설

其此又當識生死(기차우당식생사)라 • 그 다음은, 또 당연히 生死를 識別(식별)하여 판별함인 것이다.

生死者(생사자)는 • 生死라고 하는 것은

言乎其取捨也(언호기취사야)라 • 그러한 生死의 취(取)하고 버림(捨)을 말하는 것이다.

夫千里來龍(부천리래룡)도 • 무릇 千里를 달려온 장대한 來龍이라고 할지라도

不過一席之地(부과일석지지)라 • 한 자리의 땅에 불과한 것이다. 즉 穴 하나를 맺는 것에 불과한 것이다.

非以生死別之(비이생사별지)이면 • 生死로써 그러함(之)을 분별하지 않는다면

則何所決擇哉(즉하소결택재)인가 • 즉 어떤 무엇으로써 擇地(택지)함을 판단하고 決定(결정)할 수가 있겠는가?

生死之說非一端(생사지설비일단)이니 • 生死理論(생사이론)을 한 가지로 端正(단정)하여서 설명할 수는 없는 것이니

大槪有氣者爲生(대개유기자위생)이고 • 대개 氣가 있는 것이 生이 되는 것이고

無氣者爲死(무기자위사)라 • 氣가 없는 것이 死가 되는 것이다.

活動者爲生(활동자위생)이고 • 움직여 활동하는 것은 生이 되는 것이고

粗硬者爲死(조경자위사)라 • 거칠고 굳센 것은 死가 되는 것이다.

龍勢推左則左爲生(용세추좌즉좌위생)이니 • 龍勢(용세)가 좌측의 왼쪽으로 변화를 하면, 즉 왼쪽으로 회전하여 도는 左旋(좌선)이 生

이 되는 것이니

右爲死(우위사)라 • 이렇게 左旋(좌선)일 경우에는 우측의 오른쪽이 死가 되는 것이다.

龍勢推右則右爲生(용세추우칙우위생)이니 • 龍勢가 우측의 오른쪽으로 변화를 하면, 즉 오른쪽으로 회전하여 도는 右旋(우선)이 生이 되는 것이니

左爲死(좌위사)라 • 이렇게 右旋(우선)일 경우에는 좌측의 왼쪽이 死가 되는 것이다.

又有瘦中取肉(우유수중취육)이니 • 또 파리하게 여위듯 瘦瘠(수척)함 중에서 살이 붙듯 통통한 肉(육)을 取用(취용)함인 것이니

則瘦處死而肉處生(칙수처사이육처생)이라 • 즉 수척하게 여윈 쪽이 死가 되는 것이고 肉質(육질)처럼 통통하게 살찐 쪽이 生이 되는 것이다.

節中取饑(절중취기)이니 • 절중=마디에서는 굶주리(饑)듯 마른 곳을 取用하는 것이니

則饑處生而節處死(칙기처생이절처사)라 • 즉 마른 곳인 饑處(기처)가 生이 되는 것이고 마디에 해당하는 節處(절처)가 死가 되는 것이다.

如此之類(여차지류)는 • 마치 이와 같이 분류를 함에 있어서는

在人細推之(재인세추지)라 • 사람들이 자세히 세밀하게 추정을 해야만 하는 것이다.

生則在所取(생칙재소취)이고 • 生은, 즉 취하는 바에 있는 것이고

死則在所捨(사칙재소사)이니 • 死는, 즉 버리는 바에 있는 것이니

取捨明而后穴法定(취사명이후혈법정)이고 • 취하고 버림이 명확해진 이후에야 穴法이 정해지는 것이고

穴法定而后禍福應(혈법정이후화복응)이라 • 穴法이 정해진 이후에 禍福이 감응을 하는 것이다.

若生死難辨(약생사난변)이면 • 만약에 生과 死의 분별이 어렵다고 한다면

取捨何當(취사하당)인가 • 취하고 버림을 어찌 할 수가 있겠는가?
則非達造化矣(칙비달조화의)라 • 즉 조화에 이르고 도달할 수가 있
겠는가?

9. 微著篇

1) 미저편의 원문

其此又當察微著微著者言乎其氣脈也夫氣無形者也屬乎陽脈有形者也
屬乎陰陽淸陰濁故氣微而脈著然氣不自成必依脈而立脈不自爲必因氣
而成蓋有脈而無氣者有矣未有無脈而有氣者也經曰氣乘風散界水止無
脈無氣者水害之也有脈無氣者風乘之也善觀氣脈者以有形察無形不善
觀者以無形蔽有形蓋無形只在有形之內但知者所見實故於粗淺而得精
微愚者所見昏故於荒忽范昧而不曉豈知四水交流則有脈八風不動則有
氣此有目者所共見有心者所共知而術之至要初不外是也.

2) 미저편의 독음문

其此又當察微著(기차우당찰미저)라. 微著者(미저자)는 言乎其氣脈
也(언호기기맥야)라. 夫氣無形者也(부기무형자야)이니 屬乎陽(속
호양)이고 脈有形者也(맥유형자야)이니 屬乎陰(속호음)이라. 陽淸
陰濁(양청음탁)이니 故氣微而脈著(고기미이맥저)라 然氣不自成(연
기부자성)이니 必依脈而立(필의맥이립)이라. 脈不自爲(맥부자위)
이니 必因氣而成(필인기이성)이라. 蓋有脈而無氣者有矣(개유맥이
무기자유의)이나 未有無脈而有氣者也(미유무맥이유기자야)라. 經
曰氣乘風散界水止(경왈기승풍산계수지)라.無脈無氣者(무맥무기자)
는 水害之也(수해지야)라. 有脈無氣者(유맥무기자)는 風乘之也(풍
승지야)라. 善觀氣脈者(선관기맥자)는 以有形察無形(이유형 찰무

형)이나 不善觀者(부선관자)는 以無形蔽有形(이무형폐유형)이라.
蓋無形只在有形之內(개무형지재유형지내)이고 但知者所見實(단지
자소견실)이니 故於粗淺而得精微(고어조천이득정미)이고 愚者所見
昏(우자소견혼)이니 故於荒忽范昧而不曉(고어황홀망매이불효)라.
豈知(기지)인가. 四水交流則有脈(사수교류칙유맥)이고 八風不動則
有氣(팔풍부동칙유기)이니 此(차), 有目者所共見(유목자소공견)이
고 有心者所共知(유심자소공지)이니 而術之至要(이술지지요)는 初
不外是也(초부외시야)라.

3) 미저편의 원문해설

其此又當察微著(기차우당찰미저)라·그 다음은 또한 당연히 隱微
(은미)함과 顯著(현저)함을 살피는 것이다.

微著者(미저자)는·은미함과 현저함이라는 것은

言乎其氣脈也(언호기기맥야)라·그렇게 숨듯 隱微(은미)함과 드러
나듯 顯著(현저)함의 氣脈을 말하는 것이다.

夫氣無形者也(부기무형자야)이니·무릇 氣는 形이 없는 것이니

屬乎陽(속호양)이고·즉 陽에 속하는 것이고

脈有形者也(맥유형자야)이니·脈은 形이 있는 것이니

屬乎陰(속호음)이라·陰에 속하는 것이다.

陽淸陰濁(양청음탁)이니·陽은 淸함이니 선명하게 맑은 것이고 陰
은 濁함으로 흐린 것이니

故氣微而脈著(고기미이맥저)라·그러므로 氣는 미미하듯 隱微(은
미)함이고 이에 脈은 뚜렷하듯 顯著(현저)함인 것이다.

然氣不自成(연기부자성)이니·그러나 氣는 스스로 이루지를 못하
는 것이니

必依脈而立(필의맥이립)이라·반드시 脈에 의존해서 세워지는 것이다.

脈不自爲(맥부자위)이니·脈도 스스로 이루지를 못하는 것이니

必因氣而成(필인기이성)이라 • 반드시 氣로 因하여 이루어지는 것이다.

蓋有脈而無氣者有矣(개유맥이무기자유의)이나 • 대개 脈은 있으면서도 氣가 없는 경우는 있으나

未有無脈而有氣者也(미유무맥이유기자야)라 • 脈이 없는데 氣가 있는 경우는 없는 것이다.

經曰氣乘風散界水止(경왈기승풍산계수지)라 • 장경에 이르기를 氣가 바람을 타면 흩어지고 氣가 물을 만나면 멈추는 것이라고 하였다.

無脈無氣者(무맥무기자)는 • 脈도 없고 氣도 없는 者=장소는

水害之也(수해지야)라 • 물의 피해=공격인 수해가 있음인 것이다.

有脈無氣者(유맥무기자)는 • 脈은 있는데 氣가 없는 장소는

風乘之也(풍승지야)라 • 바람을 타게 되는 것이다.

善觀氣脈者(선관기맥자)는 • 氣脈을 기준에 맞춰 잘 살피듯 善觀(선관)을 하는 자는

以有形察無形(이유형찰무형)이나 • 유형으로써 무형을 살필 수 있는 것이나.

不善觀者(부선관자)는 • 잘 살피지를 못하는 자는

以無形蔽有形(이무형폐유형)이라 • 무형으로써 유형을 숨기고 속이듯 隱蔽(은폐)하는 것이다.

蓋無形只在有形之內(개무형지재유형지내)이고 • 대개 무형은 유형의 안에 존재하여 있을 뿐(只)인 것이고

但知者所見實(단지자소견실)이니 • 다만 아는 知者(지자)는 實際(실제)함을 보는 바이니

故於粗淺而得精微(고어조천이득정미)이고 • 그러므로 거칠듯 粗雜(조잡)함과 물이 얕고 땅이 저평하듯 淺薄(천박)함 속에서 면밀하고 촘촘하듯 精緻(정치)함과, 미미하듯 隱微(은미)함을 얻어내는 것이고

愚者所見昏(우자소견혼)이니 • 어리석은 愚者(우자)는 昏迷(혼미)함을 보는 바이니

故於荒忽茫昧而不曉(고어황홀망매이불효)라 • 그러므로 거칠게 말하듯 荒忽(황홀)함과 아득한 어두움을 탉하듯 茫昧(망매)힘 속에서 밝게 깨낟(曉)지를 못하듯 不曉(불효)함인 것이다.

豈知(기지)인가 • 어찌 이러함을 깨달을 것인가?

四水交流則有脈(사수교류칙유맥)이고 • 4水가 교류하면, 즉 脈이 있음이고

八風不動則有氣(팔풍부동칙유기)이니 • 8風이 움직이질 않으면, 즉 氣가 있음인 것이니

此(차) • 이것은

有目者所共見(유목자소공견)이고 • 눈을 가진 자는 함께 보는 바이고

有心者所共知(유심자소공지)이니 • 마음이 있는 자도 함께 아는 바이니

而術之至要(이술지지요)는 • 그러므로 말미암아 술법에 이르는 지극한 요점은

初不外是也(초부외시야)라 • 처음부터 이러한 점을 벗어나지 않음인 것이다.

10. 分合篇

1) 분합편의 원문

其此又當究分合分合者言乎其出沒也夫脈之爲脈非徒然而生頓然而有其出也必有自然之來則有分水以導之其沒者必有所止則有合水以界之郭氏云地有吉氣隨土而起支有止氣隨水而比曰支之所起氣隨而始支之所終氣隨而鍾此古人論氣脈之源流也氣隨土而起脈行必有脊氣隨水而比故送脈必有水氣起于支之始故上有分脈鍾于支之終故下有合有合無分則其來不眞爲其內無生氣之可接也有分無合則其止不明爲其外無堂氣之可受也有分有合則有來有止有出有沒則龍穴融結的定無疑然後爲全

氣地也然有大分合小分合眞地融結則有三分三合穴前後一分合起主龍
虎所交二分合祖龍至山水大會三分合也小合則爲小明堂大合則爲大明
堂合於龍虎內則爲內明堂合於龍虎外則爲外明堂各不相亂如此是又不
可不知也.

2) 분합편의 독음문

其此又當究分合(기차우당구분합)이라. 分合者(분합자)는 言乎其出
沒也(언호기출몰야)라. 夫脈之爲脈(부맥지위맥)은 非徒然而生(비
도연이생)이고 頓然而有(돈연이유)라. 其出也(기출야)는 必有自然
之來(필유자연지래)이니 則有分水以導之(칙유분수이도지)라. 其沒
者(기몰자)는 必有所止(필유소지)이니 則有合水以界之(칙유합수이
계지)라. 郭氏云(곽씨운), 地有吉氣(지유길기)는 隨土而起(수토이
기)이고 支有止氣(지유지기)는 隨水而比(수수이비)라. 曰支之所起
(왈지지소기)는 氣隨而始(기수이시)이니 支之所終(지지소종)는 氣
隨而鍾(기수이종)인데 此古人論氣脈之源流也(차고인논기맥지원류
야)라. 氣隨土而起(기수토이기)이니 脈行必有脊(맥행필유척)이고
氣隨水而比(기수수이비)이니 故送脈必有水(고송맥필유수)라. 氣起
于支之始(기기우지지시)이니 故上有分(고상유분)이고 脈鍾于支之
終(맥종우지지종)이니 故下有合(고하유합)이라. 有合無分(유합무
분)은 則其來不眞(칙기래부진)이니 爲其內無生氣之可接也(위기내
무생기지가접야)라. 有分無合(유분무합)은 則其止不明(칙기지부
명)이니 爲外無堂氣之可受也(위외무당기지가수야)라. 有分有合(유
분유합)은 則有來有止(칙유래유지)이니 有出有沒(유출유몰)하여
則龍穴融結(칙룡혈융결)이고 的定無疑(적정무의)이니 然後爲全氣
地也(연후위전기지야)라. 然有大分合小分合(연유대분합소분합)인
데 眞地融結則有三分三合(진지융결칙유삼분삼합)이라. 穴前後一分
合(혈전후일분합)이고 起主龍虎所交二分合(기주룡호소교이분합)이

며 祖龍至山水大會三分合也(조룡지산수대회삼분합야)라. 小合則爲
小明堂(소합칙위소명당)이고 大合則爲大明堂(대합칙위대명당)이
라. 合於龍虎內(합어룡호내)이면 則爲內明堂(칙위내명당)이라. 合
於龍虎外(합어룡호외)이면 則爲外明堂(칙위외명당)이라. 各不相亂
如此(각부상란여차)이니 是又不可不知也(시우부가부지야)라.

3) 분합편의 원문해설
其此又當究分合(기차우당구분합)이라 • 그 다음은 또 당연히 분합
을 궁구하여야만 하는 것이다.
分合者(분합자)는 • 分合이라는 것은
言乎其出沒也(언호기출몰야)라 • 그러한 分合의 出沒(출몰)인 起伏
(기복)을 말하는 것이다.
夫脈之爲脈(부맥지위맥)은 • 무릇 맥이 참다운 진맥이 되기 위해서는
非徒然而生(비도연이생)이고 • 무리를 짓지 않음으로 말미암아 맥
이 생겨나야 하는 것이고
頓然而有(돈연이유)라 • 넘어져 조아리고 엎드리듯 함으로 말미암
아 있어야 하는 것이다.
其出也(기출야)는 • 그러한 出이라고 하는 것은
必有自然之來(필유자연지래)이니 • 반드시 自然=山川이 來하여 옴
에 있는 것이니
則有分水以導之(칙유분수이도지)라 • 즉 물의 나누어짐인 分水가
있음은 자연=산천이 來하여 오는 바를 인도함으로써 존재하는 것이다.
其沒者(기몰자)는 • 그러한 沒이라고 하는 것은
必有所止(필유소지)이니 • 반드시 止하여 멈추는 바가 있는 것이니
則有合水以界之(칙유합수이계지)라 • 즉 合水가 있어서 그것으로써
그 멈춤이 있는 바를 경계를 짓는 것이다.
郭氏云(곽씨운) • 곽씨=곽박이 말하여 이르기를

地有吉氣(지유길기)는 • 땅에 吉한 氣가 있다고 하는 것은

隨土而起(수토이기)이고 • 土를 좇듯 土를 따라서 일어나는 것이고

支有止氣(지유지기)는 • 支＝支龍(지룡)에 머무르는 氣가 있다고 하는 것은

隨水而比(수수이비)라 • 水를 좇듯 水를 따라서 이를 따른다고 견줄 수가 있다고 하였다.

曰支之所起(왈지지소기)는 • 또 말하여 이르기를 支＝支龍(지룡)의 일어난 바는

氣隨而始(기수이시)이니 • 氣를 좇고 氣를 따름으로 말미암아 시작되는 것이니

支之所終(지지소종)은 • 支＝支龍(지룡)이 그치는 바는

氣隨而鍾(기수이종)인데 • 氣가 따름으로 말미암아 모인(鍾)다고 하였던 것인데

此古人論氣脈之源流也(차고인논기맥지원류야)라 • 이러함은 고인＝곽박께서 氣脈(기맥)의 源流(원류)를 논한 내용인 것이다.

氣隨土而起(기수토이기)이니 • 氣가 土를 따름으로 말미암아서 일어나(起)는 것이니

脈行必有脊(맥행필유척)이고 • 脈이 행하면 반드시 脊椎(척추)＝行龍節目(행룡절목)이 있게 되는 것이고

氣隨水而比(기수수이비)이니 • 氣가 水를 따름으로 말미암아 이를 따른다고 견줄 수가 있는 것이니

故送脈必有水(고송맥필유수)라 • 그러므로 脈이 보내어지듯 傳送(전송)함에는 반드시 水가 있게 되는 것이다.

氣起于支之始(기기우지지시)이니 • 氣는 支＝支龍(지룡)의 시작에서 일어나는 것이니

故上有分(고상유분)이고 • 그러므로 上＝根源＝來龍에서 나뉨(分)이 있는 것이고

脈鍾于支之終(맥종우지지종)이니•脈은 支＝支龍(지룡)의 끝인 地
盡處(지진처)에서 모이는 것이니

故下有合(고하유합)이라•그러므로 下＝地盡處(지진처)에서 여럿
이 모여서 하나가 되듯 합함이 있는 것이다.

有合無分(유합무분)은•下合(하합)함은 있는데 上分(상분)으로 위
에서 나뉨이 없을 경우에는

則其來不眞(칙기래부진)이니•즉 그 來하여 옴이 진실 되지 못한
것이니

爲其內無生氣之可接也(위기내무생기지가접야)라•그러한 地內에는
生氣가 가히 交接(교접)을 하여 모이지를 않음인 것이다.

有分無合(유분무합)은•上分(상분)으로 위에서 나뉨은 있는데 아래
에서 下合(하합)함이 없을 경우에는

則其止不明(칙기지부명)이니•즉 그 止하여 멈춤이 명확하지 않음
인 것이니

爲外無堂氣之可受也(위외무당기지가수야)라•그 같은 地外에서는
명당수의 堂氣(당기)를 가히 收受(수수)하지를 못함인 것이다.

有分有合(유분유합)은•上分(상분)으로 위에서 나뉨도 있고 아래에
서 下合(하합)함도 있을 경우에는

則有來有止(칙유래유지)이니•즉 來하여 옴도 있고 止하여 멈춤도
있음이니

有出有沒(유출유몰)하여•出沒(출몰)과 起伏(기복)이 있어

則龍穴融結(칙룡혈융결)이고•즉 龍과 穴이 融結(융결)을 함이고

的定無疑(적정무의)이니•穴的(혈적)함과 穴定(혈정)함에 의심할
것이 없음인 것이니

然後爲全氣地也(연후위전기지야)라•그러한 연후에 땅에 온전한
氣가 이루어지게 되는 것이다.

然有大分合小分合(연유대분합소분합)인데•그리하여 大分合(대분

합)과 小分合(소분합)이 있음인 것인데

眞地融結則有三分三合(진지융결칙유삼분삼합)이라 • 진정으로 땅이 융결되어 뭉치고 맺힘은, 즉 三分三合에 있음인 것이다.

穴前後一分合(혈전후일분합)이고 • 穴後에서 나뉘고 穴前에서 합함은 제1분합인 것이고

起主龍虎所交二分合(기주룡호소교이분합)이며 • 주산에 일어난 龍虎가 상분하합으로 주고받음이 제2분합인 것이며

祖龍至山水大會三分合也(조룡지산수대회삼분합야)라 • 祖龍이 山水에 크게 모여서 이르게 되면 제3분합인 것이다.

小合則爲小明堂(소합칙위소명당)이고 • 小合으로 작은 합을 이루면, 즉 작은 명당인 소명당이 되는 것이고

大合則爲大明堂(대합칙위대명당)이라 • 大合으로 크게 합을 이루면, 즉 큰 명당인 대명당이 되는 것이다.

合於龍虎內(합어룡호내)이면 • 내청룡과 내백호가 안에서 합을 이루면 則爲內明堂(칙위내명당)이라 • 즉 내명당이 되는 것이다.

合於龍虎外(합어룡호외)이면 • 외청룡과 외백호가 밖에서 합을 이루면 則爲外明堂(칙위외명당)이라 • 즉 외명당이 되는 것이다.

各不相亂如此(각부상란여차)이니 • 각각 서로 어지럽게 뒤섞이지 않음이 마치 이와 같으니

是又不可不知也(시우부가부지야)라 • 이러함을 또한 알지 않으면 안 되는 것이다.

11. 浮沈論

1) 부침편의 원문

其次又當別浮沈浮沈者言乎其表裏夫脈有陰陽故有浮沈陰脈常見乎表

所謂浮也陽脈常收乎裏所謂沈也大抵地理家察脈與醫家察脈無異善醫
者察脈之陰陽而用藥善地理者察脈之浮沈而立穴其理一也夫三陰從天
生以其陰根于陽也故陰脈必上小而下大其出口也必尖三陽從地出以其
陽根于陰也故陽脈必上大而下小其出口也必圓後之觀脈者不必問其何
如但口尖者皆陰口其浮於表口圓者皆陽口其脈于裏此一定不易之法若
又推而廣之.則凸者脈浮凹者脈沈微細者脈浮粗重者脈沈衆高一低者
脈浮衆低一高者脈沈以此相乘除則陰陽之理得矣.

2) 부침편의 독음문

其次又當別浮沈(기차우당별부침)이라. 浮沈者(부침자)는 言乎其表
裏(언호기표리)라. 夫脈有陰陽(부맥유음양)이니 故有浮沈(고유부
침)이라. 陰脈常見乎表(음맥상견호표)이니 所謂浮也(소위부야)라.
陽脈常收乎裏(양맥상수호이)이니 所謂沈也(소위침야)라. 大抵地理
家察脈(대저지리가찰맥)은 與醫家察脈無異(여의가찰맥무이)라. 善
醫者(선의자)는 察脈之陰陽而用藥(찰맥지음양이용약)하고 善地理
者(선지리자)도 察脈之浮沈而立穴(찰맥지부침이입혈)하니 其理一
也(기리일야)라. 夫三陰從天生(부삼음종천생)이고 以其陰根于陽也
(이기음근우양야)이니 故陰脈必上小而下大(고음맥필상소이하대)이
고 其出口也必尖(기출구야필첨)이라. 三陽從地出(삼양종지출)이고
以其陽根于陰也(이기양근우음야)이니 故陽脈必上大而下小(고양맥
필상대이하소)이고 其出口也必圓(기출구야필원)이라. 後之觀脈者
(후지관맥자)가 不必問其何如(부필문기하여)라. 但口尖者(단구첨
자)는 皆陰口其浮於表(개음구기부어표)이고 口圓者(구원자)는 皆
陽口其脈于裏(개양구기맥우이)이니 此一定不易之法(차일정부역지
법)이라. 若又推而廣之.(약우추이광지)하면 則凸者脈浮(칙철자맥
부)이고 凹者脈沈(요자맥침)이라. 微細者脈浮(미세자맥부)이고 粗
重者脈沈(조중자맥침)이며 衆高一低者脈浮(중고일저자맥부)이고

衆低一高者脈沈(중저일고자맥침)이며 以此相乘除(이차상승제)이니
則陰陽之理得矣(칙음양지리득의)라.

3) 부침편의 원문해설

其次又當別浮沈(기차우당별부침)이라・그 다음은 또 당연히 浮沈
을 분별하는 것이다.

浮沈者(부침자)는・두둥실 떠오르듯 浮(부)함과, 가라앉고 빠져 들
어가듯 沈(침)함이라고 하는 것은

言乎其表裏(언호기표리)라・그러한 浮沈의 表裏를 말하는 것이다.

夫脈有陰陽(부맥유음양)이니・무릇 脈에는 陰陽이 있는 것이니

故有浮沈(고유부침)이라・그러므로 드러남(浮)과 들어감(沈)이 있
음인 것이다.

陰脈常見乎表(음맥상견호표)이니・陰脈은 항상 겉으로 드러나 나
타나서 보이는 것이니

所謂浮也(소위부야)라・소위말해 들어남인 浮라고 하는 것이고

陽脈常收乎裏(양맥상수호이)이니・陽脈은 항상 안으로 갈무리되어
서 암장되는 것이니

所謂沈也(소위침야)라・소위말해 빠짐인 沈이라고 하는 것이다.

大抵地理家察脈(대저지리가찰맥)은・대저 풍수지리의 전문가가 땅
의 脈을 살피는 것은

與醫家察脈無異(여의가찰맥무이)라・더불어 의학의 전문가가 인체
의 脈을 살피는 것과 차이가 없음이다.

善醫者(선의자)는・능력이 좋은 의사는

察脈之陰陽而用藥(찰맥지음양이용약)하고・脈의 陰陽을 살핌으로
써 약을 取用하는 것이고

善地理者(선지리자)도・능력이 좋은 풍수지리사도

察脈之浮沈而立穴(찰맥지부침이입혈)하니・脈의 浮沈을 살핌으로

써 穴을 세우는 것이니

其理一也(기리일야)라 • 그러한 이치는 하나인 것이다.

夫三陰從天生(부삼음종천생)이고 • 무릇 3陰은 하늘을 좇고 따라서 生하는 것이고

以其陰根于陽也(이기음근우양야)이니 • 이로써 그러한 陰의 뿌리=근원은 天=陽에 있음인 것이니

故陰脈必上小而下大(고음맥필상소이하대)이고 • 그러므로 陰脈이라는 것은 반드시 위가 작음(小)으로 말미암아 아래는 큰 것이고

其出口也必尖(기출구야필첨)이라 • 그러한 陰脈의 출구는 반드시 뾰족한 것이다.

三陽從地出(삼양종지출)이고 • 3陽은 땅을 좇고 따라서 出하는 것이고

以其陽根于陰也(이기양근우음야)이니 • 이로써 그러한 陽의 뿌리=근원은 地=陰에 있음인 것이니

故陽脈必上大而下小(고양맥필상대이하소)이고 • 그러므로 陽脈이라는 것은 반드시 위가 큰(大)고 아래는 작음(小)인 것이고

其出口也必圓(기출구야필원)이라 • 그러한 陽脈의 출구는 반드시 둥근 것이다.

後之觀脈者(후지관맥자)가 • 후세에 脈을 관찰하여 보는 자가

不必問其何如(부필문기하여)라 • 반드시 그러한 것이 마치 어떠한가를 질문할 필요는 없는 것이다.

但口尖者(단구첨자)는 • 다만 出口가 뾰족한 것들은

皆陰口其浮於表(개음구기부어표)이고 • 모든 陰脈出口(음맥출구)는 그러한 脈이 겉(表)으로 드러남이니 浮함인 것이고

口圓者(구원자)는 • 出口가 둥근 것들은

皆陽口其脈于裏(개양구기맥우이)이니 • 모든 陽脈出口(양맥출구)는 그 脈이 속(裏)으로 들어감으로 沈함인 것이니

此一定不易之法(차일정부역지법)이라 • 이러함은 일정하여서 바뀔

수가 없는 법인 것이다.

若又推而廣之.(약우추이광지)하면 • 만약에 또 추론＝추정함으로써 더 넓힌다면

則凸者脈浮(칙철자맥부)이고 • 즉 볼록하듯 凸(철)함 이라는 것은 脈이 뜬(浮)것이고

凹者脈沈(요자맥침)이라 • 오목하듯 凹(요)함 이라는 것은 脈이 잠기고 빠진(沈) 것이다.

微細者脈浮(미세자맥부)이고 • 미세한 것은 뜬 浮脈이고

粗重者脈沈(조중자맥침)이며 • 거칠게 거듭된 것은 빠진 沈脈이며

衆高一低者脈浮(중고일저자맥부)이고 • 높은 무리들 중에서 한번 낮은 것은 뜬 浮脈인 것이고

衆低一高者脈沈(중저일고자맥침)이며 • 낮은 무리들 중에서 한번 높은 것은 빠진 沈脈인 것이며

以此相乘除(이차상승제)이니 • 이로 인해서 서로가 길(除)을 乘하여 타고 오르는 것이니

則陰陽之理得矣(칙음양지리득의)라 • 즉 음양의 이치를 얻게 되는 것이다.

12. 淺深篇

1) 천심편의 원문

其次又當定淺深淺深者言乎其準的也夫淺深得乘風水自成故卜地者必以淺深爲準的宜淺而深則氣從上過宜深而淺則氣從下過雖得吉地而效不應者爲此故也大槪先觀來脈之陰陽次省四山之從佐且如脈入首强作穴凹出口圓此皆脈浮而穴陽宜淺.來脈入首弱作穴凸出口尖此皆脈沈而穴陰宜深故曰淺深得乘風水自成深淺之法多端至理莫過於是也切要

辨認入首陰陽蝦鬚界合明白若當深而淺當淺而深差於咫尺之間反吉爲
凶矣經曰地吉葬凶與棄屍同正此義也俗裝卦例論九星白法以定寸尺者
大謬也.

2) 천심편의 독음문

其次又當定淺深(기차우당정천심)이라. 淺深者(천심자)는 言乎其準
的也(언호기준적야)라. 夫淺深得乘風水自成(부천심득승풍수자성)
이라. 故卜地者(고복지자)는 必以淺深爲準的(필이천심위준적)이라.
宜淺而深則氣從上過(의천이심칙기종상과)이고 宜深而淺則氣從下過
(의심이천칙기종하과)이니 雖得吉地而效不應者(수득길지이효부응
자)함은 爲此故也(위차고야)라. 大槪先觀來脈之陰陽(대개선관래맥
지음양)하고 次省四山之從佐(차성사산지종좌)라. 且如脈入首强(차
여맥입수강)이면 作穴凹(작혈요)라. 出口圓(출구원)이면 此皆脈浮
而穴陽(차개맥부이혈양)이니 宜淺(의천)이라. 來脈入首弱(래맥입
수약)이면 作穴凸(작혈철)이라. 出口尖(출구첨)이면 此皆脈沈而穴
陰(차개맥침이혈음)이니 宜深(의심)이라. 故曰淺深得乘(고왈천심
득승)이면 風水自成(풍수자성)이라. 深淺之法多端(심천지법다단)
하나 至理莫過於是也(지리막과어시야)라. 切要辨認入首陰陽蝦鬚
(절요변인입수음양하수)하면 界合明白(계합명백)이라. 若當深而淺
(약당심이천)하고 當淺而深(당천이심)하면 差於咫尺之間(차어지척
지간)이어도 反吉爲凶矣(반길위흉의)라. 經曰地吉葬凶(경왈지길장
흉)은 與棄屍同(여기시동)인데 正此義也(정차의야)라. 俗裝卦例(속
장괘례)하여 論九星白法以定寸尺者(론구성백법이정촌척자)함은 大
謬也(대류야)라.

3) 천심편의 원문해설

其次又當定淺深(기차우당정천심)이라•그 다음은 또 당연히 淺深

(천심)을 정하는 것이다.

淺深者(천심자)는 • 얕음인 淺(천)함과 깊음인 深(심)함이라고 하는 것은

言乎其準的也(언호기준적야)라 • 그러한 천심의 準的(준적)＝標準(표준)을 말하는 것이다.

夫淺深得乘風水自成(부천심득승풍수자성)이라 • 무릇 얕고 깊음의 乘함을 얻으면 風水는 저절로 이루어지는 것이다.

故卜地者(고복지자)는 • 그러므로 땅의 길흉을 점치듯 卜地(복지)를 함에 있어서는

必以淺深爲準的(필이천심위준적)이라 • 반드시 淺深이 표준이 되어야 하는 것이다.

宜淺而深則氣從上過(의천이심칙기종상과)이고 • 마땅히 얕게 淺葬(천장)을 해야 하는데 깊게 深葬(심장)을 하게 되면, 즉 氣가 위로 지나가는 것이고

宜深而淺則氣從下過(의심이천칙기종하과)이니 • 마땅히 깊게 深葬(심장)을 해야 하는데 얕게 淺葬(천장)을 하게 되면, 즉 氣가 아래로 지나가는 것이니

雖得吉地而效不應者(수득길지이효부응자)함은 • 비록 吉地를 얻었다고 하더라도 효험에 감응함이 없음인 것은

爲此故也(위차고야)라 • 바로 이러한 까닭인 것이다.

大槪先觀來脈之陰陽(대개선관래맥지음양)하고 • 대개 먼저 來脈의 음양을 관찰하고

次省四山之從佐(차성사산지종좌)라 • 그다음으로 4山＝4神砂의 따름인 護從(호종)함과 도움인 保佐(보좌)함을 살펴야 하는 것이다.

且如脈入首强(차여맥입수강)이면 • 또 마치 脈의 내려들어와 入首함이 강할 경우에는

作穴凹(작혈요)라 • 오목한 凹穴(요혈)을 만들어야 하는 것이다.

出口圓(출구원)이면 • 脈의 出口가 둥글면

此皆脈浮而穴陽(차개맥부이혈양)이니 • 이는 모두기 뜬 浮脈으로
陽穴(양혈)임이니

宜淺(의천)이라 • 얕게 淺葬(천장)을 함이 마땅한 것이다.

來脈入首弱(래맥입수약)이면 • 來脈이 내려들어와 入首함이 약할
경우에는

作穴凸(작혈철)이라 • 볼록한 凸穴(철혈)을 만들어야 하는 것이다.

出口尖(출구첨)이면 • 脈의 出口가 뾰족하면

此皆脈沈而穴陰(차개맥침이혈음)이니 • 이는 모두가 빠진 沈脈으로
陰穴(음혈)임이니

宜深(의심)이라 • 깊게 深葬(심장)을 함이 마땅한 것이다.

故曰淺深得乘(고왈천심득승)이면 • 그러므로 이르기를 淺深의 乘함
을 얻게 되면

風水自成(풍수자성)이라 • 風水는 절로 이루어진다고 말한 것이다.

深淺之法多端(심천지법다단)하나 • 深淺의 법이 여러 가지로 다양하나
至理莫過於是也(지리막과어시야)라 • 그 지극한 이치는 이러함을
벗어나지 못하는 것이다.

切要辨認入首陰陽蝦鬚(절요변인입수음양하수)하면 • 요컨대 入首의
음양과 새우수염과 같은 蝦鬚砂(하수사)를 분별하여 인식하면

界合明白(계합명백)이라 • 界水와 下合이 명백해진다.

若當深而淺(약당심이천)하고 • 만약에 당연히 深葬을 해야 하는데
淺葬을 하고

當淺而深(당천이심)하면 • 당연히 淺葬을 해야 하는데 深葬을 하게
될 경우에는

差於咫尺之間(차어지척지간)이어도 • 지척간의 차이로도

反吉爲凶矣(반길위흉의)라 • 거꾸로 吉함이 凶함이 되는 것이다.

經曰地吉葬凶(경왈지길장흉)은 • 장경에 이르기를 땅이 길해도 장

사함이 흉할 경우에는

與棄屍同(여기시동)인데 • 시신을 버리는 것과 같다고 하였는데

正此義也(정차의야)라 • 진실로 바로 이러한 의미인 것이다.

俗裝卦例(속장괘례)하여 • 세속의 괘례인 팔괘이론 등으로 꾸미고 포장을 하여

論九星白法以定寸尺者(론구성백법이정촌척자)함은 • 9星紫白法(성자백법)을 논하며 그것으로 寸尺(촌척)을 정하면서 裁穴(재혈)을 하는 것은 大謬也(대류야)라 • 誤謬(오류)이자 크나큰 잘못인 것이다.

13. 趨避篇

1) 추피편의 원문

其次又當詳趨避趨避者言乎其決擇也夫天下之道二吉凶善惡常相半不能皆吉也而必有凶不能皆善也而必有惡故人之所遭有不齊也旣所遭之不齊則必有以處趨吉避凶去惡從善是也地理亦然夫山川之所鍾不能皆全純粹之氣不能無所駁雜則不能無所駁雜則姸醜好紛然前陳亦其宜耳然而山川之變態不一咫尺之移轉頓殊或低視而醜或高視而好或左視而姸或右視而或秀氣聚下而高則否或情意偏右而左則虧.

2) 추피편의 독음문

其次又當詳趨避(기차우당상추피)라. 趨避者(추피자)는 言乎其決擇也(언호기결택야)라. 夫天下之道(부천하지도)는 二吉凶善惡常相半(이길흉선악상상반)이니 不能皆吉也(부능개길야)이고 而必有凶(이필유흉)이니 不能皆善也(부능개선야)이고 而必有惡(이필유악)이니 故人之所遭有不齊也(고인지소조유부제야)라. 旣所遭之不齊(기소조지부제)이고 則必有以處趨吉避凶(칙필유이처추길피흉)이니 去惡從

善是也(거악종선시야)라. 地理亦然(지리역연)이니 夫山川之所鍾不
能皆수(부산천지소종부능개전)이고 純粹之氣不能無所駁雜(순수지
기부능무소박잡)이니 則不能無所駁雜(칙부능무소박잡)함은 則妍醜
好(칙연추호)가 紛然前陳(분연전진)하니 亦其宜耳(역기의이)라. 然
而山川之變態不一(연이산천지변태부일)이고 咫尺之移轉頓殊(지척
지이전돈수)이니 或低視而醜(혹저시이추)이고 或高視而好(혹고시
이호)이며 或左視而妍(혹좌시이연)이고 或右視而(혹우시이)는 或
秀氣聚下(혹수기취하)이니 而高則否(이고칙부)하고 或情意偏右(혹
정의편우)이면 而左則虧(이좌칙휴)라.

3) 추피편의 원문해설

其次又當詳趨避(기차우당상추피)라•그 다음은 또 당연히 趨避(추
피)를 자세히 살펴야 하는 것이다.

趨避者(추피자)는•따름인 趨(추)함과 벗어남인 避(피)함 이라고
하는 것은

言乎其決擇也(언호기결택야)라•그러한 추피를 결정=판별하고 가
리어 擇地하는 것을 말하는 것이다.

夫天下之道(부천하지도)는•무릇 천하의 법도는

二吉凶善惡常相半(이길흉선악상상반)이니•吉凶과 善惡이라는 두
가지는 항상 서로 반쪽씩 상반함이니

不能皆吉也(부능개길야)이고•능히 모두가 길할 수도 없는 것이고
而必有凶(이필유흉)이니•그러므로 반드시 흉함도 있는 것이니

不能皆善也(부능개선야)이고•능히 모두가 선할 수도 없는 것이고
而必有惡(이필유악)이니•그러므로 반드시 악함도 있는 것이니

故人之所遭有不齊也(고인지소조유부제야)라•그러므로 사람이 일을
처함=당함(遭遇)에 있어서도 한결같게 똑같지(齊)를 않음인 것이다.

旣所遭之不齊(기소조지부제)이고•이미 과거에 처한=당한 일들에

있어서도 한결같게 똑같지(齊)를 않음인 것이고

則必有以處趨吉避凶(칙필유이처추길피흉)이니 • 즉 반드시 처함에 있어 길함을 좇고 흉함은 벗어나 피하려함이니

去惡從善是也(거악종선시야)라 • 나쁜 惡은 지나쳐가고 좋은 善을 따르면서 좇아가는 것이 이러함인 것이다.

地理亦然(지리역연)이니 • 풍수지리도 역시 그러함이니

夫山川之所鍾不能皆全(부산천지소종부능개전)이고 • 무릇 산천이 종형으로 융결된듯 하여도 능히 모두가 완전하지는 못함이고

純粹之氣不能無所駁雜(순수지기부능무소박잡)이니 • 순수한 氣라고 하더라도 능히 뒤섞이고 혼잡스럽게 駁雜(박잡)함이 없지를 않음인 것이니

則不能無所駁雜(칙부능무소박잡)함은 • 즉 능히 뒤섞이고 혼잡스러운 바가 없지를 않음은

則姸醜好(칙연추호)가 • 즉 고운(姸)것, 추하여 미운(醜)것, 아름다운(好)것 들이

紛然前陳(분연전진)하니 • 어지러운 양상으로 앞에다가 늘어서 陳列(진열)을 해놓았음이니

亦其宜耳(역기의이)라 • 역시 그러한 말도 마땅히 들어야 하는 것이다.

然而山川之變態不一(연이산천지변태부일)이고 • 그러면서도 山川의 형상이 변화함은 한결같지를 않음이고

咫尺之移轉頓殊(지척지이전돈수)이니 • 지척의 移動(이동)과 回轉(회전)함에도 깨지(頓)고 끊어져 단절(殊)될 수도 있음이니

或低視而醜(혹저시이추)이고 • 혹은 낮은 곳에서 봄으로써 추하여 밉게 보이고

或高視而好(혹고시이호)이며 • 혹은 높은 곳에서 봄으로써 좋아 보이며

或左視而姸(혹좌시이연)이고 • 혹은 좌측에서 봄으로써 고와 보이고

或右視而(혹우시이)는 • 혹은 우측에서 봄으로써 그러함 등은

或秀氣聚下(혹수기취하)이니 • 혹은 빼어난 氣가 아래로 모이는 것이니
而高則否(이고칙부)하고 • 그러므로 말미암아 높으면, 즉 안 되는
것이고
或情意偏右(혹정의편우)이면 • 혹은 性情의 의미가 우측으로 치우
치게 되면
而左則虧(이좌칙휴)라 • 그로 말미암아 좌측이 줄듯 이지러지(虧·
휴)는 것이다.

14. 裁成篇

1) 재성편의 원문
其次又當知裁成裁成者言乎其人事也夫人不天不因天不人不成自有宇
宙卽有山川數不加多用不加少必天生自然而后定則天地之造化亦有限
矣是故山川之融結在天而山水之裁成在人或過焉吾則裁其過或不及焉
吾則益其不及使適於中截長補短損高益下莫不有當然之理其始也不過
目力之巧工力之具其終也奪神功改天命而人與天無間矣故善者盡其當
然而不害其爲自然不善者泥乎自然卒不知其所當然所以道不虛行存乎
其人也.

2) 재성편의 독음문
其次又當知裁成(기차우당지재성)이라. 裁成者(재성자)는 言乎其人
事也(언호기인사야)라. 夫人不天不因(부인부천부인)이니 天不人不
成(천부인불성)이라. 自有宇宙(자유우주)이어 卽有山川(즉유산천)
인데 數不加多(수부가다)이고 用不加少(용부가소)이며 必天生自然
而后定(필천생자연이후정)이니 則天地之造化亦有限矣(칙천지지조
화역유한의)라. 是故山川之融結在天(시고산천지융결재천)이고 而

山水之裁成在人(이산수지재성재인)이니 或過焉(혹과언)이나 吾則
裁其過(오칙재기과)에 或不及焉(혹부급언)이니 吾則益其不及(오칙
익기부급)이라. 使適於中(사적어중)이면 截長補短(절장보단)하고
損高益下(손고익하)하면 莫不有當然之理(막부유당연지리)라. 其始
也(기시야)는 不過目力之巧(부과목력지교)이고 工力之具(공력지
구)이니 其終也(기종야)라. 奪神功改天命(탈신공개천명)이니 而人
與天無間矣(이인여천무간의)라. 故善者盡其當然(고선자진기당연)
이니 而不害其爲自然(이부해기위자연)이라. 不善者泥乎自然(부선
자니호자연)이니 卒不知其所當然(졸부지기소당연)이라. 所以道不
虛行(소이도부허행)은 存乎其人也(존호기인야)라.

3) 재성편의 원문해설

其次又當知裁成(기차우당지재성)이라 • 그 다음으로 또 당연히 裁
成을 알아야만 하는 것이다.

裁成者(재성자)는 • 山水를 옷감을 재단하여 마름질을 하듯 裁成함
이라고 하는 것은

言乎其人事也(언호기인사야)라 • 그러한 裁成함의 人事에 대해서
말하는 것이다.

夫人不天不因(부인부천부인)이니 • 무릇 사람은 하늘에 因하지 않
을 수가 없음이니

天不人不成(천부인불성)이라 • 하늘이 아니면 사람도 이루지를 못
하는 것이다.

自有宇宙(자유우주)이어 • 본래 우주가 절로 있으므로 부터

卽有山川(즉유산천)인데 • 즉 산천이 존재하여 있게 됨인 것인데

數不加多(수부가다)이고 • 數는 많아 더하지 않음이고

用不加少(용부가소)이며 • 쓰임은 적어 더하지 않음이며

必天生自然而后定(필천생자연이후정)이니 • 반드시 하늘이 자연을

生한 이후에 정함이니

則天地之造化亦有限矣(칙천지지조화역유한의)라 • 즉 천지의 조화
는 역시 유한한 것이다.

是故山川之融結在天(시고산천지융결재천)이고 • 이러하기 때문에
하늘이 있어서 산천이 融結을 하는 것이고

而山水之裁成在人(이산수지재성재인)이니 • 그러므로 말미암아 사
람이 있어 山水가 옷감을 裁斷(재단)하여 마름질을 하듯 裁成(재성)
됨이니

或過焉(혹과언)이나 • 혹간 지나친 過言(과언)이나

吾則裁其過(오칙재기과)에 • 그대들이, 즉 그러한 산수를 지나치게
마름질하듯 재단함에

或不及焉(혹부급언)이니 • 혹간 그러함에 이르지 말 것이니

吾則益其不及(오칙익기부급)이라 • 그대들이, 즉 그러한 불급으로
이르지 않음이 유익할 것이다.

使適於中(사적어중)이면 • 만일에 치우치지 않는 中에 도달하여 이
른다면

截長補短(절장보단)하고 • 긴 것은 끊어서 截斷(절단)하고 짧은 것
은 보태어 補完(보완)하여

損高益下(손고익하)하면 • 높은 것은 덜어내고 낮은 것은 더하여 보
탠다고 하면

莫不有當然之理(막부유당연지리)라 • 당연히 이치가 있지 않는 경
우가 없음인 것이다.

其始也(기시야)는 • 그러함의 시작은

不過目力之巧(부과목력지교)이고 • 눈으로 잘 살피는 기교에 불과
한 것이고

工力之具(공력지구)이니 • 공력의 갖춤인 것이니

其終也(기종야)라 • 그러함의 끝인 것이다.

奪神功改天命(탈신공개천명)이니 • 하늘이 하는 바인 神功을 빼앗
아 천명을 고치니

而人與天無間矣(이인여천무간의)라 • 그로 말미암아 사람과 더불어
하늘의 사이는 없는 것이다.

故善者盡其當然(고선자진기당연)이니 • 그러므로 善한 것은 그렇게
당연함을 다함이니

而不害其爲自然(이부해기위자연)이라 • 그로 말미암아 해로움이 없
는 그러함을 자연스럽게 이루는 것이다.

不善者泥乎自然(부선자니호자연)이니 • 不善한 것은 스스로 더럽혀
지고 썩는 것이니

卒不知其所當然(졸부지기소당연)이라 • 그러한 무리들은 당연히 그
러함을 알지를 못하는 것이다.

所以道不虛行(소이도부허행)은 • 이러한 까닭에 道로써 行함을 비
우지 않음은

存乎其人也(존호기인야)라 • 그러한 사람들에게 있음인 것이다.

15. 感應篇

1) 감응편의 원문

其次又當原感應感應者言乎其天道也夫天道不言而響應福善禍淫皆是
物也諺云陰地好不如心地好此善言感應地理也是故求地者必以積德爲
本若其德果厚天必以吉地應之是所以福其子孫者心也而地之吉亦將以
符之也其惡果盈天必以凶地應之是所以禍其子孫者亦本於心也以地之
凶亦將以符之也蓋心者氣之主氣者德之符天未有心於人而人之一心一
氣感應自相符合耳郭氏云吉凶感應鬼神及人人於先骸固不可不擇其所
而安之然不修其本惟末是圖則不累祖宗者寡矣欲有以福其子孫哉地理

之微吾旣發明之故述此於篇末以明天道之不可誣人心之所當謹噫觀是
書者其之所戒哉.

2) 감응편의 독음문

其次又當原感應(기차우당원감응)이라. 感應者(감응자)는 言乎其天
道也(언호기천도야)라. 夫天道不言而響應(부천도부언이향응)은 福
善禍淫皆是物也(복선화음개시물야)라. 諺云陰地好(언운음지호)는
不如心地好(부여심지호)이니 此善言感應地理也(차선언감응지리야)
라. 是故求地者(시고구지자)는 必以積德爲本(필이적덕위본)이라.
若其德果厚(약기덕과후)이면 天必以吉地應之(천필이길지응지)하니
是所以福其子孫者(시소이복기자손자)라. 心也(심야)라. 而地之吉亦
將以符之也(이지지길역장이부지야)라. 其惡果盈(기악과영)이면 天
必以凶地應之(천필이흉지응지)하니 是所以禍其子孫者(시소이화기
자손자)라. 亦本於心也(역본어심야)라. 以地之凶亦將以符之也(이지
지흉역장이부지야)라. 盖心者氣之主(개심자기지주)이니 氣者德之
符(기자덕지부)라. 天未有心於人(천미유심어인)이니 而人之一心一
氣(이인지일심일기)가 感應自相符合耳(감응자상부합이)라. 郭氏云
吉凶感應(곽씨운길흉감응)이면 鬼神及人(귀신급인)이고 人於先骸
(인어선해)라. 固不可不擇其所而安之(고부가부택기소이안지)이니
然不修其本(연불수기본)하고 惟末是圖(유말시도)함은 則不累祖宗
者寡矣(칙부루조종자과의)인데 欲有以福其子孫哉(욕유이복기자손
재)인가. 地理之微吾旣發明之(지리지미오기발명지)이니 故述此於
篇末(고술차어편말)하고 以明天道之不可誣(이명천도지부가무)라.
人心之所當謹(인심지소당근)이라. 噫觀是書者(희관시서자), 其之所
戒哉(기지소계재)인가.

3) 감응편의 원문해설

其次又當原感應(기차우당원감응)이라·그 다음은 또 당연히 感應의 근원을 살피는 것이다.

感應者(감응자)는·感應이라고 하는 것은

言乎其天道也(언호기천도야)라·그러한 감응의 天道를 말하는 것이다.

夫天道不言而響應(부천도부언이향응)은·무릇 天道는 말하지 않고 그 대신으로 감응의 울림인 響應(향응)에 대한 언급을 함은

福善禍淫皆是物也(복선화음개시물야)라·福祿(복록)·善行(선행)·殃禍(앙화)·淫行(음행)등 모두가 이러한 종류들인 것이다.

諺云陰地好(언운음지호)는·속담(諺)에 말하여 이르기를 陰地를 좋아하는 것은

不如心地好(부여심지호)이니·오히려 마음으로 땅을 좋아하는 것만도 못하다고 하였음이니

此善言感應地理也(차선언감응지리야)라·이러한 격언은 感應의 地理를 적절하게 언급한 것이다.

是故求地者(시고구지자)는·이러한 이유 때문에 땅을 구하고자 하는 자는

必以積德爲本(필이적덕위본)이라·반드시 덕을 쌓는 積德함으로써 근본을 이루어야 하는 것이다.

若其德果厚(약기덕과후)이면·만약에 그러한 德을 두텁게 이루면

天必以吉地應之(천필이길지응지)하니·하늘은 반드시 吉地로써 감응을 해오는 것이니

是所以福其子孫者(시소이복기자손자)라·이러한 이유로써 福祿(복록)이 그 자손에게 미친다고 하는 것이다.

心也(심야)라·德心(덕심)＝善心(선심)의 마음이 관건인 것이다. 즉 佛家(불가)에서 말하는 一切唯心造(일체유심조)로 일체만물은 마음이 만들어내는 조화라는 의미인 것이다.

而地之吉亦將以符之也(이지지길역장이부지야)라 • 그러므로 말미암아 이러한 땅의 길함이 또한 장차 이와 같이 부합하는 것이다.

其惡果盈(기악과영)이면 • 그러한 마음이 악함으로 가득차서 이뤄졌다면

天必以凶地應之(천필이흉지응지)하니 • 하늘은 반드시 凶地로써 감응을 해오는 것이니

是所以禍其子孫者(시소이화기자손자)라 • 이러한 이유로써 殃禍(앙화)가 그 자손에게 미친다고 하는 것이다.

亦本於心也(역본어심야)라 • 역시 모든 근본＝근원이 마음에 있음인 것이다.

以地之凶亦將以符之也(이지지흉역장이부지야)라 • 그러하기에 이러한 땅의 흉함이 또한 장차 이와 같이 부합하는 것이다.

盖心者氣之主(개심자기지주)이니 • 대개 마음이라는 것은 氣의 주체가 되는 것이니

氣者德之符(기자덕지부)라 • 氣라는 것은 德에 부합되는 것이다.

天未有心於人(천미유심어인)이니 • 하늘은 아직 인간의 마음을 所有(소유)하고 있지 못함이니, 즉 하늘이 인간의 마음을 이래라 저래라 좌지우지할 수가 없다는 의미인 것이다.

而人之一心一氣(이인지일심일기)가 • 그로 말미암아 인간이 소유하고 있는 1心과 1氣가, 즉 인간자신의 마음만이 일체만물의 조화력을 갖는 주체가 된다는 의미인 것이다.

感應自相符合耳(감응자상부합이)라 • 스스로 감응을 하여 서로 상응하게 부합되는 것이라는 점을 귀에 익게 들었다.

郭氏云吉凶感應(곽씨운길흉감응)이면 • 곽박께서 말하여 이르기를 길흉이 감응을 하면

鬼神及人(귀신급인)이고 • 凶鬼(흉귀)와 福神(복신)이 사람에게 미친다고 하였음이고

人於先骸(인어선해)라 • 그러함이 先骸(선해)=祖上遺骸(조상유해)
에서 人=자손에게 미친다고 하고 있다.

固不可不擇其所而安之(고부가부택기소이안지)이니 • 진실로 祖上遺
骸(조상유해)를 편안한 곳에 모시기 위해서는 葬地(장지)를 가리지
않으면 불가함이니

然不修其本(연불수기본)하고 • 그러므로 그러한 근본이 되는 마음
(心)을 닦지를 안하고

惟末是圖(유말시도)함은 • 오직 末=枝葉(지엽)적인 올바름만을 꾀
하려고 도모하고 생각을 한다면

則不累祖宗者寡矣(칙부루조종자과의)인데 • 즉 祖宗(조종)=조상님
들께 누를 끼침이 적지 않을 것인데

欲有以福其子孫哉(욕유이복기자손재)인가 • 그러한 복록이 자손들
에게 있기를 어떻게 바라고 기대할 것인가?

地理之微吾旣發明之(지리지미오기발명지)이니 • 지리의 發微(발미)
함으로써 지리의 發源(발원)과 出發(출발) 그리고 지리의 微細(미
세)하고 隱微(은미)함에 대해서는 저자인 내가 이미 앞에서 명확하
게 밝혔음이니

故述此於篇末(고술차어편말)하고 • 그러므로 감응편의 말미에다가
위에서 언급한 이러한 점들을 써놓은 것이고

以明天道之不可誣(이명천도지부가무)라 • 천도를 명확하게 밝히는
것이니 誣告(무고)하듯 깔보거나 업신여기는 것은 不可함으로 안
되는 것이다.

人心之所當謹(인심지소당근)이라 • 사람의 마음은 당연히 삼가야
하는 바인 것이다.

噫觀是書者(희관시서자) • 아! 이 글을 보는 사람들이여!

其之所戒哉(기지소계재)인가 • 그러한 점을 경계해야 할 바가 아니
겠는가?

第5章 山陵議狀

第1節 山陵議狀의 序

1. 朱子의 成長

朱熹(주희)는 1130년에서 1200년 사이를 살다간 중국 南宋(남송)의 사상가이다. 그는 주자학을 구축하였는데 그의 존칭은 朱子(주자)이고 그의 시호가 文公(문공) 이다.

그는 19세에 과거에 급제하고 24세에 임관하여 푸젠성 同安縣(동안현)의 主簿(주부)로 4년간 근무하였다. 28세로 퇴직하고 그 뒤 20여 년간 관직에 나가는 일 없이 국가로부터 연금을 받아 집에 기거하면서 학문과 저술활동에만 전념하였다. 49세에 江西省(강서성)의 南江軍知事(남강군지사)로, 그 후에는 浙江省(절강성)에서 飢饉對策(기근대책)의 임무를 수행하였다. 그 후에 61세에는 푸젠성 정저우지사로, 또한 65세에는 湖南省(호남성)의 潭州知事(담주지사) 겸 荊湖南路按撫使(형호남로안무사)를 지냈다.

마지막으로 그는 중앙에 招致(초치)되어 천자의 고문관인 煥章閣待制兼侍講(환장각대제겸시강)이 되었지만 당시의 재상인 韓侂胄(한차주)와 충돌함으로 말미암아 겨우 45일 만에 사임하고 만 것이다. 그는 대체로 40세 무렵에 그의 사상의 大綱(대강)이 확립되었다고 보여 진다. 그는 성리학을 집대성하여 훗날 중국뿐만 아니라 조선의 유학과 정치에도 결정적인 영향을 끼친 대학자였다고 할 것이다.

2. 朱子의 著作活動

그의 저작활동에 대해서 살펴보면 다음과 같다. 46세에 여조겸과 함께 近思錄(근사록)을 편찬한 후부터 20년 동안 다수의 저작활동에 들어갔다.

첫째, 경전해석서로 周易本義(주역본의), 詩集傳(시집전), 四書集註(사서집주), 四書或問(사서혹문)을 썼다.

둘째, 先學(선학)들의 교정서로 太極圖說解(태극도설해), 通書解(통서해), 西銘解(서명해), 謝上蔡語錄(사상채어록), 延平答問(연평답문), 程氏遺書外書(정씨유서외서)를 썼다.

셋째, 先學(선학)들의 전기에 관한 책으로 伊洛淵源錄(이락연원록), 名臣言行錄(명신언행록)을 썼다.

넷째, 왕조의 정통성을 다룬 資治通鑑綱目(자치통감강목)을 저술하였다.

다섯째, 후반기의 저술서로는 易學啓蒙(역학계몽), 孝經刊誤(효경간오), 小學(소학), 楚辭集註(초사집주), 韓文考異(한문고이), 儀禮經傳通解(의례경전통해) 등을 썼다.

여섯째, 그가 사망한 후에 편찬된 책으로는 朱文公文集(주문공문집), 朱子語類(주자어유)가 편찬되었다.

이러한 저술들 중에서 특히 주목할 것은 四書集註(사서집주)인데 그가 사망하기 직전까지 손을 대고 있었다고 하는 점이다. 그가 大學(대학), 中庸(중용)을 論語(논어), 孟子(맹자)와 함께 四書(사서)라 하여 五經(오경)의 입문서라고 하는 위치를 부여한 것은 사상적으로 유기적인 관련성이 있다는 점을 고려한 것일 것이다.

3. 朱子의 思想的 特徵

주자의 철학은 理氣哲學(리기철학)이라고 하는데 형이하학인 氣에 대해서 형이상학인 理를 세워서 理와 氣의 상관관계를 명확하게 하였다. 그리고 生成論(생성논), 存在論(존재논), 心性論(심성논), 修養論(수양론)에 걸쳐서 理氣(이기)에 의하여 일관된 이론체계를 완성시켰다고 할 것이다.

그의 학문수양법은 인간이 본래 지니고 있는 것을 회복한다는 형식을 취하고, 이를 위한 공부와 노력이 바로 居敬窮理(거경궁리)였던 것이다. 양자는 서로 보완해 나가는 것인데,

첫째, 居敬(거경)이란 마음이 정욕에 사로잡혀 망령된 생각이나 행동을 하는 일이 없도록 하는 것이고,

둘째, 窮理(궁리)란 格物致知(격물치지)로 이는 모든 사물에 내재하고 있는 이치를 규명해 나가는 것이다. 그러한 노력을 거듭 쌓아서 모든 이치를 깨닫고 그 근원이 되는 하나의 이치의 파악을 목표로 하는 것이다. 이렇게 그가 생각하는 사물의 범위는 대단히 넓기때문에 이른바 自然學(자연학)의 분야에까지 미치고 있음인 것이다. 그것은 어디까지나 도덕적 규범의 보편타당성의 근거를 추구하는 것이었으나 一氣(1기), 陰陽(음양), 五行(오행)의 생성론적인 연관에서 만물의 생성과 존재를 통일적으로 파악하고자 하는 것과 맞물려 중국 자연학의 전개에서도 다대한 공헌을 하였다고 할 수가 있을 것이다.

4. 朱子의 風水觀

주자가 쓴 글들 중에서 그의 풍수관을 엿볼 수 있는 대표적인 것이 바로 山陵議狀(산능의장)이다. 성리학의 대가였던 주자는 풍수

지리에 관심이 많아서 자신의 풍수지리적인 견해를 단편적으로 피력한 글들이 도처에서 보일 뿐만 아니라 당시 송나라 황제 효종이 죽자 효종능의 선정과 관련하여 황제에게 산릉의장을 보낼 정도로 수준 높은 풍수실력을 보여주었다. 뿐만 아니라 그는 평소 그를 찾는 손님들과 즐겨 하는 이야기 소재가 바로 풍수였다고 송나라 조여치가 지은 賓退錄(빈퇴록)에서 "朱文公嘗與客談世俗風水"(주문공 상여객담세속풍수)라고 적고 있음도 보인다.

주자와 같이 훌륭한 인물이 나오게 된 것이 바로 무원현 官坑嶺(관갱령)에 위치한 주자의 4代祖母(대조모)인 程(정)씨의 묘가 명당이었고 그 덕분이라고 송나라 국사이자 집안 대대로 뛰어난 풍수가였던 吳景鸞(오경란)이 적고 있다. 주자의 고조모의 墓(묘)가 있는 관갱산의 산세가 기이하며 무덤이 쓰인 혈장의 위치는 높은 산에 위치하고 있음이다. 무릇 산들이 남북으로 모여들어 음양의 조화를 이루고 멀리서 뾰족한 문필봉이 하나 솟아있다. 이러한 명당에서는 巨富(거부)나 大貴(대귀)할 인물은 안 나오지만 공자만큼이나 총명한 현인이 배출될 것이라고 적고 있음인 것이다.

주자가 쓴 산릉의장은 후대 풍수에 있어서 절대적인 영향을 준다. 주자는 1194년인 65세에 당시 송나라 황제인 寧宗(영종)께 산릉의장이라는 글을 올린다. 그가 이러한 산릉의장이라는 글을 올리게 된 배경은 6년 전인 1188년에 이미 죽은 효종의 능을 그때까지도 정하지 못했기 때문인 것이다. 능을 정하지 못한 까닭은 理氣派風水理論(리기파풍수이론)이 원인인데 趙氏(조씨)인 효종의 성씨에 맞는 방위에서는 좋은 길지의 땅이 없다고 주장하는 理氣論者(이기론자)들의 억지때문이었다고 한다.

그는 산릉의장에서 풍수의 핵심은 산세의 아름답고 추함에 있다고 주장하면서 성씨에 따라 들어갈 무덤자리가 있고 들어가서는 안 되는 무덤자리가 있다고 하는 등의 오류를 반박하는 글이었던 것이다.

　주자의 산릉의장은 자주 인용되는 글이기도 하지만 그 이후에 중국과 조선이 풍수지리에 관한 일종이 지침서 역할을 하였다는 점에서 그 의미가 더욱 큰 것이다. 이렇게 주자가 형기론의 입장에서 합리적인 풍수이론을 전개하여 풍수활용의 올바른 방향을 제시하려한 점이 논리의 탁월성이라 할 것이다.

第2節　山陵議狀의 原文과 讀音文

1. 山陵議狀의 原文

具位臣朱熹準尙書吏部牒十月九日殯宮覆按使孫逢吉狀定到大行至尊皇聖帝神穴事三省樞密院同奉聖旨令侍從臺諫限三日集議聞秦臣方欲赴臺集議忽聞朝廷已別差官前去宣諭卽與衆官具狀申省別廳指揮外臣竊有愚見深恐言之不早有誤大計須至先具奏聞者至尊壽皇聖帝聖德神功覆冒宇深仁厚澤浸潤生民厭世上賓率土哀慕宜得吉土以奉衣冠之藏垂欲後昆永永無極而因山之卜累月于玆議論紛訖無定說臣嘗竊究其所以皆緣專信臺史而不廣求術士必取國音坐丙向壬之穴而不博訪名山是以粗略苟簡唯欲於紹興諸陵之旁不唯未必得其形勢之善若其穴中水泉之害地面浮淺之處仄傷破之餘驚動諸陵之慮雖明知之亦不暇顧群臣議者又多不習此等猥賤之末術所以不能堅決剖判致煩明詔博訪在廷臣實痛之其敢無辭以對.臣聞之葬之爲言藏也所以藏其祖考之遺體也以子孫而藏其祖考之遺體則必致其謹重誠敬之心以爲安固久遠之計使其形體全而神靈得安則其子孫盛而祭祀不絶此自然之理也是以古人之葬必擇其地而卜筮以決之不吉則更擇而再卜焉近世以來卜筮之法雖廢而擇

地之說猶存士庶稍有事力之家欲葬其先者無不廣招術士博訪名山參互
比較擇其善之尤者然後用之其或擇地不精地之不吉則必有水泉蟻地風
之屬以賊其內使其形神不安而子孫亦有死亡絶滅之憂甚可畏也其或雖
得吉地而葬之不厚藏之不深則兵戈亂離之際無不遭罹發掘暴露之變此
又其所當慮之大者也至於穿鑿已多之處地氣已洩雖有吉地亦無全力而
祖塋之側數興土功以致驚動亦能挺災此雖術家之說然亦不爲無理以此
而論則今日明詔之所詢者其得失大概已可見矣若夫臺史之說謬妄多端
以禮而言則記有之曰死者北首生者南向皆從其朔又曰葬於北方北首三
代之達禮也卽是古之葬者必坐北而向南蓋南陽而北陰孝子之心不忍死
其親故雖葬之於墓猶欲其負陰而抱陽也豈有坐南向北反背陽而向陰之
理乎若以術言則凡擇地者必先論其主勢之彊弱風氣之聚散水土之淺深
穴道之偏正力量之全否然後可以較其地之美惡政使實有國音之說亦必
先此五者以得形勝之地然後其術可得而推今乃全不論此而直信其庸妄
之偏說但以五音盡類群姓而謂宅向背各有所宜乃不經之甚者不惟先儒
已力辨之而近世民間亦多不用.今乃以爲祖宗以來守此法順之則吉
逆之則凶則姑亦無問其理之如何.但以其事質之則其謬不攻而自破矣.
蓋自永安遷奉以來已遵用此法而九世之間國統再絶靖康之變宗社爲墟
高宗中興匹馬南渡壽皇復自旁支入繼大統至於思陵亦用其法而壽皇倦
勤之後旋卽升遐太上違豫日久以至遜位赤山赤用其法而莊文魏邸相繼
薨謝若曰吉凶由人不在於地不有所廢其何以興則國音之說自爲無用之
談.從之未必爲福不從未必爲禍矣.何爲信之若是其篤而守之若是其嚴
哉.若曰其法果驗不可改易則洛越諸陵無不坐南而向北固已合於國音
矣.又何吉之小而凶之多耶.臺使之言進退無據類皆如此式加詰問使之
置對必無辭以自解矣.若以地言則紹興諸陵臣所未睹不敢輕議.然趙彦
逾固謂舊定神穴土肉淺薄開深五尺下有水石難以安建矣.而荊大聲者
乃謂新定東頭之穴比之先定神穴高一尺一寸五分開深九尺卽無水石.
臣嘗詳考二人之言反復計度新穴比之舊穴只高一尺一寸五分則是新穴

開至六尺一寸五分則與舊穴五尺之下有水石處高低齊等如何却可開至
九尺而其下二尺八寸五分者無水石耶.且大聲旣知有此無水吉穴當時
便當指定何故却定土肉淺薄下有水石之處以爲神穴直至今日前說漏露
無地可葬然後乃言之耶.其反覆謬妄小人常態雖若不足深責然其姦心
乃欲奉壽皇梓宮置之水中而略不顧忌則其罔上迷國大逆無道之罪不容
誅矣.脫使其言別有曲折然一坂之地其廣幾何.而昭慈聖皇皇后已用之
矣徽宗一帝二后又用之矣高宗一帝一后又用之矣.計其地氣已發洩而
無餘.行園巡路下官之屬又已迫之甚不可移減今但就其空處卽以爲穴
東西走那或遠或近初無定論.蓋地理之法譬如針灸自有一定之穴而不
可有毫釐之差使醫者施艾皆如今日臺史之定宅兆卽攻一穴而身皆創
矣.是又安能得其穴道之定乎.若果此外別無可求則亦無可奈何.而今兩
浙數州皆爲近甸三二百里豈無一處可備選擇而獨遷就仄於此數步之間
耶.政使必欲求得離山坐南向北之地亦當且先泛求壯厚高平可葬之處
然後擇其合於此法者.況其謬妄不經之說初不足信也耶.臣自南來經由
嚴州富陽縣見其江山之勝雄偉非常蓋富陽乃孫氏所起之處而嚴州乃高
宗受命之邦也.說者又言臨安縣乃錢氏故鄉山川形勢寬平邃密而臣未
之見也.凡此數處臣雖未敢斷其必爲可用然以臣之所已見聞者逆推其
未見未聞安知其不更有佳處萬萬於此而灼然可用者乎.但今偏信臺史
之言固執紹興之說而不肯求耳.若欲求之則臣竊見近年地理之學出於
江西福建者爲尤盛.政使未必皆精然亦豈無一人粗知梗槪大略平穩優
於一二臺史者欲望聖明深察此理斥去莉大聲置之於法.卽日行下兩浙
帥臣監司疾速搜訪量支路費.多差人兵轎馬津遣赴闕令於近甸廣行相
視得五七處然後遣官按行命使覆按.不拘官品但取通曉地理之人參互
考校擇一最吉之處以奉壽皇神靈萬世之安.雖以迫近七月之期然事大
體重不容苟簡.其孫逢吉所謂小寬日月別求吉兆爲上此十字者實爲至
論.惟陛下采而用之庶幾有以小慰天下臣子之心用爲國家祈天永命之
助.臣本儒生不曉術數非敢妄以淫巫史之言眩惑聖德自速譏蓋誠不忍

以壽皇聖體之重委之水泉沙礫之中殘破浮淺之地是以痛慣激切一爲陛
下言之.譬如鄕親舊之間有以此等大事商量吾乃明知其事之利害必至
於此而不盡情以告之人必以爲不忠不信之人而況臣子之於君父又安忍
有所顧望而默默無言哉.惟陛下詳賜省察斷然行之則天下萬世不勝幸
甚謹錄奏聞伏候來旨.

2. 山陵議狀의 讀音文

▶具位臣朱熹 準尙書吏部牒 十月九日殯宮覆按使孫逢吉狀定到. 大
▶구위신주희 준상서리부첩 십월구일빈궁복안사손봉길장정도. 대
行至尊皇聖帝神穴事 三省樞密院同奉聖旨 令侍從臺諫限三日集議聞
행지존황성제신혈사 삼성추밀원동봉성지 령시종대간한삼일집의문
奏 臣方欲赴臺集議 忽聞朝廷已別差官前去宣諭. 卽與衆官具狀申省
진 신방욕부대집의 홀문조정이별차관전거선유. 즉여중관구장신성
別廳指揮外 臣竊有愚見 深恐言之不早有誤大計 須至先具轍聞者.
별청지휘외 신절유우견 심공언지부조유오대계 수지선구진문자.
至尊壽皇聖帝 聖德神功 覆冒宇. 深仁厚澤 浸潤生民. 厭世上賓 率
지존수황성제 성덕신공 복모우. 심인후택 침윤생민. 염세상빈 솔
土哀慕. 宜得吉土 以奉衣冠之藏 垂欲後昆 永永無極. 而因山之卜
토애모. 의득길토 이봉의관지장 수욕후곤 영영무극. 이인산지복
累月于玆 議論紛 訖無定說. 臣嘗竊究 其所以 皆緣專信臺史 而不
누월우자 의논분 흘무정설. 신상절구 기소이 개연전신대사 이불
廣求術士 必取國音坐丙向壬之穴. 而不博訪名山. 是以粗略苟簡 唯
광구술사 필취국음좌병향임지혈 이부박방명산. 시이조략구간 유
欲 於紹興諸陵之旁. 不唯未必得其形勢之善 若其穴中水泉之害 地
욕 어소흥제릉지방. 부유미필득기형세지선 약기혈중수천지해 지

面浮淺之處 仄傷破之餘 驚動諸陵之慮 雖明知之 亦不暇顧. 群臣議
면부천지저 측싱파지여 경동제릉지려 수명지지 역부가고. 군신의
者 又多不習此等猥賤之末術 所以不能堅決剖判 致煩明詔 博訪在廷
자 우다부습차등외천지말술 소이부능견결부판 치번명조 박방재정
臣實痛之 其敢無辭以對. ▶臣聞之 葬之爲言藏也 所以藏其祖 考之
신실통지 기감무사이대. ▶신문지 장지위언장야 소이장기조 고지
遺體也. 以子孫而藏其祖考之遺體 則必致其謹重誠敬之心 以爲安固
유체야. 이자손이장기조고지유체 칙필치기근중성경지심 이위안고
久遠之計. 使其形體全而神靈得安 則其子孫盛而祭祀不絶 此自然之
구원지계. 사기형체전이신령득안 칙기자손성이제사부절 차자연지
理也. 是以古人之葬 必擇其地而卜筮以決之 不吉則更擇而再卜焉.
리야. 시이고인지장 필택기지이복서이결지 부길칙갱택이재복언.
近世以來 卜筮之法雖廢 而擇地之說猶存. 士庶稍有事力之家 欲葬
근세이래 복서지법수폐 이택지지설유존. 사서초유사력지가 욕장
其先者 無不廣招術士 博訪名山 參互比較 擇其善之尤者 然後用之.
기선자 무부광초술사 박방명산 참호비교 택기선지우자 연후용지.
其或擇地不精 地之不吉 則必有水泉蟻 地風之屬以賊其內 使其形神
기혹택지부정 지지부길 칙필유수천의 지풍지속이적기내 사기형신
不安 而子孫亦有死亡絶滅之憂 甚可畏也. 其或雖得吉地 而葬之不
부안 이자손역유사망절멸지우 심가외야. 기혹수득길지 이장지부
厚 藏之不深 則兵戈亂離之際 無不遭罹發掘暴露之變 此又其所當慮
후 장지부심 칙병과란리지제 무부조리발굴폭로지변 차우기소당려
之大者也. 至於穿鑿已多之處 地氣已洩 雖有吉地 亦無全力. 而祖塋
지대자야. 지어천착이다지처 지기이설 수유길지 역무전력. 이조영
之側 數興土功以致驚動 亦能挺災. 此雖術家之說 然亦不爲無理. 以
지측 수흥토공이치경동 역능연재. 차수술가지설 연역부위무리. 이
此而論 則今日明詔之所詢者 其得失大槪 已可見矣. 若夫臺史之說
차이론 칙금일명조지소순자 기득실대개 이가견의. 약부대사지설

차이론 칙금일명조지소순자 기득실대개 이가견의. 약부대사지설

謬妄多端. 以禮而言 則記有之曰 死者北首 生者南向 皆從其朔 又

류망다단. 이예이언 칙기유지왈 사자북수 생자남향 개종기삭 우

曰葬於北方北首 三代之達禮也. 卽是古之葬者 必坐北而向南 蓋南

왈장어북방북수 삼대지달예야. 즉시고지장자 필좌북이향남 개남

陽而北陰 孝子之心 不忍死其親 故雖葬之於墓 猶欲其負 陰而抱陽

양이북음 효자지심 부인사기친 고수장지어묘 유욕기부 음이포양

也. 豈有坐南向北 反背陽而向陰之理乎. 若以術言 則凡擇地者 必先

야. 기유좌남향북 반배양이향음지리호. 약이술언 칙범택지자 필선

論其主勢之彊弱 風氣之聚散 水土之淺深 穴道之偏正 力量之全否

론기주세지강약 풍기지취산 수토지천심 혈도지편정 력량지전부

然後可以較 其地之美惡. 政使實有國音之說 亦必先此五者以得形勝

연후가이교 기지지미악. 정사실유국음지설 역필선차오자이득형승

之地 然後其術可得而推. 今乃 全不論此 而直信 其庸妄之偏說 但

지지 연후기술가득이추. 금내 전부론차 이직신 기용망지편설 단

以五音盡類群姓 而謂宅向背各有所宜 乃不經之甚者. 不惟先儒已力

이오음진류군성 이위택향배각유소의 내부경지심자. 부유선유이력

辨之 而近世民間亦多不用. 今乃 以爲祖宗以來世守此法 順之則吉

변지 이근세민간역다부용. 금내 이위조종이래세수차법 순지칙길

逆之則凶 則姑亦無問其理之如何. 但以其事質之 則其謬不攻而自破

역지칙흉 칙고역무문기리지여하. 단이기사질지 칙기류부공이자파

矣. 蓋自永安遷奉以來 已遵用此法 而九世之間 國統再絶. 靖康之變

의. 개자영안천봉이래 이준용차법 이구세지간 국통재절. 정강지변

宗社爲墟 高宗中興 匹馬南渡 壽皇復自旁支以繼大統. 至於思陵 亦

종사위허 고종중여 필마남도 수황복자방지입계대통. 지어사릉 역

用其法 而壽皇倦勤之後 旋卽升遐. 太上違豫日久 以至遜位. 赤山赤

용기법 이수황권근지후 선즉승하. 태상위예일구 이지손위. 적산적

用其法 而莊文魏邸相繼薨謝. 若曰吉凶由人不在於地 不有所廢 其
용기법 이장문위저상계홍사. 약왈길흉유인부재어지 부유소폐 기
何以興 則 國音之說 自爲無用之談. 從之未必爲福 不從未必爲禍矣.
하이흥 칙 국음지설 자위무용지담. 종지미필위복 부종미필위화의.
何爲信之若是其篤 而守之若是其嚴哉. 若曰其法果驗 不可改易 則
하위신지약시기독 이수지약시기엄재. 약왈기법과험 부가개이 칙
洛越諸陵 無不坐南而向北 固已合於國音矣. 又何吉之小 而凶之多
낙월제릉 무부좌남이향북 고이합어국음의. 우하길지소 이흉지다
耶. 臺使之言 進退無據 類皆如此 式加詰問 使之置對 必無辭以自
야. 대사지언 진퇴무거 류개여차 식가힐문 사지치대 필무사이자
解矣.▶若以地言 則紹興諸陵 臣所未睹 不敢輕議. 然趙彦逾固謂 舊
해의.▶약이지언 칙소흥제릉 신소미도 부감경의. 연조언유고위 구
定神穴 土肉淺薄 開深五尺 下有水石 難以安建矣. 而荊大聲者乃謂
정신혈 토육천박 개심오척 하유수석 난이안건의. 이형대성자내위
新定東頭之穴 比之先定神穴 高一尺一寸五分 開深九尺 卽無水石.
신정동두지혈 비지선정신혈 고일척일촌오분 개심구척 즉무수석.
臣嘗詳考二人之言 反復計度 新穴比之舊穴 只高一尺一寸五分 則是
신상상고이인지언 반부계도 신혈비지구혈 지고일척일촌오분 칙시
新穴開至六尺一寸五分 則與舊穴五尺之下有水石處高低齊等 如何却
신혈개지육척일촌오분 칙여구혈오척지하유수석처고저제등 여하각
可開至九尺 而其下二尺八寸五分者無水石耶. 且大聲 旣知有此無水
가개지구척 이기하이척팔촌오분자무수석야. 차대성 기지유차무수
吉穴 當時便當指定 何故却定土肉淺薄 下有水石之處以爲神穴 直至
길혈 당시편당지정 하고각정토육천박 하유수석지처이위신혈 직지
今日 前說漏露 無地可葬然後乃言之耶. 其反覆謬妄 小人常態 雖若
금일 전설루로 무지가장연후내언지야. 기반복류망 소인상태 수약
不足深責 然其姦心 乃欲奉壽皇梓宮置之水中 而略不顧忌 則其罔上
부족심책 연기간심 내욕봉수황재궁치지수중 이략부고기 칙기망상

불족심책 연기간심 내욕봉수황재궁치지수중 이략부고기 칙기망상
迷國 大逆無道之罪 不容誅矣. 脫使其言別有曲折 然一坂之地其廣
미국 대역무도지죄 부용주의. 탈사기언별유곡절 연일판지지기광
幾何. 而昭慈聖皇皇后 已用之矣 徽宗一帝二后 又用之矣 高宗一帝
기하. 이소자성황황후 이용지의 휘종일제이후 우용지의 고종일제
一后 又用之矣. 計其地氣 已發洩而無餘.行園 巡路 下官之屬 又已
일후 우용지의. 계기지기 이발설이무여.행원 순로 하관지속 우이
迫之甚 不可移減. 今但就其空處 卽以爲穴 東西走那 或遠或近 初
박지심 부가이감. 금단취기공처 즉이위혈 동서주나 혹원혹근 초
無定論. 蓋地理之法 譬如針灸 自有一定之穴 而不可有毫釐之差. 使
무정론. 개지리지법 비여침구 자유일정지혈 이부가유호리지차. 사
醫者施 艾皆如 今日臺史之定宅兆 卽攻一穴而 身皆創矣. 是又安能
의자시 애개여 금일대사지정택조 즉공일혈이 신개창의. 시우안능
得其穴道之定乎. 若果此外 別無可求 則亦無可奈何. 而今兩浙數州
득기혈도지정호. 약과차외 별무가구 칙역무가내하. 이금양절수주
皆爲近甸 三二百里 豈無一處 可備選擇 而獨遷就 仄於此數步之間
개위근전 삼이백리 기무일처 가비선택 이독천취 측어차수보지간
耶. 政使必欲求得 離山坐南向北之地 亦當且先泛求壯厚高平可葬之
야. 정사필욕구득 이산좌남향북지지 역당차선범구장후고평가장지
處 然後擇其合於此法者. 況其謬妄不經之說 初不足信也耶. 臣自南
처 연후택기합어차법자. 황기류망부경지설 초부족신야야. 신자남
來經由 嚴州富陽縣 見其江山之勝 雄偉非常. 蓋富陽乃孫氏所起之
래경유 엄주부양현 견기강산지승 웅위비상. 개부양내손씨소기지
處 而嚴州乃高宗受命之邦也. 說者又言 臨安縣乃錢氏故鄉 山川形
처 이엄주내고종수명지방야. 설자우언 임안현내전씨고향 산천형
勢 寬平邃密 而臣未之見也. 凡此數處 臣雖未敢斷其必爲可用 然以
세 관평수밀 이신미지견야. 범차수처 신수미감단기필위가용 연이

臣之所已見聞者 逆推其未見未聞 安知其不更有佳處萬萬於此 而灼
신지소이견문자 역추기미견미문 안지기부갱유가처만만어차 이작
然可用者乎. 但今偏信臺史之言 固執紹興之說 而不肯求耳. 若欲求
연가용자호. 단금편신대사지언 고집소흥지설 이부긍구이. 약욕구
之 則臣竊見 近年地理之學 出於江西福建者爲尤盛. 政使未必皆精
지 칙신절견 근년지리지학 출어강서복건자위우성. 정사미필개정
然亦豈無一人 粗知梗槪 大略平穩 優於一二臺史者. 欲望聖明深察
연역기무일인 조지경개 대략평온 우어일이대사자. 욕망성명심찰
此理 斥去荊大聲 置之於法.▶卽日行下兩浙帥臣監司 疾速搜訪 量
차리 척거형대성 치지어법.▶즉일행하양절수신감사 질속수방 량
支路費. 多差人兵轎馬 津遣赴闕 令於近甸廣行 相視得五七處 然後
지로비. 다차인병교마 진유부궐 령어근전광행 상시득오칠처 연후
遺官按行 命使覆按. 不拘官品 但取通曉地理之人 參互考校 擇一最
유관안행 명사복안. 부구관품 단취통효지리지인 참호고교 택일최
吉之處 以奉壽皇神靈萬世之安. 雖以迫近七月之期 然事大體重 不
길지처 이봉수황신령만세지안. 수이박근칠월지기 연사대체중 부
容苟簡. 其孫逢吉 所謂小寬日月 別求吉兆爲上 此十字者實爲至論.
용구간. 기손봉길 소위소관일월 별구길조위상 차십자자실위지론.
惟陛下采而用之 庶幾有以小慰 天下臣子之心 用爲國家祈天永命之
유폐하채이용지 서기유이소위 천하신자지심 용위국가기천영명지
助. 臣本儒生 不曉術數. 非敢妄以淫巫史之言 眩惑聖德自速譏 蓋誠
조. 신본유생 부효술수. 비감망이음무사지언 현혹성덕자속기 개성
不忍以壽皇聖體之重 委之水泉沙礫之中殘破浮淺之地. 是以痛憤激
부인이수황성체지중 위지수천사력지중잔파부천지지. 시이통관격
切 一爲陛下言之. 譬如鄕 親舊之間 有以此等大事商量 吾乃明知
절 일위폐하언지. 비여향 친구지간 유이차등대사상량 오내명지
其事之利害必至於此 而不盡情以告之 人必以爲不忠不信之人. 而況

기사지리해필지어차 이부진정이고지 인필이위부충부신지인. 이황
臣子之於君父 又安忍有所顧望 而默默無言哉. 惟陛下詳賜省察 斷
신자지어군부 우안인유소고망 이묵묵무언재. 유폐하상사성찰 단
然行之 則天下萬世不勝幸甚. 謹錄奏聞 伏候來旨.
연행지 칙천하만세부승행심. 근록진문 복후래지.

第3節 山陵議狀의 讀音文과 原文解說

1. 第一段落의 讀音文과 原文解說

1) 제1단락의 원문

具位臣朱熹准尙書吏部牒十月九日殯宮覆按使孫逢吉狀定到大行至尊
皇聖帝神穴事三省樞密院同奉聖旨令侍從臺諫限三日集議聞奏臣方欲
赴臺集議忽聞朝廷已別差官前去宣諭卽與衆官具狀申省別廳指揮外臣
竊有愚見深恐言之不早有誤大計須至先具轑聞者至尊壽皇聖帝聖德神
功覆冒宇深仁厚澤浸潤生民厭世上賓率土哀慕宜得吉土以奉衣冠之藏
垂欲後昆永永無極而因山之卜累月于玆議論紛訖無定說臣嘗竊究其所
以皆緣專信臺史而不廣求術士必取國音坐丙向壬之穴而不博訪名山是
以粗略苟簡唯欲於紹興諸陵之旁不唯未必得其形勢之善若其穴中水泉
之害地面浮淺之處仄傷破之餘驚動諸陵之慮雖明知之亦不暇顧群臣議
者又多不習此等猥賤之末術所以不能堅決剖判致煩明詔博訪在廷臣實
痛之其敢無辭以對.

2) 제1단락의 독음문

具位臣朱熹(구위신주희)는 準尙書吏部牒十月九日(준상서리부첩십
월구일)하니 殯宮覆按使孫逢吉狀定到(빈궁복안사손봉길장정도)라.
大行至尊皇聖帝神穴事(대행지존황성제신혈사)에 三省樞密院同奉聖
旨(삼성추밀원동봉성지)라. 令侍從臺諫限三日集議聞奏(령시종대간
한삼일집의문진)이라. 臣方欲赴臺集議(신방욕부대집의)인데 忽聞
朝廷已別差官前去宣諭(홀문조정이별차관전거선유)라. 卽與衆官具
狀申省(즉여중관구장신성)라. 別廳指揮外(별청지휘외)로 臣竊有愚
見(신절유우견)이 深恐言之不早有誤大計(심공언지부조유오대계)하
여 須至先具牋聞者(수지선구진문자)라 至尊壽皇聖帝聖德神功(지존
수황성제성덕신공)은 覆冒宇(복모우)이고 深仁厚澤(심인후택)은
浸潤生民(침윤생민)이라. 厭世上賓(염세상빈)하니 率土哀慕(솔토
애모)라. 宜得吉土(의득길토)하고 以奉衣冠之藏(이봉의관지장)하
여 垂欲後昆(수욕후곤)함이 永永無極(영영무극)이라. 而因山之卜
(이인산지복)에 累月于玆(누월우자)이고 議論紛(의논분)인데 訖無
定說(흘무정설)이라. 臣嘗竊究(신상절구)함에 其所以(기소이)가 皆
緣專信臺史(개연전신대사)하고 而不廣求術士(이부광구술사)로 必
取國音坐丙向壬之穴(필취국음좌병향임지혈)하고 而不博訪名山(이
부박방명산)이라. 是以粗略苟簡(시이조략구간)이라. 唯欲於紹興諸
陵之旁(유욕어소흥제릉지방)이나 不唯未必得其形勢之善(부유미필
득기형세지선)이라. 若其穴中水泉之害(약기혈중수천지해)나 地面
浮淺之處(지면부천지처)나 仄傷破之餘(측상파지여)나 驚動諸陵之
慮(경동제릉지려)라. 雖明知之(수명지지)라도 亦不暇顧(역부가고)
라. 群臣議者(군신의자)나 又多不習此等猥賤之末術(우다부습차등
외천지말술)이니 所以不能堅決剖判(소이부능견결부판)이라. 致煩
明詔(치번명조)로 博訪在廷(박방재정)이라. 臣實痛之(신실통지)하
여 其敢無辭以對(기감무사이대)인가.

3) 제1단락의 원문해설

具位臣朱熹(구위신주희)는 • 쓸모없이 자리만 지키고 있는 신하 주희는

準尙書吏部牒十月九日(준상서리부첩십월구일)하니 • 尙書吏部(상서이부)의 기록 공문서(牒)인 10월 9일자를 기준하니

殯宮覆按使孫逢吉狀定到(빈궁복안사손봉길장정도)라 • 발인할 때까지 시신을 안치하여 두는 곳인 殯宮(빈궁)에서 황릉조성직책을 가진 覆按使(복안사)와 자손들이 매일매일 정해진 바대로 만남이 착하고 아름다운 상황입니다.

大行至尊皇聖帝神穴事(대행지존황성제신혈사)에 • 大行至尊皇聖帝(대행지존황성제)=효종의 神位(신위)를 모실 穴處(혈처)를 정하는 일에

三省樞密院同奉聖旨(삼성추밀원동봉성지)라 • 三省(삼성)과 樞密院(추밀원)이 함께 성지를 받들었습니다.

令侍從臺諫限三日集議聞奏(령시종대간한삼일집의문진)이라 • 명령(令)하기를 侍從(시종)의 臺諫(대간)에게 3일의 안(內)=제한으로 의논을 모아서 듣고 아뢰라고 하였습니다.

臣方欲赴臺集議(신방욕부대집의)인데 • 臣(신)과 주위의 모두가 臺諫(대간)에 나아가 討議(토의)를 하여 의견을 모으고자 하는데

忽聞朝廷已別差官前去宣諭(홀문조정이별차관전거선유)라 • 돌연 조정에서는 이미 별도의 내용을 황제=官前(관전)에 가서 생각을 밝히어 임금을 인도하듯 宣諭(선유)를 하고 있다고 들었습니다.

卽與衆官具狀申省(즉여중관구장신성)이라 • 곧 여러 명의 관리인 衆官(중관)들이 문서모양의 書類狀(서류장)을 갖추어 三省에게 되풀이(申)하여 아뢰면서 바쳤습니다.

別廳指揮外(별청지휘외)로 • 별도로 관청의 공식적인 지휘=명령 외로

臣竊有愚見(신절유우견)이 • 臣이 몰래(竊)한 어리석은 생각=견해가 있어서

深恐言之不早有誤大計(심공언지부조유오대계)하여 • 언급하기가 심

히 두렵고 시기상조인 듯 하지만 큰 계획이 그릇되는 誤謬(오류)가
있을까 하여

須至先具轇聞者(수지선구진문자)라 • 모름지기 기다리다(須)가 먼
저 아뢸＝알려드릴 것을 갖추어 이르게 되었습니다.

至尊壽皇聖帝聖德神功(지존수황성제성덕신공)은 • 지존수황성제＝
효종의 성덕과 神功(신공)은

覆冒宇(복모우)이고 • 천하의 지붕을 뒤집(覆)어 덮(冒)고

深仁厚澤(심인후택)은 • 깊고도 자비로운 仁慈(인자)함과 두텁고도
촉촉한 恩德(은덕)과 潤澤(윤택)함은

浸潤生民(침윤생민)이라 • 살아있는 백성들에게 촉촉하게 젖어 스
며들어 있습니다.

厭世上賓(염세상빈)하니 • 세상이 싫으(厭)셔서 천상의 손님(賓＝
客)이 되시니

率土哀慕(솔토애모)라 • 거느려 統率(통솔)하시었던 땅＝宋天下＝전
국토가 슬퍼하고 그리워서 뒤를 따르듯 哀慕(애모)를 하고 있습니다.

宜得吉土(의득길토)하고 • 마땅히 좋은 길지의 땅을 얻어서

以奉衣冠之藏(이봉의관지장)하여 • 이로써 의관을 갈무리하여 받들
고 도움으로써

垂欲後昆(수욕후곤)함이 • 후세의 자손(昆)들에게 내려드리우고자 함이

永永無極(영영무극)이라 • 영원히 다함이 없어야 하는 것입니다.

而因山之卜(이인산지복)에 • 그러나 葬地(장지)＝國葬地(국장지)를
점을 쳐서 고르듯 卜地(복지)함에

累月于玆(누월우자)이고 • 지금까지 여러 달이 지났음이고

議論紛(의논분)인데 • 의논들도 분분하게 나뉘어 어지러운데

訖無定說(흘무정설)이라 • 끝나(訖)려면 定說(정설)＝因山之卜(인
산지복)에 없다고 함에 이르렀습니다.

臣嘗竊究(신상절구)함에 • 臣이 일찍이 시험을 삼아서 마음속으로

몰래 硏究(연구)를 하여보니

其所以(기소이)가 • 그러한 까닭은

皆緣專信臺史(개연전신대사)하고 • 모두가 활자묶음(緣)인 오로지 臺諫史書(대간사서)만을 믿고

而不廣求術士(이부광구술사)로 • 그러므로 말미암아 術士들을 널리 찾아 구하지를 않았음으로

必取國音坐丙向壬之穴(필취국음좌병향임지혈)하고 • 반드시 國音(宋建國祖＝조광윤＝國姓＝趙＝五行木)만을 고집하여 坐丙向壬(좌병향임)의 穴을 취하려하고

而不博訪名山(이부박방명산)이라 • 이에 널리 훌륭한 명산을 찾고 구하지를 않게 된 것입니다.

是以粗略苟簡(시이조략구간)이라 • 이런 까닭으로 정미하지 못한 소홀한 미봉책으로 일을 꾸미듯, 즉 구차한(苟) 대쪽(簡)의 글로써 다스리(略)려 함인 것입니다.

唯欲於紹興諸陵之旁(유욕어소흥제릉지방)이나 • 비록 紹興(소흥)에 있는 여러 모든 旣存陵(기존릉)들의 곁에 가서 卜地(복지)를 해보았으나

不唯未必得其形勢之善(부유미필득기형세지선)이라 • 반드시 그 형세들이 그러한 기준에 맞게 길한 점들만을 얻는 것은 아니었습니다.

若其穴中水泉之害(약기혈중수천지해)나 • 만약 그러한 穴＝葬地＝무덤들 중에는 물이 솟는 水泉(수천)의 해로움이나

地面浮淺之處(지면부천지처)나 • 지면이 둥실둥실 움직이듯 浮(부)하거나 물을 끼었듯 얕게 淺(천)함이나

仄傷破之餘(측상파지여)나 • 비스듬하게 기울듯 斜仄(사측)하거나 이지러지듯 傷處(상처)받음이나 깨져서 破碎(파쇄)된것 등(餘), 등이 있었습니다.

驚動諸陵之慮(경동제릉지려)라 • 깜짝 놀라서 모든 陵들이 걱정되고 念慮(염려)가 되어서 이렇게 움직이게 된 것입니다.

雖明知之(수명지지)라도 • 비록 그러한 내용(之)들을 터득하여 앎이 밝다고 하더라도

亦不暇顧(역부가고)라 • 역시 느긋하게 돌아볼 여유(暇)가 없음인 것입니다.

群臣議者(군신의자)나 • 많은 신하들이 토의를 하지만

又多不習此等猥賤之末術(우다부습차등외천지말술)이니 • 또한 천하게 여기는 末術(말술)＝賤術(천술)이라고 토의에 참여한 대부분의 신하들(此)은 이러한 술법을 等猥視(등외시)＝等閑視(등한시)하여 이것을 익히지 않았음이니

所以不能堅決剖判(소이부능견결부판)이라 • 그러한바 능히 堅固(견고)한 決定(결정)을 위해 部門別(부문별)로 나누어 判決(판결)을 하듯 堅決剖判(견결부판)을 할 수가 없는 것입니다.

致煩明詔(치번명조)로 • 답답함의 煩悶(번민)을 연구하여 도달한 이름(致)을 고하여 밝히듯 明詔(명조)하나니

博訪在廷(박방재정)이라 • 널리 訪問(방문)하여 찾으면 朝廷(조정)에 있음인 것입니다.

臣實痛之(신실통지)하여 • 臣의 슬프고도 괴로운 悲痛(비통)함이 가득차(實)서

其敢無辭以對(기감무사이대)인가 • 감히 그러한 비통함의 대답으로써 하소연(辭)인들 없겠습니까?

2. 第二段落의 讀音文과 原文解說

1) 제2단락의 원문

臣聞之葬之爲言藏也所以藏其祖考(孝)之遺體也以子孫而藏其祖考之遺體則必致其謹重誠敬之心以爲安固久遠之計使其形體全而神靈得安

則其子孫盛而祭祀不絶此自然之理也是以古人之葬必擇其地而卜筮以
決之不吉則更擇而再卜焉近世以來卜筮之法雖廢而擇地之說猶存士庶
稍有事力之家欲葬其先者無不廣招術士博訪名山參互比較擇其善之尤
者然後用之其或擇地不精地之不吉則必有水泉蟻地風之屬以賊其內使
其形神不安而子孫亦有死亡絶滅之憂甚可畏也其或雖得吉地而葬之不
厚藏之不深則兵戈亂離之際無不遭罹發掘暴露之變此又其所當慮之大
者也至於穿鑿已多之處地氣已洩雖有吉地亦無全力而祖塋之側數興土
功以致驚動亦能挺災此雖術家之說然亦不爲無理以此而論則今日明詔
之所詢者其得失大概已可見矣若夫臺史之說謬妄多端以禮而言則記有
之曰死者北首生者南向皆從其朔又曰葬於北方北首三代之達禮也卽是
古之葬者必坐北而向南蓋南陽而北陰孝子之心不忍死其親故雖葬之於
墓猶欲其負陰而抱陽也豈有坐南向北反背陽而向陰之理乎若以術言則
凡擇地者必先論其主勢之彊弱風氣之聚散水土之淺深穴道之偏正力量
之全否然後可以較其地之美惡政使實有國音之說亦必先此五者以得形
勝之地然後其術可得而推今乃全不論此而直信其庸妄之偏說但以五音
盡類群姓而謂宅向背各有所宜乃不經之甚者不惟先儒已力辨之而近世
民間亦多不用．今乃以爲祖宗以來世守此法順之則吉逆之則凶則姑亦
無問其理之如何．但以其事質之則其謬不攻而自破矣．蓋自永安遷奉以
來已遵用此法而九世之間國統再絶靖康之變宗社爲墟高宗中興匹馬南
渡壽皇復自旁支入繼大統至於思陵亦用其法而壽皇倦勤之後旋卽升遐
太上違豫日久以至遜位赤山赤用其法而莊文魏邸相繼薨謝若曰吉凶由
人不在於地不有所廢其何以興則國音之說自爲無用之談．從之未必爲
福不從未必爲禍矣．何爲信之若是其篤而守之若是其嚴哉．若曰其法果
驗不可改易則洛越諸陵無不坐南而向北固已合於國音矣．又何吉之小
而凶之多耶．臺使之言進退無據類皆如此式加詰問使之置對必無辭以
自解矣．

2) 제2단락의 독음문

臣聞之(신문지), 葬之爲言藏也(장기위언장야)이고 所以藏其祖(소
이장기조)이니 考之遺體也(고지유체야)라. 以子孫而藏其祖考之遺
體(이자손이장기조고지유체)라. 則必致其謹重誠敬之心(칙필치기근
중성경지심)이 以爲安固久遠之計(이위안고구원지계)라. 使其形體
全而神靈得安(사기형체전이신령득안)이면 則其子孫盛而祭祀不絶
(칙기자손성이제사부절)이니 此自然之理也(차자연지리야)라. 是以
古人之葬(시이고인지장)은 必擇其地而卜筮以決之(필택기지이복서
이결지)인데 不吉則更擇而再卜焉(부길칙갱택이재복언)이라. 近世
以來(근세이래), 卜筮之法雖廢(복서지법수폐)이나 而擇地之說猶存
(이택지지설유존)이라.土庶稍有事力之家(사서초유사력지가)이고
欲葬其先者(욕장기선자)는 無不廣招術士(무부광초술사)이니 博訪
名山(박방명산)하고 參互比較(참호비교)하며 擇其善之尤者(택기선
지우자)하여 然後用之(연후용지)라. 其或擇地不精(기혹택지부정)
하여 地之不吉(지지부길)이면 則必有水泉蟻(칙필유수천의)이고 地
風之屬以賊其內(지풍지속이적기내)라. 使其形神不安(사기형신불
안)이면 而子孫亦有死亡絶滅之憂(이자손역유사망절멸지우)이니 甚
可畏也(심가외야)라. 其或雖得吉地(기혹수득길지)어도 而葬之不厚
(이장지부후)이고 藏之不深(장지부심)이면 則兵戈亂離之際(칙병과
란리지제)에 無不遭罹發掘暴露之變(무부조리발굴폭로지변)이니 此
又其所當慮之大者也(차우기소당려지대자야)라. 至於穿鑿已多之處
(지어천착이다지처)는 地氣已洩(지기이설)이니 雖有吉地(수유길
지)라도 亦無全力(역무전력)이라. 而祖塋之側(이조영지측)에 數興
土功以致驚動(수흥토공이치경동)이니 亦能挺災(역능연재)라. 此
雖術家之說(차수술가지설)이어도 然亦不爲無理(연역부위무리)라.
以此而論(이차이론)이라. 則今日明詔之所詢者(칙금일명조지소순
자)도 其得失大槪已可見矣(기득실대개이가견의)라. 若夫臺史之說

(약부대사지설)은 謬妄多端(류망다단)이라. 以禮而言(이예이언)이라. 則記有之曰(칙기유지왈), 死者北首(사자북수)하고 生者南向(생자남향)이니 皆從其朔(개종기삭)이고 又曰葬於北方北首(우왈장어북방북수)이니 三代之達禮也(삼대지달예야)라. 卽是古之葬者(즉시고지장자)는 必坐北而向南(필좌북이향남)이라. 蓋南陽而北陰(개남양이북음)이니 孝子之心(효자지심)은 不忍死其親(부인사기친)이니 故雖葬之於墓(고수장지어묘)이어도 猶欲其負陰而抱陽也(유욕기부음이포양야)라. 豈有坐南向北(기유좌남향북)하여 反背陽而向陰之理乎(반배양이향음지리호)인가. 若以術言(약이술언)이면 則凡擇地者(칙범택지자)는 必先論其主勢之彊弱(필선론기주세지강약)이고 風氣之聚散(풍기지취산)하고 水土之淺深(수토지천심)하며 穴道之偏正(혈도지편정)하고 力量之全否(력량지전부)하여 然後可以較(연후가이교)로 其地之美惡(기지지미악)이라. 政使實有國音之說(정사실유국음지설)이어도 亦必先此五者以得形勝之地(역필선차오자이득형승지지)에 然後其術可得而推(연후기술가득이추)라. 今乃(금내), 全不論此(전부론차)인데 而直信(이직신)하여 其庸妄之偏說(기용망지편설)함은 但以五音盡類群姓(단이오음진류군성)하고 而謂宅向背各有所宜(이위택향배각유소의)하니 乃不經之甚者(내부경지심자)라. 不惟先儒已力辨之(부유선유이력변지)이고 而近世民間亦多不用(이근세민간역다부용)이라. 今乃(금내), 以爲祖宗以來世守此法(이위조종이래세수차법)으로 順之則吉(순지칙길)하고 逆之則凶(역지칙흉)하니 則姑亦無問其理之如何(칙고역무문기리지여하)하여 但以其事質之(단이기사질지)로 則其謬不攻而自破矣(칙기류부공이자파의)라. 蓋自永安遷奉以來(개자영안천봉이래)에 已遵用此法(이준용차법)이나 而九世之間(이구세지간)에 國統再絶(국통재절)인가. 靖康之變(정강지변)에 宗社爲墟(종사위허)하고 高宗中興(고종중여)에도 匹馬南渡(필마남도)하여 壽皇復自旁支入繼大統(수황복자방지

입계대통)인가. 至於思陵(지어사릉)이라. 亦用其法(역용기법)인데
而壽皇倦勤之後(이수황권근지후)에 旋卽升遐(선즉승하)인가. 太上
違豫日久(태상위예일구)이니 以至遜位(이지손위)인가. 赤山赤用其
法(적산적용기법)인데 而莊文魏邸相繼薨謝(이장문위저상계훙사)인
가. 若曰吉凶由人不在於地(약왈길흉유인부재어지)이면 不有所廢
(부유소폐)하여 其何以興(기하이흥)인가. 則國音之說(칙국음지설)
은 自爲無用之談(자위무용지담)이라. 從之未必爲福(종지미필위복)
이고 不從未必爲禍矣(부종미필위화의)이니 何爲信之若是其篤(하위
신지약시기독)인가 而守之若是其嚴哉(이수지약시기엄재)인가. 若
曰其法果驗(약왈기법과험)이고 不可改易(부가개이)라면 則洛越諸
陵(칙낙월제릉)은 無不坐南而向北(무부좌남이향북)이니 固已合於
國音矣(고이합어국음의)이라. 又何吉之小(우하길지소)이고 而凶之
多耶(이흉지다야)인가. 臺使之言(대사지언)은 進退無據(진퇴무거)
이고 類皆如此(류개여차)이니 式加詰問(식가힐문)하여 使之置對
(사지치대)하면 必無辭以自解矣(필무사이자해의)라.

3) 제2단락의 원문해설

臣聞之(신문지) • 臣이 듣기를

葬之爲言藏也(장지위언장야)이고 • 葬事를 지냄은 갈무리(藏)함을
언급하는 것이고

所以藏其祖(소이장기조)이니 • 그 장사지냄은 조상을 갈무리(藏)하
는 바이니

考之遺體也(고지유체야)라 • 곰곰이 上考(상고)를 해보면 그 祖上遺
體(조상유체)를 갈무리하는 것입니다.

以子孫而藏其祖考之遺體(이자손이장기조고지유체)라 • 자손으로 말
미암아 그 조상을 갈무리(藏)함이니 곰곰이 上考(상고)를 해보면 祖
上遺體(조상유체)를 갈무리하는 것이 되는 것입니다.

則必致其謹重誠敬之心(칙필치기근중성경지심)이 • 즉 반드시 삼가
고 삼가듯 謹重(근중)하고 精誠(정성)과 恭敬(공경)하는 마음이 이
르(致)게 하는 것이

以爲安固久遠之計(이위안고구원지계)라 • 이로써 安全(안전)하고
堅固(견고)하며 永久(영구)하고 永遠(영원)한 計劃(계획)과 計略
(계략)이 되는 것입니다.

使其形體全而神靈得安(사기형체전이신령득안)이면 • 그렇게 하여서
其=조상유해의 형체가 온전하고 그로 말미암아 조상신령이 편안함
의 安慰(안위)를 얻게 된다면

則其子孫盛而祭祀不絶(칙기자손성이제사부절)이니 • 즉 그러한 자
손들은 昌盛(창성)을 하고 그로 말미암아 제사가 끊어지지를 않게
됨이니

此自然之理也(차자연지리야)라 • 이러함은 자연의 이치인 것입니다.
是以古人之葬(시이고인지장)은 • 그러므로 옛 사람들이 장사를 지
냄에 있어서는

必擇其地而卜筮以決之(필택기지이복서이결지)인데 • 반드시 장사할
땅을 가려서 택하고 그 후(而)에는 반드시 길흉의 점을 치는 행위인
卜筮(복서)를 하여 결정을 하였던 것인데, 예컨대 복서란 대나무의
갈라짐이나 거북이 등껍질을 구워서 그 갈라짐으로 길흉을 판단하
는 술법입니다.

不吉則更擇而再卜焉(부길칙갱택이재복언)이라 • 不吉(불길)할 경우
에는, 즉 다시 擇地를 한 후에 재차 점을 쳤던 것입니다.

近世以來(근세이래), • 근세로 와서는

卜筮之法雖廢(복서지법수폐)이나 • 卜筮(복서)의 방법은 비록 廢地
(폐지)를 하였으나

而擇地之說猶存(이택지지설유존)이라 • 그 후에도 땅을 가려서 고
르는 擇地說(택지설)은 지금도 역시(猶) 존재하고 있음인 것입니다.

士庶稍有事力之家(사서초유사력지가)이고 • 선비나 庶人(서인)의
稍(초-끝)＝末端(말단)의 저변에 이르기까지 이러한 일에 힘쓰듯
事力(사력)하는 家門(가문)들이 있음이고

欲葬其先者(욕장기선자)는 • 그렇게 先代(선대)들의 遺骸(유해)를
장사지내고자 할 경우에는

無不廣招術士(무부광초술사)이니 • 널리 術士들을 찾아 招請(초청)
하지 않음이 없음이니

博訪名山(박방명산)하고 • 널리 명산들을 찾아가 訪問(방문)하고

參互比較(참호비교)하며 • 상호간에 헤아리듯 비교하며

擇其善之尤者(택기선지우자)하여 • 그러한 좋은 것들 중에서도 더
욱 특별하게 좋은 것을 選擇(선택)을 하여

然後用之(연후용지)라 • 그러한 후에 之＝葬地(장지)로 사용하고 있
는 것입니다.

其或擇地不精(기혹택지부정)하여 • 혹간 땅을 가려서 택함에 세밀
하지를 못하여

地之不吉(지지부길)이면 • 땅이 不吉한 것이라면

則必有水泉蟻(칙필유수천의)이고 • 즉 반드시 壙中(광중)에 물이 솟
듯 水泉(수천)이 있으며 땅강아지나 개미와 같은 것이 있고

地風之屬以賊其內(지풍지속이적기내)라 • 地風(지풍)의 무리(之屬)
들이 있어서 그 무덤속인 壙中內(광중내)에 있는 遺骸(유해)를 상하
게 하고 해치(賊)게 하는 것입니다.

使其形神不安(사기형신불안)이면 • 그렇게 하여서 그러한 形(형)＝
遺體(유체)와 神(신)＝神靈(신령)이 모두 편안하지를 못하게 되면

而子孫亦有死亡絶滅之憂(이자손역유사망절멸지우)이니 • 그로 말미
암아 자손 역시 사망함이나 대가 끊기는 絶滅(절멸)의 憂患(우환)이
있게 되는 것이니

甚可畏也(심가외야)라 • 심히 두려운 것입니다.

其或雖得吉地(기혹수득길지)어도 • 비록 吉地를 얻었다고 하더라도

而葬之不厚(이장지부후)이고 • 이에 葬事함이 두텁지를 않고

藏之不深(장지부심)이면 • 갈무리함이 깊지를 않다고 하면

則兵戈亂離之際(착병과란리지제)에 • 즉 병사들의 창칼 싸움과 같은 兵戈(병과)＝전쟁이나 亂離(난리)를 겪는 시기에

無不遭罹發掘暴露之變(무부조리발굴폭로지변)이니 • 움푹하게 패이듯 發掘(발굴)됨과 사납게 파헤치듯 暴露(폭로)되는 變亂(변란)의 罹(리)＝災殃(재앙)＝근심을 當하(遭)지 않을 수 없음이니

此又其所當慮之大者也(차우기소당려지대자야)라 • 이러한 점을 또한 당연히 크게 念慮(염려)하고 근심해야 할 바인 것입니다.

至於穿鑿已多之處(지어천착이다지처)는 • 이미 구멍이 나고 뚫리듯 穿鑿(천착)함이 많은 곳에서는

地氣已洩(지기이설)이니 • 地氣가 이미 洩氣(설기)하여 새어 나갔음이니

雖有吉地(수유길지)라도 • 비록 吉地가 있다고 하더라도

亦無全力(역무전력)이라 • 역시 온전한 地氣의 힘이 없음인 것입니다.

而祖塋之側(이조영지측)에 • 그러기에 조상의 무덤(塋) 옆이나 곁에서

數興土功以致驚動(수흥토공이치경동)이니 • 수회에 걸쳐 빈번하게 구멍을 뚫거나 파내는 土功(토공)을 하는 것은 신령을 놀라게 하는 神氣驚動(신기경동)함에 이르는 것이니

亦能挺災(역능연재)이라 • 역시 능히 재앙을 늘리는 挺災(연재)에 이르는 것입니다.

此雖術家之說(차수술가지설)이어도 • 이러한 내용이 비록 術家(술가)의 설이라고 하더라도

然亦不爲無理(연역부위무리)라 • 그러나 역시 이치가 없는 것은 아닌 것입니다.

以此而論(이차이론)이라 • 이러한 바로써 진술하여 論하겠나이다.

則今日明詔之所詢者(칙금일명조지소순자)도 • 즉 금일 밝게 고하듯
明詔(명조)하여 자문(詢)을 드리는 비도

其得失大槪已可見矣(기득실대개이가견의)라 • 그 득실의 대개는 이
미 눈으로 보아서도 변별할 수가 있는 것입니다.

若夫臺史之說(약부대사지설)은 • 무릇 臺諫史書(대간사서)에 있는
그러한 설=주장들은

謬妄多端(류망다단)이라 • 그릇된 誤謬(오류)와 허망하듯 妄靈(망
령)됨이 많은 것입니다.

以禮而言(이예이언)이라 • 禮記(예기)에 기록을 근거로 말씀드리겠
습니다.

則記有之曰(칙기유지왈) • 즉 기록되어 있는 것에서 이르기를

死者北首(사자북수)하고 • 죽은 사람의 머리는 북쪽에 두고

生者南向(생자남향)이니 • 살아있는 사람의 머리는 남향에 두는 것이니

皆從其朔(개종기삭)이고 • 모든 것들이 그 시초(朔)를 따른다고 하였고

又曰葬於北方北首(우왈장어북방북수)이니 • 또 이르길 장사지냄에 있
어서도 북방지역에서 죽은 사람의 머리를 북쪽에 두라고 하였음이니

三代之達禮也(삼대지달예야)라 • 3代에 통하는 禮인 것이라고 기록
하고 있는 것입니다.

卽是古之葬者(즉시고지장자)는 • 즉 이는 옛날에 장사를 할 경우에는

必坐北而向南(필좌북이향남)이라 • 반드시 坐는 北이고 그러므로
말미암아 반드시 向은 南이라고 한 것입니다.

蓋南陽而北陰(개남양이북음)이니 • 대개가 남쪽은 陽이고 이에 북
쪽은 陰인 것이니

孝子之心(효자지심)은 • 효자의 마음은

不忍死其親(부인사기친)이니 • 그 자신의 친족과 부모님의 죽음을
참고 견디지를 못하는 것이니

故雖葬之於墓(고수장지어묘)이어도 • 그러므로 비록 무덤에서 장사

할지라도

猶欲其負陰而抱陽也(유욕기부음이포양야)라 • 마치 그러한 北陰(북음)을 등지고 그로 말미암아 南陽(남양)을 품고자 하는 것과 같음인 것입니다.

豈有坐南向北(기유좌남향북)하여 • 어찌 坐南(좌남)하고 北向(북향)을 하여

反背陽而向陰之理乎(반배양이향음지리호)인가 • 반대로 南陽(남양)을 등지고 그로 말미암아 北陰(북음)을 향하는 이치가 존재하여 있을 것입니까?

若以術言(약이술언)이면 • 만약에 術數(술수)로써 말씀을 올린다면

則凡擇地者(칙범택지자)는 • 즉 대체적으로 擇地를 하는 것은

必先論其主勢之彊弱(필선론기주세지강약)이고 • 반드시 우선 먼저 그러한 땅의 主勢(주세)가 굳셈인지 약함인지의 彊弱(강약)을 논해야 하는 것이고

風氣之聚散(풍기지취산)하고 • 風氣의 聚散(취산)인 모임과 흩어짐을 논하고

水土之淺深(수토지천심)하며 • 水土의 深淺(천심)인 깊고 얕음을 논하며

穴道之偏正(혈도지편정)하고 • 穴道의 偏正(편정)인 치우침과 바름을 논하고

力量之全否(력량지전부)하여 • 力量의 全否(전부)인 온전함과 부족함을 논하여

然後可以較(연후가이교)로 • 그러한 후에 가히 헤아리듯 비교를 하여

其地之美惡(기지지미악)이라 • 그러한 땅의 美惡(미악)인 吉凶을 헤아리는 것입니다.

政使實有國音之說(정사실유국음지설)이어도 • 나라를 다스리는 政事(정사)에 실제로 國音說(국음설)이 있다고 하더라도

亦必先此五者以得形勝之地(역필선차오자이득형승지지)에 • 역시 반드시 우선먼저 위에서 말씀드린 이 같은 다섯 가지로써 形勢(형세)가 뛰어난 勝地(승지)의 땅을 얻은 후에

然後其術可得而推(연후기술가득이추)라 • 그러한 후에 그 같은 술법을 추정=생각하여 얻음이 가당한 것입니다.

今乃(금내) • 이제는

全不論此(전부론차)인데 • 國音說(국음설)의 완전함이 이렇듯 논리적이지를 못한 것인데

而直信(이직신)하여 • 그러한 논설을 곧이곧대로 믿어서

其庸妄之偏說(기용망지편설)함은 • 그렇게 한쪽으로 치우친 偏說(편설)만을 어리석고 허망하게 사용하여 쓰(庸)는 것은

但以五音盡類群姓(단이오음진류군성)하고 • 단지 5音(음)으로서 수많은 종류의 姓氏(성씨)들을 가름하듯 다할 수 있다하고

而謂宅向背各有所宜(이위택향배각유소의)하니 • 그로 말미암아 소위 무덤의 집인 塚宅(총택)의 각각에 5音에 귀속된 마땅한 向背(향배)가 있다고 하는 바이니

乃不經之甚者(내부경지심자)라 • 그러기에 심히 길(道)이 아닌 不經(불경)한 것들인 것이 옵니다.

不惟先儒已力辨之(부유선유이력변지)이고 • 先代儒家(선대유가)에서도 이미 그러한 방법은 힘써서 변별=분별함에 생각(惟)하고 도모하지를 아니했을 뿐만이 아니고

而近世民間亦多不用(이근세민간역다부용)이라 • 그러므로 말미암아 근세에는 민간에서도 역시 그러한 술법을 많이 쓰지 않고 있는 것입니다.

今乃(금내) • 지금 이러함인데도

以爲祖宗以來世守此法(이위조종이래세수차법)으로 • 조종인 태조시절부터 이래로 대대로 이러한 술법을 지켜서

順之則吉(순지칙길)하고 • 그 술법을 따르면, 즉 길하고

逆之則凶(역지칙흉)이니 • 거스르면 즉 흉하다고 하고 있으니

則姑亦無問其理之如何(칙고역무문기리지여하)하여 • 즉 그러하므로
역시 그러함에 대한 이치의 여하는 묻지를 않고서

但以其事質之(단이기사질지)로 • 단지 그러한 臺諫史書(대간사서)
의 사실에 있는 그대로(質)만을 가지고서

則其謬不攻而自破矣(칙기류부공이자파의)라 • 즉 그렇게 잘못된 誤
謬(오류)를 제거하기 위해서 공격하지도 않음으로 말미암아 스스로
일을 망가지게 하는 것이옵니다.

蓋自永安遷奉以來(개자영안천봉이래)에 • 대개 永安陵(영안릉)을
받들어 옮겨온 이래로부터

已遵用此法(이준용차법)이나 • 이미 이러한 술법을 존중하여 사용
을 하여 왔으나

而九世之間(이구세지간)에 • 그로 말미암아 9世(세)에 해당하는 태
조부터 흠종의 9대까지의 사이에

國統再絶(국통재절)인가 • 國統(국통)이 두 번이나 끊겼던 것이옵니까?

靖康之變(정강지변)에 • 국통이 끊긴 정강의 변에, 즉 北宋靖康年
(북송정강년)에 금나라의 2차 침입으로 수도인 개봉이 함락되어 휘
종과 흠종이 납치되어 국통이 끊긴 사건에

宗社爲墟(종사위허)하고 • 宗廟社稷(종묘사직)은 탄식을 하였고

高宗中興(고종중여)에도 • 고종의 재위시절 중에서도

匹馬南渡(필마남도)하여 • 짝(匹)하는 두 필의 말(馬)로 남쪽으로
강을 건너 南渡(남도)를 하여

壽皇復自旁支入繼大統(수황복자방지입계대통)인가 • 壽皇(수황)께
서 純通(순통)이 아닌 곁가지(旁支)로부터 들어와서 대통을 계승하
고 부활하시지를 않았사옵니까?

至於思陵(지어사릉)이라 • 사릉의 경우에 있어서는 그러함이 극치
에 이르렀던 것입니다.

亦用其法(역용기법)인데 • 역시 그러한 술법을 사용하였음인데

而壽皇倦勤之後(이수황권근지후)에 • 그러했음에도 壽皇(수황)께서는 倦勤(권근)함과 같은 근심걱정을 하신 후에

旋卽升遐(선즉승하)인가 • 사릉에서 되돌아오셔서 곧바로 새가 되어서 멀리멀리 떠나시듯 升遐(승하)를 하셨던 것입니까?

太上違豫日久(태상위예일구)이니 • 太上인 고종께서도 오랫동안 날이면 날마다(日久) 아픔에 쫓기시다가 미리 떠나시듯 違豫(위예)를 하셨음이니

以至遜位(이지손위)인가 • 사양하여 재위를 물려주시듯 遜位(손위)함에 이르지 않았습니까?

赤山赤用其法(적산적용기법)인데 • 효종의 妃가 있는 陵인 赤山(적산)에서도 역시 그러한 술법을 사용하였음인데

而莊文魏邸相繼薨謝(이장문위저상계홍사)인가 • 그랬음(而)에도 효종의 왕자들인 장문태자와 위저헌왕께서는 임금께서 승하하시자 용서를 빌면서 세상을 하직하듯 薨謝(홍사)하여 서로 연달아서 죽었던 것입니까?

若曰吉凶由人不在於地(약왈길흉유인부재어지)이면 • 만약에 길흉이 사람으로 인해서 유래하는 것이고 그로 말미암아 길흉이 땅에 있지 않음이라고 한다면

不有所廢(부유소폐)하여 • 그러한 술법을 폐지하지를 않는다고 하여

其何以興(기하이흥)인가 • 그 어찌 그러한 술법으로써 흥할 수가 있을 것입니까?

則國音之說(칙국음지설)은 • 즉 국음설이라고 하는 것은

自爲無用之談(자위무용지담)이라 • 그 스스로 쓸모가 없는 무용한 이야깃거리가 되고 마는 것입니다.

從之未必爲福(종지미필위복)이고 • 그러한 술법을 따르더라도 반드시 복록을 이루지 않음이고

不從未必爲禍矣(부종미필위화의)이니 • 따르지를 않더라도 반드시 앙화를 이루지를 않을 것이니

何爲信之若是其篤(하위신지약시기독)인가 • 어찌 **이처럼** 그러한 국음술법을 신실하고 두텁게 믿고 인정(篤)을 하시는 것입니까?

而守之若是其嚴哉(이수지약시기엄재)인가 • 그러므로 말미암아 이처럼 그것을 峻嚴(준엄)하게 지키시듯 守護(수호)하시는 것입니까?

若曰其法果驗(약왈기법과험)이고 • 만약에 그러한 술법이 靈驗(영험)함의 결과를 이루는 것이라고 이르고

不可改易(부가개이)라면 • 가히 쉽게 고칠 수가 없는 것이라고 이르시면

則洛越諸陵(칙낙월제릉)은 • 즉 洛(낙)＝北宋(북송)에 있는 陵들과 越(월)＝南宋(남송)에 있는 모든 陵들은

無不坐南而向北(무부좌남이향북)이니 • 坐南(좌남)하고 向北(향북)하지를 않음이 없사오니

固已合於國音矣(고이합어국음의)이라 • 한결같게 이미 국음술법에 합치하는 것들이옵나이다.

又何吉之小(우하길지소)이고 • 그러함에도 어찌 오히려 길함이 적은 것이고

而凶之多耶(이흉지다야)인가 • 그러함에도 흉함이 이처럼 많사옵니까?

臺使之言(대사지언)은 • 臺諫史書(대간사서)에서 언급된 것들은

進退無據(진퇴무거)이고 • 진퇴에 근거가 없는 것들이고

類皆如此(류개여차)이니 • 모두가 마치 이와 같은 유형들과 같은 것들이오니

式加詰問(식가힐문)하여 • 이와 같은 規定(규정)＝方式(방식)을 꾸짖듯 따지듯 詰問(힐문)을 하시고 追加(추가)를 하시어

使之置對(사지치대)하면 • 이를 臺諫史書(대간사서)에 備置(비치)하여 두시게 하신다면

必無辭以自解矣(필무사이자해의)라 • 반드시 스스로 解得(해득)함

으로써 無辭(무사)함이니 자질구레한 말들이 없을 것이옵니다.

3. 第三段落의 讀音文과 原文解說

1) 제3단락의 원문

若以地言則紹興諸陵臣所未睹不敢輕議.然趙彥逾固謂舊定神穴土肉
淺薄開深五尺下有水石難以安建矣.而荊大聲者乃謂新定東頭之穴比
之先定神穴高一尺一寸五分開深九尺卽無水石.臣嘗詳考二人之言反
復計度新穴比之舊穴只高一尺一寸五分則是新穴開至六尺一寸五分則
與舊穴五尺之下有水石處高低齊等如何却可開至九尺而其下二尺八寸
五分者無水石耶.且大聲旣知有此無水吉穴當時便當指定何故却定土
肉淺薄下有水石之處以爲神穴直至今日前說漏露無地可葬然後乃言之
耶.其反覆謬妄小人常態雖若不足深責然其姦心乃欲奉壽皇梓宮置之
水中而略不顧忌則其罔上迷國大逆無道之罪不容誅矣.脫使其言別有
曲折然一坂之地其廣幾何.而昭慈聖皇皇后已用之矣徽宗一帝二后又
用之矣高宗一帝一后又用之矣.計其地氣已發洩而無餘.行園巡路下官
之屬又已迫之甚不可移減今但就其空處卽以爲穴東西走那或遠或近初
無定論.蓋地理之法譬如針灸自有一定之穴而不可有毫釐之差使醫者
施艾皆如今日臺史之定宅兆卽攻一穴而身皆創矣.是又安能得其穴道
之定乎.若果此外別無可求則亦無可奈何.而今兩浙數州皆爲近甸三二
百里豈無一處可備選擇而獨遷就仄於此數步之間耶.政使必欲求得離
山坐南向北之地亦當且先泛求壯厚高平可葬之處然後擇其合於此法
者.況其謬妄不經之說初不足信也耶.臣自南來經由嚴州富陽縣見其江
山之勝雄偉非常蓋富陽乃孫氏所起之處而嚴州乃高宗受命之邦也.說
者又言臨安縣乃錢氏故鄕山川形勢寬平邃密而臣未之見也.凡此數處
臣雖未敢斷其必爲可用然以臣之所已見聞者逆推其未見未聞安知其不

更有佳處萬萬於此而灼然可用者乎.但今偏信臺史之言固執紹興之說
而不肯求耳.若欲求之則臣竊見近年地理之學出於江西福建者爲尤盛.
政使未必皆精然亦豈無一人粗知梗槪大略平穩優於一二臺史者欲望聖
明深察此理斥去荊大聲置之於法.

2) 제3단락의 독음문

若以地言(약이지언)이라. 則紹興諸陵(칙소흥제릉)은 臣所未睹(신
소미도)로 不敢輕議(부감경의)라. 然趙彦逾固謂(연조언유고위), 舊
定神穴(구정신혈)은 土肉淺薄(토육천박)하고 開深五尺下有水石(개
심오척하유수석)하여 難以安建矣(난이안건의)라. 而荊大聲者乃謂
(이형대성자내위), 新定東頭之穴比之先定神穴(신정동두지혈비지선
정신혈)하니 高一尺一寸五分(고일척일촌오분)인데 開深九尺(개심
구척)하니 卽無水石(즉무수석)이라. 臣嘗詳考二人之言(신상상고이
인지언)하고 反復計度(반복계도)하니 新穴比之舊穴(신혈비지구혈)
이 只高一尺一寸五分(지고일척일촌오분)인데 則是新穴開至六尺一
寸五分(칙시신혈개지육척일촌오분)은 則與舊穴五尺之下有水石處高
低齊等(칙여구혈오척지하유수석처고저제등)인데 如何却可開至九尺
(여하각가개지구척)이 而其下二尺八寸五分者無水石耶(이기하이척
팔촌오분자무수석야)인가. 且大聲(차대성)은 旣知有此無水吉穴(기
지유차무수길혈)이면 當時便當指定(당시편당지정)인데 何故却定
(하고각정)하고 土肉淺薄(토육천박)하며 下有水石之處(하유수석지
처)를 以爲神穴(이위신혈)인가. 直至今日(직지금일)은 前說漏露(전
설루로)인데 無地可葬然後乃言之耶(무지가장연후내언지야)인가.
其反覆謬妄(기반복류망)이니 小人常態(소인상태)라. 雖若不足深責
(수약불족심책)이라. 然其姦心(연기간심)은 乃欲奉壽皇梓宮置之水
中而(내욕봉수황재궁치지수중이)이니 略不顧忌(략부고기)인가. 則
其罔上迷國(칙기망상미국)은 大逆無道之罪(대역무도지죄)이니 不

容誅矣(부용주의)라. 脫使其言別有曲折(탈사기언별유곡절)이어도 然一坂之地其廣幾何(연일판지지기광기하)인가. 而昭慈聖皇皇后(이 소자성황황후)도 已用之矣(이용지의)이고 徽宗一帝二后(휘종일제 이후)도 又用之矣(우용지의)이며 高宗一帝一后(고종일제일후)도 又用之矣(우용지의)라. 計其地氣(계기지기)는 已發洩而無餘(이발 설이무여)라. 行園巡路下官之屬(행원순로하관지속)하니 又已迫之 甚(우이박지심)하여 不可移減(부가이감)이라. 今但就其空處(금단 취기공처)로 卽以爲穴(즉이위혈)하니 東西走那(동서주나)인가. 或 遠或近(혹원혹근)이니 初無定論(초무정론)이라. 蓋地理之法(개지 리지법)은 譬如針灸(비여침구)이고 自有一定之穴(자유일정지혈)이 니 而不可有毫釐之差(이부가유호리지차)라. 使醫者施艾皆如(사의 자시애개여)이니 今日臺史之定宅兆(금일대사지정택조)하여 卽攻一 穴而身皆創矣(즉공일혈이신개창의)인데 是又安能得其穴道之定乎 (시우안능득기혈도지정호)인가. 若果此外別無可求(약과차외별무가 구)이면 則亦無可奈何(칙역무가내하)라. 而今兩浙數州(이금양절수 주)는 皆爲近甸三二百里(개위근전삼이백리)하니 豈無一處可備選擇 (기무일처가비선택)인가. 而獨遷就仄於此數步之間耶(이독천취측어 차수보지간야)인가 政使必欲求得(정사필욕구득)이면 離山坐南向北 之地(이산좌남향북지지)라. 亦當且先泛求壯厚高平可葬之處(역당차 선범구장후고평가장지처)하고 然後擇其合於此法者(연후택기합어차 법자)라. 況其謬妄不經之說(황기류망부경지설)은 初不足信也耶(초 부족신야야)라. 臣自南來經由(신자남래경유)하니 嚴州富陽縣(엄주 부양현)에 見其江山之勝(견기강산지승)이 雄偉非常(웅위비상)이 라. 蓋富陽乃孫氏所起之處(개부양내손씨소기지처)이고 而嚴州乃高 宗受命之邦也(이엄주내고종수명지방야)라. 說者又言(설자우언), 臨 安縣乃錢氏故鄕(임안현내전씨고향)인데 山川形勢(산천형세)가 寬 平邃密(관평수밀)이라. 而臣未之見也(이신미지견야)라. 凡此數處

(범차수처)는 臣雖未敢斷其必爲可用(신수미감단기필위가용)이나
然以臣之所已見聞者(연이신지소이견문자)는 逆推其未見未聞(역추
기미견미문)인데 安知其不更有佳處萬萬於此(안지기부갱유가처만만
어차)라. 而灼然可用者乎(이작연가용자호)인데 但今偏信臺史之言
(단금편신대사지언)하고 固執紹興之說(고집소흥지설)하며 而不肯
求耳(이부긍구이)라. 若欲求之(약욕구지)이면 則臣竊見(칙신절견)
하니 近年地理之學(근년지리지학)은 出於江西福建者爲尤盛(출어강
서복건자위우성)이라. 政使未必皆精(정사미필개정)이나 然亦豈無
一人(연역기무일인)인가. 粗知梗槪大略平穩(조지경개대략평온)이
니 優於一二臺史者(우어일이대사자)라. 欲望聖明深察此理(욕망성
명심찰차리)에 斥去荊大聲(척거형대성)하고 置之於法(치지어법)이라.

3) 제3단락의 원문해설

若以地言(약이지언)이라 • 만일 땅에 대해서 말씀을 올린다면 다음
과 같습니다.

則紹興諸陵(칙소흥제릉)은 • 즉 紹興(소흥)에 있는 모든 陵들은

臣所未睹(신소미도)로 • 臣이 아직 보지를 아니한 바

不敢輕議(부감경의)라 • 감히 가볍게 의논드릴 수는 없습니다.

然趙彦逾固謂(연조언유고위) • 그러나 조언유가 진실로 확실하게
이르기를

舊定神穴(구정신혈)은 • 옛날에 정한 神穴(신혈)들은

土肉淺薄(토육천박)하고 • 土肉＝土質이 얕고 엷듯 淺薄(천박)하고

開深五尺下有水石(개심오척하유수석)하여 • 5尺의 깊이로 열어보니
그 아래에 물과 돌이 있어서

難以安建矣(난이안건의)라 • 편안하게 建＝安葬(안장)하기가 어렵
다고 하였습니다.

而荊大聲者乃謂(이형대성자내위) • 이에 형대성이라는 자가 이르기를

新定東頭之穴比之先定神穴(신정동두지혈비지선정신혈)하니 • 새로
정한 東頭(동두)＝동쪽상위지역의 新穴(신혈)이 선대에서 정한 神
穴＝舊穴(구혈)들과 비교하니

高一尺一寸五分(고일척일촌오분)인데 • 新穴이 1척1촌5분이 높은
데 예컨대 길이단위는 1間(181.818㎝), 1尺＝1자(30.303㎝), 1寸
＝1치(3.0303㎝), 1分＝1푼(0.30303㎝)이다.

開深九尺(개심구척)하니 • 9尺의 깊이로 열어보았더니

卽無水石(즉무수석)이라 • 그러한, 즉 물과 돌이 없었다고 하였습니다.

臣嘗詳考二人之言(신상상고이인지언)하고 • 臣이 일찍이 두 사람의
말을 자세하게 살피듯 詳考(상고)를 해보고

反復計度(반복계도)하니 • 반복해서 여러 번을 헤아려 度數(도수)를
計測(계측)해보니

新穴比之舊穴(신혈비지구혈)이 • 新穴(신혈)이 舊穴(구혈)보다도
只高一尺一寸五分(지고일척일촌오분)인데 • 1척1촌5분이 높을 뿐인데
則是新穴開至六尺一寸五分(칙시신혈개지육척일촌오분)은 • 즉 이러
한 新穴을 6척1촌5분에 이르러서 열었을 경우에는

則與舊穴五尺之下有水石處高低齊等(칙여구혈오척지하유수석처고
저제등)인데 • 즉 舊穴과 더불어 똑같이 5척 아래에 물과 돌이 있는
곳의 높낮이인 고저가 동등해지는 것인데

如何却可開至九尺(여하각가개지구척)이 • 어찌하여 그러함은 물리
치고 도리어 9척에 이르러서 열어야함과 같이

而其下二尺八寸五分者無水石耶(이기하이척팔촌오분자무수석야)인
가 • 그로 말미암아 그 곳(6척1촌5분)에서 2척8촌5분을 더 내려가
서 물과 돌이 없다 하는 것입니까?

且大聲(차대성)은 • 또한 대성은

旣知有此無水吉穴(기지유차무수길혈)이면 • 그가 이미 처음부터 이
곳이 물이 없는 吉穴이 있음을 알았다면

當時便當指定(당시편당지정)인데 • 그 당시에 편하게 지정함이 당연한 것인데

何故却定(하고각정)하고 • 어떠한 연고로 그러한 곳을 물리치고

土肉淺薄(토육천박)하며 • 土肉＝土質이 얕고 엷듯 천박하며

下有水石之處(하유수석지처)를 • 아래에 물과 돌이 있는 곳을

以爲神穴(이위신혈)인가 • 神穴로 정하게 되었습니까?

直至今日(직지금일)은 • 곧이어 금일에 이르러서는

前說漏露(전설루로)인데 • 앞의 설명들은 새어나가듯 漏泄(누설)되고 봉오리가 벌어져 이슬에 적시듯 綻露(탄로)가 나서 세상에 알려졌음인데

無地可葬然後乃言之耶(무지가장연후내언지야)인가 • 장사를 지낼만한 곳이 없다고 한 연후에 그런 말을 하는 것입니까?

其反覆謬妄(기반복류망)이니 • 그와 같이 거꾸로 뒤집는 것은 잘못된 誤謬(오류)인 것이고 허망하듯 妄靈(망령)됨인 것이니

小人常態(소인상태)라 • 소인들이 늘 하는 行態(행태)＝짓거리인 것이옵니다.

雖若不足深責(수약불족심책)이라 • 비록 깊고 심하게 꾸짖듯 深責(심책)을 하여도 부족할 것 같으옵나이다.

然其姦心(연기간심)은 • 그러나 그렇게 姦邪(간사)한 마음은

乃欲奉壽皇梓宮置之水中而(내욕봉수황재궁치지수중이)이니 • 그러하기에 壽皇(수황)의 梓宮(재궁)을 水中(수중)에 버려두면서 받들고자 함이니

略不顧忌(략부고기)인가 • 다스리기 위해서 돌아보기를 꺼려하는 것이 아니겠습니까?

則其罔上迷國(칙기망상미국)은 • 즉 그러함은 上＝임금을 속이(罔)고 국가를 迷惑(미혹)에 빠지게 하는

大逆無道之罪(대역무도지죄)이니 • 대역무도한 죄인 것이니

不容誅矣(부용주의)라•용서하지 마시고 베어죽이듯 誅殺(주살)을 해야만 하는 것이웁니다.

脫使其言別有曲折(탈사기언별유곡절)이어도•껍질을 벗겨보니 다르듯 그러한 말에 별도의 곡절이 있다고 하더라도

然一坂之地其廣幾何(연일판지지기광기하)인가•그러나 一坂之地 (1판지지)＝穴坂(혈판)＝穴場(혈장)의 그러한 땅이 얼마나 넓다고 하겠습니까?

而昭慈聖皇皇后(이소자성황황후)도•그러므로 말미암아 소자성황의 황후께서도

已用之矣(이용지의)이고•이미 사용을 하셨고

徽宗一帝二后(휘종일제이후)도•휘종황제와 두 분의 황후께서도

又用之矣(우용지의)이며•또한 사용을 하셨으며

高宗一帝一后(고종일제일후)도•고종황제와 황후께서도

又用之矣(우용지의)라•또한 사용을 하셨사옵나이다.

計其地氣(계기지기)는•헤아려 計測(계측)을 해보니 그 땅의 氣는

已發洩而無餘(이발설이무여)라•이미 새어나가듯 發洩(발설)됨으로 말미암아 남아있는 餘氣(여기)가 없었나이다.

行園巡路下官之屬(행원순로하관지속)하니•行園(행원)＝皇陵參拜 (황릉참배)＝宗廟(종묘)에 나아가서 下官之屬(하관지속)＝臣僚(신료)들과 함께 길을 돌아보듯 巡路(순로)를 하여 보니

又已迫之甚(우이박지심)하여•또한 이미 좁혀진 간격＝공간들이 너무 심하여

不可移減(부가이감)이라•가히 옮겨서 줄이듯 移減(이감)하기가 불가함입니다.

今但就其空處(금단취기공처)로•이에 부질없이 그렇게 기운이 없이 헛된 空處(공처)를 좇고 따라서

卽以爲穴(즉이위혈)하니•즉 혈이 되는 것으로써 삼으니

東西走那(동서주나)인가 • 동서로 달아남을 어찌하겠습니까?

或遠或近(혹원혹근)이니 • 혹은 멀고 혹은 가깝게도 하니

初無定論(초무정론)이라 • 처음 시작함에 이론으로 정해진 바는 없는 것이옵나이다.

蓋地理之法(개지리지법)은 • 대개 풍수지리의 법이라는 것은

譬如針灸(비여침구)이고 • 비유하건데 마치 침과 뜸이라는 針灸(침구)와 같음인 것이고

自有一定之穴(자유일정지혈)이니 • 본래 穴에는 일정함이 있음이니

而不可有毫釐之差(이부가유호리지차)라 • 이에 가히 터럭만큼의 차이나 고침에 차이가 있어서는 아니 되는 것이옵니다.

使醫者施艾皆如(사의자시애개여)이니 • 가령 의사가 뜸쑥(艾)을 베풀어 병을 고치듯 施療(시료)함도 모두 같음이니

今日臺史之定宅兆(금일대사지정택조)하여 • 오늘날에도 臺諫史書(대간사서)에 정해진 宅兆(택조)＝무덤점쾌대로 정하여

卽攻一穴而身皆創矣(즉공일혈이신개창의)인데 • 즉 하나의 穴場(혈장)들을 다스림으로 말미암아 자신은 물론 두루두루 創(창)＝혼들이 난 것인데

是又安能得其穴道之定乎(시우안능득기혈도지정호)인가 • 이 또한 그러한 술법인 穴道(혈도)의 規定(규정)으로 해서 얻었음이니 편안할 수가 있겠습니까?

若果此外別無可求(약과차외별무가구)이면 • 만약 果＝勇敢(용감)하게 이전의 것과 구별하듯 此外別(차외별)함을 구할 수가 없다면

則亦無可奈何(칙역무가내하)라 • 즉 역시 가히 어찌할 수가 없는 것이옵나이다.

而今兩浙數州(이금양절수주)는 • 그래서 이제 兩浙＝절강성에 몇 개의 주들은

皆爲近甸三二百里(개위근전삼이백리)하니 • 모두가 2~3백리의 近

甸(근전)=수도권을 이루고 있음이니

豈無一處可備選擇(기무일처가비선택)인가 • 어찌 선택히여 깆츨만
한 곳이 가히 없겠습니까?

而獨遷就仄於此數步之間耶(이독천취측어차수보지간야)인가 • 그러
함에도 비스듬히 기울듯 斜仄(사측)하게 이처럼 몇 발사이의 좁은
틈새=종묘에다가 옮겨서 이루려고 하시는 것입니까?

政使必欲求得(정사필욕구득)이면 • 政事(정사)에 정해진 바대로 하
여금 반드시 얻어 구하기를 바라시면

離山坐南向北之地(이산좌남향북지지)라 • 離山(이산)에 坐南(좌남)
하고 向北(향북)하는 땅을 구하여 얻으시면 되시는 것입니다.

亦當且先泛求壯厚高平可葬之處(역당차선범구장후고평가장지처)하
고 • 역시 당연히 먼저 엎어진 봉우리와 같은 泛(범)함과 왕성하고
두텁듯 壯厚(장후)함, 그리고 높고 평평하듯 高平(고평)하여서 장사
가 가능한 곳을 구하시고

然後擇其合於此法者(연후택기합어차법자)라 • 그러한 후에 그 같은
국음술법에 합당하시는 곳을 택하면 되시는 것이옵니다.

況其謬妄不經之說(황기류망부경지설)은 • 하물며 그렇게 잘못된 오
류와 거짓되듯 허망하여 길이 아닌 불경스러운 잡설은

初不足信也耶(초부족신야야)라 • 당초부터 믿고 신뢰하기에는 부족
한 것이옵니다.

臣自南來經由(신자남래경유)하니 • 臣이 남쪽에서부터 경유해 와보니

嚴州富陽縣(엄주부양현)에 • 嚴州(엄주)의 富陽縣(부양현)에

見其江山之勝(견기강산지승)이 • 그 곳의 강산이 뛰어남을 보았사온데

雄偉非常(웅위비상)이라 • 뛰어나고 훌륭하듯 雄偉(웅위)함이 비상
하였습니다.

蓋富陽乃孫氏所起之處(개부양내손씨소기지처)이고 • 대저 이곳 富
陽(부양)은 손씨의 가문이 일어난 곳이고

而嚴州乃高宗受命之邦也(이엄주내고종수명지방야)라 • 그리고 嚴州
(엄주)는 고종이 명을 받드신 수도인 것입니다.

說者又言(설자우언) • 설명하는 자가 또한 이르기를

臨安縣乃錢氏故鄕(임안현내전씨고향)인데 • 임안현은 전씨의 고향
인데

山川形勢(산천형세)가 • 산천의 형세가

寬平邃密(관평수밀)이라 • 너그럽고 평평하듯 寬平(관평)하고 깊숙
하고 빽빽하듯 邃密(수밀)하다고 말했습니다.

而臣未之見也(이신미지견야)라 • 그러나 臣은 아직 가서 보지는 못
했습니다.

凡此數處(범차수처)는 • 무릇 이러한 몇 곳은

臣雖未敢斷其必爲可用(신수미감단기필위가용)이나 • 臣이 비록 그
곳을 반드시 사용하시라고 감히 단정을 드리지는 못하지만

然以臣之所已見聞者(연이신지소이견문자)는 • 그러나 臣이 이미 보
고들은 바로써

逆推其未見未聞(역추기미견미문)인데 • 보지 못하고 듣지 못한 바
를 역으로 추정하여 보았사온데

安知其不更有佳處萬萬於此(안지기부갱유가처만만어차)라 • 이곳보
다 더 아름답고 좋은 곳이 萬萬處(만만처) 중에 다시 있을 수 없다
고 알고서 기뻐하며 안심하였나이다.

而灼然可用者乎(이작연가용자호)인데 • 이에 굽어 살피시듯 灼然
(작연)하시어 사용하심이 가함이신데

但今偏信臺史之言(단금편신대사지언)하고 • 다만 지금 臺諫史書(대
간사서)의 언급에만 치우쳐 믿으시고

固執紹興之說(고집소흥지설)하며 • 紹興(소흥)의 설만을 고집하시며
而不肯求耳(이부긍구이)라 • 그로 말미암아 옳게 여기는 것을 기꺼
이 구하고 찾아 듣지를 않고 계시는 것이옵니다.

若欲求之(약욕구지)이면 • 만약에 구하기를 바라신다면
則臣竊見(칙신절견)하니 • 즉 臣이 몰래 竊見하고 생각해보니
近年地理之學(근년지리지학)은 • 근년의 지리에 대한 학문은
出於江西福建者爲尤盛(출어강서복건자위우성)이라 • 강서지방과 복
건지방에서 나온 이론이 더욱더 왕성하게 퍼져있습니다.
政使未必皆精(정사미필개정)이나 • 이러한 이론들을 다스림에 반드
시 모두가 정밀=면밀한 것은 아니나
然亦豈無一人(연역기무일인)인가 • 그렇다고 역시 어찌 한 사람도
없나이까?
粗知梗槪大略平穩(조지경개대략평온)이니 • 정세하지를 못하여 대
강(梗)의 개요만 알고 대략=대체적인 평온함만을 앎(知)=누리는
것이니
優於一二臺史者(우어일이대사자)라 • 모든 臺諫史書(대간사서)들이
얌전하(優)게 있는 것이옵나이다.
欲望聖明深察此理(욕망성명심찰차리)에 • 원하옵건대 성인의 明眼
(명안)과도 같은 聖明(성명)으로 이러한 이치를 깊게 살피고 심찰을
하시어
斥去荊大聲(척거형대성)하고 • 형대성을 내물리치듯 斥去(척거)하시고
置之於法(치지어법)이라 • 법도에 맡겨 두시길 바라옵나이다.

4. 第四段落의 讀音文과 原文解說

1) 제4단락의 원문

卽日行下兩浙帥臣監司疾速搜訪量支路費.多差人兵轎馬津遣赴闕令
於近甸廣行相視得五七處然後遣官按行命使覆按.不拘官品但取通曉
地理之人參互考校擇一最吉之處以奉壽皇神靈萬世之安.雖以迫近七

月之期然事大體重不容苟簡.其孫逢吉所謂小寬日月別求吉兆爲上此
十字者實爲至論.惟陛下采而用之庶幾有以小慰天下臣子之心用爲國
家祈天永命之助.臣本儒生不曉術數非敢妄以淫巫史之言眩惑聖德自
速譏蓋誠不忍以壽皇聖體之重委之水泉沙礫之中殘破浮淺之地是以痛
慣激切一爲陛下言之.譬如鄕親舊之間有以此等大事商量吾乃明知其
事之利害必至於此而不盡情以告之人必以爲不忠不信之人而況臣子之
於君父又安忍有所顧望而默默無言哉.惟陛下詳賜省察斷然行之則天
下萬世不勝幸甚謹錄奏聞伏候勅旨.

2) 제4단락의 독음문

卽日行下兩浙帥臣監司(즉일행하양절수신감사)하고 疾速搜訪(질속
수방)토록 量支路費(량지로비)라. 多差人兵轎馬(다차인병교마)를
津遺赴闕(진유부궐)하고 令於近甸廣行(령어근전광행)하여 相視得
五七處(상시득오칠처)로 然後遺官按行(연후유관안행)하고 命使覆
按(명사복안)이라. 不拘官品(불구관품)하고 但取通曉地理之人(단
취통효지리지인)하여 參互考校(참호고교)로 擇一最吉之處(택일최
길지처)하여 以奉壽皇神靈萬世之安(이봉수황신령만세지안)이라.
雖以迫近七月之期(수이박근칠월지기)이나 然事大體重(연사대체중)
을 不容苟簡(불용구간)이라. 其孫逢吉(기손봉길)에 所謂小寬日月
(소위소관일월)이니 別求吉兆爲上(별구길조위상)은 此十字者實爲
至論(차십자자실위지론)이라. 惟陛下采而用之(유폐하채이용지)이
면 庶幾有以小慰天下臣子之心(서기유이소위천하신자지심)이니 用
爲國家祈天永命之助(용위국가기천영명지조)라. 臣本儒生(신본유
생)이니 不曉術數(불효술수)라. 非敢妄以淫巫史之言(비감망이음무
사지언)으로 眩惑聖德自速譏(현혹성덕자속기)라. 蓋誠(개성), 不忍
以壽皇聖體之重(부인이수황성체지중)하며 委之水泉沙礫之中殘破浮
淺之地(위지수천사력지중잔파부천지지)라. 是以痛慣(시이통관)이

니 激切(격절), 一爲陛下言之(일위폐하언지)라. 譬如鄕親舊之間(비여향친구지간)에 有以此等大事商量(유이차등대사상량)한데 吾乃明知其事之利害必至於此(오내명지기사지리해필지어차)이어도 而不盡情以告之(이불진정이고지)이면 人必以爲不忠不信之人(인필이위불충불신지인)이라. 而況臣子之於君父(이황신자지어군부)인데 又安忍有所顧望(우안인유소고망)하고 而默默無言哉(이묵묵무언재)인가. 惟陛下詳賜省察(유폐하상사성찰)하고 斷然行之(단연행지)하면 則天下萬世不勝幸甚(칙천하만세부승행심)이라. 謹錄奏聞(근록진문)하며 伏候勅旨(복후래지)라.

3) 제4단락의 원문해설

卽日行下兩浙帥臣監司(즉일행하양절수신감사)하고 • 즉시 오늘 兩浙(양절)에 수신과 감사를 내보내시고

疾速搜訪(질속수방)토록 • 괴로움(疾)을 해결하시기 위해서 널리 방문하고 搜索(수색)해서 신속하게 고르도록

量支路費(양지로비)라 • 路費(로비)＝旅費(여비)를 헤아려 나누어 주십시오.

多差人兵轎馬(다차인병교마)를 • 서로 다른 人兵轎馬(인병교마), 즉 백성, 군사, 가마, 말들을

津遺赴闕(진유부궐)하고 • 나루터나 궐밖에 나아가서 알리고 전(赴)하게 하시고

令於近甸廣行(령어근전광행)하여 • 수도 근처에 御命(어명)으로 널리 행하시어

相視得五七處(상시득오칠처)로 • 서로 자세히 살펴서 5내지 7곳을 얻으셔서

然後遺官按行(연후유관안행)하고 • 그러한 후에 관리를 내보내어 어루만지(按)듯 잘 살펴보게 하시고

命使覆按(명사복안)이라 • 어명으로 하여금 되풀이하여 재차 살펴보게 하시옵소서.

不拘官品(불구관품)하고 • 官品(관품)＝지위에 구애받지를 말고

但取通曉地理之人(단취통효지리지인)하여 • 다만 풍수지리에 꿰뚫듯 통달하고 깨달아(曉)서 환히 아는 사람을 취하여

參互考校(참호고교)로 • 서로 상고하고 비교하시어서

擇一最吉之處(택일최길지처)하여 • 최고로 좋은 吉處(길처)의 한 곳을 가려내시어

以奉壽皇神靈萬世之安(이봉수황신령만세지안)이라 • 이로써 壽皇(수황)의 神位(신위)와 영혼을 만세동안 편안하게 받들어 모셔야만 하는 것이옵나이다.

雖以迫近七月之期(수이박근칠월지기)이나 • 비록 7일의 기한이 促迫(촉박)하다고 하시지만

然事大體重(연사대체중)을 • 그러나 대체적으로 중요한 사안의 일을

不容苟簡(불용구간)이라 • 임시적(苟)으로 簡單(간단)하게 처리해서는 아니 되는 것이옵니다.

其孫逢吉(기손봉길)에 • 그러한 후손들이 吉地(길지)를 만남에

所謂小寬日月(소위소관일월)이니 • 소위 시간상으로는 짧(小)지만 일월이 느슨함이니

別求吉兆爲上(별구길조위상)은 • 별도로 吉兆(길조)를 구하는 것이 우선이 된다하는

此十字者實爲至論(차십자자실위지론)이라 • 이러한 10字(小寬日月別求吉兆爲上)는 실로 지당한 말인 것이옵니다.

惟陛下采而用之(유폐하채이용지)이면 • 바라옵건대 陛下(폐하)께서 채택하여서 이를 쓰신다고 하시면

庶幾有以小慰天下臣子之心(서기유이소위천하신자지심)이니 • 庶幾(서기)＝대부분 천하의 신하와 자식의 마음이 조금이라도 위로가

될 수 있을 것이오니

用爲國家祈天永命之助(용위국가기천영명지조)라•그렇게 사용하심은 천신의 기원으로 국가가 永命(영명)하는데 도움이 될 수 있을 것이옵나이다.

臣本儒生(신본유생)이니•臣은 본래가 유생이기 때문에

不曉術數(불효술수)라•술수에는 깨달아 환히 알지를 못하옵나이다.

非敢妄以淫巫史之言(비감망이음무사지언)으로•거짓(非)으로 감히 妄靈(망령)되고 간사하듯 淫亂(음란)한 巫覡(무격)의 말들과 분별없는 史書(사서)=기록의 언급들로

眩惑聖德自速譏(현혹성덕자속기)라•성덕을 眩惑(현혹)하고 迷惑(미혹)되게 함을 빨리 나무라듯 速譏(속기)하시라는 것은 아니(非)옵니다.

蓋誠(개성)•대저 순수하고 精誠(정성)스러운 마음으로

不忍以壽皇聖體之重(부인이수황성체지중)하며•壽皇(수황)의 성스러운 遺體(유체)를 所重(소중)히 다루고자함에 대한 견디지 못함인 것이오며

委之水泉沙礫之中殘破浮淺之地(위지수천사력지중잔파부천지지)라•물구덩이나 모래자갈 그리고 무너지고 깨트려진 殘破地(잔파지)나, 뜨거나 가라앉아 얕은 浮淺地(부천지)에 맡김=내버려둠을 不忍(부인)함이니 참을 수 없어서인 것이옵나이다.

是以痛慣(시이통관)이니•이처럼 조상의 遺體(유체)=遺骸(유해)를 내버리심으로써 괴로움과 슬픈 일들이 익숙해지듯 痛慣(통관)하시게 된 것이오니

激切(격절)•이러한 激浪(격랑)을 끊으시기 위해서

一爲陛下言之(일위폐하언지)라•하나같이 陛下(폐하)를 위해서 말씀드리는 것이옵나이다.

譬如鄕親舊之間(비여향친구지간)에•비유한다면 마치 고향의 친구간에

有以此等大事商量(유이차등대사상량)한데 • 이러한 등급의 큰일을 헤아려서 상량을 할 경우가 있는데

吾乃明知其事之利害必至於此(오내명지기사지리해필지어차)이어도 • 내가 그러한 일의 이로움과 해로움이 반드시 이러함에 이른다고 밝게 알면서도

而不盡情以告之(이부진정이고지)이면 • 이러한 점을 정성을 다하여 알려주지를 않는다고 하면

人必以爲不忠不信之人(인필이위불충불신지인)이라 • 필시 불충한 사람이 되고 믿지를 못할 사람이 되는 것과 같음인 것이옵나이다.

而況臣子之於君父(이황신자지어군부)인데 • 그러할진대 항차=하물며 臣은 자식이고 군주께서는 어버이이신데

又安忍有所顧望(우안인유소고망)하고 • 또한 편안하게 뒤돌아보고 멀리서 지켜보면서 참고서

而默默無言哉(이묵묵무언재)인가 • 묵묵하게 말없이 있을 수가 있겠습니까?

惟陛下詳賜省察(유폐하상사성찰)하고 • 오직 폐하께서 자세히 성찰하시고 아랫사람들에게 내려주시듯 下賜(하사)를 하시어

斷然行之(단연행지)하면 • 잘못된 것은 斷絶(단절)시키시고 그렇게 행하시게 하시면

則天下萬世不勝幸甚(칙천하만세부승행심)이라 • 즉 천하의 만세에 행복하고 편안하듯 幸甚(행심)함에 이보다 더 뛰어난 것은 없을 것이옵나이다.

謹錄奏聞(근록진문)하며 • 삼가 아뢴 것들을 기록문서로 올리면서

伏候勑旨(복후래지)라 • 엎드려서 勑旨(래지)＝聖旨(성지)를 기다리옵나이다.

第6章 周易說卦傳

第1節 說卦傳의 序

　　義文周孔(희문주공)이라는 4명의 聖人(성인)들의 학설을 종합하여 14권이라는 周易(주역)이 되었다. 그 중에서 卦爻(괘효)는 伏羲(복희)씨의 周易(주역)이고 卦辭(괘사)는 文王(문왕)의 주역이며 爻辭(효사)는 周公(주공)의 주역이고 十翼(십익)은 孔子(공자)의 주역인 것이다. 그러나 殊途而同歸(수도이동귀)하고 百慮而一致(백려이일치)되는 원리에서는 조금도 서로가 다르지 않기 때문에 이 모두를 經典(경전)이라고 하는 것이다.

　　그런데 易에 대한 언급들인 易詞(역사)들은 대부분 卦名(괘명)이나 爻名(효명)들을 주어로 하는 명제들인 것이다. 이러한 명제들은 바로 분자적인 복합명제들 이라고 할 것이다. 이러할 경우에 그것들을 구성하는 원자적인 요소명제들이 바로 이 象(상)들인 것이다. 이러한 易詞(역사)들이 복합명제라고 하는 것은 바로 그 어떠한 경우의 명제를 보더라도 하나의 술어만으로 나타나는 것이 아니기 때문인 것이다. 즉 여러 개의 象(상)들이 그와 같은 술어들로 나타나면서 이때에 복합적인 형태로 나타난다고 하는 점이다.

　　周易解說傳十翼(주역해설전십익) 중에서도 說卦傳(설괘전)에는 易詞(역사)에 쓰인 많은 象들이 나열되어 있다. 이와 같은 관점에서 본다면 설괘전은 易詞(역사)라고 하는 복합명제들에 대한 요소명제집이라고 할 수가 있을 것이다.

　설괘전은 첫째, 卦(괘)의 生成順序(생성순서)에 대해서 자세히 설명하고 있다. 둘째, 卦(괘)의 位(위)와 作用(작용)에 대해서 언급하고 있다. 셋째, 卦(괘)에 體象(체상)과 物件(물상)을 붙이고 있음인 것이다. 그런데 이러한 주역설괘전이 풍수학에서 폭넓게 활용되고 있음이기에 고전풍수학의 한 분야로 분류를 하여서 여기에 싣는 것이다.

第2節 說卦傳의 原文과 讀音文

1. 說卦傳의 原文

昔者聖人之作易也幽贊於神明而生蓍參天兩地而倚數.觀變於陰陽而立卦發揮於剛柔而生爻和順於道德而理於義窮理盡性以至於命.昔者聖人之作易也將以順性命之理是以立天之道曰陰與陽立地之道曰柔與剛立人之道曰仁與義兼三才而兩之.故易六畫而成卦分陽分陰迭用柔剛.故易六位而成章.天地定位山澤通氣雷風相薄水火不相射八卦相錯.數往者順知來者逆是故易逆數也.雷以動之風以散之雨以潤之日以烜之艮以止之兌以說之乾以君之坤以藏之.帝出乎震齊乎巽相見乎離致役乎坤說言乎兌戰乎乾勞乎坎成言乎艮.萬物出乎震震東方也.齊乎巽巽東南也齊也者言萬物之潔齊也.離也者明也萬物皆相見南方之卦也.聖人南面而聽天下嚮明而治蓋取諸此也.坤也者地也萬物皆致養焉故曰致役乎坤.兌正秋也萬物之所說也故曰說言乎兌.戰乎乾乾西北之卦也言陰陽相薄也.坎者水也正北方之卦也勞卦也萬物之所歸也故曰勞

乎坎.艮東北之卦也萬物之所成終而所成始也故曰成言乎艮.神也者妙萬物而爲言者也.動萬物者莫疾乎雷撓萬物者莫疾乎風燥萬物者莫熯乎火說萬物者莫說乎澤潤萬物者莫潤乎水終萬物始萬物者莫盛乎艮.故水火相逮雷風不相悖山澤通氣然後能變化旣成萬物也.乾健也坤順也震動也巽入也坎陷也離麗也艮止也兌說也.乾爲馬坤爲牛震爲龍巽爲鷄坎爲豕離爲雉艮爲狗兌爲羊.乾爲首坤爲腹震爲足巽爲股坎爲耳離爲目艮爲手兌爲口.乾天也故稱乎父,坤地也故稱乎母,震一索而得男故謂之長男,巽一索而得女故謂之長女,坎再索而得男故謂之中男,離再索而得女故謂之中女,艮三索而得男故謂之少男,兌三索而得女故謂之少女.乾爲天爲圜爲君爲父爲玉爲金爲寒爲冰爲大赤爲良馬爲老馬爲瘠馬爲駁馬爲木果.坤爲地爲母爲布爲釜爲吝嗇爲均爲子母牛爲大輿爲文爲衆爲柄其於地也爲黑.震爲雷爲龍爲玄黃爲敷爲大塗爲長子爲決躁爲蒼筤竹爲萑葦其於馬也爲善鳴爲馵足爲作足爲的顙其於稼也爲反生其究爲健爲蕃鮮.巽爲木爲風爲長女爲繩直爲工爲白爲長爲高爲進退爲不果爲臭其於人也爲寡髮爲廣顙爲多白眼近利市三倍其究爲躁卦.坎爲水爲溝瀆爲隱伏爲矯輮爲弓輪其於人也爲加憂爲心病爲耳痛爲血卦爲赤其於馬也爲美脊爲亟心爲下首爲薄蹄爲曳其於輿也爲多眚爲通爲月爲盜其於木也爲堅多心.離爲火爲日爲電爲中女爲甲冑爲戈兵其於人也爲大腹爲乾卦爲鱉爲蟹爲蠃爲蚌爲龜其於木也爲科上槁.艮爲山爲徑路爲小石爲門闕爲果蓏爲閽寺爲指爲狗爲鼠爲黔喙之屬其於木也爲堅多節.兌爲澤爲少女爲巫爲口舌爲毀折爲附決其於地也爲剛鹵爲妾爲羊.

2. 說卦傳의 讀音文

昔者聖人之作易也 幽贊於神明而生蓍 參天兩地而倚數. 觀變於陰陽

석자성인지작역야 유찬어신명이생시 삼천양지이의수. 관변어음양
而立卦 發揮於剛柔而生爻 和順於道德 而理於義 窮理盡性 以至於
이립괘 발휘어강유이생효 화순어도덕 이리어의 궁리진성 이지어
命. 昔者聖人之作易也 將以順性命之理 是以立天之道曰陰與陽 立
명. 석자성인지작역야 장이순성명지리 시이립천지도왈음여양 립
地之道曰柔與剛 立人之道曰仁與義 兼三才而兩之. 故易 六畫而成
지지도왈유여강 입인지도왈인여의 겸삼재이양지. 고역 육화이성
卦 分陽分陰 迭用柔剛. 故易 六位而成章. 天地定位 山澤通氣 雷風
괘 분양분음 질용유강. 고역 육위이성장. 천지정위 산택통기 뇌풍
相薄 水火不相射 八卦相錯. 數往者順 知來者逆 是故易 逆數也. 雷
상박 수화불상사 팔괘상착. 수왕자순 지래자역 시고역 역수야. 뇌
以動之 風以散之 雨以潤之 日以烜之 艮以止之 兌以說之 乾以君之
이동지 풍이산지 우이윤지 일이훤지 간이지지 태이열지 건이군지
坤以藏之. 帝出乎震 齊乎巽 相見乎離 致役乎坤 說言乎兌 戰乎乾
곤이장지. 제출호진 제호손 상견호리 치역호곤 열언호태 전호건
勞乎坎 成言乎艮. 萬物出乎震 震東方也. 齊乎巽 巽東南也. 齊也者
노호감 성언호간. 만물출호진 진동방야. 제호손 손동남야. 제야자
言萬物之潔齊也. 離也者明也 萬物皆相見 南方之卦也. 聖人南面而
언만물지결제야. 이야자명야 만물개상견 남방지괘야. 성인남면이
聽天下 嚮明而治 蓋取諸此也. 坤也者地也 萬物皆致養焉 故曰致役
청천하 향명이치 개취제차야. 곤야자지야 만물개치양언 고왈치역
乎坤. 兌正秋也 萬物之所說也 故曰說言乎兌. 戰乎乾 乾西北之卦也
호곤. 태정추야 만물지소열야 고왈열언호태. 전호건 건서북지괘야
言陰陽相薄也. 坎者水也 正北方之卦也 勞卦也 萬物之所歸也 故曰
언음양상박야. 감자수야 정북방지괘야 노괘야 만물지소귀야 고왈
勞乎坎. 艮東北之卦也萬物之所成終而所成始也 故曰成言乎艮. 神也
노호감. 간동북지괘야만물지소성종이소성시야 고왈성언호간. 신야

者 妙萬物而爲言者也, 動萬物者 莫疾乎雷 撓萬物者 莫疾乎風燥萬
자 묘만물이위어자야, 동만물자 마진호뢰 요만물자 믹질호풍조난
物者 莫熯乎火 說萬物者 莫說乎澤 潤萬物者 莫潤乎水 終萬物始萬
물자 막한호화 열만물자 막열호택 윤만물자 막윤호수 종만물시만
物者 莫盛乎艮. 故水火相逮 雷風不相悖 山澤通氣 然後能變化 旣
물자 막성호간. 고수화상체 뇌풍불상패 산택통기 연후능변화 기
成萬物也. 乾健也 坤順也 震動也 巽入也 坎陷也 離麗也 艮地也
성만물야. 건건야 곤순야 진동야 손입야 감함야 이려야 간지야
兌說也. 乾爲馬 坤爲牛 震爲龍 巽爲鷄 坎爲豕 離爲雉 艮爲狗 兌
태열야. 건위마 곤위우 진위용 손위계 감위시 이위치 간위구 태
爲羊. 乾爲首 坤爲腹 震爲足 巽爲股 坎爲耳 離爲目 艮爲手 兌爲
위양. 건위수 곤위복 진위족 손위고 감위이 이위목 간위수 태위
口. 乾天也故稱乎父, 坤地也 故稱乎母, 震一索而得男 故謂之長男,
구. 건천야고칭호부, 곤지야 고칭호모, 진일색이득남 고위지장남,
巽一索而得女 故謂之長女, 坎再索而得男 故謂之中男, 離再索而得
손일색이득녀 고위지장녀, 감재색이득남 고위지중남, 이재색이득
女 故謂之中女, 艮三索而得男 故謂之少男, 兌三索而得女 故謂之少
녀 고위지중녀, 간삼색이득남 고위지소남, 태삼색이득녀 고위지소
女. 乾爲天 爲圜 爲君 爲父 爲玉 爲金 爲寒 爲冰 爲大赤 爲良馬
녀. 건위천 위환 위군 위부 위옥 위금 위한 위빙 위대적 위양마
爲老馬 爲瘠馬 爲駁馬 爲木果. 坤爲地 爲母 爲布 爲釜 爲吝嗇 爲
위노마 위척마 위박마 위목과. 곤위지 위모 위포 위부 위인색 위
均 爲子母牛 爲大輿 爲文 爲衆 爲柄 其於地也 爲黑. 震爲雷 爲龍
균 위자모우 위대여 위문 위중 위병 기어지야 위흑. 진위뢰 위룡
爲玄黃 爲敷 爲大塗 爲長子 爲決躁 爲蒼筤 竹 爲萑葦 其於馬也
위현황 위부 위대도 위장자 위결조 위창랑 죽 위추위 기어마야
爲善鳴 爲馵足 爲作足 爲的顙 其於稼也 爲反生 其究 爲健 爲蕃

위선명 위주족 위작족 위적상 기어가야 위반생 기구 위건 위번
鮮. 巽爲木 爲風 爲長女 爲繩直 爲工 爲白 爲長 爲高 爲進退 爲
선. 손위목 위풍 위장녀 위승직 위공 위백 위장 위고 위진퇴 위
不果 爲臭 其於人也 爲寡髮 爲廣額 爲多白眼 近利市三倍 其究 爲
불과 위취 기어인야 위과발 위광상 위다백안 근리시삼배 기구 위
躁卦.坎爲水 爲溝瀆 爲隱伏 爲矯輮 爲弓輪 其於人也 爲加憂 爲心
조괘.감위수 위구독 위은복 위교유 위궁륜 기어인야 위가우 위심
病 爲耳痛 爲血卦 爲赤 其於馬也 爲美脊 爲亟心 爲下首 爲薄蹄
병 위이통 위혈괘 위적 기어마야 위미척 위극심 위하수 위박제
爲曳 其於輿也 爲多眚 爲通 爲月 爲盜 其於木也 爲堅多心. 離爲
위예 기어여야 위다생 위통 위월 위도 기어목야 위견다심. 이위
火 爲日 爲電 爲中女 爲甲胄 爲戈兵 其於人也 爲大腹 爲乾卦 爲
화 위일 위전 위중녀 위갑주 위과병 기어인야 위대복 위건괘 위
鱉 爲蟹 爲蠃 爲蚌 爲龜 其於木也 爲科上槁. 艮爲山 爲徑路 爲小
별 위해 위라 위방 위귀 기어목야 위과상고. 간위산 위경로 위소
石 爲門闕 爲果蓏 爲閽寺 爲指 爲狗 爲鼠 爲黔喙之屬 其於木也
석 위문궐 위과라 위혼사 위지 위구 위서 위검훼지속 기어목야
爲堅多節. 兌爲澤 爲少女 爲巫 爲口舌 爲毁折 爲附決 其於地也
위견다절. 태위택 위소녀 위무 위구설 위훼절 위부결 기어지야
爲剛鹵 爲妾 爲羊.
위강로 위첩 위양.

第3節 說卦傳의 原文解說

1. 第1段落: 卦의 生成順序

1) 第1段落의 原文

昔者聖人之作易也幽贊於神明而生蓍參天兩地而倚數.觀變於陰陽而立卦發揮於剛柔而生爻和順於道德而理於義窮理盡性以至於命.昔者聖人之作易也將以順性命之理是以立天之道曰陰與陽立地之道曰柔與剛立人之道曰仁與義兼三才而兩之.故易六畫而成卦分陽分陰迭用柔剛.故易六位而成章.天地定位山澤通氣雷風相薄水火不相射八卦相錯.數往者順知來者逆是故易逆數也.

2) 第1段落의 讀音文

昔者聖人之作易也(석자성인지작역야)에 幽贊於神明而生蓍(유찬어신명이생시)하고 參天兩地而倚數(삼천양지이의수)라. 觀變於陰陽而立卦(관변어음양이립괘)하고 發揮於剛柔而生爻(발휘어강유이생효)니 和順於道德而理於義(화순어도덕이리어의)하며 窮理盡性(궁리진성)하여 以至於命(이지어명)이라. 昔者聖人之作易也(석자성인지작역야)는 將以順性命之理(장이순성명지리)이니 是以立天之道曰陰與陽(시이립천지도왈음여양)이고 立地之道曰柔與剛(입지지도왈유여강)이며 立人之道曰仁與義(입인지도왈인여의)이니 兼三才而兩之(겸삼재이양지)라. 故易(고역)이 六畫而成卦(육화이성괘)하고 分陽分陰(분양분음)하며 迭用柔剛(질용유강)이니 故易(고역)이 六位而成章(육위이성장)이라. 天地定位(천지정위)인데 山澤通氣(산택통기)하고 雷風相薄(뢰풍상박)하며 水火不相射(수화불상사)하여

八卦相錯(팔괘상착)이라. 數往者順(수왕자순)이고 知來者逆(지래자역)이니 是故易(시고역)은 逆數也(역수야)라.

3) 第1段落의 原文解說

昔者聖人之作易也(석자성인지작역야)에 • 옛날 성인께서 易을 지으실 때에

幽贊於神明而生蓍(유찬어신명이생시)하고 • 그윽하(幽)게 보이지 않는데서 神明을 돕듯 贊助(찬조)를 하시어서 筮竹(서죽)인 蓍草(시초)를 내시고

參天兩地而倚數(삼천양지이의수)라 • 하늘은 셋으로 땅은 둘로 해서 計數(계수)를 함에 의지를 하셨다.

觀變於陰陽而立卦(관변어음양이립괘)하고 • 陰陽이 변화하는 것(질량변화)을 보시면서 卦를 세우시고

發揮於剛柔而生爻(발휘어강유이생효)니 • 단단함과 부드러움인 剛柔를 발휘해서 그로 말미암아 爻를 내시니

和順於道德而理於義(화순어도덕이리어의)하며 • 도덕에 화순하시고 그로 말미암아 義에서 理를 다하시고

窮理盡性(궁리진성)하여 • 理致를 궁구하시기를 情性(정성)을 다하심으로써

以至於命(이지어명)이라 • 그로써 天命(천명)에 이르신 것이다.

昔者聖人之作易也(석자성인지작역야)는 • 옛날에 성인께서 易을 지으신 것은

將以順性命之理(장이순성명지리)이니 • 장차 성명의 理致에 順하여 따르고자 함이시니

是以立天之道曰陰與陽(시이립천지도왈음여양)이고 • 이러함으로써 天道를 세움에 있어서 이르시기를 陰과 더불어 陽이고

立地之道曰柔與剛(립지지도왈유여강)이며 • 地道를 세움에 있어서

이르시기를 柔와 더불어 剛이며

立人之道曰仁與義(입인지도왈인여의)이니•사람의 道인 人道를 세움에 있어서 이르시기를 仁과 더불어 義라고 하시니

兼三才而兩之(겸삼재이양지)라•三才＝天地人을 겸하여 쌓는 것도 둘이라고 하신 것이다.

故易(고역)이•그래서 易이라는 것이

六畫而成卦(육화이성괘)하고•여섯 개의 그림＝象인 6畫(화)＝卦로 말미암아 卦를 이루는 것이고

分陽分陰(분양분음)하며•陽으로 나뉘고 陰으로 나뉘며

迭用柔剛(질용유강)이니•차례로 柔와 剛을 씀이니

故易(고역)이•그래서 易이라는 것이

六位而成章(육위이성장)이라•이러한 6位＝자리로 말미암아 文章을 이루는 것이다.

天地定位(천지정위)인데•天地의 位＝자리가 정해져 있음인데

山澤通氣(산택통기)하고•☷山과 ☱澤의 기운이 서로 通하고

雷風相薄(뢰풍상박)하며•☳雷와 ☴風이 서로 만나 부딪치면 엷어지는 것이며

水火不相射(수화불상사)하여•☵水와 ☲火가 서로 쏘지 아니하여서

八卦相錯(팔괘상착)이라•8卦가 서로 섞이어 상관관계가 있는 것이다.

數往者順(수왕자순)이고•가는 것을 들어서 좇아 말하(數)는 것은 順이고

知來者逆(지래자역)이니•오는 것을 알아서 다스리(知)는 것은 逆하는 것이니

是故易(시고역)은•그러므로 易이라고 하는 것은

逆數也(역수야)라•逆과 數인 것이다.

2. 第2段落: 卦의 位와 作用

1) 第2段落의 原文

雷以動之風以散之雨以潤之日以烜之艮以止之兌以說之乾以君之坤以藏之.帝出乎震齊乎巽相見乎離致役乎坤說言乎兌戰乎乾勞乎坎成言乎艮.萬物出乎震震東方也.齊乎巽巽東南也齊也者言萬物之潔齊也.離也者明也萬物皆相見南方之卦也.聖人南面而聽天下嚮明而治蓋取諸此也.坤也者地也萬物皆致養焉故曰致役乎坤.兌正秋也萬物之所說也故曰說言乎兌.戰乎乾乾西北之卦也言陰陽相薄也.坎者水也正北方之卦也勞卦也萬物之所歸也故曰勞乎坎.艮東北之卦也萬物之所成終而所成始也故曰成言乎艮.神也者妙萬物而爲言者也.動萬物者莫疾乎雷撓萬物者莫疾乎風燥萬物者莫熯乎火說萬物者莫說乎澤潤萬物者莫潤乎水終萬物始萬物者莫盛乎艮.故水火相逮雷風不相悖山澤通氣然後能變化旣成萬物也.乾健也坤順也震動也巽入也坎陷也離麗也艮止也兌說也.乾爲馬坤爲牛震爲龍巽爲鷄坎爲豕離爲雉艮爲狗兌爲羊.乾爲首坤爲腹震爲足巽爲股坎爲耳離爲目艮爲手兌爲口.乾天也故稱乎父,坤地也故稱乎母,震一索而得男故謂之長男,巽一索而得女故謂之長女,坎再索而得男故謂之中男,離再索而得女故謂之中女,艮三索而得男故謂之少男,兌三索而得女故謂之少女.

2) 第2段落의 讀音文

雷以動之(뢰이동지)이고 風以散之(풍이산지)이며 雨以潤之(우이윤지)이고 日以烜之(일이훤지)이며 艮以止之(간이지지)이고 兌以說之(태이열지)이며 乾以君之(건이군지)이니 坤以藏之(곤이장지)라. 帝出乎震(제출호진)하고 齊乎巽(제호손)하며 相見乎離(상견호리)하고 致役乎坤(치역호곤)하며 說言乎兌(열언호태)하고 戰乎乾(전호건)하며 勞乎坎(노호감)하고 成言乎艮(성언호간)이라. 萬物出乎

震(만물출호진)하니 震東方也(진동방야)라. 齊乎巽(제호손)하니 巽東南也(손동남야)이고 齊也者(제야자)는 言萬物之潔齊也(언만물지결제야)라. 離也者明也(이야자명야)로 萬物皆相見(만물개상견)하는 南方之卦也(남방지괘야)라. 聖人南面而聽天下(성인남면이청천하)하여 嚮明而治(향명이치)하니 蓋取諸此也(개취제차야)라. 坤也者地也(곤야자지야)는 萬物皆致養焉(만물개치양언)하니 故曰致役乎坤(고왈치역호곤)이라. 兌正秋也(태정추야)이고 萬物之所說也(만물지소열야)이니 故曰說言乎兌(고왈열언호태)라. 戰乎乾(전호건)은 乾西北之卦也(건서북지괘야)이니 言陰陽相薄也(언음양상박야)라. 坎者水也(감자수야)이고 正北方之卦也(정북방지괘야)이니 勞卦也(노괘야)이고 萬物之所歸也(만물지소귀야)이니 故曰勞乎坎(고왈노호감)이라. 艮東北之卦也(간동북지괘야)이니 萬物之所成終而所成始也(만물지소성종이소성시야)이기에 故曰成言乎艮(고왈성언호간)이라. 神也者(신야자)는 妙萬物而爲言者也(묘만물이위언자야)라. 動萬物者(동만물자)는 莫疾乎雷(막질호뇌)이고 撓萬物者(요만물자)는 莫疾乎風(막질호풍)이며 燥萬物者(조만물자)는 莫熯乎火(막한호화)이고 說萬物者(열만물자)는 莫說乎澤(막열호택)이며 潤萬物者(윤만물자)는 莫潤乎水(막윤호수)이니 終萬物始萬物者(종만물시만물자)는 莫盛乎艮(막성호간)이라. 故水火相逮(고수화상체)하고 雷風不相悖(뇌풍불상패)하며 山澤通氣(산택통기)에 然後能變化(연후능변화)로 旣成萬物也(기성만물야)라. 乾健也(건건야)이고 坤順也(곤순야)이며 震動也(진동야)이고 巽入也(손입야)이며 坎陷也(감함야)이고 離麗也(이려야)이며 艮地也(간지야)이고 兌說也(태열야)라. 乾爲馬(건위마)이고 坤爲牛(곤위우)이며 震爲龍(진위용)이고 巽爲鷄(손위계)이며 坎爲豕(감위시)이고 離爲雉(이위치)이며 艮爲狗(간위구)이고 兌爲羊(태위양)이라. 乾爲首(건위수)이고 坤爲腹(곤위복)이며 震爲足(진위족)이고 巽爲股(손위고)이며 坎爲

耳(감위이)이고 離爲目(이위목)이며 艮爲手(간위수)이고 兌爲口(태위구)라. 乾天也(건천야)이니 故稱乎父(고칭호부)이고, 坤地也(곤지야)이니 故稱乎母(고칭호모)이며 震一索而得男(진일색이득남)이니 故謂之長男(고위지장남)이고 巽一索而得女(손일색이득녀)이니 故謂之長女(고위지장녀)이며 坎再索而得男(감재색이득남)이니 故謂之中男(고위지중남)이고 離再索而得女(이재색이득녀)이니 故謂之中女(고위지중녀)이며 艮三索而得男(간삼색이득남)이니 故謂之少男(고위지소남)이고 兌三索而得女(태삼색이득녀)이니 故謂之少女(고위지소녀)라.

3) 第2段落의 原文解說

雷以動之(뢰이동지)이고 • 우레로 움직이고
風以散之(풍이산지)이며 • 바람으로 흩트리며
雨以潤之(우이윤지)이고 • 비로 적시고
日以烜之(일이훤지)이며 • 해로 말리며
艮以止之(간이지지)이고 • ☶艮으로 머물러 그치고
兌以說之(태이열지)이며 • ☱兌로 기뻐하며
乾以君之(건이군지)이니 • ☰乾으로 주관＝주장함이니
坤以藏之(곤이장지)라 • ☷坤으로 감추고 갈무리함이다.
帝出乎震(제출호진)하고 • 帝가 ☳震方에서 나오고
齊乎巽(제호손)하며 • ☴巽方에 가지런히 갖추며
相見乎離(상견호리)하고 • ☲離方에서 서로 보고
致役乎坤(치역호곤)하며 • ☷坤方에서 일을 하며
說言乎兌(열언호태)하고 • ☱兌方에서기뻐하고
戰乎乾(전호건)하며 • ☰乾方에서 싸우며
勞乎坎(노호감)하고 • ☵坎方에서 근심＝노력하고
成言乎艮(성언호간)이라 • ☶艮方에서 이루는 것이다.

萬物出乎震(만물출호진)하니 • 萬物이 ☳震에서 나오니

震東方也(진동방야)이고 • ☳震은 東方이고

齊乎巽(제호손)하니 • ☴巽에서 가지런히 갖춤이니

巽東南也(손동남야)이며 • ☴巽은 東南이며

齊也者(제야자)는 • 齊라고 함은

言萬物之潔齊也(언만물지결제야)라 • 萬物이 깨끗하고 가지런하게 갖춤을 뜻하는 것이다

離也者明也(이야자명야)로 • ☲離는 밝은 것으로

萬物皆相見(만물개상견)이고 • 만물이 서로 보는 것이고

南方之卦也(남방지괘야)라 • 남방의 괘인 것이다.

聖人南面而聽天下(성인남면이청천하)하여 • 聖人이 南方을 향하므로 말미암아 天下에 意見을 들어서

嚮明而治(향명이치)하니 • 밝은 곳을 향하여 다스리니

蓋取諸此也(개취제차야)라 • 대개 모두다 여기에서 취함인 것이다.

坤也者地也(곤야자지야)는 • ☷坤은 땅이니

萬物皆致養焉(만물개치양언)하니 • 萬物이 이곳에서 自養을 이루기에

故曰致役乎坤(고왈치역호곤)이라 • 고로 이르기를 힘써서 일을 하듯 致役(치역)함을 坤이라고 부르는 것이다.

兌正秋也(태정추야)이고 • ☱兌는 바로 가을인 것이고

萬物之所說也(만물지소열야)이니 • 萬物이 기뻐하는 바이니

故曰說言乎兌(고왈열언호태)라 • 고로 이르기를 說=기쁨을 兌라고 하는 것이다.

戰乎乾(전호건)은 • 戰=싸움을 乾이라고 함은

乾西北之卦也(건서북지괘야)이니 • ☰乾은 서북방의 卦이니

言陰陽相薄也(언음양상박야)라 • 음양이 서로 만나서 부딪힘을 뜻하는 것이다.

坎者水也(감자수야)이고 • ☵坎은 水이고

正北方之卦也(정북방지괘야)이니 • 정북방의 卦이니

勞卦也(노괘야)이고 • 수고를 노력＝근심＝慰勞(위로)하는 勞卦(로괘)이고

萬物之所歸也(만물지소귀야)이니 • 萬物이 되돌아가 歸依(귀의)를 하는 바이니

故曰勞乎坎(고왈노호감)이라 • 고로 이르기를 勞를 坎이라고 일컫는 것이다.

艮東北之卦也(간동북지괘야)이고 • ☶艮은 동북방의 卦이고

萬物之所成終而所成始也(만물지소성종이소성시야)이기에 • 萬物이 끝내서 마침을 이루는 곳이고 始作함을 이루는 곳인 始終點(시종점)이기에

故曰成言乎艮(고왈성언호간)이라 • 고로 이르기를 成＝이룸을 艮이라 하는 것이다.

神也者(신야자)는 • 神이라는 것은

妙萬物而爲言者也(묘만물이위언자야)라 • 萬物을 妙하게 하는 것들을 말하는 것이다.

動萬物者(동만물자)는 • 萬物을 움직(動)이는 것으로는

莫疾乎雷(막질호뇌)이고 • 우레(雷)보다 더 빠른 것이 없고

撓萬物者(요만물자)는 • 萬物을 흔들어 어지럽혀(撓) 놓는 것으로는

莫疾乎風(막질호풍)이며 • 바람＝風보다 더 빠른 것이 없으며

燥萬物者(조만물자)는 • 萬物을 말림으로서 乾燥(건조)시키는 것으로는

莫熯乎火(막한호화)이고 • 말림(熯)에는 火＝불을 능가할 것이 없고

說萬物者(열만물자)는 • 萬物을 기쁘게(說＝悅) 하는 것으로는

莫說乎澤(막열호택)이며 • 기쁨을 澤이라고 하는데 澤을 능가할 것이 없으며

潤萬物者(윤만물자)는 • 萬物을 윤택하게 적시(潤)는 것으로는

莫潤乎水(막윤호수)이니 • 澤에는 水를 능가할 것이 없는 것이니

終萬物始萬物者(종만물시만물자)는 • 萬物이 終히여 마치며 萬物이 始하여 비롯함이

莫盛乎艮(막성호간)이라 • ☶艮보다 盛한 것이 없는 것이다.

故水火相逮(고수화상체)하고 • 그러므로 물(水)과 불(火)이 서로 따르고 미치듯 뒤따라가 붙잡고

雷風不相悖(뢰풍불상패)하며 • 우레(雷)와 바람(風)이 서로 거스르고 어긋나지 아니하며

山澤通氣(산택통기)에 • ☶山과 ☱澤(못)이 기운을 통한 후에야

然後能變化(연후능변화)로 • 능히 변화를 하여서

旣成萬物也(기성만물야)라 • 만물을 모두다 이루게 되는 것이다.

乾健也(건건야)이고 • ☰乾은 굳세고

坤順也(곤순야)이며 • ☷坤은 順하며

震動也(진동야)이고 • ☳震은 움직이고

巽入也(손입야)이며 • ☴巽은 들어가는 것이며

坎陷也(감함야)이고 • ☵坎은 빠지고

離麗也(이려야)이며 • ☲離는 빛나고 걸리고

艮地也(간지야)이고 • ☶艮은 그치어 머무르고

兌說也(태열야)라 • ☱兌는 기뻐함인 것이다.

乾爲馬(건위마)이고 • ☰乾은 말이 되고

坤爲牛(곤위우)이며 • ☷坤은 소가 되고

震爲龍(진위용)이고 • ☳震은 龍이 되고

巽爲鷄(손위계)이며 • ☴巽은 닭이 되고

坎爲豕(감위시)이고 • ☵坎은 돼지가 되고

離爲雉(이위치)이며 • ☲離는 꿩이 되고

艮爲狗(간위구)이고 • ☶艮은 개가 되고

兌爲羊(태위양)이라 • ☱兌는 양이 되는 것이다.

乾爲首(건위수)이고 • ☰乾은 머리이고

坤爲腹(곤위복)이며 • ☷坤은 배이며

震爲足(진위족)이고 • ☳震은 발이 되고

巽爲股(손위고)이며 • ☴巽은 넓적다리이며

坎爲耳(감위이)이고 • ☵坎은 귀가 되고

離爲目(이위목)이며 • ☲離는 눈이며

艮爲手(간위수)이고 • ☶艮은 손이 되고

兌爲口(태위구)라 • ☱兌는 입이 되는 것이다.

乾天也(건천야)이니 • ☰乾은 天이기에

故稱乎父(고칭호부)이고 • 父라고 일컫는 것이고

坤地也(곤지야)이니 • ☷坤은 地이기에

故稱乎母(고칭호모)이며 • 母라고 칭하는 것이며

震一索而得男(진일색이득남)이니 • ☳震은 한 번 구(索)하여 사내를 얻음이라

故謂之長男(고위지장남)이고 • 그러므로 소위말해 長男이라 이르고

巽一索而得女(손일색이득녀)이니 • ☴巽은 한 번 구(索)하여 女息을 얻음이라

故謂之長女(고위지장녀)이며 • 그러므로 소위말해 長女라고 이르며

坎再索而得男(감재색이득남)이니 • ☵坎은 두 번 구(索)하여 사내를 얻음이라

故謂之中男(고위지중남)이고 • 그러므로 소위말해 中男이라 이르고

離再索而得女(이재색이득녀)이니 • ☲離는 두 번 구(索)하여 女息을 얻음이라

故謂之中女(고위지중녀)이며 • 그러므로 소위말해 中女라고 이르며

艮三索而得男(간삼색이득남)이니 • ☶艮은 세 번 구(索)하여 사내를 얻음이라

故謂之少男(고위지소남)이고 • 少男이라 이르고

兌三索而得女(태삼색이득녀)이니 • ☱兌는 세 번 구(索)하여 女息
을 얻음이라

故謂之少女(고위지소녀)라 • 그러므로 소위말해 少女라고 이른 것이다.

3. 第3段落: 卦의 體象과 物件

1) 第3段落의 原文

乾爲天爲圜爲君爲父爲玉爲金爲寒爲冰爲大赤爲良馬爲老馬爲瘠馬爲
駁馬爲木果.坤爲地爲母爲布爲釜爲吝嗇爲均爲子母牛爲大輿爲文爲
衆爲柄其於地也爲黑.震爲雷爲龍爲玄黃爲敷爲大塗爲長子爲決躁爲
蒼筤竹爲萑葦其於馬也爲善鳴爲馵足爲作足爲的顙其於稼也爲反生
其究爲健爲蕃鮮.巽爲木爲風爲長女爲繩直爲工爲白爲長爲高爲進退
爲不果爲臭其於人也爲寡髮爲廣顙爲多白眼近利市三倍其究爲躁卦.
坎爲水爲溝瀆爲隱伏爲矯輮爲弓輪其於人也爲加憂爲心病爲耳痛爲血
卦爲赤其於馬也爲美脊爲亟心爲下首爲薄蹄爲曳其於輿也爲多眚爲通
爲月爲盜其於木也爲堅多心.離爲火爲日爲電爲中女爲甲胄爲戈兵其
於人也爲大腹爲乾卦爲鱉爲蟹爲蠃爲蚌爲龜其於木也爲科上槁.艮爲
山爲徑路爲小石爲門闕爲果蓏爲閽寺爲指爲狗爲鼠爲黔喙之屬其於木
也爲堅多節.兌爲澤爲少女爲巫爲口舌爲毁折爲附決其於地也爲剛鹵
爲妾爲羊.

2) 第3段落의 讀音文

乾爲天(건위천)은 爲圜(위환), 爲君(위군), 爲父(위부), 爲玉(위옥),
爲金(위금), 爲寒(위한), 爲冰(위빙), 爲大赤(위대적), 爲良馬(위양
마), 爲老馬(위노마), 爲瘠馬(위척마), 爲駁馬(위박마), 爲木果(위목
과)라. 坤爲地(곤위지)는 爲母(위모), 爲布(위포), 爲釜(위부), 爲吝嗇

(위인색), 爲均(위균), 爲子母牛(위자모우), 爲大輿(위대여), 爲文(위문), 爲衆(위중), 爲柄(위병), 其於地也(기어지야), 爲黑(위흑)이라. 震爲雷(진위뇌)는 爲龍(위룡), 爲玄黃(위현황), 爲敷(위부), 爲大塗(위대도), 爲長子(위장자), 爲決躁(위결조), 爲蒼筤(위창랑), 竹(죽), 爲萑葦(위추위), 其於馬也(기어마야), 爲善鳴(위선명), 爲馵足(위주족), 爲作足(위작족), 爲的顙(위적상), 其於稼也(기어가야), 爲反生(위반생), 其究(기구), 爲健(위건), 爲蕃鮮(위번선)이라. 巽爲木(손위목)은 爲風(위풍), 爲長女(위장녀), 爲繩直(위승직), 爲工(위공), 爲白(위백), 爲長(위장), 爲高(위고), 爲進退(위진퇴), 爲不果(위불과), 爲臭(위취), 其於人也(기어인야), 爲寡髮(위과발), 爲廣顙(위광상), 爲多白眼(위다백안), 近利市三倍(근리시삼배), 其究(기구), 爲躁卦(위조괘)라. 坎爲水(감위수)이고 爲溝瀆(위구독), 爲隱伏(위은복), 爲矯蝚(위교유), 爲弓輪(위궁륜), 其於人也(기어인야), 爲加憂(위가우), 爲心病(위심병), 爲耳痛(위이통), 爲血卦(위혈괘), 爲赤(위적), 其於馬也(기어마야), 爲美脊(위미척), 爲亟心(위극심), 爲下首(위하수), 爲薄蹄(위박제), 爲曳(위예), 其於輿也(기어여야), 爲多眚(위다생), 爲通(위통), 爲月(위월), 爲盜(위도), 其於木也(기어목야), 爲堅多心(위견다심)이라. 離爲火(이위화)는 爲日(위일), 爲電(위전), 爲中女(위중녀), 爲甲冑(위갑주), 爲戈兵(위과병), 其於人也(기어인야), 爲大腹(위대복), 爲乾卦(위건괘), 爲鱉(위별), 爲蟹(위해), 爲臝(위라), 爲蚌(위방), 爲龜(위귀), 其於木也(기어목야), 爲科上槁(위과상고)라. 艮爲山(간위산)은 爲徑路(위경로), 爲小石(위소석), 爲門闕(위문궐), 爲果蓏(위과라), 爲閽寺(위혼사), 爲指(위지), 爲狗(위구), 爲鼠(위서), 爲黔喙之屬(위검훼지속), 其於木也(기어목야), 爲堅多節(위견다절)이라. 兌爲澤(태위택)은 爲少女(위소녀), 爲巫(위무), 爲口舌(위구설), 爲毁折(위훼절), 爲附決(위부결), 其於地也(기어지야), 爲剛鹵(위강로), 爲妾(위첩), 爲羊(위양)이라.

3) 第3段落의 原文解說

▶乾爲天(건위천)이고 • ☰乾은 하늘이 되는 것이고

爲圜(위환), 爲君(위군), 爲父(위부)이며 • 둥근 것이나 임금 그리고 아버지가 되는 것이며

爲玉(위옥), 爲金(위금), 爲寒(위한), 爲冰(위빙)이고 • 옥이나 금, 그리고 찬 것이나 얼음이 되는 것이고

爲大赤(위대적)이며 • 크게 붉은 것이 되는 것이며

爲良馬(위양마), 爲老馬(위노마)이고 • 좋은 말이나 늙은 말이 되는 것이고

爲瘠馬(위척마), 爲駁馬(위박마)이며 • 여윈 말이나 얼룩말이 되는 것이며

爲木果(위목과)라 • 나무의 과실이 되는 것이다.

▶坤爲地(곤위지)이고 • ☷坤은 땅이 되는 것이고

爲母(위모), 爲布(위포), 爲釜(위부)이며 • 어머니나 펴는 것 그리고 가마솥이 되는 것이며

爲吝嗇(위인색), 爲均(위균)이고 • 인색함이나 고른 것이 되는 것이고

爲子母牛(위자모우)이며 • 어미 소나 새끼소가 되는 것이며

爲大輿(위대여), 爲文(위문), 爲衆(위중)이고 • 큰 수레나 문장(彩) 그리고 무리=떼가 되는 것이고

爲柄(위병)이며 • 자루가 되는 것이며

其於地也(기어지야)이니 • 땅=地에 그러함이 있는 것이니

爲黑(위흑)이라 • 그러한 땅에 검은 빛이 됨인 것이다.

▶震爲雷(진위뢰)이고 • ☳震은 우레가 되는 것이고

爲龍(위룡), 爲玄黃(위현황)이며 • 용이나 검고 누른 것이 되는 것이며

爲敷(위부), 爲大塗(위대도), 爲長子(위장자)이고 • 펴는 것이나 큰 길 그리고 장자가 되는 것이고

爲決躁(위결조)이며 • 조급한 결단이 되는 것이며

爲蒼筤(위창랑), 竹(죽), 爲萑葦(위추위)이고 • 청죽이나 대나무 그
리고 갈대가 되는 것이고

其於馬也(기어마야), 爲善鳴(위선명)이며 • 그 말(馬)에 그러함이
잘 우는 것이 되는 것이며

爲馵足(위주족), 爲作足(위작족)이고 • 흰 발과 발을 젓는 것이 되
는 것이고

爲的顙(위적상)이며 • 이마에 흰털이 많은 것이며

其於稼也(기어가야)이니 • 경작하듯 稼穡(가색)함에 그러함이 있는
것이니

爲反生(위반생)이고 • 그렇게 심은 곳에 돌아와 생함이고

其究(기구), 爲健(위건)이니 • 궁극에는 굳셈이니

爲蕃鮮(위번선)이라 • 번성하고 뚜렷하게 고운 것이 되는 것이다.

▶巽爲木(손위목)이고 • ☴巽은 나무가 되는 것이고

爲風(위풍), 爲長女(위장녀)이며 • 바람과 장녀가 되는 것이며

爲繩直(위승직), 爲工(위공)이고 • 먹줄과 목공이 되는 것이고

爲白(위백), 爲長(위장), 爲高(위고)이며 • 흰색과 긴 것 그리고 높
음이 되는 것이며

爲進退(위진퇴), 爲不果(위불과)이고 • 진퇴나 불과단성(無實)이 되
는 것이고

爲臭(위취)이며 • 나쁜 소문이 되는 것이며

其於人也(기어인야)이니 • 사람에게 그러함이 있는 것이니

爲寡髮(위과발)이고 • 털이 적음이 되는 것이고

爲廣顙(위광상), 爲多白眼(위다백안)이며 • 넓은 이마나 눈에 흰자
가 많음이 되는 것이며

近利市三倍(근리시삼배)이니 • 이문(得)이 시장에서 3배에 가까운
것이 되는 것이니

其究(기구), 爲躁卦(위조괘)라 • 그래서 조급한 괘가 되는 것이다.

▶坎爲水(감위수)이고 • ☵坎은 물이 되는 것이고

爲溝瀆(위구독), 爲隱伏(위은복)이며 • 도랑이나 숨음＝엎드림이 되는 것이며

爲矯蝚(위교유), 爲弓輪(위궁륜)이고 • 바름이나 굽음 그리고 활이나 바퀴가 되는 것이고

其於人也(기어인야), 爲加憂(위가우)이며 • 그러한 사람에는 근심을 더함이 되는 것이며

爲心病(위심병), 爲耳痛(위이통)이고 • 심장병이나 귀앓이가 되는 것이고

爲血卦(위혈괘), 爲赤(위적)이며 • 혈괘나 붉은색이 되는 것이며

其於馬也(기어마야)이니 • 말(馬)에 그러함이 있는 것이니

爲美脊(위미척)이고 • 아름다운 등줄기가 되는 것이고

爲亟心(위극심), 爲下首(위하수)이며 • 급한 마음이나 머리를 떨어뜨림이 되는 것이며

爲薄蹄(위박제), 爲曳(위예)이고 • 얇은 발꿈치나 끄는 것이 되는 것이고

其於輿也(기어여야)이니 • 수레에 그러함이 있는 것이니

爲多眚(위다생)이며 • 재앙＝빌미가 많음이 되는 것이며

爲通(위통), 爲月(위월), 爲盜(위도)이고 • 통함이나 달 그리고 도적이 되는 것이고

其於木也(기어목야)이니 • 木에 그러함이 있는 것이니

爲堅多心(위견다심)이라 • 굳은 마음이나 多心이 되는 것이다.

▶離爲火(이위화)이고 • ☲離는 불이 되는 것이고

爲日(위일), 爲電(위전)이며 • 해나 번개가 되는 것이며

爲中女(위중녀) 爲甲冑(위갑주), 爲戈兵(위과병)이고 • 중녀나 갑옷＝투구 그리고 창이나 군사가 되는 것이고

其於人也(기어인야)이니 • 사람에게 그러함이 있는 것이니

爲大腹(위대복), 爲乾卦(위건괘)이고 • 큰 배나 건괘가 되는 것이고
爲鱉(위별), 爲蟹(위해), 爲贏(위라), 爲蚌(위방), 爲龜(위귀)이며
• 자라나 게 그리고 소라나 조개 또는 거북이가 되는 것이고
其於木也(기어목야)이니 • 木에 그러함이 있는 것이니
爲科上槁(위과상고)라 • 속이 비고 위가 마른 것이 되는 것이다.

▶艮爲山(간위산)이고 • ☶艮은 산이 되는 것이고
爲徑路(위경로), 爲小石(위소석), 爲門闕(위문궐)이며 • 작은 길=
지름길이나 작은 돌 그리고 작은 문=큰 문이 되는 것이며
爲果蓏(위과라)이고 • 과일이나 풀 그리고 열매가 되는 것이고
爲閽寺(위혼사), 爲指(위지)이며 • 내시나 손가락이 되는 것이며
爲狗(위구), 爲鼠(위서), 爲黔喙之屬(위검훼지속)이고 • 개와 쥐 그
리고 부리가 검은 부류의 짐승이 되는 것이고
其於木也(기어목야)이며 • 木에 그러함이 있는 것이니
爲堅多節(위견다절)이라 • 굳어서 마디가 많음인 것이다.

▶兌爲澤(태위택)이고 • ☱兌는 澤=못이 되는 것이고
爲少女(위소녀)이며 • 소녀가 되는 것이며
爲巫(위무), 爲口舌(위구설)이고 • 무당이나 구설수가 되는 것이고
爲毀折(위훼절)이며 • 헐고 끊어짐이 되는 것이며
爲附決(위부결)이고 • 아부나 결단이 되는 것이며
其於地也(기어지야)이니 • 地에 그러함이 있음인 것이니
爲剛鹵(위강로), 爲妾(위첩), 爲羊(위양)이라 • 굳셈과 짠 것 그리고
첩이나 양이 되는 것이다.

第2編

風水占典講讀 Ⅱ

(中級編–독음문과 단문구분)

第7章 天玉經
[楊筠松著]

第1節 天玉經內傳上原文과 短文區分 및 讀音文

1. 天玉經內傳上의 原文

江東一卦從來吉八神四個一江西一卦排龍位八神四個二南北八神共一卦端的應無差二十四龍管三卦莫與時師話忽然知得便通仙代代鼓駢天卦江東掌上尋知了尋千金地劃八卦誰能會水與山相對父母陰陽仔細尋前後相兼定前後相兼兩路看分定兩邊安卦內八卦不出位代代人尊貴向水流歸一路行到處有聲名龍行出卦無官貴不用勞心力祗把天醫福德裝未解見榮光倒排父母蔭龍位山向同流水十二陰陽一路排總是卦中來關天關地定雌雄富貴此中逢蒜天倒地對不同秘密在玄空三陽水向盡源流富貴永無休三陽六秀二神富立見入朝堂水到御街官便至神童狀元出印綬若然居水口御街近台輔鼓角隨流水艷艷紅貴上按三才并六運排定陰陽算下按玉輦桿門流龍去要回頭六見分明號六龍名姓達天聰正山正向流支上寡夭遭刑杖共路兩神為夫婦認取眞神路仙人秘密定陰陽便是正龍岡陰陽二字看零正坐向須知病若遇正神正位裝撥水入零堂零堂正向須知好認取來山腦水上排龍點位裝積栗萬餘倉正神百步始成龍水短便遭凶零神不問長和短吉凶不同斷父母排來到子息須生認剋水上排龍照位分兄弟更子孫二十四山分兩路認取五行生龍中交戰水中裝便是正龍

陽前面若無凶交破莫斷爲凶禍凶星看在何公頭仔細認由先定來山後定
向聯珠不相放須知細覓五行富貴結全龍五行若然蒜値向百年子孫旺陰
陽配合亦同論富貴此中尋東西父母三般卦算値千金價二十四路出高官
緋紫入長安父母不是未爲好無官只豪富父母排來看左右向手分休咎雙
山雙向水零神富貴永無貧若遇正神須敗絶五行當分別隔向一神仲子當
千萬細推詳若行公位看順逆接得方奇特公位若來見逆龍男女失其更看
父母下三吉三般卦第一

2. 天玉經內傳上의 短文區分과 讀音文

江東一卦從來吉 八神四個一 江西一卦排龍位 八神四個二南北八神
강동일괘종래길 팔신사개일 강서일괘배룡위 팔신사개이남북팔신
共一卦 端的應無差 二十四龍管三卦 莫與時師話忽然知得便通仙 代
공일괘 단적응무차 이십사룡관삼괘 막여시사화홀연지득편통선 대
代鼓騈 天卦江東掌上尋 知了尋千金地劃八卦誰能會 水與山相對 父
대고병 천괘강동장상심 지료심천금지획팔괘수능회 수여산상대 부
母陰陽仔細尋 前後相兼定前後相兼兩路看 分定兩邊安 卦內八卦不
모음양자세심 전후상겸정전후상겸량로간 분정량변안 괘내팔괘불
出位 代代人尊貴 向水流歸一路行 到處有聲名 龍行出卦無官貴 不
출위 대대인존귀 향수류귀일로행 도처유성명 룡행출괘무관귀 불
用勞心力 祗把天醫福德裝 未解見榮光 倒排父母蔭龍位 山向同流水
용로심력 지파천의복덕장 미해견영광 도배부모음룡위 산향동류수
十二陰陽一路排 總是卦中來 關天關地定雌雄 富貴此中逢 蒜天倒地
십이음양일로배 총시괘중래 관천관지정자웅 부귀차중봉 산천도지
對不同 秘密在玄空 三陽水向盡源流 富貴永無休 三陽六秀二神富
대불동 비밀재현공 삼양수향진원류 부귀영무휴 삼양륙수이신부

立見入朝堂 水到御街官便至 神童狀元出 印綬若然居水口 御街近台
립견입조당 수도어가괘펴지 신동상원춘 인수야연거수구 이가근대
輔 鼓角隨流水 艶艶紅 貴 上按三才幷六運 排定陰陽算 下按玉輦桿
보 고각수류수 염염홍 귀 상안삼재병륙운 배정음양산 하안옥련간
門流 龍去要回頭 六見分明號六龍 名姓達天聰 正山正向流支上 寡
문류 룡거요회두 륙견분명호륙룡 명성달천총 정산정향류지상 과
天遭刑杖 共路兩神爲夫婦 認取眞神路 仙人秘密定陰陽 便是正龍岡
요조형장 공로량신위부부 인취진신로 선인비밀정음양 편시정룡강
陰陽二字看零正 坐向須知病 若遇正神正位裝 撥水入零堂 零堂正
음양이자간령정 좌향수지병 약우정신정위장 발수입령당 령당정
向須知好 認取來山腦 水上排龍點位裝 積栗萬餘倉 正神百步始成龍
향수지호 인취래산뇌 수상배룡점위장 적률만여창 정신백보시성룡
水短便遭凶 零神不問長和短 吉凶不同斷 父母排來到子息 須生認剋
수단편조흉 령신불문장화단 길흉부동단 부모배래도자식 수생인극
水上排龍照位分 兄弟更子孫 二十四山分兩路 認取五行生 龍中交戰
수상배룡조위분 형제경자손 이십사산분량로 인취오행생 룡중교전
水中裝 便是正龍陽 前面若無凶交破 莫斷爲凶禍 凶星看在何公頭
수중장 편시정룡양 전면약무흉교파 막단위흉화 흉성간재하공두
仔細認 由 先定來山後定向 聯珠不相放 須知細覓五行 富貴結全龍
자세인 유 선정래산후정향 련주불상방 수지세멱오행 부귀결전룡
五行若然蒜値向 百年子孫旺 陰陽配合亦同論 富貴此中尋 東西父
오행약연산치향 백년자손왕 음양배합역동론 부귀차중심 동서부
母三般卦 算値千金價 二十四路出高官 緋紫入長安 父母不是未爲好
모삼반괘 산치천금가 이십사로출고관 비자입장안 부모불시미위호
無官只豪富 父母排來看左右 向手分休咎 雙山雙向水零神 富貴永
무관지호부 부모배래간좌우 향수분휴구 쌍산쌍향수령신 부귀영
無貧 若遇正神須敗絶 五行當分別 隔向一神仲子當 千萬細推詳 若

무빈 약우정신수패절 오행당분별 격향일신중자당 천만세추상 약
行公位看順逆 接得方奇特 公位若來見逆龍 男女失其 更看父母下三
행공위간순역 접득방기특 공위약래견역룡 남녀실기 경간부모하삼
吉 三般卦第一
길 삼반괘제일

第2節 天玉經內傳中原文과 短文區分 및 讀音文

1. 天玉經內傳中의 原文

二十四山起八宮貪巨武輔雄四邊盡是逃亡穴下後令人絕惟有星爲最貴
洩漏天機密天機若然安在內家活當富貴天機若然安在外家活漸退敗五
星配出九星名天下任橫行干維乾艮巽坤壬陽順星辰輪支神坎震離兌癸
陰卦逆行取分定陰陽歸兩路順逆推排去知生知死亦知貧留取敎兒孫天
地父母三般卦時師未曾話玄空大卦神仙說本是此經訣不說宗枝但亂傳
開口莫胡言若還不信此經文但覆古人墳分東西兩個卦會者傳天下學取
仙人經一宗切莫亂談空五行山下問來由入首便知分定子孫十二位災禍
相連值千災萬禍少人知剋者論宗枝五行位中出一位仔細秘中記假如來
龍骨不眞從此誤千人一個排來千百個莫把星辰錯龍要合向向合水水合
三吉位合祿合馬合官星本卦生旺尋合凶合吉合祥瑞何法能趨避但看太
歲是何神立地見分明成敗定斷何公位三合年中是排星仔細看五行看自
何卦生來山八卦不知八卦九星空順逆排來各不同天卦在其中甲庚丙壬
俱屬陽順推五行詳乙辛丁癸俱屬陰逆推論五行陰陽順逆不同途須向此
中求九星雙起雌雄異玄關眞妙處東西二卦眞神巽須知本向水本向本水

四神奇代代著緋衣水流出卦有何全一代作官員一折一代爲官祿二折二代福三折父母共長流馬卜錦衣遊馬上斬頭水出卦一代爲官罷直山直水去無蒜場務小官班

2. 天玉經內傳中의 短文區分과 讀音文

二十四山起八宮　貪巨武輔雄　四邊盡是逃亡穴　下後令人絶　惟有　星
이십사산기팔궁　탐거무보웅　사변진시도망혈　하후령인절　유유　성

爲最貴　洩漏天機密　天機若然安在內　家活當富貴　天機若然安在外
위최귀　설루천기밀　천기약연안재내　가활당부귀　천기약연안재외

家活漸退敗　五星配出九星名　天下任橫行　干維乾艮巽坤壬　陽順星辰
가활점퇴패　오성배출구성명　천하임횡행　간유건간손곤임　양순성진

輪　支神坎震離兌癸　陰卦逆行取　分定陰陽歸兩路　順逆推排去　知生
륜　지신감진리태계　음괘역행취　분정음양귀량로　순역추배거　지생

知死亦知貧　留取敎兒孫　天地父母三般卦　時師未曾話　玄空大卦神仙
지사역지빈　류취교아손　천지부모삼반괘　시사미증화　현공대괘신선

說　本是此經訣　不說宗枝但亂傳　開口莫胡言　若還不信此經文　但覆
설　본시차경결　불설종지단란전　개구막호언　약환불신차경문　단복

古人墳　分　東西兩個卦　會者傳天下　學取仙人經一宗　切莫亂談空　五
고인분　분　동서량개괘　회자전천하　학취선인경일종　절막란담공　오

行山下問來由　入首便知　分定子孫十二位　災禍相連値　千災萬禍少人
행산하문래유　입수편지　분정자손십이위　재화상련치　천재만화소인

知　剋者論宗枝　五行位中出一位　仔細秘中記　假如來龍骨不眞　從此
지　극자론종지　오행위중출일위　자세비중기　가여래룡골불진　종차

誤千人　一個排來千百個　莫把星辰錯　龍要合向向合水　水合三吉位
오천인　일개배래천백개　막파성진착　룡요합향향합수　수합삼길위

合祿合馬合官星 本卦生旺尋 合凶合吉合祥瑞 何法能趨避 但看太歲
합록합마합관성 본괘생왕심 합흉합길합상서 하법능추피 단간태세
是何神 立地見分明 成敗定斷何公位 三合年中是 排星仔細看五行
시하신 립지견분명 성패정단하공위 삼합년중시 배성자세간오행
看自何卦生 來山八卦不知 八卦九星空 順逆排來各不同 天卦在其中
간자하괘생 래산팔괘불지 팔괘구성공 순역배래각불동 천괘재기중
甲庚丙壬俱屬陽 順推五行詳 乙辛丁癸俱屬陰 逆推論五行 陰陽順逆
갑경병임구속양 순추오행상 을신정계구속음 역추론오행 음양순역
不同途 須向此中求 九星雙起雌雄異 玄關眞妙處 東西二卦眞神巽
불동도 수향차중구 구성쌍기자웅이 현관진묘처 동서이괘진신손
須知本向水 本向本水四神奇 代代著緋衣 水流出卦有何全 一代作
수지본향수 본향본수사신기 대대저비의 수류출괘유하전 일대작
官員 一折一代爲官祿 二折二代福 三折父母共長流 馬上錦衣遊 馬
관원 일절일대위관록 이절이대복 삼절부모공장류 마상금의유 마
上斬頭水出卦 一代爲官罷 直山直水去無蒜 場務小官班
상참두수출괘 일대위관파 직산직수거무산 장무소관반

第3節 天玉經內傳下原文과 短文區分 및 讀音文

1. 天玉經內傳下의 原文

乾山乾向水朝乾乾峰出狀元卯山卯向迎源水驟富石崇比午山午向午來
堂大將值邊疆坤山坤向水坤流富貴永無休辨得陰陽兩路行五星要分明
混鰍浪裡跳龍門渤海便蒜身依得四神爲第一官職無休息穴上八卦要知

情穴內卦裝淸要求富貴三般卦出卦家貧乏寅申巳亥水來長五行向中藏
辰戌丑未叩金龍動得永不窮若還借庫富後貧白庫樂長春大都星起何方
是五行長生旺大相對起高岡職位在學堂門官國華表起山水亦同例水秀
峰奇出大官四位一般看坎離水火中天過龍移帝座寶蓋鳳闕四維朝寶殿
登龍樓劫甲殺休犯著四墓多銷金枝玉葉四孟裝金廂玉印藏帝釋一神定
縣府紫微同八武倒排父母養龍神富貴萬餘春識得父母三般卦便是眞神
路北斗七星去打劫離宮要相合子午卯酉四龍岡作祖人財旺水長百里佐
君王水短便遭傷識得陰陽兩路行富貴達京城不識陰陽兩路行萬丈火坑
深前兼龍神前兼向聯珠莫相放後兼龍神後兼向排定陰陽算明得零神與
正神指日入靑雲不識零神與正神代代絕除根倒排父母是眞龍子息達天
聰順排父母倒子息代代人財退一龍宮中水便行子息受艱辛四三二一龍
逆去四子均榮貴龍行位遠主離鄉四位發經商時師不識星學只作天心撲
東邊財穀引歸西北到南方推老龍終日臥山中何當不易逢此是自家眼不
的亂把山岡覓世人不知天機秘洩破何益汝今傳得地中仙玄空妙難言
蒜天倒地更玄玄大卦不易傳更有收山出煞訣亦兼爲汝說相逢大地能幾
人個個是知心若還求地不種德穩口深藏

2. 天玉經內傳下의 短文區分과 讀音文

乾山乾向水朝乾 乾峰出狀元 卯山卯向迎源水 驟富石崇比 午山午向
건산건향수조건 건봉출상원 묘산묘향영원수 취부석숭비 오산오향
午來堂 大將値邊疆 坤山坤向水坤流 富貴永無休 辨得陰陽兩路行
오래당 대장치변강 곤산곤향수곤류 부귀영무휴 변득음양량로행
五星要分明 混鰍浪裡跳龍門 渤海便蒜身 依得四神爲第一 官職無休
오성요분명 혼추랑리도룡문 발해편산신 의득사신위제일 관직무휴
息 穴上八卦要知情 穴內卦裝淸 要求富貴三般卦 出卦家貧乏 寅申

식 혈상팔괘요지정 혈내괘장청 요구부귀삼반괘 출괘가빈핍 인신
巳亥水來長 五行向中藏 辰戌丑未叩金龍 動得永不窮 若還借庫富後
사해수래장 오행향중장 진술축미고금룡 동득영불궁 약환차고부후
貧 自庫樂長春 大都星起何方是 五行長生旺 大 相對起高岡 職位在
빈 자고악장춘 대도성기하방시 오행장생왕 대 상대기고강 직위재
學堂 門官國華表起 山水亦同例 水秀峰奇出大官 四位一般看 坎離
학당 문관국화표기 산수역동례 수수봉기출대관 사위일반간 감리
水火中天過 龍 移帝座 寶蓋鳳闕四維朝 寶殿登龍樓 劫弔殺休犯著
수화중천과 룡 이제좌 보개봉궐사유조 보전등룡루 겁조살휴범저
四墓多銷 金枝玉葉四孟裝 金廂玉印藏 帝釋一神定縣府 紫微同八武
사묘다소 금지옥엽사맹장 금상옥인장 제석일신정현부 자미동팔무
倒排父母養龍神 富貴萬餘春 識得父母三般卦 便是眞神路 北斗七星
도배부모양룡신 부귀만여춘 식득부모삼반괘 편시진신로 북두칠성
去打劫 離宮要相合 子午卯酉四龍岡 作祖人財旺 水長百里佐君王
거타겁 리궁요상합 자오묘유사룡강 작조인재왕 수장백리좌군왕
水短便遭傷 識得陰陽兩路行 富貴達京城 不識陰陽兩路行 萬丈火
수단편조상 식득음양량로행 부귀달경성 불식음양량로행 만장화
坑深 前兼龍神前兼向 聯珠莫相放 後兼龍神後兼向 排定陰陽算 明
갱심 전겸룡신전겸향 련주막상방 후겸룡신후겸향 배정음양산 명
得零神與正神 指日入靑雲 不識零神與正神 代代絶除根 倒排父母是
득령신여정신 지일입청운 불식령신여정신 대대절제근 도배부모시
眞龍 子息達天聰 順排父母倒子息 代代人財退 一龍宮中水便行 子
진룡 자식달천총 순배부모도자식 대대인재퇴 일룡궁중수편행 자
息受艱辛 四三二一龍逆去 四子均榮貴 龍行位遠主離鄕 四位發經商
식수간신 사삼이일룡역거 사자균영귀 룡행위원주리향 사위발경상
時師不識 星學 只作天心撲 東邊財穀引歸西 北到南方推 老龍終日
시사불식 성학 지작천심박 동변재곡인귀서 북도남방추 로룡종왈

臥山中 何當不易逢 此是自家眼不的 亂把山岡覓 世人不知天機秘
와산중 하당불역봉 차시자가안불적 란파산강멱 세인불지천기비

洩破有何益 汝今傳得地中仙 玄空妙難言 蒜天倒地更玄玄 大卦不易
설파유하익 여금전득지중선 현공묘난언 산천도지경현현 대괘불역

傳 更有收山出煞訣 亦兼爲汝說 相逢大地能幾人 個個是知心 若還
전 경유수산출살결 역겸위여설 상봉대지능기인 개개시지심 약환

求地不種德 穩口深藏
구지불종덕 온구심장

第8章 疑龍經
[楊筠松著]

第1節 疑龍經上篇原文과 短文區分 및 讀音文

1. 疑龍經上篇의 原文

疑龍何處最難疑尋得星峰却是枝.關峽從行幷護托矗矗槍旗左右隨.幹
上星峰金不作星峰龍法近虛詞.與君小釋狐疑處幹上尋龍眞可據.幹龍
長遠去無窮行到中間陽氣聚.面前山水又可愛背後護龍皆反背.君如就
此問疑龍此是幹龍迎送隊.譬如齎糧適千里豈無頓宿分內外.龍行長遠
去茫茫定有參隨部位長.凡有好山爲幹去枝龍盡處有旗旗.旗槍也是星
峰作圓淨尖方高更卓.就中尋穴穴却無幹去未休枝早落.枝龍身上亦可
裁半是虛花半是胎.若是虛花無朝應若是結實護纏回.護纏□要觀疊數
一疊回來龍身顧.莫便將爲眞實看此是護龍葉交互.三重五重抱回來此
就枝龍腰上做.幹龍猶自隨水去護送□不回顧棹.正龍身上不生峰有峰
皆是枝葉送.君如見此幹龍身的向幹龍窮處覓.君如尋得幹龍窮二水相
交穴受風.風吹水劫却非穴君如到此是疑龍.請君看水交纏處水外有山
來聚會.身顧母顧祖宗此是回龍轉身處□.宛轉回龍是掛鉤未作穴時先
作朝.朝山皆是宗與祖不擧千里遠穴前.穴前諸官皆拜揖千源萬派皆朝
入.此是尋龍大法門兩水夾來皆轉揖.尋龍何處使人疑尋得星峰却是枝.
枝葉亂來無正穴眞龍到處又疑非.只緣不識兩邊護却愛飛峰到脚隨.飛

峰斜落是龍脚脚上生峰一邊卓.眞龍平處無星峰兩邊生峰至難捉.背斜
面直號飛峰此是眞龍來從龍.一節生峰一節挿兩節雖反號寬峽.峽長繞
出眞龍前背後星峰又可憐.到此狐疑不能識請向正龍尋兩邊.兩邊起峰
爲護從正龍低平最貴重.星峰兩邊轉前揖揖在穴前爲我用.問君州縣正
身龍大浪橫江那有峰.起峰皆是兩邊脚去爲小穴爲村落.如此尋龍看兩
邊兩邊生脚未嘗偏.正身遠却中央去祿破文廉做關護.關門是爲有大小
破祿二星外爲是.祿存無祿作神壇破軍不破作近關.要尋大地尋關局關
局大小水口山.大凡尋龍要尋幹莫道無星又無換.君如不識枝幹龍每見
幹龍多延蔓.不知幹長纏亦長外出外縣山爲伴.尋龍千里非遠遞其次五
百三百里.先就輿圖看水源兩水夾來皆有氣.水源自是有長短長作軍州
短作縣.枝上節節是鄉村幹上時時斷復斷.分枝劈脈散亂去幹中有枝枝
復幹.凡有枝龍長百里百里周圍作一縣.百里各有小幹龍兩水峽來尋曲
岸.曲巖有水抱龍頭抱處好尋氣無散.到此先看水口山水口交牙內局寬.
便就寬容平處覓左右周圍無空斷.斷然有穴在此處更看朝水與朝山.朝
水與龍一般遠共祖同宗來作伴.客山千里來作朝朝在面前爲近案.如是
朝迎情性眞將相公侯立可斷.尋得眞龍不識穴不識穴時總空說.識龍識
穴始爲眞下着眞龍官不絶.眞龍隱拙穴難尋惟有朝山識倖心.朝若高時
高處點朝若低時低處針.朝山亦自有眞假若是眞時特來也.若是假時山
不來徒愛尖圓巧如畫.若有眞朝來入懷不必尖圓如龍馬.惟要低昂起伏
來不愛尖傾直去者.直去名爲墜朝山雖見尖圓也是間.譬如貴人背面立
與我情意不相關.亦有橫列爲朝者若是橫朝似倚□.前山橫過脚分枝枝
上作朝首先下.首下作峰或尖圓隻隻來朝列我前.大作排牙小作列如魚
駢頭蠶比肩.朝餘却去作水口與我後纏兩相湊.交牙護斷水不流不放一
山一水走.到此尋穴定明堂明堂橫直細推詳.明堂已向前篇說更就此篇
重辨別.明堂惜水如惜血穴裏避風如避賊.莫令凹缺被風吹莫使溜牙遭
水劫.橫城寬抱有垣星更以三垣論交結.交結多時垣氣深.交結少時垣局
洩.長垣便是橫朝班局心便是明堂山鉤鈴垂脚向垣口北面重重尊聖顏

大抵山形雖在地.地有精光屬星次.體魂在地光在天識得星光眞精藝.明
堂惜水如惜血穴裏避風如避賊莫令穴缺被風吹莫使溜牙遭水劫.問君
如何辨明堂外山抱裏內平洋.也有護關亦如此君若到此細推詳.時師每
到關峽裏山水周圍秀且麗.躊躇四顧說明堂妄指橫山作眞地.不知關峽
自周圍只是護關堂洩氣.洩氣之法妙何觀左右雖回外無此.是正龍護關
峽莫莫將堂局此中看.與君細論明堂樣明堂須要之玄放.明堂遠曲如遠
繩遠在穴前須內向.內向之水抱身橫對面抱來弓帶象.上山下來下山上
中有吉穴隨形向.形若眞時穴始眞形若不眞是虛□.虛之山看兩邊兩兩
邊虛穴亦如然.外纏不轉內托邐.此是貴龍形氣散.龍虎背後有衣裙此是
官□拜舞袖.雖然有袖穴不見官不離鄉任何受.貴龍行處有氈褥氈褥之
龍富貴局.門君氈褥如何分龍下有坪如驚裙.譬如貴人有拜席又如僧道
壇具伸.眞龍到穴有□褥便是枝龍山富足.此是神仙識貴龍莫道肥龍多
息肉.瘦龍雖是孤寒山也有瘦龍出高官.肥龍須作貴龍體也有肥龍反凌
替.問君肥瘦如何分莫把雌雄妄輕議.大戴亦嘗有此言溪谷爲牝低伏□.
岡陵爲牡必雄峙不知肥瘦有殊分.漢儒以山論夫婦夫山高峻婦低去.此
是儒家論尊卑便是龍家雌雄語.大抵肥龍要瘦護瘦龍也要肥龍御.瘦龍
若有□褥形千里封侯居此地.敢將禹跡來問君輿圖之上要細尋.論龍論
脈尤論勢地勢如何却屬坤.若以山川分兩界黃河川江兩源派.其中有枝
濟與河淮漢湘水亦長源.幹中有枝枝有幹長者入海短入垣.若以幹龍會
大盡太行碣石至海又.又有高山入韋嶺又分汝穎河流吞.南幹分枝入海
內河北河束皆不背.蔥嶺連綿入桂連又入衡陽到江邊.其間屈曲分臂去
不知多少枝葉繁.又分□一入東海又登碣石會爲垣.一枝分送入海門幹
龍盡在江陰墳.若以幹龍爲至貴東南沿海天中尊.如何垣星不在彼多在
枝龍身上分.到彼枝幹又難辨枝上多爲州與縣.京都多是在中原海岸山
窮風蕩散.君如要識枝幹龍更看疑龍中下卷.

2. 疑龍經上篇의 短文區分과 讀音文

疑龍何處最難疑
의룡하처최난의
幹上星峰金不作
간상성봉금부작
幹龍長遠去無窮
간룡장원거무궁
君如就此問疑龍
군여취차문의룡
龍行長遠去茫茫
룡행장원거망망
旗槍也是星峰作
기창야시성봉작
枝龍身上亦可裁
지룡신상역가재
護纏□要觀疊數
호전□요관첩수
三重五重抱回來
삼중오중포회래
正龍身上不生峰
정룡신상부생봉
君如尋得幹龍窮
군여심득간룡궁
請君看水交纏處
청군간수교전처
宛轉回龍是掛鉤

尋得星峰却是枝
심득성봉각시지
星峰龍法近虛詞
성봉용법근허사
行到中間陽氣聚
행도중간양기취
此是幹龍迎送隊
차시간룡영송대
定有參隨部位長
정유참수부위장
圓淨尖方高更卓
원정첨방고경탁
半是虛花半是胎
반시허화반시태
一疊回來龍身顧
일첩회래룡신고
此就枝龍腰上做
차취지룡요상주
有峰皆是枝葉送
유봉개시지엽송
二水相交穴受風
이수상교혈수풍
水外有山來聚會
수외유산래취회
未作穴時先作朝

關峽從行幷護托
관협종행병호탁
與君小釋狐疑處
여군소석호의처
面前山水又可愛
면전산수우가애
譬如齋糧適千里
비여재량적천리
凡有好山爲幹去
범유호산위간거
就中尋穴穴却無
취중심혈혈각무
若是虛花無朝應
약시허화무조응
莫便將爲眞實看
막편장위진실간
幹龍猶自隨水去
간룡유자수수거
君如見此幹龍身
군여견차간룡신
風吹水劫却非穴
풍취수겁각비혈
身顧母顧祖宗此
신고모고조종차
朝山皆是宗與祖

矗矗槍旗左右隨
촉촉창기좌우수
幹上尋龍眞可據
간상심룡진가거
背後護龍皆反背
배후호룡개반배
豈無頓宿分內外
기무돈숙분내외
枝龍盡處有旗旗
지룡진처유기기
幹去未休枝早落
간거미휴지조락
若是結實護纏回
약시결실호전회
此是護龍葉交互
차시호룡엽교호
護送□不回顧棹
호송□부회고도
的向幹龍窮處覓
적향간룡궁처멱
君如到此是疑龍
군여도차시의룡
是回龍轉身處□
시회룡전신처□
不擧千里遠穴前

완전회룡시괘구 미작혈시선작조. 조산개시종여조 부거천리원혈전.

穴前諸官皆拜揖 千源萬派皆朝入. 此是尋龍大法門 兩水夾來皆轉揖.

혈전제관개배읍 천원만파개조입. 차시심룡대법문 양수협래개전읍.

尋龍何處使人疑 尋得星峰却是枝. 枝葉亂來無正穴 眞龍到處又疑非.

심룡하처사인의 심득성봉각시지. 지엽난래무정혈 진룡도처우의비.

只緣不識兩邊護 却愛飛峰到脚隨. 飛峰斜落是龍脚 脚上生峰一邊卓.

지연부식양변호 각애비봉도각수. 비봉사락시룡각 각상생봉일변탁.

眞龍平處無星峰 兩邊生峰至難捉. 背斜面直號飛峰 此是眞龍夾從龍.

진룡평처무성봉 양변생봉지난착. 배사면직호비봉 차시진룡협종룡.

一節生峰一節揷 兩節雖長號寬峽. 峽長繞出眞龍前 背後星峰又可憐.

일절생봉일절삽 양절수장호관협. 협장요출진룡전 배후성봉우가련.

到此狐疑不能識 請向正龍尋兩邊. 兩邊起峰爲護從 正龍低平最貴重.

도차호의부능식 청향정룡심양변. 양변기봉위호종 정룡저평최귀중.

星峰兩邊轉前揖 揖在穴前爲我用. 問君州縣正身龍 大浪橫江那有峰.

성봉양변전전읍 읍재혈전위아용. 문군주현정신룡 대랑횡강나유봉.

起峰皆是兩邊脚 去爲小穴爲村落. 如此尋龍看兩邊 兩邊生脚未嘗偏.

기봉개시양변각 거위소혈위촌락. 여차심룡간양변 양변생각미상편.

正身遠却中央去 祿破文廉做關護. 關門是爲有大小 破祿二星外爲是.

정신원각중앙거 록파문염주관호. 관문시위유대소 파록이성외위시.

祿存無祿作神壇 破軍不破作近關. 要尋大地尋關局 關局大小水口山.

록존무록작신단 파군부파작근관. 요심대지심관국 관국대소수구산.

大凡尋龍要尋幹 莫道無星又無換. 君如不識枝幹龍 每見幹龍多延蔓.

대범심룡요심간 막도무성우무환. 군여부식지간룡 매견간룡다연만.

不知幹長纏亦長 外出外縣山爲伴. 尋龍千里非遠遞 其次五百三百里.

부지간장전역장 외출외현산위반. 심룡천리비원체 기차오백삼백리.

先就輿圖看水源 兩水夾來皆有氣. 水源自是有長短 長作軍州短作縣.

선취여도간수원 양수협래개유기. 수원자시유장단 장작군주단작현.

枝上節節是鄕村　幹上時時斷復斷.　分枝劈脈散亂去　幹中有枝枝復幹.
지상절절시향촌　간상시시단부단.　본지벽맥산난서　산중유지지부간.

凡有枝龍長百里　百里周圍作一縣.　百里各有小幹龍　兩水峽來尋曲岸.
범유지룡장백리　백리주위작일현.　백리각유소간룡　양수협래심곡안.

曲巖有水抱龍頭　抱處好尋氣無散.　到此先看水口山　水口交牙內局寬.
곡암유수포룡두　포처호심기무산.　도차선간수구산　수구교아내국관.

便就寬容平處覓　左右周圍無空斷.　斷然有穴在此處　更看朝水與朝山.
편취관용평처멱　좌우주위무공단.　단연유혈재차처　경간조수여조산.

朝水與龍一般遠　共祖同宗來作伴.　客山千里來作朝　朝在面前爲近案.
조수여룡일반원　공조동종래작반.　객산천리래작조　조재면전위근안.

如是朝迎情性眞　將相公侯立可斷.　尋得眞龍不識穴　不識穴時總空說.
여시조영정성진　장상공후립가단.　심득진룡부식혈　부식혈시총공설.

識龍識穴始爲眞　下着眞龍官不絶.　眞龍隱拙穴難尋　惟有朝山識倖心.
식룡식혈시위진　하착진룡관부절.　진룡은졸혈난심　유유조산식행심.

朝若高時高處點　朝若低時低處針.　朝山亦自有眞假　若是眞時特來也.
조약고시고처점　조약저시저처침.　조산역자유진가　약시진시특래야.

若是假時山不來　徒愛尖圓巧如畵.　若有眞朝來入懷　不必尖圓如龍馬.
약시가시산부래　도애첨원교여화.　약유진조래입회　부필첨원여룡마.

惟要低昂起伏來　不愛尖傾直去者.　直去名爲墜朝山　雖見尖圓也是間.
유요저앙기복래　부애첨경직거자.　직거명위추조산　수견첨원야시간.

譬如貴人背面立　與我情意不相關.　亦有橫列爲朝者　若是橫朝似偖□
비여귀인배면립　여아정의부상관.　역유횡열위조자　약시횡조사아□

前山橫過脚分枝　枝上作朝首先下.　首下作峰或尖圓　隻隻來朝列我前.
전산횡과각분지　지상작조수선하.　수하작봉혹첨원　척척래조열아전.

大作排牙小作列　如魚駢頭蠶比肩.　朝餘却去作水口　與我後纏兩相湊.
대작배아소작열　여어병두잠비견.　조여각거작수구　여아후전양상주.

交牙護斷水不流　不放一山一水走.　到此尋穴定明堂　明堂橫直細推詳.
교아호단수불류　부방일산일수주.　도차심혈정명당　명당횡직세추상.

교아호단수부류 부방일산일수주. 도차심혈정명당 명당횡직세추상.
明堂已向前篇說 更就此篇重辨別. 明堂惜水如惜血 穴裏避風如避賊.
명당이향전편설 경취차편중변별. 명당석수여석혈 혈리피풍여피적.
莫令凹缺被風吹 莫使溜牙遭水劫. 橫城寬抱有垣星 更以三垣論交結.
막령요결피풍취 막사류아조수겁. 횡성관포유원성 경이삼원론교결.
交結多時垣氣深. 交結少時垣局洩. 長垣便是橫朝班 局心便是明堂山.
교결다시원기심. 교결소시원국설. 장원편시횡조반 국심편시명당산.
鉤鈴垂脚向垣口 北面重重尊聖顔 大抵山形雖在地. 地有精光屬星次.
구령수각향원구 북면중중존성안 대저산형수재지. 지유정광속성차.
體魂在地光在天 識得星光眞精藝. 明堂惜水如惜血 穴裏避風如避賊.
체혼재지광재천 식득성광진정예. 명당석수여석혈 혈리피풍여피적.
莫令穴缺被風吹 莫使溜牙遭水劫. 問君如何辨明堂 外山抱裏內平洋.
막령혈결피풍취 막사유아조수겁. 문군여하변명당 외산포이내평양.
也有護關亦如此 君若到此細推詳. 時師每到關峽裏 山水周圍秀且麗.
야유호관역여차 군약도차세추상. 시사매도관협이 산수주위수차려.
躊躇四顧說明堂 妄指橫山作眞地. 不知關峽自周圍 只是護關堂洩氣.
주저사고설명당 망지횡산작진지. 부지관협자주위 지시호관당설기.
洩氣之法妙何觀 左右雖回外無此. 是正龍護關峽莫 莫將堂局此中看.
설기지법묘하관 좌우수회외무차. 시정룡호관협막 막장당국차중간.
君細論明堂樣 明堂須要之玄放. 明堂遠曲如遠繩 遠在穴前須內向.
여군세론명당양 명당수요지현방. 명당원곡여원승 원재혈전수내향.
內向之水抱身橫 對面抱來弓帶象. 上山下來下山上 中有吉穴隨形向.
내향지수포신횡 대면포래궁대상. 상산하래하산상 중유길혈수형향.
形若眞時穴始眞 形若不眞是虛□. 虛之山看兩邊兩 兩邊虛穴亦如然.
형약진시혈시진 형약부진시허□. 허지산간양변양 양변허혈역여연.
外纏不轉內托邐. 此是貴龍形氣散. 龍虎背後有衣裙 此是官□拜舞袖.
외전부전내탁라. 차시귀룡형기산. 용호배후유의군 차시관□배무수.

雖然有袖穴不見
수연유수혈부견
門君氈褥如何分
문군전욕여하분
眞龍到穴有□褥
진룡도혈유□욕
瘦龍雖是孤寒山
수룡수시고한산
問君肥瘦如何分
문군비수여하분
岡陵爲牡必雄峙
강능위모필웅치
此是儒家論尊卑
차시유가론존비
瘦龍若有□褥形
수룡약유□욕형
論龍論脈尤論勢
론룡론맥우론세
其中有枝濟與河
기중유지제여하
若以幹龍會大盡
약이간룡회대진
南幹分枝入海內
남간분지입해내
其間屈曲分臂去
기간굴곡분비거
一枝分送入海門

官不離鄉任何受
관부리향임하수
龍下有坪如鱉裙
룡하유평여별군
便是枝龍山富足
편시지룡산부족
也有瘦龍出高官
야유수룡출고관
莫把雌雄妄輕議
막파자웅망경의
不知肥瘦有殊分
부지비수유수분
便是龍家雌雄語
편시룡가자웅어
千里封侯居此地
천리봉후거차지
地勢如何却屬坤
지세여하각속곤
淮漢湘水亦長源
회한상수역장원
太行碣石至海又
태행갈석지해우
河北河束皆不背
하북하속개부배
不知多少枝葉繁
부지다소지엽번
幹龍盡在江陰墳

貴龍行處有氈褥
귀룡행처유전욕
譬如貴人有拜席
비여귀인유배석
此是神仙識貴龍
차시신선식귀룡
肥龍須作貴龍體
비룡수작귀룡체
大戴亦嘗有此言
대대역상유차언
漢儒以山論夫婦
한유이산론부부
大抵肥龍要瘦護
대저비룡요수호
敢將禹跡來問君
감장우적래문군
若以山川分兩界
약이산천분양계
幹中有枝枝有幹
간중유지지유간
又有高山入韋嶺
우유고산입위령
蔥嶺連綿入桂連
총령연면입계연
又分□一入東海
우분□일입동해
若以幹龍爲至貴

氈褥之龍富貴局
전욕지룡부귀국
又如僧道壇具伸
우여승도단구신
莫道肥龍多息肉
막도비룡다식육
也有肥龍反凌替
야유비룡반능체
溪谷爲牝低伏□
계곡위빈저복□
夫山高峻婦低去
부산고준부저거
瘦龍也要肥龍御
수룡야요비룡어
輿圖之上要細尋
여도지상요세심
黃河川江兩源派
황하천강양원파
長者入海短入垣
장자입해단입원
又分汝潁河流吞
우분여영하류탄
又入衡陽到江邊
우입형양도강변
又登碣石會爲垣
우등갈석회위원
東南沿海天中尊

일지분송입해문 간룡진재강음분. 약이간룡위지귀 동남연해천중존.
如何垣星不在彼 多在枝龍身上分. 到彼枝幹又難辨 枝上多爲州與縣.
여하원성부재피 다재지룡신상분. 도피지간우난변 지상다위주여현.
京都多是在中原 海岸山窮風蕩散. 君如要識枝幹龍 更看疑龍中下卷.
경도다시재중원 해안산궁풍탕산. 군여요식지간룡 경간의룡중하권.

第2節 疑龍經中篇原文과 讀音文

1. 疑龍經中篇의 原文

雖然已識枝中幹長作京都短作縣地中有幹幹有枝心裏能明口能辨只恐
尋龍到此窮兩水夾來風蕩散也有方州幷大邑直到水窮山絶巖也有城隍
一都會深在山原僻畔今日君尋到水窮砂礫坦然纏護竄右尋無穴左無形
無穴無形却尋轉尋轉分枝上覓穴惟見縱橫枝葉亂也識轉換也識纏也識
護托也識斷只是疑難捉穴穴若假時無正案到此之時心生疑若遇高明能
剖判爲君決破之疑心枝幹亂時分背面假如兩水夾龍來便看外纏那邊回
纏山纏水回抱處背底纏山纏水護纏亦自有大小大小隨龍長短來龍長纏
護亦長遠龍短纏護亦近大抵纏山必回轉莫把明堂向外裁曲轉之形必是
面只恐朝山塞不開尋得纏護分明了更看落頭尋要妙纏山纏水如屛向前
寬闊看多少纏水纏山作案山只恐明堂狹不寬山回水抱雖似面浪打風吹
巖壁寒請君來此看背面水割石巖龍背轉若是面時寬且平若是背時多巖
面時平坦中立穴局內必定朝水緩紆環抱入懷來不似背變風蕩散君如識
得背面時枝幹尋龍無可疑寬平大曲處尋穴此爲大地斷無疑詳看朝迎在
何處中有橫過水城聚背後纏水與山回相合前朝水相隨後纏抱來結水口

前頭生脚來相湊兩山兩水作一關更看羅星識先後羅星亦自有首尾首逆
上頭尾拖水如此尋穴與尋龍不落空亡與失踪秤定上下左右手的有眞龍
在此中忽然數山皆逼水水夾數山來相從君如看到護送山上坡下坡事一
同無疑上坡是眞穴看來下坡亦藏風二疑更看上下轉山水轉抱是眞龍夾
龍身上亦作穴此處恐是雙雌雄雖作兩穴分貴賤分高分下更分中也有眞
形無朝水只看朝山爲近侍朝水案外暗循環此穴自非中下地只愛案山逼
水轉不愛順流隨水勢順流隨水案無力此處名爲破城裏若是逆水作案山
關得外垣無走氣也有眞形無朝山只要諸水聚其間汪汪萬項明堂外內局
周回如抱環鉤鈴鍵閉不漏泄內氣無容外氣殘外陽朝海拱辰入內氣端然
龍虎安枝幹之龍識背面位極人臣世襲官總饒已能分背面面得寬平背崖
巖假如兩水夾龍來屈曲身勢大轉一回頓伏一身一回轉換一回斷兩邊皆
有山水朝兩邊皆有水抱巖兩邊皆有穴形眞兩邊皆有山水案兩邊朝迎皆
可觀兩邊明堂皆入選兩邊纏護一般來兩手下邊皆回轉此山背面未易分
心下疑又難判不應兩邊皆立穴大小豈容無貴賤只緣花穴使人疑更看護
身脚各辨莫來此處談眞龍兩水夾來龍必轉逆轉之龍有鬼山鬼山抱脚皆
後環識得背面更識鬼識鬼之外更識官大凡幹龍行盡處外山隔水來相顧
幹龍若是有鬼山回轉向前寬處安凡山大曲水大轉必有王侯居此間也有
幹龍夾兩水更不回頭直爲地只是兩護必不同定有護關交結秘幹龍行盡
若無鬼須看衆水聚何處衆水聚處是明堂左右交牙鎖眞氣如此明堂雖是
眞鎖結交牙誠可貴問君疑龍何處難兩水之中必有山兩山之中必有水山
水相夾是機源假如十條山同聚必有十水歸一處其間一水是出門九山同
來作門戶東行看西西山好西上看東東山妙南山望見北上山山奇水秀疑
似間北上看見南山水矗矗尖奇秀且麗君如遇見此處時兩水夾來何處是
與君更爲何分別先分貴賤星羅列更須參究龍短長又看頓伏星善良尊星
不肯爲朝見從龍雖來撓掉藏貴龍重重出入帳賤龍無帳空雄強十山九水
難同聚貴龍居中必異常問君如何分貴賤眞龍不肯爲朝見凡有星峰去作
朝此龍骨裏福潛消譬如吏兵與臣僕終朝起庭前伏那有精神立自身時師

只設同關局朝山護送豈無穴輕重多與貴龍別龍無貴賤只論長纏龍遠出
前更强若徒論長不論貴纏龍有穴反爲良只恐尋龍易壓雖有眼力無脚力
若不窮源論祖宗也尋頓伏識眞踪古人尋龍尋頓伏益緣頓伏生尖曲曲轉
之餘必生枝枝上必爲小關局譬如人行適千里豈無解鞍幷頓宿頓宿之所
雖未住亦有從行幷部曲頓伏移換幷退却看山面何方下移換却須尋回山
山回却有迎送還迎送相從識龍面龍身背上是纏山纏山轉來龍抱體此中
尋穴又何難古人建都與建邑先尋頓伏識龍關升虛望楚與陟此是尋頓與
山面降觀於桑與降原此是尋伏下平田度其夕陽揆以日南北東西向無尖
乃陟南岡景於京此是望穴識龍形陟彼百泉觀水去陟彼溥原觀水聚或陟
南岡與太原是尋頓伏非苟然古人卜宅貴詳審經肯分明與後傳

2. 疑龍經中篇의 讀音文

雖然已識枝中幹長作京都短作縣地中有幹幹有枝心裏能明口能辨只恐
수연이식지중간장작경도단작현지중유간간유지심리능명구능변지공
尋龍到此窮兩水夾來風蕩散也有方州幷大邑直到水窮山絶巖也有城隍
심룡도차궁양수협래풍탕산야유방주병대읍직도수궁산절암야유성황
一都會深在山原僻畔今日君尋到水窮砂礫坦然纏護竄右尋無穴左無形
일도회심재산원벽반금일군심도수궁사력탄연전호찬우심무혈좌무형
無穴無形却尋轉尋轉分枝上覓穴惟見縱橫枝葉亂也識轉換也識纏也識
무혈무형각심전심전분지상멱혈유견종횡지엽난야식전환야식전야식
護托也識斷只是疑難捉穴穴若假時無正案到此之時心生疑若遇高明能
호탁야식단지시의난착혈혈약가시무정안도차지시심생의약우고명능
剖判爲君決破之疑心枝幹亂時分背面假如兩水夾龍來便看外纏那邊回
부판위군결파지의심지간난시분배면가여양수협용래편간외전나변회
纏山纏水回抱處背底纏山纏水護纏亦自有大小大小隨龍長短來龍長纏
전산전수회포처배저전산전수호전역자유대소대소수룡장단래룡장전

전산전수회포처배저전산전수호전역자유대소대소수룡장단래룡장전
護亦長遠龍短纏護亦近大抵纏山必回轉莫把明堂向外裁曲轉之形必是
호역장원룡단전호역근대저전산필회전막파명당향외재곡전지형필시
面只恐朝山塞不開尋得纏護分明了更看落頭尋要妙纏山纏水如屛向前
면지공조산새부개심득전호분명료경간락두심요묘전산전수여병향전
寬闊看多少纏水纏山作案山只恐明堂狹不寬山回水抱雖似面浪打風吹
관활간다소전수전산작안산지공명당협부관산회수포수사면랑타풍취
巖壁寒請君來此看背面水割石巖龍背轉若是面時寬且平若是背時多巖
암벽한청군래차간배면수할석암룡배전약시면시관차평약시배시다암
面時平坦中立穴局內必定朝水緩紆環抱入懷來不似背變風蕩散君如識
면시평탄중립혈국내필정조수완우환포입회래부사배변풍탕산군여식
得背面時枝幹尋龍無可疑寬平大曲處尋穴此爲大地斷無疑詳看朝迎在
득배면시지간심룡무가의관평대곡처심혈차위대지단무의상간조영재
何處中有橫過水城聚背後纏水與山回相合前朝水相隨後纏抱來結水口
하처중유횡과수성취배후전수여산회상합전조수상수후전포래결수구
前頭生脚來相湊兩山兩水作一關更看羅星識先後羅星亦自有首尾首逆
전두생각래상주양산양수작일관경간라성식선후라성역자유수미수역
上頭尾拖水如此尋穴與尋龍不落空亡與失踪秤定上下左右手的有眞龍
상두미타수여차심혈여심룡부락공망여실종칭정상하좌우수적유진룡
在此中忽然數山皆逼水水夾數山來相從君如看到護送山上坡下坡事一
재차중홀연수산개핍수수협수산래상종군여간도호송산상파하파사일
同無疑上坡是眞穴看來下坡亦藏風二疑更看上下轉山水轉抱是眞龍夾
동무의상파시진혈간래하파역장풍이의경간상하전산수전포시진룡협
龍身上亦作穴此處恐是雙雌雄雖作兩穴分貴賤分高分下更分中也有眞
룡신상역작혈차처공시쌍자웅수작양혈분귀천분고분하경분중야유진
形無朝水只看朝山爲近侍朝水案外暗循環此穴自非中下地只愛案山逼
형무조수지간조산위근시조수안외암순환차혈자비중하지지애안산핍

水轉不愛順流隨水勢順流隨水案無力此處名爲破城裏若是逆水作案山
수전부애순류수수세순류수수안무력차처명위파성리약시역수작안산

關得外垣無走氣也有眞形無朝山只要諸水聚其間汪汪萬項明堂外內局
관득외원무주기야유진형무조산지요제수취기간왕왕만항명당외내국

周回如抱環鉤鈴鍵閉不漏泄內氣無容外氣殘外陽朝海拱辰入內氣端然
주회여포환구령건폐부누설내기무용외기잔외양조해공진입내기단연

龍虎安枝幹之龍識背面位極人臣世襲官總饒已能分背面面得寬平背崖
룡호안지간지룡식배면위극인신세습관총요이능분배면면득관평배애

巖假如兩水夾龍來屈曲身勢大轉一回頓伏一身一回轉換一回斷兩邊皆
암가여양수협룡래굴곡신세대전일회돈복일신일회전환일회단양변개

有山水朝兩邊皆有水抱巖兩邊皆有穴形眞兩邊皆有山水案兩邊朝迎皆
유산수조양변개유수포암양변개유혈형진양변개유산수안양변조영개

可觀兩邊明堂皆入選兩邊繩護一般來兩手下邊皆回轉此山背面未易分
가관양변명당개입선양변전호일반래양수하변개회전차산배면미역분

心下疑又難判不應兩邊皆立穴大小豈容無貴賤只緣花穴使人疑更看護
심하의우난판부응양변개립혈대소기용무귀천지연화혈사인의경간호

身脚各辨莫來此處談眞龍兩水夾來龍必轉逆轉之龍有鬼山鬼山抱脚皆
신각각변막래차처담진룡양수협래용필전역전지용유귀산귀산포각개

後環識得背面更識鬼識鬼之外更識官大凡幹龍行盡處外山隔水來相顧
후환식득배면경식귀식귀지외경식관대범간룡행진처외산격수래상고

幹龍若是有鬼山回轉向前寬處安凡山大曲水大轉必有王侯居此間也有
간룡약시유귀산회전향전관처안범산대곡수대전필유왕후거차간야유

幹龍夾兩水更不回頭直爲地只是兩護必不同定有護關交結秘幹龍行盡
간룡협양수경부회두직위지지시양호필부동정유호관교결비간룡행

若無鬼須看衆水聚何處衆水聚處是明堂左右交牙鎖眞氣如此明堂雖是
약무귀수간중수취하처중수취처시명당좌우교아쇄진기여차명당수시

眞鎖結交牙誠可貴問君疑龍何處難兩水之中必有山兩山之中必有水山
진쇄결교아성가귀문군의룡하처난양수지중필유산양산지중필유수산

진쇄결교아성가귀문군의룡하처난양수지중필유산양산지중필유수산
水相夾是機源假如十條山同聚必有十水歸　　處其間一小是出門九山同
수상협시기원가여십조산동취필유십수귀일처기간일수시출문구산동
來作門戶東行看西西山好西上看東東山妙南山望見北上山山奇水秀疑
래작문호동행간서서산호서상간동동산묘남산망견북상산산기수수의
似間北上看見南山水矗矗尖奇秀且麗君如遇見此處時兩水夾來何處是
사간북상간견남산수촉촉첨기수차려군여우견차처시양수협래하처시
與君更爲何分別先分貴賤星羅列更須參究龍短長又看頓伏星善良尊星
여군경위하분별선분귀천성라열경수참구룡단장우간돈복성선량존성
不肯爲朝見從龍雖來撓掉藏貴龍重重出入帳賤龍無帳空雄強十山九水
부긍위조견종룡수래요도장귀룡중중출입장천룡무장공웅강십산구수
難同聚貴龍居中必異常問君如何分貴賤眞龍不肯爲朝見凡有星峰去作
난동취귀룡거중필이상문군여하분귀천진룡부긍위조견범유성봉거작
朝此龍骨裏福潛消譬如吏兵與臣僕終朝起庭前伏那有精神立自身時師
조차룡골리복잠소비여리병여신복종조기정전복나유정신립자신시사
只設同關局朝山護送豈無穴輕重多與貴龍別龍無貴賤只論長纏龍遠出
지설동관국조산호송기무혈경중다여귀룡별룡무귀천지론장전룡원출
前更強若徒論長不論貴纏龍有穴反爲良只恐尋龍易壓雖有眼力無脚力
전경강약도론장부론귀전룡유혈반위량지공심룡역압수유안력무각력
若不窮源論祖宗也尋頓伏識眞踪古人尋龍尋頓伏益緣頓伏生尖曲曲轉
약부궁원론조종야심돈복식진종고인심룡심돈복익연돈복생첨곡곡전
之餘必生枝枝上必爲小關局譬如人行適千里豈無解鞍幷頓宿頓宿之所
지여필생지지상필위소관국비여인행적천리기무해안병돈숙돈숙지소
雖未住亦有從行幷部曲頓伏移換幷退却看山面何方下移換却須尋回山
수미주역유종행병부곡돈복이환병퇴각간산면하방하이환각수심회산
山回却有迎送還迎送相從識龍面龍身背上是纏山纏山轉來龍抱體此中
산회각유영송환영송상종식룡면룡신배상시전산전산전래룡포체차중

尋穴又何難古人建都與建邑先尋頓伏識龍關升虛望楚與陟此是尋頓與
심혈우하난고인건도여건읍선심돈복식룡관승허망초여척차시심돈여
山面降觀於桑與降原此是尋伏下平田度其夕陽揆以日南北東西向無尖
산면강관어상여강원차시심복하평전도기석양규이일남북동서향무첨
乃陟南岡景於京此是望穴識龍形陟彼百泉觀水去陟彼溥原觀水聚或陟
내척남강경어경차시망혈식룡형척피백천관수거척피부원관수취혹척
南岡與太原是尋頓伏非苟然古人卜宅貴詳審經肯分明與後傳
남강여태원시심돈복비구연고인복택귀상심경긍분명여후전

第3節 疑龍經下篇原文과 讀音文

1. 疑龍經下篇의 原文

龍已識眞無可疑尙有疑穴費心思大抵眞龍臨落穴先爲虛穴貼身隨穴有
乳頭有鉗口更有平坡無左右亦有高峰下帶垂更有昂頭居首也曾見穴在
平洋四畔周圍無高岡也曾見穴臨水際俗人見穴無包藏也曾見穴如仄掌
却與仰掌無兩樣也曾出穴直如兩水射脅自難當更有兩山合一氣兩水三
山同一場君如識穴不識怪只愛左右抱者强此與俗人無以異多是葬在虛
花裏虛花左右似有情仔細辨來非正形虛穴假穴更是巧仔細看來無甚好
怪形異穴人厭看如何子孫世襲官只緣怪形君未識識得裁穴却無難識龍
自合當識穴已在變星篇內說恐君疑穴難取裁好向後龍身上別龍上生峰
是根簶前頭結穴是花開根簶若眞穴不假蓋從種類生出來若不隨星識根
種妄隨虛穴鑿山請君孰認變星篇爲鉗爲乳爲分別高低平地穴隨身豈肯
妄下鉗乳穴穴若不隨龍上星斷然是假不是眞請君更將舊墳覆貪星是乳

巨鈴局外縣京國多平洋也有城邑在高崗淮甸州縣在水尾夔峽山嶺是城
隍隨他地勢看高下不可執一拘孿他千萬隨山深穴形此說斷能辨眞假冀
州壺落低下蓋緣輔弼爲垣馬太原落處尖似槍蓋緣廉破龍最長健康落在
坡平地蓋緣輔弼星爲體太原平坦古戰場熊耳爲龍星可詳長安帝垣星外
峙巨武竹龍生出勢京師落在垣局中星夾出巨門龍太行走入河中府入首
連生六七存入首雖然只是山落處却在回環間此與窩鉗無以異只在大小
識形難我觀星辰在龍上預定前頭穴形象爲鉗爲乳或爲坡或險或夷或如
掌歷觀龍穴無不然大小隨形無兩樣此是流星定穴法不肯向人空更有二
十八舍間星穴裁之最爲上大凡識星方識龍龍神落穴有眞踪眞踪入穴有
形勢形勢眞時尋穴易若不識形穴難尋左右高低如何針且如龍形有幾樣
近水近山隨物象如蛇如虎各有穴形若眞時穴可想龍有耳角與腹腸如何
却福昌虎有鼻脣幷眼耳肩背如何却出貴看他形象宛在中最是朝山識正
龍高低只取朝山定莫言三穴有仙踪千里來龍只一穴正者爲優旁者劣枝
上有穴雖有形不若幹龍爲至精龍從左來穴居右只爲回來方入首龍從右
來穴居左只爲藏形如轉磨高山萬或低藏看他左右及外陽左右低時在低
處左右高時在高岡朝山最是龍正穴不必求他企尺量正穴當朝必有將有
將便宜爲對向穴在南時北上尋穴在北時南上望朝迎矗矗兩邊遮向內有
如難見蛇對面正來不傾厂方移步便斜只將對將尋眞穴將若眞時穴最佳
乳頭之穴風缺風若入來人絕滅必須低下避風吹莫道低時驚裙絕鉗穴如
釵亍壁惟頂上有水來釵頭不圓多破碎水傾穴內必生災仰掌要在掌心裏
左右排恐非是窩形須要曲如左右不容少偏陂偏陂不可名穴倒厂傾禍奈
何尖之穴要外裏外裏不牢反生禍外山抱裏穴如左右抱來尖不妨山來雄
勇勢難竭便尖形也作穴只要前山曲抱轉針着正形官不絕穴法至多難具
陳識得龍眞穴始眞眞形定是有眞案三百餘形穴穴新大凡尋穴非一樣降
勢隨形合星象譬如銅人針灸穴穴的宛然方始當忽然針灸失眞機一指隔
差連命喪大凡立穴在人心心眼分明巧處尋重重包蓮花辨正穴却在蓮花
心眞龍定是有眞穴只爲形多難具說朝迎護從亦有穴形穴雖成有優劣朝

迎若是有眞情此是眞龍斷不疑朝迎逆轉官星上小作星形分別枝雖然有
穴非大器隨形斟酌之事隨宜大凡有形必有案大形大穴如何斷譬如至尊坐
明堂列班排牙不亂出人短小與氣寬皆是明堂與案山明堂寬闊氣寬大案
山逼迫人兇頑案來降我人慈善我去伏案貴人賤龍形若有雲雷案人善享
年亦長遠虎蛇若遇蛤與狸雖出武權勢易衰略舉此言以爲例請君由此細
尋推周家農務起后稷享國享年延八百秦人關內恃威權蠶滅諸侯二世絶
此言雖大可喩小此言雖大可喩小嵩獄降神出申伯大抵人是山川英天降
聖賢爲時生祖宗必定有山宅占得山川萬古靈

2. 疑龍經下篇의 讀音文

龍已識眞無可疑尙有疑穴費心思大抵眞龍臨落穴先爲虛穴貼身隨穴有
룡이식진무가의상유의혈비심사대저진룡임락혈선위허혈첩신수혈유
乳頭有鉗口更有平坡無左右亦有高峰下帶垂更有昂頭居首也曾見穴在
유두유겸구경유평파무좌우역유고봉하대수경유앙두거수야증견혈재
平洋四畔周圍無高岡也曾見穴臨水際俗人見穴無包藏也曾見穴如仄掌
평양사반주위무고강야증견혈임수제속인견혈무포장야증견혈여측장
却與仰掌無兩樣也曾出穴直如兩水射脅自難當更有兩山合一氣兩水三
각여앙장무양양야증출혈직여양수사협자난당경유양산합일기양수삼
山同一場君如識穴不識怪只愛左右抱者强此與俗人無以異多是葬在虛
산동일장군여식혈부식괴지애좌우포자강차여속인무이이다시장재허
花裏虛花左右似有情仔細辨來非正形虛穴假穴更是巧仔細看來無甚好
화리허화좌우사유정자세변래비정형허혈가혈경시교자세간래무심호
怪形異穴人厭看如何子孫世襲官只緣怪形君未識識得裁穴却無難識龍
괴형이혈인염간여하자손세습관지연괴형군미식식득재혈각무난식룡
自合當識穴已在變星篇內說恐君疑穴難取裁好向後龍身上別龍上生峰

자합당식혈이재변성편내설공군의혈난취재호향후룡신상별룡상생봉
是根篆前頭結穴是花開根篆若眞穴不假蓋從種類生出來若不隨星識根
시근전전두결혈시화개근전약진혈부가개종종류생출래약부수성식근
種妄隨虛穴鑿山請君孰認變星篇爲鉗爲乳爲分別高低平地穴隨身豈肯
종망수허혈착산청군숙인변성편위겸위유위분별고저평지혈수신기긍
妄下鉗乳穴穴若不隨龍上星斷然是假不是眞請君更將舊墳覆貪星是乳
망하겸유혈혈약부수룡상성단연시가부시진청군경장구분복탐성시유
巨鈴局外縣京國多平洋也有城邑在高崗淮甸州縣在水尾夔峽山嶺是城
거령국외현경국다평양야유성읍재고강회전주현재수미기협산령시성
隍隨他地勢看高下不可執一拘攣他千萬隨山深穴形此說斷能辨眞假冀
황수타지세간고하부가집일구련타천만수산심혈형차설단능변진가기
州壺落低下蓋緣輔弼爲垣馬太原落處尖似槍蓋緣廉破龍最長健康落在
주호락저하개연보필위원마태원락처첨사창개연염파룡최장건강락재
坡平地蓋緣輔弼星爲體太原平坦古戰場熊耳爲龍星可詳長安帝垣星外
파평지개연보필성위체태원평탄고전장웅이위룡성가상장안제원성외
峙巨武竹龍生出勢京師落在垣局中星夾出巨門龍太行走入河中府入首
치거무죽룡생출세경사락재원국중성협출거문룡태행주입하중부입수
連生六七存入首雖然只是山落處却在回環間此與窩鉗無以異只在大小
연생육칠존입수수연지시산락처각재회환간차여와겸무이이지재대소
識形難我觀星辰在龍上預定前頭穴形象爲鉗爲乳或爲坡或險或夷或如
식형난아관성진재룡상예정전두혈형상위겸위유혹위파혹험혹이혹여
掌歷觀龍穴無不然大小隨形無兩樣此是流星定穴法不肯向人空更有二
장력관룡혈무불연대소수형무양양차시류성정혈법부긍향인공경유이
十八舍間星穴裁之最爲上大凡識星方識龍龍神落穴有眞踪眞踪入穴有
십팔사간성혈재지최위상대범식성방식룡룡신락혈유진종진종입혈유
形勢形勢眞時尋穴易若不識形穴難尋左右高低如何針且如龍形有幾樣
형세형세진시심혈역약부식형혈난심좌우고저여하침차여룡형유기양

近水近山隨物象如蛇如虎各有穴形若眞時穴可想龍有耳角與腹腸如何
근수근산수물상여사여호각유혈형약진시혈가상룡유이각여복장여하
却福昌虎有鼻脣并眼耳肩背如何却出貴看他形象宛在中最是朝山識正
각복창호유비순병안이견배여하각출귀간타형상완재중최시조산식정
龍高低只取朝山定莫言三穴有仙踪千里來龍只一穴正者爲優旁者劣枝
룡고저지취조산정막언삼혈유선종천리래룡지일혈정자위우방자렬지
上有穴雖有形不若幹龍爲至精龍從左來穴居右只爲回來方入首龍從右
상유혈수유형부약간룡위지정룡종좌래혈거우지위회래방입수룡종우
來穴居左只爲藏形如轉磨高山萬或低藏看他左右及外陽左右低時在低
래혈거좌지위장형여전마고산만혹저장간타좌우급외양좌우저시재저
處左右高時在高岡朝山最是龍正穴不必求他企尺量正穴當朝必有將有
처좌우고시재고강조산최시룡정혈부필구타기척량정혈당조필유장유
將便宜爲對向穴在南時北上尋穴在北時南上望朝迎矗矗兩邊遮向內有
장편의위대향혈재남시북상심혈재북시남상망조영촉촉양변차향내유
如難見蛇對面正來不傾仄方移步便斜只將對將尋眞穴將若眞時穴最佳
여난견사대면정래부경측방이보편사지장대장심진혈장약진시혈최가
乳頭之穴風缺風若入來人絶減必須低下避風吹莫道低時鱉裙絶鉗穴如
유두지혈풍결풍약입래인절멸필수저하피풍취막도저시별군절겸혈여
釵釪壁惟頂上有水來釵頭不圓多破碎水傾穴內必生災仰掌要在掌心裏
채규벽유정상유수래채두부원다파쇄수경혈내필생재앙장요재장심리
左右排恐非是窩形須要曲如左右不容少偏陂偏陂不可名穴倒仄傾禍奈
좌우배공비시와형수요곡여좌우부용소편피편피부가명혈도측경화
何尖之穴要外裏外裏不牢反生禍外山抱裏穴如左右抱來尖不妨山來雄
하첨지혈요외리외리부뢰반생화외산포리혈여좌우포래첨부방산래웅
勇勢難竭便尖形也作穴只要前山曲抱轉針着正形官不絶穴法至多難具
용세난갈편첨형야작혈지요전산곡포전침착정형관부절혈법지다난구
陳識得龍眞穴始眞眞形定是有眞案三百餘形穴穴新大凡尋穴非一樣降

진식득룡진혈시진진형정시유진안삼백여형혈혈신대범심혈비일양강
勢隨形合星象譬如銅人針灸穴穴的宛然方始當忽然針灸失眞機　　指隔
세수형합성상비여동인침구혈혈적완연방시당홀연침구실진기일지격
差連命喪大凡立穴在人心心眼分明巧處尋重重包蓮花辨正穴却在蓮花
차연명상대범립혈재인심심안분명교처심중중포연화변정혈각재연화
心眞龍定是有眞穴只爲形多難具說朝迎護從亦有穴形穴雖成有優劣朝
심진룡정시유진혈지위형다난구설조영호종역유혈형혈수성유우렬조
迎若是有眞情此是眞龍斷不疑朝迎逆轉官星上小作星形分別枝雖然有
영약시유진정차시진룡단부의조영역전관성상소작성형분별지수연유
穴非大器隨形勘酒的事隨宜大凡有形必有案大形大穴如何斷譬如至尊坐
혈비대기수형짐작사수의대범유형필유안대형대혈여하단비여지존좌
明堂列班排牙不亂出人短小與氣寬皆是明堂與案山明堂寬闊氣寬大案
명당열반배아부난출인단소여기관개시명당여안산명당관활기관대안
山逼迫人兇頑案來降我人慈善我去伏案貴人賤龍形若有雲雷案人善享
산핍박인흉완안래강아인자선아거복안귀인천룡형약유운뢰안인선향
年亦長遠虎蛇若遇蛤與狸雖出武權勢易衰略擧此言以爲例請君由此細
년역장원호사약우합여리수출무권세역쇠약거차언이위례청군유차세
尋推周家農務起后稷享國享年延八百秦人關內恃威權蠶滅諸侯二世絶
심추주가농무기후직향국향년연팔백진인관내시위권잠멸제후이세절
此言雖大可喩小此言雖大可喩小嵩獄降神出申伯大抵人是山川英天降
차언수대가유소차언수대가유소숭옥강신출신백대저인시산천영천강
聖賢爲時生祖宗必定有山宅占得山川萬古靈
성현위시생조종필정유산택점득산천만고령

第9章 倒杖12法

第1節 倒杖十二法의 原文

順杖,脈緩中落用順杖以正受謂之撞穴如龍勢軟活脈情透逗不藉饒減
湊脈葬吞.陽來陰受陰來陽提直奔直送是也.要下砂逆關前案特朝胎水
交結於前大小橫過鎖斷作福必大.然不可以棺頭正項其氣恐氣沖腦散.
逆杖,脈急中沖用逆杖以旁求龍之倚穴如龍勢雄强氣脈急硬饒減轉跌
避煞葬吐拂耳枕臂挫急歸緩斜倚直倚是也.要衆山拱固衆水交結明堂
平正四獸成備作福甚速.縮杖,脈甚急就頂揷蓋曰縮.有如杜劍之聚環頭
者謂之降煞穴坐煞穴寒桶漏穴是也.如四山高峻環抱本山低纏而脈短
打開百會湊緊蓋送拂頂關脈葬之使之乘氣.要四獸全備 並不狐露主後
跌斷複起穴前明堂又有一泓眞水者方結否則粗氣未脫八風交吹.離杖,
脈甚急就龍虛粘曰離.有如懸筆之垂珠滴者謂之脫煞穴抛穴接穴大陽
影光穴懸棺長蠆卦是也.如龍雄勢猛卸落平洋結成盤珠鋪毯展度遙對
來脈壘土浮揷高大爲墳便知聚氣須用客土堆成要有微窩黶或草蛇灰線
者方結否則旺氣未平必主災禍.沒杖,形俯面飽用沒杖.如肥乳頑金氣脈
微茫乘其所止開金取水闊理台道端正沉葬謂之葬煞穴卻不可錯認頑硬
天罡以誤人.穿杖,形仰口小用穿杖.如瘦體削木氣脈淺促串其所來取宛
宛之中鑿孔穿入側撞斜揷橫撞深揷謂之被煞穴卻不可錯認敧斜掃蕩以
誤人.鬥杖,山長橫體用鬥杖如鬥斧眼然.龍勢延袤借堂收納于後樂端
正之中.前朝登對之所貫腰架折貼脊實倚重揷深揷謂之馭煞而拿扯牽

弓腕藍扳鞍之穴是也.截杖,山長直體用截杖如騎馬脊然氣脈不住直卸
前去於稍停弱緩之處四證有情之所求覓微窩隨脈騎截依法造作謂之攔
煞.卽直截橫截騎龍斬鬥之穴是也.對杖上剛下柔就剛柔交接處對脈中
揷故日對.蓋居高則峻急處卑則微軟乃於高低相代之所幹濕暫判之間
平分緩急剛柔相濟中正對撞隨勢裁成使其得宜謂之中聚撞穴.要左右
相登並無凹陷穴情明白生氣呈霧方結本然上泄下陡難免土蟻之患.綴
杖,勢强脈急就山麓低緩處頂脈實粘故召綴.當脈則大調脫脈則犯冷乃
於息氣已脫之前勁氣旣闌之後稍離三尺緩其悍急使其沖和謂之脫煞.
粘穴要四獸皆低並不淩壓眞氣滴落衆水有情方結不然脫氣尖脈難免泥
水之患.犯杖,饒龍減虎犯過脈中發侵境相犯之犯卽棄死挨生外趨堂氣
者是也.此多乳突結.

第2節 倒杖十二法의 短文區分과 讀音文

▶順杖, 脈緩中落用順杖 以正受謂之撞穴 如龍勢軟活 脈情透逗 不
▶순장, 맥완중락용순장 이정수위지당혈 여룡세연활 맥정투둔 불
藉饒減 湊脈葬吞. 陽來陰受 陰來陽提 直奔直送是也. 要下砂逆關前
자요감 주맥장탄. 양래음수 음래양제 직분직송시야. 요하사역관전
案特朝 胎水交結於前 大小橫過鎖斷 作福必大. 然不可以棺頭正項
안특조 태수교결어전 대소횡과쇄단 작복필대. 연불가이관두정항
其氣 恐氣沖腦散.▶逆杖, 脈急中沖用逆杖 以旁求龍之倚穴 如龍勢
기기 공기충뇌산.▶역장, 맥급중충용역장 이방구룡지의혈 여룡세
雄强 氣脈急硬 饒減轉跌 避煞葬吐 拂耳枕臂 挫急歸緩 斜倚直倚是
웅강 기맥급경 요감전질 피살장토 불이침비 좌급귀완 사의직의시

也. 要衆山拱固 衆水交結 明堂平正 四獸成備 作福甚速.▶縮杖, 脈
야. 요중산공고 중수교결 명당평정 사수성비 작복심속.▶축장, 맥
甚急就頂挿蓋曰縮. 有如柱劍之聚 環頭者謂之降煞穴 坐煞穴 寒桶
심급취정삽개왈축. 유여주검지취 환두자위지강살혈 좌살혈 한통
漏穴是也. 如四山高峻 環抱本山 低纏而脈短 打開百會湊緊 蓋送拂
루혈시야. 여사산고준 환포본산 저전이맥단 타개백회주긴 개송불
頂關脈 葬之使之乘氣. 要四獸全備 並不狐露 主後跌斷複起 穴前明
정관맥 장지사지승기. 요사수전비 병불호로 주후질단복기 혈전명
堂又有一泓眞水者方結 否則粗氣未脫 八風交吹.▶離杖, 脈甚急 就
당우유일홍진수자방결 부칙조기미탈 팔풍교취.▶리장, 맥심급 취
龍虛粘曰離. 有如懸筆之垂 珠滴者謂之脫煞穴 抛穴 接穴 大陽影光
룡허점왈리. 유여현필지수 주적자위지탈살혈 포혈 접혈 대양영광
穴 懸棺長靉卦是也. 如龍雄勢猛 卸落平洋 結成盤珠 鋪毯展度 遙
혈 현관장렵괘시야. 여룡웅세맹 사락평양 결성반주 포담전도 요
對來脈壘土浮挿 高大爲墳 便知聚氣 須用客土堆成 要有微窩靉或草
대래맥루토부삽 고대위분 편지취기 수용객토퇴성 요유미와엽혹초
蛇灰線者方結 否則旺氣未平 必主災禍.▶沒杖, 形俯面飽用沒杖. 如
사회선자방결 부칙왕기미평 필주재화.▶몰장, 형부면포용몰장. 여
肥乳頑金 氣脈微茫 乘其所止 開金取水 闊理台道 端正沉葬 謂之葬
비유완금 기맥미망 승기소지 개금취수 활리태도 단정침장 위지장
煞穴 卻不可錯認頑硬天罡以誤人.▶穿杖, 形仰口小用穿杖. 如瘦體
살혈 각불가착인완경천강이오인.▶천장, 형앙구소용천장. 여수체
削木 氣脈淺促 串其所來 取宛宛之中 鑿孔穿入 側撞斜挿 橫撞深挿
삭목 기맥천촉 관기소래 취완완지중 착공천입 측당사삽 횡당심삽
謂之被煞穴卻不可錯認欹斜掃蕩以誤人.▶鬪杖, 山長橫體用鬪杖. 如
위지피살혈각불가착인의사소탕이오인.▶두장, 산장횡체용두장. 여
鬪斧眼然. 龍勢延袤 借堂收納于後樂 端正之中. 前朝登對之所 貫腰

두부안연. 룡세연무 차당수납우후악 단정지중. 전조등대지소 관요
架折 貼脊實倚 重挿深挿 謂之馭煞 而拿扯牽弓腕藍扳鞍之穴是也.
가절 첩척실의 중삽심삽 위지어살 이나차견궁완람반안지혈시야.
▶截杖, 山長直體用截杖 如騎馬脊然 氣脈不住 直卸前去 於稍停弱
▶절장, 산장직체용절장 여기마척연 기맥불주 직사전거 어초정약
緩之處 四證有情之所 求覓微窩 隨脈騎截 依法造作 謂之攔煞. 卽
완지처 사증유정지소 구멱미와 수맥기절 의법조작 위지란살. 즉
直截橫截騎龍斬鬪之穴是也.▶對杖, 上剛下柔 就剛柔交接處對脈中
직절횡절기룡참두지혈시야.▶대장, 상강하유 취강유교접처대맥중
挿 故曰對. 蓋居高則峻急 處卑則微軟 乃於高低相代之所 幹濕暫判
삽 고왈대. 개거고칙준급 처비칙미연 내어고저상대지소 간습잠판
之間 平分緩急 剛柔相濟 中正對撞 隨勢裁成 使其得宜 謂之中聚撞
지간 평분완급 강유상제 중정대당 수세재성 사기득의 위지중취당
穴. 要左右相登 並無凹陷 穴情明白 生氣呈霧方結 本然上泄下陡難
혈. 요좌우상등 병무요함 혈정명백 생기정무방결 본연상설하두난
免土蟻之患.▶綴杖, 勢强脈急 就山麓低緩處頂脈實粘 故召綴. 當脈
면토의지환.▶철장, 세강맥급 취산록저완처정맥실점 고소철. 당맥
則大調 脫脈則犯冷 乃於息氣已脫之前 勁氣旣闌之後 稍離三尺 緩
칙대조 탈맥칙범랭 내어식기이탈지전 경기기란지후 초리삼척 완
其悍急 使其沖和 謂之脫煞. 粘穴要四獸皆低 並不淩壓 眞氣滴落衆
기한급 사기충화 위지탈살. 점혈요사수개저 병불릉압 진기적락중
水有情方結 不然脫氣尖脈 難免泥水之患.▶犯杖, 饒龍減虎 犯過脈
수유정방결 불연탈기첨맥 난면니수지환.▶범장, 요룡감호 범과맥
中 發侵境相犯之犯 卽棄死挨生 外趨堂氣者是也. 此多乳突結.
중 발침경상범지범 즉기사애생 외추당기자시야. 차다유돌결.

第10章　葬法倒杖

第1節　葬法倒杖의 原文

認太極穴場金魚水界圓暈在隱微之間者爲太極上是微茫水分.下是微
茫水合.合處爲小明堂容人側臥便是穴場.有此圓暈則生氣內聚故爲眞
穴.立標枕對於此而定無此者非也.若暈頂再見一二半暈如初三夜月樣
者名曰天輪影有三輪者大地也.分兩儀暈間凹陷者爲陰穴凸起者爲陽
穴是謂兩儀.就身作穴者爲明龍宜陽穴另起星瞪作穴者爲陽龍宜陰穴
皆有饒減.或上截凸起下截凹陷或下截凸起.上截凹陷.或左右凹凸相兼
者爲二氣相感則取陰陽交構之中升降聚會之所不用饒減.求四象四象
者脈息窟突也.脈是暈間微有脊乃少陰之象息是暈間微有形乃少陽之
象窟是暈間微有窩乃太陰之象突是暈間微有泡乃太陽之象.四象作居
葬有四法脈穴當取中定基息穴當剖開定基窟穴當培高定基突穴當鑿平
定基.倍八卦脈緩者用蓋法當揭高放棺以蓋覆爲義脈急者用粘法當就
低放棺以粘綴爲義脈直者用倚法當挨偏放棺以倚靠爲義脈不急不緩而
橫者用撞法當取直放棺以衝撞爲義.已上四法　高山陽龍用之.息之緩而
短者用斬法當近頂放棺以斬破爲義息之不緩不急而長者用截法當對腰
放棺以裁截爲義.息之低者用墜法當湊脚臨頭放棺以墜墮爲義.已上四
法高山陰龍用之.窟之狹者用正法當中心放棺以中正爲義窟之闊者用
求法當迎氣放棺以求索爲義窟之深者用架法當抽氣放棺四角立石以架
閣爲義窟之淺者用折法當量脈放棺淺深中半以比折爲義.已上四法平

地陽龍用之.突之單者挨法當靠冥放棺以挨撰爲義突之雙者用並法當
取短放棺以兼併爲義突之正者用斜法當閃仄放棺以斜仄爲義突之偏者
用揷法當撥正放棺以裁揷爲義.已上上法平地陰龍用之.蓋者蓋也有如
合盆之形.蓋之脈自坤而見於乾蓋之法自乾而施於坤垢複之錄存焉天
地之精見焉.頂薄則舍之切勿疏略愼毋苟且.蓋小蓋大則傷其元氣蓋大
蓋小則閉其生氣蓋上蓋下則脫其來氣蓋下蓋上則失其止氣蓋左蓋右或
犯其剝氣蓋右蓋左或受其冷氣縱得龍穴之妙必遭橫逆之禍.頂薄舍蓋
雲者舍之不用非舍上就下舍高就卑之謂也.此以作穴言彼以審穴言意
義自別.穴法不殊略有差池難致效驗.粘者沾也如沾恩寵之義.粘之胍自
來而止於止粘之法自止而止于盡施承之道攸存化生之意將著.下薄莫
粘焉理法少差天淵懸隔.粘上粘下則脫其來氣粘下粘上則犯其暴氣.粘
右粘左則失其正氣粘左粘右或投其死氣縱得砂水之美終是或承之羞.
下薄莫粘雲者棄之不用非棄低取高棄下取上之謂也.苟粘之眞的雖下
一院長江大河亦爲無礙工巧豈有下薄棄粘之理乎.倚者依也如依居之
義.倚之脈自上而沖於下倚之法自偏而傍於正.傍棲之形旣成變化之道
自觀.倚左倚右或受冷倚右倚左或犯剛倚上倚下謂之脫脈倚下倚上謂
之衝殺縱得局面之奇必見衰淩之患.本與挨法相似但挨法施于突之平
倚法用於泳之直天精天粹之機至密至微之理非上智其誰能知.撞者抵
也,如抵觸之義.撞之脈自斜而就於正撞之法自正而就於斜.斜來之脈旣
專專一之情可見.撞上撞下則氣從上止撞下撞上則氣從下出撞重撞輕
則生氣虛行撞輕撞重則生氣太泄縱得來脈之眞終失正脈之吉.本與播
相似.但揷施於突之傍而撞施於脈之斜一毫千里之遠江河幾席之間不
可不察.斬者斷也.斬竊其生氣.生氣見於息之橫高不可侵頂頂暈薄也低
不可受足足底寒也是以斬上恐失下斬下佰失上斬左右恐失中心斬中心
恐失左右.細觀息象明白次觀穴情的當然後以斬法施之則上下左右自
成體段.然息則體之微也斬則用之廣也若不細察遽爾授棺則生氣受傷
子母遭挫縱得包藏之固終非可久之道.且息象用斬其息必小小則難以

授其大斬施於息其墊必大大則難以容於小必極到之理能明斯中和之義
自見.截者剖也剖辟其生氣.生氣露於息之直高若侵巔謂之剖首低若站
麓謂之剖足.是以截上恐遺下截下恐貴上截左恐失右截右恐失左.呵乞
而成謂之一息一息旣成貼於穴體穴體微茫切勿輕擧.斬之息多土意截
之息多木意.橫土用斬截盡生意直垂用截接盡生意.勢不相伴作用通異.
若不細玩遽爾輕投則體用兩傷生氣破泄雖有美潤之玉恐損雕琢之手.
大抵脈息之穴不可雙葬正謂寧失之小莫失之大此言極當.吊者懸也懸
提其生氣.生氣直奔入於息下上不可過高恐漏其氣下不可過低恐犯其
氣.一陽旣息諸陽來複半在息體之足半在息體之襯.氣交感而成形形旣
完而成穴左右白天可混上下最宜斟酌.若不細用心思則首受殺伐足踐
風寒左右雖有纏綿本主自難抵敵.大抵與粘相餓但粘乃吊之垂吊乃粘
而起圍材施用之道量職官人之義須當此處辨之.墜者落也墜落其滴露.
生氣旣完如果稅蒂上不可項彌而揷下不可離脈而作項不離弦來意專一
跳不離褥生意直逶息體豐盛褥弦輾轉穴星軒並吐出泡脈.墜左則就於
偏枯.墜右則入於偏駁墜下則來而不來墜上則止所非止.須審吐落之情.
鈴依墜落之法若有怠忽必失本體.親上要退其剛硬之枯就下要舒其呼
吸之氣高不如吊低不如粘是爲得之.正者整也整肅其身體敗斂其精神.
窟象旣小生氣初凝過於大未免傷其元氣之眞入於深豈不傷其細嫩之
體.損其元氣則精神不足壞其細嫩則本體不完.古今葬者雖多未必盡曉
此法是以地吉而人不吉地美而人不美也.亦有上下之誤豈無左右之偏
陰陽妙合歸於中正之天剛柔相濟止於今正之地三分損益一理推行自然
吻合.求者度也量度其大之止追求其止之眞.窟象旣大生氣彌漫過於大
則氣流而不專過於小則氣遊而不息.流而不專則度之未眞遊而不息則
求之未切雖見窩象分明下穴百無一發是能求之於穴不能求之於求也.
亦有高低之錯豈無淺深之差一直吐露六義均停一見了然五行自著上不
容下下不必上斯義得之.架者加也.加架於木故名曰架.窟象旣深下藏陰
殺上而畏風故氣聚下下而畏濕故氣泊上下上受敵故氣凝中失之於上難

免暴敗上禍失之於下必受陰消之患故當度其乘氣之源定其止聚之基須
先用木以滲其兇暴之情然後加棺以專其融溢之氣.水性就下下之陰殺
見木卽消陰殺侵上上之暴氣通風卽散生意不窮嗣續落盛.若執夫窩不
葬心之說是未明通變之方者也.又有一法破土足徐四角立石架棺六合
打牆培土此須玄武高龍虎壓乃可爾耳.天地玄機由人幹運須憑目巧急
在心靈.折者裁也.以斤裁物故名曰折.窟象旣淺四顧茫然立於上須要砂
水均應立於一廠須看龍虎相登.若無包藏.則殺乘風旺若有風殺則氣隨
風散.風旺則殺愈熾氣散則殺愈侵故生氣之避殺氣猶君子之避小人須
審其出彼人此之眞機預究其參前倚後之大勢折中其上一下分按其左右
深不過五淺不失一而折之義詳矣.大抵正與架相似而正則架之深折與
求相似而折則求之闊同而異異而同少有差殊則施於甲者不免施於乙用
於丙者不免用於丁欲求福扯恐難致驗.挨者傍也傍切其生氣.突象旣彰
陰脈單現秒茫無際恍惚無棲.無際則居止難定無棲則捉摸難依須傍藉
生生之氣借資化化之機上不授其急而暴氣沖和下不受其寒而陰氣旄複
此挨之法也.挨與倚相似而挨則倚之切倚與挨各別而倚則挨之寬.可挨
處如種之方芽龍之將蟄當挨處形如轉皮氣如仰掌.並者合也.合併其生
氣.突象兩彰陰脈重視如浮鷗傍母之形若嘉粟吐華之勢.或兩脈顯其長
短.或二突露其巨細投其左則情意不專投其右則生意不固.情意不專 或
值陰駁之禍生意不固乃值亡陽之殺.故須乘其短而小者穴之合其大而
長者並之相依不散理勢通同斯則元辰完因而不傷理氣合一而不散大義
自覺無事瑣瑣.斜者切也,斜切其生氣.幾見突脈直下棺骸切莫授首.挨
其弦則脈絡不到其頂則氣勢猖強.不到之處謂之退落猖強之處謂之
剛雄.退落則陽中之陽偏陽不生也剛雄則陰中之陰偏陰不成也故斜而
切之.斜則不直受其暴氣切則不疏遠其眞情凶可去而吉可得禍患遠而
福德旺陰陽相扶急緩相濟而斜穴之名義明矣.插者下也.下插其生氣.幾
見突脈之斜.須詳作穴之義.迎其來則去處牽扯就其止則來處棲遲故乘
其過續之中插之以枯朽之骨可插處脈情活動如橫抛之勢當插處穴情昭

著似直撞之形生氣磅礴源源不絶聚氣充盛浩浩難窮.不絶則情意自專
難窮則功力自大鬼福及人效驗悠遠斯揷法之理致極矣.

第2節 葬法倒杖의 短文區分과 讀音文

▶認太極, 穴場金魚水界圓暈 在隱微之間者爲太極 上是微茫水分.
▶인태극, 혈장금어수계원훈 재은미지간자위태극 상시미망수분.
下是微茫水合. 合處爲小明堂 容人側臥便是穴場. 有此圓暈則生氣內
하시미망수합. 합처위소명당 용인측와편시혈장. 유차원훈칙생기내
聚 故爲眞穴. 立標枕對 於此而定 無此者非也. 若暈頂再見一二半暈
취 고위진혈. 립표침대 어차이정 무차자비야. 약훈정재견일이반훈
如初三夜月樣者 名曰天輪影 有三輪者 大地也.▶分兩儀, 暈間凹陷
여초삼야월양자 명왈천륜영 유삼륜자 대지야.▶분량의, 훈간요함
者爲陰穴 凸起者爲陽穴 是謂兩儀. 就身作穴者爲明龍 宜陽穴 另起
자위음혈 철기자위양혈 시위량의. 취신작혈자위명룡 의양혈 령기
星瞪作穴者爲陽龍 宜陰穴 皆有饒減. 或上截凸起 下截凹陷 或下截
성징작혈자위양룡 의음혈 개유요감. 혹상절철기 하절요함 혹하절
凸起. 上截凹陷. 或左右凹凸相兼者 爲二氣相感 則取陰陽交構之中
철기. 상절요함. 혹좌우요철상겸자 위이기상감 칙취음양교구지중
升降聚會之所 不用饒減.▶求四象, 四象者 脈息窟突也. 脈是暈間微
승강취회지소 불용요감.▶구사상, 사상자 맥식굴돌야. 맥시훈간미
有脊 乃少陰之象 息是暈間微有形 乃少陽之象 窟是暈間微有窩 乃
유척 내소음지상 식시훈간미유형 내소양지상 굴시훈간미유와 내
太陰之象 突是暈間微有泡 乃太陽之象. 四象作居 葬有四法 脈穴當
태음지상 돌시훈간미유포 내태양지상. 사상작거 장유사법 맥혈당

태음지상 돌시훈간미유포 내태양지상. 사상작거 장유사법 맥혈당
取中定基. 息穴當剖開定基. 窟穴當培高定基. 突穴當鑿平不定基. ▶倍八
취중정기 식혈당부개정기 굴혈당배고정기 돌혈당착평정기. ▶배팔
卦, 脈緩者用蓋法 當揭高放棺 以蓋覆爲義, 脈急者用粘法 當就低放
괘, 맥완자용개법 당게고방관 이개복위의, 맥급자용점법 당취저방
棺 以粘綴爲義 脈直者用倚法 當挨偏放棺 以倚靠爲義 脈不急不緩
관 이점철위의 맥직자용의법 당애편방관 이의고위의 맥불급불완
而橫者用撞法 當取直放棺 以衝撞爲義. 已上四法 高山陽龍用之. ▶
이횡자용당법 당취직방관 이충당위의. 이상사법 고산양룡용지. ▶
息之緩而短者用斬法, 當近頂放棺 以斬破爲義 息之不緩不急而長者
식지완이단자용참법, 당근정방관 이참파위의 식지불완불급이장자
用截法 當對腰放棺 以裁截爲義. 息之低者用墜法 當湊脚臨頭放棺
용절법 당대요방관 이재절위의. 식지저자용추법 당주각림두방관
以墜墮爲義. 已上四法 高山陰龍用之. ▶窟之狹者用正法, 當中心放
이추타위의. 이상사법 고산음룡용지. ▶굴지협자용정법, 당중심방
棺 以中正爲義 窟之闊者用求法 當迎氣放棺 以求索爲義 窟之深者
관 이중정위의 굴지활자용구법 당영기방관 이구색위의 굴지심자
用架法 當抽氣放棺 四角立石 以架閣爲義 窟之淺者用折法 當量脈
용가법 당추기방관 사각립석 이가각위의 굴지천자용절법 당량맥
放棺 淺深中半 以比折爲義. 已上四法 平地陽龍用之. ▶突之單者挨
방관 천심중반 이비절위의. 이상사법 평지양룡용지. ▶돌지단자애
法 當靠冥放棺 以挨撰爲義 突之雙者用並法 當取短放棺 以兼併爲
법 당고명방관 이애찬위의 돌지쌍자용병법 당취단방관 이겸병위
義 突之正者用斜法 當閃仄放棺 以斜仄爲義 突之偏者用揷法 當撥
의 돌지정자용사법 당섬측방관 이사측위의 돌지편자용삽법 당발
正放棺 以裁揷爲義. 已上上法 平地陰龍用之. ▶蓋者蓋也 有如合盆
정방관 이재삽위의. 이상상법 평지음룡용지. ▶개자개야 유여합분

之形. 蓋之脈自坤而見於乾 蓋之法自乾而施於坤 垢複之錄存焉 天
지형. 개지맥자곤이견어건 개지법자건이시어곤 구복지록존언 천

地之精見焉. 頂薄則舍之 切勿疏略 愼毋苟且. 蓋小蓋大則傷其元氣
지지정견언. 정박칙사지 절물소략 신무구차. 개소개대칙상기원기

蓋大蓋小則閉其生氣 蓋上蓋下則脫其來氣 蓋下蓋上則失其止氣 蓋
개대개소칙폐기생기 개상개하칙탈기래기 개하개상칙실기지기 개

左蓋右或犯其剝氣 蓋右蓋左或受其冷氣 縱得龍穴之妙 必遭橫逆之
좌개우혹범기박기 개우개좌혹수기랭기 종득룡혈지묘 필조횡역지

禍. 頂薄舍蓋雲者 舍之不用 非舍上就下舍高就卑之謂也. 此以作穴
화. 정박사개운자 사지불용 비사상취하사고취비지위야. 차이작혈

言 彼以審穴言 意義自別. 穴法不殊 略有差池 難致效驗.▶粘者, 沾
언 피이심혈언 의의자별. 혈법불수 략유차지 난치효험.▶점자, 첨

也 如沾恩寵之義. 粘之脈自來而止於止 粘之法自止而止于盡 施承
야 여첨은총지의. 점지고자래이지어지 점지법자지이지우진 시승

之道攸存 化生之意將著. 下薄莫粘焉 理法少差 天淵懸隔. 粘上粘下
지도유존 화생지의장저. 하박막점언 리법소차 천연현격. 점상점하

則脫其來氣 粘下粘上 則犯其暴氣. 粘右粘左 則失其正氣 粘左粘右
칙탈기래기 점하점상 칙범기폭기. 점우점좌 칙실기정기 점좌점우

或投其死氣 縱得砂水之美 終是或承之羞. 下薄莫粘雲者 棄之不用
혹투기사기 종득사수지미 종시혹승지수. 하박막점운자 기지불용

非棄低取高 棄下取上之謂也. 苟粘之眞的 雖下一院長江大河 亦爲
비기저취고 기하취상지위야. 구점지진적 수하일원장강대하 역위

無礙 工巧豈有下薄棄粘之理乎.▶倚者依也, 如依居之義. 倚之脈自
무애 공교기유하박기점지리호.▶의자의야, 여의거지의. 의지맥자

上而沖於下 倚之法自偏而傍於正. 傍棲之形旣成 變化之道自觀. 倚
상이충어하 의지법자편이방어정. 방서지형기성 변화지도자관. 의

左倚右或受冷 倚右倚左或犯剛 倚上倚下謂之脫脈 倚下倚上謂之衝
좌의우혹수랭 의우의좌혹범강 의상의하위지탈맥 의하의상위지충

좌의우혹수랭 의우의좌혹범강 의상의하위지탈맥 의하의상위지충
殺 縱得局面之奇 必見衰淩之患. 本與挨法相似 但挨法施于突之平
살 종득국면지기 필견쇠릉지환. 본여애법상사 단애법시우돌지평
倚法用於泳之直 天精天粹之機 至密至微之理 非上智其誰能知.▶撞
의법용어영지직 천정천수지기 지밀지미지리 비상지기수능지.▶당
者抵也, 如抵觸之義. 撞之脈自 斜而就於正 撞之法自正而就於斜.斜
자저야, 여저촉지의. 당지맥자 사이취어정 당지법자정이취어사.사
來之脈旣專 專一之情可見. 撞上撞下則氣從上止 撞下撞上則氣從下
래지맥기전 전일지정가견. 당상당하칙기종상지 당하당상칙기종하
出 撞重撞輕則生氣虛行 撞輕撞重則生氣太泄 縱得來脈之眞 終失正
출 당중당경칙생기허행 당경당중칙생기태설 종득래맥지진 종실정
脈之吉. 本與播相似. 但揷施於突之傍 而撞施於脈之斜 一毫千里之
맥지길. 본여파상사. 단삽시어돌지방 이당시어맥지사 일호천리지
遠 江河幾席之間 不可不察.▶斬者斷也, 斬竊其生氣. 生氣見於息之
원 강하기석지간 불가불찰.▶참자단야, 참절기생기. 생기견어식지
橫 高不可侵頂 頂暈薄也 低不可 受足 足底寒也 是以斬上恐失下
횡 고불가침정 정훈박야 저불가 수족 족저한야 시이참상공실하
斬下伯失上 斬左右恐失中心 斬中心恐失左右. 細觀息象明白 次觀
참하백실상 참좌우공실중심 참중심공실좌우. 세관식상명백 차관
穴情的當 然後以斬法施之 則上下左右 自成體段. 然息則體之微也
혈정적당 연후이참법시지 칙상하좌우 자성체단. 연식칙체지미야
斬則用之廣也 若不細察 遽爾授棺 則生氣受傷. 子母遭挫 縱得包藏
참칙용지광야 약불세찰 거이수관 칙생기수상. 자모조좌 종득포장
之固 終非可久之道. 且息象用斬 其息必小 小則難以授其大 斬施於
지고 종비가구지도. 차식상용참 기식필소 소칙난이수기대 참시어
息 其塋必大 大則難以容於小 必極到之理能明 斯中和之義自見.▶
식 기영필대 대칙난이용어소 필극도지리능명 사중화지의자견.▶

截者剖也 剖辟其生氣. 生氣露於息之直 高若侵巓 謂之剖首 低若站
절자부야 부벽기생기. 생기로어식지직 고약침전 위지부수 저약참

麓 謂之剖足. 是以截上恐遺下 截下恐貴上 截左恐失右 截右恐失左.
록 위지부족. 시이절상공유하 절하공귀상 절좌공실우 절우공실좌.

呵乞而成 謂之一息 一息旣成 貼於穴體 穴體微茫 切勿輕擧. 斬之
가걸이성 위지일식 일식기성 첩어혈체 혈체미망 절물경거. 참지

息多土意 截之息多木意. 橫土用斬 截盡生意 直垂用截 接盡生意.
식다토의 절지식다목의. 횡토용참 절진생의 직수용절 접진생의.

勢不相伴 作用通異. 若不細玩 遽爾輕投 則體用兩傷 生氣破泄 雖
세불상반 작용통이. 약불세완 거이경투 칙체용량상 생기파설 수

有美潤之玉 恐損雕琢之手. 大抵脈息之穴 不可雙葬 正謂寧失之小
유미윤지옥 공손조탁지수. 대저맥식지혈 불가쌍장 정위녕실지소

莫失之大 此言極當.▶吊者懸也 懸提其生氣. 生氣直奔入於息下 上
막실지대 차언극당.▶적자현야 현제기생기. 생기직분입어식하 상

不可過高 恐漏其氣. 下不可過低 恐犯其氣. 一陽旣息 諸陽來複 半
불가과고 공루기기 하불가과저 공범기기. 일양기식 제양래복 반

在息體之足 半在息體之襯. 氣交感而成形 形旣完而成穴 左右白天
재식체지족 반재식체지친. 기교감이성형 형기완이성혈 좌우백천

可混 上下最宜斟酌. 若不細用心思 則首受殺伐 足踐風寒 左右雖有
가혼 상하최의짐작. 약불세용심사 칙수수살벌 족천풍한 좌우수유

纏綿 本主自難抵敵. 大抵與粘相餓 但粘乃吊之垂 吊乃粘而起 圍材
전면 본주자난저적. 대저여점상아 단점내적지수 적내점이기 위재

施用之道 量職官人之義 須當此處辨之.▶墜者落也, 墜落其滴露. 生
시용지도 량직관인지의 수당차처변지.▶추자락야, 추락기적로. 생

氣旣完 如果稅蒂 上不可項彌而揷 下不可離脈而作 項不離弦 來意
기기완 여과세체 상불가항미이삽 하불가리맥이작 항불리현 래의

專一 跳不離褥 生意直遂 息體豐盛 褥弦輾轉 穴星軒並 吐出泡脈.
전일 도불리욕 생의직수 식체풍성 욕현전전 혈성헌병 토출포맥.

전일 도불리욕 생의직수 식체풍성 욕현전전 혈성헌앙 토출포맥.

墜左則就於偏枯　墜右則入於偏駁　墜下則來而不來　墜上則止所非止.

추좌칙취어편고. 추우칙입어편박 추하칙래이불래 추상칙지소비지.

須審吐落之情. 並依墜落之法 若有怠忽 必失本體. 親上要退其剛硬

수심토락지정. 병의추락지법 약유태홀 필실본체. 친상요퇴기강경

之枯 就下要舒其呼吸之氣 高不如吊 低不如粘 是爲得之.▶正者整

지고 취하요서기호흡지기 고불여적 저불여점 시위득지.▶정자정

也 整肅其身體 敗斂其精神. 窟象旣小 生氣初凝 過於大未免傷其元

야 정숙기신체 패렴기정신. 굴상기소 생기초응 과어대미면상기원

氣之眞 入於深豈不傷其細嫩之體. 損其元氣則精神不足 壞其細嫩則

기지진 입어심기불상기세눈지체. 손기원기칙정신불족 괴기세눈칙

本體不完. 古今葬者雖多 未必盡曉此法 是以地吉而人不吉 地美而

본체불완. 고금장자수다 미필진효차법 시이지길이인불길 지미이

人不美也. 亦有上下之誤 豈無左右之偏 陰陽妙合 歸於中正之天 剛

인불미야. 역유상하지오 기무좌우지편 음양묘합 귀어중정지천 강

柔相濟 止於今正之地 三分損益 一理推行 自然吻合.▶求者度也 量

유상제 지어금정지지 삼분손익 일리추행 자연문합.▶구자도야 량

度其大之止 追求其止之眞. 窟象旣大 生氣彌漫 過於大則氣流而不

도기대지지 추구기지지진. 굴상기대 생기미만 과어대칙기류이불

專 過於小則氣遊而不息. 流而不專 則度之未眞 遊而不息 則求之未

전 과어소칙기유이불식. 류이불전 칙도지미진 유이불식 칙구지미

切 雖見窟象分明 下穴百無一發 是能求之於穴 不能求之於求也. 亦

절 수견와상분명 하혈백무일발 시능구지어혈 불능구지어구야. 역

有高低之錯 豈無淺深之差 一直吐露 六義均停 一見了然 五行自著

유고저지착 기무천심지차 일직토로 륙의균정 일견료연 오행자저

上不容下 下不必上 斯義得之.▶架者加也 加架於木 故名曰架. 窟象

상불용하 하불필상 사의득지.▶가자가야 가가어목 고명왈가. 굴상

旣深 下藏陰殺 上而畏風 故氣聚下 下而畏濕 故氣泊上 下上受敵故
기심 하장음살 상이외풍 고기취하 하이외습 고기박상 하상수적고
氣凝中. 失之於上 難免暴敗上禍 失之於下 必受陰消之患 故當度其
기응중. 실지어상 난면폭패상화 실지어하 필수음소지환 고당도기
乘氣之源 定其止聚之基 須先用木以滲其兇暴之情 然後加棺以專其
승기지원 정기지취지기 수선용목이삼기흉폭지정 연후가관이전기
融溢之氣. 水性就下 下之陰殺見木卽消 陰殺侵上 上之暴氣通風卽
융일지기. 수성취하 하지음살견목즉소 음살침상 상지폭기통풍즉
散 生意不窮 嗣續落盛. 若執夫窩不葬心之說 是未明通變之方者也.
산 생의불궁 사속락성. 약집부와불장심지설 시미명통변지방자야.
又有一法, 破土足徐 四角立石 架棺六合 打牆培土 此須玄武高龍虎
우유일법, 파토족서 사각립석 가관륙합 타장배토 차수현무고룡호
壓乃可爾耳. 天地玄機 由人幹運 須憑目巧 急在心靈. ▶折者裁也,
압내가이이. 천지현기 유인간운 수빙목교 급재심령. ▶절자재야,
以斤裁物 故名曰折. 窩象旣淺 四顧茫然 立於上須要砂水均應 立於
이근재물 고명왈절. 굴상기천 사고망연 립어상수요사수균응 립어
一廠須看龍虎相登. 若無包藏. 則殺乘風旺 若有風殺 則氣隨風散.
일창수간룡호상등. 약무포장. 칙살승풍왕 약유풍살 칙기수풍산.
風旺則殺愈熾 氣散則殺愈侵 故生氣之避殺氣 猶君子之避小人 須審
풍왕칙살유치 기산칙살유침 고생기지피살기 유군자지피소인 수심
其出彼人此之眞機 預究其參前倚後之大勢 折中其上一下 分按其左
기출피인차지진기 예구기참전의후지대세 절중기상일하 분안기좌
右 深不過五 淺不失一 而折之義詳矣. 大抵正與架相似 而正則架之
우 심불과오 천불실일 이절지의상의. 대저정여가상사 이정칙가지
深 折與求相似 而折則求之闊 同而異 異而同 少有差殊 則施於甲者
심 절여구상사 이절칙구지활 동이이 이이동 소유차수 칙시어갑자
不免施於乙 用於丙者不免用於丁 欲求福扯 恐難致驗.▶挨者傍也
불면시어을 용어병자불면용어정 욕구복차 공난치험.▶애자방야

불면시어을 용어병자불면용어정 욕구복차 공난치험.▶애자방야
傍切其生氣. 突象旣彰 陰脈單現 秒茫無際 恍惚無棲. 無際則居止難
방절기생기. 돌상기창 음맥단현 초망무제 황홀무서. 무제칙거지난
定 無棲則捉摸難依 須傍藉生生之氣 借資化化之機 上不授其急而暴
정 무서칙착모난의 수방자생생지기 차자화화지기 상불수기급이폭
氣沖和 下不受其寒而陰氣旋複 此挨之法也. 挨與倚相似 而挨則倚
기충화 하불수기한이음기정복 차애지법야. 애여의상사 이애칙의
之切 倚與挨各別 而倚則挨之寬. 可挨處如種之方芽 龍之將蟄 當挨
지절 의여애각별 이의칙애지관. 가애처여종지방아 룡지장칩 당애
處形如轉皮 氣如仰掌.▶並者合也, 合倂其生氣. 突象兩彰 陰脈重視
처형여전피 기여앙장.▶병자합야, 합병기생기. 돌상량창 음맥중시
如浮鷗傍母之形 若嘉粟吐華之勢. 或兩脈顯其長短. 或二突露其巨
여부구방모지형 약가속토화지세. 혹량맥현기장단. 혹이돌로기거
細 投其左則情意不專 投其右則生意不固. 情意不專 或值陰駁之禍
세 투기좌칙정의불전 투기우칙생의불고. 정의불전 혹치음박지화生
意不固 乃值亡陽之殺. 故須乘其短而小者穴之 合其大而長者並之
생의불고 내치망양지살. 고수승기단이소자혈지 합기대이장자병지
相依不散 理勢通同 斯則元辰完因而不傷 理氣合一而不散 大義自覺
상의불산 리세통동 사칙원진완인이불상 리기합일이불산 대의자각
無事瑣瑣.▶斜者切也, 斜切其生氣. 幾見突脈 直下棺骸 切莫授首.
무사쇄쇄.▶사자절야, 사절기생기. 기견돌맥 직하관해 절막수수.
挨其弦則脈絡不到 就其頂則氣勢猖强. 不到之處謂之退落 猖强之處
애기현칙맥락불도 취기정칙기세창강. 불도지처위지퇴락 창강지처
謂之剛雄. 退落則陽中之陽 偏陽不生也 剛雄則陰中之陰 偏陰不成
위지강웅. 퇴락칙양중지양 편양불생야 강웅칙음중지음 편음불성
也 故斜而切之. 斜則不直受其暴氣 切則不疏遠其眞情 凶可去而吉
야 고사이절지. 사칙불직수기폭기 절칙불소원기진정 흉가거이길

可得 禍患遠而福德旺 陰陽相扶 急緩相濟 而斜穴之名義明矣.▶揷
가득 화환원이복덕왕 음양상부 급완상제 이사혈지명의명의.▶삽

者下也, 下揷其生氣. 幾見突脈之斜. 須詳作穴之義. 迎其來則去處牽
자하야, 하삽기생기. 기견돌맥지사. 수상작혈지의. 영기래칙거처견

扯 就其止則來處棲遲 故乘其過續之中 揷之以枯朽之骨. 可揷處脈
차 취기지칙래처서지 고승기과속지중 삽지이고후지골. 가삽처맥

情活動 如橫拋之勢 當揷處穴情昭著 似直撞之形 生氣磅礡 源源不
정활동 여횡포지세 당삽처혈정소저 사직당지형 생기방박 원원불

絶 聚氣充盛 浩浩難窮. 不絶則情意自專 難窮則功力自大 鬼福及人
절 취기충성 호호난궁. 불절칙정의자전 난궁칙공력자대 귀복급인

效驗悠遠 斯揷法之理致極矣.
효험유원 사삽법지리치극의.

第11章 論陽宅天元歌
[蔣大鴻]

第1節 論陽宅天元歌의 原文

人生最重是陽基卻與墳瑩福力齊.宅氣不寧招禍咎骨埋眞穴貴難期建
國定都關治亂築城置鎭係安危.試看田舍豐盈者半是陽居偶合宜.陽居
擇地水龍同不厭前篇議論重.但比陰居宜闊大不爭秀麗喜粗雄.大江大
河收氣厚涓流滴水不關風.若得亂流如織錦不分元運也亨通.宅龍動地
水就裁尤重三門八卦排.只取三元生旺氣引他入室是胞胎.一門乘旺兩
門囚少有嘉祥不可留.兩門交慶一門休大事歡欣小事愁.須用門門都合
吉一家福祿永無憂.三門先把正門量後門房門一樣裝.別有旁門幷側戶
一通外氣卽分張.設若便門無好位一門獨出始爲强.門爲宅骨路爲筋筋
骨交連血脈均.若是吉門兼惡路酸漿入酪不堪斟.內路常兼外路看宅深
內路審門闌.外路迎神幷界氣迎神界氣兩重關.更有風門通八氣牆空屋
缺皆難避.若遇祥風福頓增若遇殺風殃立至.矗矗高高名嶠星樓台殿閣
亦同評.或在身傍或遙應能迴八氣到家庭.嶠壓旺方能受蔭嶠壓凶方死
氣侵.衝嶠衝路莫輕猜須與元龍一例排.衝起樂宮無價寶衝起囚宮化作
灰.宅前逼近有奇峰不分衰旺也成凶.抬頭咫尺巍峨起泰山壓倒有何功.
村居曠蕩無關鎖地水與門一道編.城巷稠居池水潤路風門嶠幷同權.一
到分房宅氣改一門常作兩門推.有時內路作外路入室私門是握機.當辨
親疏幷遠近抽爻換象出神奇.論屋神祠祖最嚴故人營造廟爲先.夫婦內

房尤特重陰陽配合宅根源.八宅因門坐向空一元衰旺定眞蹤.運遇遷移
宅氣改人家興廢巧相逢.天醫福德莫安排豈是周公眞八宅.無極大士傳
流的誰見遊年獲福澤.逢興鬼絶更昌隆遇替生延皆困迫.太歲神殺若加
臨禍福當關如霹靂.門內房房有宅神値神値星交互測.此是遊年剖吉凶
不合三元總虛擲.九星層進論高低間架先天卦數推.雖有書傳都不驗漫
勞大匠費心機.山龍宅法有何功八面山門亦辨風.或有山溪來界合兼風
兼水兩相從.若論來龍休論結論結藏穴不藏宮.縱使皇都與郡邑祇審開
陽不審龍.俗言龍去結陽宅此是時師識見庸.但取陽居釀家福山居不及澤
居雄.陰居蔭骨及兒孫陽宅氛氳及此身.偶爾僑居幷客館庵堂香火有神
靈.遇者三元輪轉氣吉凶如響不容情.透明此卷天元宅一到人家識廢興.

第2節 論陽宅天元歌의 短文區分과 讀音文

人生最重是陽基	卻與墳塋福力齊.	宅氣不寧招禍咎	骨埋眞穴貴難期.
인생최중시양기	각여분형복력제.	댁기불녕초화구	골매진혈귀난기.
建國定都關治亂	築城置鎭係安危.	試看田舍豐盈者	半是陽居偶合宜.
건국정도관치란	축성치진계안위.	시간전사풍영자	반시양거우합의.
陽居擇地水龍同	不厭前篇議論重.	但比陰居宜闊大	不爭秀麗喜粗雄.
양거택지수룡동	불염전편의론중.	단비음거의활대	불쟁수려희조웅.
大江大河收氣厚	涓流滴水不關風.	若得亂流如織錦	不分元運也亨通.
대강대하수기후	연류적수불관풍.	약득란류여직금	불분원운야형통.
宅龍動地水就裁	尤重三門八卦排.	只取三元生旺氣	引他入室是胞胎.
댁룡동지수취재	우중삼문팔괘배.	지취삼원생왕기	인타입실시포태.
一門乘旺兩門囚	少有嘉祥不可留.	兩門交慶一門休	大事歡欣小事愁.

일문승왕량문수　소유가상불가류.　량문교경일문휴　대사환흔소사수.

須用門門都合吉　一家福祿水無憂.　三門先把正門量　後門房門一樣裝.
수용문문도합길　일가복록영무우.　삼문선파정문량　후문방문일양장.

別有旁門幷側戶　一通外氣卽分張.　設若便門無好位　一門獨出始爲强.
별유방문병측호　일통외기즉분장.　설약편문무호위　일문독출시위강.

門爲宅骨路爲筋　筋骨交連血脈均.　若是吉門兼惡路　酸漿入酪不堪斟.
문위댁골로위근　근골교련혈맥균.　약시길문겸악로　산장입락불감짐.

內路常兼外路看　宅深內路審門闌.　外路迎神幷界氣　迎神界氣兩重關.
내로상겸외로간　댁심내로심문란.　외로영신병계기　영신계기량중관.

更有風門通八氣　牆空屋缺皆難避.　若遇祥風福頓增　若遇殺風殃立至.
경유풍문통팔기　장공옥결개난피.　약우상풍복돈증　약우살풍앙립지.

矗矗高高名嶠星　樓台殿閣亦同評.　或在身傍或遙應　能迴八氣到家庭.
촉촉고고명교성　누태전각역동평.　혹제신방혹요응　능형팔기도가정.

嶠壓旺方能受蔭　嶠壓凶方死氣侵.　衝嶠衝路莫輕猜　須與元龍一例排.
교압왕방능수음　교압흉방사기침.　충교충로막경시　수여원룡일례배.

衝起樂宮無價寶　衝起囚宮化作灰.　宅前逼近有奇峰　不分衰旺也成凶.
충기악궁무가보　충기수궁화작회.　댁전핍근유기봉　불분쇠왕야성흉.

抬頭咫尺巍峨起　泰山壓倒有何功.　村居曠蕩無關鎖　地水與門一道編.
태두지척외아기　태산압도유하공.　촌거광탕무관쇄　지수여문일도편.

城巷稠居池水潤　路風門嶠幷同權.　一到分房宅氣改　一門常作兩門推.
성항조거지수윤　로풍문교병동권.　일도분방댁기개　일문상작량문추.

有時內路作外路　入室私門是握機.　當辨親疏幷遠近　抽爻換象出神奇.
유시내로작외로　입실사문시악기.　당변친소병원근　추효환상출신기.

論屋神祠祖最嚴　故人營造廟爲先.　夫婦內房尤特重　陰陽配合宅根源.
론옥신사조최엄　고인영조묘위선.　부부내방우특중　음양배합댁근원.

八宅因門坐向空　一元衰旺定眞蹤.　運遇遷移宅氣改　人家興廢巧相逢.
팔댁인문좌향공　일원쇠왕정진종.　운우천이댁기개　인가흥폐교상봉.

天醫福德莫安排　豈是周公眞八宅.　無極大士傳流的　誰見遊年獲福澤.
천의복덕막안배　기시주공진팔댁.　무극대사전류적　수견유년획복택.

逢興鬼絶更昌隆　遇替生延皆困迫.　太歲神殺若加臨　禍福當關如霹靂.
봉홍귀절경창륭　우체생연개곤박.　태세신살약가림　화복당관여벽력.

門內房房有宅神　値神値星交互測.　此是遊年剖吉凶　不合三元總虛擲.
문내방방유댁신　치신치성교호측.　차시유년부길흉　불합삼원총허척.

九星層進論高低　間架先天卦數推.　雖有書傳都不驗　漫勞大匠資心機.
구성층진론고저　간가선천괘수추.　수유서전도불험　만로대장자심기.

山龍宅法有何功　八面山門亦辨風.　或有山溪來界合　兼風兼水兩相從.
산룡댁법유하공　팔면산문역변풍.　혹유산계래계합　겸풍겸수량상종.

若論來龍休論結　論結藏穴不藏宮.　縱使皇都與郡邑　祇審開陽不審龍.
약론래룡휴론결　론결장혈불장궁.　종사황도여군읍　기심개양불심룡.

俗言龍去結陽宅　此是時師識見庸.　但取陽居釀家福　山居不及澤居雄.
속언룡거결양댁　차시시사식견용.　단취양거양가복　산거불급택거웅.

陰居蔭骨及兒孫　陽宅氛氳及此身.　偶爾僑居幷客館　庵堂香火有神靈.
음거음골급아손　양댁분인급차신.　우이교거병객관　암당향화유신령.

遇者三元輪轉氣　吉凶如響不容情.　透明此卷天元宅　一到人家識廢興.
우자삼원륜전기　길흉여향불용정.　투명차권천원댁　일도인가식폐흥.

第3編
風水古典講讀 Ⅲ
(高級編–단락과 단문구분)

第12章 地理辨惑과 地理十不葬

第1節 地理辨惑-[淸代/桐城/馬泰/淸鶚]

1. 지리변혹의 원문

堪輿之之術自古迄今代出名師研究推測旣精且詳可謂極矣而名師間世
而出不得嘗遇卽有口傳心授世又不獲多聞其假託名師妄稱秘訣者逐滋
蔓焉.所以敢爲僞術以欺世者不過以枯骨無言納棺入土卽受謝而去至
於禍發之速近者期年半載遠者十數歲方見彼則誇其地力當在三五十以
欺罔擧世之孝子慈孫死喪破敗爲害之酷筆不勝書間有偶中則自詡其眞
知灼見若可通神其實確有據者百無一人.余弱冠時嘗聞風水家言又見
龍角牛眠之說心竊慕之廣搜地理各種圖冊冥心思索無間寒暄凡系聲名
烜赫者竭誠就正其談形勢者有精有不精尙屬大同小異至言理氣則五行
三合撥砂輔星純是捕風捉影之說俗所謂鐵嘴行是也.道光丁未孟夏始
遇樂亭振宇李先生于京師然後知管郭楊曾之技自有眞者在逐執弟子禮
從遊久之盡得其傳此後蹤跡所至覆驗舊塋雖數百年者斷之無不吻合亦
不敢輕以語人恐犯造物之忌也.同治甲子嘉平老友蓉溪張子回裏葬親
亦精於形勢者也與餘晝則偕遊夜則同榻聞餘所言彰往察來之效因謂余
曰胡不著之於書以示後人余昔與李師約雲誓不濫傳乃得盡聆其秘今不
可以背吾師又謂曰姑留眞旨大槪令人知所宗可乎餘不能卻逐以平日與
人相問答之言筆錄之名曰地理辨惑訣雖不在是而亦未常不在是慧心人

一見自知之耳.

2. 지리변혹의 단문구분

堪輿之之術 自古迄今 代出名師 研究推測 旣精且詳 可謂極矣 而名師
間世而出 不得嘗遇 卽有口傳心授 世又不獲多聞 其假託名師 妄稱秘
訣者 遂滋蔓焉. 所以敢爲僞術以欺世者 不過以枯骨無言 納棺入土 卽
受謝而去 至於禍發之速 近者期年半載 遠者十數歲方見 彼則誇其地
力 當在三五十以欺罔 擧世之孝子慈孫 死喪破敗 爲害之酷 筆不勝書
間有偶中 則自詡其眞知灼見 若可通神 其實確有據者 百無一人. 余弱
冠時 嘗聞風水家言 又見龍角牛眠之說 心竊慕之 廣搜地理各種圖冊
冥心思索 無間寒暄 凡系聲名烜赫者 竭誠就正 其談形勢者 有精有不
精 尙屬大同小異 至言理氣 則五行三合 撥砂輔星 純是捕風捉影之說
俗所謂鐵嘴行是也. 道光丁未孟夏 始遇樂亭振宇李先生于京師 然後
知管郭楊曾之技 自有眞者在 遂執弟子禮 從遊久之 盡得其傳 此後蹤
跡所至 覆驗舊塋 雖數百年者 斷之無不吻合 亦不敢輕以語人 恐犯造
物之忌也. 同治甲子嘉平 老友蓉溪張子 回裹葬親 亦精於形勢者也 與
餘晝則偕遊 夜則同榻 聞餘所言彰往察來之效 因謂余曰 胡不著之於
書 以示後人 余昔與李師約雲 誓不濫傳 乃得盡聆其秘 今不可以背吾
師 又謂曰, 姑留眞旨 大槪令人知所宗可乎 餘不能卻 遂以平日 與人
相問答之言 筆錄之 名曰地理辨惑 訣雖不在是 而亦未常不在是 慧心
人一見 自知之耳.

第2節　地理十不葬

1. 지리10불장의 원문

元空之術習至精明不可輕爲人卜葬蓋不當與而與之以地是發洩天機轉折卻己身之福祿則先師有十不葬之說不可不知也.[1]素不孝弟者不葬,其人之天良久喪何不養之於生前乃愼之於死後所謂欲得佳城以安親者實欲謀吉壤以佑身已如此等人而與之言地理先已不知不理矣.[2]積世怙惡者不葬,居鄉而至積世怙惡其所損陰隲不知凡幾其不絶滅者已屬萬幸矧敢逆天而與之以地耶.[3]身爲不善者不葬,世如土豪訟棍肆惡致富亦思圖謀風水爲永遠之計此乃人面獸心之流倘與之以地何以彰天討而爲世戒.[4]心術不測者不葬,宦家世族根基非不深厚至於存心或貪黷酗淫或陰險刻毒外貌雖善文飾內實爲富不仁是心地已壞陰地何可得哉.[5]出身下賤者不葬,或爲廝僕或爲隸卒或爲娼優嘗有擁貲居積重幣相邀者試思其財如何而來徒我名若使得地則良賤又何分耶.[6]古墳舊墓者不葬,恒有無知之人覬覦無主古墳或在人家舊墓之傍以爲尚有餘穴因之破塚毀壞而葬似此傷天害理之事決不能爲也.[7]私用公山者不葬,人有誤信庸師之言欲於已葬老墳側近以私墳加葬似此不特公共之墓生下人丁不依而是驚動地下之人于心何忍.[8]來歷不明者下葬,酷嗜風水之家遇人不賣之山多方謀幹串買成交往往興訟釀命似此等事謝絶不往並 勸令勿爲.[9]信任不專者不葬,元空家看地所棄取與諸家之用法逈乎不同其立向消水亦大相懸隔若其人朝信此而暮信彼必有矛盾不可往也.[10]接待無禮者不葬,今人送子人入塾就師尚知具衣冠備贄敬足恭盡禮而猶惴惴焉謂不如此恐不盡心教吾子也獨于求師葬親或道相邀或邂逅相約片語投機卽向求指地直以市儈待之推原其故皆無業遊民毫無學術望門求售相習成風故富豪家竟忘其教子之與葬親孰爲輕重吾道每于德行不足之人尙不輕施其技況並禮貌俱無者縱以幹金爲餌亦難往也.地理之學儘是人力勝天之事故巨室豪門不思積德行仁而專務尋地蓋十八而九則靑囊萬卷祇爲造惡之津梁幸有古師垂誡直與神祇賞善罰惡之權同歸一轍所望預聞斯道者敬守而愼行之可耳.

2. 지리10불장의 단문구분

元空之術 習至精明 不可輕爲人卜葬 蓋不當與而與之以地 是發洩天機 轉折卻己身之福祿 則先師有十不葬之說 不可不知也.

[不葬1] 素不孝弟者不葬▶其人之天良久喪 何不養之於生前 乃愼之於死後 所謂欲得佳城以安親者 實欲謀吉壤以佑身耳 如此等人 而與之言地理 先已不知不理矣.

[不葬2] 積世怙惡者不葬▶居鄕而至積世怙惡 其所損陰隲 不知凡幾 其不絶滅者 已屬萬幸 矧敢逆天而與之以地耶.

[不葬3] 身爲不善者不葬▶世如土豪訟棍 肆惡致富 亦思圖謀風水 爲永遠之計 此乃人面獸心之流 倘與之以地 何以彰天討而爲世戒.

[不葬4] 心術不測者不葬▶宦家世族 根基非不深厚 至於存心 或貪黷酗洳 或陰險刻毒 外貌雖善文飾 內實爲富不仁 是心地已壞 陰地何可得哉.

[不葬5] 出身下賤者不葬▶或爲廝僕 或爲隷卒 或爲娼優 嘗有擁貲居積 重幣相邀者 試思其財如何而來 徒我名 若使得地 則良賤又何分耶.

[不葬6] 古墳舊墓者不葬▶恒有無知之人 覬覦無主古墳 或在人家舊墓之傍 以爲尙有餘穴 因之破塚毀壙而葬 似此傷天害理之事 決不能爲也.

[不葬7] 私用公山者不葬▶人有誤信庸師之言 欲於已葬老墳側近 以私墳加葬 似此不特公共之墓 生下人丁不依 而是驚動地下之人 于心

何忍.

[**不葬**8] 來歷不明者不葬▶酷嗜風水之家 遇人不賣之山 多方謀幹 串買成交 往往興訟釀命 似此等事 謝絶不往 並勸令勿爲.

[**不葬**9] 信任不專者不葬▶元空家看地 所棄取 與諸家之用法 逈乎不同 其立向消水 亦大相懸隔 若其人朝信此而暮信彼 必有矛盾 不可往也.

[**不葬**10] 接待無禮者不葬▶今人送子入塾就師 尙知具衣冠 備贄敬 足恭盡禮 而猶惴惴焉 謂不如此 恐不盡心教吾子也 獨于求師葬親 或道相邀 或邂逅相約 片語投機 卽向求指地 直以市儈待之 推原其故 皆無業遊民 毫無學術 望門求售 相習成風 故富豪家竟忘其教子之與葬親 孰爲輕重 吾道每于德行不足之人 尙不輕施其技 況並禮貌俱無者 縱以幹金爲餌 亦難往也.▶地理之學 儘是人力勝天之事 故巨室豪門 不思積德行仁 而專務尋地 蓋十八而九 則靑囊萬卷 祇爲造惡之津梁 幸有古師垂誡 直與神祇賞善罰惡之權 同歸一轍 所望預聞斯道者 敬守而愼行之可耳.

第13章 風水100問

第1節 風水100問의 原文

[1問]近日地理多門當以何者爲專主.看龍之來必須有起伏擺折有屛幛有枝脚至結穴處必須有砂環水繞內有窩鉗乳突此等語人人能說及至覓地時拉山抵水往往皆錯蓋看地之法先以形勢爲體理氣爲用形勢一錯則體非其體用非其用無往而不錯矣以勢爲專主深明龍穴砂水之法則於地理一道亦思過半矣.[2問]世之談形勢者於穴星每每好言獅象虎鳳豬犬龜魚羅漢將軍美女等類言岸砂則有玉屛牙笏文筆三台貴人天馬旗鼓等名是耶非耶.不過遇有龍眞穴的之地形貌略同名師偶爲是說俗師遂相襲成風見一地卽造一名以眩惑世人不問有龍無龍有穴無穴勉强扡葬世受其愚殃咎踵至豈少也哉.[3問]看地首重形勢而近世俗眼强不知以爲知究竟何是眼力.業斯術者類皆無學之徒游食爲生本無眞實傳授凡孝子仁人或因葬親或欲積德須閉戶讀書窮理登山覆驗名墳多事閱歷秋久自然胸中有些領略卽可知誰爲名師誰爲俗士.蓋理正而有驗者爲名師理悖而無驗者爲俗士求得名師指示便是眞眼力.[4問]當看何書爲是.有形勢之書有理氣之書楊公撼龍疑龍二經吳景鸞望龍經廖金精撥砂經沈六圃地學此數書言形勢最爲的當其餘各書但言形勢者尙屬可看.至言理氣則悖謬矣.惟地理辨正天元五歌是眞理氣之書.[5問]世以龍向水三合爲理氣其法何如.理氣雲者天心之正運其氣迴圈往來以三元爲始終者也.彼三合是一定之死格局如某龍來某水去立某向以乘龍消水合

得生旺墓庫主富主貴.雖前數十百年遇此等地也是如此用法後數十百
年遇此等地也如是用法而其問吉凶大相懸殊或 樣之地前爲人用而發
後爲人用而敗.或一山之上前爲人用而吉後爲人用而凶如此等類不勝
枚擧吾故謂之死榕局蓋另有三元之眞理氣操其權耳.[6問]信如是言則
形勢竟無權耶.有權形勢所主者生人之權理氣所主者興發之權.如山川
平坦者則出人必溫厚和平得運則生端莊公正之貴人失運則生庸儒卑鄙
之賤人.山川粗雄者則出人必强悍猛烈得運則生鯁直果勇之貴人失運
則生兇險橫暴之賤人地理固是如此亦宜忝看人之家敎俗習何如.[7問]
發富發貴爲貧爲賤或賤而富或貴而貧或富貴而夭絶或貧賤而丁壽是形
勢使然是理氣使然.形勢理氣俱有之山水得運則富貴山水失運則貧賤
固屬無疑其賤而富者必遠墳非地新墳得地故也其貴而貧者必山龍得運
向水失運故也其富貴而夭絶者必旺運已盡煞運管事故也.其貧賤而丁
壽者必地本非地而向水得令有吉無凶故也.[8問]俗師得一地必許人以
富貴而實未嘗富貴何耶.美地所主者原有四人丁壽考富與貴也.而人丁
爲壽考之本壽考爲富貴之本使無人丁爲有壽考無壽考則富貴將誰屬耶
世俗惟知重富貴故彼卽以富貴餌之其實有人丁壽考卽或及身不富貴而
居仁由義視貪官汚吏之富貴孰優.[9問]嘗見世之富豪人丁壽考科甲四
者當在何處分別.何以有兼全 有不兼全有長久有不長久.豪富人丁壽考
只要坐山主星莊重水法團聚俱在旺運便是至於科甲則全要看鄉會試之
年有文昌魁星會於坐山或會于水口或會于文峰或會于向中三堂之水上
俱主科甲如龍穴砂水縱美好到十分只主豪富人丁壽考而文昌魁星會不
著科甲終不可得也所以往往有地非吉穴而亦出科甲者必其穴前後左右
砂水上有文昌魁星會故也但發科用不得大貴或旋卽殞減其久與不久只
看交煞運不交煞運而已.[10問]凡人之祖墳非一代代非一穴每見發福
者或謂其遠祖得地或謂其新墳得穴古今聚訟將何以決疑.遠墳所主者
生貴之地新墳所主者催貴之地只看人有品貌非常學問淵博而一生不遇
乃遠墳有好地能生此人而新墳無好地不能催之也有骨格醜陋才識平庸

而遭逢意外乃遠墳無好地僅能生此人新墳有好地極力催之也倘其人品
學相副遇合又奇告知其人必有數代好墳不待登山而後知之也.[11問]形
勢縱明仍當以理氣爲主而三合又非眞理氣則何者謂之眞理氣.人生天
地間原與天地爲一氣雖死歸於土又何嘗不與天地爲一氣故葬經雲氣乘
風散所散者何散其天地之氣也.界水則止所止者何止其天地之氣也.而
氣運之迴圈往來又有上中下元以消息之流行九宮周布八方分析二十四
山占六十甲子躔三百六十度一元有一元之氣運一運有一運之用法得其
法而用之斯謂之眞理氣.[12問]眞理氣載在何書可得而聞歟.蔣大鴻先
生所注地理解正並所著天元五歌二者足稱千古不傳之絶學.道光年間
有無錫章仲山增注地理辨正直解天元五歌闡義尤爲明晰.[13問]葉九
升之地理大成尹一勺之地理十二種如何.彼亦曾略聞斯道奈彼信之不
專胸無主見雜收僞書不辨魚魯貽誤世人.不但此也.乾坤法竅風水一書
增注地理辨正疏俱是未得眞傳私心懸揣擬造挨星圖去道逾遠從此玄空
一門又添無數邪說咸豐元年京師有妄男子刻造地理正宗一卷穿鑿不經
尤堪齒冷此外僞撰之書尚多愈出愈奇辨惑之作正爲此輩也.[14問]吾子
何以知三元之眞名師之眞得從而學之.君但知余今日得知之獨眞而不
知餘前日所遇之多僞.自道光壬辰游秦之齊至京師凡十有六年其間遇
五行三合之師卽求學五行三合之法遇撥砂輔星之師卽求學撥砂輔星之
法其待師之誠用功之苦如地理原眞天機會元金玉鐵鉛四彈子地理大成
地理大全地理綱目人子須知山洋指迷羅經解及各種地書日夜不懈卽至
相與登山但雲某地主富貴某地主敗絶引證各書非不至詳且備考其人家
之事蹟殊大不然及遇李師也先聞友人張載勳向餘雲子好地理昨有李姓
客同鄉姚伯昂總憲處其人能觀墳塋地圖卽知某元當發當敗某房發某房
敗所主何事應在何年或與人談其家吉凶成敗卽能知其墳當是河山向是
何元運之地.其神若此.餘根不立與之一見而李已歸矣.余時應莫北友人
之聘乃謁姚公致渴暴之意而行至塞外甫二年丁未歲姚來信雲李又至京
余立辭千金之館回京往謁被拒.因求姚公之言爲介凡三四返始濩允爲

弟子從游年餘乃得盡其底蘊歸又覆諗數年始去疑義得眞訣之難如
此.[15問]如吾子所云三元理氣旣眞且靈何以世之學者百無一人均以三
合爲圭臬耶.三合之書唐宋元以來尙無談考自有明中葉以後始盛行于
時.相傳唐一行和尙之書又有海角青鳥銅函玉髓赤霆黑囊各種之書其
詞無甚奧義可以朝成誦而夕行道故人習之.若蔣公之注引經據典語奧
義深乃千古之心傳惜天玉寶照二經隱仙機於注內必遇其人始授眞訣否
則緘口不言.是以世之學者旣難倖傳不惟不學且群起批謗蓋有由
也.[16問]如李師者近世有幾人.余自戊申前師遊廣陵至姑蘇北出關歷
古代迄今又十有八年所遇者或略知大概或粗識作用俱未能造精微無錫
朱旭輪所刻宅法舉隅頗精挨星之法但所言陽宅不知其陰地形勢何如此
外不聞有知者或有之亦難多得也.[17問]吾子所言先形勢而後理氣及聞
休咎之說又似重理氣而輕形勢.非也理氣從何處看來凡地形長就是何
龍穴當收某元之地〔地卽指山星所挨到之處.氣長就是指何向水當收某
元之天.氣値其元而用之爲旺氣違其元而用之爲死氣.〔按所謂地長卽山
峰較水爲佳所謂氣長卽水較山峰爲佳.又所謂當收某元之地當收某元
之天其中地卽指山天卽指向亦卽是水〕.[18問]形勢雖美元運不合將棄
之歟.然若勉强用之其凶立至今之三合往往犯之及至受害或疑曰此地
甚吉當是舊地之過.否則曰此地是先凶後吉固應如是抑或諉之命運使
然非地之過也.東牽西扯都只爲識不得理氣.[19問]形勢完美者已不可
多覯而又因不會元運而棄之舉世不乏富貴丁壽之家其地又不皆完美則
理氣將如何安置.天地間無處不有理氣全憑形勢以推測之如君所謂不
完美者卽有龍無虎有虎無龍或龍虎俱無或來龍懶散或穴情模糊或砂脚
飛揚或水城不顧俗師以三合五行正庫借庫四十八局加之不能以撥砂輔
星淨陰淨陽加之又不能技倆旣窮如是乎名之爲怪穴豈知穴形雖怪而理
氣固在合得理氣則形勢怪理氣原不怪也　只有不合三合五行而發者斷
未有不合元運理氣而能或發者.[風水20問]元運理氣之應捷如桴鼓近
世習玄空者甚少間有習之用亦不驗是何以故.蓋有故焉蔣氏之書文理

深奧懦者喜讀之亦只視作三合之書可遊覽而得也.又不肯屈身從師自
逞聰明肆行臆解愈迷愈謬者有之.亦有俗士慕元空之美名口稱得傳其
實一無所得者有之.抑或虛心向學不辨眞僞所讀非書所師非人以盲引
瞎者有之故用之多無驗而元空之受謗實斯人皆之也.[21問]地理家言
無不援引周易以爲原本細核其實不過言納甲與淨陰淨陽而已玄空亦本
周易否.玄空純是周易其言大體也以天氣交地以地體承天.其言先天也
乾與坤對待震與巽對待坎與離對待艮與兌對待.其言後天也坎一坤二
震三爲上元三運巽四中五乾六爲中元三運兌七艮八離九爲下元三運.
至其占驗所主一本乎系辭卦象並無一絲牽强不似三合以生旺墓庫左旋
右轉以定局偏左偏右中針縫針以立向與周易何涉有似癡人說夢也.[22
問]先天八卦起于乾南止於坤北豈僅於對待別無餘蘊乎.豈止此也先天
對待卦內原有後天流行之卦位並三元次第皆在其內一對待烏足以盡其
用乎.如先天坤居後天坎一先天巽居後天坤二先天離居後天震三先天
兌居後天巽四.坤三陰爻在一宮巽一陰爻在下居二宮離一陰爻在中居
三宮兌一陰爻在上居四宮豈非地氣自下而.上升乎.先天艮居然天乾六
先天坎居後天兌七先天震居後天艮八先天乾居後天離九.艮一陽爻在
上居六宮.坎一陽爻在中居七官震一陽爻在下居八宮乾三陽爻居九宮
豈非六七八九之部位豈非天氣自上而下降乎.一山一水一陰一陽一升
一降名曰對待實具流行.立穴于中五之區乃天地眞交合處乘得時運焉
有不吉者.〔按所謂立穴於中五之.區的區字卽天心正運之所在也既合天
心正運能收山者發丁能收水者發財山水並收者財了兩旺〕.彼三閭家徒
以支離之辭攀附周易者烏足以語此玄空之學固非操觚之士所能望
也.[23問]人鹹言三合是看山之法三元是看水之法.非也人之爲是言者
因見蔣公之書言山之處十之一言水之處十之九殊不知山系形勢楊曾吳
廖諸公已言之在前獨於理氣秘而不宣彼言山者不更言水是以蔣公但言
水不復言山且天玉寶照經中何嘗不有山法楊公作撼龍疑龍二經不言理
氣者恐混淆使形勢不明也.故作天玉寶照二經不多言形勢者亦恐雜亂

令理氣不暢也蔣公依經文而注之人遂謂之只知水法何其謬耶.[24問]
習三合者固多而信三合者尤多精玄空者甚少而信玄空者尤少至於畏之
謗之何故.彼三合者家弦戶誦則耳濡目染者久故信之不疑.卽或用之不
吉亦祇怨地之不佳不知法之不是.學玄空者旣鮮眞傳苟或誤用無益而
有損遂群相驚駭望風而靡不知用之差錯而謂術之不祥焉得不畏之謗
之.然眞訣在是信與不信關乎人之福澤有緣法有天數焉.不然管郭楊曾
在當時不聞人人求之惟身後思慕而旣無及矣.[25問]有用奇門葬法者
其術何如.元空卽是眞奇門龍有龍之三元水有水之三元流行九宮年有
年之九宮月有月之九宮日時有日時之九宮龍水之元運得失俟年月日時
之九宮神煞加臨吉凶禍福立應一絲不爽俗師只有三奇六儀飛挨加以之
占數修方選擇日時則可以之葬墳則大謬此皆舍形勢而空口言神煞之流
也.[26問]旣雲形勢理氣統歸三元運氣主持又何以有年月日時之異.形
勢爲體理氣爲用如一白運之地可管百六十年二黑運之地可管百四十年
三碧運之地可管百二十年四綠運之地 可管五十年六白運之地可管五
十年 七赤運之地與八白九紫運之地俱各管六十年至於五黃運中以前
十年屬之巽後十年屬之乾俗收二八兩宮者及奇寄宮之說也此乃得訣後
覆驗古墳所得者與舊說微有不同其年月日時又爲用中之用一層一層的
用將來非淺躁者所能窺測.[27問]理氣旣已爲用何以年月日時又有用
中之用.當令之運二十年一小遷移六十年一大更換百八十年周而復始
而一年又有一年之運一月又有一月之運如斷墳地何年出科甲之法須看
二十年大運與每年每月之運文昌魁星能否會山向砂水之上當在某房發
科發甲生氣旺氣能否會山向砂水之上當主某房添丁益可預知亦可預作
也.又以年三白與月三白所臨之方安床開門可以催丁以運之生旺與年
月之生旺合移居改灶可以病招財均有奇驗.[28問]理氣旣有長短將毋
限滿卽便敗絕.地有南北之異其絕與不絕亦有異如南省山龍一山只抱
一穴倘龍水運敗則竟敗矣若另葬一得運之地則又轉敗爲興矣如北省平
陽龍穴情寬大附葬多棺倘正穴龍水交敗運其附葬於左右者其穴內所受

龍水之氣移步換形與正穴之龍水亦有異其興其敗當於此中推測不得拘
泥.[29問]每見北省富室多悠久南省人富不五代當于何處決其異同.是
不難北省地平曠按昭穆可葬多棺得一吉地故數代富貴或房同時富貴南
省山龍結穴於窩鉗乳突其小者僅可容棺稍偏必侵界水勢必一代之後另
拖一穴得地則可否必敗矣故南不如北地勢使然理氣原無別也.[30問]
昔人有言葬得吉地之後所生之人方是貴人若已生之人後得地者與伊無
涉其言是非.得吉地生貴人其言甚是若人已生而得地不能與伊無涉餘
前所雲地能催富貴丁壽者正催已生之人也豈可雲與伊無涉試看人當正
盛之時必心葬凶地其人立見敗絕豈非明效耶.[31問]吾子之形勢必用理
氣之對待然則子龍必用午水乾龍必用巽水矣.不能如是拘泥所謂對待
者用法中秘妙難以顯言但子山午向既以子爲山則山必有化生腦既以午
爲向則向必有小明堂此穴內之對待也.穴後有主山父母山則穴前有中
明堂外明堂所以寶照經雲安墳最要看中陽寬抱明堂水聚囊出峽結成玄
字樣朝來鴛□舞呈祥外陽起眼人皆見乙字灣身玉帶長更有內陽坐穴法
神機出處覓仙方.是言形兼言氣是言水兼言山俗人不知遂謂元空只是
水法.[32問]主山端正龍虎均齊水出當面是眞對待倘有龍來作案虎來
作案水必有到左到右之別其對待當何如.善哉問任他到左到右而結穴
處後必有脈有腦前必有微茫水小明堂先於此處認定眞對待至於到左到
右乃本宮之內水口察其理氣合得何元何運運吉則吉凶則凶在左屬長
房在右屬小房.俗人每謂有龍則長房發有虎則小房發殊不知吉水在左
雖無龍而長亦發吉水在右雖無虎而小亦興凶水亦然曾見人子須知書內
有一圖雲有龍無虎大江在右小房大發渠無以自解忽悟雲水纏卽是山纏
自以爲奇殊不知山陰也水陽也以水爲山將陽作陰呼男代女豈不令人笑
煞.[33問]南省山龍多系龍虎作岸或近山遠山來作朝岸北地平陽四望
空廓有一水橫過略一灣曲卽就灣曲處而立穴者或一水直流旁有一水挿
入卽就其合入處而立穴者.或水橫過左有一水挿入右有一挿入中間一
塊方平如幾卽就其中而立穴者旣無化生腦又無小明堂到此地位毫無把

握當如何安置對待理氣一水橫流謂之靜略一灣曲謂之動水雖直流謂之靜有水揷入即謂之動陰靜陽動靜則死而無用動則生而有用形既動矣氣即隨之察其屬何卦屬何元運乘其生旺而扡之無不利者內中自有一個對待在人見其不似山龍之易尋只見其依水點穴故謂蔣西元空是看平陽水龍之法殊不知其同一理也且元空自古有之非蔣公所創造乃自蔣公標而出之世之謗元空者競直指蔣公殊可笑也.[34問]平陽之內外水口當如何看法.於貼身處有三叉交合卽以三叉交合爲內水口自穴上看其來水初見之處與去水不見之處爲外水口天元五歌所謂去來一口死生門是也至於水從前過有停蓄有轉折或岸有崩缺之處皆謂之動俱主人之禍福穴上不見者不論.[35問]水旣橫過又有去來二口焉能盡合元運.有盡合者則房房皆利其邊合邊不合者則房分中有利有不利然氣運有往來故有彼此互爲興廢之不同.[36問]房分公位之說各有不同張九儀雲,孟在左仲在向季在右四在孟仲之間五在坐山六在仲季之間若七子八子則何處安頓矣.透地靈又雲左砂屬長右砂自右肩爲二往下數去至砂尖爲止不夠多少皆在右砂三闇家以長生爲長房一順輪排或以孟左季右之法諸家之說不一究應如何爲是.余初亦用此考驗多次均不合法惟孟左仲向季右之說尚是若四子五子與十子者均無定準不得已隨地考核久乃透徹.蓋從左往右排去不拘多少房分各占一位僅一房者四面均歸之,兩房者一居左一居右三房者則孟左仲向季右如九儀之言七房者左爲長往右排爲二爲三其第四房正在向上複往右排爲五爲六其第七房居右之末如有九房則長居首九居末其第五房正在向上若有十房則五在向之左六在向之右屢試不爽.又從覆驗中考得者如其人未葬時或長房已死則葬墳之後次子居長如長房位上有吉凶則代長當之如有多子已死數人卽以葬墳之日照現存幾子孰爲長孰爲仲季按公位排算此皆古書所無者今特指日亦當以眞氣斷之始驗若以三合輔星等法胡猜仍是百無一驗.[37問]士大夫家以讀書求名爲重將葬親大事付於術士之手今聆吾子所言純以周易爲主然則地理非小數也.周易包羅萬象大者不外乎天地人三才而已通

天文者可以知四時代謝水旱災祥以養生明地理者可以知九運往來趨吉
避凶以立命人能爲貞吉之君子勿爲悔吝之小人以與天地參.子曰惟送
死可以當大事誰謂地理爲小數耶彼術士旣無眞實學問不能不苟悅取容
望門求售無怪乎富豪役之如同僕僕道以人卑故以末流小數視之.[38
問]天文地理人事卽此地理以配三才乎.何嘗不是大龍大幹到頭處形止
氣蓄鍾靈毓秀以□帝王聖賢大江大河迴合處建都設邑控制八方以居君
國卿相得其氣運則國泰民安失其氣運則時衰世亂人但知萬事皆由天定
孰知地理亦有主持乎遷豳卜洛晉絳楚郢國之興廢因之若山川險阻戰守
所憑土壤膴肥農桑所持乃孟子所謂地利非地理也.[39問]地理所關者
禍福世人遂因求福而後謀地至有道學先生力矯其弊遇地卽葬可以爲世
法否.墳猶樹根也人猶枝葉也有地脈處則根肥葉茂無地脈處則樹瘦枝
枯若以安祖宗之骨爲念則可若以邀己身之福爲心則不可避風避水乾暖
之地則可若故欲矯俗隨意從省埋葬則不可如程邵朱蔡非大賢耶而於葬
事其難其愼亦不過欲安先人之靈盡其心焉已爾.[40問]南方有高山大
壟平岡北方有平原平陽水鄉有平洋而高山大壟平原居高臨下則多乾流
平岡坦緩 則多水繞平陽寬則以溝以路爲用平洋低則就水立局其理氣
異同.高山大壟平岡平原不過有高峻平坦之異而開幛過峽成局結穴朝
案護砂俱是一樣看法有水無水是一樣用法俗眼不知每以穴高水低爲嫌
者謬也平洋之地行龍處雖不見有龍而兩水相夾中卽是龍結穴處不見有
砂而水灣卽有砂灣砂遶才有水遶所謂兩山之間必有水兩水之間必有山
正是謂此.若山壟岡原何用說耶其平陽以路爲用者路必深至數尺淺者
亦必尺餘依形就氣而用之一樣發福倘深不滿尺卽或用之亦無效驗所以
然者行龍結穴乃陰氣所凝之處溪澗溝路乃陽氣所行之處陰逢陽界卽止
山環水繞卽是陰陽交媾天地鍾靈毓秀之區山壟岡原平陽平洋都無二致
雖擧天下之地不能出此圍.[41問]理氣純以九運爲主又以年月日時爲用
爲克應之期其八千四維十二支將無用耶.伏羲畫卦只有八卦其十二支
亦上應天之舍次古人製造羅經分析八方爲三八二十四字子午卯酉所占

之位卽坎離震兌之宮子坎同是水卯震同是木酉兌同是金故用子午卯酉
不必更言坎離震兌也. 乾坤艮巽正當十二支之隙又是本卦正位不必更
假名字其子午卯酉左右隙處以壬癸屬水故附于坎宮以甲乙屬木故附于
震宮以丙丁屬火故附於離宮以庚辛屬金故附于兌宮原屬一體同氣之義
甚屬顯. 然. 人從而穿鑿甲不爲木而納于乾金乙不爲木而納於坤土如此
等類使五行各失其性甚至甲或附於寅而爲寅午戌局或附於卯而爲亥卯
未局以至有乙丙交而趨戌辛壬會而聚辰土牛納庚丁之氣金羊收癸甲之
靈生旺墓庫左旋右旋令學者至死不悟 其實所系者 全在乎元運 與太歲
所纏之宮主之. 如一白坎當令卽地支之子逢太歲在申子辰午四年應之
子年爲塡實午年爲衝動申辰爲催合吉則應吉凶則應凶如犯一支則四年
應之犯二支八年應之, 犯三支則十二年中無休歇矣. 獨乾坤艮巽四宮之
內皆得老友兩位沖合塡實當有八年遇吉砂吉水太歲值年世人見其發之
速而且久莫知其所以然遂呼曰乾坤艮巽號禦街四大尊神在內排不問氣
運之得失故亂用之一遇凶禍又呼乾坤艮巽爲殺人黃泉矣. [42問]大運
六十年小運二十年何以一白有百六十年一黑有百四十年 三碧有百二
十年之說. 一白與九紫相對必九紫當運則一白之地方敗如上元甲子甲
戌二十年一白正當運大發至二黑三碧運內則一向尙餘氣 故仍發 至四
五六七八運內運雖過亦無凶故雲百六十年. 若甲申甲午二十年二黑主
運固發在一白運內同是上元已可用之二與八相對交八白管運卽敗故雲
百四十年若甲辰甲寅二十年三碧主運交一白運已可用之至本運大發三
與七相對交七赤管運三碧始敗故雲百二十年中下二元之地皆仿此總之
上元六十年三運之地皆可用必至本運而後發耳中下兩元之地用法同
此. [43問]巽乾於中元運內何以各五十年. 各卦本運只二十年惟中五運
二十年前甲申十年屬之巽三碧運內四綠之地已可用故有五十年後甲午
十年屬之乾七赤運內六白之地尙有餘氣故亦有五十年然一白九紫兩運
之內四綠六白之地亦各有二十年旺運用得者大發用錯者大敗此一說惟
李師知之餘考驗之信然. [44問]五行一訣非眞術城門一訣最爲良何所

指.卽穴後入首束氣之處與穴前放水出口之處也乃形勢兼理氣而言對待元運皆任於此吉凶禍福之柄亦無不在此.**[45問]**天機妙訣本不同八卦只有一卦通如何謂之一卦通.本是說得明明白白被後人越解越錯竟有說是以此一卦去通那八卦以至愈迷愈謬盡爲理氣言也.所謂一卦通者乃是當運之一卦用之最吉謂之通.言八卦不能皆通也卽餘前篇所雲某卦之當運二十年是也.**[46問]**何謂合得天心造化工.世人但以點穴處橫直度量十字相交爲天心又以明堂水聚爲天心是形勢之天心非理氣之天心也.理氣之天心乃某元某運管事則某元某運卽是眞天心.識得天心以此察人間禍福用此趨吉避凶奪天命改造化全系乎此.卽以此運入中按陰陽順逆飛所謂顚顚倒者所謂星辰流轉要相逢者又用中之用不經口授烏能知之.**[47問]**凡結地之處或數十裏而結一穴或十數裏而結一穴或三五裏而結數穴者不等究之遍地皆人所葬不盡得穴小康者有之自給者有之亦不皆絶子孫相繼間有繁衍者地之力耶運之力耶.其地雖不得穴亦必地勢高燥平穩無凶砂惡水沖射卽能自給有得運低小砂水顧照卽可小康而子孫繁衍矣然亦當以人事參之倘其人庸懦縱有吉砂旺水蔭墳亦只平平倘其人勤能但無凶砂惡水浸墳.亦足自立此以天時地理人事參合之妙千百中不爽毫髮.**[48問]**繼父之墳能發承祧之子乎.何獨不然試觀人家不利女丁者或産難或淫奔不特其女應之卽其媳亦應之雖菴刹寺院僧道之墳尚能蔭其招養之徒豈有繼父不能蔭承祧之子孫耶但媳之吉凶母家與夫家參看而承祧子之吉凶亦當本生與過繼者同看俱關係兩家故也.**[49問]**今人皆欲謀大地甚至謀得極不堪之地轉不若不求大地得一乾暖之地無凶砂惡水沖射用之好否.較之胡求大地而得禍者亦不失爲中策但貧人得之仍如是貧富人得之仍如是富地稍有一分好處則富者必加一分富貧者必減一分貧倘地有一分壞處亦然勿作妄想但求安親勸得癡人醒亦是無量功德.**[50問]**北省人死卽殯卽葬南省人死厝棺不葬甚至停留數代積累十餘棺以待圖謀風水所厝不吉逐愈久愈貧至不能葬或夭絶無人固毋論矣間或有力者一擧而葬數代之墳其吉凶當如何

斷.只看其現在之人近身父母之墳與遠祖之墳同吉作吉斷同凶作凶斷
若遠墳吉近墳凶仍作凶斷遠墳凶近墳吉仍作吉斷近者最要故也.[51
問]越是富貴人越喜厝棺不葬彼意謂得力於遠墳姑厝新棺或在野或在
家何如.毋論遠近只看頭上一棺不拘墳厝最爲緊如父母在即看祖父母
之停葬處祖在則看曾祖之停葬處依運斷之雖停棺在家亦與墳厝同察其
禍福如掌上觀紋世人每以近棺未葬有吉有凶盡歸之遠墳豈不大錯.[52
問]嘗見淮水以北有築圍牆以葬墳者其法何如.余亦曾見之惜乎彼所用
者俱是三合輔星之法若依元空理氣用之其力亦不減於眞結此平陽權宜
之計如水鄕平洋亦可用之蓋平陽平洋無砂繞護四望無收擇得高燥寬敞
之地立穴於中去墳四五丈築牆齊肩四面圍之隔卻凶砂惡水令墳上不見
開門於元運當令之方照水口城門之例亦能發福不替.[53問]墳地旣可
築圖則建樓閣屋宇以當護砂挖池塘溝渠以爲界水亦逍效耶.嘗見人家
陰陽二宅之傍別家改造屋宇穿浚溝渠而此家敗者忽然而興盛者忽然而
衰非職是之故歟彼旣有關乎禍福則依運而造者正所奪天命改造他也.
若於四鄰之墳宅無礙則可倘有礙於四鄰墳宅恐傷天理切不可爲.[54
問]據宅法舉隅所雲天心一卦四十八局門宅層間內外六事條分縷晰備
極詳明吾子尙以僅知陽宅少之然則陰陽二宅用法不同.陽宅重局不重
龍重門不重山其起卦挨星之法最重是向移門改路只在土木之工轉換之
際氣因門路而入吉凶隨之若陰宅山法先在尋龍點穴然後立向消水純是
天成一些差池斷送人全家性命.彼朱旭輪乃無錫人與章仲山同裏又先
後俱是道光年間人且是訣非傳不會雖蔣公尙稱其師爲無極子彼二人著
書不言其師爲誰氏已屬忘本之人.廣陵人曾向余言章仲山遊維揚巨族
爭延之徒手得謝禮萬余金不曾與人葬得好墳乃熟於理氣而昧於形勢者
也是以因章而疑朱恐其僅知挨星之法而昧於形勢耳.[55問]天玉經雲
乾山乾向水流乾乾峰出狀元坤山坤向水流坤富貴永無貧午山午向午朝
堂大將值邊疆卯山卯向卯源水富貴石崇比諸解不一雖蔣公亦未切實指
明.此是說形勢說方位而暗言理氣秘妙於形勢方位中也至於狀元大將

亦不能拘泥但乾爲八卦之首又其方爲天門遇龍穴砂水極眞極美之地得
元運又有文魁二星會合自然出狀元倘稍有不的亦可出科甲不能掄元
也.但乾山乾向水流乾乾峰出狀元其乾字上當下一或字或乾山或乾向
或乾水或乾峰必遇文魁二星會合之年月始然否則富貴而已其餘七山皆
是如此不僅乾山午山卯山坤山四卦已也.但峰秀水曲者貴峰肥水大者
富出人物俊秀渾厚亦在此上分.余曾見直隸蔚州李氏葬地當出文狀元
其家習武竟中武狀元可見習染使然地亦無如之何矣.曾見人家藏僞造
之元空珍爲秘本其解乾山乾向水流乾元後天乾上來龍爲乾山朝先天乾
爲乾向身坐後天之坎以先天坎上之水爲乾水或用飛挨排由坐山挨起由
向上挨起由來水挨起由水口挨起自乾所治之方爲乾山乾向水流乾種種
謬語以亂眞傳殊可惜也.[56問]南北各省竟有荒陋州縣從古迄今不能
出一偉人亦不出一科第何其凋敝一至於此.大凡名都巨邑所占者皆風
水之區一要城池得地二要宮署合宜三要文廟合武四要書院培養英才五
要土著人士立志向學再有醇儒指教自然人文蔚起矣不然旣不向學又無
指教科第功名焉能從天而降耶如余所謂龍穴砂水文魁會合之處豈百里
之邑竟絶無一有有是理有是事乎.如近世河間人多閹宦石埭多衣工撫
州人多書客溧水人多藥商曹州人多響馬南陽潁州壽春多掖刀攃匪之類
蓋由比屋鄰居見聞如是所行爲竟如是矣豈有天成山水專出宦者衣工書
客藥商響馬掖刀攃匪之地者耶朱博短衣齊變楚俗其敎化原在人也.[57
問]世有龍穴砂水並無瑕疵之地不惟不發甚至敗絶是何以故.此卽是不
明三元理氣盡據形勢之美好不待合元運之時而卽遷葬吉氣未到凶煞先
來故敗絶相尋逞雲發福.彼世之舍理氣而專言形勢者可不懼哉.[58問]
墳地以元運判興廢已鑿鑿有據在未葬之時尙可趨避設若已葬得運之地
忽交失運時將擧其墳盡遷之耶何以未見古人有是事者不特不見有是事
且有自上元發至下元而不敗是何以故.理自在但人不知耳.如今日我
明明指出得運失運之效如足世固無改遷之理而彼自得運至失運之時而
敗亦不過懵懂受之而已初未嘗倖免也.亦有三元不敗者並非上元一墳

能管至下元蓋百餘年間人非一代必有新墳乃上元有上元之老墳 至中
元又遇中元之吉墳卽至下元又接葬下元之新墳所以能如是悠久此非積
善之家有大福德之人不能.[59問]世有古仙師鉗記之說預定大地將如
何發達並未言當在何運發.鉗記之說間亦有之彼不運據龍穴砂水之美
好而言固未嘗言元運亦未嘗言不須元運且元運之名古師隱而不宣自大
鴻氏出慮僞術之混淆貽害世人故將元運特長而出之原屬一片婆心俗子
既不能窺其堂奧遂以爲駭見駭聞.又有一種慕其名不得其傳自創一解
惑世誤人致令謗元空者紛起從此元空一道又複難明眞僞殆天不欲斯人
盡聞妙道而生此種種魔障於世間耶.[60問]鉗記之說果可信否.有可信
有不可信其可信者古仙師遊蹤所致見有美地未遇可葬之人特留鉗記以
待將來有德者其不可信者乃俗師受賄市奸假託鉗記以行詐欺愚且古師
鉗記最著者莫如郭景純劉伯溫皆抱負王佐之才楊筠松賴布衣皆高蹈隱
逸之士旁通雜術偶一爲之非若近世術士專挾南車遊說富豪之門惟知哄
騙衣食者捏造鉗記飾繪圖形不如此惑人不動也何必鉗記.[61問]青陽
桂丹崖諱超萬者精三元昔未第時居京寓必改易其門路後由兩榜卽用其
居室每月必遷移竟以觀察在閩秉臬權藩終.余初入都卽知其名惜未見
其人而測其所行所爲必墳已得地彼又以挨星法施之陽宅耳其改易門
路以求中者卽前所取文魁二星會合之處也其每月遷移居室者是取生旺
之氣以趨吉避離也又聞其建造宗祠之後姪中武舉子點庶常殆亦深明明
體用作法方能如是.[62問]千里尋龍到頭一穴而各書或雲過峽高則穴
結高處過峽低則穴結低處或雲岸山高則穴高岸山低則穴低或雲看龍虎
二砂以定穴之上下或雲以卦九星五行以定金之淺深者究竟如何點穴
法.從峽山上定穴者乃術士惡習誇張其辭于步龍時預決穴之高低卽至
到頭勉强牽就此等之人餘屢見之以岸山定高低者恐其高壓故岸高則高
點岸低則低點若岸山遠雖高何嫌以龍虎定穴者倘本身無龍虎將如之何
至以八卦九星五行定穴者更屬迷謬.蓋地脈生動比之如龍者特因其起
伏擺折而雲試看來龍祖山粗雄跌峽一次則山漸秀嫩愈跌愈佳卽至結穴

山形土色全異而靈氣聚矣如無跌斷必左右擺折遇擺折處必分枝開帳以
洩憋氣大則爲兼葭枝小則爲水木蘆鞭之類卽至結穴砂纏水聚而生氣凝
矣如是乎窩鉗乳突之形成浮沉高低之法定.若是小小窩鉗乳突是爲少
陰少陽卽在其上點穴本無疑義倘窩鉗寬大是爲老陽老陽不可用須于老
陽中覓少陰.又當於窩鉗中求乳突卽爲少陰倘乳突肥人是爲老陰老陰
不可用須于老陰中覓少陽.又當於乳突上求窩鉗卽爲少陽若大窩鉗中
無乳突大乳突上無窩鉗又有求暈之法窩鉗之暈如人心坎中跳起處略有
一點高影.是一陰初動似有似無便是穴暈乳突之暈如小兒頌門上吸動
處略有一點低靨.是一陽初動若隱若現便是穴暈立穴于此自然水朝砂
應龍繞虎馴其巧妙處暗合天機俗師動雲尋龍點穴豈易言哉豈易言
哉.[63問]山岡尋龍點穴之法尚可習見習聞其平陽平洋尋龍點穴之法
僅見水龍經具其圖形究未顯言其所以然點穴理氣之法.大江以北東至
齊西至秦北抵幽燕平陽居十六七平原居十之二三高山大隴僅十之一二
而葬山者甚屬寥寥不從事于平陽平原之地然北人俗厚質樸業青鳥者無
幾蓋不善作欺人之事不似南人誣岡詭譎競挾南針自稱妙手者之多也至
其尋龍點穴亦無眞知卓見大約依局定穴者居多其得穴與不得穴發與不
發亦在人幸不幸耳.余與李師遊其看平陽之法於綿渺一片之處細察地
氣之隱隱鄧隆如人肉上之筋皮中之脈若有若無高一寸爲山低一寸爲水
也有帳蓋也有迎送也有過峽也有人首至結穴處或以水或以路或以低淺
之地纏繞交護龍穴砂水樣樣俱全其穴形亦分窩鉗乳突窩大窩小求突求
暈一與看山法同總要乘得元運生旺而用之其發可翹足而待.至若平原
在原下望之如同高山及在原上則低平如掌一望無際與平陽無二其結穴
處有在原邊者有在原角者有在原盡頭者有在原之中者若在邊者則下臨
崖岸彷彿大江大湖之傍必左右有溝渠揷入交匯.卽在其交匯氣聚之處
立穴其在角者彷彿大小轉灣處形象圓淨理氣清純卽在其圓淨清純處立
穴其在盡頭者則原勢漸低亦有枝脚作龍虎拱衛與高山大隴乾流結穴相
類其在原之中者四望不見邊岸有溝渠則就溝渠有路水則就路水其認脈

審穴仍與平陽同此皆從來無人細辨者.[64問]江浙盡屬平洋六朝以後
代出名流而看平洋之法可得聞歟.平洋遍地水田皆人力瀦蓄者耳當其
未開田以前亦與平陽同一類也今雖已改地爲田其有龍有砂處田必高其
界水處田必低過峽處田必低窄開帳處田必橫寬其結穴處高田爲砂抱護
於外低田爲水環繞於內結穴之田高不過砂低不侵水相度形勢或深葬或
淺埋或培土結盤以迎生旺之氣運作用之妙存乎其人亦必積善有德之家
乃肯爲之施力耳.[65問]人咸謂玄空之學只重理氣不重形勢今聞子言.
重形勢莫精于玄空者矣何以習三合者詆之不遺餘力.是有故焉玄空之
學可以挽回造化必擇人而授必擇人而用則術者不得其門而入不得不挾
三合以求食遂以詆毀玄空爲能事俗人無知助之誹謗而文空家懷不世之
秘訣方晦跡韜光以避世俗糾纏無心與之分辯亦不屑與之分辯.彼皆自
作自受者蓋天也命也.[66問]高山大隴平原平陽認龍點穴旣如此其重
且的宜乎古今名師扞葬皆當在大幹大枝特結之處立穴乃考之殊不儘然
其旁城借局牽就用事者甚多.是亦有說或正龍正穴當未可用之時用之
恐致禍不如就其偏側可用者用之以邀福或其葬家德行淺薄不欲逆天以
行事姑以其次者應之蓋以年代人事細詢之自見.[67問]元空之術不雲
可以此行善積德何以又有不輕爲人施用之言豈不自相矛盾.所謂行善
積德者乃遇人家丁稀壽促宗嗣垂絕者爲之扞一丁壽之地遇人品學優長
而貧困不售者爲之扞一富貴之地遇人世代仁厚又逢大地理應指示或其
人世無大惡身遭奇殃爲之轉移化否爲泰只要其人敬信不取謝金是謂之
行善積德倘其人挾富挾貴陰隲全無希望非常福分以利爲餌遠近奔趨若
此等人決不輕爲施用.余親見李師爲一親王生塋微嫌地狹.王問其奴
曰傍是何人地.奴曰民地也.王曰可將我之界移過去.李師怒曰何不以價
買而奪民之生產乎怫然登車而歸王踵至寓謝過李師卻聘不顧星夜命駕
回裏元空門中專以救人濟世爲念視王侯與乞丐均人也豈在富貴貧賤上
分向背耶.[68問]舊墳舊宅改向改門可以轉禍爲福否.陽宅能陰地不能
陽宅以門路通陽氣出入故門路在衰敗之方不吉可移就旺運之方則化離

爲吉矣至若陰地以水口爲門以元辰水爲路者也.若土塚之上立碑爲向
反聞非路可通出入僅將其碑改立一向爲能轉移禍福此皆鄙陋俗師希圖
謝禮登人之山卽令其改碑換向人人之宅卽使之搭灶修方千人一轍無不
皆然揆諸其心原屬爲己非爲人也.而陰地之可以更改者惟平陽以路爲
水或小小溝渠立局可以改就旺方如陽宅之改門改路.蓋陽宅之門 卽水
口也路卽水氣也平陽之改水口溝渠與陽宅同或四圍置牆安門迎生就旺
亦是此意若系山壟岡原砂纏水繞高低顯然天地生定無可改移豈扭轉一
碑卽能免殃造福耶喜爲是說者皆三合洪範撥砂輔星之流以二十四向爲
主改一向則滿盤之生旺死絶全變請以理度之豈有一片石碑能使龍穴砂
水天地之氣隨之爲吉凶乎不待深究而可知其罔也.[69問]昨同遊三處
坐向砂水皆同何以一處指其發富綏而敗亦遲.一處指其應富豪而于孫
不孝.一處指其主富貴而閨門不潔退而詢之皆然是從何處分判.卽從形
勢理氣上分判其發緩敗遲老來然懶坦向中又是乾流.〔按向首雖合旺水
若不見水光者不論是乾流或是低空俱主發緩而財小同時緩龍緩接雖合
丁星到坐山而添丁亦遲〕.其富豪而不孝者 來然粗雄向中又見反水〔玄
空向星挨利向首不論水之來去皆主發財大水大發小水小發惟水反無情
者主不孝及寡倩〕.其富貴而閨門不潔者 來龍有峽有帳向水又見之玄獨
於然虎之內皆是沖田左手辰巽上有水塘一口右手酉辛上有一水塘一口
乃外局美而又得運內水雜而又失運以至有此.〔按此三穴必系二黑運所
葬之壬山丙向合七星打劫向首有水者皆發惟酉辛方挨得風火家人純是
陰星該方有水塘一口又屬失元之水當主婦女淫亂〕.三閭家只知生旺墓
庫看水來去豈知有敗運之水在內爲害匪細倘是合運之水當作吉斷矣擧
世懵懵烏足以語.[70問]據談陰地者則以幹旋造化全在陰地而不管陽
宅其談陽宅者則以挽回天心全仗陽宅而不顧陰地以二者較之熟爲重
輕.陰宅猶樹之土壤也陽宅猶樹之雨露也若植根肥壤縱雨露愆期莫枝
葉暫時憔悴終久滋榮乃陰地佳陽宅否者是也.若植根瘠區縱雨露調勻
其枝葉暫時繁華終必枯槁乃陽宅佳陰地否者是也如此譬之最爲至當細

考二者之力陰地當居十之七八陽宅當居十之二三而已.**[71問]**陽宅書中有雲人家子孫不旺者遷其父母之床其子孫卽旺有驗與否.所雲者老八宅之法遷其父母之床於生氣延年天醫之方耳不能十分效驗餘元空術中亦有是用法蓋床乃生人八尺之穴二六時中有六時坐臥其上死骨之塚尙可蔭其後人活親之床豈不能蔭其子息余曾識爲兩人催入泮甚准.**[72問]**挨星之法旣少眞傳如是乎三閭家有三庛貪狼之挨星有輔星遊年翻卦之挨星元空家又有各種之挨星獨範宜賓之挨星圖風水一書中遵之地理錄要中收之地理三字經極贊之然則挨星圖近乎眞耶.是則是非則非焉有似是而非近乎眞之理徒足以亂眞耳其所分者子什卯酉乾坤艮巽入天元寅申巳亥乙辛丁癸八人元辰戌醜未甲庚壬丙入八地元從山挨一局從向挨一局共成四十八局將貪巨綠文武破輔弼挨加天元之八方地元之八方人元之八方以廉貞入中惟有八星左旋右旋以貪巨武爲三吉挨加于砂水之上倘有如是地卽如是挨此法與生旺墓庫遊年翻卦死板格局有何分別.眞正挨星訣法雖欽定協紀辨方中亦僅存三元九星之文不得所用訣附刻存之以備參考以國家之旁求博采亦只與之以文不語之以訣足見前賢之秘一至於此.**[73問]**蔣公羅盤四正卦每卦兩陰一陽四隅卦兩陽一陰蔣公立法如此范氏楊順陰逆依法挨加其錯在何處.蔣公所謂陽順陰逆者謂各宮陰陽當是如此以此爲法非死定在本位者.如二黑運內二黑入中一白在巽則辰巽巳三向要用一白壬子癸之陰陽不用辰巽巳之陰陽.三碧在乾則戌乾亥三向要用三碧甲卯乙之陰陽不用戌乾亥之陰陽.八宮九運皆是如此運用元妙無窮茲特舉天心正運下卦起星之大綱若誤信僞術此處一錯則滿盤皆錯矣.**[74問]**羅經有中縫正三針今蔣法只用正針其中縫二針竟無用耶.余昔曾學三合讀羅經解研究三針作用曆試之皆不及三元之驗雖三合有正針偏東三分之說而縫針向西又不在三分之上西洋士圭測影亦有正針偏東之說其縫針旣不合正位且用之無驗.蔣公用正針試之旣靈一依正針爲是.至於中針盆偏往東更屬不經毋庸置議正針之源始自黃帝周公中縫兩針託名楊賴以之驚愚則可施之於用則

誤人多矣.[75問]賴公二十八宿撥砂法鉛彈子穿透眞傳張九儀專成一家之言極誇其神奇痛詆玄空爲無用其撥砂法果有驗否.餘昔亦學之及乎旣明玄空之後考竅之終是合得玄空之旺砂則吉不合者不驗.而其中最不經者莫過於日月之八宿凡二十八宿周布于羅盤之四方每方七宿以木金土日月火水七政配之.按天文書日月自有日月之本性張九儀以房虛昂星四日宿爲火旣屬牽强月則與水同類者心危畢張四月宿亦指之爲火遂謂火星當有十二宿用之最利彼特不自知其謬誤而極詆玄空多見其不知自量也.[76問]俗稱黃泉水法雲八個黃泉能救人八個黃泉能殺人其能救人殺人莫非卽是元空.玄空誠能救人殺人卻非是黃泉.其黃泉歌雲庚丁坤位是黃泉乙丙須防巽水先甲癸向中憂見艮辛壬水路怕當乾.不過庚丁向不宜見坤水乙丙向不宜見巽水甲癸向不宜見艮水辛壬向不宜見乾水而已.使見之而吉則呼爲救人黃泉見之而凶則指爲殺人黃泉全屬反覆無憑之言.又有解作水爲殺人黃泉去水爲救人黃泉純是胡猜亂摸而已.若依玄空只取天地生就之形勢往來消長之氣運立向消水不問其爲黃泉也.[77問]乾坤艮巽四黃泉旣不足爲憑又有乾坤艮巽四禦階亦不足爲據則元空之可憑可據者何在.卽以庚丁坤位是黃泉而論庚在七宮可在九宮坤乃二宮若作庚向使向中之水兼見坤流是由七兼二也.作丁向使向中之水兼見坤流是以九兼二也依元空論之論非一元謂之駁雜不純再交離運焉得不敗焉得不殺人.若庚丁向水專在坤宮左不兼丁右不兼庚清純不雜再交吉運焉得不興焉得不救人若坤向見庚丁水亦如此所以謂之禦街乃水法清純又乘吉運故也倘乘離運一樣爲禍其犯駁雜者乃七九得運二宮失運之時卽至二宮得運七九爲失運之時永無全吉之日彼不知所以然遂呼爲殺人黃泉而已.[78問]古今帝王無數焉得如許天子地以葬之.葬天子者非天子地也如世冑創業之家其起初必是一大富貴之地可自白衣而致卿相以後有一平穩之地卽可保其一代富貴帝王之地亦然必其頭一代帝王之祖若父葬于正幹正穴眞帝王地生得帝王開基建國以後但得龍眞穴的之地含元合運自然四海升平萬方底定

矣.古今來惟中幹龍所出帝王能混一宇內中幹龍昔連泰岱今隔黃河南幹龍則割據及草竊而已雖建國亦不能久史鑒具在可爲證也.[79問]平民地有吉凶關乎一家帝王地有吉凶關乎天下使處擾亂之時平民地將無權耶.不然當賊冠縱橫之際其地吉者雖頻遭劫掠終能獲全其地凶者雖遠避他鄉不遇殺戮亦入死囚此親目所擊之事非徒托空言欺人者彼言地理者曾有留心考驗如是者耶.[80問]陰陽二家之言旣如是矣至臨事之時無不愼重選擇謂選擇稍差能使陰陽二宅轉吉成凶減其福力其擅選擇之長者誇大其辭眞謂選擇之法只須動土修方可使凶地凶宅立致吉祥倘三家之言並行將何所適從.陽宅之力不敵陰地之半於第七十問已詳言之而選擇又其末焉者矣其大略避卻太歲三煞歲月時之空破與化命祭主之刑沖克害足矣.至若七政四餘選法分恩用仇難以爲扶助趨避楊公造命歌備言其旨而遠省僻縣樿曆難致精者其稀卻或用之轉滋訖異鄉曲愚人鹹奉鼇頭象吉等書拘泥各種不經之神煞雖有欽定協紀辨方闢其謬妄而庸俗信之自若.余方考新舊名墓以及村落墳厝只據形勢理氣以決禍福無不了然並不問其何月日時神煞吉凶可見選擇之力不敵二宅之形勢理氣且世家巨族高碑大塚其選擇非不愼重講求何以葬非其地補救無靈其惑不待辯而自明矣.但見世俗卜葬課單置形勢理氣之眞吉凶不論專講日幹之扶山補龍扶之補之法夫墳永遠長久之地惟形勢理氣是憑豈一日之干支卽扶補龍山使之永長不替乎余每爲人扦葬是吉地則用是凶地則不用只依協紀辨方避卻刑沖克害葬於合運之地無有不吉願天下嗜斯道者亟宜勤求形勢精習理氣毋使本末倒置而已.[81問]今人看巒頭者指楊公九星爲老九星不以爲重而專言廖公九星似勝於楊公九星而子則專言楊公九星必有所見而然耶.星何常有九而又何止于九蓋水曲火尖木直金圓土方此五星之正形楊公因其形之難拘於五故耶北斗七星之名而益之以弼以爲九.又慮其變化不定故於撼龍經中備言兼帶之形自楊公以前原只五星無九星也.廖公承楊公之後亦因其變體而立九星之名複窮之九九八十一變之穴象是皆恐後人之拘泥而爲之立說耳其實總

不離五行之正形而已若景純葬書何曾有是說今人又强爲分解以楊公九
星爲看龍之星廖公九星爲點穴之星.然楊公經中不雲,〔貪狼作穴是乳頭
巨門作穴窩中求武曲作穴釵鉗覓祿廉梳齒犁鋤頭文曲穴來坪裏作高處
亦是掌心落輔星作穴掛燈樣縱有圓頭亦凹相〕.此九星在龍身行度多者
卽以此定結地穴形否則于祖山與父母之山龍身上見而在立穴處見者卽
窩鉗中之突窩鉗中之暈是也.楊公九星何嘗不可點穴旣主楊不更言廖
恐立言駁雜聞者易於混淆耳是以嘗言凡系巒頭之書不過不同小異尙屬
有憑有據之言盡皆可看至理氣則東牽西就左轉右旋使五行失其常八卦
失其序山水無言至理氣則東牽西就左轉右旋使五行失其常八卦失其序
山水無言其災禍萃於人身而不之覺餘不憚煩以申述者無非欲喚醒癡
聾.[82問]子言看地首重形勢旣得形勢再進求理氣是理氣寓於形勢之
中今三合節節步龍何字落豚何字過峽從水口看是何庫與山脈相合然後
立向消水亦是得形勢以求理氣何嘗不是氣寓於形子獨力辨三合非是何
也.看龍之法原只在龍身看其是何五行星體落脈宜柔細生動不宜粗蠢
死硬過峽宜跌斷不宜剛直開帳宜前抱不宜反飛起星宜端正不宜傾斜自
祖山步起節節分枝孰爲幹孰爲枝孰爲大幹傍幹孰爲大枝榜枝.大凡祖
山必高峻粗雄開一帳則山形一變跌一峽則土色一變由高峻而變和平由
粗雄而變清秀卽至成局結穴之時砂環水聚穴星呈象中有似石非石似土
非土堅細之好土或五色兼全或純是一色與穴外土色迥乎不同或生圓暈
如太極之形楊公擬龍經中俱詳言之何嘗拘拘于某字龍必與某字向水爲
三合餘遍考之率皆牽强無一合者.卽所謂合者其立向或迎生或迎旺或
朝禦街或朝墓庫或以小龍虎爲水庫或以大龍虎爲水庫或以大龍虎爲水
庫或以龍虎外不見之口爲水口或以羅城總水口爲水口儘是李代桃僵全
無把握殊不知入山尋水口乃于山之水口見其交鎖緊密或兩山來立如門
或山脚交牙不使直洩而去或狹如石柵將山內衆水束住一口而山或口外
之山有日月獅象龜蛇各種之形鎭住水口便知其內必結美地並不問其水
向何方何字出亦不問其在穴之何方何字出而指爲某庫也.山之氣陰也.

自祖山起伏擺動而下行水之氣陽也. 自總水口盤旋曲折而上行同會於
結穴之區水之三叉抱向穴後山之龍虎抱向穴前山水相抱卽是陰陽相見
此謂之交媾有情者是也. 往前看穴上所見出水之處一出不再見者爲去
逃之方往後看穴上入首之處爲來脈之方以元空理氣合之合吉則吉合凶
則凶吾得訣以來考之萬無一失使三合各法果靈驗勝於元空餘豈願棄諸
家而專學元空耶. 人孰無親焉敢以無稽以言誤人而先自誤其身者乎.
[83問] 靑囊雲山上龍神不下水水裏龍神不上山解者多以此二句一是看
山龍之法一是看平洋水龍之法蓋山龍多有龍而無水平洋多有水而無龍
其說是否. 山龍穴前多乾流 乾流何嘗不是水, 平洋穴後多低坦無星峰其
脈伏行迤邐而來到穴其來處何嘗不是龍. 但此二句所言者山水之理氣
是也. 蓋山有山之運水有水之運. 山之運不可爲水之運故雲不下水水之
運不可爲山之運故雲不上山. **[84問]** 地理之書遠自海角靑鳥降及唐宋
元明爲書甚多子獨沾沾于景純筠松及大鴻氏之書毋仍罔歟. 海角靑鳥
二書託名最古其書卽僞之尤者不必細論其他. 只看其措辭周秦時之文
字何等古奧況海角經爲黃帝時九天玄女之語何其酷似唐以後之言耶靑
鳥經樗裏子所著其人爲秦王之弟周時之王候皆人君也. 漢以後則爲人
臣矣. 秦以前從無營葬欲得地爲王候者宰相于祖龍時始爲極貴之官. 秦
以前宰爲宰相爲相並非大貴之人沙堤者乃唐時拜相之禮周之時焉得有
此乎豈非皆唐以後人之僞書天下惟眞者不假人之名假名者豈有眞訣也
哉. 雖楊公之書流傳日久亦被三闔家塗改以附會其術幸蔣公得古本暢
爲注明使天下後世. 複觀楊公之眞傳景純葬書所言者均是形勢三闔家
亦無從塗改尚將形勢之生死注作生旺墓庫之生死此乃固執不通至死而
不悟者也. 夫看地之法最難者形勢自祖山出脈奔騰踴躍閃跌隱現橫飛
逆上側落回顧變換不一愈奇愈眞窮其足力目力始有心領神會之時原非
一朝所能得是以古之葬書乃三闔家以羅經解爲理氣眞傳奉爲至寶轉視
形勢爲末務每與之登山未曾立定先用羅經以談三合四庫如是看法究誰
爲固執之人耶. **[85問]** 從來地理書中言巒頭形勢者有之言諸家理氣者

有之絶無言及三元爲理氣者自大鴻氏出始以三元爲理氣世以罕見罕聞
疑信相參原非得已子何闢之罪之甚耶.且如子言玄空法至簡至易何
以前此未之聞也.餘非罪其他罪其甘受諸家之愚弄轉爲之附會標榜不
知玄空之神奇竟肆其詆毀阻撓陷學世之人於水火之中耳.若謂無書玉
鏡經卽是玉函遺意非其眞耶.三元九宮非其位耶.但未將何考用之于山
何者用之于水分別指明世俗旣不解用之法又不解之效書雖存俱遺而
勿論.蔣公得秘傳中明其效驗其訣雖易得之最難必待其人而得語之否
則奉之千金弗顧也.於寶惜秘訣之中亦隱喩人以勸誡之意使人人以孝
悌忠信自勉則斯訣亦可盡人而語之矣.夫遊食者以此謀生不得不固執
以詆玄空而無識者亦喜妄加指摘.余昔初學地學時看諸家書則人無言
習玄空則群起誹笑余於地理無所不學經久是玄空極其靈驗其諸家書之
所以誤人者皆附會標榜太過之故也.[86問]吾子得訣甚秘立論甚高些
子玄機引而不發雖云辨惑究未能去人之惑也.後之人讀子之書將毋疑
子徒知善辨實未嘗得訣誰又爲子辨.餘豈故爲秘密乃守蔣公及李師之
誠耳.昔亦曾爲數人言之或淺嘗而不深信或得魚而遂忘筌.餘由是三緘
其口必待至誠篤信之君子而語之耳.今試舉略二人一爲同鄉老友察其
心地樸實因以元運往來消長山水對待流行傾心相告彼亦不考其靈驗與
否去而謂人曰豈有秘訣乃老生常談耳.一爲姻戚値成豐癸醜粵賊陷城
其人約與其共患難且求眞訣.餘慮訣之失傳遂告以天心正運下卦起星
之旨.無何仇家引賊索餘甚急非以賄解不可余乞援於其人竟不之顧.如
此等人不一而足子謂餘守口如瓶不亦宜乎.亦常憫人之疾厄困窮爲之
擇地葬親乃疾老愈困者蘇自慶其否運已過泰運方來竟忘其俯首乞憐於
誰也.近代人心不古居家不講孝悌出外不立品節欲僥倖于陰地以濟其
無窮之貧誓不濫傳悠悠之口其如余何.[87問]近見人延師蔔地每每尋
得吉穴倘另延師至則又指爲非是再延一師再延一師更有一番批駁雖三
合與三合不同元空與元空有異豈眼力不同耶抑用法有異耶.形勢之美
顯而易見自是千人一律無可異同惟作用之法元空重在乘運乘時三合不

過昧于時運至於形勢則一也.近世俗師之批駁原不在乎形勢之優劣在乎言人眼力之低小以誇其本領之高大使主人翁舍此另圖遂得居功索謝此皆各門戶起見是以三合毀三合者有之元空毀元空者有之入主出奴紛紛聚訟皆市儈之心術士最惡之習無主見人未有不受其愚者要亦其家之陰隲福命所關冥冥中蓋有使之然也.[88問]叢葬之處墳塚之相連不過咫尺之間耳乃諸墳不發竟有一墳獨發者殆卽經雲請看人間舊日墳.十墳埋下九墳貧惟有一墳能發福去水來山盡合情.其合情當是如何.非獨山水之形勢合情乃山水合元運之情耳不然咫尺之間何分瑕瑜.在山龍穴小尙有得穴失穴之說若平陽穴形寬大一山數穴焉有區別其不發者.必非其元運之時所葬其發者必正當元運之時所葬合情者卽合得天心造化工也.明得天心則於葬事有何難哉.[89問]每與吾子登山覆驗舊墳卽知其吉凶雖年代遠近房分公位所主何事有如目擊是用何術出於何書.豈另有術豈另有書皆是以元運之得失如于龍穴坐向並各方公位砂水以上卽能知其遠年近代在何公位卽屬何房吉則爲吉凶則爲凶至於如何之吉如何之凶八卦之中各有所主周易系辭言之最詳俗術範三合納甲翻卦謂之周易可醜之極若元空眞無一處可離周易者若謂之術輕視元空矣.[90問]嘗見北省地師至南省看龍點穴高下失宜南省地師至北省看平陽定穴覺茫然無據雖素稱好手者至此亦失其所長其病在何處.餘前已言地有六樣看法而理氣作用總是一法也其分六樣者形勢之不同彼南北地師果系好手而犯此病者乃久閱歷之過也病在不諳風土情形倘于初至其地之時先將地氣厚薄土脈淺深覆驗確實已葬老墳與理氣絲毫不爽然後爲人作用焉得有錯誤之理.餘生于陝家于皖游燕代涉齊豫繼維陽抵姑蘇幸於六樣形勢皆得親見之是以諄諄語人首重形勢者卽此六樣之形勢次重理氣者六樣形勢俱不能離此理氣也.[91問]凡談元空者無不以翻卦爲主今讀子之書從無一字言及翻卦經不雲翻天倒地對不同其中秘密在元空又雲顚顚倒二十四山有珠寶順逆行二十四山有火坑豈秘訣在是故秘而不宣耶.顚顚倒順逆行有珠寶有火坑皆是□巴水辨理氣而

言山有山之運水有水之運以二運相較有似乎顚倒而實非顚倒也.使山
水各得其運則美有如珠寶矣蓋山之運順行水之運逆行其順也自然之順
其逆也自然之逆非是僞造挨星圖之左旋右旋之順逆倘不明順逆則用之
皆爲火坑矣.水之運天也山之運地也以二者對之迥乎不同故曰翻天倒
地對不同非獨一山一水對不同卽此元與彼元對亦複不同知得其中秘密
卽知理氣矣何用翻卦世之慕元空者最喜在挨星翻卦上著想枉費心機故
盲解日以多也.[92問]北方土厚水深其葬也不事版築不用灰炭南方地
卑水淺其葬也堅築石灰以隔水蟻加以炭末以隔樹根甚至朱紫陽砌以磚
槨豈不與死欲速朽之言相悖.毋使土親膚亦聖人之言也.然餘在南北亦
嘗爲人遷移舊墓矣北方之葬也以土厚之故其穴之深或至丈餘縱淺亦必
六七尺又北地少雨葬後堆土之時只用數人踐踏不崇朝而事畢矣其土有
枯燥之土有潮濕之土皆是無龍穴之地至掘起之時其枯燥土中之棺雖無
水浸亦乾朽如灰其潮濕土中之棺必敗毀如泥但無白蟻耳.南方之葬也
以土薄之故其穴之深僅只五六尺甚至結盤培土成墳倘遇風吹水劫之地
其潮濕固不待言而白蟻先肆咀嚼矣至於龍眞穴的之地其土如有油潤見
風卽乾其棺與骨如初葬之時一樣仍有溫暖之氣甚至氣出如蒸對面不相
見南北之美穴皆是如此但南方多雨澤霧有石灰堅築免令水氣滲入又南
方土松多樹木之根有炭末隔之則樹根遇之卽止皆目擊之事然富室俱喜
蓄樹蔭墳惟松柏根伸不遠亦須在二丈以外防其百餘年根亦伸遠也.最
不宜者烏柏夜合楓與栗等樹其根能串列滿山雖數十丈外亦不可留也.
邑之南郭有古墳數塚地濱大河皆二三百年者平洋葬法也.道光年間邑
大水河遙齧墳石灰皆現好善者歛金徒之柔鑿石灰其堅如石棺外並無一
些潮氣乃棺底亦用灰堅築與上下四旁連合爲一儼然石槨也.棺仍如新.
今葬山者其棺頭入土尚深其棺足入土最淺虱蟻樹根往往由棺足而進今
之葬者亦宜於棺底先堅築石灰一層然後納棺於上與四圍及頂堅築爲一
虱蟻樹根亦無隙可入矣.[93問]龍分兩片陰陽取水對三叉細認縱是如
何分取如何對認.兩片者卽一陰一陽雌雄夫婦賓主之象也.三叉者卽合

襟元辰零正動靜順逆之處也.一言山分山之運一言水認水之運.所謂地畫八卦誰能會山與水相對是也.青囊序八十餘句絕無一字泛言總括元空因形求氣彰往察來之妙使觀人成敗吉凶瞭若指掌神而明之不啻元珠之在握也.[94問]北方地平水遠隨處皆可葬墳風俗樸誠人死卽葬其浮厝者甚少南方地狹人稠水陸相半擇地者不得不求之于山岡賣者居奇買者猶豫術士又從中煽惑之則篤信者如先言厝而後言葬間有厝而吉者亦有厝而凶者其厝之吉凶與墳之吉凶同乎不同.墳之所重者龍穴砂水厝之所有重者局勢向水不必有龍穴也.只須朝向水法合運俱是一樣發跡但葬則骨安而親寧與天地共久若厝則魂魄未安兼有水火賊盜亡虞其凶者固宜速葬縱吉者豈可因已之僥倖忍令親骨久停不孝之罪莫大乎是編氓無知固屬可笑乃士大夫蹈其轍者更甚編氓豈風水能惑人人自惑耳.[95問]山龍於護砂之上有空缺處謂之凹風平陽後無護托左右無護砂四面皆風乃穴不畏四面之風獨畏一凹之風卻是何理.亦嘗于起墳時見之矣凹風在左者棺中之骨必吹往右邊凹風在右者棺中之骨必吹往左邊在後者必吹至胸次或至足下或將骨吹毀入手如粉或骸骨不全若此者屢見之實真有之事也.餘揣其理蓋凹風之吹穴如人之撮口以吹物其氣最專之故也.若平陽之風匝地而來寬闊一片不專吹穴故無所畏忌亦不主吉凶倘數十步內外有村市家宅廟宇則其屋左右之風射穴亦如凹風主人禍福平陽無砂無峰其村市家宅廟宇卽作星峰論若在旺運當高而高之處主有吉無凶反是者有凶無吉卽前所雲陰陽動靜之義是也.[96問]山隴岡原平陽平洋六樣龍穴其穴中土色同乎不同.凡山隴平岡自祖山落脈或龍身帶石或本山帶石則穴中必有似石非石似土非土之土在穴中搓之如粉見風日卽堅硬如石極佳者成太極暈至於平原平陽穴中多是淡黃之細土或紅黃青紫各色極佳者亦有太極暈.若平洋雖在萬頃水田之中池塘水側其結穴處果系龍真穴的其土色乾而不燥潤而不濕撚之如面不夾砂石污泥者卽是好土.亦有成太極暈者倘夾砂石而又潮濕乃無氣之穴如局勢合宜向水純淨只可為厝不可為墳也.若結盤安棺培土作墳名

雖爲葬仍與厝等耳.[97問]經雲惟有挨星爲最貴洩漏天機秘又時師不
識挨星學只作天心摸何以挨星之重一至於此.讀書者亦不必如是拘泥
此不過讀元空挨星之好而已夫地理總以形勢爲體理氣爲體中之用挨星
乃用中之用又其次也.其不識挨星學只作天心摸之雲者言天心自是天
心挨星自是挨星蓋挨星不離天心而不僅止天心也.余前所雲文昌魁星
會合能發科甲亦能擇吉修方催人富貴必須形勢佳理氣合而加之以挨星
方爲全美若形勢理氣俱非縱仗挨星取效一時亦難久遠章仲山雖得蔣公
之傳好用挨星正坐此弊.[98問]依法而葬自應富貴但有大小之分久暫
之別當如何決之.行龍有星降有帳蓋有護從有垣局合得元運而葬之卽
主大貴.若行龍單弱帳蓋不全護從無多垣局狹小雖貴不大其大富之地
或收大江大湖之朝水不拘水之遠近但有一口吸盡之勢或大河撲面入懷
或大塘彙聚明堂雖早不涸皆主速發大富若水路細小或是乾流皆主小
富雖發亦緩尙看其人之根基才具何如根基隆厚才具精明者地雖小而發
亦大根基卑薄才具平庸者地雖大而發亦微至於入暫則看元運之興衰可
以知之近世地師爲人扡一穴卽許以狀元閣老並不問山水何如者皆諛墓
之辭也.[99問]三合黃泉之八煞不得謂之煞旣獲聞命矣請問元空之煞.
元空之煞無一定山得運之處宜有山不宜有水水得運之處宜有水不宜有
山不宜有而有之卽是煞矣再逢太歲沖合到方之年凶禍立見.餘有從姪
因兵火將其父用磚槨厝於山中近十年矣余曾見之尙屬平穩後延徐姓地
師雲是祖傳元空謂煞氣關在槨中急開槨抬棺出未百日男子痘殤又數月
誕一嬰孩七日而夭棺在槨十年而無惱乃出槨不半載而如是伊誰之過
歟.夫理氣之煞原在山水上見而形勢之煞如山惡岩凶溝直水反亦擧眼
所能辨選擇日時之神煞事過旋忘從未聞關煞於槨中者有此等人造作妖
言誤人性命雖逃法網亦難免眞誅也言祖傳者必其祖實系名師始可謂有
傳授若尋掌江湖遊食之兒孫縱祖傳烏足深信如執村學究之子弟亦可呼
之爲世代通儒耶.[100問]元空家動雲恐洩天機干犯造物之忌究未見干
犯者如何遭譴.有之人自不覺耳余姑擧數人以爲證明末時余鄕有史仲

宏先生者凡鑒之國手也.其傳載邑志中邑之名墳名宅大半出於渠手遂
自留一穴於宅後之山植松一株以爲記臨終乃告其子命葬於松下既歿其
子升柩之山則前植之松已複生松滿山如林不知穴處夜示夢於其家雲吾
擅爲人葬四十餘棺已授冥罰不可葬此地乃別葬焉余曾登其山穴雖尚存
已被挖樹取土兩水沖塌不堪複用矣.又道光初年余鄉有父子弟兄沿爲
庫吏素無善行聞湖北屈姓地師至備禮迎之相待極優屈不知其爲人但感
其禮貌之隆許爲覓大地.屈元空高手也居數年果得一地于棕陽擇日營
葬開穴時土色甚佳俄而化爲一泓淸水屈方食牛脯聞之大驚遂得噎病數
月病益甚某勸之歸屈感某之情必報一地然後歸猶力疾入山於五嶺河得
一地預定當出一榜某大喜屈雲聊以塞責此地不如前地遠甚殆有命焉.
不可强也.葬墳之日屈在穴旁大笑忽嘔一血塊破之卽前食牛脯也.病亦
尋愈某之姪竟中北闈鄉榜今敗絕僅存一二丁流落無家可歸則史屈二師
非遭譴而何余今於問答之中互文示意蔣公心法隱然宣洩無遺實爲憫孝
子慈孫呼天無告之苦衷故情不能已上蒼及先師其或有以鑒諸.□以上
辨惑百條鈔錄旣就不禁莞爾自笑曰世之造僞術者惑也.信僞術者惑也.
餘複慮人之惑更爲孜孜講說而特爲之辨惑者亦惑也.古今來惟忠孝賢
良道德仁義澤被當時名垂後世是人人最急之務若求地以安親安靈爲忠
孝賢良道德仁義之助則可若以之求富貴利達趨炎附勢荼毒生靈則堪輿
一道實爲天下之罪人奉勸士君子時刻撫摹方寸令坦白可對天地鬼神是
先於此中求眞龍的穴耳灑灑落落布衣贅筆.

第2節 風水100問의 短文區分

[風水1問] 近日地理多門 當以何者爲專主? ▶ [答]:看龍之來 必須有起

伏擺折 有屛幢 有枝脚 至結穴處 必須有砂環水繞 內有窩鉗乳突 此等
語 人人能說 及至覓地時 拉山抵水 往往皆錯 蓋看地之法 先以形勢爲
體 理氣爲用 形勢一錯 則體非其體 用非其用 無往而不錯矣 以勢爲專
主 深明龍穴砂水之法 則於地理一道 亦思過半矣.

[風水2問] 世之談形勢者 於穴星 每每好言獅 象虎鳳豬犬龜,魚 羅漢
將軍 美女等類 言岸砂 則有玉屛 牙笏 文筆 三台 貴人 天馬 旗鼓等名
是耶非耶?▶〔答〕:不過遇有龍眞穴的之地 形貌略同 名師偶爲是說 俗
師逐相襲成風 見一地 卽造一名 以眩惑世人 不問有龍無龍 有穴無穴
勉强抛葬 世受其愚 殃咎踵至 豈少也哉.

[風水3問] 看地首重形勢 而近世俗眼 强不知以爲知 究竟如何是眼
力?▶〔答〕:業斯術者 類皆無學之徒 游食爲生 本無眞實傳授 凡孝子
仁人 或因葬親 或欲積德 須閉戶讀書窮理 登山覆驗名墳 多事閱歷 秋
久 自然胸中有些領略, 卽可知誰爲名師 誰爲俗士. 蓋理正而有驗者
爲名師 理悖而無驗者 爲俗士 求得名師指示 便是眞眼力.

[風水4問] 當看何書爲是?▶〔答〕:有形勢之書 有理氣之書 楊公撼龍
疑龍二經 吳景鸞望龍經 廖金精撥砂經 沈六圃地學 此數書 言形勢最
爲的當. 其餘各書 但言形勢者 尙屬可看. 至言理氣 則悖謬矣. 惟地理
辨正 天元五歌 是眞理氣之書.

[風水5問] 世以龍向水 三合爲理氣 其法何如?▶〔答〕:理氣雲者 天心
之正運 其氣迴圈往來 以三元爲始終者也. 彼三合 是一定之死格局 如
某龍來 某水去立某向 以乘龍消水 合得生旺墓庫 主富主貴. 雖前數十
百年 遇此等地 也是如此用法 後數十百年 遇此等地 也如是用法 而其
間吉凶 大相懸殊 或一樣之地 前爲人用而發 後爲人用而敗. 或一山之
上前爲人用而吉 後爲人用而凶 如此等類 不勝枚擧 吾故謂之死榕局
蓋另有三元之眞理氣 操其權耳.

[風水6問] 信如是言 則形勢竟無權耶?▶〔答〕:有權 形勢所主者 生人
之權 理氣所主者 興發之權. 如山川平坦者 則出人必溫厚和平 得運

則生端莊公正之貴人 失運 則生庸儒卑鄙之賤人. 山川粗雄者 則出人
必强悍猛烈 得運 則生鯁直果勇之貴人 失運 則生兇險橫暴之賤人. 地
理固是如此 亦宜禾看人之家敎俗習何如.

[風水7問] 發富發貴 爲貧爲賤 或賤而富 或貴而貧 或富貴而夭絶 或
貧賤而丁壽 是形勢使然 是理氣使然? ▶〔答〕:形勢理氣俱有之 山水得
運則富貴 山水失運則貧賤 固屬無疑 其賤而富者 必遠墳非地 新墳得
地 故也 其貴而貧者 必山龍得運 向水失運 故也 其富貴而夭絶者 必
旺運已盡 煞運管事 故也. 其貧賤而丁壽者 必地本非地 而向水得令
有吉無凶 故也.

[風水8問] 俗師得一地 必許人以富貴 而實未嘗富貴 何耶? ▶〔答〕:美
地所主者 原有四 人丁 壽考 富與貴也. 而人丁爲壽考之本 壽考爲富
貴之本 使無人丁 焉有壽考 無壽考 則富貴將誰屬耶 世俗惟知重富貴
故彼卽以富貴餌之 其實有人丁壽考 卽或及身不富貴 而居仁由義 視
貪官汚吏之富貴 孰優.

[風水9問] 嘗見世之富豪 人丁壽考科甲四者 當在何處分別. 何以有兼
全 有不兼全 有長久 有不長久? ▶〔答〕:豪富人丁壽考 只要坐山主星
莊重 水法團聚 俱在旺運便是 至於科甲 則全要看鄕會試之年 有文昌
魁星會於坐山 或會于水口 或會于文峰 或會于向中三堂之水上 俱主
科甲 如龍穴砂水 縱美好到十分 只主豪富人丁壽考 而文昌魁星會不
著 科甲終不可得也 所以往往有地非吉穴 而亦出科甲者 必其穴前後
左右砂水上 有文昌魁星會故也 但發科用 不得大貴 或旋卽殞滅 其久
與不久 只看交煞運不交煞運而已.

[風水10問] 凡人之祖墳非一代 代非一穴 每見發福者 或謂其遠祖得
地 或謂其新墳得穴 古今聚訟 將何以決疑? ▶〔答〕:遠墳所主者 生貴
之地 新墳所主者 催貴之地 只看人有品貌非常 學問淵博 而一生不遇
乃遠墳有好地 能生此人 而新墳無好地 不能催之也 有骨格醜陋 才識
平庸 而遭逢意外 乃遠墳無好地 僅能生此人 新墳有好地 極力催之也

倘其人品學相副 遇合又奇 告知其人必有數代好墳 不待登山而後知之也.

[風水11問] 形勢縱明 仍當以理氣爲主 而三合又非眞理氣 則何者謂之眞理氣?▶〔答〕:人生天地間 原與天地爲一氣 雖死歸於土 又何嘗不與天地爲一氣 故葬經雲 氣乘風散 所散者何 散其天地之氣也. 界水則止 所止者何 止其天地之氣也. 而氣運之迴圈往來 又有上中下元以消息之 流行九宮 周布八方 分析二十四山 占六十甲子 躔三百六十度 一元有一元之氣運 一運有一運之用法 得其法而用之 斯謂之眞理氣.

[風水12問] 眞理氣 載在何書 可得而聞歟?▶〔答〕:蔣大鴻先生所注地理解正 並所著天元五歌 二者足稱千古不傳之絶學. 道光年間 有無錫章仲山 增注地理辨正直解 天元五歌闡義 尤爲明晰.

[風水13問] 葉九升之地理大成 尹一勺之地理十二種 何如?▶〔答〕:彼亦曾略聞斯道 奈彼信之不專 胸無主見 雜收僞書 不辨魚魯 貽誤世人. 不但此也. 乾坤法竅 風水一書 增注地理辨正疏 俱是未得眞傳 私心懸揣 擬造挨星圖 去道逾遠 從此玄空一門 又添無數邪說 咸豐元年 京師有妄男子 刻造地理正宗一卷 穿鑿不經 尤堪齒冷 此外僞撰之書尙多 愈出愈奇 辨惑之作 正爲此輩也.

[風水14問] 吾子何以知三元之眞 名師之眞 得從而學之?▶〔答〕:君但知余今日得知之獨眞 而不知餘前日所遇之多僞. 自道光壬辰 游秦之齊 至京師 凡十有六年 其間遇五行三合之師 卽求學五行三合之法 遇撥砂輔星之師 卽求學撥砂輔星之法 其待師之誠 用功之苦 如地理原眞 天機會元 金玉鐵鉛四彈子 地理大成 地理大全 地理綱目 人子須知 山洋指迷 羅經解 及各種地書 日夜不懈 卽至相與登山 但雲某地主富貴 某地主敗絶 引證各書 非不至詳且備 考其人家之事蹟 殊大不然 及遇李師也 先聞友人張載勳向餘雲 子好地理 昨有李姓客同鄉姚伯昂總憲處 其人能觀墳塋地圖 卽知某元當發當敗 某房發 某房敗 所主何事 應在何年. 或與人談其家吉凶成敗 卽能知其墳當是河山向 是何元運之地. 其神若此. 餘根不立與之一見 而李已歸矣. 余時應莫北友人之

聘 乃謁姚公致渴暴之意 而行至塞外 甫二年 丁未歲 姚來信雲 李又至
京 余立辭千金之館 回京往謁 被拒 因求姚公之言爲介 凡三四返 始
護允爲弟子 從游年餘 乃得盡其底蘊 歸又覆諗數年 始去疑義 得眞訣
之難如此.

[風水15問] 如吾子所雲 三元理氣 既眞且靈 何以世之學者 百無一人
均以三合爲圭臬耶?▶〔答〕:三合之書 唐宋元以來 尚無談考 自有明中
葉以後 始盛行于時. 相傳唐一行和尚之書 又有海角 靑鳥 銅凾 玉髓
赤霆 黑囊 各種之書 其詞無甚奧義 可以朝成誦而夕行道 故人習之.
若蔣公之注 引經據典 語奧義深 乃千古之心傳 惜天玉 寶照二經 隱仙
機於注內 必遇其人 始授眞訣 否則緘口不言. 是以世之學者 既難倖傳
不惟不學 且群起批謗 蓋有由也.

[風水16問] 如李師者 近世有幾人?▶〔答〕:余自戊申 前師遊廣陵 至姑
蘇北出關 歷古代 迄今又十有八年 所遇者 或略知大槪 或粗識作用 俱
未能造精微 無錫朱旭輪所刻宅法舉隅 頗精挨星之法 但所言陽宅 不
知其陰地形勢何如 此外不聞有知者 或有之 亦難多得也.

[風水17問] 吾子所言 先形勢而後理氣 及聞休咎之說 又似重理氣而輕
形勢.?▶〔答〕:非也 理氣從何處看來 凡地形長 就是何龍穴 當收某元
之地〔地卽指山星所挨到之處〕. 氣長 就是指何向水 當收某元之天. 氣
值其元而用之 爲旺氣 違其元而用之 爲死氣.〔按所謂地長 卽山峰較水
爲佳 所謂氣長 卽水較山峰爲佳. 又所謂當收某元之地 當收某元之天
其中地卽指山 天卽指向 亦卽是水〕.

[風水18問] 形勢雖美 元運不合 將棄之歟?▶〔答〕:然若勉强用之 其凶
立至 今之三合 往往犯之 及至受害 或疑曰 此地甚吉 當是舊地之過.
否則曰 此地是先凶後吉 固應如是 抑或諉之命運使然 非地之過也. 東
牽西扯 都只爲識不得理氣.

[風水19問] 形勢完美者 已不可多覯 而又因不會元運而棄之 舉世不
乏富貴丁壽之家 其地又不皆完美 則理氣將如何安置?▶〔答〕:天地間

無處不有理氣 全憑形勢以推測之 如君所謂不完美者 卽有龍無虎 有
虎無龍 或龍虎俱無 或來龍懶散 或穴情模糊 或砂脚飛揚 或水城不顧
俗師以三合五行 正庫借庫 四十八局加之 不能以撥砂 輔星 淨陰淨陽
加之 又不能技倆旣窮 如是乎名之爲怪穴 豈知穴形雖怪 而理氣固在
合得理氣 則形勢怪 理氣原不怪也 只有不合三合五行而發者 斷未有
不合元運理氣而能或發者.

[風水20問] 元運理氣之應 捷如桴鼓 近世習玄空者甚少 間有習之 用
亦不驗 是何以故?▶〔答〕:蓋有故焉 蔣氏之書 文理深奧 懦者喜讀之
亦只視作三合之書 可遊覽而得也. 又不肯屈身從師 自逞聰明 肆行臆
解 愈迷愈謬者有之. 亦有俗士 慕元空之美名 口稱得傳 其實一無所得
者有之. 抑或虛心向學 不辨眞僞 所讀非書 所師非人 以盲引瞎者有之
故用之多無驗 而元空之受謗 實斯人皆之也.

[風水21問] 地理家言 無不援引周易 以爲原本 細核其實 不過言納甲
與淨陰淨陽而已 玄空亦本周易否?▶〔答〕:玄空純是周易 其言大體也
以天氣交地 以地體承天. 其言先天也 乾與坤對待 震與巽對待 坎與離
對待 艮與兌對待. 其言後天也 坎一 坤二 震三 爲上元三運 巽四 中五
乾六 爲中元三運 兌七 艮八 離九 爲下元三運. 至其占驗所主 一本乎
系辭卦象 並無一絲牽强 不似三合以生旺墓庫 左旋右轉以定局 偏左
偏右中針縫針以立向 與周易何涉 有似癡人說夢也.

[風水22問] 先天八卦 起于乾南 止於坤北 豈僅於對待 別無餘蘊乎?
▶〔答〕:豈止此也 先天對待卦內 原有後天流行之卦位 並三元次第 皆
在其內 一對待烏足以盡其用乎. 如先天坤 居後天坎一 先天巽 居後天
坤二 先天離 居後天震三 先天兌 居後天巽四. 坤三陰爻 在一宮 巽一
陰爻在下 居二宮 離一陰爻在中 居三宮 兌一陰爻在上 居四宮 豈非地
氣自下而. 上升乎. 先天艮 居然天乾六 先天坎 居後天兌七 先天震 居
後天艮八 先天乾 居後天離九. 艮一陽爻在上 居六宮. 坎一陽爻在中
居七官 震一陽爻在下 居八宮 乾三陽爻 居九宮 豈非六七八九之部位

豈非天氣自上而下降乎. 一山一水 一陰一陽 一升一降 名曰對待, 實
具流行. 立穴于中五之區 乃天地眞交合處 乘得時運 焉有不古者. 〔按,
所謂立穴於中五之. 區, 的區字 卽天心正運之所在也 旣合天心正運
能收山者發丁 能收水者發財 山水並收者 財丁兩旺〕. 彼三閭家 徒以
支離之辭 攀附周易者 烏足以語此 玄空之學 固非操瓠之士所能望也.

[風水23問] 人鹹言三合是看山之法 三元是看水之法?▶〔答〕:非也 人
之爲是言者 因見蔣公之書 言山之處十之一 言水之處十之九 殊不知
山系形勢 楊 曾吳 廖諸公 已言之在前 獨於理氣 秘而不宣 彼言山者
不更言水 是以蔣公但言水 不復言山 且天玉 寶照經中 何嘗不有山法
楊公作撼龍 疑龍二經 不言理氣者 恐混淆使形勢不明也. 故作天玉 寶
照二經 不多言形勢者 亦恐雜亂 令理氣不暢也 蔣公依經文而注之 人
遂謂之只知水法 何其謬耶.

[風水24問] 習三合者固多 而信三合者尤多, 精玄空者甚少 而信玄空
者尤少 至於畏之謗之 何故?▶〔答〕:彼三合者家弦戶誦 則耳濡目染者
久 故信之不疑. 卽或用之不吉 亦祇怨地之不佳 不知法之不是. 學玄
空者 旣鮮眞傳 苟或誤用 無益而有損 遂群相驚駭 望風而靡 不知用之
差錯 而謂術之不祥 焉得不畏之謗之. 然眞訣在是 信與不信 關乎人之
福澤 有緣法 有天數焉. 不然 管郭楊曾 在當時不聞人人求之, 惟身後
思慕 而旣無及矣.

[風水25問] 有用奇門葬法者 其術何如?▶〔答〕:元空卽是眞奇門 龍有
龍之三元 水有水之三元 流行九宮 年有年之九宮 月有月之九宮 日時
有日時之九宮 龍水之元運得失 俟年月日時之九宮神煞加臨 吉凶禍福
立應 一絲不爽 俗師只有三奇六儀 飛挨加 以之占數修方 選擇日時則
可 以之葬墳則大謬 此皆舍形勢 而空口言神煞之流也.

[風水26問] 旣雲形勢理氣 統歸三元運氣主持 又何以有年月日時之
異?▶〔答〕:形勢爲體 理氣爲用 如一白運之地 可管百六十年 二黑運
之地 可管百四十年 三碧運之地 可管百二十年 四綠運之地 可管五十

年 六白運之地 可管五十年 七赤運之地 與八白九紫運之地 俱各管六
十年. 至於五黃運中 以前十年屬之巽 後十年屬之乾 俗收二八兩宮者
及奇寄宮之說也 此乃得訣後 覆驗古墳所得者 與舊說微有不同 其年
月日時 又爲用中之用 一層一層的用將來 非淺躁者所能窺測.

[風水27問] 理氣旣已爲用 何以年月日時 又有用中之用?▶〔答〕:當令
之運 二十年 一小遷移 六十年 一大更換百八十年 周而復始 而一年又
有一年之運 一月又有一月之運 如斷墳地 何年出科甲之法 須看二十
年大運 與每年每月之運 文昌魁星 能否會山向砂水之上 當在某房發
科發甲 生氣旺氣 能否會山向砂水之上 當主某房添丁益 可預知 亦可
預作也. 又以年三白 與月三白 所臨之方 安床開門 可以催丁 以運之
生旺 與年月之生旺 合移居改灶 可以病招財 均有奇驗.

[風水28問] 理氣旣有長短 將毋限滿卽便敗絶?▶〔答〕:地有南北之異
其絶與不絶 亦有異 如南省山龍 一山只抱一穴倘 龍水運敗 則竟敗矣
若另葬一得運之地 則又轉敗爲興矣 如北省平陽龍 穴情寬大附葬多棺
倘正穴龍水交敗運 其附葬於左右者 其穴內所受龍水之氣 移步換形
與正穴之龍水 亦有異 其興其敗 當於此中推測 不得拘泥.

[風水29問] 每見北省富室多悠久 南省人 富不五代 當于何處決其異
同?▶〔答〕:是不難 北省地平曠 按昭穆可葬多棺 得一吉地 故數代富
貴 或房同時富貴 南省山龍 結穴於窩鉗乳突 其小者 僅可容棺 稍偏
必侵界水 勢必一代之後 另抱一穴 得地則可 否必敗矣 故南不如北 地
勢使然 理氣原無別也.

[風水30問] 昔人有言 葬得吉地之後 所生之人方是貴人 若已生之人
後得地者 與伊無涉 其言是非?▶〔答〕:得吉地 生貴人 其言甚是 若人
已生而得地 不能與伊無涉 餘前所雲, 地能催富貴丁壽者 正催已生之
人也 豈可雲與伊無涉 試看人當正盛之時 必心葬凶地 其人立見敗絶
豈非明效耶.

[風水31問] 吾子之形勢 必用理氣之對待 然則子龍必用午水 乾龍必用

巽水矣?▶〔答〕:不能如是拘泥 所謂對待者 用法中秘妙 難以顯言 但
子山午向 旣以子爲山 則山必有化生腦 旣以午爲向 則向必有小明堂
此穴內之對待也. 穴後有主山父母山 則穴前有中明堂 外明堂 所以寶
照經雲, 安墳最要看中陽 寬抱明堂水聚囊, 出峽結成玄字樣 朝來鸞□
舞呈祥, 外陽起眼人皆見 乙字灣身玉帶長, 更有內陽坐穴法 神機出處
覓仙方. 是言形 兼言氣, 是言水 兼言山 俗人不知 遂謂元空只是水法.

[風水32問] 主山端正 龍虎均齊 水出當面 是眞對待 倘有龍來作案 虎
來作案 水必有到左到右之別 其對待當何如?▶〔答〕:善哉問 任他到左
到右 而結穴處 後必有脈有腦 前必有微茫水小明堂 先於此處認定眞
對待 至於到左到右 乃本宮之內水口 察其理氣 合得何元何運 運吉則
吉 運凶則凶 在左屬長房 在右屬小房. 俗人每謂有龍則長房發 有虎則
小房發 殊不知吉水在左 雖無龍而長亦發 吉水在右 雖無虎而小亦興
凶水亦然 曾見人子須知 書內有一圖雲 有龍無虎 大江在右 小房大發
渠無以自解 忽悟雲 水纏卽是山纏 自以爲奇 殊不知山陰也 水陽也 以
水爲山 將陽作陰 呼男代女 豈不令人笑煞.

[風水33問] 南省山龍 多系龍虎作岸 或近山遠山 來作朝岸, 北地平陽
四望空廓 有一水橫過 略一灣曲 卽就灣曲處而立穴者. 或一水直流 旁
有一水挿入 卽就其合入處而立穴者. 或水橫過 左有一水挿入 右有一
挿入 中間一塊方平如幾 卽就其中而立穴者 旣無化生腦 又無小明堂
到此地位 毫無把握 當如何安置對待理氣?▶〔答〕:一水橫流 謂之靜
略一灣曲 謂之動 水雖直流 謂之靜 有水挿入 卽謂之動 陰靜陽動 靜
則死而無用 動則生而有用 形旣動矣 氣卽隨之 察其屬何卦 屬何元運
乘其生旺而扡之 無不利者 內中自有一個對待 在人見其不似山龍之易
尋 只見其依水點穴 故謂蔣西元空 是看平陽水龍之法 殊不知其同一
理也 且元空自古有之 非蔣公所創造 乃自蔣公標而出之 世之謗元空
者 競直指蔣公 殊可笑也.

[風水34問] 平陽之內外水口 當如何看法?▶〔答〕:於貼身處有三叉交

合 卽以三叉交合 爲內水口 自穴上看其來水初見之處 與去水不見之
處 爲外水口 天元五歌 所謂去來一口死生門 是也 至於水從前過 有停
蓄 有轉折 或岸有崩缺之處 皆謂之動 俱主人之禍福 穴上不見者不論.

[風水35問] 水旣橫過 又有去來二口 焉能盡合元運?▶〔答〕:有盡合者
則房房皆利 其邊合邊不合者 則房分中有利有不利 然氣運有往來 故
有彼此互爲興廢之不同.

[風水36問] 房分公位之說 各有不同 張九儀雲, 孟在左 仲在向 季在
右 四在孟仲之間 五在坐山 六在仲季之間 若七子八子 則何處安頓矣.
▶〔答〕:透地靈又雲, 左砂屬長 右砂自右肩爲二 往下數去 至砂尖爲止
不夠多少 皆在右砂 三閩家以長生爲長房 一順輪排 或以孟左季右之
法 諸家之說不一 究應如何爲是. 余初亦用此考驗多次 均不合法 惟孟
左仲向季右之說尙是 若四子五子與十子者 均無定準 不得已 隨地考
核 久乃透徹. 蓋從左往右排去 不拘多少房分 各占一位 僅一房者 四
面均歸之, 兩房者 一居左 一居右 三房者 則孟左 仲向 季右 如九儀之
言, 七房者 左爲長 往右排爲二爲三 其第四房 正在向上 複往右排爲
五爲六 其第七房 居右之末 如有九房 則長居首 九居末 其第五房 正
在向上 若有十房 則五在向之左 六在向之右 屢試不爽. 又從覆驗中考
得者 如其人未葬時 或長房已死 則葬墳之後 次子居長 如長房位上有
吉凶 則代長當之 如有多子 已死數人 卽以葬墳之日 照現存幾子 孰爲
長 孰爲仲季 按公位排算 此皆古書所無者 今特指日 亦當以眞氣斷之
始驗 若以三合輔星等法胡猜 仍是百無一驗.

[風水37問] 士大夫家 以讀書求名爲重 將葬親大事 付於術士之手 今
聆吾子所言 純以周易爲主 然則地理非小數也.▶〔答〕:周易包羅萬象
大者不外乎天地人三才而已 通天文者 可以知四時代謝 水旱災祥 以
養生, 明地理者 可以知九運往來 趨吉避凶 以立命 人能爲貞吉之君子
勿爲悔吝之小人 以與天地參. 孟子曰, 惟送死 可以當大事 誰謂地理
爲小數耶 彼術士旣無眞實學問 不能不苟悅取容 望門求售 無怪乎富

豪役之如同廝僕 道以人卑 故以末流小數視之.

[風水38問] 天文地理人事 卽此地理以配三才乎?▶〔答〕:何嘗不是 大龍大幹 到頭處 形止氣蓄 鍾靈毓秀 以□帝王聖賢 大江大河 迴合處 建都設邑 控制八方 以居君國卿相 得其氣運 則國泰民安 失其氣運 則時衰世亂 人但知萬事皆由天定 孰知地理亦有主持乎, 遷爾卜洛 晉絳 楚郢 國之興廢因之 若山川險阻 戰守所憑 土壤膏肥 農桑所持 乃孟子所謂地利 非地理也.

[風水39問] 地理所關者禍福 世人遂因求福而後謀地 至有道學先生 力矯其弊 遇地卽葬 可以爲世法否?▶〔答〕:墳猶樹根也 人猶枝葉也 有地脈處 則根肥葉茂 無地脈處 則樹瘦枝枯 若以安祖宗之骨爲念 則可 若以邀己身之福爲心 則不可避風 避水 乾暖之地 則可 若故欲矯俗 隨意 從省埋葬 則不可 如程邵朱蔡 非大賢耶 而於葬事其難其愼 亦不過欲安先人之靈 盡其心焉已爾.

[風水40問] 南方有高山 大壟平岡 北方有平原平陽 水鄉有平洋 而高山大壟平原 居高臨下 則多乾流 平岡坦緩 則多水繞 平陽寬 則以溝以路爲用 平洋低 則就水立局 其理氣異同?▶〔答〕:高山大壟 平岡平原 不過有高峻平坦之異 而開幛過峽 成局結穴 朝案護砂 俱是一樣看法 有水無水 是一樣用法 俗眼不知 每以穴高水低爲嫌者 謬也平洋之地 行龍處 雖不見有龍 而兩水相夾 中卽是龍結穴處 不見有砂 而水灣卽 有砂灣 砂遶才有水遶 所謂兩山之間必有水 兩水之間必有山 正是謂此. 若山壟岡原 何用說耶 其平陽以路爲用者 路必深至數尺 淺者亦必 尺餘 依形就氣而用之 一樣發福 倘深不滿尺 卽或用之 亦無效驗 所以 然者 行龍結穴 乃陰氣所凝之處 溪澗溝路 乃陽氣所行之處 陰逢陽界 卽止 山環水繞 卽是陰陽交媾 天地鍾靈毓秀之區 山壟岡原 平陽平洋 都無二致 雖舉天下之地 不能出此圍.

[風水41問] 理氣純以九運爲主 又以年月日時爲用 爲克應之期 其八千 四維十二支 將無用耶?▶〔答〕:伏羲畫卦 只有八卦 其十二支 亦上應

天之舍次 古人製造羅經 分析八方 爲三八二十四字 子午卯酉所占之
位 卽坎離震兌之宮 子坎同是水 卯震同是木 酉兌同是金 故用子午卯
酉 不必更言坎離震兌也. 乾坤艮巽 正當十二支之隙 又是本卦正位 不
必更假名字 其子午卯酉 左右隙處 以壬癸屬水 故附于坎宮, 以甲乙屬
木 故附于震宮, 以丙丁屬火 故附於離宮, 以庚辛屬金 故附于兌宮 原
屬一體同氣之義 甚屬顯.然. 人從而穿鑿 甲不爲木 而納于乾金 乙不
爲木 而納於坤土 如此等類 使五行各失其性 甚至甲或附於寅 而爲寅
午成局 或附於卯 而爲亥卯未局 以至有乙丙交而趨戌 辛壬會而聚辰
土牛納庚丁之氣 金羊收癸甲之靈 生旺墓庫 左旋右旋 令學者至死不
悟 其實所系者 全在乎元運 與太歲所纏之宮主之. 如一白坎當令 卽地
支之子 逢太歲在甲子辰午四年應之 子年爲塡實 午年爲衝動 申辰爲
催合 吉則應吉 凶則應凶 如犯一支 則四年應之, 犯二支 八年應之, 犯
三支 則十二年中 無休歇矣. 獨乾坤艮巽四宮之內 皆得老友兩位 沖合
塡實當有八年 遇吉砂吉水 太歲値年 世人見其發之速而且久 莫知其
所以然 遂呼曰, 乾坤艮巽號禦街 四大尊神在內排 不問氣運之得失 故
亂用之 一遇凶禍 又呼乾坤艮巽爲殺人黃泉矣.

[風水42問] 大運六十年 小運二十年 何以一白有百六十年 一黑有百
四十年 三碧有百二十年之說?▶〔答〕:一白與九紫相對 必九紫當運 則
一白之地方敗 如上元甲子甲戌二十年 一白正當運 大發 至二黑三碧
運內 則一向尙餘氣 故仍發 至四五六七八運內 運雖過亦無凶 故雲百
六十年. 若甲申甲午二十年 二黑主運固發 在一白運內 同是上元 已可
用之, 二與八相對交 八白管運卽敗 故雲百四十年, 若甲辰甲寅二十
年 三碧主運 交一白運 已可用之 至本運大發 三與七相對 交七赤管運
三碧始敗 故雲百二十年 中下二元之地 皆仿此 總之上元六十年 三運
之地 皆可用 必至本運而後發耳 中下兩元之地 用法同此.

[風水43問] 巽乾於中元運內 何以各五十年?▶〔答〕:各卦本運只二十
年 惟中五運二十年 前甲申十年屬之巽 三碧運內 四綠之地已可用 故

有五十年 後甲午十年屬之乾 七赤運內 六白之地 尙有餘氣 故亦有五
十年 然一白九紫兩運之內 四綠六白之地 亦各有二十年旺運 用得者
大發 用錯者大敗 此一說 惟李師知之 餘考驗之信然.

[風水44問] 五行一訣非眞術 城門一訣最爲良 何所指?▶〔答〕:卽穴後
入首束氣之處 與穴前放水出口之處也 乃形勢兼理氣而言 對待元運
皆任於此 吉凶禍福之柄 亦無不在此.

[風水45問] 天機妙訣本不同 八卦只有一卦通 如何謂之一卦通?▶
〔答〕:本是說得明明白白 被後人越解越錯 竟有說是以此一卦 去通那
八卦 以至愈迷愈謬 盡爲理氣言也. 所謂一卦通者 乃是當運之一卦 用
之最吉 謂之通. 言八卦不能皆通也 卽餘前篇所雲 某卦之當運二十年
是也.

[風水46問] 何謂合得天心造化工?▶〔答〕:世人但以點穴處橫直度量
十字相交爲天心 又以明堂水聚爲天心 是形勢之天心 非理氣之天心
也. 理氣之天心 乃某元某運管事 則某元某運 卽是眞天心. 識得天心
以此察人間禍福 用此趨吉避凶 奪天命 改造化 全系乎此. 卽以此運入
中 按陰陽順逆飛 所謂顚顚倒者 所謂星辰流轉要相逢者 又用中之用
不經口授 烏能知之.

[風水47問] 凡結地之處 或數十裏而結一穴 或十數裏而結一穴 或三
五裏而結數穴者 不等 究之遍地皆人 所葬 不盡得穴 小康者有之 自給
者有之 亦不皆絶 子孫相繼 間有繁衍者 地之力耶 運之力耶?▶〔答〕:
其地雖不得穴 亦必地勢高燥平穩 無凶砂惡水沖射 卽能自給 有得運
低小 砂水顧照 卽可小康 而子孫繁衍矣 然亦當以人事參之 倘其人庸
懦 縱有吉砂旺水蔭墳 亦只平平 倘其人勤能 但無凶砂惡水浸墳. 亦足
自立 此以天時 地理 人事 參合之妙 千百中不爽毫髮.

[風水48問] 繼父之墳 能發承祧之子乎?▶〔答〕:何獨不然 試觀人家不
利女丁者 或産難 或淫奔 不特其女應之 卽其媳亦應之 雖菴刹 寺院
僧道之墳 尙能蔭其招養之徒 豈有繼父不能蔭承祧之子孫耶 但媳之吉

凶 母家與夫家參看 而承祧子之吉凶 亦當本生與過繼者同看 俱關係兩家故也.

[風水49問] 今人皆欲謀大地 甚至謀得極不堪之地 轉不若不求大地得一乾暖之地 無凶砂惡水沖射 用之好否?▶[答]:較之胡求大地而得禍者 亦不失爲中策 但貧人得之 仍如是貧 富人得之 仍如是富 地稍有一分好處 則富者必加一分富 貧者必減一分貧 倘地有一分壞處 亦然 勿作妄想 但求安親 勸得癡人醒 亦是無量功德.

[風水50問] 北省人死 卽殯卽葬 南省人死 厝棺不葬 甚至停留數代 積累十餘棺 以待圖謀風水 所厝不吉 逶愈久愈貧 至不能葬 或夭絶無人 固毋論矣 間或有力者 一舉而葬數代之墳 其吉凶當如何斷?▶[答]:只看其現在之人 近身父母之墳 與遠祖之墳 同吉作吉斷 同凶作凶斷 若遠墳吉近墳凶 仍作凶斷 遠墳凶 近墳吉 仍作吉斷 近者最要故也.

[風水51問] 越是富貴人 越喜厝棺不葬 彼意謂得力於遠墳 姑厝新棺 或在野或在家 何如?▶[答]:毋論遠近 只看頭上一棺 不拘墳厝 最爲緊要 如父母在 卽看祖父母之停葬處 祖在則看曾祖之停葬處 依運斷之 雖停棺在家 亦與墳厝同 察其禍福 如掌上觀紋 世人每以近棺未葬有吉有凶 盡歸之遠墳 豈不大錯.

[風水52問] 嘗見淮水以北 有築圍牆以葬墳者 其法何如?▶[答]:余亦曾見之 惜乎彼所用者 俱是三合輔星之法 若依元空理氣用之 其力亦不減於眞結 此平陽權宜之計 如水鄉平洋 亦可用之 蓋平陽平洋 無砂繞護 四望無收 擇得高燥寬敞之地 立穴於中 去墳四五丈 築牆齊肩 四面圍之 隔卻凶砂惡水 令墳上不見 開門於元運當令之方 照水口城門之例 亦能發福不替.

[風水53問] 墳地既可築圖 則建樓閣屋宇 以當護砂 挖池塘溝渠 以爲界水 亦逌效耶?▶[答]:嘗見人家 陰陽二宅之傍 別家改造屋宇 穿浚溝渠 而此家敗者 忽然而興 盛者忽然而衰 非職是之故歟 彼既有關乎禍福 則依運而造者 正所奪天命 改造他也. 若於四鄰之墳宅無挨則可

倘有挨於四鄰墳宅 恐傷天理 切不可爲.

[風水54問] 據宅法擧隅所雲 天心一卦 四十八局 門宅層間 內外八事 條分縷晰 備極詳明 吾子尙以僅知陽宅少之 然則陰陽二宅 用法不同?

▶〔答〕:陽宅重局不重龍 重門不重山 其起卦挨星之法 最重是向 移門改路 只在土木之工 轉換之際 氣因門路而入 吉凶隨之 若陰宅山法 先在尋龍點穴 然後立向消水 純是天成 一些差池 斷送人全家性命. 彼朱旭輪 乃無錫人 與章仲山同裏 又先後俱是道光年間人 且是訣非傳不會 雖蔣公尙稱其師爲無極子 彼二人著書 不言其師爲誰氏 已屬忘本之人. 廣陵人曾向余言章仲山遊維揚 巨族爭延之 徒手得謝禮萬余金 不曾與人葬得好墳 乃熟於理氣 而昧於形勢者也 是以因章而疑朱 恐其僅知挨星之法 而昧於形勢耳.

[風水55問] 天玉經雲 乾山乾向水流乾 乾峰出狀元 坤山坤向水流坤 富貴永無貧 午山午向午朝堂 大將值邊疆 卯山卯向卯源水 富貴石崇比 諸解不一 雖蔣公亦未切實指明?▶〔答〕:此是說形勢 說方位而暗言理氣 秘妙於形勢方位中也 至於狀元大將 亦不能拘泥 但乾爲八卦之首 又其方爲天門 遇龍穴砂水 極眞極美之地 得元運 又有文魁二星會合 自然出狀元 倘稍有不的 亦可出科甲 不能倫元也. 但乾山乾向水流乾 乾峰出狀元 其乾字上 當下一或字 或乾山 或乾向 或乾水 或乾峰, 必遇文魁二星 會合之年月始然 否則富貴而已 其餘七山 皆是如此 不僅乾山 午山 卯山 坤山四卦已也. 但峰秀水曲者貴 峰肥水大者富 出人物俊秀渾厚 亦在此上分. 余曾見直隸蔚州 李氏葬地 當出文狀元 其家習武 竟中武狀元 可見習染使然 地亦無如之何矣. 曾見人家藏僞造之元空 珍爲秘本 其解乾山乾向水流乾 元後天乾上來龍 爲乾山 朝先天乾 爲乾向 身坐後天之坎 以先天坎上之水 爲乾水 或用飛挨排 由坐山挨起 由向上挨起 由來水挨起 由水口挨起 自乾所治之方 爲乾山乾向水流乾 種種謬語 以亂眞傳 殊可惜也.

[風水56問] 南北各省 竟有荒陋州縣 從古迄今 不能出一偉人 亦不出

一科第 何其凋敝一至於此?▶〔答〕:大凡名都巨邑 所占者 皆風水之區 一要城池得地 二要宮署合宜 三要文廟合武 四要書院培養英才 五要土著人士立志向學 再有醇儒指敎 自然人文蔚起矣 不然 旣不向學 又無指敎 科第功名 焉能從天而降耶 如余所謂龍穴砂水 文魁會合之處 豈百里之邑 竟絶無一有 有是理 有是事乎. 如近世河間人 多閹宦 石隷 多衣工 撫州人 多書客 溧水人 多藥商 曹州人 多響馬 南陽潁州壽春 多掀刀攦匪之類 蓋由比屋鄰居 見聞如是 所行爲竟如是矣 豈有天成山水 專出宦者 衣工 書客 藥商 響馬 掀刀 攦匪之地者耶 朱博短衣齊變楚俗 其敎化原在人也.

[風水57問] 世有龍穴砂水 並無瑕疵之地 不惟不發 甚至敗絶 是何以故?▶〔答〕:此卽是不明三元理氣 盡據形勢之美好 不待合元運之時 而卽遷葬 吉氣未到 凶煞先來 故敗絶相尋 遑云發福. 彼世之舍理氣而專言形勢者 可不懼哉.

[風水58問] 墳地以元運判興廢 已鑿鑿有據 在未葬之時 尙可趨避 設若已葬得運之地 忽交失運時 將擧其墳盡遷之耶 何以未見古人有是事者 不特不見有是事 且有自上元發至下元而不敗者 是何以故?▶〔答〕:理自在 但人不知耳. 如今日我明明指出得運失運之效如足 世固無改遷之理 而彼自得運至失運之時而敗 亦不過懵懂受之而已 初未嘗倖免也. 亦有三元不敗者 並非上元一墳能管至下元 蓋百餘年間 人非一代 必有新墳 乃上元有上元之老墳 至中元 又遇中元之吉墳 卽至下元 又接葬下元之新墳 所以能如是悠久 此非積善之家 有大福德之人不能.

[風水59問] 世有古仙師鉗記之說 預定大地 將如何發達 並未言當在何運發?▶〔答〕:鉗記之說 間亦有之 彼不運據龍穴砂水之美好而言 固未嘗言元運 亦未嘗言不須元運 且元運之名 古師隱而不宣 自大鴻氏出 慮僞術之混淆 貽害世人 故將元運特長而出之 原屬一片婆心 俗子旣不能窺其堂奧 遂以爲駭見駭聞. 又有一種 慕其名 不得其傳 自創一解 惑世誤人 致令謗元空者紛起 從此元空一道 又複難明眞僞 殆天不

欲斯人盡聞妙道 而生此種種魔障於世間耶.

【風水60問】鉗記之說 果可信否?▶〔答〕:有可信 有不可信 其可信者 古仙師遊蹤所致 見有美地 未遇可葬之人 特留鉗記 以待將來有德者 其不可信者 乃俗師受賄市奸 假託鉗記 以行詐欺愚 且古師鉗記最著者 莫如郭景純 劉伯溫 皆抱負王佐之才 楊筠松 賴布衣 皆高蹈隱逸之士 旁通雜術 偶一爲之 非若近世術士 專挾南車 遊說富豪之門 惟知哄騙衣食者 捏造鉗記 飾繪圖形 不如此 惑人不動也 何必鉗記.

[風水61問] 青陽桂丹崖 諱超萬者 精三元 昔未第時 居京寓 必改易其門路 後由兩榜卽用 其居室每月必遷移 竟以觀察在閩 秉臬權藩終?▶〔答〕:余初入都 卽知其名 惜未見其人 而測其所行所爲 必其墳已得地 彼又以挨星法 施之陽宅耳 其改易門路以求中者 卽前所雲 取文魁二星會合之處也 其每月遷移居室者 是取生旺之氣 以趨吉避離也 又聞其建造宗祠之後 姪中武擧 子點庶常 殆亦深明明體用作法 方能如是.

[風水62問] 千里尋龍 到頭一穴 而各書或雲過峽高 則穴結高處過峽低 則穴結低處 或雲岸山高 則穴高 岸山低 則穴低 或雲看龍虎二砂 以定穴之上下 或雲以卦九星五行 以定金之淺深者 究竟如何點穴法?▶〔答〕:從峽山上定穴者 乃術士惡習 誇張其辭 于步龍時 預決穴之高低 卽至到頭 勉强牽就 此等之人 餘屢見之 以岸山定高低者 恐其高壓 故岸高則高點 岸低則低點 若岸山遠 雖高何嫌 以龍虎定穴者 倘本身無龍虎 將如之何 至以八卦 九星 五行定穴者 更屬迷謬. 蓋地脈生動 比之如龍者 特因其起伏擺折而雲 試看來龍祖山粗雄 跌峽一次 則山漸秀嫩 愈跌愈佳 卽至結穴 山形土色全異 而靈氣聚矣 如無跌斷 必左右擺折 遇擺折處 必分枝開帳 以洩憨氣 大則爲兼葭枝 小則爲水木蘆鞭之類 卽至結穴 砂纏水聚 而生氣凝矣 如是乎窩鉗乳突之形成 浮沉高低之法定. 若是小小窩鉗乳突 是爲少陰少陽 卽在其上點穴 本無疑義 倘窩鉗寬大 是爲老陽 老陽不可用 須于老陽中覓少陰. 又當於窩鉗中求乳突 卽爲少陰 倘乳突肥人 是爲老陰 老陰不可用 須于老陰中覓

少陽. 又當於乳突上求窩鉗 卽爲少陽 若大窩鉗中無乳突 大乳突上無
窩鉗. 又有求暈之法. 窩鉗之暈 如人心坎中跳起處 略有一點高影. 是
一陰初動 似有似無 便是穴暈 乳突之暈 如小兒頌門上吸動處 略有一
點低靨. 是一陽初動 若隱若現 便是穴暈 立穴于此 自然水朝砂應 龍
繞虎馴 其巧妙處 暗合天機 俗師動雲尋龍點穴 豈易言哉 豈易言哉.

[風水63問] 山岡尋龍點穴之法 尙可習見習聞 其平陽平洋 尋龍點穴
之法 僅見水龍經 具其圖形 究未顯言其所以然點穴理氣之法.▶〔答〕:
大江以北 東至齊 西至秦 北抵幽燕 平陽居十六七 平原居十之二三 高
山大隴 僅十之一二 而葬山者 甚屬寥寥 不從事于平陽平原之地 然北
人俗厚質樸 業靑鳥者無幾 蓋不善作欺人之事 不似南人誣罔詭譎 競
挾南針 自稱妙手者之多也 至其尋龍點穴 亦無眞知卓見 大約依局定
穴者居多 其得穴與不得穴 發與不發 亦在人幸不幸耳. 余與李師遊 其
看平陽之法 於綿渺一片之處 細察地氣之隱隱鄒隆 如人肉上之筋 皮
中之脈 若有若無 高一寸爲山 低一寸爲水也 有帳蓋也 有迎送也 有過
峽也 有人首至結穴處 或以水 或以路 或以低淺之地 纏繞交護 龍穴砂
水 樣樣俱全 其穴形亦分窩鉗乳突 窩大窩小 求突求暈 一與看山法同
總要乘得元運生旺而用之 其發可翹足而待. 至若平原 在原下望之 如
同高山 及在原上 則低平如掌 一望無際 與平陽無二 其結穴處 有在原
邊者 有在原角者 有在原盡頭者 有在原之中者 若在邊者 則下臨崖岸
彷彿大江大湖之傍 必左右有溝渠插入交匯. 卽在其交匯氣聚之處立穴
其在角者 彷彿大小轉灣處 形象圓淨 理氣淸純 卽在其圓淨淸純處立
穴 其在盡頭者 則原勢漸低 亦有枝脚作龍虎拱衛 與高山大隴 乾流結
穴相類 其在原之中者 四望不見邊岸 有溝渠 則就溝渠 有路水 則就路
水 其認脈審穴 仍與平陽同 此皆從來無人細辨者.

[風水64問] 江浙盡屬平洋 六朝以後 代出名流 而看平洋之法 可得聞
歟?▶〔答〕:平洋遍地水田 皆人力豬蓄者耳 當其未開田以前 亦與平陽
同一類也 今雖已改地爲田 其有龍有砂處 田必高 其界水處 田必低 過

峽處 田必低窄 開帳處 田必橫寬 其結穴處 高田爲砂 抱護於外 低田
爲水環繞於內 結穴之田 高不過砂 低不侵水 相度形勢 或深葬 或淺理
或培土結盤 以迎生旺之氣運 作用之妙 存乎其人 亦必積善有德之家
乃肯爲之施力耳.

[風水65問] 人咸謂玄空之學 只重理氣 不重形勢 今聞子言. 重形勢
莫精于玄空者矣 何以習三合者 詆之不遺餘力?▶〔答〕:是有故焉 玄空
之學 可以挽回造化 必擇人而授 必擇人而用 則術者不得其門而入 不
得不挾三合以求食 遂以詆毁玄空爲能事 俗人無知 助之誹謗 而文空
家懷不世之秘訣 方晦跡韜光 以避世俗糾纏 無心與之分辯 亦不屑與
之分辯. 彼皆自作自受者 蓋天也命也.

[風水66問] 高山大隴 平原平陽 認龍點穴 既如此其重目的 宜乎古今
名師扦葬 皆當在大幹 大枝 特結之處立穴 乃考之殊不儘然 其旁城借
局 牽就用事者甚多.▶〔答〕:是亦有說 或正龍正穴 當未可用之時 用之
恐致禍 不如就其偏側可用者 用之以邀福 或其葬家德行淺薄 不欲逆
天以行事 姑以其次者應之 蓋以年代人事 細詢之自見.

[風水67問] 元空之術 不雲可以此行善積德 何以又有不輕爲人施用之
言 豈不自相矛盾?▶〔答〕:所謂行善積德者 乃遇人家丁稀壽促 宗嗣垂
絕者 爲之扡一丁壽之地 遇人品學優長 而貧困不售者 爲之扦一富貴
之地 遇人世代仁厚 又逢大地 理應指示 或其人世無大惡 身遭奇殃爲
之轉移 化否爲泰 只要其人敬信 不取謝金 是謂之行善積德 倘其人挾
富挾貴 陰隙全無 希望非常福分 以利爲餌 遠近奔趨 若此等人 決不輕
爲施用. 余親見李師爲一親王看生塋 微嫌地狹. 王問其奴曰, 傍是何
人地. 奴曰, 民地也. 王曰, 可將我之界移過去. 李師怒曰, 何不以價買
而奪民之生產乎 怫然登車而歸 王踉至寓謝過 李師卻聘不顧 星夜命
駕回裏 元空門中 專以救人濟世爲念 視王候與乞丐 均人也 豈在富貴
貧賤上分向背耶.

[風水68問] 舊墳舊宅 改向改門 可以轉禍爲福否?▶〔答〕:陽宅能 陰

地不能 陽宅以門路通陽氣出入 故門路在衰敗之方不吉 可移就旺運之
方 則化離爲吉矣 至若陰地 以水口爲門 以元辰水爲路者也. 若土塚之
上 立碑爲向 反閘非路 可通出入 僅將其碑改立一向 焉能轉移禍福 此
皆鄙陋俗師 希圖謝禮 登人之山 卽令其改碑換向 人人之宅 卽使之搭
灶修方 千人一轍 無不皆然 揆諸其心 原屬爲己 非爲人也. 而陰地之
可以更改者 惟平陽以路爲水 或小小溝渠立局 可以改就旺方 如陽宅
之改門改路. 蓋陽宅之門 卽水口也 路卽水氣也 平陽之改水口溝渠 與
陽宅同 或四圍置牆安門 迎生就旺 亦是此意 若系山壟岡原 砂纏水繞
高低顯然 天地生定 無可改移 豈扭轉一碑 卽能免殃造福耶 喜爲是說
者 皆三合洪範撥砂輔星之流 以二十四向爲主 改一向 則滿盤之生旺
死絕全變 請以理度之 豈有一片石碑 能使龍穴砂水 天地之氣 隨之爲
吉凶乎 不待深究 而可知其罔也.

[風水69問] 昨同遊三處 坐向砂水皆同 何以一處指其發富綏 而敗亦
遲. 一處指其應富豪 而子孫不孝. 一處指其主富貴 而閨門不潔 退而
詢之 皆然 是從何處分判?▶〔答〕:卽從形勢理氣上分判 其發緩敗遲老
來然懶坦 向中又是乾流.〔按, 向首雖合旺水 若不見水光者 不論是乾
流 或是低空 俱主發緩而財小 同時緩龍緩接 雖合丁星到坐山 而添丁
亦遲〕.其富豪而不孝者 來然粗雄 向中又見反水〔玄空向星挨利向首
不論水之來去皆主發財 大水大發 小水小發 惟水反無情者 主不孝 及
寡倩〕. 其富貴而閨門不潔者 來龍有峽有帳 向水又見之玄 獨於然虎之
內 皆是沖田 左手辰巽上有水塘一口 右手酉辛上有一水塘一口 乃外
局美 而又得運 內水雜 而又失運 以至有此.〔按, 此三穴必系二黑運所
葬之壬山丙向 合七星打劫 向首有水者皆發 惟酉辛方挨得風火家人
純是陰星 該方有水塘一口 又屬失元之水 當主婦女淫亂〕. 三閭家 只
知生旺墓庫 看水來去 豈知有敗運之水在內 爲害匪細 倘是合運之水
當作吉斷矣 舉世懵懂 烏足以語.

[風水70問] 據談陰地者 則以幹旋造化 全在陰地 而不管陽宅 其談陽

宅者 則以挽回天心 全仗陽宅 而不顧陰地 以二者較之 熟爲重輕?▶
〔答〕:陰宅猶樹之土壤也 陽宅 猶樹之雨露也 若植根肥壞 縱雨露愆期
莫枝葉暫時憔悴 終久滋榮 乃陰地佳 陽宅否者是也. 若植根瘠區 縱雨
露調勻 其枝葉暫時繁華 終必枯槁 乃陽宅佳 陰地否者是也 如此譬之
最爲至當 細考二者之力 陰地當居十之七八 陽宅當居十之二三而已.

[風水71問] 陽宅書中有雲 人家子孫不旺者 遷其父母之床 其子孫卽旺
有驗與否?▶〔答〕:所雲者 老八宅之法 遷其父母之床 於生氣延年 天
醫之方耳 不能十分效驗 餘元空術中 亦有是用法 蓋床乃生人八尺之
穴 二六時中 有六時坐臥其上 死骨之塚 尚可蔭其後人 活親之床 豈不
能蔭其子息 余曾識爲兩人催 入泮甚准.

[風水72問] 挨星之法 旣少眞傳 如是乎 三闔家 有三匝貪狼之挨星 有
輔星遊年翻卦之挨星 元空家 又有各種之挨星 獨範宜賓之挨星圖 風
水一書中遵之 地理錄要中收之 地理三字經 極贊之 然則挨星圖 近乎
眞耶?▶〔答〕:是則是 非則非 焉有似是而非 近乎眞之理 徒足以亂眞
耳 其所分者 子什卯酉 乾坤艮巽入天元 寅申巳亥 乙辛丁癸八人元 辰
戌醜未 甲庚壬丙入八地元 從山挨一局 從向挨一局 共成四十八局 將
貪巨綠文武破輔弼 挨加天元之八方 地元之八方 人元之八方 以廉貞
入中 惟有八星左旋右旋 以貪巨武爲三吉 挨加于砂水之上 倘有如是
地 卽如是挨 此法與生旺墓庫 遊年翻卦死板格局 有何分別. 眞正挨
星訣法 雖欽定協紀辦方中 亦僅存三元九星之文 不得所用訣 附刻存
之 以備參考 以國家之旁求博采 亦只與之以文 不語之以訣 足見前賢
之秘 一至於此.

[風水73問] 蔣公羅盤 四正卦 每卦兩陰一陽 四隅卦 兩陽一陰 蔣公立
法如此 范氏楊順陰逆 依法挨加 其錯在何處?▶〔答〕:蔣公所謂陽順陰
逆者 謂各宮陰陽 當是如此 以此爲法 非死定在本位者. 如二黑運內
二黑入中 一白在巽 則辰巽巳三向 要用一白壬子癸之陰陽 不用辰巽
巳之陰陽. 三碧在乾 則戌乾亥三向 要用三碧甲卯乙之陰陽 不用戌乾

亥之陰陽. 八宮九運 皆是如此運用 元妙無窮 茲特擧天心正運 下卦起
星之大綱 若誤信僞術 此處一錯 則滿盤皆錯矣.

[風水74問] 羅經有中縫正三針 今蔣法只用正針 其中縫二針 竟無用
耶?▶〔答〕:余昔曾學三合 讀羅經解 研究三針作用 曆試之皆不及三元
之驗 雖三合有正針偏東三分之說 而縫針向西 又不在三分之上 西洋
士圭測影 亦有正針偏東之說 其縫針旣不合正位 且用之無驗. 蔣公用
正針 試之旣靈 一依正針爲是. 至於中針 盆偏往東 更屬不經 毋庸置
議 正針之源 始自黃帝周公 中縫兩針 託名楊賴 以之驚愚則可 施之於
用 則誤人多矣.

[風水75問] 賴公二十八宿撥砂法 鉛彈子穿透眞傳 張九儀專成一家之
言 極誇其神奇 痛詆玄空爲無用 其撥砂法 果有驗否?▶〔答〕:餘昔亦
學之 及乎旣明玄空之後 考覈之 終是合得玄空之旺砂則吉 不合者不
驗. 而其中最不經者 莫過於日月之八宿 凡二十八宿 周布于羅盤之四
方 每方七宿 以木金土日月火水七政配之. 按天文書 日月自有日月之
本性 張九儀以房虛昂星四日宿爲火 旣屬牽強 月則與水同類者 心危
畢張四月宿 亦指之爲火 遂謂火星當有十二宿 用之最利 彼特不自知
其謬誤 而極詆玄空 多見其不知自量也.

[風水76問] 俗稱黃泉水法雲 八個黃泉能救人 八個黃泉能殺人 其能
救人殺人 莫非卽是元空?▶〔答〕:玄空誠能救人殺人 卻非是黃泉. 其
黃泉歌雲, 庚丁坤位是黃泉 乙丙須防巽水先 甲癸向中憂見艮 辛壬水
路怕當乾. 不過庚丁向不宜見坤水 乙丙向不宜見巽水 甲癸向不宜見
艮水 辛壬向不宜見乾水而已. 使見之而吉 則呼爲救人黃泉 見之而凶
則指爲殺人黃泉 全屬反覆無憑之言. 又有解作 來水爲殺人黃泉 去水
爲救人黃泉 純是胡猜亂摸而已. 若依玄空 只取天地生就之形勢 往來
消長之氣運 立向消水 不問其爲黃泉也.

[風水77問] 乾坤艮巽四黃泉 旣不足爲憑 又有乾坤艮巽四禦階 亦不
足爲據 則元空之可憑可據者 何在?▶〔答〕:卽以庚丁坤位是黃泉而論

庚在七宮 可在九宮 坤乃二宮 若作庚向 使向中之水 兼見坤流 是由七
兼二也. 作丁向 使向中之水 兼見坤流 是以九兼二也 依元空論之 論
非一元 謂之駁雜不純 再交離運焉得不敗 焉得不殺人. 若庚丁向水 專
在坤宮 左不兼丁 右不兼庚 淸純不雜 再交吉運 焉得不興 焉得不救人
若坤向見庚丁水 亦如此 所以謂之禦街 乃水法淸純 又乘吉運故也 倘
乘離運 一樣爲禍 其犯駁雜者 乃七九得運 二宮失運之時 卽至二宮得
運 七九爲失運之時 永無全吉之日 彼不知所以然 逐呼爲殺人黃泉而已.

[風水78問] 古今帝王無數 焉得如許天子地以葬之?▶〔答〕:葬天子者
非天子地也 如世冑創業之家 其起初必是一大富貴之地 可自白衣而致
卿相 以後有一平穩之地 卽可保其一代富貴 帝王之地亦然 必其頭一
代帝王之祖若父 葬于正幹正穴 眞帝王地 生得帝王 開基建國以後 但
得龍眞穴的之地 含元合運 自然四海升平 萬方底定矣. 古今來 惟中幹
龍 所出帝王 能混一宇內 中幹龍 昔連泰岱 今隔黃河 南幹龍 則割據
及草竊而已 雖建國亦不能久 史鑒具在 可爲證也.

[風水79問] 平民地有吉凶 關乎一家 帝王地有吉凶 關乎天下 使處擾
亂之時 平民地將無權耶?▶〔答〕:不然 當賊冠縱橫之際 其地吉者 雖
頻遭劫掠 終能獲全 其地凶者 雖遠避他鄉 不遇殺戮 亦入死囚 此親目
所擊之事 非徒托空言欺人者 彼言地理者 曾有留心考驗 如是者耶.

[風水80問] 陰陽二家之言 旣如是矣 至臨事之時 無不愼重選擇 謂選
擇稍差 能使陰陽二宅 轉吉成凶 減其福力 其擅選擇之長者 誇大其辭
眞謂選擇之法 只須動土修方 可使凶地凶宅 立致吉祥 倘三家之言並
行 將何所適從?▶〔答〕:陽宅之力 不敵陰地之半 於第七十問 已詳言
之 而選擇又其末焉者矣 其大略 避卻太歲三煞 歲月時之空破 與化命
祭主之刑沖 克害足矣. 至若七政四餘選法 分恩用仇難 以爲扶助趨避
楊公造命歌 備言其旨 而遠省僻縣 檀曆難致 精者其稀 卽或用之 轉滋
詫異 鄕曲愚人 鹹奉鼇頭象吉等書 拘泥各種不經之神煞 雖有欽定協
紀辨方 闢其謬妄 而庸俗信之自若. 余方考新舊名墓 以及村落墳厝 只

據形勢理氣 以決禍福 無不了然 並不問其何月日時 神煞吉凶 可見選
擇之力 不敵二宅之形勢理氣 且世家巨族 高碑大塚 其選擇非不愼重
講求 何以葬非其地 補救無靈 其惑不待辯而自明矣. 但見世俗卜葬課
單 置形勢理氣之眞吉凶不論 專講日幹之扶山補龍 扶之補之之法 夫
墳永遠長久之地 惟形勢理氣是憑 豈一日之干支 卽扶補龍山 使之永
長不替乎 余每爲人扞葬 是吉地則用 是凶地則不用 只依協紀辨方 避
卻刑沖克害 葬於合運之地 無有不吉 願天下嗜斯道者 亟宜勤求形勢
精習理氣 毋使本末倒置而已.

[風水81問] 今人看巒頭者 指楊公九星 爲老九星 不以爲重 而專言廖
公九星 似勝於楊公九星 而子則專言楊公九星 必有所見而然耶？▶
〔答〕:星何常有九 而又何止于九 蓋水曲 火尖 木直 金圓 土方 此五星
之正形 楊公因其形之難拘於五 故耶北斗七星之名 而益之以弼 以爲
九. 又慮其變化不定 故于撼龍經中 備言兼帶之形 自楊公以前 原只五
星 無九星也. 廖公承楊公之後 亦因其變體 而立九星之名 複窮之九九
八十一變之穴象 是皆恐後人之拘泥 而爲之立說耳 其實總不離五行之
正形而已 若景純葬書 何曾有是說 今人又强爲分解 以楊公九星 爲看
龍之星 廖公九星 爲點穴之星. 然楊公經中不雲,〔貪狼作穴是乳頭 巨
門作穴窩中求 武曲作穴釵鉗覓 祿廉梳齒犁鋤頭 文曲穴來坪裏作 高
處亦是掌心落 輔星作穴掛燈樣 縱有圓頭亦凹相〕. 此九星在龍身行度
多者 卽以此定結地穴形 否則 于祖山與父母之山龍身上見 而在立穴
處見者 卽窩鉗中之突 窩鉗中之暈是也. 楊公九星 何嘗不可點穴 旣主
楊 不更言廖 恐立言駁雜 聞者易於混淆耳 是以嘗言 凡系巒頭之書 不
過不同小異 尚屬有憑有據之言 盡皆可看 至理氣 則東牽西就 左轉右
旋 使五行失其常 八卦失其序 山水無言 至理氣 則東牽西就 左轉右旋
使五行失其常 八卦失其序 山水無言 其災禍萃於人身 而不之覺 餘不
憚煩 以申述者 無非欲喚醒癡聾.

[風水82問] 子言看地 首重形勢 旣得形勢 再進求理氣 是理氣寓於形

勢之中 今三合節節步龍 何字落脈 何字過峽 從水口看是何庫 與山脈
相合 然後立向消水 亦是得形勢以求理氣 何嘗不是氣寓於形 子獨力
辨三合非是 何也？▶〔答〕：看龍之法 原只在龍身 看其是何五行星體
落脈宜柔細生動 不宜粗蠢死硬 過峽宜跌斷 不宜剛直 開帳宜前抱 不
宜反飛 起星宜端正 不宜傾斜 自祖山步起 節節分枝 孰爲幹 孰爲枝
孰爲大幹傍幹 孰爲大枝榜枝. 大凡祖山必高峻粗雄 開一帳 則山形一
變 跌一峽 則土色一變 由高峻而變和平 由粗雄而變淸秀 卽至成局結
穴之時 砂環水聚 穴星呈象 中有似石非石 似土非土 堅細之好土 或五
色兼全 或純是一色 與穴外土色 迥乎不同 或生圓暈如太極之形 楊公
擬龍經中 俱詳言之 何嘗拘拘于某字龍 必與某字向水爲三合 餘遍考
之 率皆牽强 無一合者. 卽所謂合者 其立向 或迎生 或迎旺 或朝禦街
或朝墓庫 或以小龍虎爲水庫 或以大龍虎爲水庫 或以大龍虎爲水庫
或以龍虎外 不見之口爲水口 或以羅城總水口爲水口 儘是李代桃僵
全無把握 殊不知入山尋水口 乃于山之水口 見其交鎖緊密 或兩山來
立如門 或山脚交牙 不使直洩而去 或狹如石柵 將山丙衆水束住 一口
而山 或口外之山 有日月 獅象龜蛇 各種之形 鎭住水口 便知其內 必
結美地 並不問其水向 何方何字出 亦不問其在穴之何方何字出 而指
爲某庫也. 山之氣陰也. 自祖山起伏擺動而下行 水之氣陽也. 自總水
口盤旋曲折而上行 同會於結穴之區 水之三叉 抱向穴後 山之龍虎 抱
向穴前 山水相抱 卽是陰陽相見 此謂之交媾有情者是也. 往前看穴上
所見出水之處 一出不再見者 爲去逃之方 往後看穴上入首之處 爲來
脈之方 以元空理氣合之 合吉則吉 合凶則凶 吾得訣以來 考之萬無一
失 使三合各法 果靈驗勝於元空 餘豈願棄諸家而專學元空耶. 人孰無
親 焉敢以無稽以言誤人 而先自誤其身者乎.

[風水83問] 靑囊雲 山上龍神不下水 水裏龍神不上山 解者多以此二
句 一是看山龍之法 一是看平洋水龍之法 蓋山龍多有龍而無水 平洋
多有水而無龍 其說是否？▶〔答〕：山龍穴前多乾流 乾流何嘗不是水,

平洋穴後多低坦 無星峰 其脈伏行迤邐而來到穴 其來處何嘗不是龍.
但此二句所言者 山水之理氣是也. 蓋山有山之運 水有水之運. 山之運
不可爲水之運 放雲不下水 水之運 不可爲山之運 故雲不上山.

[風水84問] 地理之書 遠自海角靑鳥 降及唐宋 元明 爲書甚多 子獨沽
沾于景純 筠松 及大鴻氏之書 毋仍罔歟? ▶〔答〕:海角靑鳥二書 託名
最古 其書卽僞之尤者 不必細論其他. 只看其措辭 周秦時之文字 何等
古奧 況海角經 爲黃帝時九天玄女之語 何其酷似唐以後之言耶 靑鳥
經 樗裏子所著 其人爲秦王之弟 周時之王候 皆人君也. 漢以後 則爲
人臣矣. 秦以前 從無營葬 欲得地爲王候者 宰相于祖龍時 始爲極貴之
官. 秦以前 宰爲宰 相爲相 並非大貴之人 沙堤者 乃唐時拜相之禮 周
之時 焉得有此乎 豈非皆唐以後人之僞書 天下惟眞者不假人之名 假
名者 豈有眞訣也哉. 雖楊公之書 流傳日久 亦被三闒家塗改 以附會其
術 幸蔣公得古本 暢爲注明 使天下後世. 複觀楊公之眞傳 景純葬書
所言者 均是形勢 三闒家 亦無從塗改 尙將形勢之生死 注作生旺墓庫
之生死 此乃固執不通 至死而不悟者也. 夫看地之法 最難者形勢 自祖
山出脈 奔騰踴躍 閃跌隱現 橫飛逆上 側落回顧 變換不一 愈奇愈眞
窮其足力目力 始有心領神會之時 原非一朝所能得 是以古之葬書 乃
三闒家 以羅經解爲理氣眞傳 奉爲至寶 轉視形勢爲末務 每與之登山
未曾立定 先用羅經 以談三合四庫 如是看法 究誰爲固執之人耶.

[風水85問] 從來地理書中 言巒頭形勢者有之 言諸家理氣者有之 絶
無言及三元爲理氣者 自大鴻氏出 始以三元爲理氣 世以罕見罕聞 疑
信相參 原非得已 子何關之 罪之之甚耶且如子言玄空法 至簡至易 何
以前此未之聞也. ▶〔答〕:餘非罪其他 罪其甘受諸家之愚弄 轉爲之附
會標榜 不知玄空之神奇 竟肆其詆毀阻撓 陷學世之人於水火之中耳.
若謂無書 玉鏡經 卽是玉函遺意 非其眞耶. 三元九宮 非其位耶. 但未
將何考用之于山 何者用之于水 分別指明 世俗旣不解用之法 又不解
用之效 書雖存 俱遺而勿論. 蔣公得秘傳 申明其效驗 其訣雖易 得之

最難 必待其人而得語之 否則 奉之千金弗顧也. 於寶惜秘訣之中 亦隱
喻人以勸誡之意 俾人人以孝悌忠信自勉 則斯訣亦可盡人而語之矣.
夫遊食者 以此謀生 不得不固執以詆玄空 而無識者 亦喜妄加指摘. 余
昔初學地學時 看諸家書 則人無言 習玄空 則群起誹笑 余於地理無所
不學 經久是玄空極其靈驗 其諸家書之所以誤人者 皆附會標榜太過之
故也.

[風水86問] 吾子得訣甚秘 立論甚高 些子玄機 引而不發 雖雲辨惑 究
未能去人之惑也. 後之人讀子之書 將毋疑子徒知善辨 實未嘗得訣 誰
又爲子辨?▶〔答〕:餘豈故爲秘密 乃守蔣公及李師之誠耳. 昔亦曾爲數
人言之 或淺嘗而不深信 或得魚而遂忘筌. 餘由是三緘其口 必待至誠
篤信之君子而語之耳. 今試舉略二人 一爲同鄉老友 察其心地樸實 因
以元運往來消長 山水對待流行 傾心相告 彼亦不考其靈驗與否 去而
謂人曰, 豈有秘訣 乃老生常談耳. 一爲姻戚 值成豐癸醜 粵賊陷城 其
人約與其共患難 且求眞訣. 餘慮訣之失傳 遂告以天心正運 下卦 起星
之旨. 無何仇家引賊索餘甚急 非以賄解不可 余乞援於其人 竟不之顧.
如此等人 不一而足 子謂餘守口如瓶 不亦宜乎. 亦常憫人之疾厄困窮
爲之擇地葬親 乃疾老愈 困者蘇 自慶其否運已過 泰運方來 竟忘其俯
首乞憐 於誰也. 近代人心不古 居家不講孝悌 出外不立品節 欲僥倖于
陰地 以濟其無窮之貧 誓不濫傳 悠悠之口 其如余何.

[風水87問] 近見人延師蔔地 每每尋得吉穴 倘另延師至 則又指爲非
是 再延一師 再延一師 更有一番批駁 雖三合與三合不同 元空與元空
有異 豈眼力不同耶 抑用法有異耶?▶〔答〕:形勢之美 顯而易見 自是
千人一律 無可異同 惟作用之法 元空重在乘運乘時 三合不過昧于時
運 至於形勢則一也. 近世俗師之批駁 原不在乎形勢之優劣 在乎言人
眼力之低小 以誇其本領之高大 使主人翁舍此另圖 遂得居功索謝 此
皆各門戶起見 是以三合毀三合者有之 元空毀元空者有之 入主出奴
紛紛聚訟 皆市儈之心 術士最惡之習 無主見人 未有不受其愚者 要亦

其家之陰隲福命所關 冥冥中蓋有使之然也.

[風水88問] 叢葬之處 墳塚之相連 不過咫尺之間耳 乃諸墳不發 竟有一墳獨發者 殆卽經雲 請看人間舊日墳. 十墳埋下九墳貧, 惟有一墳能發福 去水來山盡合情. 其合情 當是如何?▶〔答〕:非獨山水之形勢合情 乃山水合元運之情耳 不然咫尺之間 何分瑕瑜. 在山龍穴小 尙有得穴失穴之說 若平陽穴形寬大 一山數穴 焉有區別其不發者. 必非其元運之時所葬, 其發者 必正當元運之時所葬. 合情者 卽合得天心造化工也. 明得天心 則於葬事有何難哉.

[風水89問] 每與吾子登山覆驗舊墳 卽知其吉凶 雖年代遠近 房分公位 所主何事 有如目擊 是用何術 出於何書?▶〔答〕:豈另有術 豈另有書 皆是以元運之得失 如于龍穴坐向 並各方公位砂水以上 卽能知其遠年近代 在何公位 卽屬何房 吉則爲吉 凶則爲凶 至於如何之吉 如何之凶 八卦之中 各有所主 周易系辭 言之最詳 俗術洪範三合納甲翻卦謂之周易 可醜之極 若元空眞無一處可離周易者 若謂之術 輕視元空矣.

[風水90問] 嘗見北省地師 至南省看龍點穴 高下失宜 南省地師 至北省看平陽定穴 覺茫然無據 雖素稱好手者 至此亦失其所長 其病在何處?▶〔答〕:餘前已言 地有六樣看法 而理氣作用 總是一法也 其分六樣者 形勢之不同 彼南北地師 果系好手 而犯此病者 乃久閱歷之過也 病在不諳風土情形 倘于初至其地之時 先將地氣厚薄 土脈淺深 覆驗確實 已葬老墳 與理氣絲毫不爽 然後爲人作用 焉得有錯誤之理. 餘生于陝 家于皖 游燕代 涉齊豫 繼維陽 抵姑蘇 幸於六樣形勢 皆得親見之 是以諄諄語人 首重形勢者 卽此六樣之形勢 次重理氣者 六樣形勢俱不能離此理氣也.

[風水91問] 凡談元空者 無不以翻卦爲主 今讀子之書 從無一字言及翻卦 經不雲翻天倒地對不同 其中秘密在元空 又雲顚顚倒 二十四山有珠寶 順逆行 二十四山有火坑 豈秘訣在是 故秘而不宣耶?▶〔答〕:顚顚倒 順逆行 有珠寶 有火坑 皆是□巴水辨理氣而言 山有山之運 水

有水之運 以二運相較 有似乎顛倒 而實非顛倒也. 使山水各得其運 則
美有如珠寶矣 蓋山之運順行 水之運逆行 其順也 自然之順 其逆也 自
然之逆 非是僞造 挨星圖之左旋右旋之順逆 倘不明順逆 則用之皆爲
火坑矣. 水之運天也 山之運地也 以二者對之 迴乎不同 故曰翻天倒地
對不同 非獨一山一水對不同 卽此元與彼元對 亦複不同 知得其中秘
密 卽知理氣矣 何用翻卦 世之慕元空者 最喜在挨星翻卦上著想 枉費
心機 故盲解日以多也.

[風水92問] 北方土厚水深 其葬也 不事版築 不用灰炭 南方地卑水淺
其葬也 堅築石灰 以隔水蟻 加以炭末 以隔樹根 甚至朱紫陽砌以磚槨
豈不與死欲速朽之言相悖?▶〔答〕:毋使土親膚 亦聖人之言也. 然餘在
南北 亦嘗爲人遷移舊墓矣 北方之葬也 以土厚之故 其穴之深 或至丈
餘 縱淺亦必六七尺 又北地少雨 葬後堆土之時 只用數人踐踏 不崇朝
而事畢矣 其土有枯燥之土 有潮濕之土 皆是無龍穴之地 至掘起之時
其枯燥土中之棺 雖無水浸 亦乾朽如灰 其潮濕土中之棺 必敗毀如泥
但無白蟻耳. 南方之葬也 以土薄之故 其穴之深 僅只五六尺 甚至結盤
培土成墳 倘遇風吹水劫之地 其潮濕固不待言 而白蟻先肆咀嚼矣 至
於龍眞穴的之地 其土如有油潤 見風卽乾 其棺與骨 如初葬之時一樣
仍有溫暖之氣 甚至氣出如蒸 對面不相見 南北之美穴 皆是如此 但南
方多雨澤霧 有石灰堅築 免令水氣滲入 又南方土松 多樹木之根 有炭
末隔之 則樹根遇之卽止 皆目擊之事 然富室俱喜蓄樹蔭墳 惟松柏根
伸不遠 亦須在二丈以外 防其百餘年 根亦伸遠也. 最不宜者 烏柏夜合
楓與栗等樹 其根能串列滿山 雖數十丈外 亦不可留也. 邑之南郭 有古
墳數塚 地濱大河 皆二三百年者 平洋葬法也. 道光年間 邑大水 河遂
齧墳 石灰皆現 好善者斂金徒之 柔鑿石灰 其堅如石 棺外並無一些潮
氣 乃棺底亦用灰堅築 與上下四旁 連合爲一 儼然石槨也. 棺仍如新.
今葬山者 其棺頭入土尚深 其棺足入土最淺 虱蟻樹根 往往由棺足而
進 今之葬者 亦宜於棺底先堅築石灰一層 然後納棺於上 與四圍及頂

堅築爲一 虱蟻樹根 亦無隙可入矣.

[風水93問] 龍分兩片陰陽取 水對三叉細認縱 是如何分取 如何對認?
▶〔答〕:兩片者 卽一陰一陽 雌雄 夫婦賓主之象也. 三叉者 卽合襟元辰 零正 動靜順逆之處也. 一言山 分山之運 一言水 認水之運. 所謂地畫八卦誰能會 山與水相對是也. 靑囊序八十餘句 絶無一字泛言 總括元空 因形求氣 彰往察來之妙 使觀人成敗吉凶 瞭若指掌 神而明之 不啻元珠之在握也.

[風水94問] 北方地平水遠 隨處皆可葬墳 風俗樸誠 人死卽葬 其浮厝者甚少 南方地狹人稠 水陸相半 擇地者 不得不求之于山岡 賣者居奇買者猶豫 術士又從中煽惑之 則篤信者 如先言厝而後言葬 間有厝而吉者 亦有厝而凶者 其厝之吉凶 與墳之吉凶 同乎不同?▶〔答〕:墳之所重者 龍穴砂水 厝之所有重者 局勢向水 不必有龍穴也. 只須朝向水法合運 俱是一樣發跡 但葬則骨安而親寧 與天地共久 若厝則魂魄未安 兼有水火賊盜之虞 其凶者 固宜速葬 縱吉者 豈可因已之僥倖 忍令親骨久停 不孝之罪 莫大乎是 編氓無知 固屬可笑 乃士大夫蹈其轍者更甚編氓 豈風水能惑人 人自惑耳.

[風水95問] 山龍於護砂之上 有空缺處 謂之凹風 平陽後無護托 左右無護砂 四面皆風 乃穴不畏四面之風 獨畏一凹之風 卻是何理?▶
〔答〕:亦嘗于起墳時見之矣 凹風在左者 棺中之骨 必吹往右邊 凹風在右者 棺中之骨 必吹往左邊 在後者 必吹至胸次 或至足下 或將骨吹毀入手如粉 或骸骨不全 若此者 屢見之 實眞有之事也. 餘揣其理 蓋凹風之吹穴 如人之撮口以吹物 其氣最專之故也. 若平陽之風 匝地而來寬闊一片 不專吹穴 故無所畏忌 亦不主吉凶 倘數十步內外 有村市家宅廟宇 則其屋左右之風 射穴亦如凹風 主人禍福 平陽無砂無峰 其村市家宅廟宇 卽作星峰論 若在旺運 當高而高之處 主有吉無凶 反是者有凶無吉 卽前所雲 陰陽動靜之義是也.

[風水96問] 山隴岡原 平陽平洋 六樣龍穴 其穴中土色 同乎不同?▶

〔答〕:凡山隴平岡 自祖山落脈 或龍身帶石 或本山帶石 則穴中必有似石非石 似土非土之土 在穴中搓之如粉 見風日 卽堅硬如石 極佳者 成太極暈. 至於平原平陽 穴中多是淡黃之細土 或紅黃青紫各色 極佳者 亦有太極暈. 若平洋雖在萬頃水田之中 池塘水側 其結穴處 果系龍眞穴的 其土色 乾而不燥 潤而不濕 撚之如面 不夾砂石污泥者 卽是好土. 亦有成太極暈者 倘夾砂石 而又潮濕 乃無氣之穴 如局勢合宜 向水純淨 只可爲厝 不可爲墳也. 若結盤安棺 培土作墳 名雖爲葬 仍與厝等耳.

[風水97問] 經雲, 惟有挨星爲最貴 洩漏天機秘 又時師不識挨星學 只作天心摸 何以挨星之重 一至於此? ▶〔答〕:讀書者 亦不必如是拘泥 此不過讀元空挨星之好而已 夫地理總以形勢爲體 理氣爲體中之用 挨星乃用中之用 又其次也. 其不識挨星學 只作天心摸之雲者 言天心自是天心 挨星自是挨星 蓋挨星不離天心 而不僅止天心也. 余前所雲文昌魁星會合 能發科甲 亦能擇吉修方 催人富貴 必須形勢佳 理氣合 而加之以挨星 方爲全美 若形勢理氣俱非 縱仗挨星 取效一時 亦難久遠章仲山雖得蔣公之傳 好用挨星 正坐此弊.

[風水98問] 依法而葬 自應富貴 但有大小之分 久暫之別 當如何決之? ▶〔答〕:行龍有星降 有帳蓋 有護從 有垣局 合得元運而葬之 卽主大貴. 若行龍單弱 帳蓋不全 護從無多 垣局狹小 雖貴不大 其大富之地 或收大江大湖之朝水 不拘水之遠近 但有一口吸盡之勢 或大河撲面入懷 或大塘彙聚明堂 雖旱不涸者 皆主速發大富 若水路細小 或是乾流 皆主小富 雖發亦緩 尚看其人之根基才具何如 根基隆厚 才具精明者 地雖小而發亦大 根基卑薄 才具平庸者 地雖大而發亦微 至於入暫 則看元運之興衰 可以知之 近世地師 爲人扎一穴 卽許以狀元閣老並不問山水何如者 皆諛墓之辭也.

[風水99問] 三合黃泉之八煞 不得謂之煞 既獲聞命矣 請問元空之煞? ▶〔答〕:元空之煞無一定 山得運之處 宜有山 不宜有水 水得運之處 宜

有水 不宜有山 不宜有而有之 卽是煞矣 再逢太歲沖合到方之年 凶禍
立見. 餘有從姪 因兵火將其父用磚槨借於山中 近十年矣 余曾見之 尙
屬平穩 後延徐姓地師 雲是祖傳元空 謂煞氣關在槨中 急開槨抬棺出
未百日 男子痘殤 又數月 誕一嬰孩 七日而夭 棺在槨十年而無惱 乃出
槨不半載而如是 伊誰之過歟. 夫理氣之煞原在山水上見 而形勢之煞
如山惡岩凶 溝直水反 亦舉眼所能辨 選擇日時之神煞 事過旋忘 從未
聞關煞於槨中者 有此等人 造作妖言 誤人性命 雖逃法網 亦難免眞誅
也 言祖傳者 必其祖實系名師 始可謂有傳授 若尋掌江湖遊食之兒孫
縱祖傳烏足深信 如執村學究之子弟 亦可呼之爲世代通儒耶.

[風水100問] 元空家 動雲恐洩天機 干犯造物之忌 究未見干犯者 如
何遭譴?▶〔答〕:有之 人自不覺耳 余姑舉數人以爲證 明末時 余鄕有
史仲宏先生者 凡鑒之國手也. 其傳載邑志中 邑之名墳名宅 大半出於
渠手 遂自留一穴於宅後之山 植松一株以爲記 臨終 乃告其子 命葬於
松下 旣歿 其子升柩之山 則前植之松 已複生松 滿山如林 不知穴處
夜示夢於其家雲 吾擅爲人葬四十餘棺 已授冥罰 不可葬此地 乃別葬
焉 余曾登其山 穴雖尙存 已被挖樹取土 兩水沖塌 不堪複用矣. 又道
光初年 余鄕有父子弟兄 沿爲庫吏 素無善行 聞湖北屈姓地師至 備禮
迎之 相待極優 屈不知其爲人 但感其禮貌之隆 許爲覓大地. 屈元空高
手也 居數年 果得一地于棕陽 擇日營葬 開穴時 土色甚佳 俄而化爲一
泓淸水 屈方食牛脯 聞之大驚 遂得噎病 數月病益甚 某勸之歸 屈感某
之情 必報一地 然後歸 猶力疾入山 於五嶺河得一地 預定當出一榜 某
大喜 屈雲 聊以塞責 此地不如前地遠甚 殆有命焉. 不可强也. 葬墳之
日 屈在穴旁大笑 忽嘔一血塊 破之 卽前食牛脯也. 病亦尋愈 某之姪
竟中北闈鄕榜 今敗絶 僅存一二丁 流落無家可歸 則史屈二師 非遭譴
而何 余今於問答之中 互文示意 蔣公心法 隱然宣洩無遺 實爲憫孝子
慈孫 呼天無告之苦衷 故情不能已 上蒼及先師 其或有以鑒諸.

□以上辨惑百條 鈔錄旣就 不禁莞爾自笑曰, 世之造僞術者 惑也. 信

僞術者 惑也. 餘複慮人之惑 更爲孜孜講說 而特爲之辨惑者 亦惑也.
古今來 惟忠孝賢良 道德仁義 澤被當時 名垂後世 是人人最急之務 若
求地以安親安靈 爲忠孝賢良 道德仁義之助 則可 若以之求富貴利達
趨炎附勢 荼毒生靈 則堪輿一道 實爲天下之罪人 奉勸士君子 時刻撫
摹方寸 令坦白可對天地鬼神 是先於此中求眞龍的穴耳 灑灑落落 布
衣贅筆.

第14章 平沙玉尺辨偽
[會稽薑垚汝撰]

第1節 序

1. 서의 원문

通三才之道曰儒故天官地理皆學士家窮理之本業而象緯之學正三統測
災祥屬有國家者之事獨地理爲養生送死生民日用所急孝子慈孫尤不可
以不謹未儒朱蔡諸賢間有發明見於性理書中者班班可考顧僅能敷陳梗
槪而未究其精微或者進而求之通都所布管郭諸書雖其言鑿鑿而去之逾
遠斯其爲道顯而隱誠所謂間世一出非人不傳者耶餘少失恃壯失怙先大
殳安溪公早以形家之書孜孜手授久而後知俗學之非也思窮徑絶迺得無
極子之傳于游方之外習其所傳又十年所於是遠溯黃石靑烏近考靑田幕
講彼其言蓋人人殊而厥旨則一且視天下山川土壤雖大荒內外亦如一
也.其庶乎地學之正宗在是輒欲擧其說以告學者又不容顯言無已則取
當世相傳之書訂其紕繆而析其是非使言之者無罪而聞之者有所懲戒而
不至於亂辨正之書所以作也夫地學之有書始于黃石盛于楊公而世所惑
溺而不可卒解者則莫甚於玉尺故論斷諸書匯爲編其俎豆之與爰書皆以
雲救也于姜諸子問業日久經史之暇旁及此編豈好事哉我得此道以釋械
於我親從我遊者皆有親也姜氏習是編而遽梓之以公世其又爲下後世之
有親者加之意歟允哉儒者之用心也已.

2. 서의 단문구분

通三才之道曰儒 故天官地理皆學士家 窮理之本業 而象緯之學 正三統測災祥 屬有國家者之事 獨地理爲養生送死生民日用所急 孝子慈孫尤不可以不謹 未儒朱蔡諸賢 間有發明見於性理書中者 班班可考 顧僅能敷陳梗槪 而未究其精微 或者進而求之通都所布管郭諸書 雖其言鑿鑿 而去之逾遠 斯其爲道顯而隱 誠所謂間世一出 非人不傳者耶 餘少失恃 壯失怙先 大㐅安溪公早以形家之書孜孜手授 久而後知俗學之非也 思窮徑絶 迺得無極子之傳于游方之外 習其所傳又十年 所於是遠溯黃石靑烏 近考靑田幕講 彼其言蓋人人殊 而厥旨則一 且視天下山川土壤 雖大荒 內外亦如一也. 其庶乎地學之正宗在是 輒欲擧其說以告學者 又不容顯言無已 則取當世相傳之書 訂其紕繆而析其是非 使言之者無罪 而聞之者有所懲戒 而不至於亂 辨正之書所以作也 夫地學之有書 始于黃石 盛于楊公 而世所惑溺而不可卒解者 則莫甚於玉尺 故論斷諸書匯爲編 其俎豆之與爰書 皆以雲救也 于姜諸子問業日久 經史之暇 旁及此編 豈好事哉 我得此道以釋憾於我親 從我遊者皆有親也 姜氏習是編而遽梓之以公世 其又爲下後世之有親者加之意歟 允哉儒者之用心也已.

第2節 辨僞文

1. 변위문의 원문

僕弱冠失恃先大父安溪公習地理之學求之十年而始得其傳乃以所傳編

證之大江南北古今名墓又十年而始會其旨從此益精求之又十年而始窮
其變而我年則已老矣姚水親隴告成生平學地理之志已畢自此不復措意
夫豈不欲傳之其人然天律有禁不得妄傳苟非忠信廉潔之人未許與聞一
二也丹陽張孝廉仲馨丹徒駱孝廉士鵬山陰呂文學相烈會稽姜公子垚武
陵胡公子泰征淄川畢解元世持昔以文章行業相師因得略聞梗概此諸君
子或丹穴鳳雛或青春鶚薦皆自置甚高不可一世蓋求其道以庇本根非挾
其術以爲壟斷故能三緘其口不漏片言庶不負僕之講求爾若夫中人以下
走四方求衣食者僕初未嘗不憐求爾若夫中人以下走四方求衣食者僕初
未嘗不憐之然欲冒禁而傳眞道則未敢許也至於僕之得傳有有訣無書以
此事貴在心傳非可言罄古書充棟半屬僞造故有辨正一書昌言救世後復
自言所得作天元五歌然皆莊蒙所謂糟粕必求精微則亦不在此也此外別
無秘本私爲一家之書近聞三吳兩浙都有自稱得僕眞傳以自衒鬻者亦有
自譔僞書指爲僕之秘本以瞀惑後學者天地之大何所不容但恐僞託之人
心術鮮正以不正之術謀人身家必誤人身家以不正之書傳之後世必貽禍
於後世僕不忍不辨 惟有識者察之.

2. 변위문의 단문구분

僕弱冠失恃 先大父安溪公習地理之學 求之十年 而始得其傳 乃以所
傳徧證之大江南北古今名墓 又十年而始會其旨 從此益精求之 又十年
而始窮其變 而我年則已老矣 姚水親隴告成生平學地理之志已畢 自此
不復措意 夫豈不欲傳之其人 然天律有禁 不得妄傳 苟非忠信廉潔之
人 未許與聞一二也 丹陽張孝廉仲馨 丹徒駱孝廉士鵬 山陰呂文學相
烈 會稽姜公子垚 武陵胡公子泰征 淄川畢解元世持 昔以文章行業相
師 因得略聞梗概 此諸君子 或丹穴鳳雛 或青春鶚薦 皆自置甚高 不可
一世 蓋求其道以庇本根 非挾其術以爲壟斷 故能三緘其口 不漏片言

庶不負僕之講求爾 若夫中人以下 走四方求衣食者 僕初未嘗不憐求爾
若夫中人以下 走四方求衣食者 僕初未嘗不憐之 然欲冒禁而傳眞道
則未敢許也 至於僕之得傳 有有訣無書 以此事貴在心傳 非可言罄 古
書充棟 半屬僞造 故有辨正一書 昌言救世 後復自言所得 作天元五歌
然皆莊蒙所謂糟粕 必求精微則亦不在此也 此外別無秘本 私爲一家之
書 近聞三吳兩浙都有自稱得僕眞傳以自衒鬻者 亦有自譔僞書 指爲僕
之秘本以瞀惑後學者 天地之大 何所不容 但恐僞託之人心術鮮正 以
不正之術謀人身家 必誤人身家 以不正之書傳之後世 必貽禍於後世
僕不忍不辨 惟有識者察之.

第3節 總括歌

1. 총괄가의 원문

萬卷地書總失眞平沙玉尺最堪嗔二劉名姓憑伊冒那有當年手澤存開國
伯溫成佐命嘗將妙訣定乾坤晚年一篋靑囊秘盡作天家石室珍天寶不容
人漏洩曷忍隱禍中兒孫片言隻字無留影肯借他人齒頰名秉忠亦是元勳
列敢冒嫌疑著此經世上江湖行乞者祇貪膚淺好施行戶誦家傳如至寶興
災釀禍害生民幸遇我師垂憫救苦心辨駁著斯文竊恐愚夫迷不悟括成俚
句好歌吟願君細察篇中意莫負宗陽一片心天下山山多順水此是行龍之
大體眞龍發足不隨他定是轉關星特起特起之龍變化多渡水逆行不計裏
玉尺開章說順龍順水直沖爲大旨水來甲卯兌不收水來丁午坎不取必要
隨流到合襟直瀉直奔名漏髓全無眞息蔭龍胎山穴平陽皆失軌勸君莫聽
此胡言誤向順流探脈理八方位位有眞龍爻象干支總一同山脈陰陽分兩

界此是天然造化功陽脈出身陽到底陰脈出身陰爲宗從無僞來並僞落豈
有貴賤分雌雄若是眞胎成骨相乾坤辰戌也崢嶸若是穴亡無氣脈巽辛亥
艮盡爲凶品水評砂原一例三吉六秀有何功勸君莫聽此胡言旺相孤虛理
不通五行相生與相剋此是後天粗糲質山川妙氣本先天生不須生克非克
木行金地反成材火入水鄕眞配匹南離爐冶出眞金陰陽妙處全須逆原說
五行顚倒顚庸師之輩何能識先天理氣在卦爻生旺休囚此中出量山步水
總一般立向收砂非二格安有長生及官旺全無墓庫與死絕卦若旺時路路
通卦若衰時路路塞有人識得卦興衰眼前儘是黃金陌納甲本是卦中玄用
他配合皆無益堪笑三合及雙山玄空生出並剋出更有祿馬及赦文咸池黃
泉八曜殺庸奴祇把掌上輪誤盡天涯總慧客勸君莫聽此胡言五行別有眞
消息雌雄交媾大陰陽月窟天根卦內藏此是乾坤造化本會時便號法中王
曾公說個團團轉一左一右兩分張明明指出夫和婦有個單時便是雙二十
四山雙雙起八卦之中定短長豈料庸奴多錯解干支字上去商量誤起長生
分兩局會同墓庫到其鄕未曾曉得眞交媾那裏懷胎喚父娘我卽汝言來敎
汝陰陽指氣不指方甲庚丙壬是陽位有時占陰不喚陽乙辛丁癸是陰位有
時占陽卽喚陽陰陽亦在干支上不用排來死煞方眼前夫婦不識得卻將寡
婦守空房勸君莫聽此胡言玄竅相通別主張四大水口歸其位此是卦之眞
匹配如何說到墓庫方左旋右旋來附會四水四卦逐元輪一元一卦乘旺氣
周流八卦逐時新會者楊公再出世今將墓庫作歸原失運失元迎殺氣勸君
莫聽此胡言陽錯陰差非斯義公位亦自卦中來長少中男各有胎不論干支
並龍脈如何亦取三合推胎養生沐乃雲長仲子冠臨及旺衰少子病死並墓
絕若然多子作何排世人信此爭房分停喪不葬冷爲灰更起陰謀相賊害傷
倫滅理召天災陷人不孝並不睦此卷僞書作禍胎我願今人祇求地得地安
親大本培親安衆子皆蒙慶休把分房出亂猜試看閥閱諸名墓一祖枝枝甚
衆材分房蓋爲分陽宅莫論偏倚到夜台平沙一卷何人作注解翩翩尤醜惡
添圖添局死規模强把山川牢束縛從謙失著布衣宗之鎮直是追魂鑿嘉隆
以上無此書萬曆中年方樸朔由此家家無好墳迄今遍地成蕭索焉得將書

付眞龍免使蒼生遭毒藥

2. 총괄가의 단문구분

萬卷地書總失眞
開國伯溫成佐命
天寶不容人漏洩
秉忠亦是元勳列
戶誦家傳如至寶
竊恐愚夫迷不悟
天下山山多順水
特起之龍變化多
水來甲卯兌不收
全無眞息蔭龍胎
八方位有眞龍
陽脈出身陽到底
若是眞胎成骨相
品水評砂原一例
五行相生與相剋
木行金地反成材
原說五行顚倒顚
量山步水總一般
卦若旺時路路通
納甲本是卦中玄
更有祿馬及赦文
勸君莫聽此胡言

平沙玉尺最堪嗔
嘗將妙訣定乾坤
曷忍隱禍中兒孫
敢冒嫌疑著此經
興災釀禍害生民
括成俚句好歌吟
此是行龍之大體
渡水逆行不計裏
水來丁午坎不取
山穴平陽皆失軌
爻象干支總一同
陰脈出身陰爲宗
乾坤辰戌也崢嶸
三吉六秀有何功
此是後天粗糲質
火入水鄉眞配匹
庸師之輩何能識
立向收砂非二格
卦若衰時路路塞
用他配合皆無益
咸池黃泉八曜殺
五行別有眞消息

二劉名姓憑伊冒
晚年一篋青囊秘
片言隻字無留影
世上江湖行乞者
幸遇我師垂憫救
願君細察篇中意
眞龍發足不隨他
玉尺開章說順龍
必要隨流到合襟
勸君莫聽此胡言
山脈陰陽分兩界
從無僞來並僞落
若是穴亡無氣脈
勸君莫聽此胡言
山川妙氣本先天
南離爐冶出眞金
先天理氣在卦爻
安有長生及官旺
有人識得卦興衰
堪笑三合及雙山
庸奴祇把掌上輪
雌雄交媾大陰陽

那有當年手澤存
盡作天家石室珍
肯借他人齒頰名
祇貪膚淺好施行
苦心辨駁著斯文
莫負宗陽一片心
定是轉關星特起
順水直沖爲大旨
直瀉直奔名漏髓
誤向順流探脈理
此是天然造化功
豈有貴賤分雌雄
巽辛亥艮盡爲凶
旺相孤虛理不通
生不須生克非克
陰陽妙處全須逆
生旺休囚此中出
全無墓庫與死絕
眼前儘是黃金陌
玄空生出並剋出
誤盡天涯總慧客
月窟天根卦內藏

此是乾坤造化本　會時便號法中王　曾公說個團團轉　一左一右兩分張
明明指出夫和婦　有個單時便是雙　二十四山雙雙起　八卦之中定短長
豈料庸奴多錯解　干支字上去商量　誤起長生分兩局　會同墓庫到其鄉
未曾曉得眞交媾　那裏懷胎喚父娘　我卽汝言來教汝　陰陽指氣不指方
甲庚丙壬是陽位　有時占陰不喚陽　乙辛丁癸是陰位　有時占陽卽喚陽
陰陽亦在干支上　不用排來死煞方　眼前夫婦不識得　卻將寡婦守空房
勸君莫聽此胡言　玄竅相通別主張　四大水口歸其位　此是卦之眞匹配
如何說到墓庫方　左旋右旋來附會　四水四卦逐元輪　一元一卦乘旺氣
周流八卦逐時新　會者楊公再出世　今將墓庫作歸原　失運失元迎殺氣
勸君莫聽此胡言　陽錯陰差非斯義　公位亦自卦中來　長少中男各有胎
不論干支並龍脈　如何亦取三合推　胎養生沐乃雲長　仲子冠臨及旺衰
少子病死並墓絶　若然多子作何排　世人信此爭房分　停喪不葬冷爲灰
更起陰謀相賊害　傷倫滅理召天災　陷人不孝並不睦　此卷僞書作禍胎
我願今人祇求地　得地安親大本培　親安衆子皆蒙慶　休把分房出亂猜
試看閱閱諸名墓　一祖枝枝甚衆材　分房蓋爲分陽宅　莫論偏倚到夜台
平沙一卷何人作　注解翩翩尤醜惡　添圖添局死規模　强把山川牢束縛
從謙失著布衣宗　之鎭直是追魂鑿　嘉隆以上無此書　萬曆中年方樸朔
由此家家無好墳　迄今遍地成蕭索　焉得將書付眞龍　免使蒼生遭毒藥

第4節　總論

1. 총론의 원문

地理多僞書平尺者僞之尤者也或曰是書也以目視之儼然經也子獨辨

其僞何居曰惟世皆以爲經也餘用是不能無辨今之術家守之爲金科玉
律如蕭何之定漢法苟出乎此不得爲地理之正道術士非此不克行士家
非此不敢信父以教其子師以傳其弟果能識此卽可以自號於人曰堪輿
家延之上座操人身家禍福之柄而不讓拜人酒食金帛之賜而無漸是以
當世江湖之客寶此書爲衣食之利器譬農之來耜工之斧斤其于謀生之
策可操□而得也有朝開卷而成誦暮挾南車以行術者矣豈知其足以禍
世如是之酷哉知其禍世而不辨余其無人心者哉或曰是書之來也遠矣
千又安知其爲僞也.乃從而辨之曰我亦辨之以理而已矣或曰亦一理也
彼亦一理也安知子之理是而彼之理非與曰余邀惠于先之賢哲而授余
以黃石青烏楊公幕講之秘要竊自謂於地理之道得之眞而見之確矣故
於古今以來所謂地理之書無所不畢覽凡書之合于秘要者爲眞不合秘
要者爲僞而此書不合之尤者也既得先賢之秘要又嘗近自三吳兩浙遠
之齊魯豫章八閩之墟縱觀近代名家墓宅以及先世帝王聖賢陵墓古跡
考其離合正其是非凡理之取驗者爲眞無所取驗者爲僞而此書不驗之
尤者也故敢斷其僞也蓋以黃石青烏楊公幕講斷之以名家墓宅先世古
跡斷之非餘敢以私見臆斷之也或曰然則秉忠之讚伯溫之注盅與曰此
其所以爲僞也夫地理者裁成天地之道輔相天地之宜以經邦定國禍福
斯民者也三代以上明君哲相無不知之世道下衰其說隱秘而寄之乎山
澤之臞逃名避世之士智者得之嘗以輔翼興王扶持景運而其說之至者
不敢顯然以告世也文成公之事太祖其最著者矣及其沒也盡舉生平所
用天文地理數學之書進之內府從無片言隻字存於家而教其子孫況肯
著書立說以傳當世耶故凡世本之稱青田者皆僞也均之佐命之英知青
田則知秉忠矣或曰何是書之文辭井井乎若有可觀者也曰其辭近是其
理則非蓋亦世之通人而不知地理者以意爲之而傳會其說托之乎二公
者也餘特指其謬而一一辨之將以救天下之溺於其說者.

2. 총론의 단문구분

地理多僞書 平尺者 僞之尤者也 或曰是書也 以目視之儼然經也 子獨
辨其僞何居曰 惟世皆以爲經也 餘用是不能無辨 今之術家守之爲金科
玉律 如蕭何之定漢法 苟出乎此 不得爲地理之正道 術士非此不克行
主家非此不敢信 父以敎其子 師以傳其弟 果能識此 卽可以自號於人
曰堪輿家 延之上座 操人身家禍福之柄而不讓 拜人酒食金帛之賜而無
漸 是以當世江湖之客 寶此書爲衣食之利器 譬農之來耜 工之斧斤 其
于謀生之策 可操口而得也 有朝開卷而成誦暮 挾南車以行術者矣 豈
知其足以禍世 如是之酷哉 知其禍世而不辨 余其無人心者哉 或曰是
書之來也遠矣 千又安知其爲僞也. 乃從而辨之曰 我亦辨之以理而已
矣 或曰亦一理也 彼亦一理也 安知子之理是 而彼之理非 與曰余邀惠
于先之賢哲 而授余以黃石靑鳥 楊公幕講之秘要 竊自謂於地理之道
得之眞而見之確矣 故於古今以來 所謂地理之書無所不畢覽 凡書之合
于秘要者爲眞 不合秘要者爲僞 而此書不合之尤者也 旣得先賢之秘要
又嘗近自三吳兩浙 遠之齊魯 豫章八閩之墟 縱觀近代名家墓宅 以及
先世帝王聖賢陵墓古跡 考其離合 正其是非 凡理之取驗者爲眞 無所
取驗者爲僞 而此書不驗之尤者也 故敢斷其僞也 蓋以黃石靑鳥楊公幕
講斷之 以名家墓宅先世古跡斷之 非餘敢以私見臆斷之也 或曰 然則
秉忠之譔 伯溫之注蛊 與曰此其所以爲僞也 夫地理者裁成天地之道
輔相天地之宜 以經邦定國 禍福斯民者也 三代以上明君哲相 無不知
之 世道下衰 其說隱秘而寄之乎山澤之腜 逃名避世之士智者得之 嘗
以輔翼興王 扶持景運而其說之至者 不敢顯然以告世也 文成公之事太
祖 其最著者矣 及其沒也 盡擧生平所用 天文地理數學之書 進之內府
從無片言隻字存於家 而敎其子孫 況肯著書立說 以傳當世耶 故凡世
本之稱靑田者 皆僞也 均之佐命之英 知靑田則知秉忠矣 或曰 何是書
之文辭井井乎若有可觀者也 曰其辭近是其理則非 蓋亦世之通人而不

知地理者 以意爲之而傅會其說 托之乎二公者也 餘特指其謬而一一辨
之. 將以救天下之溺於其說者.

第5節 總論後

1. 총론후의 원문

餘作[玉尺辨僞]旣成或問曰,子於是書訛謬辨之則旣詳矣子謂吉凶之理
在乎地而非方位之所得而限也然則八幹四維十二支寧無有吉凶之當論
乎.曰,何爲其然也我正謂八幹四維十二支皆分屬於卦氣夫卦氣吉凶之
有辨蓋灼灼矣特非淨陰淨陽雙山三合生旺墓之謂也.乃若[靑囊]正理方
位之辨實有之其秘者不敢宣洩姑就[玉尺]之文以槪擧之.[玉尺]所畏者
曰乙辰曰寅甲而以[靑囊]言之乙之與辰寅之與甲相去何啻千萬裏也.有
時此凶而彼吉有時此吉而彼凶者矣.所最羨者曰巽巳丙而以[靑囊]言之
巽巳之與丙相去亦不啻千萬裏也.有時此吉而彼凶有時此凶而彼吉者
矣.所最欲分別而不使之混者曰丙午丁曰乾亥曰甲卯乙曰辰巽曰醜艮
寅.而以[靑囊]言之午之與丙丁亥之與乾卯之與甲乙巽之與辰醜寅之與
艮所爭不過尺寸之間而已有時而吉則必與之俱吉有時而凶則必與之俱
凶矣.今乃於其當辨而不可不辨者如黃精之與勾吻附子之與烏頭一誤
用之而足以入口傷生者反置之不辨,于其易辨而可以不辨者如白梁與
黑秬異色而皆可以養人堇之與鴆異類而皆可以殺人者屑屑然悉擧而辨
之彼自以爲智而乃天下之大愚也.且生旺死絶之說[靑囊]未嘗不重之故
[葬書]曰,葬者乘生氣也.卦氣之所謂生非三合五行之所謂旺,卦氣之所
謂死絶非三合五行之所謂死絶.且地氣之大生旺不知趨而區區誤認一

干一支之假生旺而求迎之,地氣之大死絕不知避而區區誤認一干一支
之假死絕而思避之悲夫所謂雀以一葉障目而謂彈者不我見也.以此爲
己適以害己,以此爲人適以害人而已.故乎[玉尺]之於地理猶鄭聲之于
雅樂楊墨之于仁義一是一非勢不兩立實有關乎世道之盛衰天地之氣
數.竊聞嘉靖以前其書尙未大顯至萬歷時有徐之鎮者爲之增釋圖局而
梓行之於是江湖行術之徒莫不手握一編以求食於世至今日而惑於其說
者且遍天下也.悖陰陽之正幹天地之和與俶擾五行怠棄三正者同其患
有聖人者出而誅非聖之書於陰陽一家必以此書爲之首.嗚呼此書不破
世運何由而息水火生民何由而儕仁壽哉.我拭目望之矣.

2. 총론후의 단문구분

餘作[玉尺辨僞]既成 或問曰, 子於是書訛謬 辨之則既詳矣 子謂吉凶
之理在乎地 而非方位之所得而限也 然則八幹 四維 十二支 寧無有吉
凶之當論乎. 曰, 何爲其然也 我正謂八幹 四維 十二支皆分屬於卦氣
夫 卦氣吉凶之有辨 蓋灼灼矣 特非淨陰淨陽 雙山三合生旺墓之謂也.
乃若[靑囊]正理 方位之辨實有之 其秘者不敢宣洩 姑就[玉尺]之文以
概擧之. [玉尺]所畏者曰乙辰 曰寅甲 而以[靑囊]言之 乙之與辰 寅之
與甲 相去何啻千萬裏也. 有時此凶而彼吉 有時此吉而彼凶者矣. 所
最羨者 曰巽巳丙 而以[靑囊]言之 巽巳之與丙 相去亦不啻千萬裏也.
有時此吉而彼凶 有時此凶而彼吉者矣. 所最欲分別而不使之混者 曰
丙午丁 曰乾亥 曰甲卯乙 曰辰巽 曰醜艮寅. 而以[靑囊]言之 午之與
丙丁 亥之與乾 卯之與甲乙 巽之與辰 醜寅之與艮 所爭不過尺寸之間
而已 有時而吉則必與之俱吉 有時而凶則必與之俱凶矣. 今乃於其當
辨而不可不辨者 如黃精之與勾吻 附子之與烏頭 一誤用之而足以入口
傷生者反置之不辨, 于其易辨而可以不辨者 如白梁與黑秬 異色而皆

可以養人 菫之與 鳩 異類而皆可以殺人者 屑屑然悉擧而辨之 彼自以
爲智 而乃天下之大愚也. 且生旺死絶之說 [靑囊]未嘗不重之 故[葬
書]曰, 葬者 乘生氣也. 卦氣之所謂生 非三合五行之所謂旺, 卦氣之
所謂死絶 非三合五行之所謂死絶. 且地氣之大 生旺不知趨 而區區誤
認一干一支之假生旺而求迎之, 地氣之大 死絶不知避 而區區誤認一
干一支之假死絶而思避之 悲夫 所謂雀以一葉障目 而謂彈者不我見
也. 以此爲己 適以害己, 以此爲人 適以害人而已. 故乎[玉尺]之於地
理 猶鄭聲之于雅樂 楊墨之于仁義 一是一非 勢不兩立 實有關乎世道
之盛衰 天地之氣數. 竊聞嘉靖以前 其書尙未大顯 至萬歷時 有徐之
鎭者爲之增釋圖局而梓行之 於是江湖行術之徒 莫不手握一編以求食
於世 至今日而惑於其說者 且遍天下也. 悖陰陽之正 幹天地之和 與
俶擾五行 怠棄三正者同其患 有聖人者出 而誅非聖之書 於陰陽一家
必以此書爲之首. 嗚呼 此書不破 世運何由而息水火 生民何由而儕仁
壽哉. 我拭目望之矣.

第6節　辨順水行龍

1. 변순수행룡의 원문

山龍之脈與平洋龍脈皆因水而驗其脈之動靜而皆不以水而限其脈之去
來.今先言山龍.夫山剛質也水柔質也山之孔竅而水出焉.故兩山之間必
有一水山窪下之處卽水流行之道.水隨山而行非山隨水而行也.山之高
者脈所從起,山之卑者脈所從止.山自高而卑故水亦從之自高而卑此一
定之理也.往往大溪大澗之旁.小幹龍所憩焉,大江大河之側大幹龍所休

焉.蓋來山之衆支聚乎此 故來水之衆泒亦聚乎此也.然據水之順逆而論
脈之行止但可就其大槪而言爾若必謂水於此界.脈必於此斷,水向左流
脈必不向右行則不可也.夫龍脈之起伏轉折千變而不窮.有從小江小湖
崩洪而過者矣,有從大江大河.越數百十裏不知其蹤跡端倪而過者矣,有
收本身元辰小水.逆行收數裏而結者矣,有向大幹水逆奔數百里而結者
矣.龍之眞者水愈斷而其過脈愈奇勢愈逆而其骨力愈壯豈一水之橫流
可遏之使斷牽之使前乎.今[玉尺]雲,順水直沖而逆回結穴方知體段之
眞若逆水直沖而合襟在後斷是虛花之地.衆水趨歸東北而坤申之氣施
生,群流來向巽[震]辰而乾亥之龍毓秀.甲卯成胎不含酉辛之氣,午丁生
意豈乘坎癸之靈.據此而言是天下必無逆水之龍也.豈其然哉.或曰,子
所言山龍也[玉尺]所言平壤也.故其言曰,乾源曠野舖氈細認交襟,極隴
平坡月角詳看住結.山龍有脈可據故有逆水之穴平壤無脈只尋只就流
神之來去認氣之行止豈與山之過峽起伏同年而語乎.子生平專分山水
二龍以正告天下何又執此論也.解之曰,平壤固純以流神辨氣與山之脈
峽不同至以水之來去爲氣之行止則我不取.我以爲酉辛水到則甲卯之
脈愈眞,癸坎流來則午丁之靈益顯.坤申生氣衆水必無東北之趨,乾亥成
龍群流必無巽辰之向.由此而言.[玉尺]不但于山龍特行特結之妙茫然
未知且於平壤雌雄交媾之機大相背謬.至其統論三大幹龍而以爲北幹
乃昆侖之醜艮出脈而龍皆坤申,南幹乃昆侖之巽辰出脈而龍皆乾亥,中
條乃昆侖之寅甲卯乙出脈而龍皆庚酉辛.注者遂實其解曰,北幹無離巽
艮震穴中幹無震巽艮穴,建康只有南離臨安只有坤兌八閩只有坤申固
哉[玉尺]之言也.夫擧天下之大勢大抵自兌之震自乾之巽自坤之艮者地
勢之從高而下然也.至於龍之剝換轉變豈拘一方.眞脈性喜逆行大地每
多朝祖若執此書順水直沖之說遇上格大地反以爲不合理氣而棄而專取
傾瀉奔流蕩然無氣之地誤以爲眞結而葬之其詒害于人烏有限量餘故不
得已而叮嚀反覆以辨之也.

2. 辨順水行龍의 단문구분

山龍之脈與平洋龍脈 皆因水而驗其脈之動靜 而皆不以水而限其脈之
去來. 今先言山龍. 夫山剛質也 水柔質也 山之孔竅而水出焉. 故兩山
之間 必有一水 山窪下之處 卽水流行之道. 水隨山而行 非山隨水而行
也. 山之高者 脈所從起, 山之卑者 脈所從止. 山自高而卑 故水亦從之
自高而卑 此一定之理也. 往往大溪大澗之旁. 小幹龍所憩焉, 大江大
河之側 大幹龍所休焉. 蓋來山之衆支聚乎此 故來水之衆派亦聚乎此
也. 然據水之順逆而論脈之行止 但可就其大槪而言爾 若必謂水於此
界. 脈必於此斷, 水向左流 脈必不向右行 則不可也. 夫龍脈之起伏轉
折 千變而不窮. 有從小江小湖崩洪而過者矣, 有從大江大河. 越數百
十裏不知其蹤跡端倪而過者矣, 有收本身元辰小水. 逆行收數裏而結
者矣, 有向大幹水逆奔數百里而結者矣. 龍之眞者 水愈斷而其過脈愈
奇 勢愈逆而其骨力愈壯 豈一水之橫流 可遏之使斷 牽之使前乎. 今
[玉尺]雲, 順水直沖而逆回結穴 方知體段之眞 若逆水直沖而合襟在後
斷是虛花之地. 衆水趨歸東北 而坤申之氣施生, 群流來向巽[震]辰 而
乾亥之龍毓秀. 甲卯成胎 不含酉辛之氣, 午丁生意 豈乘坎癸之靈. 據
此而言 是天下必無逆水之龍也. 豈其然哉. 或曰, 子所言 山龍也 [玉
尺]所言 平壤也. 故其言曰, 乾源曠野 舖氈細認交襟, 極隴平坡 月角
詳看住結. 山龍有脈可據 故有逆水之穴 平壤無脈可尋 只就流神之來
去 認氣之行止 豈與山之過峽起伏 同年而語乎. 子生平專分山水二龍
以正告天下 何又執此論也. 解之曰, 平壤固純以流神辨氣 與山之脈峽
不同 至以水之來去爲氣之行止 則我不取. 我以爲酉辛水到 則甲卯之
脈愈眞, 癸坎流來 則午丁之靈益顯. 坤申生氣 衆水必無東北之趨, 乾
亥成龍 群流必無巽辰之向. 由此而言. [玉尺]不但于山龍特行特結之
妙茫然未知 且於平壤雌雄交媾之機大相背謬. 至其統論三大幹龍 而
以爲北幹乃昆侖之醜艮出脈 而龍皆坤申, 南幹乃昆侖之巽辰出脈 而

龍皆乾亥, 中條乃昆侖之寅甲 卯乙出脈 而龍皆庚酉辛. 注者遂實其解曰, 北幹無離巽艮震穴 中幹無震巽艮穴, 建康只有南離 臨安只有坤兌 八閩只有坤申 固哉 [玉尺]之言也. 夫舉天下之大勢 大抵自兌之震 自乾之巽 自坤之艮者 地勢之從高而下然也. 至於龍之剝換轉變 豈拘一方. 眞脈性喜逆行 大地每多朝祖 若執此書順水直沖之說 遇上格大地 反以爲不合理氣而棄之 而專取傾瀉奔流 蕩然無氣之地 誤以爲眞結而葬之 其詒害于人 烏有限量 餘故不得已 而叮嚀反覆以辨之也.

第7節 辨貴陰賤陽

1. 변귀음천양의 원문

易日,立天之道曰陰與陽惟此二氣體無不具用無不包是二者不可偏廢故曰孤陽不生獨陰不長是二者未嘗相離.故曰陽根于陰陰根于陽.舍陽而言陰非陰也舍陰而言陽非陽也.聖人作易必扶陽抑陰者何也.曰道一而已故曰乾分而爲二而名之曰坤.以兩儀之對待者言曰陰陽,以一元之渾然者言惟陽而已.言陽而陰在其中矣.就人事言則陽爲君子陰爲小人.內君子外小人爲泰內小人外君子爲否.由此言之陽與陰不可分也.苟其分之則貴陽陰如聖人之作易.何也若貴陰賤陽是背乎聖人作易之旨而亂天地之正道也.[玉尺]乃以艮巽震兌四卦爲陰之旺相而貴之以乾坤坎離爲陽之孤虛而賤之.卽以納甲八幹十二支.丙納于艮辛納於巽.庚納於震而亥卯未從之丁納於兌而已酉醜從之十者皆謂之陰而貴.以甲納乾以乙納坤以癸納坎而子申辰從之以壬納離而午寅戌從之十者皆謂之陽而賤.於是當世之言地理者不論地之眞僞若何凡見陰龍陰水陰向則槪

謂之吉而見陽龍陽水陽向則槪謂之凶此乖謬之甚者也.夫吉凶之理莫
著于易易六十四卦各有其吉各有其凶八卦六十四卦之父母也.豈有四
卦純吉四卦純凶之理.八幹十二支亦然吾謂論地只論其是地非地不當
論其屬何卦體屬何干支.若果龍眞穴的水神環抱坐向得宜雖陽亦吉也.
若龍非眞來穴非眞結砂飛水背坐向偏斜雖陰亦凶也.又拘所謂三吉六
秀而以爲出於天星考之天官家言紫微垣在中國之壬亥方而太微垣在丙
午方天市垣在寅艮方.且周天二十八宿分佈十二宮皆能爲福皆爲災.地
之二十四干支上應列宿亦猶是也.何以在此爲吉在彼爲凶此與天星之
理全乎不合.至謂乾坤老亢辰戌爲魁罡醜未爲暗金煞然種種悖理.夫乾
坤爲諸卦之父母.六子皆其所産何得爲凶.老嫩之辨在於龍龍之出身嫩
也卽乾坤亦嫩也,龍之出身老卽巽辛兌丁亦老也.鬥之戴匡爲天魁斗柄
所指爲天罡此樞幹四時斟酌之元氣造化之大柄也.理數家以爲天罡所指
衆煞潛形何吉如之而反以爲凶耶.五行皆天地之經緯何獨忌四金.庚酉
辛金之最堅剛者也旣不害其爲吉而獨忌四隅之暗金甚無謂矣.諸如此
類管郭楊賴從無明文不知妄作流毒天下始作俑者其無後乎.我不禁臨
文而三歎也.

2. 변귀음천양의 단문구분

易曰, 立天之道 曰陰與陽 惟此二氣 體無不具 用無不包 是二者不可
偏廢 故曰孤陽不生 獨陰不長 是二者未嘗相離. 故曰陽根于陰 陰根于
陽. 舍陽而言陰 非陰也 舍陰而言陽 非陽也. 聖人作易 必扶陽抑陰者
何也. 曰道一而已 故曰乾分而爲二 而名之曰坤. 以兩儀之對待者言
曰陰陽, 以一元之渾然者言 惟陽而已. 言陽 而陰在其中矣. 就人事言
則陽爲君子 陰爲小人. 內君子外小人爲泰 內小人外君子爲否. 由此言
之 陽與陰不可分也. 苟其分之 則貴陽陰 如聖人之作易. 何也 若貴陰

賤陽 是背乎聖人作易之旨 而亂天地之正道也. [玉尺]乃以艮巽震兌四
卦爲陰之旺相而貴之 以乾坤坎離爲陽之孤虛而賤之. 卽以納甲 八幹
十二支. 丙納于艮 辛納於巽. 庚納於震而亥卯未從之 丁納於兌而己酉
醜從之 十者皆謂之陰而貴. 以甲納乾 以乙納坤 以癸納坎而子申辰從
之 以壬納離而午寅戌從之 十者皆謂之陽而賤. 於是當世之言地理者
不論地之眞僞若何 凡見陰龍陰水陰向 則槪謂之吉 而見陽龍陽水陽向
則槪謂之凶 此乖謬之甚者也. 夫吉凶之理莫著于易 易六十四卦各有
其吉 各有其凶 八卦 六十四卦之父母也. 豈有四卦純吉 四卦純凶之
理. 八幹十二支亦然 吾謂論地 只論其是地非地 不當論其屬何卦體 屬
何干支. 若果龍眞穴的 水神環抱 坐向得宜 雖陽亦吉也. 若龍非眞來
穴非眞結 砂飛水背 坐向偏斜 雖陰亦凶也. 又拘所謂三吉六秀 而以爲
出於天星 考之天官家言 紫微垣在中國之壬亥方 而太微垣在丙午方
天市垣在寅艮方. 且周天二十八宿分佈十二宮 皆能爲福 皆爲災. 地之
二十四干支上應列宿 亦猶是也. 何以在此爲吉 在彼爲凶 此與天星之
理全乎不合. 至謂乾坤老亢 辰戌爲魁罡 醜未爲暗金煞 然種種悖理.
夫乾坤爲諸卦之父母. 六子皆其所産 何得爲凶. 老嫩之辨在於龍 龍之
出身嫩也 卽乾坤亦嫩也, 龍之出身老 卽巽辛兌丁亦老也. 鬥之戴匡爲
天魁 斗柄所指爲天罡 此樞幹四時 斟酌之元氣 造化之大柄也. 理數家以
爲天罡所指 衆煞潛形 何吉如之 而反以爲凶耶. 五行皆天地之經緯 何
獨忌四金. 庚酉辛 金之最堅剛者也 旣不害其爲吉 而獨忌四隅之暗金
甚無謂矣. 諸如此類 管郭楊賴從無明文 不知妄作 流毒天下 始作俑者
其無後乎. 我不禁臨文而三歎也.

第8節 辨龍五行所屬

1. 변룡오행소속의 원문

盈天地間只有八卦.先天之位曰乾坤定位山澤通氣風雷相薄水火不相射.八卦總之陰而已山陽澤陰雷陽風陰火陽水陰皆兩儀對待之象.對待之中化機出焉.所謂玄牡之門是爲天地根一陰一陽之謂道.八卦者天地之體,五行者天地之用.當其爲體之時未可以用言也.故坎雖爲水此先天之水不可以有形之水言也,離雖爲火此先天之火不可以有形之火言也.故艮爲山而不可以土言也兌爲澤而不可以金言也震巽爲風雷而可以木言也.若論後天方位八卦而以坎位北而爲水以離位南而爲火以震位東而爲木以兌位西而爲金似矣.四隅皆土也又何以巽木乾金不隨四季而隨春秋耶.此八卦五行之一謬也.及論二十四龍則又造爲三合之說.複附會之以雙山更屬支離牽强而全無憑據.夫旣以東南西北爲四正五行則巳丙丁皆從離以爲火亥壬癸皆從坎而爲水寅甲乙皆從震而爲木申庚辛皆從兌而爲金辰戌醜未皆從四隅以爲土猶之可也.今又以子合申辰而爲水並其鄰之坤壬乙亦化爲水,以午合寅戌而爲火並其鄰之艮丙辛亦化爲火,以卯合亥未而爲木並其鄰之乾甲丁亦化爲木,以酉合巳醜而爲金並其鄰之巽庚癸亦化爲金.論八卦則卦爻錯亂論四令則方位顚倒此三合雙山之再謬也.所謂多岐亡羊朝令夕改自相矛盾不持悖於理義亦不通於辭說者矣.又以龍脈之左旋右旋而分五行之陰陽曰亥龍自甲卯乙醜艮寅壬子癸方來者爲陽木龍,亥龍自未坤申庚酉辛戌乾方來者爲陰木龍.其餘無不皆然謬之謬者也.又以龍之所屬而起長生沐浴冠帶臨官帝旺衰病死墓絶胎養,又以龍順逆之陰陽分起長生曰陽木在甲長生在亥旺於卯墓於未,陰木屬乙長生在午旺於寅墓於戌.其餘無不皆然.擧

世若狂以爲定理眞可哀痛矣.夫五行者陰陽二氣之精華散于萬象周流
六虛盈天地之內無處不有五行之氣無物不具五行之體.今以龍而言則
直者爲木圓者爲金曲者爲水銳者爲火方者爲土.又窮五行之變體而曰
貪狼木巨門土祿存土文曲水廉貞火武曲金破軍金左輔土右弼金.五行
之變盡矣.此楊曾諸先覺明目張膽以告後人者也.夫此九星五行者或爲
起祖之星或爲傳變之星或爲結穴之星或爲夾從輔佐之星或兼二或兼三
或兼四甚而五星傳變則地大不可名言以此見五行者變化之物未有單取
一行不變以爲用者也.今不于龍體求五行之變化而但執方位論五行之
名字是使天地之生機不變不化取其一盡廢其四矣.又從方位之左右旋
分五行之陰陽是使一氣之流行左支右紬得其半而未能全其一矣.試以
物産言之.若曰南方火地無大水,北方水地不火食,西方金地不產各材,
東方木地不產良金有是理乎.試以品性言之.盡人皆具五德若曰東方之
人皆無義,西方之人皆無仁,北方之人皆無禮,南方之人皆無智有是理
乎.且不獨觀四時之流行乎春氣一噓而萬物皆生不特東南生而西北無
不盡生,秋氣一肅而萬物皆落不特西北落而東南無不盡落.是生殺之氣
不可以方隅限也.又不觀乎五材之利用乎棟樑之木遇斧斤以成材,入冶
之金須鍛煉而成器,大塊非耒耜不能耕耘,清泉非爨燎不能飲食道家者
流神而明之故有水火交媾金木合倂之義以爲大丹作用卽大易既濟歸妹
之象也.故曰識得五行顚倒顚便是大羅仙.相生者何嘗生相克者何嘗克
乎.今[玉尺]曰,癸壬來自兌庚乃作體全之象,坎水迎歸寅卯名爲領氣之
神.金臨火位自焚厥屍,木入金鄉依稀絶命.火龍畏見兌庚遇北辰而自
廢,東震愁逢火劫見西兌而傷魂.是山川有至美之精英而以方位廢之也.
且五行之論生旺墓而亦限之以方位其說起于何人.若以天運言則陽升
而萬物皆生陰升則萬物皆死無此生彼死此死彼生之分也.若以地脈言
有氣則萬物皆生無氣則在在皆死無此生彼墓此旺彼衰之界也.今龍必
欲自生趨旺自旺朝生,水必來於生旺去于囚謝,砂之高下亦如之皆因誤
認來龍之五行所屬於是紛紛不根之論鹹從此而起也.更有謂龍之生旺

墓若不合別有立向消納之法. 或以坐山起五行或以向上論五行. 不知山
龍平壤皆有一定之穴生成之向豈容拘牽寸義以意推移. 朝向論五行固
爲乖謬坐山論五行亦未爲得也. [玉尺]又兩可其說曰, 可合雙山作用法
聯珠之妙, 宜從卦例推求導納甲之宗. 又何其鼠首兩端從無定見耶. 我願
世之學地理者山龍只看結體之五星平壤只看水城之五星此乃五行之眞
者. 苟精其義雖以步武楊賴亦自不難. 至於方位五行不特小玄空生克出
入宗廟洪範雙山三合斷不可信卽正五行八卦五行亦不可拘. 此關一破
則正見漸開邪說盡息地理之道始有入門. 嗟乎我安得盡洗世人之肺腸
而曉然告之以玄空大卦天元九氣之眞訣使黃石[靑囊]之秘昭昭乎若揭
日月而行也哉.

2. 변룡오행소속의 단문구분

盈天地間只有八卦. 先天之位 曰乾坤定位 山澤通氣 風雷相薄 水火不
相射. 八卦總之陰而已 山陽澤陰 雷陽風陰 火陽水陰 皆兩儀對待之
象. 對待之中 化機出焉. 所謂玄牝之門 是爲天地根 一陰一陽之謂道.
八卦者 天地之體, 五行者 天地之用. 當其爲體之時 未可以用言也. 故
坎雖爲水 此先天之水 不可以有形之水言也, 離雖爲火 此先天之火 不
可以有形之火言也. 故艮爲山而不可以土言也 兌爲澤而不可以金言也
震巽爲風雷而可以木言也. 若論後天方位八卦 而以坎位北而爲水 以
離位南而爲火 以震位東而爲木 以兌位西而爲金 似矣. 四隅皆土也 又
何以巽木乾金不隨四季 而隨春秋耶. 此八卦五行之一謬也. 及論二十
四龍則又造爲三合之說. 複附會之以雙山 更屬支離牽强而全無憑據.
夫旣以東南西北爲四正五行 則巳丙丁皆從離以爲火 亥壬癸皆從坎而
爲水 寅甲乙皆從震而爲木 申庚辛皆從兌而爲金 辰戌醜未皆從四隅以
爲土 猶之可也. 今又以子合申辰而爲水, 並其鄰之坤壬乙亦化爲水, 以

午合寅戌而爲火 並其鄰之艮丙辛亦化爲火, 以卯合亥未而爲木 並其
鄰之乾甲丁亦化爲木, 以酉合已醜而爲金 並其鄰之巽庚癸亦化爲金.
論八卦則卦爻錯亂 論四令則方位顚倒 此三合雙山之再謬也. 所謂多
岐亡羊 朝令夕改 自相矛盾 不持悖於理義 亦不通於辭說者矣. 又以龍
脈之左旋右旋 而分五行之陰陽 曰亥龍自甲卯乙 醜艮寅 壬子癸方來
者爲陽木龍, 亥龍自未坤申 庚酉辛 戌乾方來者爲陰木龍. 其餘無不皆
然 謬之謬者也. 又以龍之所屬而起長生 沐浴 冠帶 臨官 帝旺 衰病死
墓 絶胎養, 又以龍順逆之陰陽分起長生 曰陽木在甲 長生在亥 旺於卯
墓於未, 陰木屬乙 長生在午 旺於寅 墓於戌. 其餘無不皆然. 擧世若狂
以爲定理 眞可哀痛矣. 夫五行者 陰陽二氣之精華 散于萬象 周流六虛
盈天地之內 無處不有五行之氣 無物不具五行之體. 今以龍而言 則直
者爲木 圓者爲金 曲者爲水 銳者爲火 方者爲土. 又窮五行之變體 而
曰貪狼木 巨門土 祿存土 文曲水 廉貞火 武曲金 破軍金 左輔土 右弼
金. 五行之變盡矣. 此楊曾諸先覺 明目張膽以告後人者也. 夫此九星
五行者 或爲起祖之星 或爲傳變之星 或爲結穴之星 或爲夾從輔佐之
星 或兼二 或兼三 或兼四 甚而五星傳變 則地大不可名言 以此見五行
者變化之物 未有單取一行不變以爲用者也. 今不于龍體求五行之變化
而但執方位論五行之名字 是使天地之生機不變不化 取其一 盡廢其四
矣. 又從方位之左右旋分五行之陰陽 是使一氣之流行左支右絀 得其
半而未能全其一矣. 試以物産言之. 若曰南方火地無大水, 北方水地不
火食, 西方金地不産各材, 東方木地不産良金 有是理乎. 試以品性言
之. 盡人皆具五德 若曰東方之人皆無義, 西方之人皆無仁, 北方之人
皆無禮, 南方之人皆無智 有是理乎. 且不獨觀四時之流行乎 春氣一噓
而萬物皆生 不特東南生 而西北無不盡生, 秋氣一肅而萬物皆落 不特
西北落 而東南無不盡落. 是生殺之氣不可以方隅限也. 又不觀乎五材
之利用乎 棟樑之木遇斧斤以成材, 入冶之金 須鍛煉而成器, 大塊非耒
耜不能耕耘, 清泉非爨燎不能飲食 道家者流 神而明之 故有水火交媾

金木合倂之義 以爲大丹作用 卽大易旣濟 歸妹之象也. 故曰識得五行
顚倒顚 便是大羅仙 相生者何嘗生 相克者何嘗克乎. 今[玉尺]曰, 癸
壬來自兌庚 乃作體全之象, 坎水迎歸寅卯 名爲領氣之神. 金臨火位
自焚厥屍, 木入金鄕 依稀絶命. 火龍畏見兌庚 遇北辰而自廢, 東震愁
逢火劫 見西兌而傷魂. 是山川有至美之精英 而以方位廢之也. 且五行
之論生旺墓 而亦限之以方位 其說起于何人. 若以天運言 則陽升而萬
物皆生 陰升則萬物皆死 無此生彼死 此死彼生之分也. 若以地脈言 有
氣則萬物皆生 無氣則在在皆死 無此生彼墓 此旺彼衰之界也. 今龍必
欲自生趨旺 自旺朝生, 水必來於生旺 去于囚謝, 砂之高下亦如之 皆
因誤認來龍之五行所屬 於是紛紛不根之論 鹹從此而起也. 更有謂龍
之生旺墓若不合 別有立向消納之法. 或以坐山起五行 或以向上論五
行. 不知山龍平壤皆有一定之穴 生成之向 豈容拘牽字義 以意推移.
朝向論五行固爲乖謬 坐山論五行亦未爲得也. [玉尺]又兩可其說曰,
可合雙山 作用法聯珠之妙, 宜從卦例 推求導納甲之宗. 又何其鼠首兩
端 從無定見耶. 我願世之學地理者 山龍只看結體之五星 平壤只看水
城之五星 此乃五行之眞者. 苟精其義 雖以步武楊賴亦自不難. 至於方
位五行 不特小玄空生克出入 宗廟洪範 雙山三合斷不可信 卽正五行
八卦五行亦不可拘. 此關一破 則正見漸開 邪說盡息 地理之道始有入
門. 嗟乎 我安得盡洗世人之肺腸 而曉然告之以玄空大卦天元九氣之
眞訣 使黃石 [靑囊]之秘 昭昭乎若揭日月而行也哉.

第9節　辨四大水口

1. 변사대수구의 원문

夫四大水口有至理存焉楊公書中未嘗髮露惟希夷先生闢闔水法倡明八卦之理而四大水口之義寓於其中.此乃黃石公[三字靑囊]所固有楊公特秘而不宣卽希夷引而不發也.今人不知天元八卦之妙用妄以凡庸淺見測之遂以爲辰戌醜未爲五行墓庫之方輒以三合雙山附會曰.乙丙交而趨戌辛壬會而聚辰鬥牛納丁庚之氣金羊收甲癸之靈.嗚呼.謬矣.以三合五行起長生墓庫之非卽龍上五行左旋爲陽右旋爲陰而同歸一庫穿鑿不通之論前篇皆已辨之.獨此四大水口原屬卦氣之妙用[靑囊]之正訣而亦爲此輩牽合舛錯而亂眞餘每開卷至此不勝握腕故又特擧而言之.夫圖南先生八大局皆從[洛書]八卦中來一卦有一卦之水口.擧四隅之卦而言則有四.若擧四正之卦而言其實有八.然括其要旨卽一水口而諸卦之理已具.學者苟明乎此山河大地佈滿黃金矣.特以天心所秘非人勿傳故不敢筆之於書聊因俗本微露一端任有夙慧者私心自悟.若以爲陽艮龍丙火交於乙墓於戌.陰亥龍乙木交於丙亦墓於戌以爲天根明窟雌雄交媾玄竅相通種種癡人說夢總因誤認諸家五行不知卦氣之理以訛傳訛盲修瞎煉.吾遍觀古來帝王陵寢以及公卿名墓何曾有合此四語者.若用此四語擇得合格之地總與地理眞機無涉其爲敗絶亦猶是也.所謂勞而無功聞餘言者不識能惕然有動於中否.

2. 변사대수구의 단문구분

夫四大水口有至理存焉 楊公書中未嘗髮露 惟希夷先生闢闔水法 倡明

八卦之理 而四大水口之義寓於其中. 此乃黃石公[三字靑囊]所固有 楊
公特秘而不宣 卽希夷引而不發也. 今人不知天元八卦之妙用 妄以凡
庸淺見測之 遂以爲辰戌醜未爲五行墓庫之方 輒以三合雙山附會曰,
乙丙交而趨戌 辛壬會而聚辰 鬥牛納丁庚之氣 金羊收甲癸之靈. 嗚呼.
謬矣. 以三合五行起長生墓庫之非 卽龍上五行左旋爲陽 右旋爲陰而
同歸一庫 穿鑿不通之論 前篇皆已辨之. 獨此四大水口原屬卦氣之妙
用 [靑囊]之正訣 而亦爲此輩牽合舛錯而亂眞 餘每開卷至此 不勝握腕
故又特擧而言之. 夫圖南先生八大局皆從[洛書]八卦中來 一卦有一卦
之水口. 擧四隅之卦而言 則有四, 若擧四正之卦而言 其實有八. 然括
其要旨 卽一水口而諸卦之理已具. 學者苟明乎此 山河大地 佈滿黃金
矣. 特以天心所秘 非人勿傳 故不敢筆之於書 聊因俗本 微露一端 任
有夙慧者私心自悟. 若以爲陽艮龍丙火 交於乙 墓於戌, 陰亥龍乙木
交於丙 亦墓於戌 以爲天根明窟 雌雄交媾 玄竅相通 種種癡人說夢 總
因誤認諸家五行 不知卦氣之理 以訛傳訛 盲修瞎煉. 吾遍觀古來帝王
陵寢 以及公卿名墓 何曾有合此四語者. 若用此四語擇得合格之地 總
與地理眞機無涉 其爲敗絕 亦猶是也. 所謂勞而無功 聞餘言者 不識能
惕然有動於中否.

第10節 辨陰陽交媾

1. 변음양교구의 원문

天地之道不過一陰陽交媾而已.天地有一大交媾萬物各有一交媾 變變
化化施之無窮論其微妙莫可端倪而實有其端倪.故曰玄牡之門是爲天

地根.地理之道若確見雌雄交媾之處則千卷[靑囊]皆可付之祖龍.斯理甚秘而實在眼前若一指明觸目可睹.然斷不在五行生旺墓上討消息也.[玉尺]乃曰,有乙辛丁癸之婦配甲庚丙壬之夫.又曰,陰遇陽而非其類號曰陽差,陽見陰而非其偶名曰陰錯.乃取必於乙丙之墓戌,辛壬之墓辰,丁庚之墓醜,癸甲之墓未此眞三家村學究之見也.夫陰陽交媾自然而然不由勉强亦活潑地不拘一方豈可以方位板格死煞排算乎.卽以天地之交媾者言天氣一降地氣一升而雨澤斯沛矣子能預定天地之交于何方合于何日乎.更以男女之交媾者言陽精外施陰血內抱而胎元斯孕矣子能預擬胎孕之何法而成何時而結乎.知天地男女之不可以矯揉造作則知地理之所謂天根月窟亦猶是矣.此唯楊公[都天寶照]言之鑿鑿不啻金針暗度而因辨[玉尺]之謬而偶洩於此具神識者精思而冥悟之或有鬼神之告也.

2. 변음양교구의 단문구분

天地之道 不過一陰陽交媾而已. 天地有一大交媾 萬物各有一交媾 變變化化 施之無窮 論其微妙 莫可端倪而實有其端倪. 故曰玄牝之門 是爲天地根. 地理之道 若確見雌雄交媾之處 則千卷[靑囊]皆可付之祖龍. 斯理甚秘 而實在眼前 若一指明 觸目可睹. 然斷不在五行生旺墓上討消息也. [玉尺]乃曰, 有乙辛丁癸之婦 配甲庚丙壬之夫. 又曰, 陰遇陽而非其類 號曰陽差, 陽見陰而非其偶 名曰陰錯. 乃取必於乙丙之墓戌, 辛壬之墓辰, 丁庚之墓醜, 癸甲之墓未 此眞三家村學究之見也. 夫陰陽交媾自然而然 不由勉强 亦活潑地不拘一方 豈可以方位板格死煞排算乎. 卽以天地之交媾者言 天氣一降 地氣一升 而雨澤斯沛矣 子能預定天地之交于何方 合于何日乎. 更以男女之交媾者言 陽精外施 陰血內抱而胎元斯孕矣 子能預擬胎孕之何法而成 何時而結乎. 知天

地男女之不可以矯揉造作 則知地理之所謂天根月窟 亦猶是矣. 此唯
楊公[都天寶照]言之鑿鑿 不啻金針暗度 而因辨[玉尺]之謬而偶洩於
此 具神識者 精思而冥悟之 或有鬼神之告也.

第11節 辨砂水吉凶

1. 변사수길흉의 원문

今之地理家分龍穴砂水爲四事.或雲龍雖好穴不好,或雲龍穴雖好 砂水
不好.何異癡人說夢.古之眞知地理者只有尋龍定穴之法無尋砂尋水之
法.正以雖有四者之名而其實一而已矣.穴者龍之所結,水者龍之所源,
砂者龍之所衛,故有是龍則有是穴有是穴則有是砂水.未有龍穴不眞而
砂水合格者也.亦未有龍眞穴的而砂水不稱者也.[玉尺]反曰,龍穴之善
惡從水猶女人之貴賤從夫.穴雖凶而水吉尙集吉祥. 是以本爲末以末爲
本顚倒甚矣.且其所謂吉凶者只取四生三合雙山五行論去來之吉凶而
以來從生旺去從墓絶者爲吉反此者爲凶.旣屬可笑.又以砂水在淨陰方
位者爲吉在淨陽方位者爲凶尤爲拘泥.夫水之吉凶只辨天元衰旺之氣
砂者借賓伴主只要朝拱環抱其形尖圓平正秀麗端莊皆爲吉曜.若斜飛
反去破碎醜拙則爲兇殺.或題之曰文筆曰誥軸曰禦屛曰玉幾曰龍樓曰
鳳閣曰仙橋曰旗幟曰堆甲屯兵曰煙花粉黛諸般名色皆以象取之以類應
之而不可拘執.亦須所穴者果是眞龍胎息精靈翕聚而後一望臚列皆其
珍膳兩假.如一山數家同見貢砂而一塚獨發其餘皆否非貴之與賤在龍
穴而關於砂乎.況四神八國並起星峰皆堪獻秀何必淨陰之位則吉淨陽
之位則凶.龍穴無貴陰賤陽之分砂水又豈有貴陰賤陽之分耶.其雲文筆

在坤申爲詞訟旌旗見子午爲劫賊,高峰出南離恐驚回祿印星當日馬必
遭瞽疾,乾戌爲鼓盆之煞坤流爲寡宿之星,寅甲水瘋疾纏身乙辰水投河
自縊.又雲,未離胎而夭折多因衝破胎神才出世而身亡蓋爲擊傷生氣.四
敗傷生雖有子而母明父暗望神投浴居官而淫亂可羞.諸如此類不可枚
擧立辭愈巧其理愈虛.一謬百謬難以悉辨.總其大旨曰,廢五行衰旺之說
破陰陽貴賤之名可以論龍穴卽可以論砂水矣.我於是書取其四語曰,本
主興隆煞曜變爲文曜,龍身微賤牙刀化作屠刀.此則沙中之金石中之玉
也.采葑采菲無以下體.故特擧而存之.

2. 변사수길흉의 단문구분

今之地理家 分龍穴砂水爲四事. 或雲龍雖好 穴不好, 或雲龍穴雖好
砂水不好. 何異癡人說夢. 古之眞知地理者 只有尋龍定穴之法 無尋砂
尋水之法. 正以雖有四者之名 而其實一而已矣. 穴者 龍之所結, 水者
龍之所源, 砂者 龍之所衛, 故有是龍則有是穴 有是穴則有是砂水. 未
有龍穴不眞而砂水合格者也. 亦未有龍眞穴的 而砂水不稱者也. [玉
尺]反曰, 龍穴之善惡從水 猶女人之貴賤從夫. 穴雖凶而水吉 尙集吉
祥. 是以本爲末 以末爲本 顚倒甚矣. 且其所謂吉凶者 只取四生三合
雙山五行 論去來之吉凶 而以來從生旺 去從墓絶者爲吉 反此者爲凶.
旣屬可笑. 又以砂水在淨陰方位者爲吉 在淨陽方位者爲凶 尤爲拘泥.
夫水之吉凶只辨天元衰旺之氣 砂者 借賓伴主 只要朝拱環抱 其形尖
圓平正秀麗端莊 皆爲吉曜. 若斜飛反去 破碎醜拙則爲兇殺. 或題之曰
文筆 曰誥軸 曰禦屛 曰玉幾 曰龍樓 曰鳳閣 曰仙橋 曰旗幟 曰堆甲屯
兵 曰煙花粉黛 諸般名色皆以象取之 以類應之 而不可拘執. 亦須所穴
者果是眞龍胎息 精靈翕聚 而後一望臚列皆其珍膳兩假. 如一山數家
同見貢砂 而一塚獨發 其餘皆否 非貴之與賤在龍穴而關於砂乎. 況四

神八國並起星峰 皆堪獻秀 何必淨陰之位則吉 淨陽之位則凶. 龍穴無貴陰賤陽之分 砂水又豈有貴陰賤陽之分耶. 其雲文筆在坤申爲詞訟 旌旗見子午爲劫賊, 高峰出南離 恐驚回祿 印星當日馬 必遭瞽疾, 乾戌爲鼓盆之煞 坤流爲寡宿之星, 寅甲水 瘋疾纏身 乙辰水 投河自縊. 又雲, 未離胎而夭折 多因衝破胎神 才出世而身亡 蓋爲擊傷生氣. 四敗傷生 雖有子而母明父暗 望神投浴 居官而淫亂可羞. 諸如此類 不可枚擧 立辭愈巧其理愈虛. 一謬百謬 難以悉辨. 總其大旨曰, 廢五行衰旺之說 破陰陽貴賤之名 可以論龍穴 卽可以論砂水矣. 我於是書 取其四語曰, 本主興隆 殺曜變爲文曜, 龍身微賤 牙刀化作屠刀. 此則沙中之金 石中之玉也. 采菁采菲 無以下體. 故特擧而存之.

第12節 辨八煞黃泉祿馬水法

1. 변팔살황천록마수법의 원문

水法中有[祿上禦街][馬上禦街]其說鄙俚不經而最能使俗人豔慕.又有八煞黃泉二種禁忌使人望而畏之若探湯焉.我以爲其說皆妄也.夫祿馬貴人起例見於六壬在易課中已屬借用與地理祿命皆無干涉.世人學術無本一見干支便加祿馬推命家用之地理家亦用之東挪西借以張之子孫繼李之宗祖血脈不通鬼神不享.此在楊曾以前從不見於經傳後之俗子妄加添設不辨自明.夫地理之正傳只以星體爲巒頭卦爻爲理氣舍此二者一切說玄說妙且無所用之況其鄙俗之甚者耶.其所稱馬貴者亦有之矣曰貴人曰天馬此皆取星峰以爲名不在方位也.水之禦街亦以形言不在方位.至於八煞黃泉尤無根據全屬捏造.更與借用不同.夫天地一元之

氣周流六虛.八卦方位先天後天互爲根源環相交合相濟爲用.得其氣運
則皆生違其氣運則皆死但當推求卦氣之興衰而爲趨避者從無此卦忌見
彼卦此爻忌見彼爻之理.若失氣運則巽見辛艮見丙兌見丁坤見乙坎見
癸離見壬震見庚乾見甲本宮納甲正配尙足以興妖發禍.若得氣運雖坎
龍坤□震猴巽雞乾馬兌蛇艮虎離豬而卦氣無傷諸祥自致.我謂推求理
氣者須知有氣運隨時之眞煞實無卦爻配合之煞.今眞煞之刻期刻應剝
膚切骨者不知避而拘拘忌八曜之假煞亦可悲矣.黃泉卽四大水口而强
增名色者也.故又曰四個黃泉能殺人辰戌醜未爲破軍,四個黃泉能救人
辰戌醜未巨門.故又文飾其名爲**[救貧黃泉]**.夫旣重九星大玄空水法則
不當又論黃泉矣.何其自相矛盾一至於此.或亦高人心知其誣而患無以
解世人之惑故別立名色巧爲寬譬耶未可知也.其實則單論三吉水可矣
不必論黃泉也.且黃泉忌於彼所言淨陰淨陽三合生旺墓水法皆不相合.
若論陰陽則乙忌巽是矣而丙則同爲純陰,庚丁忌坤申癸忌艮辛忌乾是
矣丙壬則同爲純陽何以亦忌此.于淨陰淨陽自相矛盾也.若論三合五行
則乙水向見巽丁木向見坤辛火向見乾癸金向見艮同爲墓絶方忌之是矣
丙火向見巽庚金向見坤壬水向見乾甲木向見艮皆臨官方也何以亦忌
此.於三合雙山自相矛盾也.我卽彼之謬者而證其謬中之謬雖有蘇張之
舌亦無亂以複我矣.**[玉尺]**遂飾其說曰,八煞黃泉雖爲惡曜若在生方例
難同斷此眞掩耳盜鈴之術.旣雲惡曜矣又焉得雲生方,旣雲生方矣又焉
得稱惡曜.孰知惡固不眞而生方亦皆假也.又或者爲之辭曰,黃泉忌水去
而不忌來.或又曰,忌水來而不忌去.總屬支離茫無一實.我謂運氣乘旺
雖黃泉亦見其福,運氣當衰雖非黃泉而立見其禍.苟知其要不辨自明.而
我之偲偲然論之不置者以世人迷惑已久如墮深坑無力自脫多方曉譬庶
以雲救也.嗚呼當世亦有見餘心者耶.

2. 변팔살황천록마수법의 단문구분

水法中有**[祿上禦街][馬上禦街]** 其說鄙俚不經 而最能使俗人豔慕. 又
有八煞 黃泉二種禁忌 使人望而畏之若探湯焉. 我以爲其說皆妄也. 夫
祿馬貴人 起例見於六壬 在易課中已屬借用 與地理祿命皆無干涉. 世
人學術無本 一見干支便加祿馬 推命家用之 地理家亦用之 東挪西借
以張之子孫繼李之宗祖 血脈不通 鬼神不享. 此在楊曾以前 從不見於
經傳 後之俗子妄加添設 不辨自明. 夫地理之正傳 只以星體爲巒頭 卦
爻爲理氣 舍此二者 一切說玄說妙 且無所用之 況其鄙俗之甚者耶. 其
所稱馬貴者 亦有之矣 曰貴人 曰天馬 此皆取星峰以爲名 不在方位也.
水之禦街亦以形言 不在方位. 至於八煞 黃泉 尤無根據 全屬捏造. 更
與借用不同. 夫天地一元之氣 周流六虛. 八卦方位 先天後天互爲根源
環相交合 相齊爲用. 得其氣運則皆生 違其氣運則皆死 但當推求卦氣
之興衰而爲趨避者 從無此卦忌見彼卦 此爻忌見彼爻之理. 若失氣運
則巽見辛 艮見丙 兌見丁 坤見乙 坎見癸 離見壬 震見庚 乾見甲 本宮
納甲正配尙足以興妖發禍. 若得氣運 雖坎龍 坤□ 震猴 巽雞 乾馬 兌
蛇 艮虎 離豬 而卦氣無傷 諸祥自致. 我謂推求理氣者 須知有氣運隨
時之眞煞 實無卦爻配合之煞. 今眞煞之刻期刻應 剝膚切骨者不知避
而拘拘忌八曜之假煞 亦可悲矣. 黃泉卽四大水口 而强增名色者也. 故
又曰四個黃泉能殺人 辰戌醜未爲破軍, 四個黃泉能救人 辰戌醜未巨
門. 故又文飾其名爲**[救貧黃泉]**. 夫旣重九星大玄空水法 則不當又論
黃泉矣. 何其自相矛盾一至於此. 或亦高人心知其誣 而患無以解世人
之惑 故別立名色 巧爲寬譬耶 未可知也. 其實則單論三吉水可矣 不必
論黃泉也. 且黃泉忌 於彼所言淨陰淨陽 三合生旺墓水法皆不相合. 若
論陰陽 則乙忌巽是矣 而丙則同爲純陰, 庚丁忌坤 申癸忌艮 辛忌乾是
矣 丙壬則同爲純陽 何以亦忌此. 于淨陰淨陽 自相矛盾也. 若論三合
五行 則乙水向見巽 丁木向見坤 辛火向見乾 癸金向見艮 同爲墓絶方

忌之是矣 丙火向見巽 庚金向見坤 壬水向見乾 甲木向見艮 皆臨官方
也 何以亦忌此. 於三合雙山 自相矛盾也. 我卽彼之謬者 而證其謬中
之謬 雖有蘇張之舌 亦無亂以復我矣. [玉尺]遂飾其說曰, 八煞黃泉雖
爲惡曜 若在生方 例難同斷 此眞掩耳盜鈴之術. 旣云惡曜矣 又焉得云
生方, 旣云生方矣 又焉得稱惡曜. 孰知惡固不眞 而生方亦皆假也. 又
或者爲之辭曰, 黃泉忌水去而不忌來. 或又曰, 忌水來而不忌去. 總屬
支離 茫無一實. 我謂運氣乘旺 雖黃泉亦見其福, 運氣當衰 雖非黃泉
而立見其禍. 苟知其要 不辨自明. 而我之偲偲然論之不置者 以世人迷
惑已久 如墮深坑 無力自脫 多方曉譬 庶以雲救也. 嗚呼 當世亦有見
餘心者耶.

第13節 辨分房公位

1. 변분방공위의 원문

夫葬者所以安親魄也親魄安則衆子皆安親魄不安則衆子皆不安. 今之
世家巨族往往累年不葬甚之遲之久久終無葬期一則誤於以擇地爲難再
則誤於以分房之說. 一子之家猶可子孫愈多爭執愈甚遂有挾私見以防
用權謀以自使者矣. 有時得一吉地惑於旁人之言以爲不利於己而阻之
者阻之不已竟葬凶地同歸於盡亦可衰哉. 原其故皆地理書公位之說爲
之禍根. 使人減倫理喪良心無所不極其至也. 豈知葬地如樹木根莖得氣
則衆枝皆榮根莖先撥則衆枝皆萎. 亦有一枝榮一枝枯者外物傷殘之耳.
葬親者但論其地之凶吉斷不可執房分之私見. 吾觀歷來名臣宗室往往
共一祖地各房均發者甚多. 亦有獨發一房或獨絶一房者此有天焉不可

以人之智巧爭也.或問曰,然則公位之說全謬歟.又何以有獨發獨絶者
耶.曰是固有之而非世人之所知也.其說在易曰震爲長男坎爲中男艮爲
少男,巽爲長女離爲中女兌爲少女.孟仲季之分房由此而起也.然其中有
通變之機非屬此卦卽應此子應此女之謂也.[玉尺]乃雲,胎養生沐屬長
子,冠臨旺衰屬仲子,病死墓絶屬季子.卽就彼之言以析之生則諸子皆生
矣旺則諸子皆旺矣死絶則諸子皆死絶矣何以以此屬長以此屬仲以此屬
季.曰亦以其漸耳.析之曰,以爲始於胎養繼而之旺旣而死絶似矣若有四
子以往則又當如何耶其轉而歸生旺耶抑另設名以應之耶.此不足據之
甚者也.世人愼勿惑於其說也.

2. 변분방공위의 단문구분

夫葬者所以安親魄也 親魄安則衆子皆安 親魄不安則衆子皆不安. 今
之世家巨族 往往累年不葬 甚之遲之久久終無葬期 一則誤於以擇地爲
難 再則誤於以分房之說. 一子之家猶可 子孫愈多 爭執愈甚 遂有挾私
見以防 用權謀以自使者矣. 有時得一吉地 惑於旁人之言 以爲不利於
己而阻之者 阻之不已 竟葬凶地 同歸於盡 亦可衰哉. 原其故 皆地理
書公位之說爲之禍根. 使人減倫理 喪良心 無所不極其至也. 豈知葬地
如樹木 根莖得氣則衆枝皆榮 根莖先撥則衆枝皆萎. 亦有一枝榮一枝
枯者 外物傷殘之耳. 葬親者但論其地之凶吉 斷不可執房分之私見. 吾
觀歷來名臣宗室 往往共一祖地 各房均發者甚多. 亦有獨發一房或獨
絶一房者 此有天焉 不可以人之智巧爭也. 或問曰, 然則公位之說全謬
歟. 又何以有獨發獨絶者耶. 曰是固有之 而非世人之所知也. 其說在
易曰 震爲長男 坎爲中男 艮爲少男, 巽爲長女 離爲中女 兌爲少女. 孟
仲季之分房由此而起也. 然其中有通變之機 非屬此卦卽應此子 應此
女之謂也. [玉尺]乃雲, 胎養生沐屬長子, 冠臨旺衰屬仲子, 病死墓絶

屬季子. 卽就彼之言以析之 生則諸子皆生矣 旺則諸子皆旺矣 死絶則
諸子皆死絶矣 何以以此屬長 以此屬仲 以此屬季. 曰亦以其漸耳. 析
之曰, 以爲始於胎養 繼而之旺 旣而死絶 似矣 若有四子以往 則又當
如何耶 其轉而歸生旺耶 抑另設名以應之耶. 此不足據之甚者也. 世人
愼勿惑於其說也.

第15章 撼龍經
[竇州楊益/唐楊筠松撰]

▶須彌山是天地骨中鎮天地爲巨物如人背脊與項梁生出四肢龍突兀四肢分出四世界南北東西爲四西北數萬程東入三韓隔香冥惟有南龍入中國胎宗孕祖來奇特黃河九曲爲大腸川江屈曲爲膀胱分肢擘脈縱橫去氣血句連降水住大爲都邑帝王州小爲郡縣君公侯其次偏方小鎮市亦有富貴居其中大率龍行自有眞星峰磊落是龍身高山須認星峰起平地龍行別有名峰以星名取其類星辰下照山成形龍神二字尋山脈神是精神龍是質幕道高山方有龍却來平地失眞平地龍從高脈發高起星峰低落穴高山旣認星峰起平地兩傍尋水勢兩水夾處是眞龍枝葉周回中者是幕令山反枝葉散山若反兮水散漫外山百里作羅城此是平洋龍局星峰頓伏落平去外山隔水來相顧平中仰掌似凹窩隱隱微微立丘阜▶傾從丘阜覓凹或有句夾如施螺句夾是案螺是穴水去明堂聚氣多四傍護如城郭水山還聚一窩霜降水尋不見春夏水高龍背現此是平洋看龍法過處如絲或如線高水一寸卽是山低水一寸水回環水纏便是山纏樣纏得眞龍如仰掌心掌裏或乳頭端然有穴明天象水山纏在平坡遠有岡陵近有河只愛山來抱身體不愛水返去從他水抱應知山來抱水不抱兮山不到幕道高山龍易識行到平洋失踪跡藕斷絲連正好尋退愈多愈有力高龍多下低處藏四沒神機便尋得祖宗父母數程遙誤得時師皆不識凡到平地幕問踪只觀環是眞龍念得龍經無眼力萬卷眞藏也是空北辰一星中天尊上相上將居四垣天乙太乙明堂照華蓋三台上後先此星萬里不得一此龍不許時人識識得之時不用藏留與皇朝鎮家國請從垣外論九星北斗星宮係幾名貪巨武星幷輔弼祿文廉破地中行九星人言有三吉三吉之餘有輔弼不知星曜定銖禍福之門教

君識貪狼頓起筍生峰若是斜枝便不同斜枝側頂爲破面尖而有脚號乘龍
脚下橫拖爲帶劍文武功名從此辯橫看是頂側是峰此是貪狼出陣龍側面
成峰身直去不是爲朝便不住幕來此處認高峰道是玄武在其中亦有高峰
是玄武玄武落處四獸聚聚處方爲龍聚星四獸不顧只成空空亡龍上幕尋
穴縱然有穴易歇滅或爲關峽似龍形正身潛在峽中行時師多向峽中覓不
識眞龍斷續情貪狼自有十二樣尖圓平直小爲上斜側巖倒破空禍福輕重
自不同側似斜斜似側平似乘龍側似直貪狼似巨倒似空空似虛巖卽似石
問君來此如何觀我道貪狼非一般是崩崖破是折斜是邊有邊不同側是面
尖身直去空是巖穴多瑛瓏倒是飛峰偏不正七者未是貪狼龍平地卓然頓
起筍▶此是尖狼本來性圓無側四面同平若臥蠶在高頂直如決脊引繩來
小似筆頭揷高塔五者方爲貪正形吉凶禍福要詳明火星要起廉貞位生出
貪狼由此勢若見火星動時看他踪跡落何處此龍不是尋常貴生出貪狼向
亦奇火星若起廉貞位落處須尋一百里中有貪狼小小峰有時回顧火星宮
世人只道貪狼好不識廉貞是祖宗貪狼若非廉作祖爲官也不到三公高山
頂上如平掌中分細脈如蛇樣貴龍多是穿心出富龍只從傍生上高山如後
面遮裏微微似帶斜帶舞下來如鼠尾此是貪狼上嶺蛇帶舞下來伸鶴頸此
是貪狼下嶺蛇上嶺解生朱紫貴下嶺須爲朽腐家大山特起小爲貴小山忽
起大爲勢高低大小斷續行此是貪狼眞骨氣大抵九星有種類生子生孫巧
相似剝換方知骨氣眞剝換不眞皆不是一剝一換大生小從大剝小最奇異
剝換退見眞龍小峰依舊貪狼起剝小如人換好裳如蟬退殼蠶退筐或從大
山落低小或從高峰落平洋退剝換成幾段十條九條亂了亂中有一條却是
眞若是眞時斷了斷亂山回抱在面前不許一條出外邊只有眞龍在帳內亂
山在外却爲纏此龍多從腰裏落回轉餘枝作城廓城廓彎環生門門外羅星
當腰着羅星要在羅星外此與火星常作案火星龍始有羅星若是羅星不居
內居內名爲抱養又爲病隨胎山羅星若生羅城口城口皆爲玉筍班羅城恰
似城墻勢龍在城中聚眞氣羅星借在城闕間時師喚作水口山欲識羅星眞
妙訣一邊枕水一邊田田中有骨相連或爲頑石焦土間此是羅星有餘氣卓

立爲星在水邊貪巨羅星方與尖輔弼武曲員圯眼祿存廉貞多破碎破軍尖
破最爲害只有尖圓方圯星此是羅星得正形忽然四面皆是水兩山環合鬱
然青羅星亦自有種類浪說羅星在水邊巨門尊星性端莊離祖宗卽高昂星
峰自與衆星別▶不尖不圓其體方高處定爲頓忽樣但是無脚生兩傍如此
星峰止一二方岡之下如驅羊方岡或如四角帳帳中出帶似飛揚飛揚要得
穿帳去帳中兩角隨身張枝葉不多關峽少却有護衛隨身傍帶旌帶節來擁
護旌節之峰多是雙更有刀劍同護送刀劍送後前圓岡離斷處多失抛梭馬
跡蛛絲長梭中自有絲不斷蜂腰過處多趣自是此星性尊貴護送此星來就
體每跌斷過處時兩傍定有衣冠吏衣冠之吏似圓峰兩傍有脚衛眞龍若是
獨行無護衛定作神祠佛道宮平行穿珠行數里忽然又作方峰起方峰直去
如橋背長頗類平尖貪平尖貪狼如一字生在山頂如臥蠶武曲倒從身中出
貪狼直去如僧參夾輔護龍次第列正龍在內左右函此龍住處無高龍間生
窩穴隱深潭獨在山峽中間者穴落高岡似草庵四圍要高來朝護前案朝迎
亦高舞却作高穴似人形按端嚴似眞武此龍若行三十里內起方峰止三四
峰峰端正方與長不肯斜失尊體峰上忽然生摺痕此與廉貞何以異凡起星
辰不許斜更嫌生脚照他家端峰若生四花穴花穴端嚴要君別眞龍直去向
前行四向成龍虎穴此是武曲鉗峽來間氣來此偶生峽此龍誤了幾多人定
來此處說眞形要說四花穿心過但看護衛不曾停尊星自有尊星體方正爲
屏將相位巨門行龍少鬼劫蓋然兩傍多羅列水界分處夾龍行不肯單行走
空缺水界分及亂生枝枝葉雖多夾水隨護龍亦自有背面背後如壁面平夷
平夷便是貼龍體龍過之時形怪異不起尖圓卽馬旗劍龍歸此地護衛纏如
打團重重包外山歸至令巨門少關峽護送無容左右離明堂斷定無斜瀉橫
案重重拜舞低平貪覆巨圓武曲尖圓方整不能齊三星尖圓方整處向此辯
別無狐疑識龍須識辨疑處識得眞龍是聖師祿存之形如頓鼓下生有脚如
瓜瓟瓜瓟頭前有小峰▶此是祿存帶祿處大如蟹小蜘蛛此是祿存帶殺處
殺中若有橫磨此是權星先出武大龍大峽百十程寶殿龍樓去無數(峽口
微,平日殿)忽履仁等入長垣(長垣如城)萬不圍君幕顧癡師偸眼傍曉者

默然伴不睹若然弝脚亂如茅喚作蚩尤旗爪距(天上,有蚩)(尤旗,星)小
圓帶祿圍本身將相公侯出方虎大抵星辰嫌破碎不抱本身多作怪端正龍
神須無破醜惡龍神多破敗怪形異穴出凶豪殺戮平民終大壞草頭作亂因
此山赤族誅夷償命債只緣龍上有槍賊旗倒仄非旌幢旌幢對對端正立獨
立仄名槍頓鼓微方似武曲武曲端正下無足有足周圍眞祿存圓盡方爲武
曲尊龍家最要仔細辨疑似亂眞分背面背似面非豈有眞龍此是祿存大移
轉凹處是面凸是背作穴分金過如線凡看星辰看轉移轉移須教母顧兒枝
分別有眞種忽作瓜蔓無東西十里半程無岡嶺平陽砂煙塵迷到處君須看
水勢水勢莫問江與溪只要兩源相夾出交外結重重圍祿存好處落平洋大
作方州小鎭縣坪中時復亂石生或起橫山或梭面此處或有輔弼形輔弼無
枝祿生辨祿是帝車第二星也主爲文也主兵九星行龍皆要祿最要夾貪兼
巨軸或從武曲左右起此等貴龍看不足若逢此星遠尋穴莫向高山尋促局
若遇九星相夾行只分有足并無足燕雲下嶺出九關中帶祿存三吉山高山
峽裏多尖秀也有圓祿生屛巖君看山須分種類亂指橫山作正班祿破二星
形無數也有正形落低處也有低形上壟頭雜亂分形君莫誤形在高嶺爲高
形山頂上生祿存星形在平洋山卓立頂矮脚手亦橫平頂上生形頂必正平
地生形脚亂行請君看我細排列禍福皆從龍上生第一祿存如頓鼓脚手對
對隨去平行有脚如劍芒旌節幡幢排次序此等星辰出大江中有小貪并
小巨輔弼侍從左右生隔岸山河遠相顧此是龍身作州縣▶雄據十州幷一
路忽然諸山作垣局更求吉水爲門戶若得吉水爲門戶萬水千山不須做第
二祿存如覆釜脚尖如周回布有脚方爲眞祿存無脚方爲祿堆巨此星定是
有威權白手成家積巨富第三祿存鶴爪布兩短中長龍出露出露定爲低小
形隱隱前行忽踞有穴必生龍虎巧醜陋穴形龍不住第四祿存肋扇具脚手
又似絲勢此龍只好結神壇別有星峰生秀氣第五祿存如懸破碎箕摺無數
此星便是平行星星平生枝自頂分此龍只去平中作橈棹回來斬關做高山
大峽開三路第六祿存落平洋勢如巨浪橫開張他星亦有落平者此星平地
亦飛揚脚擺時復生巨石石色只是黑與黃兩傍請看隨龍峽長短大小宜推

詳護龍轉時看他落落處當隨水尌酌右轉皆右不參差左轉皆左無駁雜朝
迎指正眞穴形左右高低君莫錯祿存鬼形如披髮雖曰衆多勢如掠第七祿
存如長蛇左右無護無遮此龍目作貴龍從枕在水邊自橫斜▶第八祿存在
高頂如載兜有肩領漸低漸小去作穴定作窩鉗極端正此龍號爲八貴龍捉
穴眞時最昌盛第九祿存如落花片片水夾砂不作蛟潭爲鬼穴定作羅星水
口遮天下山山有祿存或凶或吉要君分莫道祿存全不善大爲將相公侯門
要知五嶽眞龍落牛是祿破相參錯大行頂上馬耳峰祿存身上貪狼龍泰山
頂上有石觀上有月亭高一牛此是祿存上有貪如此高峰孰能判海中洲渚
亦有山君如論脈應難言不知地脈連中國遠出山形在海間集出靑齊爲東
岳過盡平陽大江壑地略連延氣勢生澗水止龍君莫錯我觀破祿滿天下九
星分變無識者君如識得祿存星珍寶連城貴無價文曲正形蛇行樣若作淫
邪如撒網此星柔順最高情▶形神恰似生樣問君如何生此山定出廉眞絕
體上問君如何尋絕體本宮山上敗絕氣問君如何尋本宮寶殿之下初出龍
認得星峰初出面看得何星細推辨九星皆挾文曲行若無文曲星無變變星
便看何星多多者爲主分惡善文曲星柔最易見每遇旺方生側面側面成峰
身直行直去多如絲雜線此星山骨少星峰若有星峰輔弼同平地蛇行最爲
吉牛頂娥眉最得力若有此星連接生女作宮嬪后妃職男家因婦得官班又
得資財并美色凡起星峰必有情自然連接左右生若是無峰如樣死龍散漫
空縱橫縱饒住處有穴形社壇神廟血食腥若是作墳并建宅女插花枝逐客
行男人破家因酒色女人內亂公訟庭變出鬼怪病令人冷退絕人丁困龍坪
下數十里忽然卓立星峰起左右前後忽迎貪巨武輔取次生只得一峰龍便
活娥眉也變輔弼形平行雖云變輔弼只是低平少威力若得尊星生一峰便
使柔星爲長雄男人端貌取科第女人主家權勝翁大抵尋龍少全格雜出星
峰多變易弼星似巨輔似文長短高低細辨識莫道凶龍不可裁也有凶龍起
家國蓋緣未識間星龍貪中有廉文有弼武有破軍間斷生祿存或有巨武力
十里之中卓一峰小者成大弱成雄此星龍家間星法大頓小伏爲眞踪一山
便斷爲一代看在何代生間斷便向此星定富貴困弱生旺隨星峰困弱之龍

無氣力死烟入砂礫千里百里無從山獨自單行少收拾君如識得間星龍到
處鄉村可尋覓龍非久遠少全氣易盛易衰非人力廉貞如何號獨火此星得
形最高大高山頂上石嵯峨傘摺犁頭裂絲破只緣尖焰聳庭其性炎炎號火
星起作龍樓幷寶殿貪巨武曲因此生古人深識廉貞體喚作紅旗幷曜氣此
星威烈屬陽精高焰赤黑峰頭起高尖是樓平是殿請君來此細推辨亂峰頂
上亂石間此處名爲聚講山聚講既成卽分去分宗拜祖路▶尋踪尋跡更尋
兒龍來此處最堪疑却來此處橫生形如帳幕開張樣二重入帳一重出四重
五重如巨浪中有線穿心行帳不穿心不入相帳幕多時貴亦多一重只是富
豪樣兩帳兩幕是眞龍帳裏貴人最爲上帳中隱隱仙帶飛帶舞低垂主興旺
天關地軸兩邊迎異石龜蛇過處往高山頂上有池水兩邊夾得眞龍行問君
高頂何生水此是眞龍頂上氣樓殿之上水泉生水環兩處兩邊迎眞龍却向
泉中過也有單池在傍抱單池終不及兩池池若傾崩反生禍池平兩水夾又
淸此處名爲天漢星天漢天潢入閣道此星入相居天庭更有衛龍在高頂水
貼龍身入深井更無水出可追尋或有家泉如小鏡看他辭樓幷下殿出帳聳
起生何形應星生處別立形此是分枝劈脈證祖宗分了分兄弟來此分貪識
眞性分貪之處莫令差差謬一毫千里逈筍峰貪狼縱橫計鍾釜枕梭武輔弼
方峰是爲巨門程最要來辨嫡庶行嫡庶不失出帳形便是龍家五吉星廉貞
惡石衆所畏不曉眞陽火裏精此龍多向南方落北上衆山驚錯愕低頭山朝
來莫向他方妄參錯凡是星峰皆有石若是土山全無力廉貞獨火氣衝天石
骨稜層平處覓廉貞不生吉星峰定隔江河作應龍朝迎必應數百里遠望鼓
角聲凡見廉貞高聳石便上頂頭看遠跡細認眞龍此處生華蓋穿心正龍出
此龍最貴難尋覓五吉要聳華蓋出此等眞龍不易逢華蓋三峰品字立兩肩
分作兩護龍此是兄弟同祖宗兄弟便爲纏護龍前迎後送生雌雄雌若爲龍
雄作應雄若爲龍雌聽命問君如何辨雌雄高低肥瘠瘦不同低肥爲雌雄高
瘠只求此處識踪跡隨龍身上有正峰時作星峰拜祖宗但看護送似回龍又
有迎龍如虎踞隨龍山水皆朝揖狐疑來處失踪跡水口重重生異石定有羅
星當水立羅星外面有山關上生下生細尋覓蓋緣羅星有眞假眞假天然非

人力▶羅星芳水便生石羅星端正最高職廉貞多生顧祖龍祖龍遠遠是朝
峰更有鬼脚回顧處護送須生十數里送龍之山短有後抱山不抱左右手纏
龍纏過龍虎前三重五重福延綿纏多不許外山走那堪長遠作水口護送托
龍若十全富貴雙全眞罕有尋龍千萬看纏山一重纏是一重關關門若有千
重鎖定有王侯居此間廉貞已具貪狼內更述此篇爲詳載有人曉得紅旗星
遠有威權近凶怪權星斬得自由不統兵權不肯休若遇廉貞不起石脚下也
須生石壁石壁是背面是平平處尋龍出踪跡貪巨武輔弼星行出身生處是
眞星博龍換處有九此是公侯將相庭紅旗氣雄威武在行兵出師駭妖怪權
星威福得自專縱入文亦武威廉艮一變會巨武文武全才登宰輔廉貞不作
變換星潔身亂倫弑君父武曲星峰覆鍾釜鍾釜之形有何故鍾高釜矮事不
同高卽爲武矮爲輔二者雖然皆吉星大小不容有差瓦武曲端嚴富貴牢輔
弼隨龍厚薄取眞龍若行五六程臨落之時剝輔星如梭如印如皎月三三兩
兩牽合行前關後峽相引從峽若多時龍猛勇博到輔星三四重仔細來此認
龍踪貪巨若無輔弼落高嶺如何住得龍雖然輔弼是入穴作穴隨形又不同
穴隨土峰作鉗乳形神大小隨龍宗圓龍忽然長拖脚恐是鬼龍如覆杓覆箕
仰掌是鬼龍莫來此處失眞踪請君細認前頭穴莫使參前失後空問君何以
知我落看他尾後圓峰作問君知我如何行尾星搖動不曾停前官後鬼須細
辨鬼剋我身居後面官星剋我在前朝此是龍家官鬼現眞龍落處陰陽亂五
行官鬼無相戰水龍博到火龍出鬼在後頭官出面坎山來龍作午丁却把地
羅差使轉此是陰陽雜五行不時龍家官鬼辨龍家不要論五行且從龍看分
脈上龍奪時是鬼氣鬼氣不歸龍上行大抵正龍無鬼山有鬼不出半里間橫
龍出穴必有鬼送跳身穴後環▶鬼山若長奪我氣鬼短貼身如抱問君如何
謂之鬼主山背後撑者是分枝劈脈不回頭奪我正身少全氣眞龍穴後如有
鬼山短枝多爲雄尾此是眞龍穴後星星辰亦有尖圓體正龍穴後若有鬼隻
隻回頭來護衛若不回頭衛本身此是空亡歇滅地問君何者是空亡穴後捲
空仰瓦勢便從鬼上細尋覓鬼山星峰少收拾眞龍身上護衛多山山多情來
拱揖護衛貼體不敢離中有泉池暗流入要識眞龍鬼山短緣有纏龍在後旣

有纏龍貼護身不許鬼山空散漫鬼山直去投江海眞龍氣絶散漫多如戟如
矛亂走去包無由奈他何龍若無纏又無送縱有眞龍不堪用護纏多愛到穴
前三重五重福綿延一重護衛一代富護衛十里宰相地兩重亦作典城一重
只出丞簿尉鬼山亦自有眞形形隨三吉輔弼類九星皆有鬼形樣不類本身
不入相貪狼鬼星必尖小武曲鬼星枝葉少多作圓峰覆杓形撐住在後最爲
妙巨門墜珠玉枕形貪作天梯背後生一層一級漸低小雖然有脚無橫行巨
門多爲小橫嶺托後如屛玉正弼星作鬼如圍屛或從龍虎後橫生橫生爪瓠
抱穴後金斗玉印盤龍形輔星多爲獨節鬼三對平如寫王字三對兩對相行
曲轉護身皆有意廉文破祿本是鬼不必問他穴後尾破祿廉文多作關近關
太爲散關關門是局有大小破祿三星多外祿星無祿作神壇破星不破爲近
關善論大地論關局關局大小水口山鬼山作向橫龍作正龍多是平地落平
地勢如蜈蚣行却長便如橈棹形停棹向前穴卽近發棹向後龍未停橈棹向
後忽峰起定有眞龍居此地只看護托回轉時朝揖在前拜眞氣大抵九星皆
有鬼相類相如各有四四九三十六鬼形識鬼便是識眞精問君如何謂之官
朝山背後逆拖山此是朝山有餘氣與我穴後鬼一般官星在前鬼在後官要
回頭鬼要就官不回頭鬼不就只是虛抱無落首龍穴背後有衣裙此是關多
舞袖雖然有袖穴不見官不離鄕任何愛▶眞氣聚處看明堂明堂裏面要平
陽明堂裏面停水第一寬平始爲貴側裂傾堆撞射身急瀉崩騰非吉地請君
未斷左右山先向明堂觀水勢明堂亦有如鍋底橫號金般龍虎裏直號天心
曲御馬蹄直兮有曲勢明堂要似蓮花水歸左位長公起歸右處小公興若居
中心諸位貴大抵明堂橫爲貴其次之玄關鎖是蕩蕩直去不回頭雖似御非
吉地明堂要如衣領會左紐右鎖方爲貴或是日與山脚如此關眞可喜忽然
橫前無關鎖地風吹非吉利請君來此細消詳更分前官幷後鬼左脇生來揹
笏樣右脇生來魚袋形方長爲象短爲水小巧是金肥是銀看此樣形臨局勢
中間乳穴是爲眞賜帶鬼形如爪瓠二條連移左轉去回頭貼來侍從官前案
橫交金玉盤玉盤賜將金盤相左右在人心眼上重數如多賜亦多一重數是
金屛帶二重是屛三金帶橫轉穴前官轉大子孫三代垂魚袋右上三魚虎身

外三代子孫賜金帶三重橫盤龍外生四重卽是賜金玉重數如多福最深此
是龍家賜帶鬼莫將龍向左邊臨玉方屏武曲形身後是外屏屏須要問先後
未有屏先後生屏如在後頭托此是公侯將相庭破軍星峰如走旗前頭高卓
尾後低兩傍失險落坑陷壁立反裂形傾不知此星出六府上有三台遠爲祖
然後生出六曜星貪巨祿文廉武輔三台星辰號三階六星兩兩魚眼雙尖雙
圓如貪巨却在絶頂雙安排雙尖定出貪狼去雙圓生出武曲來上台中台下
台出行到六府文昌臺文昌六星如偃月穿星六星似環平頃上頭生六星六
處微堆作凹凸凹中微起似六星生出九星若排列破軍皆受九星變逐位生
峰形象現山形在地水在天眞氣下感禍福驗尊星頓起眞形了枝葉皆是祿
存占尊星雖云有三吉三吉之餘有輔弼不知三吉不常生有處觀來無一實
蓋緣不識破軍星星說走旗拖尾出走旗拖尾是眞形若出尊星形變生與君
細論破軍體逐一隨星種類名貪狼破軍如頓起一層一級名天梯頂尖衝前
有巖穴神頂猶如鷄作啼頂頭有帶下巖去引到平處如蛛絲欲斷不斷馬跡
過東西有顯梭中絲三吉之星總如此此處名爲吉破地過坪過水皆如是定
有泉塘兩夾隨貪下破軍巨門去去爲垣局不須疑巨門破軍裂十字頂上微
圓側取勢如啄木上高枝直上高崖石露此星出龍生鼎足爪甲巖若鷄距此
龍富貴生王侯五換六移出宰輔祿存破軍在平頂兩脇蛇行肋微露前如大
木倒平洋生幹生枝葉無數葉中生出嫩枝條又作高峰下平地當知爲穴亦
不遠護送不來作神宇武曲破如破樹櫃身形脹崩形勢前頭走出鷄伸頸嶺
上下來如象鼻一高一下脚不尖作穴乳頭出富貴破軍廉貞高崔嵬水流關
峽聲如雷輔星破軍如頭兩傍有脚如據毯弼星破軍如鯉躍行到平中一時
卓三三兩兩平中行直出身來橫布脚爲神爲廟爲富貴只看纏護細甚酉纏
多便是富貴龍纏少只爲鐘鼓閣九星皆有破祿文三吉之形輔弼尊平行穿
珠巨貪祿掉尖拖是破軍吉星之下無不吉凶星之下凶所存是凶龍不爲穴
只是間行引過身縱然有穴必是假假穴如何保久存時師只來尋龍來此峽
內空低便指纏護爲眞氣或有遠秀出他村便說朝山朝水好下了凶事自入
門只緣不識眞龍出前面必出星辰尊尊星沾了死龍骨換了破軍廉祿文破

軍忽然橫開張帳裏戈旗出生旺此龍出作將軍形前遇溪流爲甲仗破祿形
象最爲多枝蔓懸延氣少平不爲尖刀卽劍戟不作蛇行卽擲梭出降六秀方
位上上與六氣橫天河六氣變而生六秀凶星到此亦消磨凶星消磨生吉氣
定有星辰巨浪波此是神仙絶妙法不比尋常格地羅與君略擧大形勢擧目
一望皆江河天下江山幾萬重我見破軍到處是祿存文曲輔弼星低小山形
總相類▶只有高山形象殊略擧大綱與君議崑崙山脚出顏隻隻脚是破軍
山連綿走出澣海北風俗强悍人頑生兜三歲學騎射骨鯨剛方是此間山來
右尖如削盡是狼峰更高卓此處如何不出文只爲峰多反成濁高山大峰多
尖不似平原一錐卓行行退御大散關百二山河在彼間大纏大護到函谷水
出黃河如關環低平漸漸出熊耳萬里平陽漸漸低大梁形勢亦無山到此尋
龍何處是識得星峰是等間平處尋龍最是難若無江流與淮水渺渺茫茫不
見山河流決山斷絶又無石骨又無脈君若到彼說星峰一句不容三寸舌黃
河在北大江南兩水夾行勢不絶行到背脊忽起峰州東岳揷天雄分枝劈脈
種靈氣聖賢多在魯邦中自古英雄出西北西北龍神少人識紫微垣局太微
宮天市天苑太行東南龍高枝過總頂黑鐵二山雪峰盛分出泰川及漢川五
嶺分星入桂連山行有斷脈不斷直至江陰大海邊海門旺氣連越南水兩夾
相交纏此是海門南脈絡貨財文武相交錯何處是貪何處文何處辨認武曲
尊尋龍望氣先尋脈雲霧多生是龍脊春夏之交與二分夜望雲霞生處覓雲
霞先生絶高頂此是龍樓寶殿定大脊微微雲自生霧氣如嵐反難證生尋霧
氣識正龍却是枝龍觀遠應此是神仙尋地法百里羅城不爲遠知此然後論
九星要識九星觀正形因就政龍行脚處認取破祿中間行天下山山有破祿
破祿交橫有地軸祿存無祿只爲關破軍不破只爲關之山作水口必有羅星
在水間大河之中有砥柱四川之口生禮大姑小姑彭前採石金山作門戶更
有焦山羅殺石雖是羅星門不固此是大尋羅星法識者便知愚未悟吾若論
及破軍星多是引龍兼作護大龍雖要大破軍小龍夾亂破祿文廉貞多是作
龍祖輔弼隨龍富貴生廉貞若高龍不出只是爲應兼爲門請君看此州縣間
何處不生水口山水口關皆破祿無脚交牙如疊環或有橫山如臥虎或作重

重如瓜瓠禹▶鑿龍門透大河便是當時關水處大行走出河中府河北河南
關兩所大河北來曲射東西山作水如眠龍馬耳山枕大江口絶無脚予爲神
妙靈壁山來截淮河更無一脚如橫過海門二山鎖二浙兩山相合如環缺文
廉生脚鎖緇流橫在水中爲兩截大關大鎖龍千里定有羅星橫截氣截住江
河不許流關住不知多少地小羅小鎖及小關一州一縣須有十十鎖百十里
定有王侯居此間鄉落羅星小關鎖枕水如戈石橫臥但看無脚是關重數多
少分將佐君如能識水口出便識天戈幷祿破左輔正形如頭前高後低大小
毬伸舒腰長如杖鼓後大前小駝峰下有兩脚平行去或在武曲左右遊此龍
如何近武曲子是分宗爲伯叔分宗定作兩貴龍此與他星事不同武曲兩傍
必生輔不似他星變形去左輔自有左輔形方峰之下如卓斧此是武曲輔星
形若是眞輔不如此眞龍自作貴龍身頭橫脚高低去高頂高峰圓落肩忽然
堆起如螺卵又如梨栗堆簇繁頂上累累山結頂斷定前頭深入垣要知此星
名侍衛入到垣中最爲貴東華西華門水橫水外四圍列峰位此是垣前執法
星却分左右爲兵衛方正之垣號太微垣有四門號天市紫微垣外前後門華
蓋三台前後衛中有過水名御溝抱城屈曲中間流紫微垣內星辰足天市太
微少全局朝迎未必皆眞形朝海拱辰勢如簇千山萬水皆入朝入到懷中九
回曲入垣輔弼形微細隱隱微微在平地右衛左衛星傍羅輔在垣中爲近侍
右弼一星本無形是以名爲隱曜星隨龍博換隱跡去跡便是隱曜行只緣飛
宮有九曜因此强名右弼星天下尋輔知幾處河北河南只三四更有終南泰
華龍出沒爲垣盡如此南來莫錯認南岳雖有弼星垣氣弱却有回龍輔大江
水口三峰卓如削此龍俗云多輔星又隨塞垣入沙漠兩京嵩山最難尋已被
前人曾妄作東西垣局長江中有黃河入水長▶後山屛帳如負下瞰泰淮枕
水鄉輔弼隱曜入大梁却是英雄古戰場大河九曲曲中有輔弼九曲分入首
夫人識得左輔星識得之時莫開口如何識得左輔星次第生峰無雜形天門
上頭生寶殿寶殿引生鳳樓橫樓中千萬尋池水水是眞龍樓上氣兩池夾出
龍脊高池中崩傾非大地地中實是輔弼星分有迹與無形有形便是眞左輔
無迹便是隱曜行縱然不大也節鉞巨浪重重不堪說巨浪是帳帳有曲星峰

巧如缺星便是華蓋橫曲處星峰不作證證出貪巨祿文廉武破周而復始定
天戈直指破軍路此是天門龍出序若出天門是正龍不出天門形不眞一形
不具便力次第排來君莫誤自貪至破爲次第顚倒亂行龍失序一剝一換尋
斷處斷處兩傍生擁護旌憧行有蓋天旗旗似破軍或斜去看他橫帶如巨浪
浪滾一峰名出帳帳中過去中央行不出中央不入相星形備具入垣作怪怪
奇奇入天象我到京師驗前說帝垣果有星羅列南北雖短東西長東華水遠
西華岡水從闕口復來朝九曲九回朝帝闕前星儼若在南上周召到此觀天
象上了南岡望北岡聖人卜宅分陰陽北岡峙立天門上分作長垣在兩傍垣
上兩邊分九箇兩垣夾帝中央坐要識垣中有帝星皇都坐定甚分明君若要
識左輔宿凡入皇城辨垣局重重圍遠八九重九重之外九重復重出復嶺看
輔星高砂頂上頭橫低處恰如千官入載弁橫班如覆笠仔佃觀來眞不同應
是爲垣皆富局輔爲上相弼次相破祿宿衛廉次將文昌分明是後宮武曲貪
狼帝星樣更有巨門最尊貴喚作極星事非三垣各有垣內星凡是星峰皆內
向垣星本不許人知若不明言恐世迷只到京師君便識重重外衛內垣平此
龍不許時人識留與皇家鎭國家請從九曜尋剝龍剝盡粗龍尋細跡要識眞
龍眞輔相只看高低頭樣若是輔星自作龍隱行不識眞形象若還三吉去作
龍隨龍變形却不同貪狼多尖品字立武巨圓方三箇▶峰三峰節節隨身轉
中有一峰是正面兩傍夾者是輔大小尖圓要君辨此龍初發在高山高處
生峰亦生辨肩辨須明似頭衰衰低來是毬平行鯉露背脊有脚橫排如覆笠
若是降樓幷下殿節節如樓下剝換貪下剝換如據毬尖處帶脚如龜浮此是
下嶺方如此上嶺逆行推覆舟尖圓若是品字立世人誤作三台求祿存剝換
蜈蚣節微微短脚身邊立文曲梭中帶線行曲曲飛梭草藏跡廉下變爲梳齒
形梳齒中央引龍脊徘徊頭如改換行當平中斷復斷破軍之下夾兩槍若作
天戈如走電亂行失序出頭來又似虎狼行帶箭纏多便作斷吉龍若是無纏
爲道院弼星本來無正形形隨八曜高低生要識弼星正形處八星斷處隱藏
行隱藏是形名隱曜此是弼星最要妙據梭馬跡線如絲蜘蛛過水上灘魚驚
蛇入草失行跡斷脈斷跡尋來無脈是尊名右弼星左右隨龍身上行行龍之

時有輔弼變換隨龍看踪跡君如識得右弼星每到垣中多失跡博龍失脈失
跡時地上乛絃琴背覓若識弼星隱曜宮處處觀來皆是吉此星多吉少傍凶
蓋爲藏形本無實藏形之時神殺藏却是地中暗來脈此地平陽千百程不然
彼處却是弼坪中還有水流坡高水一寸卽是阿只爲時師眼力淺到彼茫然
無奈何便云無處尋踪跡直到有山方認得如此之人豈可言有穴在坪原自
失只來山上覓龍虎又要圓頭始云吉不知山穹落平去穴在坪中貴無敵癡
師了幾多人又道葬埋畏卑濕不知穴在水中者如此難憑山泉濕蓋緣水漲
在中央水退卽同乾地力且如兩淮平似掌也有州軍落巢瀝也有英雄在彼
中豈無墳墓與宮室只將水注與水流兩水夾流是龍脊非惟弼曜在其中八
曜八坪皆有前篇有時說平處平裏貪狼皆一同時師識盡眞龍方知富貴與
豐隆貪狼作穴是乳頭巨門作穴窩中求武曲作穴釵鉗覓祿廉梳齒犁頭文
曲穴來坪裏作高處亦是掌心▶落破軍作穴似戈矛兩傍左右手皆收定有
兩山皆護衛不然一水過橫流輔星正穴燕巢仰若在高山掛燈樣落在低平
是鷄巢縱有圓頭亦凹象此是博換尋星穴尋穴隨龍細辨別龍若眞兮穴亦
眞龍不眞兮少眞穴尋龍雖易裁穴難只爲時人剝山剝龍換骨星變易識得
疑龍穴不難古人望龍知正穴蓋將失龍尋換節識得龍家換骨星富貴令人
無歇減尋龍且用依經訣好把星峰細辨別龍行上應三吉星兒孫世代產賢
哲次第發出有尊卑初龍小巧眞龍拙一起一伏各差殊變換之中分骨節有
乳有節足安墳氣侯潛藏尋取穴吉星之下節目奇凶星之下節目崩洪節目
最爲强氣脈相連無斷絕龍星自有眞峰應雌山低弱雄山勝行龍雖貴骨節
奇入穴須教骨節稱不欲山曲如反弓不欲山直如伸頸吉星吉兮凶星凶不
由人使由天定時師未識七星形爲作歌兮功須聽貪狼一木勢尖强鬼星秀
麗足文章或然角牙起明經魁選細推詳七峰八峰磊落去龍圖學士富文章
左穿右博列筆陣行龍旌節如旗其間定有神靈應或然世代生王侯若作天
馬騰躍起富雖不巨盈千倉若作牙筍地面文武官顯居朝堂不世富貴馳聲
譽更兼復祿壽而昌巨門一土少人知端正秀麗如蛾眉有時覆月出天外有
時隱隱生平夷挺生英傑事明主忠良正直如皐夔懸鍾頓起高聳起富貴兼

全聲聞美牛奔象舞勢勇猛授鉞間外無復疑忽然壘壘淩空碧小更良兮高
更奇斯地勿論富與貴神仙出世同安期肥厚逆長子孫遠勢若短尖多虧盈
武曲之星號一金卓圭立忽高千尋定主兵權富韜略登壇旣拜夷狄欽稜層
高聳立屛障文華秀發稱儒林簇簇樓臺高且壯危岩古怪當天地此地葬之
勿猶豫世代榮貴輝古令便似方冠淸且巧三五相連羅碧岑▶子孫聰明復
秀麗芝蘭庭何森森祿存一土君切忌醜惡崩不綿媚高峰孤起如撚擧低山
卑濕如牛鼻或若棺材隨水流或若死屍臥平地自然虧缺不足看疾病顚狂
遭刈兒孫傭嫩走他州滔慾奸偸總連累文曲一水何孤單生枝生足如亂花
坵壟不接續三三五五飛扁翩也似驚蛇初出草也如鵝頸枕流泉坑溪反背
無收拾縱然收拾還彎擧此地葬之主遊蕩男不忠兮女不賢廉貞獨火大凶
災高尖醜惡空崔嵬生枝發足桃符起首尾分張兩畔開形似甲勢分列質不
淸兮濁似血毛髮焦枯氣散水流滯急聲如雷瘟疫死盡兼官禍敗國亡家眞
可哀破軍二金招凶惡山猛陰陽各差錯峰巒突兀亂石岡不然破碎連基鑿
也作竹馬鞭勢也作兵戈與繩索左崎右擧頭看入穴葫蘆塊然落明堂傾陷
水潺潺龍虎二山伸兩脚若犯此星甚乘張當代兒孫見銷輔弼常隨七星殿
多在明堂左右見有時脫體醮淸波形勢或作圈西或見龜蛇或見魚迎山連
接如絲線山厚山肥人多豐山薄山走人奸賤須敎閉密不通風莫令大開水
流三蓋吉星隨龍入磊落嚴形卓立或作高峰勢揷天或在明堂皆頓集或在
水口相擧連或在輔弼山頭立或然隱隱在溪坑胎息成龍勢藏蟄大成州郡
產英豪小作鄕村兼鎭邑定知世代祿綿綿文韜武略精傳習七星變化無窮
極體樣相同人未識四維八幹十二枝博換化身百千億本自二源分殊不得
明師述大惑但將分受細推尋何用勞心更勞力凶禍之星凶禍生福德之星
招福德造花元來指掌間此是神仙眞法則

第16章 丁若鏞自撰墓誌銘

▶此洌水丁鏞之墓也 本名曰若鏞 字曰美庸 又曰頌甫 號曰俟菴 堂號曰與猶 取冬涉畏鄰之義也 父諱載遠 蔭仕至晉州牧使 母淑人海南尹氏 以英宗壬午六月十六日 生鏞于洌水之上馬峴之里 時惟乾隆二十七年也 丁氏本貫押海 高麗之末 居于白川 本朝定鼎 遂居漢陽 始仕之祖承文校理子伋 自玆繩承 弘文館副提學壽崗 兵曹判書玉亨 議政府左贊成應斗 大司憲胤福 江原道觀察使好善 弘文館校理彦璧 兵曹參議時潤 皆入玉堂 自玆時否 徙居馬峴 三世皆以布衣終 高祖諱道泰 曾祖諱恒愼 祖父諱志諧 唯曾祖爲進士也 鏞幼而永悟 頗知文字 九歲有母之喪 十歲始督課 五年之間 先考閒居不仕 鏞得以是讀經史古文頗勤 又以詩律見稱 十五而娶 適先考復仕爲戶曹佐郎 僑居京內 時李公家煥以文學聲振一世 姊夫李承薰又飭躬勵志 皆祖述星湖李先生瀷之學 鏞得見其遺書 欣然以學問爲意▶正宗元年丁酉 先考出宰和順縣 厥明年 讀書東林寺 庚子春 先考移蒞泉郡 遂游晉州至醴泉 讀書廢廡中 壬寅秋 栖奉殷寺 習經義之科 癸卯春 爲經義進士 游太學 內降中庸講義八十餘條 時鏞友李檗 以博雅名 與議條對 理發氣發 檗主退溪之說 鏞所對偶與栗谷李文成珥所論合 上覽訖 亟稱之爲第一 都承旨金尚集出語人曰 丁某得褒諭如此 必大振矣 甲辰夏 從李檗舟下斗尾峽 始聞西敎見一卷書 然專治儷文 習表箋詔制 蒐輯累百卷 太學月課旬試 輒被高選 賞賜書籍紙筆數賜 對登筵如近臣 固未暇馳心于物外也▶丁未以來 寵賚益蕃 而數就李基慶江亭肄業 基慶亦樂聞西敎 手鈔書一卷其貳 自戊申也 己酉春 鏞以表文泮試居首 賜第殿試居甲科第二人 付

禧陵直長 大臣抄啓隸奎章閣月課 庚戌春 鏞與金履喬 薦入翰林爲藝
文館檢閱 尋有人言 自引不仕 升司憲府持平 司諫院正言 月課居首 賜
廐馬文皮以寵之 辛亥冬 內降毛詩講義八百餘條 鏞所對 獨得多算 御
批有曰 泛引百家 其出無窮 苟非素蘊之淹博 安得如是 條條評奬 悉踰
所期 時有湖南權尹之獄 惡人洪樂安等 謀欲因此盡除善類 乃上書于
樊翁 謂聰明才智搢紳章甫 十之七八 皆溺于西敎 將有黃巾白蓮之亂
上令樊翁 坐公署 召睦萬中洪樂安李基慶等查其虛實 基慶對曰 其書
間有好處▶臣與李承薰 嘗於泮中同看其書 若論看書之罪 臣與承薰
當同被威罰 卽又馳書于鏞 言其所對有權衡 欲與之求成 鏞召李致薰
語之曰 泮中看書 是實就理 宜對以實 欺君不可也 致薰曰 密告旣自首
獄詞雖違實非欺君也 鏞曰不然 密告非正獄詞 乃告君也 朝廷唯獄詞
是觀 巨室名族家家公議 可畏也 今聖明在上 相君佐理 及是時潰癰 不
亦可乎 他日雖悔 無及也 致薰不聽 乃承薰獄對 言基慶誣人 遂蒙白放
於是 李基慶以草土臣 上疏詆大臣查事不公證 泮中看書事益詳 上怒
投基慶于慶源 旁觀者快之 鏞曰毋然 吾黨之禍 自茲始矣 鏞以時 往基
慶家時在蓮池洞 撫其幼子 及其母祥 以千錢助之 乙卯春 邦有大赦而
基慶未放 鏞謂李益運曰 基慶雖心地不良而訟則負屈 一時之快 異日
之患也 不如入告以釋之 益運曰吾意如此 遂入告如所言 上特放基慶
基慶還旣久 稍入朝班 知舊無與立談者 鏞獨敍寒暄如平日 所謂故也
無失其爲故也▶乃於辛酉之獄 基慶主謀 必欲殺鏞而後已 然對洪義浩
諸人 語及鏞 必泫然流涕 雖大計所驅 而其良心未泯也 厥明年壬子春
鏞選入弘文館爲修撰 赴內閣修賡和詩卷 四月先考捐館于晉州 聞急至
雲峰戴星 旣月反柩于忠州 旣葬 反哭于馬峴 上數問存沒 是年冬 城于
水原 上曰己酉冬舟橋之役 鏞陳其規制事功以成 其召之使于私第 條
陳城制 鏞乃就尹畊堡約 及柳文忠成龍城說 採其良制 凡譙樓敵臺懸
眼五星池諸法 疏理以進之 上又內降圖書集成奇器圖說 令講引重起重
之法▶鏞乃作起重架圖說以進之 滑車鼓輪能用小力轉大重 城役旣畢

上曰幸用起重架 省費錢四萬兩矣 癸丑夏 蔡文肅濟恭以華城留守 入
爲領議政 上疏復論壬午讒人 金鐘秀謂壬子聯箚後復提此事者逆也 攻
之甚力 上出示英考金縢之詞 以昭莊獻世子出類之孝 事得已 時 洪仁
浩對韓公光傅亦攻文肅之疏語多妄發 知舊搢紳章甫 齊聲攻洪 此所謂
甲寅事也 洪疑我主論 遂與之有隙 其後稍自釋疑 而吾黨慘烈之禍 蓋
權輿乎此矣

甲寅七月服闋 授成均館直講 八月差備邊司郎 十月復入玉堂爲校理修
撰 方直宿館中 忽被旨黜爲露梁鎭別將兼壯勇營別牙兵將 中夜投刺于
寢殿 其實命爲京畿暗行御史也 時徐相家人有居麻田者 謀以鄕校之地
獻于相門以爲佳城 詐云地不吉 脅鄕儒移學宮 已毁明倫堂 鏞廉知之
則掩捕以懲之 又觀察使徐龍輔 於七重河沿邑 糶粟爲錢徵高賈 且曰
是衿川治道之費也 欲輕糶得乎 於是 小民怨之曰苦哉華城也 果川亦
有路 奚爲乎衿川 謂上數幸寢園故 有此煩費也▶鏞歸而奏之 內醫康
命吉爲朔寧郡守 地師金養直爲漣川縣監 皆怙寵犯法貪婪無忌憚 鏞劾
奏之得照律 十二月 上議以明年追上徽號于莊獻世子 爲乙卯是莊獻誕
生之回甲也 因亦上號于太妃太嬪 設都監于禮曹 蔡文肅公爲都提調
鏞與權坪爲都廳郎 時朝臣議徽號八字 無金縢彰孝之義 上欲改議 無
以執言 密咨于文肅 李家煥曰 所上有開運字 此是石晉年號 宜以是言
之 上大悅 遂命改議▶乃上之曰 章倫隆範 基命彰休 章倫隆範是金縢
意也 大提學徐有臣 撰玉冊文 又不言金縢事 應敎韓光植疏論其疎謬
上以韓疏下于都監諸臣 令議改撰當否 或點改一二句可乎 時 都監提
調閔鍾顯沈頤之李得臣李家煥 皆沈吟無定議 鏞曰 凡表箋詔誥之類
若其字句有病 略略刪潤焉可也 今玉冊不言金縢事 是命脈都誤 不得
不改撰 無以遺君父憂也 都提調蔡公遂請改撰焉 事旣竣將封而獻之
吏白曰 太嬪宮玉冊金印將書之曰 臣謹封乎 抑不臣也▶蔡公令博考儀
軌 皆不得所據 日中不決 遑遑不知所爲 鏞進曰 臣謹封可矣 蔡公目攝
之欲毋妄言 閔沈兩公曰 何哉 鏞曰 今玆玉冊玉寶金印諸物 都監諸臣

以其名 上之于太妃太嬪則 朝廷於太嬪 平日不稱臣 今亦不臣可也 今
我諸臣 承上命 造此玉冊諸物 上之于大殿 大殿自以其孝誠 獻之于太
妃太嬪 今我於大殿何爲不臣 蔡公大悟曰 善 一座稱善 是日諸郎官胥
吏 觀者咸以爲快議 遂定 後數日 蔡公語之曰 臣與不臣關係極大謂於
追崇之義有嫌 吾始聞君言大驚 及聞其釋義 乃豁然也 時內閣學士鄭
東浚 稱疾家居 陰執朝權 招納四方貨賄 貴臣名卿 每夜集百花堂讌會
中外側目 鏞常欲擊東浚▶草疏曰 內閣之設 卽殿下述先美振文治 而
兼寓經遠之謨者也 凡在臣僚 孰不欽仰 第其選授或非其人 寵待有踰
其分則 驕侈以萌 謗議以興 如閣臣鄭東浚之引疾家居 不效夙夜之勞
人莫不疑怪其事 況其第宅踰制 行路指點 此在閣臣恐非好消息 伏願
殿下 稍加裁抑 使之謹拙守分則 非但朝野解惑 抑亦自家之福也 甲寅
冬 再入玉堂 皆卽遞去不果上 乙卯春 東浚事發自裁 遂已之 正月 特
除司諫 尋擢爲通政大夫同副承旨 以都監勞也▶二月 上陪太嬪及率郡
主縣主 幸華城 一日 命鏞治裝 莫知攸職 後數日 特除兵曹參議 以侍
衛從焉 在華城與宴賡和 寵遇頗摯 旣還 令於兵曹直中半夜 作七言排
律百韻 及奏稱旨上命館閣諸學士閔鍾顯沈煥之李秉鼎等 批評以進 令
內閣學士李晩秀朗讀 加御批御評 獎諭隆重 賜鹿皮一領以寵之 上謂
近臣曰 予將處鏞以館閣故 先爲之示意也 是年春 鏞爲會試一所同考
官 旣唱名 南人爲進士者五十餘人 時輩謬謂鏞行私濟其黨 上聞之大
怒 据他事下獄 至十餘日責諭震疊 謂放恣無忌 又諭曰 平生不復秉朱
筆 又令銓曹勿擬官職▶後數日 上御春塘臺試士 特命鏞爲對讀官 鏞
惶恐不知所爲 上諭蔡弘遠曰 予後知之 南人與選者皆二所 丁鏞一所
也 無行私事 令入處奎瀛府與李晩秀李家煥李益運洪仁浩徐俊輔金近
淳曹錫中等 共撰華城整理通考 鏞所掌特多 旣數日 上苑百花盛開 上
於映花堂 下騎馬 內閣臣蔡濟恭以下十餘人 及臣鏞等六七人 皆騎內
廐馬扈從 循宮牆一匝 還至石渠門下馬 轉至籠山亭 曲宴 凡禁苑中水
石花卉之勝 几案圖書之秘 無不窺者 旣又移蹕至瑞蔥臺 上發射令諸

臣觀 向夕引至芙蓉亭 賞花釣魚 令鏞等汎舟太液池 應敎賦詩 宣飯訖
賜御燭歸院 後數日 上幸洗心臺嘗花 鏞又從焉 洒旣行▶上賦詩 令諸
學士賡和 內侍進彩牋一軸 上命鏞入御幕中 寫詩 鏞於榻前抽筆 上以
地勢不平命安軸于御榻上 寫之 鏞頓首不敢進 上亟命之 鏞不得已如
命揮毫點墨 上皆逼視之 稱善 其見待如此 夏四月 蘇州人周文謨 變服
潛出 匿于北山之下 廣揚西敎 進士韓永益知之 告于李晳 鏞亦聞之 晳
告于蔡相公 公密告于上 命捕將趙圭鎭 掩捕之 文謨逸 執崔尹等三人
杖殺之 睦萬中等 煽動浮言 欲因此盡陷善類 陰嗾朴長卨 上疏論李家
煥誣云 丁若銓庚戌對策 以五行爲四行 而家煥擢之爲解元 上覽對策
察其誣 下諭以辨之 流長卨于四裔 而惡黨蜚語日甚 時宰勢家習聞其
說 謂李家煥等 實其根氐 不可以不罪也 上苦之 秋黜家煥補忠州牧使
鏞補金井驛察訪 李承薰投配禮山縣 其日下諭曰 渠若目不見非聖之書
耳不聞悖經之說 無罪渠兄何登公車 渠欲爲文章則 六經兩漢 自有好
田地 其必務奇求新 至於狼狽身名 抑何嗜慾▶雖云蹤跡不綻得此梁楚
卽其斷案 設已向善 因此自拔 在渠無非玉成 前承旨丁鏞 金井察訪除
授 當刻登程 俾圖生踰江漢之方 金井在洪州地 驛屬多習爲西敎 上意
欲令鏞曉喩以禁之也 鏞至金井 招其豪 申諭朝廷禁令 勸其祭祀 士林
聞之 謂有改觀之效 於是 請木齋李森煥 會于溫陽之石巖寺 時內浦名
家子弟 若李廣敎 李鳴煥 權夔 姜履五等 十餘人 亦聞風來集 日講洙
泗之學 校星翁遺書 十日而罷 又訪北溪尹就協 方山李道溟 皆有志之
士也 冬以特旨 內移 時李鼎運 出爲湖西觀察使 前使柳焵 捕李存昌
謂鏞與聞其謀 欲歸功於鏞 使得自拔 上聞之 密諭鼎運 飭到界卽具奏
聞 令鏞得因此遂開進途 李益運又傳 上諭 令鏞條擧事實 以付鼎運▶
鏞曰 不可 士君子立身事君 雖捕澄玉施愛 尙不足據以爲功 況此小豎
又未嘗發謀畫策 今敭然鋪張 以捕捉徼君之惠 死不敢爲也 乞無遵上
旨 使我愧死 益運憮然而去 蓋以此忤旨云 其後金履永 又補金井察訪
還白鏞在金井 誠心牗哉 且居官廉謹 沈煥之奏曰 丁鏞因軍服事 特命

停望 至今未解 其人旣可用 且於金井多所牖戴 請復收用 上允之 丙辰
春 因刑曹錄啓下諭曰 近聞筵臣言 內浦一帶 爲外補察訪誠心敎戴 有
刮目之效 特賜中和尺 仍降御詩二首 令鏞賡進 秋 上遣檢書官柳得恭
詢奎韻玉篇 義例于李家煥及鏞 至冬 召鏞入奎瀛府 與李晚秀李在學
李翼晉朴齊家等 校史記英選 數賜對議定書名 日賜珍膳奇味 以飫之
又數賜米柴炭雉鮓柿橘之屬 及奇香珍物 十二月 除兵曹參知 尋移右
副承旨 陞左副▶丁巳春 賜對于大酉舍宣飯 下詢貨殖傳袁盎傳疑義
承命就外閣 與李書九尹光顔李相璜等 校春秋左氏傳 又命爲泮試對讀
官 下諭令秉朱筆考卷 皆異數也 六月再入院 爲同副承旨 乃上疏洞陳
本末 以達其致謗之由 略曰 辭不迫切 謂之看書 苟唯看書而止則 豈遽
罪哉 蓋嘗心欣然悅慕矣 蓋嘗擧而夸諸人矣 其於本源心術之地 蓋嘗
如膏漬水染根據枝縈而不自覺矣 反覆說累千言▶上批答曰 善端之萌
藹然若春噓物苗 滿紙自列 言足感聽 筵臣亦多爲鏞言者 上爲之嘉獎
會谷山都護使貶遞 上以御筆書鏞名 以授之 鏞陞辭 上曰 向來之疏 文
詞善而心事明 誠未易也 正欲一番進用 議論苦多不知何故 且休惘悵
且遲一二年無傷也 行且召之 無用惘悵然也 時時貴讒嫉者多 上意欲
令鏞居外數年 以凉之耳 先是 上令金履喬履載洪奭周金近淳徐俊輔等
諸臣 爲史記選纂註 旣進 病其煩贖 思欲刪正 至是上曰 谷山閑邑也
其往爲之 鏞受命而退 每簿書有暇 覃精隲栝 書旣成因內閣進之 李晚
秀報曰 書奏稱旨 谷山之民 有李啓心者 性喜談民瘼 前政時 砲手保棉
布一疋代徵錢九百 啓心率小民千餘人 入府爭之 官欲刑之 千餘人蜂
擁啓心 歷階級呼聲動天 吏奴奮梃以逐之 啓心逸 五營譏之不可得 鏞
至境 啓心疏民瘼十餘條 伏路左自首 左右請執之 鏞曰毋 旣首不自逃
也 旣而釋之曰 官所以不明者 民工於謀身 不以瘼犯官也 如汝者 官當
以千金買之也▶於是 凡京營上納之布 鏞親於面前度而受之 鄕校有五
禮儀 載布帛尺圖 校之時用尺 差者二寸 於是按圖作尺 期合乎京營銅
尺 以收民布 百姓便之 厥明年 布益貴 鏞乃出勑需錢及官俸錢二千餘

兩 貿布于湏西 以充京納 徵其賈于民 以償之 皆不過二百 民以爲家獲
一犢矣 國法 凡倉穀必分巡以頒之 或至八九巡 鏞每一日 召數鄉之民
使一時盡輸 以減其煩費 簡其來往 戊午冬 收糧幾畢 掌財臣鄭民始 奏
請糴谷山米七千石 是年大登 米不過斛二百十五斗 乃詳定之價四百二
十也 鏞條列利害 以報上司 趣民畢輸糧封倉以俟之 鄭公奏曰 國之爲
國以紀綱也 臣等請之 殿下允之 監司布之 乃守令悍然不遵 何以國矣
請罪鏞以懲後▶上取原報覽之曰 古者 掌財之臣 周知八路市賈賤則糴
之 貴則糶之 法也 今卿 糴賤以貴 鏞之不遵 不亦可乎 凡戶籍期至 吏
嚇民增戶 民爭輸賂以冀無增 以故 敗里日凋 富村日裕 民用不均 鏞先
修砧基簿 作縱橫表 又作地圖 設經緯線以周知民虛實強弱 及地之闊
狹遠近以故罷籍監籍吏 官爲之增減戶額 悉中情實 不數日而籍單齊到
無一人訴其寃者 每鄉甲薦報軍丁 鏞逆知其貧乞甓疢 卽應聲責之曰
某甿新自某郡來鰥而癃 何以應軍布 鄉甲錯愕 不敢復言 皆用砧基表
以知之 非它術也 節度使鄭學畊 飭簽虛錄白骨之軍 鏞曰何哉 軍布莫
良於虛錄 軍簽莫善於白骨 愼勿生事 鄭未喩 鏞曰有軍布之契 有役根
之田 此戶布也▶戶布者 國家之所欲亟行而不能者也 民自爲之 何爲
亂之 事遂已 建政堂修公廨 乃取諸庫諸廳事例節目 悉毀棄之 新立條
例 以行之 先是費用每詘 再斂民戶 自兹充羨有餘裕 後尹 有欲改之者
吏民皆執不可 終不得改一條焉 戊午冬季 沴疾猝自西路至 鏞先寢疾
而邑中老者得則 必死 不數日而哭聲動四鄰 鏞勸民相療治以米粟賙其
急 又葬薶其無主者 歲旣新 鏞方擁被 趣召勅需監吏 令于白川江西寺
亟往貿鋪塾紋席 僉愕不喩曰 勅使來乎 曰否 猶宜速往 吏往貿之 還到
平山府 義州撥馬飛奔過之曰 皇帝崩 勅使來矣 吏旣回 一府大驚 鏞曰
無異也 病自西方來 老人皆死 是以知之▶春假衙戶曹參判 爲黃州迎
慰使 留黃州五旬 上密諭 令鏞廉訪道內守令臧否 及餼賓諸弊 以守令
而察守令 亦稀有也 先是道內有疑獄二 鏞密奏之 上諭監司查審 監司
李義駿差鏞行查 二獄皆決 會夏旱 上欲審理庶獄 念鏞獄詞稱旨 遂除

兵曹參知 在道除同副承旨 入都除刑曹參議 旣登筵 上謂刑曹判書趙
尙鎭曰 卿今老矣 參議年少頗聰穎 卿宜高枕一付之參議也 判書得此
諭 凡庶獄疏決一委之 鏞多所平反有一邨枉罹獄旣老莫肯白者 鏞溯考
初覆檢公案發其冤 上命直於曹庭給衣冠白放 武臣李聖師買一婢 及聖
師死有訟 會有臺言激 上怒 上命執其孫某杖問一百下 天威震疊 令察
其拷掠 一曹惶怯 鏞曰苟拷之酷死而已 殺士非聖意也 筋備數而止 奏
言無罪 上意以解 有一奸民 重賣貢物 託云朱券在華城不可得 鏞鞫之
曰 幺麽小民 敢欲憑華城爲城社得乎 兩日而朱券至矣 一日上曰 爾自
海西來 宜陳痼瘼 鏞奏椒島屯牛事 上卽命下諭盡除牛籍 又奏勅使迎
接諸弊▶上曰李相時秀 新經遠接使 其往議之 遂命所費 皆報銷之 時
眷注日深 夜分乃罷 不悅者忌之 洪時溥謂鏞曰 子其愼之 吾儕有爲玉
堂吏者曰 丁公夜對未罷則 玉堂遣吏伺候憂不能寐 子其堪之乎 未幾
大司諫申獻朝 啓論權哲身 遂及鏞兄 啓未畢 上怒譴之 朝報無文 鏞不
知也 臺臣閔命赫 又論鏞冒嫌行公 鏞引疾不出 踰月乃遞 冬有庶孽趙
華鎭者上變 言李家煥丁鏞等 陰主西敎 謀爲不軌 韓永益爲其腹心 上
察其誣 以變書宣示家煥等且曰 韓永益告北山事 安得爲腹心 閣臣沈
煥之 忠淸觀察使李泰永 咸以爲誣事得已 趙華鎭 嘗求婚於韓 韓不聽
以其妹嫁鏞之庶弟鐥 以此謀殺永益 以及鏞也 上每讀一部書訖 太嬪
具膳羞 爲洗書禮 以循閭巷童穉之俗 上爲賦詩令鏞賡之 庚申春 鏞知
讒忌者多 欲歸田以避鋒 領妻子歸馬峴故里 未數日 上聞之 令內閣趣
召 臣旣還▶上因承旨諭意曰 奎瀛府 今爲春坊 侯定處所 須入校書 予
豈捨渠哉 夏六月十二日 方月夜閒坐 忽有叩門聲納之 乃內閣吏也 持
漢書選十件來傳 下諭曰 久不相見 欲召爾編書 鑄字所 新改壁泥晦間
始可來登筵也 慰藉備至 且曰 是書五件 留作家傳物 五件 書題目 還
入之可也 閣吏言下諭時 顏色眷戀 辭旨溫諄 特異也 吏旣出 感激涕泣
心動不自安 自厥明日 玉候愆和 至二十八日 天竟崩矣 卽此夜遣吏賜
書存問 遂爲永訣君臣之誼 於斯夕而永終矣 鏞每念及此 淚汪汪不可

禁也 登遞之日 聞急至弘化門前 逢趙得永 相與拊心失聲 攢塗之日 坐
肅章門側 與曹錫中說哀 公除之後 漸聞惡黨雀躍 日造蜚語危言 以惑
時聽 至曰李家煥等 將作亂以除四凶八賊 其四八之目 每半舉時宰名
士 半自以其汪朋充額 以激時怒鏞度禍色日急 卽遣妻子歸馬峴 獨留
都下 以觀時變 冬旣卒哭 大歸冽上 唯朔望赴哭班 辛酉春 太妃下諭
有劋殄滅之之戒▶正月小晦 李儒修尹持訥 書報冊籠事 鏞疾馳入都
所謂冊籠 乃五六人混雜文書 其中有鏞家書札 尹行恁知其狀 與李益
運議欲令柳遠鳴上疏請拿問鏞 以殺其禍鋒 崔獻重洪時溥沈逵李晳等
皆力權其承受 將轉禍爲福 鏞皆不聽 二月八日 兩司發啓請鞫 李家煥
丁鏞李承薰皆下獄 鏞之兄銓鍾 及李基讓權哲身吳錫忠洪樂敏金健淳
伯淳等 皆以次入獄 乃其文書堆中却多鏞昭脫之證 尋除械 府內保放
諸大臣時招與議獄事 委官李秉模曰 行將白放 其加餐自愛 沈煥之曰
咄咄婚友 不可恃 知義禁李書九 承旨金觀柱 多平反寬恕 參鞫承旨徐
美修 密招賣油婆 通獄情于鏞之妻子 俾知鏞情輕無死慮 勸之飯以生
諸大臣皆議白放 唯徐龍輔執不可▶鏞配長鬐縣 其兄銓配薪智島 而鍾
及焉餘皆不免 唯李基讓謫端川 吳錫忠謫荏子島 時惡黨知鏞不死 以
亂堆中三仇之說 勒定爲丁家文書 又誣之爲凶言 遂加鍾極律 以塞鏞
復起之路 乃故翊贊安鼎福所著書 明有三仇之解 其誣之也明矣 是年
夏 獄事益蔓延 王孫䄄 戚臣洪樂任 閣臣尹行恁 皆賜死 鏞旣至鬐 作
己亥邦禮辨 考三倉詁訓 著爾雅述六卷 哦詩不輟以自遣 及冬 逆豎黃
嗣永就捕 惡人洪羲運李基慶等 以百計恐脅朝廷 自求入臺地 發啓請
再鞫 鏞等必殺乃已 羲運者 樂安之變名也 時鄭日煥 自海西還 盛言鏞
有西土遺愛不可殺 且云 不出囚招 無發捕之法 勸煥之勿動 煥之乃請
太妃 允春間臺啓 於是 銓鏞及李致薰李寬基李學逵申與權等 又逮入
獄 委官以凶書示鏞曰 逆變至此 朝廷亦何慮之不及▶凡看西書一字者
有死無生 然按事皆無與知狀 又諸大臣見所捉文書 有禮說爾雅說 及
所作詩律 皆安閒精核 無與賊交通色意 憐之入奏其無罪 太妃察其誣

命六人並酌放 而謂湖南有餘憂 以鏞配康津縣以鎭之 銓配黑山島 餘
皆移配兩南 時尹永僖欲知鏞死生 訪大司諫朴長卨 問獄情 洪羲運適
至 僖避入夾室 羲運下馬入戶 勃然怒曰 殺千人 不殺鏞 不如無殺 公
何不力爭 長卨曰 渠自不死 吾何以殺之 旣去 長卨謂僖曰 沓沓人哉
謀殺不可殺之人 再起大獄 又責我不爭 鏞旣至康津 杜門不見人 壬戌
夏 縣監李安默 又誣以微事 無實乃已 癸亥冬 太妃特命鏞與蔡弘遠同
放 相臣徐龍輔沮止 戊辰春 徙居茶山 築臺穿池 列植花木 引水爲飛流
瀑布 治東西二菴 藏書千餘卷 著書以自娛 茶山在萬德寺西 處士尹博
之山亭也 石壁刻丁石二字以識之▶庚午秋 鏞之子學淵 鳴金以籲寃
刑曹判書金啓洛 請上裁命放逐鄕里 洪命周疏論不可 且有李基慶攸發
之臺啓 不果放 甲戌夏 臺臣趙章漢停啓 禁府將發關 姜浚欽上疏至毒
判義禁李集斗畏之不敢發 戊寅夏 應敎李泰淳上疏 言臺啓停而府關不
發 此國朝以來所未有者 流弊將無窮 相臣南公轍 咎禁府諸臣 判義禁
金羲淳 乃發關 鏞得還鄕里 卽嘉慶戊寅九月之望也 始辛酉春 在獄中
一日愁悶 夢有一老父責之曰 蘇武十九年忍耐 今子不忍苦十九日乎
及出獄計之 在獄十九日 及還鄕計之 自庚申流落又十九年也 人生否
泰 可曰無定命乎 旣還 徐龍輔方屛居西鄰 遣人勞慰致款曲▶己卯春
再入相府 去來皆慰問殷勤 冬朝議 欲復用鏞以經田 論旣定 龍輔力沮
之 是年春 鏞乘舟泝濕水 省墓于忠州 秋游龍門山 庚辰春 乘舟泝汕水
游春川淸平山 秋游龍門山 消搖山澤間 以終焉 鏞旣謫海上 念幼年志
學二十年沈淪世路 不復知先王大道 今得暇矣 遂欣然自慶 取六經四
書 沈潛究索 凡漢魏以來 下逮明淸其儒說之有補經典者 廣蒐博考 以
定訛謬 著其取舍用備一家之言 以先大王所批毛詩講義十二卷爲首 而
別作講義補三卷 梅氏尙書平九卷 尙書古訓六卷 尙書知遠錄七卷 喪
禮四箋五十卷 喪禮外編十二卷 四禮家式九卷 樂書孤存十二卷 周易
心箋二十四卷 易學緖言十二卷 春秋考徵十二卷 論語古今注四十卷
孟子要義九卷 中庸自箴三卷 中庸講義補六卷 大學公議三卷 熙政堂

大學講錄一卷 小學補箋一卷 心經密驗一卷 已上經集共二百三十二卷
其爲詩則曰 詩者諫林也 舜之時以五聲六律納五言 五言者 六詩之五
也 風賦比興與雅爲五 唯廟頌不在計也 瞽矇朝夕諷誦 歌者唱和琴瑟
使王者聞其善而感發 聞其惡而懲創故 詩之褒貶嚴於春秋 人主畏之故
曰詩亡而春秋作也 風賦比興 所以諷也 小雅大雅 正言以諫之也 其爲
書則 曰梅賾二十五篇僞也▶考史記兩漢書及晉隋書儒林經籍之志 而
其僞顯然不可以不黜也 曰璿璣玉衡 非象天之儀器 禹貢之三底績 爲
九載三考 洪範九疇 爲井田之形 故二八相應 四六相承也 其爲禮則 曰
鄭玄之註 不無傳襲之誤 而先儒奉之如聖經過矣 喪儀有匡曰 疾病者
命已絶也 男女改服者 改以淡素也 曰天子諸侯之喪 先成服而後大斂
也 曰天子諸侯大夫士 各以末虞爲卒哭 卒哭無別祭也 曰祔者 祔之以
神道而已 非祔於主 非祔於廟也 曰吉祭者 四時之常事 非所以審昭穆
也 喪具有訂曰 冒如夷衾 非所以囊之也 曰握手 非兩緣中以象兩也 曰
旣有掩首 幅巾宜廢 然且豎裪不可宜作橫裪也 曰深衣之幅十二 而前
三後四同於他裳 其三疊于前裾 其二袧于腋下 鉤邊者 袧邊也 曰塗匠
納車 所以載柩蜃車者 蜃炭之車 四輪迫地 非制也 喪服有商曰 首絰交
結 宜在項後 若結在左右 卽左本者 兼左末 右本者 兼右末也 曰要絰
受葛 乃有三糾絞帶 三重非禮也 曰喪冠有武 斬亦用布一條 繩以爲武
非禮也 曰五服之衰 皆象祭服 衰者 方心也 適者 曲領也 負者 後綏也
辟領雕刻 非制也 輕服去衰適負 非禮也 曰帶下尺 不可作橫幱 衽當
旁 不可作燕尾也 曰小斂環絰 是弔服之葛絰 天子·弔國君以下 皆用環
絰 故曰君大夫士一也 小斂 直著緦絰 絰無二也 喪期有別曰 期之喪
十一月而練則 爲祖父母伯叔父母 爲昆弟 昆弟之子 皆當有練 若不練
者 父在爲母 而練者其服反輕也 曰爲人後者 爲其祖父母伯叔父母 不
降服大功 其所降服 自兄弟以下也 馬融之遺義也 曰爲人後者 或弟爲
兄後 或孫爲祖後 故名稱不變 而父母其父母也 曰爲祖父母承重者 父
亡在小斂卽位之先者 承重 在小斂卽位之後者 不承重 曰父亡祖父在

而祖母卒者 不承重也 曰妾子之子 爲其妾祖母 不承重也 曰天子諸侯
之喪 母后亦爲之斬衰 以疏者皆斬 親者不得不先斬也 祭禮有定日 侯
邦大夫之祭 不得過三世也 曰太祖不遷 不可以遷于別廟也 曰支子不
祭 最長房之遷主 非禮也 曰大夫二祭而已 不可舉四時也 曰闔戶者 殤
厭之禮 旣侑旣三獻 不可又闔戶也 曰太牢少牢特牲特豚▶其籩豆簋鉶
之數 各有定例 散見於三禮春秋 君大夫士各有差級 不可任情增減 又
爵與鉶俎用奇數 簋與籩豆用偶數 不可亂也 其爲樂則 曰五聲六律 不
是一物 六律以制器 樂家之先天也 五聲以分調 樂家之後天也 辨鄒衍
呂不韋劉安等 吹律定聲之邪說 而三分損益 娶妻生子之說 卦氣月氣
正半變半之說 咸所不取也 曰六律 各三分損一以生六呂 以遵伶州鳩
大均細均 三紀六平之遺法也 其爲易則 曰易有三奧 一曰推移 二曰爻
變 三曰互體 十二辟卦 以象四時 中孚小過 以象兩閏於此乎推移以作
五十衍卦 此之謂推移也 乾初九者 乾之姤也 巽爲入伏故 謂之潛龍 乾
九四者 乾之小畜也 巽爲股自下而升于上故 謂之或躍也 坤初六者 坤
之復也 一陰始合 將爲純乾 乾爲冰故 履霜堅冰至 此之謂爻變也 泰之
兩互卽爲歸妹 四爻之動 又成臨卦 故曰翩翩不當 皆失實也 否之兩互
卽爲漸卦 五爻之動 又成重艮 故曰其亡其亡繫于桑也 雜物撰德 皆取
互象 此之謂互體也 三奧具而物象妙合 三奧具而升降往來消長起滅
萬動以寓而聖人之情 見乎辭 以八乘八者 木强之死法也▶曰蓍卦之數
參天兩地 一天二地則 少陽七也 一地二天則 少陰八也 三天則爲老陽
九 三地則爲老陰六 老無不變故 九六謂之爻 六畫非爻 六畫之動 爲爻
也 曰反對者 易之序也 其無反對者 又取倒體 故曰大過顚也 曰顚頤吉
也 而坎之六三得爲巽入 離之初九 得爲震倒也 曰易有逆數 本無順數
先天卦位 於理不合 朱子答王子合書 在所表章也 其爲春秋則 曰諸侯
之奉王正 禮也 雖云周衰宜揭王正 且在當時列國參用夏正故 夏取溫
之麥 秋取成周之禾 必書曰王正月 以明其爲子月也 曰一字之褒 或善
同而例異 一字之貶 或惡殊而例均 夏五之類 因史之闕文 不必曲解如

先儒也 曰左氏策書 非春秋之傳 其釋經義者 漢儒之潛增 不如是不足
以廢公穀也 曰郊祭上帝 其祭五方 上帝者 漢儒襲秦人之謬也 曰禘者
五帝之祭 周禮不言禘 其云祭五禘者 禘也 故觀射父每以禘郊之事 連
言之也 曰冬至圜丘之祭 別是禴禮非卽郊天之祭也 曰春秋之世 喪期
不變 杜預立諒闇之義 以文其短喪之過 不可遵也 其爲論語則 異義益
夥 曰孝弟則仁 仁者總名也 孝弟者 分目也 仁自孝弟始 故曰爲仁之本
也 曰北辰居其所 以直南極人主正心之象也▶一心正而百官萬民與共
運化 所謂而衆星共之也 共之爲向 無味之言也 曰騂且角者 牛之賤品
也 牛貴黝貴繭 栗貴握尺 若騂而角成者 歸於山川而已 仲弓之賢 不如
伯牛 故貶而存之也 曰告朔有三 一曰告朔 二曰祭朔 三曰視朔 四不視
朔而祭未嘗闕之也 四不視朔而誣之 曰百年不視朔 非理也 祭廟之牲
不名爲餼 餼者 賓餼也 周室衰微 王人不復頒告朔于侯邦 故子貢欲去
其餼也 曰東周者 東魯之隱語也 公山弗擾畔季氏 以扶公室 故孔子欲
遷公室據費邑 以爲東魯 如東周也 曰升堂者 堂上之樂 雅頌是也 入室
者 房中之樂 二南是也 子路之瑟 能爲雅頌而不能爲二南 故夫子設喩
也 曰子見南子欲勸 使召聵 以全其母子之恩也 故曰予所否者 天厭之
若夫大夫之見小君 當時之恒禮也 曰上智下愚 非性品之名 守善者 雖
與惡相狎習不爲所移 故名曰上智 安惡者 雖與善相狎 習不爲所移 故
名曰下愚▶若云人性原有不移之品則 周公曰唯聖罔念作狂 唯狂克念
作聖 爲不知性者也 曰甯武子始從衛成公 沾體塗足 備嘗險艱 此忘身
殉國之愚忠 及成公還國 孔達爲政 斂避權要 此安身保家之智慧也 安
身之智 猶可及也 殉國之愚 不可及也 今以韜晦爲愚則 人主無與濟時
艱也 其爲孟子則 曰天子之臣 得有千乘則 三公六卿 各得千乘 所餘止
千乘 天子與九臣 各得千乘 非十卿祿 小宰小司徒以下 又無以沾寸祿
萬乘者 晉齊之類 韓魏趙田氏之等 是千乘之家 弑其君也 孟子固嘗以
燕齊爲萬乘也 曰不嗜殺人卽不殺人以政 乃凶年賑救之類 非漢高祖宋
太祖 不喜屠戮之謂也 曰夏后氏五十畝 殷人七十畝 非塞畖夷塍改作

井田也 曰是氣也 配義與道 無義與道則 氣餒焉 此呂子約李叔獻之遺
義也 曰性者嗜好也 有形軀之嗜 有靈知之嗜 均謂之性 故召誥曰節性
王制曰節民性 孟子曰 動心忍性 又以耳目口體之嗜爲性 此形軀之嗜
好也 天命之性 性與天道 性善盡性之性▶此靈知之嗜好也 曰本然之
性 原出佛書 與吾儒天命之性 相爲氷炭 不可道也 曰萬物皆備於我者
强恕求仁之戒也 爲人子爲人父爲人兄弟夫婦賓主之道 經而三百 曲而
三千 皆備於我 反身而誠則 克己以復禮 天下歸仁 非萬物一體萬法歸
一之意也 曰孟子論性並及耳目口體 無論理不論氣之病也 曰王莽曹操
氣質大抵淸 周勃石奮氣質大抵濁 善惡在乎力行 不在乎氣質也 其爲
中庸則 曰舜命典樂敎冑子直而溫 寬而栗 剛而無虐 簡而無傲 周禮大
司樂敎國子 中和祇庸卽其遺法 皐陶以九德用人 周公立政云迪知忱恂
于九德之行卽其遺法 洪範曰高明柔克沈潛剛克 皆中和之義 允執厥中
猶是大綱說也 曰庸者 常久不斷之德也 道不可須臾離 庸也 民鮮能久
矣 庸也 不能期月守 庸也 國有道不變 國無道不變 庸也 半塗而廢吾
不能已 庸也 庸德之行 庸言之謹 庸也 至誠無息不息則久 庸也▶文王
之純亦不已 庸也 回也三月不違仁其餘日月至焉 庸也 不克終日勸于
帝之迪 庸也 卽皐陶九德之目 結之以彰厥有常 立政九德之戒申之曰
其唯常德 易曰能久中也 皆中庸之義 中而能庸則 聖人而已矣 曰不睹
是我所不睹 不聞是我所不聞 天之載也 隱者天之體也 微者天之跡也
隱而莫見乎隱 微而莫顯乎微 是以恐懼戒愼謂天無知 是以無忌憚也
曰喜怒哀樂之未發 平居之恒境 非心知思慮之未發也 曰罟擭陷阱 非
有司之刑禍也 曰素隱者 無故而隱 非如伯夷泰伯遭人倫之變者也 曰
改而止者 以柯視柯 長則改之 短則改之 大則改之 小則改之 期同乎舊
柯而後止焉 人之强恕 亦猶是 非使人改過之謂也▶曰道心人心 出道
經 唯一唯精 出荀子 義不可相連也 道與人之間 無以執其中 一而後精
非執兩而用之也 其爲大學則 曰大學者 冑子國子之學宮也 冑子國子
有臨下治民之責 故敎之治平之術 非匹庶 凡民之子所得與也 曰明德

者 孝弟慈 非人之靈明也 曰格物者 格物有本末之物 致知者 致知所先
後之知也 曰誠者 物之終始 誠意所以進之在上也 口正心卽修身 身有
所忿懥 不可改也 曰老老者 太學之養老也 長長者 太學之齒世子也 恤
孤者 太學之饗孤子也 曰民生有欲曰富與貴 君子在朝 期乎貴 小人在
野 期乎富 故用人不公 不賢賢親親則 君子離 斂財無節 不樂樂利利則
小人畔而國隨以亡 故篇末申申戒此二事也 其所以學先王之道則 曰心
之虛靈受之於天 不敢曰本然 不敢曰無始 不敢曰純善 心之官思 反觀
未發前氣象 非所以治心也 可善可惡者 才也 難善易惡者 勢也 樂善恥
惡者 性也 率此性而無違 可以適道 故曰性善也 二人爲仁 事父孝仁也
▶事兄恭仁也 事君忠仁也 與友信仁也 牧民慈仁也 東方生物之理 天
地至公之心 不可以訓仁也 强恕而行 求仁莫近 故曾子學道 告以一貫
子貢問道 告以一言 經禮三百 曲禮三千 貫之以恕 爲仁由己 克己復禮
此孔門之正旨也 誠也者 誠乎恕也 敬也者 復乎禮也 以之爲仁者 誠與
敬也 然恐懼戒愼昭事上帝則 可以爲仁 虛尊太極 以理爲天則 不可以
爲仁 歸事天而已 始鏞玩易硏禮 以及諸經 每一悟解 若有神明默牖 多
不可告於人者 其兄銓 在黑山海中 每一編成 見之曰 汝之所以至此 汝
不能自知也 嗚呼道喪千載 蒙之以百蔀 披之剔之豁其翳薈 豈汝之所
能爲哉 詩云天之牖民 如塤如箎 知性之爲嗜好 知仁之爲孝弟 知恕之
爲仁術 知天之有降監 誠之敬之 勉勉焉孳孳焉▶不知老之將至者 非
天之所以錫鏞福者乎 又所作詩律十有八卷 刪之可六卷 雜文前編三十
六卷 後編二十四卷 又雜纂門目各殊 經世遺表四十八卷 未卒業 牧民
心書四十八卷 欽欽新書三十卷 我邦備禦考三十卷 未成 我邦疆域考
十卷 典禮考二卷 大東水經二卷 小學珠串三卷 雅言覺非三卷 麻科會
通十二卷 醫零一卷 總謂之文集共二百六十餘卷 經世者何也 官制郡
縣之制 田制賦役 貢市倉儲 軍制科制 海稅商稅馬政船法營國之制 不
拘時用 立經陳紀 思以新我之舊邦也 牧民者何也 因今之法而牧吾民
也 律己奉公愛民爲三紀 吏戶禮兵刑工爲六典 終之以賑

荒 一目 各攝六條 搜羅古今 剔發奸僞 以授民牧庶幾一民有被其澤者
鏞之心也 欽欽者何也 人命之獄 治者或寡 本之以經史 佐之以批議 證
之於公案 咸有商訂 以授獄理 冀其無寃枉 鏞之志也 六經四書 以之修
己 一表二書 以之爲天下國家 所以備本末也 然知者旣寡 嗔者以衆 若
天命不允 雖一炬以焚之 可也 母尹氏 父德烈 祖父斗緖 曾祖爾錫 宗親
府典簿 妻豐山洪氏 父和輔 承政院同副承旨 鏡北節度使 祖父重厚 同
知敦寧府事 曾祖萬紀 承政院右副承旨 洪氏生六男三女 夭者三之二
男長曰學淵 次曰學游 女適尹昌謨 學淵之子曰大林▶ 鏞生於乾隆壬
午 今逢道光壬午一甲子六十朞 皆罪悔之年也 收而結之 以還一生 其
自今年精修實踐 顧諟明命 以畢其餘生 遂於屋後負子之原 畫爲壙形
略紀其平生言行 以爲窀穸之誌 其銘曰 爾紀爾善 至於累牘 紀爾隱慝
將無磬竹 爾曰予知 書四經六 考厥攸行 能不愧忸 爾則延譽 而罔贊揚
盍以身證 以顯以章 斂爾紛紜 戢爾猖狂 俛焉昭事 乃終有慶▶補遺▶
庚戌冬 承命方夜在尙衣院 讀論語 忽閣吏來 袖中出一紙 示之曰 此明
日講章也 余愕然曰 此豈講員所得窺者耶 吏曰無傷也 此上敎也 余曰
雖然不敢窺 且當讀全篇 吏笑而去 厥明日登筵 上謂閣臣曰 丁某須別
命他章也 旣講不錯 上笑曰 果讀全篇矣 □後數日 方夜風雪大寒 自內
宣饌于讀書諸臣 鏞自尙衣院 赴內閣 夜如漆觸牆而傷其顴 厥明日 入
侍于春塘臺 上見顴有蠟紙 曰蠟紙何也 無乃前夜過飮酒醉倒否 對曰
非 敢過飮 夜如漆也 上曰古有醉學士 亦有顚學士 如云大醉 顧非顚學
士乎▶癸丑間大政前數日 上密諭蔡公 問南人中急於臺通者何人 並令
李家煥李益運丁鏞等 各陳所見 蔡公與兩李 皆曰權心彦最急 蓋自百
餘年來 南人久被枳塞 一通不過一人 故對之如是也 鏞疏錄二十八人
詳著其世閥 科名及文學政事之優劣 以進之曰 此二十八人 無不時急
其孰先孰後 唯在聖度 臣不敢與也 後數日 大政別諭銓官吏曹判書李
文源 凡入疏錄者 八人得通 後數日 又復通之 不過數年之間 施行殆盡
乙卯三月 上幸龍山悒淸樓 召王孫䄄于沁都 張樂設宴 禁旅守其北門

如鐵壁 大臣近臣 皆不敢入宴罷特於樓上 召鏞爲右副承旨 旣還宮方
夜召鏞至前忽有聲自頭上 錚然落地 視之尙方劍也 諭曰 李家煥李益
運等 以俗習 討沁謫 其令上疏自首 不爾且以此劍 斬二人矣 鏞念上諭
至當 不必覆逆 退而趣上疏 事得已 戊寅秋 鏞方生還 睦台錫上疏至毒
鏞使人語之曰 爾王父在當時 論我不過曰 以若地處以若文華 何官不
做 入而質言於君父 出而追隨依舊 不思所以自拔之圖 爾於今何毒害
至是 或曰是家計也 尋有嶺南人辛碩林疏攻台錫 爲李泰淳報也▶鏞習
於周禮 多建新義 其論六鄕之制 曰六鄕在王城之內 匠人營國體爲九
區 王宮居中 面朝後市 左右六鄕 兩兩相嚮 鄕者嚮也 夏官量人凡作都
鄙 皆爲九州 箕子作平壤城 城中畫爲井形 皆此法 鄭玄以六鄕謂在郊
外則 鄕三物敎萬民 皆無所施矣 申綽承旨 猶守鄭義 鏞往復三四 以明
其不然 金邁淳直閣 見鏞尙書平 評曰燭微洞幽則 飛衛之見蝨也 理紛
剝堅則 庖丁之解牛也 毒手礫奸則 商君渭水之臨也 血忱衛正則 卞和
荊山之泣也 一以爲孔壁撥亂之元勳 一以爲朱門禦侮之勁臣 儒林大業
莫之與京 不謂寥寥千載之下 蓁蓁九夷之中 乃有此絶等等奇事也.

第17章 雪心賦
[唐代卜應天著]

[山川理氣]▶蓋聞天開地闢 山峙川流 二氣妙運於其間 一理並行而不悖 氣當觀其融結 理必達於精微. 地學中 巒頭與理氣 是相輔相成 巒頭中不離理氣 理氣中不離巒頭. 由智士之講求 豈愚夫之臆度. 體賦於人者 有百骸九竅 形著於地者 有萬水千山. 自本自根 或隱或顯 胎息孕育 神變化之無窮 生旺休囚 機運行而不息. 地靈人傑 氣化形生 孰云微妙而難明 誰謂茫昧而不信. 水性使人通 山性使人塞 水勢使人合 山勢使人離. **[地理要略]**▶古人卜宅 有其義而無其辭 後哲著書 傳於家而行於世. 葬乘生氣 脈認來龍 穴總三停 山分八卦. 納氣指氣由外來 在內納之 故宅重門路 人居其中 納之也. 存乎人者 莫良於眸子 昧於理者 孰造于玄微. 惟陰陽順逆之難明 抑鬼神情狀之莫察. 布八方之八卦 審四勢之四維. 有去有來 有動有靜. 迢迢山發跡 由祖宗而生子生孫 汨汨水長流 自本根而分支分派. 入山尋水口 登穴看明堂. 嶽瀆鍾星宿之靈 賓主盡東南之美. 立向貴迎官而就祿 作穴須趨吉而避凶. 必援古以證今 貴升高而望遠. 辭樓下殿 不遠千里而來. 問祖尋宗 豈可半途而止. 祖宗聳拔者 子孫必貴. 賓主趨迎者 情意相孚. 右必伏 左必降 精神百倍 前者呼 後者應 氣象萬千. 辨山脈者 則有同幹異枝 論水法者 則有三叉九曲. 卜云其吉 終焉允臧. 吉地乃神之所司 善人乃天之克相 將相公侯 胥此焉出 榮華富貴 何莫不由. 知之者 不如好之者 毋忽斯言 得於斯 必深造于斯 蓋有妙理. **[論山水本源]**▶要明分合之勢 須審向背之宜. 散則亂 合則從 群以分 類以聚. 是以潛藏須細察 來止要詳明. 山聚處 水或傾斜 謂之不善. 水曲處 山如散亂 謂之無情.

取小醇而遺大疵 是謂管中窺豹. 就衆凶而尋一吉 殆猶緣木求魚. 訣以言傳 妙中心悟. 既明倒杖之法 方知卦例之非. 辨眞僞於造火之間 度順逆於性情之外 未知眞訣 枉誤世人. **[論五星]**▶細看八國之周流 詳察五星之變化. 星以剝換爲貴 形以特達爲尊. 土不土而金不金 參形雜勢. 木不木而火不火 眩目惑心. 蓋土之小巧者類金 木之尖亂者似火. 金淸土濁 火燥水柔. 木之妙無過於東方 北受生而西受剋. 火之炎獨尊于南位 北受克而東受生. 先破後成 多是水來生木. 始榮終滯 只因火去剋金. 木爲祖 火爲孫 富而好禮. 金是母 木是子 後必有災. 水在坎宮 鳳池身貴 金居兌位 烏府名高. 土旺牛田 木生文士. 水星多在平地 妙處難言. 火星多出高山 貴而無敵. 木須有節 金貴連珠. 所貴者活龍活蛇 所賤者死鰍死鱔. 雖低小不宜瘦削 雖屈曲不要欹斜. 德不孤必有鄰. 五星依此類推 萬變難以枚擧. **[論水法]**▶論山可也 于水何如. 交鎖織結 四字分明. 穿割箭射 四凶合避. 撞城者 破家蕩業 背城者 勾性強心. 發福悠長 定是水纏玄武 爲官富厚 必然水繞靑龍. 所貴者五戶閉藏 所愛者三門寬闊. 垣局雖貴 三門逼窄不須觀 形穴雖奇 五戶不關何足取. 元辰當心直出 未可言凶. 外面轉首橫欄 得之反吉. 以之界脈則脈自止 以之藏風則風不吹. 水才過穴而反跳 一文不值. 水若入懷而反抱 一發便衰. 水口則愛其緊如葫蘆喉 抱身則貴其彎如牛角樣. 交牙截水者最宜礐拔 當面瀦水者惟愛澄凝. 礐拔者 如赳赳武夫之捍城 澄凝者 若肅肅賢臣之拱位. 水口之砂 最關利害 此特擧其大略 當自察其細微. **[論龍脈]**▶水固切於觀流 山尤難於認脈. 或隱顯於茫茫迥野 或潛藏於森森平湖. 星散孤村 秀氣全無半點. 雲蒸貴地 精光略露一斑. 礐于後必應於前 有諸內必形諸外. 欲求眞的 遠朝不如近朝 要識生成順勢無過逆勢. 多是愛遠大而嫌近小 誰知迎近是而貪遠非. 會之于心 應之於目. 三吉六秀 何用強求. 正穴眞形 自然默合. 死絶處有生成氣局 旺相中察休廢蹤由. 棄甲曳兵 過水重興營寨 排槍列陣 穿珠別換門牆. 遊龜不顧而參差 是息肩於傳舍. 連珠不止而散亂 似假道於他邦.

滾滾桃花 隨風柳絮 皆是無蒂無根 未必有形有氣. 若見土牛隱伏 水纏
便是山纏. 或如鷗鳥浮沈 脈好自然穴好. 水外要四山來會 平中得一突
爲奇. 細尋朝對之分明 的要左右之交固. 堂寬無物 理合辯于周圍. 水
亂無情 義合求於環聚. 當生不生者 勢孤援寡. 見死不死者 子弱母强.
鶴膝蜂腰 恐鬼劫去來之未定. 蛛絲馬跡 無神龍落泊以難明. 仿佛高低
依稀繞抱. 求吾所大欲 無非逆水之龍. 使我快於心 必得入懷之案. 蜂
屯蟻聚 但要圓淨低回. 虎伏龍蟠 不拘遠近大小. 脈盡處須防氣絶 地
卑處切忌泉流. 來則有止 止則或孤 須求護托. 一不能生 生物必兩. 要
合陰陽. 有雌有雄 有貴有賤. 其或雌雄交度 不得水則爲失度. 倘如龍
虎護胎 不過穴則爲漏胎. 可喜者龍虎身上生峰 可惡者泥水地邊尋穴.
出身處要列並列障 結穴處要帶裩帶裍. 當求隱顯之親疏 仍審怪奇之
趨舍. 犀角虎牙之脫漏 名爲告訴之星 驪珠玉幾之端圓 卽是貢陳之相.
亦有穴居水底 奇物異蹤 更有穴在石間 剝龍換骨. 水底必須道眼 石間
貴得明師. 豈知地理自有神 誰識桑田能變海. **[論龍虎]**▶骨脈固宜剝
換 龍虎須要詳明. 或龍去虎回 或龍回虎去. 回者不宜逼穴 去者須要
回頭. 蕩然直去不關欄 必定逃移並敗絶. 或有龍無虎 或有虎無龍 無
龍要水繞左邊 無虎要水纏右畔. 或龍强虎弱 或龍弱虎强 虎强切忌昂
頭 龍强尤防嫉主. 莫把水爲定格 但求穴裏藏風 到此著眼須高 更要回
心詳審. 兩宮齊到 忌當面之傾流 一穴居中 防兩邊之尖射. 東宮竄過
西宮 長房敗絶 右臂尖射左臂 小子貧窮. 最宜消息 無自昏迷. **[論穴
法]**▶相山亦似相人 點穴猶如點艾. 一毫千里 一指萬山. 若有生成之
龍 必有生成之穴. 不拘單向雙向 但看有情無情. 若有曲流之水 定有
曲轉之山 何用九星八卦 只須顧內回頭. 莫向無中尋有 須於有處尋無
或前人著眼之未工 或造化留心以福善. 左掌右臂 緩急若冰炭之殊 尊
指無名 咫尺有雲泥之異. 傍城借主者 取權於生氣 脫龍就局者 受制於
朝迎. 大向小扦 小向大扦 不宜亂雜. 橫來直受 直來橫受 更看護纏.
須知移步換形 但取朝山證穴. 全憑眼力 斟酌高低 細用心機 參詳向

背. 內直外鉤 盡堪裁剪 內鉤外直 枉費心機. 勿謂造化難明 觀其動靜
可測. 山本靜勢求動處 水本動妙存靜中. 靜者池沼之停留 動者龍脈之
退卸. 衆山止處是眞穴 衆水聚處是明堂. 堂中最喜聚窩 穴後須防仰
瓦. 更看前官後鬼 方知結實虛花. 山外拱而內逼者 穴宜高. 山勢粗而
形急者 穴宜緩. 高則群凶降伏 緩則四勢和平. 山有惡形 當面來朝者
禍速. 水如急勢 登穴不見者禍遲. 趨吉避凶 移濕就燥. 重重包裹紅蓮
瓣 穴在花心. 紛紛拱衛紫微垣 尊居帝座. 前案若亂雜 但求積水之池.
後山若嵯峨 必作挂燈之穴 截氣脈於斷未斷之際 驗禍福於正不正之
間. 更有異穴怪形 我之所取 人之所棄. 若見藏牙縮爪 機不可測 妙不
可言. 石骨過江河 無形無影. 平地起培塿 一東一西. 當如沙裏揀金 定
要水來界脈. 平洋穴須甚酌 不宜掘地及泉 峻峭山要消詳 務要登高作
穴. 穴裏風須回避 莫教割耳吹胸 面前水要之玄 最怕沖心射脅. 土山
石穴 溫潤爲奇 土穴石山 嵯峨不吉. 單山亦可取用 四面定要關欄 若
還獨立無依 切忌當頭下穴. 風吹水劫 是謂不知其所裁. 左曠右空 非
徒無益而有損. 石骨入相 不怕崎嶇 土脈連行 何妨斷絶 但嫌粗惡 貴
得方圓. 過峽若值風搖 作穴定知力淺. 穴前折水 依法循繩 圖上觀形
隨機應變. 穴太高而易發 花先發而早凋. 高低得宜 福祥立見. 雖曰山
好則脈好 豈知形眞則穴眞. 枕龍鼻者 恐傷於唇 點龜肩者 恐傷於殼.
出草蛇以耳聽蛤 出峽龜以眼顧兒. 舉一隅而反三隅 觸一類而長萬類.
[論剋釋]▶雖然穴吉 猶忌葬凶. 立向辨方 的以子午針正. 作當依法 須
求年月日之良. 山川有小節之疵 不減眞龍之厚福. 年月有一端之失 反
爲吉地之深殃. 多是信異說而昧正言 所以生新凶 而消已福 不然山吉
水吉穴吉 而何穴多災 豈知年凶月凶日凶 而犯之罔覺. 過則勿憚改 當
求明師 擇焉而不精 誤於管見 謂凶爲吉 指吉爲凶. 擬富貴於茫茫指掌
之間 認禍福於局局星辰之內. 豈知大富大貴 而大者受用 小吉小福 而
小者宜當. 偶中其言 自神其術. 苟一朝之財賄 當如後患何 謬千里於
毫釐 請事斯語矣. **[論吉格宜看]▶**追尋仙跡 看格尤勝看書 奉勸世人

信耳不如信眼. 山峻石粗流水急 豈有眞龍 左回右抱主賓迎 定生賢佐.
取象者必須形合 入眼者定是有情. 但看富貴之祖墳 必得山川之正氣.
何年興 何年廢 鑒彼成規 某山吉 某山凶 了然在目. 水之禍福立見 山
之應驗稍遲. 地雖吉而葬多凶 終無一發 穴尙隱而祖尋未見 留待後人.
毋執己見 而擬精微 須看後龍 而分貴賤. 三吉鍾于何地 則取前進後退
之步量. 劫害出於何方 則取三合四沖之年應. 遇吉則發 强凶則災. 山
大水小者 要堂局之寬平 水大山小者 貴祖宗之高厚. 一起一伏斷了斷
到頭定有奇蹤 九曲九彎迴復迴 下手便尋水口. 山外山稠疊 補缺障空
水外水橫闌 弓圓弩滿. 緊拱者富不旋踵 寬平者福必悠深. 脩竹茂林
可驗盛衰之氣象. 天關地軸 可驗富貴之速遲. 牛畏直繩 虎防暗箭 玄
武不宜吐舌 朱雀切忌破頭 穴前忌見深坑. 臂上怕行交路. 上不正而下
參差者 無用. 左空缺而右重抱者 徒勞. 外貌不足 而內相有餘 誰能辨
此. 大象可觀 而小節可略 智者能知. 何精神顯露者反不祥 何形勢隱
拙者反爲吉. 蓋隱拙者卻有奇蹤異跡. 顯露者多是花穴假形. 膠柱鼓瑟
者何知 按圖索驥者何曉. **[論羅星水口]**▶城上星峰卓卓 眞如揷戟護
垣. 面前墩阜纍纍 換作排衙唱喏. 華表捍門居水口 樓臺鼓角列羅城.
若非立郡遷都 定主爲官近帝. 衆山輻輳者 富而且貴. 百川同歸者 淸
而又長. 山稱水 水稱山 不宜偏勝. 虎讓龍 龍讓虎 只要比和. 八門缺
八風吹 朱門餓莩. 四水歸 四獸聚 白屋公卿. 突中之窟須遷 窟中之突
莫棄. 窮源千仞 不如平地一堆. 外聳千里 不若眠弓一案. 山秀水響者
總爲絶穴. 水急山粗者 多是神壇. 不論平地高山 總宜深穴. 若是窮源
僻塢 豈有眞龍. 遠看脚頭. 高抬眼力. **[論砂水吉凶]**▶根大則枝盛 源
深則流長. 長要龍眞而穴正 要水秀以沙明. 登山見一水之斜流 退官失
職. 入穴見衆山之背去 失井離鄉. 若見文筆孤單 硯池污濁. 枉鑿匡衡
之壁 徒闢孫敬之門. 財山被流山之返牽 花蜂釀蜜. 懷抱有圓峰之秀異
螺蠃負螟. 一歲九遷 定是九流九曲. 十年不調 蓋因山不十全. 水若屈
曲有情 不合星辰亦吉. 山若欹斜破碎 縱合卦例何爲. 覆宗絶嗣 多因

水盡山窮. 滅族亡家 總是山飛水走. 不問何方 允爲凶兆. **[論眞龍貴氣
應驗]**▶論官品之高下 以龍法而推求. 天乙太乙侵雲霄 位居臺諫. 离
星獸星居水口 身處翰林. 數峰揷天外 積世公卿. 九曲入明堂 當朝宰
相. 左旗右鼓 武將兵權. 前障後屏 文臣宰輔. 犀牛望月 青衫出自天
衢. 丹鳳啣書 紫詔頒於帝闕. 文筆聯於誥軸 一擧登科. 席帽近於御屏
東宮侍讀. 啣刀交劍 名持帥閫之兵. 鼓角梅花 身領知州之職. 銀瓶盞
注 富比石崇. 玉帶金魚 貴如裴度. 三千粉黛 牽公子之魂消. 八百煙花
惹王孫之腸斷. 娥媚山現 女作宮妃. 金誥花開 男婚公主. 魚袋若居兌
位 卿相可期. 天馬若在南方 公侯必至. 頓筆多生文士 卓旗定出將軍.
內憂外闞 文武不同. 某郡某州 分野可斷. 御座御屛 入內臺而掌翰. 頓
給鎗鼓 鎭外閫以持權. 帶倉帶庫 陶猗之富可期. 生曜生宮 王謝之名
可望. 文星低而夭顏回 天柱高而壽彭祖. 印浮水面 煥乎其有文章. 水
聚天心 孰不知其富貴. 巧憑眼力 妙在心思. **[論穴形凶砂水]**▶物以類
推 穴由形取. 虎與獅猊相似 雁與鳳凰不殊. 一或少差 指鹿爲馬. 渾然
無別 認蚓爲蛇. 或取斜曲爲釵 四圍不絶. 或求橫直爲劍 兩畔不包. 文
筆畵筆 二者何分. 啣刀殺刀 兩般無異. 若坐山秀麗 殺刀化作啣刀. 或
本主賤微 文筆變爲畵筆. 尖鎗本兇具 遇武士以爲奇. 浮屍固不祥 逢
群鴉而反吉. 鼓笛非神仙不取 無道器則出伶官. 印劍非天師不持 有香
爐則爲巫祝. 葫蘆山現 術士醫流. 木杓形連 瘟疾孤寡. 或是胡僧禮佛
錯認拜相鋪氊. 或是屍山落頭 誤爲謝恩領職. 形如囚獄 與祥雲捧日何
殊. 勢聳旛花 與風吹羅帶何異. 出陣旗見劫山爲劫盜 死筆遇殺水爲殺
傷. 一坯土居正穴之前 未可斷爲患眼. 一小山傍大山之下 未可指爲墮
胎. 或作蟠龍戲珠 或作靈貓捕鼠. 貴通活法 莫泥陳言. 捲簾水現 入舍
塡房. 珥筆山尖 教唆詞訟. 兒孫忤逆 面前八字水流. 男女淫奔 案外抱
頭山現. 玉印形如破碎 非瞽目則主傷胎. 金箱頭若高低 非煙包則爲灰
袋. 探頭側面 代有穿窬. 拭淚搥胸 家遭喪禍. 屍山居水口 路死扛屍.
腫脚出墳前 瘟疫浮腫. 出林虎無以啖之 則傷人. 伏草蛇無以制之 則

損己. 蜈蚣鉗裏 眠犬懷中. 凡此惡形 扦之有法. 嘶馬必聞風於他處 驚蛇還畏物於坡中. 取舟楫於前灘 貴游魚於水上. 荷葉不可重載 瓜藤僅可小栽. 泊岸浮牌豈畏風 平沙落雁偏宜水. 魚貫而進 馨香在於卷阿. 雁陣而低 消息求於迴野. 人形葬於臍腹 卻要窩藏. 禽形妙在翼阿 不拘左右. 不可一途而取 豈容一例而言. 蓋黏倚撞 細認穴情. 呑吐浮沉 務依葬法. 唇臍目尾顙腹 三吉三凶. 角耳鼻協腰足 四凶二吉. 形似亂衣 妻必淫 女必妒. 勢如流水 家必敗 人必亡. 或遇提蘿之山 定生乞丐. 若見擎拳之勢 定出凶徒. 水破太陰 雲雨巫山之輩. 山敧文曲 亂流洛浦之人. 頭開兩指似羊蹄 出人忤逆. 腦生數摺如羊協 犯法徒刑. 文筆若坐懸針 切宜謹畏. 孝帽若臨大墓 勿謂無凶. 小人中君子 鶴立雞群. 君子中小人 蓬生麻內. 抿中玉表 多生庶出之兒. 狐假虎威 必主過房之子. 爲人無嗣 只因水破天心.. 有子出家 定是水衝城脚. 亦有虛拱無情似乎有情. 多見前朝 如揖卻非眞揖. 頂雖尖圓而可愛 必脚走竄而顧他. 縱有吉穴可遷 不過虛花而已. 萬狀千形咸在目 三才八卦本諸心. 好地只在方寸間 秘術不出文字外. [論山水吉凶]▶土崩陷而神鬼不安 木凋落而旺氣將衰. 源泉混混出明堂 氣隨飄散. 白石磷磷張虎口 必主刑傷. 更防東屈西伸 最怕左牽右牽. 危樓寺觀 忌聞鐘鼓之聲. 古木壇場 驚見雷霆之聲. 怪石若居前案 必有凶災. 吉星旣坐後龍 豈無厚福. 忽見山裂者 橫事必生. 嘗聞水泣者 喪禍頻見. 其或聲響如環珮 進祿進財. 若然滴漏注銅壺 守州守郡. 鏧鏧洞洞 響而亮者爲貴. 凄凄切切 悲而泣者爲災. 然而有聲不如無聲 明拱不如暗拱. 一來一去 有福有災. 一急一緩 有利有害. 留心四顧 緩步重登. 二十四山 山名太雜. 三十六穴 穴法何迂. 宗廟之水法誤人 五行之山運有準. 逆水來朝 不許內堂之洩氣. 翻身作穴 切須外從之回頭. 所貴關藏 最嫌空缺. 隔水爲護者 何妨列似屛風. 就身生案者 須要回如肘臂. 毋友不如己者 當求特異之朝山. 同氣然後求之 何必十分之厚隴. 尖山秀出 只消一峰兩峰. 曲水來朝 不論大澗小澗. 衆水順流而散漫 不用勞神. 四山壁立

而粗雜 何勞著眼. 山無朝移夕改之勢 水有陵遷谷變之時. 水不亂灣
灣則氣全. 山不亂聚 聚則形止. 淺薄則出人淺薄 寬平則出人寬平. 隻
隻山尖射 豈子之所欲哉. 源源水斜流 其餘不足觀也. 後山不宜壁立
去水最怕直流. 更嫌來短去長 切忌左右傾瀉. 流神峻急 雖屈曲而驟發
驟衰. 水口開關 不重疊而易成易敗. 其或勢如浪湧. 何如卓立之峰. 脈
若帶連 何必高昂之阜. 帶連者貴接續而不斷 浪湧者須重疊以爲奇. 脈
有同幹異支 支嫩延蔓. 勢有回龍顧祖 祖不厭高. 察其老嫩精粗 審其
生旺休廢. **[論陽宅]▶**若言陽宅何異陰宮 最要地勢寬平 不宜堂局逼
窄. 若居山谷 最怕凹風. 若在平洋 先須得水. 土有餘 當鬮則鬮. 山不
足 當培則培. 先宅後墳 墳必興而宅必敗. 先墳後宅 宅既盛而墳自衰.
明堂平曠 萬象森羅. 衆水歸朝 諸山聚會. 草盛木繁 水深土厚. 牆垣籬
塹 俱要迴環. 水圳池塘 總宜朝揖. 與夫鐵爐油榨 水碓牛車. 立必辨
方 作當依法. 水最關於禍福 水宜合於圖經. 所忌者水尾源頭 所戒者
神前佛後. 壇殿必居水口 羅星忌見當堂. 形局小者 不宜傷殘 寸土惜
如寸玉. 垣局闊者 何妨充廣 千家任住千年. 一山一水有情 小人所止.
大勢大形入局 君子攸居. 泰山支麓水交流 孔林最茂. 龍虎山中風不動
仙圖長春. 因往推來 準今酌古. **[論勉學積善]▶**牧堂之論深於理 醇正
無疵. 景純之術幾於神 玄妙莫測. 法度固難盡述 機關須自變通. 既造
玄微 自忘寢食. 亟稱水何取於水 誰會孔聖之心. 盡信書不如無書 還
要離婁之目. 賦稟雖云天定 禍福多自己求. 智者樂水 仁者樂山 是之
取爾. 天之生人 地之生穴 夫豈偶然. 欲求滕公之佳城 須積叔敖之陰
德. 積德必獲吉圹 積惡還招凶地. 莫損人而利己 勿喪善以欺天. 穴本
天成 福由心造. 發明古訣 以雪吾心. 地理精粗 包括殆盡. 切記寶而藏
之 非人勿示. 愼傳後之學者 永世無窮.

附錄 : 參考古典風水書

1. 中國의 경우

青烏經(청오경)/錦囊經(금낭경)/葬書問對(장서문대)/發微論(발미론)/山陵議狀(산릉의장)/天玉經(천옥경)/疑龍經(의룡경)/撼龍經(감룡경)/四大穴法(사대혈법)/倒杖法(도장법)/方圓六十四卦圖陳(방원육십사괘도진)/地理辨惑風水一百問(지리변혹풍수일백문)/雪心賦(설심부)/堪輿要約(감여요약)/大理歌(대리가)/地理秘訣(지리비결)/地理五訣(지리오결)/地理正宗(지리정종)/天機大要(천기대요)/地理新法(지리신법)/明山論(명산론)/地理人子須知(지리인자수지)/地理大典入門要訣(지리대전입문요결)/理氣秘訣(이기비결)/增補秘傳萬法歸宗(증보비전만법귀종)/增補地理人子須知(증보지리인자수지)/堪輿論(감여론)/天機會元(천기회원)/玉尺經(옥척경)/海東名山錄(해동명산록)/擇日寶鑑(택일보감)/陽宅大全(양택대전)/葬擇論(장택론)/廖公喝形局圖(요공갈형국도) 等

2. 韓國의 경우

鑑訣(감결)/東國歷代氣數本宮陰陽訣(동국역대기수본궁음양결)/歷代王都本宮數(역대왕도본궁수)/三韓山林秘記(삼한산림비기)/無學秘訣(무학비결)/五百論史(오백론사)/五百論史秘記(오백론사비기)/

道詵秘訣(도선비결)/南師古秘訣(남사고비결)/南格庵山水十勝保吉之地(남격암산수십승보길지지)/西溪李先生家藏訣(서계이선생기장결)/鄭北窓秘訣(정북창비결)/北頭流路程記(북두류노정기)/九宮變數法(구궁변수법)/玉龍子記(옥룡자기)/慶州李先生家藏訣(경주이선생가장결)/三道峰詩(삼도봉시)/甲午夏穀詩(갑오하곡시)/朝鮮秘訣全集(조선비결전집)/一行師說(일행사설)/無學筵對(무학연대)/玄知先見(현지선견)/鄭淳翁訣(정순옹결)/草庵訣(초암견)/格菴訣(격암결)/鄭李問答(정이문답)/事實(사실)/土亭歷代秘記(토정역대비기)/土亭訣(토정결)/浪仙訣(낭선결)/玉龍子訣錄(옥룡자결록)/義相訣(의상결)/象山訣(상산결)/鄭北窓棟記(정북창동기)/衿母訣(금모결)/歷年圖(역년도)/高讖(고참)/高訣云(고결운)/河山智異山靑鶴洞(하산지리산청학동)/柳謙齋日記(류겸재일기)/玉龍子靑鶴洞訣(옥룡자청학동결)/五百論史秘記(오백론사비기)/道宣秘訣(도선비결)/南師古秘訣(남사고비결)/西山大師秘訣(서산대사비결)/杜師總秘訣(두사총비결)/李西溪家藏訣(이서계가장결)/詳審山川靈氣上(상심산천영기상)/詳審山川靈氣下(상심산천영기하)/天地造化萬物論(천지조화만물론)/無感篇(무감편)/分金論(분금론)/明堂論(명당론)/墳家內外要覽(분가내외요람)/萬山圖(만산도)/明山明堂圖(명산명당도)/輿苑圖(여원도)/遊山錄(유산록)/天機造賦(천기조부)/地家書(지가서)/玉龍子警世錄(옥룡자경세록)/名山物形圖(명산물형도약)/臥龍秘書(와룡비서)/朴相熙訣(박상희결)/羅鶴天秘記(나학천비기)/一指遊山錄(일지유산록)/一耳踏山歌(일이답산가)/山書秘記(산서비기)/村山智順(촌산지순) 等

魯炳漢 博士의 力著

天文地理人事學 시리즈 · 6

巒頭形氣-風法/龍法/穴法/砂法

巨林明堂 風水學

上 | 山地構造分析論 |

풍수학은 天地人의 三才原理를 밝힌 易學의 한 분야이다.
天地自然 법칙의 탐구를 통해서 인간과 만물의 생성과정 · 흥망성쇠 · 길흉화복
을 연구하는 철학이다.
풍수학를 구성하는 4요소는 風(풍) · 水(수) · 地(지) · 理(리)인 것이다. 풍수지리
의 정도는 風法(풍법) · 水法(수법) · 地法(지법) · 理氣法(이기법)으로 구성되어진
학문체계라고 할 것이다. 이러한 풍수학은 巒頭理氣(만두이기)를 體(체)로 하고
天星理氣(천성이기)를 用(용)하는 방식이므로 풍수학이 크게 地相法(지상법)과 理
氣法(이기법)으로 양분되는 이유이다.
山地構造分析論(산지구조분석론)에서 地相形氣論(지상형기론)은 龍穴砂水(용혈
사수)의 스트럭쳐(Structure)를 다루는 山地形構造論(산지형구조론)이라 할 수
있다.
山法(산법)의 생사를 좌우하는 것이 穴(혈)이다. 山法(산법)의 핵심은 穴(혈)을 정
하는 定穴法(정혈법)과, 이를 증명해 보는 穴證法(혈증법)이라고 할 것이다.
풍수학에서 吉地(길지)를 선정하고자 할 때에 地相(지상)을 관찰하는 세 가지의
관점이 있으니 一山(1산) · 二水(2수) · 三方位(3방위:風光)의 3요소라고 할 것이다.
그러므로 풍수학은 山水(산수)와 方位(방위)에 潛在(잠재)되어 있는 自然力(자연
력)을 활용하여 인간의 운명을 개척하기 위해서 풍수 삼요소를 취급하는 학문이
라고 할 것이다.

魯炳漢 博士의 力著

天文地理人事學 시리즈 · 7

天星理氣法:大成3向水氣法/理氣法

巨林明堂

風水學

(下) ┃山水Energy分析論┃

山水理氣論은 龍穴砂水(용혈사수)의 에너지(Energy)를 다루는 山水 Energy論으로써 일명 水法理氣論(수법이기론)이라 하겠다.

산수의 대음양에는 첫째 地陰인 산의 생기에 승하는 山法이 있고, 둘째 地陽인 水의 생기에 승하는 水法이 있다. 그러나 용의 본체는 靜立(정립)하여 움직이지 아니하기 때문에 山法의 응험은 遲久(지구)하여 더디고 오랜 기간의 것이고, 물(水)은 그 본성이 動流(동류)하여 움직이는 것이므로 水法의 응험은 6~12년을 경과하지 않는다고 함이 학계의 공통된 견해인 것이다.

水法의 생사를 좌우하는 것이 向이다. 따라서 水法의 핵심은 向을 정하는 定向法이라 하겠다.

다면 나 자신이 원치 않아서 그냥 놔둘 수밖에 없습니다. 신작소설은 불가능합니다. 이는 시간이 없어서가 아니라 능력이 안 되어서입니다. 오랫동안 사회와 떨어져 있고 직접 소용돌이의 중심에 있지 않아 생각이 여물지 않은 감이 있습니다. 써도 좋을 수가 없습니다.

지금 새로 등장하는 작가 가운데 주목할 만한 작품이 꽤 있습니다. 만약 시간이 된다면 한 권을 골라 번역하고 한 사람에 한 편씩 소개하는 것도 의미가 있을 것이라고 생각합니다.

상하이도 추워졌습니다. 하늘은 자주 흐리거나 비가 내립니다. 문단이 암담한 것이 '날씨'와 닮아 있습니다. 스 형은 생존해 있습니다. 형의 부인이 편지를 받았다는데 자세한 상황은 모릅니다.

S군 부부[4]를 만나면 대신 안부를 전해 주시기 바랍니다.

이와 같이 답신드립니다. 늘 평안하시기를 기원합니다.

11월 5일, 위 돈수

『평전』에 대한 의견

제1단락 제2구절 뒤. 다음의 말을 첨가할 수 있는 것 같습니다. "9·18 이후 중국의 중요한 소식을 일본에게 팔아넘긴다는 모함을 받았습니다." (이는 장쯔핑 들이 날조한 것으로 나는 영원히 그들의 비열함과 악독함을 기억합니다.)

제2단락 "어린 시절". 아버지는 내가 이미 열예닐곱 살 때 돌아가셔서 "소년 시절"이라고 말해야 할 것 같습니다.

제3단락 "교육부장관인 친구가……". 이 사람은 차이위안페이 선생으로 그는 나의 선배입니다. '친구'라고 불러서는 안 될 것 같습니다.

제5단락 "중국의 고리키……". 당시에는 사실 이런 말이 없었습니다. 최근에 누군지는 모르겠지만 그가 만들어 낸 말인 것 같습니다.

제6단락 "『망위안』과 『위쓰』". 나는 『망위안』만 편집했습니다. 『위쓰』는 저우쭤런이 편집한 것으로 나는 투고만 했을 뿐입니다.

제7단락 "…… 서로 싸우는 피". 내가 그 구절을 쓸 때는 이미 숙청당하여 서로 싸운 것은 아닙니다.

제8단락 "그들의 인색함과 잔혹함". 이는 "일부 반동적인 청년들의 인색함과 잔혹함……"으로 고치는 것이 더 분명한 것 같습니다.

제10단락 "…… 갑자기 흥기한 것은 정치적인 격려 때문이 아니라 …… 에 대한……". 이는 "갑자기 흥기한 것은 대중의 수요에 기인한 것이지만 일부 작가는 다만 …… 에 대해서"로 고치는 것이 나은 듯합니다.

제11단락에서 제12단락. 그 사이에 불분명한 데가 있습니다. 갑자기 흥기한 뒤 혁명문학 작가(구원舊怨이었던 창조사, 새롭게 성립한 태양사)가 공격한 것은 오히려 나였습니다. 거기에 구원지간인 신월사가 가세하여 동시에 포위하며 공격하여 '뭇 화살의 과녁'이 되었습니다. 이때 쓴 글은 모두 『삼한집』에 실려 있습니다. 1930년 그들 '혁명문학가'가 더 이상 지탱할 수 없게 됐을 때 창조사와 태양사 사람들은 전략을 바꾸어 나와 이전에 그들이 반대했던 다른 작가들을 찾아와 좌련을 조직했습니다. 그 후에 내가 쓴 것은 모두 『이심집』에 실려 있습니다.

제16단락의 청팡우의 비평. 이는 사실 반대로 나를 비꼬는 말입니다. 그 당시 그들이 주장한 것은 '천재'였기에 이른바 '보통사람'의 의미는 곧 '통속적인 무리'를 가리킵니다. 나의 작품은 통속적인 무리가 감상하는 통속적인 작품에 불과하다는 이야기입니다.

제17단락의 Sato[5]는 「고향」 한 편만 번역했으니 언급할 필요는 없는 듯합니다. 『들풀』 영역본은 번역자가 상우인서관에 팔았는데 작년에 불타 사라졌을 것 같습니다. 『잡감선집』은 다른 사람이 고른 것으로 언급할 필요가 없는 듯합니다.

질문에 대한 답

1. 『소설전집』은 일본의 이노우에 고바이井上紅梅(K. Inoue)── 이 일본 성의 라틴발음 표기는 정말 특별합니다. 모두 네 개 발음인데 곧 I-no-u-e가 그것입니다──가 번역한 것이 있습니다.

「아Q정전」은 일본에 번역본이 세 종류가 있습니다. ①마쓰우라 게이조松浦珪三(K. Matsuura) 번역 ②린서우런林守仁(S. J. Ling, 사실은 일본인인데 이름은 중국에 빌렸습니다) 번역 ③마스다 와타루增田涉(W. Masuda, 『중국유머전집』 수록) 번역.

또 러시아어 번역도 두 종류가 있습니다. 하나는 번역자 이름이 없고[6] 나중에 또 한 종이 나왔는데 바실리예프(B. A. Vasiliev)가 번역했습니다.

프랑스어 번역본은 징인위敬隱漁[7] 번역입니다(쓰촨 사람입니다. 어떻게 발음을 표기해야 할지 모르겠습니다).

2. 잘 모르겠습니다. 아마 『루쉰 및 그 저작에 관하여』關於魯迅及其著作(타이징눙 엮음)와 『루쉰론』魯迅論(리허린[8] 엮음)에 좀 있을 것 같습니다. 이 두 책은 학교 도서관에 있을 수 있습니다.

3. 일본인의 비판을 본 적이 있습니다만 그걸 사용할 필요는 없다는 생각입니다.

이 편지가 도착한 다음 걱정하지 않게 답신을 해주시기 바랍니다. 봉투를 봉하면서 추신했습니다.

주)_____

1) 1931년부터 32년까지 좌익문예계에서 '민족주의문학'을 비판할 때 후추위안(胡秋原)
과 쑤원(蘇汶)이 '자유인'과 '제3종인'(第3種人)을 자칭했다. 그들은 '문예자유'론을 선
전하며 좌익문예운동이 문단을 장악하고 창작의 '자유'를 저해하고 있다고 지적했다.

2) 루쉰과 스저춘(施蟄存)이 『『장자』(莊子)와 『문선』(文選)'에 관한 논쟁을 가리킨다. 관련
내용은 『풍월이야기』(루쉰전집 7권)에 수록되어 있다.

3) 『문선』(文選)은 남조(南朝) 양소명태자(梁昭明太子) 소통(蕭統)이 엮은 책이다. 선진(先
秦)시대와 한(漢)대부터 제량(齊梁) 사이의 시문(詩文)을 수록했다. 모두 30권이다. 중국
최초의 시문학 문집이다.

4) 에드거 스노와 님 웨일즈 부부를 가리킨다.

5) Sato(사토)는 일본 작가 사토 하루오(佐藤春夫, 1892~1964)를 가리킨다.

6) 코간이 번역한 「아Q정전」을 가리킨다. 『당대중국중단편소설집』에 실렸다. 1929년 모
스크바 청년근위군출판사에서 출판했다.

7) 징인위(敬隱漁)는 쓰촨 수이닝(遂寧) 출신으로 베이징대학 프랑스문학과를 수료한 뒤
프랑스에 유학갔다. 그가 번역한 「아Q정전」은 로맹 롤랑이 주편한 『유럽』 월간 41, 42
기(1926년 5, 6월호)에 발표됐다. 1929년 그는 「쿵이지」와 「고향」을 번역했고 「아Q정
전」과 함께 그가 편역한 『중국당대단편소설작가작품선』에 실었다.

8) 리허린(李何林, 1904~1988)은 문학평론가이다. 당시 산둥 지난(齊南) 고급중학교에서
교사를 지냈다. 저서로 『루쉰론』과 『중국문예논전』 등이 있다.

331108 차오징화에게

야단 형

10월 30일에 편지 한 통과 책 소포 하나를 부쳤는데 이미 도착했으리
라 생각합니다.

『마흔한번째』 후기는 벌써 찾았습니다만 이 책을 다 엮은 뒤에 금방
출판하기는 어려울 것 같아 보입니다. 이 글은 이전처럼 부쳐 드릴까요 아
니면 제가 있는 곳에서 보관하고 있을까요.

최근 상황을 보면 신문예에 대해서 곧 새로운 조직적인 압박과 파괴

가 도래할 것 같습니다. 이 상황은 몇 개 서점도 비밀리에 같이 기획하고 있는 것 같습니다. 그 방법은 대략 (이는 나의 추측입니다) 몇 사람에 대해 심하게 압박을 가하고 일부에게는 좀 느슨하게 대하는 것입니다. 그렇지만 아마 검열제도가 출현할 것이고 책의 중요한 곳을 삭제하면서 여전히 책을 판매할 것 같습니다. 이와 같기 때문에 서점은 여전히 이익을 취할 수 있겠지요.

우리는 잘 있으니 걱정 마십시오. 늘 평안하시기를 기원합니다.

11월 8일, 동생 위 돈수

331109 우보에게[1]

우보 선생

오늘 받은 편지와 원고를 저녁에 다 읽었습니다. 비록 좀 간략하긴 하지만 대체로 봐 넘길 만했습니다. 글자는 이미 대략 수정을 가했습니다. 그 가운데 '목목木目 목판화'는 발음이 편하지 않고 '목목'이 또 일본말이어서 이해하기도 쉽지 않습니다. 모두 '나무 표면 목판화'로 고쳤습니다.

삽화도 이렇게 할 수밖에 없습니다. 그렇지만 『경직도』[2]는 차라리 빼고 소련 그림 두 폭을 더하여 원래의 책에 첨부합시다. 그러면 복제하기 쉬울 것입니다. 새김법이 이미 고른 것과 달라서 참고하기에 편합니다.

잉저우應洲의 「풍경」은 제판하기에 쉽지 않은 것 같습니다. 목판은 세 조각뿐이지만 아연판을 사용하면 세 조각으로 불충분합니다. 삼색판을 사용할 수밖에 없는데 제판 비용으로 15, 6위안이 들어도 그 결과는 여전히 원화와 다릅니다.

예푸野夫의 두 점은 모두 좋습니다만 나는 차라리 「여명」黎明을 쓰는 것이 낫다고 생각합니다. 왜냐하면 구도가 활달하고 빛과 어둠이 분명할 뿐만 아니라 새기는 방법도 독자들이 참고할 만하기 때문입니다.

「정오의 휴식」 구도는 그렇게 산만한 편은 아닙니다. 다만 소 한 마리가 그렇게 멀리 있는 것 같지 않은데 너무 작아 보이는 점이 아쉽습니다. 그리고 일부는 앉아 있는 사람처럼 보입니다. 그렇지만 전체 구도는 여전히 힘이 있어서 사용할 수 있습니다.

서문을 좀 써서 첨부하여 보냅니다.

『포효하라, 중국이여!』[3]는 상하이에 영역본이 있는지 모르겠습니다.

이와 같이 답신드립니다. 늘 평안하시기를 기원합니다.

11월 9일 밤, 쉰 드림

주)_____

1) 우보(吳渤, 1911~1984)는 필명이 바이웨이(白危)이다. 당시 청년작가로『목판화 창작법』을 편역했다. 루쉰이 이 책의 교열을 보고 서문을 써 줬다.
2) 『경직도』(耕織圖)는 송대 판화이다. 그 속에『경도』(耕圖) 21폭과『직도』(織圖) 24폭이 들어 있고 한 폭마다 시가 한 수 붙어 있다.
3) 『포효하라, 중국이여!』(怒吼罷, 中國!)는 소련 트레차코프(Сергей М. Третьяков)가 쓴 극본이다. 이 극본은 1925년 쓰촨 완현의 참사를 배경으로 중국인의 반제투쟁을 묘사했다. 상하이 희극계에서 '9·18' 2주년을 기념하여 연합연출한 바 있다.

331110 차오쥐런에게

쥐런 선생

나는 한 가지 일을 부탁하려 합니다.

『대업습유기』[1]에 "우문화급[2]은 변란을 하려 했다. 관의 노예를 해방시켜 줄 것을 청했는데 상하로 나누어서 이를 허락할 것을 상소했기 때문이다. 이것이 풀을 태우는 변란이다"라고 나와 있습니다. 양제(煬帝)는 살해당했는데 어떻게 '풀을 태우는 변란'[3]이라 말할 수 있습니까? 이는 오자가 있는지 모르겠습니다. 수중에 책이 없어서 어떻게 알 방법이 없습니다. 선생에게 만약 『수서』와 같은 책이 있으면 한번 검토하여 알려 주시면 감사드리겠습니다.

이와 같이 편지 보냅니다. 평안하시기 바랍니다.

11월 10일, 루쉰 올림

주)_____

1) 『대업습유기』(大業拾遺記)는 전기(傳奇)이다. 원래 제목은 『남부연화록』(南部煙花錄)으로 모두 2권이다.

2) 우문화급(宇文化及, ?~619)은 수대 양제(煬帝) 시기 우둔위장군(右屯衛將軍)을 지냈다. 대업(大業) 14년(618)에 사마덕감(司馬德戡)과 함께 병란을 일으켜서 양제를 살해했다. 진왕(秦王) 양호(楊浩)를 황제로 세우고 자신은 대승상이 되었다.

3) 원문은 '焚草之變'이다. 『수서』(隋書)의 '우문화급전'(宇文化及傳)에 나오는 말이다. 관련하여 『중국소설사략』의 「송의 지괴와 전기문」(宋之志怪及傳奇文)에서 『대업습유기』를 소개하는 대목에서 '풀을 태우는 변란'에 대한 언급이 나온다. 루쉰은 일역자인 마스다 와타루가 문의한 것에 답변하기 위해 차오쥐런에게 대신 조사를 부탁하는 편지를 보낸 것이다.

331111 정전둬에게

시디 선생

　11월 7일 편지를 조금 전에 받았습니다. 최근의 편지 견본은 3일에 부쳤습니다. 한 권으로 말아서 저우차오펑의 이름으로 등기로 보냈습니다. 또 편지 한 통도 있었는데 지금은 받았는지 모르겠습니다. 아직 도착하지 않았다면 고르기 쉽도록 다시 한 부 보내 주시기 바랍니다.

　서문은 젠공建功 형에게 써 달라고 부탁하는 것이 좋겠다는 생각입니다. 서표는 젠스兼士에게 부탁합시다.

　목차에 대해서 나는 이견이 좀 있습니다. 그래서 좀 성가실 것 같긴 한데 다시 부쳐 드릴 테니 참고하시기 바랍니다. 배치에 대한 의견은 깊은 의미가 없는 '고전 모방'에서 시작하여 점점 더 흥성해지는 것까지로 합시다. 말책은 쇠퇴의 기운을 드러내지만 말책까지 갈 것도 없습니다. 곧 아예 무미건조한 '고전 모방'으로 끝내는 것이 독자에게도 좀더 흥미가 있을 것입니다.

　아직 받지 못한 한 더미는 받으면 선생이 취사선택하고 넣으면 되겠습니다.

　이름 도장은 류 아가씨[1]에게 새겨 달라고 부탁하면 충분합니다. 상하이에서 오래 살다 보니 눈도 점점 더 도시 사람의 것이 되어 좋고 나쁨을 분별하지 못하게 됩니다. 이곳의 도장 파는 사람은 의외로 해서를 전서체로 바꾸어서 무슨 한파니 절파[2]니 떠듭니다. 나도 되는 대로 새겨서 임기응변하여 사용하고 있습니다. 책 위에 찍는 것에 대해서는 시링인사[3]의 사람이 새기는 것이 비교적 좋습니다.

　『영보도도』[4]의 복각판은 정말 원판과 똑같습니다. 나는 이 책이 일찍

인쇄되면 먼저 볼 수 있는 즐거움을 누릴 수 있기를 희망합니다. 명대의 종이에 인쇄한 판본은 특별본으로 칠 수밖에 없습니다(서양판화도 10, 20부는 중국이나 일본 종이로 만든 특제본이 종종 있습니다). 그 외에 가장 좋기는 여전히 선지를 사용하고 별도로 매우 저렴한 선지로 만든 노트 약간을 인쇄하여 미술 공부 하는 학생이 사용하게 제공합니다. 아마 신과 목판화가 중 일부는 참고하자고 할지도 모르겠습니다. 수량은 결코 많을 수 없을 건데 출판가도 이와 같이 계획할 수밖에 없습니다. 나는 이전에 『시멘트 그림』을 인쇄했는데 원래 중국에 공급하기 위한 것이었는데 생각지도 못하게 구매자가 거의 없어서 대다수는 서양인과 일본인의 손에 들어갔습니다.

이 책이 나오면 『시여화보』[5]는 인쇄하지 않아도 됩니다. 내 의견은 조각 기술이 좀 뒤떨어지는 것도 넣을 수 있다는 것입니다. 만약 예약하려면 장정을 보여 주시기 바랍니다.

반얼양과 장라오시[6]의 이름은 『편지수집 방문잡기』에 넣을 수 있는 듯합니다. 여기를 통해 벌써 장□이 산시 사람이라는 것을 알 수 있습니다. 대략 조각가는 특정 지물포점에 전문적으로 소속되어 있지 않습니다. 편지에서 예측한 대로 전속되어 있다 하더라도 중국은 그의 진짜 성명을 알 수 없을 정도로 흐리멍덩합니다(더구나 별명까지 있습니다). 나는 한 여공을 고용했는데 이미 삼여 년이 됐는데 그녀의 성이 쉬許 혹은 수舒 혹은 쉬徐라고 알지, 확실한 성을 모릅니다. 보통은 간단하게 '누님'이나 '이모'라고 부릅니다.

'흥분'을 나는 매우 찬성합니다만 '너무' 그럴 필요는 없습니다. '너무'는 쉽게 피곤해집니다. 이런 서적은 정말 출간하지 않으면 안 됩니다. 새로운 문화는 유지하면서도 압박을 받아서 발달하기 어렵습니다. 옛것도 관과 사측 양쪽의 무시만 받아 훼손됩니다. 나는 최근에 문예계가 빈 땅이 될지도 모르겠다는 생각이 들었습니다. 개인이 호사가나 후인에게 뭔가 좀 남겨 둬야 겠습니다. 이것이 기쁠 수도 있고 슬플 수도 있게요.

『계간』의 원고를 좀 써야 합니다.

이와 같이 답신드립니다. 평안하시기 바랍니다.

11월 11일, 쉰 드림

주)_____

1) 류 아가씨(劉小姐)는 류수두(劉淑度, 1899~1985)를 가리킨다. 이름은 스이(師儀)이고 베이징여자사범대학을 졸업했다. 당시 정전둬의 요청을 받아 루쉰을 위해 도장을 새기는 작업을 했다.

2) 원문은 '漢派浙派'이다. 한대 전각 방법을 모방하는 이를 '한파'(漢派)라고 한다. '절파'(浙派)는 원래 모두 저장 항저우 출신이다. 절파는 청대 건륭 시기 정경(丁敬)이 개창한 것으로 그들은 진(秦)과 한(漢)을 따르고 여러 대가의 장점을 취하고 칼을 쓰는 방법을 연구하여 예술적인 성취가 비교적 높았다.

3) 시링인사(西泠印社)는 전각예술을 연구하는 학술단체이다. 청 광서 30년(1904)에 딩런(丁仁), 우인(吳隱) 등이 항저우 구산(孤山)에서 만들었다. 지역이 시링(西泠)과 가까워서 이렇게 명명됐다.

4) 『영보도도』(靈寶刀圖)는 전기『영보도』(靈寶刀;『수호』에서 임충林沖의 이야기)의 삽화이다. 명대 진여교(陳與郊)가 그렸다.

5) 『시여화보』(詩餘畫譜)는 사화집(詞畫集)이다. 명대 왕씨(汪氏)가 엮은 것으로『초당시여』(草堂詩餘)에서 사 1백 수를 골라 수록했고 사의(詞意)에 따라 그림을 그렸다.

6) 반얼양(板兒楊)은 양화팅(楊華庭)으로 베이징 징원자이(靜文齋) 등의 지물포점의 조각공이다. 장라오시(張老西)는 곧 장치허(張啓和)이다. 베이징 춘칭거(淳靑閣) 등의 지물포점의 조각공이다.

331112① 우보에게

우보 선생

보낸 원고는 이미 읽어 봤습니다. 서문과 비교적 자세한 회신[1]을 소포 하나로 만들어 우치야마서점에 두었습니다. 시간이 나실 때 한번 들러서 가져가 주시면 감사드리겠습니다.

이와 같이 보내 드립니다. 늘 평안하시기를 기원합니다.

11월 12일, 쉰 드림

주)_____
1) 331109 편지를 가리킨다.

331112② 어머니께

어머니 대인 슬하에서 삼가 아룁니다. 11월 6일 편지는 이미 받았습니다. 신메이 아저씨[1]의 주소는 '사오싱紹興 성내대로城內大路, 위안타이지물포元泰紙店'입니다. 번지를 쓰지 않아도 바로 받을 수 있습니다. 무덤을 손보는 일은 이미 음력 9월 28일에 시작하기로 날을 잡았습니다. 모두 양 30위안이 필요한데 기부금도 있어 약 양 20위안이 필요합니다. 대략 증조부의 제답까지 포함됐는데 아들이 50위안을 이미 보냈습니다. 만약 모자라면 세부장부 목록이 올 때 보완하여 부쳐 드리려 하니 걱정 마시기 바랍니다. 상하이도 날씨가 꽤 추워졌습니다. 그렇지만 집이 다행히 남향이어서 낮은 아직 따뜻한 편입니다. 아들과 하이마는 모두 다 잘 있습니다. 그렇지만 아들의 눈이 점점 나빠져서 책을 읽고 글을 쓸 때 다 안경을 씁니다. 하이잉은 잘 있습니다. 얼굴은 햇볕에 탔고 몸도 작년보다 더 건강해졌습니다. 최근에는 좀 말을 잘 듣는 것 같습니다. 많이 떼를 쓰거나 말썽 부리지 않습니다. 다만 나이를 먹으면서 밤마다 이야기를 해 달라고 하고, 개와 곰이 어떻게 지내고, 무가 어떻게 자라는지 등등의 이야기를 들으려 하여 적잖은 시간이 들 뿐입니다. 나머지는 다음에 아뢰도록 하겠습니다. 이와 같이 편지 드리니 평안하시기 바랍니다.

11월 12일, 아들 수 절을 올립니다

광핑과 하이잉도 같이 절을 올립니다

주)_____

1) 신메이 아저씨(心梅叔)는 루쉰의 당숙 저우빙쥔(周秉鈞)이다. 신메이(心梅)는 호다. 관련하여 200103 편지(『서신 1』수록)를 참고할 수 있다.

331112③ 두헝에게[1]

두헝 선생

11월 6일 편지는 조금 전에 이미 받았습니다. 삽화의 원본 다섯 점과 같이 받았습니다. 원고료는 모두 48위안으로 샤오 군[2]의 고료는 내가 대신 부쳐 드리도록 하겠습니다. 이달『현대』는 이미 읽었습니다. 내용이 매우 풍부하지만 꽤 잡다합니다. 그렇지만 서점에서 출간할 때 환경이 마침 이와 같을 때여서 그렇게 하지 않을 수 없었겠습니다. 출판계의 형세가 위험한 것은 현대만 겪는 일이 아닙니다. 아마 이후에는 더 심해질 것입니다. 오로지 파괴만 있고 건설이 없을 것이란 점은 분명합니다. 가벼운 논문은 실제로 경전을 인용하는 논문보다 더 어렵습니다. 나는 평론에 수련이 되어 있지 않은 데다 병으로 의사에게 책을 많이 읽는 것도 금지당한 지 어언 반년이 지났습니다. 실제로 펜을 들기 두렵습니다. 뿐만 아니라 이후에 내 글을 싣지 않는 것이 맞을 것 같습니다. 왜냐하면 현재 금지 판정은 사실 대부분 작가 때문입니다. 내용과는 아무런 관계가 없습니다. 샤오 군은 상하이에서 멀리 떨어져 지내서 문단 동태에 관한 논문을 반드시 쓸 수 있을 것 같지는 않습니다. 그렇지만 그에게 보낼 원고가 있으면 제일 먼저『현대』에 기고할 것입니다.

그『현실주의 문학론』과『고리키논문집』책은 언제 출판될 수 있을지 모르겠습니다. 고리키의 소설집은 나온 지 이미 보름이 넘은 것 같습니다.

이와 같이 답신드립니다. 늘 평안하시기를 기원합니다.

11월 12일, 루쉰 드림

주)_____
1) 이 편지는『현대작가서간』에 실린 것이다.
2) 샤오 군(蕭君)은 샤오싼(蕭三; 곧 취추바이)을 가리킨다.

331113① 타오캉더에게

캉더 선생

　　그 소식은 게재하는 것이 가능합니다. 그렇지만 기사 자체는 사실 큰 의미가 없어서 차라리 이를 싣지 않는 것이 낫다고 생각합니다. 그러나 만약 항저우의 상황을 폭로하는 것이 목적이라면 게재해도 좋습니다.

　　나는 집에서 손님을 만나지 않습니다. 이는 다른 이유가 아닙니다. 손님을 한 번 만나다 보면 나중에 많은 손님을 만나지 않으면 안 되는 상황에 처하게 마련입니다. 그래서 게으를 시간도 없어지게 됩니다. 이 점을 양해해 주시면 감사드리겠습니다.

　　이와 같이 답신드립니다. 평안하시기 바랍니다.

　　　　　　　　　　　　　　　　　　　　　11월 13일, 쉰 드림

331113② 차오쥐런에게

쥐런 선생

　　조금 전에 선생의 책을 받았습니다. 『우문화급전』에 실린, "풀을 태운다"의 의미를 이해했습니다. 매우 감사드립니다. 전에 『파도소리』에서 「루쉰 옹의 피리」[1]라는 것이 있다는 것을 알았습니다. 그래서 친구에게 부탁하여 『십일담』을 사 달라고 했는데 아직 도착하지 않았습니다. 사실 풍자를 하려면 쥐떼를 몰고 오는 것으로 그려야지 몰고 가는 것이어서는 안 됩니다. 이 화가는 또 사리에 어두운 듯합니다. 비평을 보고 화를 내는 것도 당연합니다. 그렇지만 일반적으로 만화가는 사상이 대체로 뒤떨어져 있습니다. 유럽의 만화가를 보면 분량이 가장 많이 차지하는 것이 역시 부녀와 유태인, 시골 사람, 개혁가, 모든 피억압자를 풍자하는 그림입니다. 정반대의 작가는 근대부터 나오기 시작했고 숫자도 많지 않습니다. 사오 공자邵公子 치하의 '예술가'는 이런 것을 말하는 데 한참 부족합니다.

민권주의 문학은 꽤 흥미롭습니다. 그렇지만 아무런 반응을 얻지 못할 것입니다. 지금 당국의 수법은 모든 것을 훼손하고 낡은 것, 새 것을 따지지 않습니다. 여기에는 아무런 장점이 없습니다. 의견을 말하는 것도 도움이 안 되며 억압이 나날이 심해질 따름입니다.

이와 같이 보내 드립니다. 평안하시기 바랍니다.

11월 13일 밤, 쉰 올림

주)_____

1) 원문은 「魯迅翁的笛」. 월간 『십일담』(十日談) 8기(1933년 10월 20일)에 실린 만화이다. 서명은 징(靜; 천징성陳靜生)이다. 만화 속에서 루쉰은 피리를 불고 가고 쥐떼가 깃발을 들고 따라가고 있다. 차오쥐런은 『파도소리』 2권 43기(1933년 11월 4일)에 「루쉰 옹의 피리」라는 글을 발표하여 이 만화에 대해 비판했다. 만화작가는 바로 『십일담』 11기에 「틀에 박힌 소리를 하지 않는 것을 원칙으로 하여 파도소리에 답신함」(以不打官話爲原則而致復濤聲)을 발표하여 이에 답변했다. 『십일담』은 사오쉰메이 등이 만든 문예순간지이다. 이는 1933년 8월 10일 창간하고 1934년 12월에 폐간됐다.

331114 차오징화에게

야단 형

10일 편지를 작가 전기와 같이 오전에 받았습니다. 목판화도 오후에 받았습니다. 밀봉했던 곳에 손을 대지 않아 훼손된 곳이 없었습니다. 염려 마시기 바랍니다. 이 많은 작품을 받고 보니 작가들에게 어떻게 보답을 해야 할지 모르겠습니다. 계획할 수 있도록 알려 주시기 바랍니다.

『마흔한번째』 후기는 오늘 부쳤습니다. 만약 두번째 걸 찾으려면 지금 쉽지 않기 때문입니다. 분실될까 봐 등기로 부쳤습니다.

이곳은 지금 작가에게 많은 제재가 가해지고 있습니다. 모든 작품이 금지된 이가 30여 명이라고 들었습니다. 영화국과 서점은 벌써 사람들에게 파괴됐습니다. 이 무리들을 저절로 점차 굶어 죽일 의도가 있습니다. 출판계는 더욱더 심한 공황상태를 겪고 있는데 아마 이 현상은 계속 지속될 것 같습니다.

형은 동생이 이전 서신에서 말한 대로 일단 학생들을 가르치는 것이 나을 듯합니다. 글을 써서 파는 일은 이다음에도 쉽지 않을 것 같습니다.

이와 같이 답신드립니다. 늘 평안하시기를 기원합니다.

11월 14일, 동생 위 돈수

331115① 쉬마오융에게[1]

마오융 선생

　오늘 편지와 『톨스토이 전기』 한 권을 받았습니다. 고맙습니다. 전체적인 글에 관해서라면 나는 프랑스어를 잘 모릅니다. 한 마디도 말할 줄 모릅니다. 들어 본 적이 있는 두 이름에 대해서 Naoshi Kato는 '加藤整'[2]입니다. Teneromo는 일본어 같지 않습니다. 내가 부록에서 한번 찾아봤는데 찾을 수 없었습니다. 그렇지만 아마 대충 살펴본 탓이겠지요. 쪽수를 알려 주시면 다시 한번 전후 문맥을 살펴보도록 하겠습니다.

　그리고 일본인명 몇 개가 더 있는데 더불어 아래와 같이 설명합니다.

　Jokai : 이건 일본어 같지 않아서 오기일지도 모르겠습니다. 일본 성은 Sakai(堺)만 있습니다.

　H. S. Tamura(성은 다무라田村이고 H. S.는 조사하지 못했습니다.)

　Kenjiro Tokutomi(도쿠토미 겐지로德富健次郎는 곧 도쿠토미 로카德富蘆花로 『불여귀』不如歸를 썼습니다. 인쇄본에는 Kenjilro로 쓰여 있는데 l이 하나 더 많습니다.)

　이와 같이 답신드립니다. 평안하시기를 기원합니다.

　　　　　　　　　　　　　　　　　　　11월 15일 밤, 쉰 드림

---

1) 쉬마오융(徐懋庸, 1910~1977)은 작가이며 '좌련' 성원이다. 반월간 『신어림』(新語林)과 반월간 『망종』(芒種)의 편집을 맡은 바 있다.
2) '加藤直士'(가토 나오시)로 써야 한다. 이와 관련하여 331117 편지를 참조하시오.

331115② 야오커에게

Y 선생

　9일 서신을 받았습니다. 『선바오』의 글은 이미 읽어 봤습니다. 그런데 일부 절은 삭제를 거친 듯했습니다. 최근 신문의 글은 실제와 부합해서는 안 됩니다. 나의 투고도 오랫동안 실리지 못하고 있습니다. 12일 이화영화사藝華電影公司가 파괴되고 다음 날 량유도서공사良友圖書公司의 유리창이 파손되며 각 출판사와 신문사가 경고를 받았습니다. 항일할 때 '매국노 제거단', '매국노 소멸단'[1]류가 아주 많았던 것이 기억납니다. 최근 이런 바람이 다시 성행합니다. 나라를 단체로써 다스리는 기풍이 있나 봅니다.

　선생이 소설을 쓰는 것에 대해 나는 대찬성입니다. 중국 상황은 아무래도 중국인이 써야지 그 진면목을 볼 수 있습니다. 곧 펄 벅 부인은 상하이에서 대환영을 받았고 중국을 조국처럼 여기고 있지만 그래도 그녀의 작품을 보면 중국에서 나고 자란 미국 여선교사의 입장일 따름입니다. 그래서 그녀의 평판작인 『유배의 집』[2]도 충분히 이상하지 않습니다. 왜냐하면 그녀가 느끼는 것은 표면적인 정경일 따름이기 때문입니다. 우리만이 쓰기만 하면 진면목을 남길 수 있습니다. 나 자신만 하더라도 언제 무슨 경제학을 알거나 선전 글을 읽어 봐서 이해한 것입니까? 『자본론』은 아직 훑어보지도 않았고 손도 댄 적이 없습니다. 그렇지만 내게 시사를 던져 주는 것은 사실로, 그것도 외국의 사실이 아니라 중국의 사실이고, 중국의 비非 '비적 구역'의 사실인데 여기에 무슨 방법이 있습니까?

　신문을 보면 톈진에 벌써 눈이 왔다는 것을 알 수 있습니다. 베이핑도 벌써 많이 추워졌겠지요. 상하이는 아직 괜찮습니다. 밤에 좀 추울 따름입니다. 우리는 다 잘 있습니다. 다음 달에 전시회를 하나 열려고 하는데 프랑스 서적 삽화전입니다. 교정하여 인쇄한 것은『해방된 돈키호테』로 극본입니다. 다음 달에 완성될 수 있습니다. 무슨 단체로 인해 저지당하지 않는다면요.『거짓자유서』는 벌써 암암리에 압류되었습니다. 상하이에 다시 감히 판매할 수 없으며 베이핑에도 없게 될 것입니다. 이후에 쓴 것도 책 하나가 다 되어 가지만 현재 나서서 출판하려는 서점이 나타나지 않고 있습니다.

이와 같이 알려 드리니 평안하시기를 기원합니다.

11월 15일 밤, 위 돈수

주)_____

1) 1931년 '9·18'사건 이후 상하이 등지에서 '매국노 제거단'과 같은 조직이 출현했다. 일부는 '항일'을 기치로 내걸었지만 실제로 다수는 깡패가 조직하여 국민당 당국의 조종을 받았다.
2) 펄 벅(Pearl S. Buck, 1892~1973)이 쓴『대지』(*The House of Earth*, 1931)의 오기인 듯하다.『유배의 집』(*House of Exile*)은 미국 소설가이자 저널리스트인 노라 발른(Nora Waln, 1895~1964)이 쓴 작품이다.

331116 우보에게

우보 선생

15일 편지를 받았습니다. 화책을 영인하는 것은 독자의 수요를 살펴봐야 합니다. 다만 밑질 각오를 한다면 상관없습니다. 가령 벽화 25점은 동판으로 제작하려면 판매가 많이 되어야 합니다. 그렇지 않으면 콜로타이프로 제작하는 것만 못합니다. 현재 평균 1제곱자의 그림으로 말하면 제판은 가장 저렴한 것이 1제곱에 7편입니다(사실 이와 같은 가격이라면 만듦새는 분명 좋지 않습니다). 한 장에 7위안이 들고 25장은 175위안입니다. 그 밖에 종이 인쇄 비용을 더해야 합니다. 그렇지만 수천 권에서 일만 권까지 인쇄할 수 있습니다. 콜로타이프는 1장을 제판하는 데 인쇄공임만 3위안이 들며 25점이면 75위안이 되며 여기에 종이 비용을 더해야 합니다. 그렇지만 한 판을 제작하면 3백 권밖에 찍을 수 없습니다. 한 점마다 더 찍어 내는 데 3위안이 필요하여 판매가 많이 될 것 같지 않으면 차라리 콜로타이프를 쓰는 것이 낫습니다.

콜로타이프판을 사용하는 것은 중국 종이를 사용한 것만 못합니다. 4자 크기의 선지는 한 장에 1자오(많이 사면 할인됩니다)이며 6장을 펼치면 권당 30장으로 계산됩니다. 종이 가격은 5자오이고 인쇄 비용은 2.5자오이며 제본비 등등을 더해도 1위안이 되지 않습니다. 정가를 2위안으로 하면 밑질 정도까지는 아닙니다. 좀더 저렴한 것은 '재생지'인데 이 편지지가 그것입니다. 한 장에 1편에 불과하여 1권에 30장이면 3자오면 충분합니다. 그렇지만 중국 지물포에 가서 종이를 사려면 어느 정도 '전문가'에게 부탁해야 합니다. 그렇지 않으면 손해를 보기 십상입니다. 인쇄소도 알아보고 따져서 가야 합니다. 나는 전에 한 가게에 간 적이 있는데 자신이 콜로타이프판을 제작할 수 있다고 말했지만 나중에 만든 건 엉망진창이었습니다. 원본까지 못 쓰게 만들었습니다.

그리고 매우 중요한 것은 판매 대리점입니다. 그들은 종종 책을 팔아 놓고 돈을 주지 않습니다. 나는 책을 몇 번 자비출판했다가 모두 이런 일로 망했습니다.

『포효하라, 중국이여!』는 단행본으로 찍을 수 있다면 가장 좋습니다.

그렇지만 압박을 겪어 공공연히 발매하기는 힘들 것 같습니다. 최근 문학계에 대한 압박이 가장 심합니다. 이 극본 작가는 베이징대학에서 교원을 지낸 적이 있는데 그 당시 그의 중국어 이름이 톄제커鐵捷克였습니다.

나는 영문英文을 볼 줄 몰라서 소설을 소개할 수 없습니다. 일본도 당국의 압박으로 인하여 좋은 소설을 내지 못하고 있습니다.

'류 대사'[1]의 그 전시회를 나는 보러 가지 않았습니다. 그렇지만 신문을 통하여 그가 단독으로 맡아 처리했다는 것을 알게 됐습니다. 단독으로 개최한 것이 어떻게 좋을 수 있겠습니까? 내용은 '중국화'國畵로 채워졌다고 하는데 현재의 '중국화'는 분명 부족한 데가 있습니다. 그렇지만 유럽인은 많이 익숙하지 않아서 영문을 모르니 이번에도 '영예롭게 돌아오'겠지요. 쉬베이훙[2]이 프랑스에서 그랬던 것과 같이 말입니다.

이와 같이 답신드립니다. 늘 평안하시기를 기원합니다.

11월 16일, 쉰 드림

갑. Etching은 먼저 파라핀으로 동판의 표면을 칠하고 다시 칼과 붓으로 그림을 그린다. 그 다음 파라핀을 떼어 내고 다시 '강수'强水를 끼얹어 부식시켜 납으로 찍는 것이다. 부식된 곳은 선이 되고 이전에 파라핀이 있던 곳은 평면이 된다.

을. Dry Point. 파라핀과 강수를 사용하지 않고 칼과 붓만으로 동판에 직접 그려서 찍어 낸다. 따라서 우리가 갑을 '부식동판'으로 번역하면 을은 '조각동판'으로 번역할 수 있다.

병. アクァテト = Aquatinta. 평면을 남기지 않고 전부 동판으로 거친 면이 되게 하고 농담으로 형상을 드러내는 인쇄판이다. '거친 표면 동판'이나 '이염 동판'이라고 번역할 수 있다.

정. メゾチント판 = Mezzotinto. 선을 사용하지 않고 가는 점으로 형상을 표현하는 인쇄판. '운염 동판'暈染銅版으로 번역될 수 있는 듯하다.

무. グラフィク판. 모든 판화는 보통 Graphik으로 칭해진다. 이 グラフィク판은 무슨 뜻인지 모르겠다. 혹은 '친필판'眞跡版으로 번역될 수 있다. グラフィク은 원래 '친필', '수고'手跡라는 의미가 있기 때문이다.

주)_____

1) 류 대사(劉大師)는 곧 류하이쑤(劉海粟, 1896~1994)이다. 화가이다. 상하이 미술전문학교 교장을 지냈다. 1933년 11월 9일 상하이 『선바오』는 류하이쑤가 이달 10일, 11일에 상하이에서 중국미술전시회를 개최한다는 소식을 실었다.

2) 쉬베이홍(徐悲鴻, 1895~1953)은 화가이다. 유화와 중국화, 특히 소묘에 뛰어나다.

331117 쉬마오융에게

마오융 선생

　　며칠 전에 부친 편지에서 일본인명 하나를 잘못 썼습니다. 'Naoshi Kato'는 '加藤整'이 아니라 '加藤直士'입니다. 이번에 조사하여 틀릴 리가 없을 것입니다(한자의 '直'과 '整'과 '直士'……의 일본어 발음은 같습니다).

　　그리고 'Jokai'는 십중팔구 'Sakai' = '堺'의 오기입니다. 이 사람 이름은 '利彦'이고 호는 '枯川'입니다.[1] 이전에 톨스토이를 숭배했으나 나중에는 반대한 사람입니다.

　　이와 같이 편지 보내 드립니다. 평안하시기를 기원합니다.

　　　　　　　　　　　　　　　　　　　　　　11월 17일, 쉰 드림

주)_____

1) 사카이 도시히코(堺利彦, 1871~1933)는 일본의 사회주의자이다. 『평민신문』과 『사회주의 연구』 등을 편집했고 일본공산당을 건립하는 데 참여하고 일본이 중국을 침략하는 데 반대했다. 저서로 『사회주의윤리학』과 『맑스전기』 등이 있다.

331119 쉬마오융에게

마오융 선생

16일 편지를 받았습니다.

'Teneromo'는 일본인이 아니어야 합니다. 그런데 다른 나라 사람이라 하기에도 이 성은 좀 괴상합니다.

'Jokai'는 '正介'가 아닙니다. '正介'의 일본어 독음은 'Shoukai' 혹은 'Shōkai', 'Tadasuke'입니다. 'Jokai'와는 차이가 너무 납니다. 이 글자는 의문으로 남겨 둘 수밖에 없습니다.

93쪽의 두 마디 말은 일역본에 의하면 "모스크바에 살아 보니(모스크바에 정주하는 것이라는 말입니다) 뭐든지 잘 갖춰져 있었다……"로 하는 것이 어투로 봐서 타당한 것 같습니다. 톨스토이가 모스크바에 도착한 것은 사실 살 곳을 정하는 것에 불과한 것으로 취직은 아닙니다.

이와 같이 답신드립니다. 평안하시기를 기원합니다.

11월 19일 밤, 쉰 드림

331120① 정전둬에게

시디 선생

　　16일 편지를 받았습니다. '견본'이라고 한 것은 예 선생[1]에게 전달을 부탁한 것입니다. 그렇지만 나는 지금까지 받지 못했습니다. 내일 편지를 써서 한번 문의해 보겠습니다.

　　룽루탕[2]의 편지지는 단 한 장뿐이어서 유무 여부는 문제가 되지 않습니다.

　　고궁박물관의 판본은 비싸지만 인쇄가 잘 되어 있습니다. 그저 내게 돈이 없다는 것을 탓할 수밖에 없지요. 한 폭에 1위안 하는 것은 그 인쇄품을 봐야지 알 수 있습니다. 왜냐하면 류리창 판본도 많이 정교하면서도 졸렬한 것이 있는데 가령 『스쩡유묵』[3]이 그 예로 인쇄 수준이 아주 높지 않습니다.

　　이달 이후로 나의 투고는 게재 금지 되었습니다. 별 의미도 없는 글까지도 금지되고 있습니다. 시대가 진보하자 금지하는 것도 따라 진보하여 이제 '가짜 자유'마저도 허락되지 않습니다. 그렇지만 『베이핑 편지지 계보』 서문도 전겸익[4]에게 한 것처럼 '발췌 훼손'될 정도까지는 아니겠지요.

　　이와 같이 답신드립니다. 평안하시기를 기원합니다.

　　　　　　　　　　　　　　　　　　　　　　　　11월 20일, 쉰 드림

주)_____

1) 예성타오(葉聖陶)를 가리킨다.
2) 룽루탕(榮錄堂)은 당시 베이징의 류리창에 소재한 서화점을 말한다.

3) 『스쩡유묵』(師曾遺墨)은 『천스쩡선생유묵』(陳師曾先生遺墨)이다. 서화집으로 모두 12집으로 구성됐다. 1924년부터 28년까지 베이징 류리창의 춘칭거(淳菁閣)에서 인쇄했다.

4) 전겸익(錢謙益, 1582~1664)은 명 숭정 시기 예부시랑을 지냈고 남명 홍광 시기에는 예부상서를 지냈다. 청군이 남경을 점령했을 때 그는 솔선하여 항복하여 사람들에게 멸시를 당했다. 청 건륭 시기 그를 '이심전'(貳心傳)에 넣었는데 괸련 내용은 『사고전서총목』 권수(卷首)의 말을 참고할 수 있다.

331120② 차오쥐런에게

쥐런 선생

대략 20일 이전에 목판화에 관한 글[1]을 『선바오』의 「자유담」에 보냈는데 오랫동안 실리지 않아서 이상한 일이라고 생각했습니다. 그런데 원고를 돌려주셨기에 짐작한 게 사실이라는 것을 알게 됐습니다. 사실 이 글은 큰 의미는 없습니다. 그렇지만 그래도 한 번 쓴 글이기에 버리려니 아쉬워서 『파도소리』에 투고하여 사용해도 될런지요? 만약 너무 말이 많아 어울리지 않는다고 생각하면 바로 휴지통에 던져 버리셔도 됩니다. 이와 같이 편지 드립니다. 평안하시기를 기원합니다.

11월 20일, 쉰 올림

주)_____

1) 「목판화 복인을 논함」(論翻印木刻)을 가리킨다. 『파도소리』(濤聲) 2권 46기(1933년 11월 25일)에 실렸다. 나중에 『남강북조집』에 수록됐다.

331124 샤오싼에게

샤오 형

　오늘 부친 잡지와 책 소포는 모두 두 개입니다. 『현대』와 『문학』은 모든 파가 보고 있는 잡지입니다. 그 가운데 썬바오森堡, 돤셴端先, 사팅沙汀, 진딩金丁, 톈이天翼, 치잉起應, 보치伯奇, 허구톈何谷天, 바이웨이白薇, 둥팡웨이밍東方未明＝마오둔茅盾, 펑자황彭家煌(이미 병사했습니다)은 우리 편입니다. 그렇지만 압박으로 이 잡지들은 이후에 더 우경화될 것입니다. 우리는 투고할 수 없게 될 것입니다.

　『문예』는 대부분 희망이 있는 청년작가입니다. 그렇지만 그 가운데 인겅尹庚은 체포된 뒤에 우경화되었다고 들었습니다. 3기를 출판할 수 있을지 말하기 어렵습니다.

11월 24일, 위 드림

331125① 차오징화에게

야단 형

　19일 편지를 받았습니다. 보내온 책[1]은 소포로 세 개 받았지만 책 숫자는 많지 않습니다. 정장본 고리키 문집 4권과 연극사, Pavlenko 소설, Shaginiyan 일기, Serafimovich 평전 한 권씩과 소소한 작은 책 예닐곱 권만 있습니다. 이는 10월 중순의 일로 이다음에 받지 않았습니다.

　폭풍이 언제 지나갈지 모르겠습니다. 지금은 더 심해지고 있는데 그

목적은 모든 잡지를 봉쇄하여 우리에게 투고할 데를 없게 만드는 데 있습니다. 나는 특히나 뭇 사람의 표적이 되어서 이제 『선바오』에 글을 실을 수 없게 되었습니다. 그리고 다른 사람의 작품조차 내 필명으로 쓴 글이 아닌지 의심을 받아 반대자가 나에게 자주 공격을 가하고 있는 형편입니다. 잡지마다 전전긍긍하고 있습니다. 『문학』에 피해를 주지 않는다 하더라도 활기차게 하기는 어렵다고 생각합니다.

목판화가에 대해 바라는 것이라면, 나는 헌책을 좀 천천히 수집하여서 부치려 하고 중국의 새로운 작가의 목판화도 같이 모으려 합니다(그러나 그들은 분명 웃음을 터뜨릴 것입니다). 그렇지만 사람마다 한 부씩 가질 수는 없고 모두 공유할 수밖에 없습니다. 소장하고 있는 목판화에 대해서 나는 매일 영인을 하고 싶다고 생각하지만 지금은 좀 주저하고 있습니다. 경제적인 문제 때문입니다. 그렇지만 이다음에 궁핍해진다면 몇 장을 덜 인쇄하면 되겠지요. 요컨대 꼭 소개하고 싶습니다. 그래서인데 형이 그곳에 편지를 보내 조사를 좀 해주실 수 있는지요? 간략하면 좋습니다. 그러면 편지가 오가는 데 대략 두 달이 걸리고 내년 2월에 인쇄에 부칠 수 있게 됩니다. Kravtchenko에 대해서는 형이 내게 이전에 보낸 『Graphika』에 작품이 좀 수록되어 있던 것이 기억납니다. 발췌번역할 수 있을 겁니다.

샤오싼[2]은 편지가 없습니다. 중국어판 『문학』은 아직 눈에 띄지 않습니다. 이미 출판되었는지 모르겠습니다. 나는 『해방된 Don Quixote』를 인쇄하고 있는데 아직 다 마무리되지 않았습니다. 그렇지만 출판이 된 뒤라도 당연히 '해방'지는 않겠지요.

학생들을 가르치는 일은 힘이 들지만 이것으로 한때의 생활을 유지할 수 있는 것도 좋습니다.

타 형네[3]는 다 잘 있습니다. 나 개인과 가족도 모두 예전과 다름없으니 걱정 마시기 바랍니다.

　　이와 같이 알려 드리니 잘 지내시기를 기원합니다.

11월 25일, 동생 위 올림

주)_____

1) 차오징화가 귀국 전에 소련에서 루쉰에게 부쳐 대신 수령 및 보관을 부탁한 책을 가리
  킨다.
2) 샤오싼(小三)은 샤오싼(蕭三)을 가리킨다.
3) 취추바이 가족을 가리킨다.

331125② 차오징화에게

야단 형

　　어제 편지 한 통을 보냈는데 이미 받았으리라 생각합니다.

　　지난번 말한 다섯 명의 목판화 작가 가운데 한 명은 Pavlov가 아니라
Pavlinov입니다. 자료를 수집할 때 잘못이 있었던 것 같으니 수정하시도
록 특별히 편지를 보냅니다.

　　형이 아직 귀국하지 않았을 때 나는 잡지 등 소포 두 개를 보낸 적이
있습니다. 지금까지 반송된 것을 보지 못했습니다. 형이 이미 편지를 보내
그쪽의 친구에게 받아서 읽게 했으리라 생각합니다. 이와 같은 것이 가장
좋습니다. 어제 나는 소포 두 개를 샤오싼에게 부쳤습니다. 지난번 것과
이어진 것입니다.

이와 같이 보내 드리니 평안하시기를 기원합니다.

11월 25일, 동생 위 드림

영부인과 아이들의 안부도 여쭙니다.

331202 정전둬에게

시디 선생

조금 전에 선생의 책을 받아 모든 것을 알게 됐습니다. 서문은 아주 좋습니다. 그 안에 역사적 일화가 적지 않게 들어가 있습니다. 지금 몇 군데 논의할 만한 곳을 기록하여 보내니 참고하여 결정해 주시기 바랍니다. 예 선생[1] 쪽의 견본쇄는 결국 소식이 없습니다. 편지를 보내 물어봐도 회신이 없습니다. 어떻게 된 것인지 모르겠습니다. 이후에 편지를 쓰지 않았기 때문입니다.

'교정쇄'는 다시 보내 주실 필요가 없습니다. 내용은 이미 익숙하여 책으로 편집된 뒤 상황은 눈을 감고도 짐작할 수 있기 때문입니다. 그보다 목록을 덧붙여 한 질部의 책으로 완성하는 편이 낫습니다. 그렇지 않으면 '교정쇄'를 집에 두면 영원히 '교정쇄'일 뿐입니다. 그러면 또다시 한 질의 책을 망치게 되겠지요.

상하이의 '글 노점'文攤 상태는 아주 기이합니다. 나는 오십여 년을 살았는데 이같이 괴상한 모습을 처음 봅니다. 만약 내가 중국인이 아니었다면 오히려 흥미로웠을 것입니다. 이는 정말 Grotesque하다고 할 수 있습니다. 눈요기도 대단하지만 지금은 꽤 불편합니다. 마치 햇볕에 말린 적이 없는 적삼 한 벌을 온몸에 두르고 고통스럽다고 말하지만 사실은 그렇지 않고, 그렇지만 아무것도 아니라고 말하지(않지)만 또 그렇지도 않는 것과 같습니다.

이와 같이 답신드리니 평안하시기 바랍니다.

12월 2일, 쉰 드림

주)_____

1) 예성타오를 말한다.

331204 천톄겅에게[1]

톄겅 선생

외국 여사 한 분[2]이 중국 좌익작가 회화를 수집하여 먼저 파리에서 전시회를 열고 그 다음에 소련에서 열 계획이라고, 내게 상하이의 작가를 알려 달라고 합니다. 그렇지만 나는 회화계에 대해서는 잘 알지 못하여 선생에게 부탁하여 방법을 알아보려 합니다. 가장 좋은 방법은 각 작가의 작품을 15일 이전에 우치야마서점에 보내면 내가 받고, 다시 내가 그녀에게 전달하는 방법입니다.

회화 이외에도 각종 목판화 2부를 선정해야 합니다.

같은 편지를 나는 리우쳥[3] 선생에게도 썼습니다. 여러분이 상의하여 처리해 주시기 바랍니다. 만약 불편하면 각자 진행해도 됩니다.

이와 같이 편지 보냅니다. 늘 평안하시기를 기원합니다.

12월 4일, 쉰 드림

주)_____

1) 천톄경(陳鐵耕, 1906~1970)의 본명은 천야오탕(陳耀唐)이며 천커바이(陳克白)라고도 한
   다. 목판화가이다. 목판화 연구단체인 '이바이사'(一八藝社)의 주요 성원이자 예수이사
   (野穗社) 발기인이다. 루쉰이 주관한 여름방학 목판화 강습반에 참가했다.
2) 이다 트리트(Ida Treat)를 가리킨다. 당시 프랑스 종합잡지 『관찰』(Vu)의 기자였다.
3) 리우청(李霧城)은 천옌차오(陳煙橋)라고도 한다.

331205① 뤄칭전에게

칭전 선생

조금 전에 목판화 한 권[1]과 편지를 받았습니다. 정말 감사드립니다. 각종 목판화는 인쇄 발행될 수 있다고 생각합니다. 비록 일반 독자는 목판화를 충분히 주목하지 못하고 있지만, 어쨌든 일부 사람에게는 열람하게 제공할 수 있겠지요. 이끄는 말은 내가 쓸 수는 있지만 최근 나에 대한 여러 압박이 아주 심합니다. 오히려 나의 서문으로 인하여 목판화 자체에 해를 끼칠지도 모릅니다. 이는 경계해야 하는 일입니다.

이후의 판화인쇄는 중국 종이를 사용해 봐야 한다고 생각합니다. 서양 종이가 너무 매끄러워서 선을 모호하게 할 수 있기 때문입니다.

내 사진은 아직 작업에 착수하지 않았다면 잠시 보류하기 바랍니다. 이 사진은 너무 부자연스럽게 찍혀서 다른 사진 한두 장을 부칠 수 있습니다. 여기에서 적당한 것을 골라 원본으로 삼으십시오.

이와 같이 답신드립니다. 늘 평안하시기를 기원합니다.

12월 5일, 쉰 드림

주)_____

1) 『칭전목판화』(淸䫨木版畵) 제2집 원고를 가리킨다.

331205② 타오캉더에게

캉더 선생

편지 잘 받았습니다. 기념을 하거나 신년 축하와 같은 글을 쓰는 것은 사실 과거시험에서 '동지양생춘우래, 덕양자오언육운'을 시의 제목으로 받는 것[1]과 같습니다. 이런 시험시 류의 글은 나는 이제 쓰지 않을 생각입니다. 물론 '인스피레이션'이 많이 생기면 이를 빌려서 한번 실력을 발휘할 수는 있습니다. 그렇지만 나는 그것도 없는 데다 말도 어물어물해야 하는 상황이어서 유쾌하지 않습니다. 차라리 계속 침묵하는 것이 낫겠습니다. 이와 같이 답신드립니다. 평안하시기를 기원합니다.

12월 5일, 루쉰 드림

주)_____

1) 원문은 '賦得冬至陽生春又來, 得陽字五言六韻'. 과거를 보던 시대의 시첩시는 보통 고인의 시구나 성어를 이용하여 '부득'(賦得) 두 글자를 덧붙여서 시제(試題)를 지었다. 청조에는 한 수를 5언 6운으로 짓는 걸로 규정했다. 곧 다섯 글자가 한 구이며 열두 구가 한 수, 두 구가 한 운이 된다.

331205③ 정전둬에게

시디 선생

어제 성타오 선생이 보낸 편지지 견본을 받았습니다. 그 가운데 세 점을 골라 밤에 등기로 부쳤습니다.

지난번 상하이에서 면담할 때 선생이 오무라 세이가이[1]가 복각한 중국의 삽화 서적을 이야기한 적이 있는데 지금은 구하기 쉽다고 한 것을 기억합니다. 나중에 도쿄에 편지를 보내 찾아봤으나 구해서 가져올 수 없었습니다. 그 책의 전체 이름이 무엇인지, 베이핑에서 구매할 수 있는지 모르겠습니다. 모두 편할 때 알려 주시기 바랍니다. 만약 베이핑에서 구할 수 있다면 대신하여 한 부 사 주셔서 부쳐 주시기를 희망합니다.

이와 같이 알려 드립니다. 평안하시기를 바랍니다.

12월 5일, 쉰 돈수

주)_____

1) 오무라 세이가이(大村西崖, 1868~1927)는 도쿄미술학원 교수였다. 1925년 중국에 가서 강연을 한 적이 있다. 저서로 『동양미술사대관』, 『지나미술사』 등이 있다.

331205④ 야오커에게

Y 선생

11월 29일 편지를 받았습니다. 탄 여사[1])는 내가 한 번 만나 본 적이 있습니다. 상하이에 우리들의 화가는 많지 않고 나도 아주 많이 왕래하지는 않지만 알고 지내던 두 명[2)]에게 이미 알렸습니다. 그들에게 청하고 다른 사람에게 청탁하여 될 수 있는 대로 빨리 준비해 달라고 했습니다. 작품은 많을 수는 없을 것 같습니다. 그녀가 언제 남쪽으로 올지 모르겠는데 만약 떠나기 전에 알려 주면 내가 미리 수집하여 그때 한꺼번에 그녀에게 건네줄 수 있습니다. 그렇게 할 수 있으면 좋겠습니다.

푸젠성은 정변이 있었지만 광둥성은 정변이 있는 것 같기도 하고 없는 것 같기도 합니다. 배후에 각각 강국이 있으면서 사실은 토호를 괴뢰로 삼아 영토를 분할하고 있는 것은 아닌지 모르겠습니다. 만약 이 논의를 드러낼 수 있다면 그래도 무방합니다. 그렇지만 푸젠도 아니요 광둥도 아닌 곳이라면 어떻게 이와 같을 수 있겠습니까. 따라서 차라리 침묵하는 것이 더 낫습니다.

상하이는 아직 따뜻하여 난로가 필요 없습니다. 출판계는 분위기가 아주 가라앉았고 옴짝달싹도 못 하고 있습니다. 「자유담」은 압박을 받아 시들시들하고 생기가 없게 됐습니다.

이와 같이 답신드리니 늘 평안하시기를 기원합니다.

12월 5일 밤, L 드림

2, 3일 양일 동안 일본기독교청년회를 빌려 목판화전시회를 열었습니

다. 절반은 그곳에서 보내온 것인데 관람자 중 중국 청년은 이백여 명 되었습니다.

주)_____
1) 탄 여사(譚女史)는 이다 트리트(Ida Treat)이다.
2) 천톄경과 천옌차오를 가리킨다.

331206① 천톄경에게

톄경 선생

　그저께 서신을 한 통 부쳤는데 이미 도착했으리라 생각합니다. 오늘 우 선생에게 답신하는 편지를 보내는데 전달해 주시면 감사드리겠습니다. 평안하시기를 기원합니다.

　　　　　　　　　　　　　　　　　　　　12월 6일, 쉰 드림

331206② 우보에게

우보 선생

　보낸 편지를 받았습니다. 지금 전시회를 하나 열고 있어 꽤 쉽지 않습니다. 첫째 문제는 주소입니다. 방법을 생각해서 상의하여 빌려야 하고 또

안전하다고 여겨지는 곳이어야 합니다. 둘째는 내용인데 소련의 것은 단독 전시하기 힘듭니다. 반드시 배석하는 손님이 있어야 합니다. 이번에는 프랑스 삽화가 바로 배석하는 손님입니다. 이렇게 신경 쓸 데가 많으니 각종 문제가 생깁니다. 내가 수집한 소련 목판화는 모두 80여 장입니다. 50장을 선별하여 콜로타이프판으로 작은 크기로 찍고 싶은데 그러면 배우는 사람에게 전람회보다 더 많은 이익이 있을 수 있습니다. 벌써 일본에 편지를 써서 인쇄비를 알아보고 있습니다(그들의 제판술이 아주 좋기 때문입니다). 만약 그 가격을 내가 감당할 수 있어서 대략 내년에 편할 때 인쇄하러 가면 늦봄에는 출판하게 됩니다.

「창밖」과 「풍경」을 나는 본 적이 있습니다.

원고[1]에 관해서 나는 방법을 찾을 수 없습니다. 첫째 나는 출판사와 직접 거래하지 않으며, 둘째 나는 이전에 이런 일을 적잖게 경험했습니다. 그렇지만 결과는 선생이 겪은 것과 같이 요령을 못 찾았을 뿐만 아니라 원고를 분실하는 일까지 겪었습니다. 중간에 끼여서 매우 곤란하여 소개하지 않은 지 오래됐습니다.

이와 같이 답신드리니 늘 평안하시기를 기원합니다.

12월 6일, 쉰 드림

추신: 페딘의 『도시와 세월』(*City and Year*)은 영문 번역본이 있는 것 같습니다.

주)_____

1) 『목판화 창작법』(木刻創作法)을 가리킨다.

331207 뤄칭전에게

칭전 선생

　지난번 목판화 7점을 받고 바로 답신을 했습니다. 조금 전에 또 선생의 서신과 초상 두 점[1]을 받았습니다. 정말 감사드립니다. 이 목판화는 좋습니다. 지난번 서신에서 사진을 새로 찾아서 부치겠다고 말했는데 그만둬도 되겠습니다. 내 사진은 이미 공개된 데다 목판화로 만들어지기까지 했으니 이제 주권主權의 반은 최소한 작가에게 있습니다. 그래서 귀교의 동료와 학생이 이 판화를 얻으려고 하면 작가가 인쇄에 동의만 한다면 나는 좋습니다. 그렇지만 나의 친구 몇 사람도 구하고자 하여 선지 몇 장을 첨부하여 드립니다. 이 종이로 네다섯 장을 찍어 보내 줄 수 있다면 정말 감사드립니다.

　나머지 종이는 선생이 「낙엽 쓰는 노동자」와 「우는 아이」, 「노름꾼」, [「우는 아이」], 「상하이의 황푸탄에서」 다섯 점을 찍어서 보내 주시기를 부탁드릴 계획입니다. 내가 가지고 있는 것은 모두 서양 종이여서 매끄럽고 빛이 반사되어 중국 종이에 찍은 것보다 보기 좋지 않습니다.

　이와 같이 답신드리니 학업이 순조롭기를 기원합니다.

　　　　　　　　　　　　　　　　　　　　　　12월 7일, 쉰 올림

주)_____

1) 뤄칭전이 조각한 루쉰 초상을 가리킨다.

331209 리샤오펑에게

샤오펑 형

상하이에서 『거짓자유서』를 판매하지 않은 뒤부터 내게 책을 구해 달라고 하는 이가 적지 않습니다. 그렇지만 나는 이제 이 책이 없으니 서점에서 50권을 내게 보내 주시기를 바랍니다. 비용은 인세에서 제하면 됩니다. 이와 같이 알려 드리니 늘 평안하시기를 기원합니다.

12월 9일 밤, 쉰 올림

331213 우보에게

우보 선생

11일 편지를 조금 전에 받았습니다. 유화와 수채화가 없으면 목판화도 좋습니다. 당연히 현재 작품은 유치합니다. 그렇지만 그들은 결코 우스울 수 없습니다. 왜냐하면 그들은 중국 '대사'大師 같은 류의 사람이 아니기 때문입니다. 그런데 나는 그들이 비평을 했으면 하는데 이는 이곳의 작가에게 매우 유익합니다.

목판화를 배우는 몇 분은 거기[1]에 가지 않는 것이 제일 좋습니다. 내가 보기에 그들의 방법은 7,8년 전의 광둥[2]과 같습니다. 그들은 갑자기 안면을 바꾸면서 거꾸로 청년의 피로 자신의 손을 씻을 수 있는 이들입니다.

『도시와 세월』은 장편이지만 나는 읽은 적이 없습니다. 독역본이 있지만 일역본은 없습니다. 10월혁명 뒤 얼마 되지 않아서 쓴 것인데 대략 그 당시 상황을 이야기한 것입니다.

『한밤중』子夜은 물론 편지에서 말한 대로입니다. 그렇지만 지금까지도 더 좋은 장편 작품이 나오지 않고 있습니다. 이는 지식계급에게만 영향을 미치는 작품일 뿐입니다. 더 영구적일 수 있는 것은 나도 떠오르지 않습니다.

요컨대 회화는 다른 것이 없다면 목판화를 좀 모아서 나에게 건네주시기를 바랍니다.

이와 같이 편지 보냅니다. 늘 평안하시기를 기원합니다.

12월 13일, 쉰 드림

주)_____

1) 푸젠을 가리킨다. 당시 푸젠의 19로군은 반(反)장제스와 항일을 주장하며 '혁명정부'를 수립했다.
2) 1927년 광저우에서 발생한 반공대학살 사건을 가리킨다.

331219① 어머니께

어머니 대인 슬하에 삼가 아룁니다. 12월 2일의 편지는 일찌감치 받았습니다. 신메이 아저씨는 셋째에게 편지를 보내 무덤을 손보는 것은 이미 시작했고 자세한 장부는 일을 마친 뒤 다시 보내 주겠다고 했습니다. 이 경비는 이미 아들이 미리 오십 위안을 부쳤기에 별로 차이가 나지 않을 것입니다. 어머니께서 다시 바다오완에 이를 언급하지 않아도 됩니다. 작은 일로 공연히 성가시게 할 것까지는 없습니다. 하이잉은 여전히 공부는 하지 않고 집에서 말썽을 피우고 완구를 해체하고 망가뜨리며 놉니다. 그렇지만 상반기보다 철이 많이 들었고 말도 비교적 잘 듣고 있습니다. 아들과 하이마는 모두 다 잘 있으니 걱정 마시기 바랍니다. 상하이의 날씨는 점점 추워집니다. 솜 두루마리를 입어야 하며 밤에는 더 추워져서 오늘 집에 난로를 설치했습니다. 나머지는 계속 알려 드리겠습니다. 이와 같이 편지 드리니 평안하시기 바랍니다.

12월 19일, 아들 수 절을 올립니다

331219② 우보에게

우보 선생

목판화 한 권과 편지를 이미 받았습니다.

모 여사는 프랑스 잡지 『뷰』의 기자입니다. 그녀는 이미 상하이에 도착했다고 하지만 나는 아직 만나지 못했습니다. 아마 그녀가 나를 찾지 못한 것 같고 나도 그녀를 찾을 길이 없습니다. 설령 끝내 만나지 못하더라도 나는 목판화를 거기에 바로 보내면 됩니다.

이와 같이 답신드리니 늘 평안하시기를 기원합니다.

12. 19. 쉰 드림

331219③ 허바이타오에게[1]

바이타오 선생

16일 편지와 목판화 3점을 오늘 받았습니다. 고맙습니다. 다른 한 권도 그저께 이미 받았습니다. 그중 몇 점을 빼고 싶은데 곧 커바이 형의 「따뜻함」暖과 「일」工作 및 선생의 「바라보다」望입니다.

「바라보다」의 특색은 한 사람을 집중적으로 표현했는데 곡선의 소매 조각법이 좀 두서가 없을 뿐이며 다른 것은 적당합니다. 그렇지만 내용은 그저 '기다림'뿐이고 동작이 없으며 가라앉은 느낌이 두드러집니다. 나는 공개할 필요는 없다고 생각합니다.

「양치는 소녀」牧羊女는 「정오의 휴식」午息과 같은 종류인데 그녀의 얼굴은 꽤 비사실적입니다. 나는 이게 몇 명의 독일 목판화의 영향을 받은 것이라고 생각합니다. 그런가요? 그렇지만 이런 표현법은 가끔 가다 한 번씩 할 수 있는 것이고 자주 사용해서는 안 됩니다.

「사적인 싸움」私鬪에서는 몇 사람만이 좀 과장되어 보이고 대체로 좋습니다.

「설경」雪景에서 눈雪은 점이 너무 작아서 분명히 그리지 않으면 감상자는 눈이 내리고 있다는 것을 알아차리지 못합니다. 이 그림도 나는 보내지 않을 것 같습니다. 그렇지만 원판에서 대략적으로 수정할 수 있습니다.

「작은 배」小艇의 구도는 가장 좋습니다. 그렇지만 배의 그림자가 너무 많은 것 같습니다. 물결을 조각하는 방법도 조금 어수선하여 아쉽습니다. 물결에 관한 각종 조각법은 외국에 아주 많은데 우리는 많이 보지 못했습니다. 그래서 암중모색을 할 수밖에 없는데 이는 중국의 불행입니다.

나는 중국의 새로운 목판화는 외국의 구도와 조각법을 채용할 수 있다고 생각합니다. 그렇지만 또한 중국의 구 목판화의 구도와 형상을 참고해야 합니다. 한편으로 인물에 중국인의 특색이 드러나는 데 집중하여 감상자가 한 번 보면 이것이 중국인과 중국의 일이라는 것을 알 수 있게 해야 합니다. 현재 예술적으로 지역적인 색채가 있어야 합니다. 그래서 이런 관점에서 나는 커바이 형[2]의 작품 가운데 「아버지를 기다리며」等着爹爹가 가장 좋다고 생각합니다.

　　이와 같이 답신드리니 늘 평안하시기를 기원합니다.

12월 19일, 쉰 드림

주)_____

1) 허바이타오(何白濤, 1911~1939)는 당시 상하이 신화예술전과학교(新華藝術專科學校) 학생이었다. 목판화예술단체인 예수이사(野穗社) 주요 성원 중 한 명이다.
2) 커바이(克白)는 천톄겅이다.

331219④ 야오커에게

Y 선생

　　12일 밤의 편지는 일찍 받았습니다. 탄 여사는 지금까지 만나지 못했습니다. 아마 그녀는 나의 주소를 모르고 그녀를 데리고 나를 찾아올 수 있는 사람은 지금 또 상하이에 없어서 결국 만나지 못할지도 모르겠습니다. 나는 여기에서 이미 목판화 수십 점을 모았습니다. 유치한 수준이지만 그래도 어느 정도 성과는 있습니다. 결국 만나지 못한다면 그쪽으로 바로 보내도록 하겠습니다.

「웃지 않은 것이 아닙니다」[1]의 번역문은 벌써 『문예』지에 실렸습니다. 두 사람이 공역한 것인데 번역자의 영어수준이 어떤지에 대해서는 말하기 힘듭니다. 『생활주간』은 이미 휴간했습니다. 이는 자살하여 피살을 면한 것입니다. 『문학』은 더욱 전전긍긍하여 어떤 것도 싣지 못하고 있습니다. 남이 주축을 빼 가는데 어떻게 제대로 서 있을 수 있겠습니까. 『자유』는 더욱 압박을 받고 있습니다. 자주 협박편지를 받는다고 들었기에 쇼[2]의 작품을 원할 리가 없다고 생각합니다. 편집자는 여전히 가끔 와서 원고를 써 달라고 하지만 팔고문같이 '저촉해서'도 안 되고 또 '연루되어서도' 안 된다고 합니다. 나에게 어떻게 글을 쓰라고 하는지 몰라 오랫동안 투고하지 않게 됐습니다.

타이 군[3]은 사람 됨됨이가 아주 좋습니다. 게다가 베이핑 문단의 상황에 익숙합니다. 선생이 그와 한번 이야기하는 것은 아주 좋습니다. 그렇지만 롤랑의 비평을 영원히 찾을 수 없을 것이라 생각합니다. 번역자 징인위는 그건 편지 한 통이었다라고 합니다. 그가 창조사에 편지를 보내어 ── 그는 프랑스에 산 지 오래되어 이 창조사가 나를 매우 싫어한다는 것을 몰랐습니다 ── 그들에게 발표를 요청했는데 여기에서 영원히 행방이 묘연해졌다고 합니다. 이 일은 벌써 아주 오래되어 조사할 수 없습니다. 나는 차라리 찾을 필요가 없다고 생각합니다.

처음으로 전시회를 열었는데 장소 임대가 쉽지 않았습니다. 그래서 전시회장이 별로 좋지 않고 회화도 백여 점밖에 전시할 수 없었습니다. 중국 관람객은 이백여 명이었습니다. 역대로 목판화를 수집한 것은 꽤 쉽지 않았습니다. 연초에 오십 종을 골라 찍을 계획인데 전시회 개최에 도움을 줄 요량입니다. 이곳 청년 가운데 푸젠성으로 갈 이도 꽤 있다고 들었습니다. 사실 그들의 방법은 북벌 이전의 광둥성과 차이가 없습니다. 장래에 면모가 바뀔 때 또다시 청년을 살해하고 그 피로 자신의 손을 씻겠지요. 내가 공개적으로 글을 써 제지할 수 없는 점이 안타깝습니다.

쓴 소설은 누구보다 먼저 보게 되면 기분이 아주 좋습니다. 나는 바쁜 일이 없지만 또 한가로이 놀지도 않습니다. 그런데도 성과가 하나도 없습니다. '잡일을 하며' 시간을 보낸 탓이지요. 이런 상황은 상하이에 있으면 바뀌지 않을 것 같습니다만 달리 갈 곳도 없습니다. 다행히 가족은 모두 평안하고 잘 지냅니다. 날씨는 점점 추워져서 이미 난로를 설치했습니다.

중국에서 등기로 편지를 보내면 수신자는 도장을 찍어야 합니다. 선생에게 편지를 보내면 등기 때 영어이름을 써야 하는데 도장이 준비되어 있는지 모르겠습니다. 편할 때 알려 주시기 바랍니다.

이와 같습니다. 늘 평안하시기 바랍니다.

12월 19일 밤, L 올림

주)_____

1) 「웃지 않은 것이 아닙니다」(不是沒有笑的)는 미국 작가 휴(J. L. Hughes, 1902~1967)가 쓴 소설이다. 슈샤(秀俠)와 정눙(征農)이 공역하여 『문예』 1권 1기에서 3기(1933년 10월에서 12월)까지 실었다.
2) 원문은 '蕭'. 버나드 쇼(蕭伯納)를 가리킨다.
3) 타이징눙을 가리킨다.

331220① 차오징화에게

야단 형

　　15일 편지를 받았고 보름 전의 편지도 받았습니다. 통속문학을 편집하는 허 군[1]은 우리가 잘 아는 사람입니다. 사람은 좋지만 좀 유치한데 그는 소설을 쓸 줄 압니다. 그렇지만 이 두 권의 책은 편집을 잘 한 편은 아닙니다. 글자 수에 제한이 있기 때문입니다. 우뭇는 원래 성이 후胡씨[2]인데 그는 나와 모르는 사이입니다. 어느 날 그가 편지를 보내 『훼멸』을 재편집하려 한다고 말하면서 나에게 괜찮은지 물어봤습니다. 나는 작가가 아니기에 두번째로 다시 편집하겠다는 것을 막을 수 없어서 괜찮다고 대답했습니다. 그런데 그가 이 편지를 받은 뒤 대대적으로 활동하며 나와 오랜 친구인 것처럼 굴며 상하이의 책방과 교섭했습니다. 마치 그가 진짜인 것처럼 말입니다. 이 사람의 성격은 사실 별로 좋지 않은 듯합니다. 지금은 그와 연락하지 않습니다.

　　『안드룬』의 판매량은 아직 그다지 많지 않습니다. 판매 대리점이 진열을 꺼려하기 때문입니다. 그건 첫째 당연히 압박을 받아서입니다. 둘째는 정가가 저렴하여 그들 이익에 한계가 있어서 열심히 판매하지 않습니다. 『출판소식』은 누가 만든 것인지 모르겠는데 이런 소식을 싣는 것은 다른 용의가 있을 것입니다. 귀사에서 이 책을 주의하시기 바랍니다.

　　같은 내용의 책이 금지되거나 금지되지 않는 것은 절대로 주요 부분을 삭제했느냐 그 여부에 달린 것은 아닙니다. 내용이 어떠한지를 관료는 모릅니다. 주요 원인은 오로지 출판사가 관계官界와 연락할 방법이 있는지 여부에 달려 있습니다. 가장 믿음직한 것은 출판사를 하는 이가 건달인 경우입니다. 그들은 어쨌든 방법을 생각해 냅니다.

형이 편집한 책³⁾은 목차가 도착하면 한번 물어보러 가겠습니다. 그렇지만 어찌 됐건 음력 섣달까지는 출판사에서 원고를 받지는 않습니다. 그렇지만 현재 압박의 목적은 애오라지 인명과 그의 소속 쪽을 겨냥하고 있습니다. 책은 오히려 상관없습니다. '금지령을 위반했다'라고 말해진 뒤에 시비를 가릴 수도 없습니다. 현재 원래 일정한 '금지령'이란 게 없으니 항의가 반혁명으로 간주될 수 있기 때문입니다.

『돈키호테』는 아직 조판하고 있습니다. 출판은 대략 내년이 되어야 할 것 같습니다. 『어머니』와 『나의 대학』은 모두 중역이어서 좋다고 할 수 없을 것 같습니다. 전자는 이미 금지당했습니다. 소설집은 타 형이 번역한 것입니다. 출판한 지 오래지 않아 서점은 바로 수색당했고 책은 몰수됐으며 지판도 가져가 버렸습니다. 아마 누군가 가서 말했던 모양입니다. 『일주일』의 번역본은 두 종류가 있습니다. 하나는 장광츠蔣光慈가 러시아어에서 번역한 것이고, 다른 하나는 다이왕수戴望舒가 프랑스어에서 번역한 것인데 나는 모두 보지 못했습니다. 그렇지만 후자가 더 좋다고 들었습니다.

중국문학개론은 여전히 일본의 시오노야 온鹽谷溫이 쓴 『중국문학강연』이 두드러집니다. 중국에 번역본이 있습니다. 역사에 대해서는 ①셰우량謝無量의 『중국대문학사』, ②정전둬의 『삽화본 중국문학사』(4권까지 출간됨, 발간 중), ③루칸루陸侃如와 펑위안군馮沅君의 『중국시사』(전 3권), ④왕궈웨이王國維의 『송원 사곡사』, ⑤루쉰 『중국소설사략』이 읽을 만하다고 생각합니다. 그렇지만 이들 모두 자료로 읽을 만하고 견해는 모두 정확하지 않습니다.

우리는 여전히 다 잘 지냅니다. 원고는 발표하기가 힘듭니다. 압박으로 서점의 판매가 나빠서(책 사는 사람은 가난하며 돈 있는 사람은 책을 읽으려 하지 않습니다) 경제적으로 자연히 영향을 좀 받고 있습니다. 그렇지만 아직까지는 괜찮으니 걱정 마십시오.

　　이와 같이 답신드립니다. 늘 평안하시기를 기원합니다.

12월 20일, 동생 위 드림

주)_____

1) 허구톈(何谷天)을 말한다. 관련하여 330929② 편지를 참고할 수 있다.
2) 후진쉬이다. 관련하여 330801③ 편지를 참고하시오.
3) 『소련작가창작경험집』(蘇聯作家創作經驗集)을 가리킨다.

331220② 정예푸에게[1]

예푸 선생

　　목판화 작품은 50종을 골라서 내년에 인쇄에 부치는 것은 사실입니다. 어찌 됐건 이 일은 반드시 해야 합니다.

　　『수재』水災를 출판할 수 있을지 여부는 지금 추측하기 어렵습니다. 이를 받을 출판사가 꼭 있지는 않을 것 같습니다. 그렇지만 이미 완성했으니 한번 문의해 보는 것도 무방합니다. 늘 평안하시기를 기원합니다.

12월 20일, 쉰 드림

1) 정예푸(鄭野夫, 1909~1973)는 당시 상하이미술전과학교에서 공부하며 목판화 예술단
   체인 '이바이사'와 '예펑화회'(野風畫會)에 참가했다.

331220③ 쉬마오융에게

마오융 선생

　　18일 편지를 받았습니다. 최초의 스헝(侍桁 선생의 글은 나는 보지 않
았습니다. 주목했을 때 이 변론1)은 거의 다 끝나갈 무렵이었는데 내 생각
에는 선생의 주장이 맞습니다.

　　글이 직설적이지 않은 것은 한(韓 선생의 특기입니다. '기계적' 등 유
물론자 같은 말을 사용하는 것도 그의 특기입니다. 그렇지만 선생이 그의
본심을 아직까지 파악하지 못했습니다. 그는 한편으로 문학에서의 사실
주의를 동요시키고 싶었고 다른 한편으로는 자신을 위해 변호한 것입니
다. 그는 사난2)이 실제로 없는 것이라고 말합니다. 사실은 러시아에 확실
히 존재했으니 중국에서도 어떻게 없을 수 있겠습니다. 그렇지만 그가 사
난이라고 부르지 않았던 것입니다. 문학과 사회의 관계는 우선 사회를 민
감하게 묘사하는 것입니다. 만약 힘이 있다면 또다시 한번 방향을 바꾸어
사회에 영향을 미치고 변혁이 일어나게 하는 것입니다. 이는 바로 참기름
이 원래 깨에서 짜낸 것이지만 추출하여 깨에 담궈 두면 기름으로 바뀌게
되는 것과 같습니다. 한 선생이 말한 대로 소설에서 전형적인 인물은 원
래 그런 사람이 없는데 곧 작가가 사회적으로 존재할 가능성이 있는 대로
상상하여 만들어 낸 인물입니다. 그리하여 사회적으로 이런 인물이 출현

한 것입니다. 그는 유심론자를 자처하지 않는데 '존재의 가능성'이라는 말에는 그가 사회조건을 고려하는 곳이라고 생각합니다. 사실 이것이 바로 허튼소리입니다. 설마 대작가가 집필하기 시작하면 일부러 사회만을 보고 사람을 보지 않겠습니까(사람을 언급하지 않으면 사회적으로도 또 무엇을 본단 말입니까). 이미 있는 전형을 포기하고, 있을 수 있는 전형을 그린다는 말입니까. 만약 그가 이와 같다면 그것은 진짜 하느님입니다. 하느님이 창조한 것에도 종교가가 말한 대로라면 일정한 범위가 있으며 반드시 존재할 가능성이 있는 것을 한계로 삼습니다. 따라서 불 속에 물고기가 없으며 진흙 속에 새가 없습니다. 그래서 한 선생은 실제로 궤변을 늘어놓고 있습니다. 내 생각에 놔두고 모른 체할 수 있다고 생각하며 사과할 가치가 없습니다.

　예술의 진실이 곧 역사적인 진실은 아니다, 라는 말을 우리는 들어 본 적이 있습니다. 왜냐하면 후자는 반드시 그런 일이 있어야 하지만 창작은 엮어서 연결시키고 펼쳐 쓸 수 있습니다. 핍진하기만 하면 그런 일이 반드시 있어야 할 필요는 없습니다. 그렇지만 그가 근거하여 엮고 펼친 것 속에 어찌 사회적인 존재가 아닌 것이 있겠습니까. 눈앞의 이런 사람과 이런 일에서 미뤄 추측하고 이를 계속 발전시키면 예언처럼 됩니다. 나중에 이런 사람과 이런 일이 확실히 쓴 것 그대로 되기 때문입니다. 이것이 한 선생이 대작가가 창작한 것은 사회적으로 존재할 가능성이 있는 인물과 일이라고 말한 것일 터이지요.

　나는 이론을 따지지는 않아서 무슨 책을 봐야 하는지 정확하게 요점을 잡아 말할 수 없습니다. 내 사견에 따르면 우선적으로 역사를 바꿔 보는 것입니다. 일어로 된 『세계사교정』(전 6권, 5권까지 출간됨)을 좀 읽어 봤는데 그제야 이른바 영국과 미국이란 곳이 중국의 왕샤오라이[3]처럼 병

사로 일으킨 국가라는 것을 젊은 시절보다 더 잘 알게 됐습니다. 그 다음은 유물론을 읽는 것입니다. 일본의 최신서로 나가타 히로시永田廣志의 『유물 변증법 강연』(하쿠요사白楊社 판, 1.3위안)과 『역사적 유물론』(ナウカ[4]사 판, 3권, 권당 1위안 혹은 0.8위안)이 있습니다. 문학사는 뭔가를 언급하기 어려운데 사실 G. Brandes(브라네스)의 『19세기 문학의 주요 사조』는 인도주의 입장이지만 오히려 읽을 만합니다. 일본의 '슌주분코'春秋文庫에 번역본이 있는데 이미 6권이 출간되었습니다(권당 0.8위안). ① 『이민문학』 1권, ② 『독일의 낭만파』 1권, ④ 『영국에 있어서 자연주의』, ⑥ 『청춘독일파』 각 2권. 제③, ⑤부는 아직 출간되지 않았습니다. 이론에 대해서는 올해 『사실주의론』寫實主義論이 편역되었는데 정말 좋은 책입니다. 이미 다 조판했다고 들었지만 지금은 출판할 엄두를 내지 못할 것 같습니다. 읽은 일본어책으로 최근에 『사회주의적 リアリズムの 문제』[5]만을 읽었는데 오탈자가 너무 많아서 읽는 데 힘들었습니다.

중국 책 중에서 유물론을 대놓고 비난하는 책 종류는 당연히 봐서는 안 됩니다. 이해도 안 되었으면서 찬양하는 책도 봐서는 안 됩니다. 가장 좋은 것은 우선 기본서를 좀 읽어 보는 것이라 생각합니다. 그러면 무책임한 논객의 오류 같은 것은 없을 것입니다.

이와 같이 답신드리니 늘 평안하시기를 기원합니다.

12월 20일 밤, 쉰 드림

주)_____

1) 1933년 9월부터 12월까지 한스형과 쉬마오융 사이에 '현실적인 인식'과 '예술적인 표현'을 둘러싸고 벌어졌던 변론을 가리킨다. 양측 변론의 글은 이후에 한스형의 『참차

집』(參差集)에 수록됐다. 이 책은 1935년 3월 상하이 량유도서인쇄공사에서 출판됐다.
2) 사닌은 러시아 작가 아르치바셰프의 소설『사닌』의 주인공이다.
3) 왕샤오라이(王孝籟, 1886~1967)는 당시 상하이 총상회 회장을 맡고 있었다.
4) 'ナウカ'는 러시아어 'Наука'(과학)를 일본어로 음역한 것이다.
5)『사회주의적 리얼리즘의 문제』이디.

331220④ 정전둬에게

시디 선생

　15일의 편지를 조금 전에 받았습니다.『베이핑 편지지 계보』마지막 쪽은 이미 14일 등기로 부쳤는데 지금은 도착했으리라 생각합니다.『생활』주간은 이미 폐간됐습니다. 피살될 것이라는 소식을 듣고 서둘러 목매어 자살한 것처럼요.『문학』은 여기에서 아직 판매됩니다. 베이핑에는 6기가 없는데 암암리에 압류되었겠지요. 이런 일은 자주 일어납니다. 오늘의 문단은 정말 한마디로 말하기 어렵습니다. 일부 '문학가'는 글은 쓰지 못하면서 금지하는 글에는 힘이 잔뜩 들어가 있습니다. 그리하여 글의 그물망을 치밀하게 쳐 놓았습니다. 현대는 '흐름'이라는 글자가 줄지어 가고 있는 중입니다. 당연히 그래도 무방하지만 나는 그물을 짜는 것과 무관하지 않다고 의심하고 있습니다.

　이와 같이 보내 드리니 평안하시기 바랍니다.

12월 20일, 쉰 돈수

331224 리례원에게

례원 선생

　조금 전에 선생의 서신과 『의학의 승리』[1] 책 한 권을 받았습니다. 고맙습니다. 이런 종류의 서적은 사실 중국에 여전히 필요합니다. 고전적인 작품이라 하더라도 여전히 필요합니다. 우리는 청대의 고궁을 보존해야 하지만 이를 황궁으로 여기지 않고 역사적인 고적으로 여기며 구경합니다. 그렇지만 현재의 출판계와 독자는 이렇게 말할 상황은 못 됩니다.

　내년 정월 초하루는 올해의 12월 31일과도 큰 차이가 없다는 생각이어서 팔고문을 짓는 것은 아주 어렵습니다. 뭔가를 써낼 수 있을 것 같지 않습니다. 「자유담」의 글은 스형侍桁과 저춘蟄存 제공이 말한 대로[2] 부들채찍[3]을 가해야 하는 이가 적지 않습니다. 그렇지만 분쟁을 그치고 편안하게 지내기 위해서는 멈추는 것이 나을 뿐입니다. 이후에 잡감과 같은 글을 적게 쓸 생각입니다. 다시 시간을 좀더 들여서 만약 소득이 있으면서도 크게 걸리지 않는 글이면 보내 드리겠습니다.

　이와 같이 답신하니 평안하시기 바랍니다.

　　　　　　　　　　　　　　　　　　　　　　12월 24일, 쉰 드림

주)＿＿＿＿＿

1) 『의학의 승리』(*Knock ou le Triomphe de la médecine*)는 프랑스의 쥘 로맹(Jules Romains)이 쓴 극본으로 리례원이 번역했다. 1933년 12월 상우인서관에서 출간했다.
2) 1933년 12월 『선바오』의 「자유담」에 실린 한스헝(韓侍桁)의 「'현실적인 인식'과 '예술적 표현'에 관하여」(關於"現實的認識"與"藝術的表現")와 스저춘의 「혁명시대의 샤리핀」(革命時代的夏裏賓) 등의 글을 가리킨다.
3) 치욕적인 채찍질을 이르는 말이다. 『후한서』(後漢書)의 「유관전」(劉寬傳)에 나오는 말이다.

331226① 리샤오펑에게

샤오펑 형

    이는 모르는 사람[1]이 부쳐온 것입니다. 먼 곳에서 보내와서 소개하려는데 베이신 잡지에 발표할 지면이 있는지 모르겠습니다. 게재되면 전달할 수 있도록 잡지를 내게 한 권 보내 주시기 바랍니다. 그렇지 않으면 원고를 꼭 되돌려주시기 바랍니다. 하나라도 모자라거나 분실되면 큰일나게 됩니다.

12월 26일, 쉰 드림

주)＿＿＿＿

1) 왕시즈(王熙之)를 가리킨다.

331226② 왕시즈에게

시즈 선생

    선생의 서신을 받았습니다. 동요兒歌는 베이신서국에게 추천했습니다만 아직 실리지 않은 듯합니다. 이번에 보낸 것은 꽤 많습니다. 이것도 여전히 원래 교류하던 출판사에 부칠 수밖에 없습니다. 나는 출판사와 왕래가 많지 않기 때문입니다.

    대작시 몇 수는 암송할 만합니다. 그렇지만 내용이 좀 진부한 듯합니다. 이런 감흥은 여기에서는 이미 지나갔습니다. 현재 나의 잡감집 한 권도 같이 모두 등기로 부쳐 드립니다.

「자유담」의 편집자는 리례원 선생인데 나는 투고만 합니다만 11월부터 투고한 원고도 실릴 수 없게 됐습니다. 이와 같이 답신드립니다. 늘 평안하시기를 기원합니다.

12월 26일, 쉰 드림

331226③ 뤄칭전에게

칭전 선생

12월 12일 편지와 목판화는 모두 이미 받았습니다. 정말 감사드립니다. 선지로 판화를 찍은 것은 서양 종이보다 뚜렷하지 않게 나옵니다. 여기에는 두 가지 원인이 있다고 생각합니다. 하나는 먹이 너무 말라서이고 다른 하나는 먹을 너무 조금 갈아서 그렇습니다. 유럽인이 선지에 그림을 찍는 것을 보면 뒤에 모두 매우 진하게 먹을 갑니다. 아마 갖가지 방법으로 바꿔서 몇 번 시험해 보면 비교적 괜찮은 결과를 얻을 수 있습니다.

비교적 의미 있는 읽을거리를 나는 지금도 예로 들지 못하겠습니다. 나는 선생이 왜 산터우汕頭의 풍경과 동식물, 풍속 등을 소재로 한번 취해 보지 않는가라는 생각을 합니다. 지역 색채도 그림의 아름다움과 힘을 증가시킬 수 있습니다. 자기가 그 땅에 나고 자라서 눈에 익어서 특별하지 않다고 느낄 수 있지만 다른 지역 사람의 눈에는 시야를 많이 넓히고 지식을 증가시킨다는 느낌을 줄 수 있습니다. 가령 '양타오'楊桃라는 이 다각형의 과일을 나는 상하이의 가게에서 우연히 찾아서 북방 사람에게 보여 준적이 있습니다. 그들은 화성에 나는 과일을 본 것 같은 태도로 이 과일을 대했습니다. 게다가 풍속화는 학술적으로도 유익한 데가 있습니다.

이와 같이 답신드리니 늘 평안하시기를 기원합니다.

12월 26일, 루쉰 드림

331227 타이징눙에게

징눙 형

오후에 서점에서 형의 책을 얻었습니다. 아마 누가 가지고 온 것 같은데 누구인지는 알아볼 수 없었습니다. 『베이핑 편지지 계보』가 예상 외로 다 팔렸습니다. 정말 의외의 일입니다. 내가 예약한 것에 아직 여유분이 있으면 한 부 남겨 주십시오. 그 비용도 시싼탸오의 집으로 보낼 필요가 없습니다. 책을 건네줄 때 다시 계산해 드리면 됩니다. 책을 찍는 것은 작은 일입니다. 그러나 정 군의 태도는 수양이 덜 된 것 같습니다. 일을 문의해 놓고 보고를 하지 않는 경우가 자주 있습니다. 징눙 형에 대해서만 그러는 것이 아닙니다.

서문을 쓰는 일은 소문과 사실이 부합하지 않습니다. 정 군이 서신을 보내 텐싱과 룽모씨(이름은 잊었는데 간자로 쓸 수 있습니다)[1] 중 누구에게 부탁하는 것이 적절한지 문의해 왔습니다. 나는 바로 텐싱으로 하는 것이 낫겠다고 답신했는데 왜냐하면 서로 알고 지내는 사이이기 때문입니다. 진 공[2]에게 집필을 부탁할 수 없었던 것 또한 그런 일이 있었기 때문입니다. 다만 서표를 가리키는 것이라면 이 공은 과장하길 좋아하는 데다 게으르고 자신의 위치를 높게 생각해서 작은 일을 부탁하면 반년, 일 년을 끌면서 보고하지 않습니다. 그런데 글자도 사실은 너무 남의 비위를 맞춰 가며 통속적으로 써서 볼만한 구석이 없습니다. 인색한 사람에게 썩어 문드러진 동전을 구걸할 필요는 없습니다. 국가박사[3]에 대해서 나는 제기한 적이 없는 것 같습니다. 나는 아직 이 공이 남을 위해 책을 쓸 수 있다는 데 생각이 미치지 않았기 때문입니다. 그는 평소에도 비웃으며 거드름을 피울 줄만 압니다. 정 군도 나중에 소문을 듣고 다시 입에 올리지 않았습니다.

베이징대학이 이 정도로 타락했다니 정말 탄식이 나옵니다. 표어에 글자를 더하여 "오사정신 상실", "시대가 앞에 있다"[4]로 하면 어느 정도 적절합니다. 형이 고성에 칩거해도 상황은 미뤄 짐작할 수 있습니다. 그렇지만 나는 이 때문에 실의에 빠질 필요가 없다고 생각합니다. 이 기회를 틈타 학문을 깊이 연구할 수 있습니다. 구학문도 가능하고 신학문도 가능합니다. 스스로 위로할 수 있다면 장래에 마찬가지로 여전히 쓰임새가 있습니다.

「자유담」 투고는 오래전부터 불가능해졌습니다. 다른 곳에서 편지로 요청하는 곳도 꽤 있으나 저의가 있는 경우가 많아 응하지 않고 있습니다. 『선바오월간』에는 아직 발표할 수 있는데 당국의 출판가에 대한 친분으로 인한 것이지 나에 대해 관대해져서가 아닙니다. 그렇지만 집필할 때 사실을 피하면 공허해지고 이것을 고려하고 저것을 기피하다 보면 답답해져서 글을 쓰고 싶은 마음이 사라집니다. 그런데 편자와 전에 알고 지내서 정리로 이야기하고 논리로 설명하다 보니 지금까지 얼마간은 써야 했습니다. 현재 상황은 내가 태어난 이래 겪어 보지 못한 상황입니다. 30년 이래 나이가 나보다 절반이나 어린 사람과도 서로 알고 지냈는데 그 가운데 남아 있는 사람이 얼마 없습니다. 슬픔으로 분노가 일고 스스로 종종 가벼운 먼지 같다는 생각이 들기도 합니다. 그러다가도 또 스스로 몸을 보살피기도 하는데 친한 사람에게 탄식하게 하고 원수를 통쾌하게 만들지 않게 하려고 하는 일입니다. 내년에는 잡일을 좀 없애서 창작에 집중하거나 문학사를 연구하려 합니다. 그렇지만 그럴 수 있을지 여부도 불분명합니다.

이와 같이 답신을 보내 드리니 늘 평안하시기를 기원합니다.

12월 27일 밤, 위 돈수

주)_____

1) 톈싱(天行)은 웨이젠궁(魏建功)이다. 룽모는 룽겅(容庚)이다.
2) 진(金) 공은 첸쉬안퉁(錢玄同)을 가리킨다.
3) 류반눙을 가리킨다.
4) 각각의 인용문 원문은 '五四失精神', '時代在前面'이다.

331228① 타오캉더에게

캉더 선생

원고 두 종류를 첨부하여 보냅니다. 이는 한 청년이 내게 판매할 곳을 알아봐 달라고 부탁한 원고입니다. 이는 규슈를 이리저리 유람한 글인데 『논어』에서 사용할 수 있을 것 같아 실례를 무릅쓰고 보내 봅니다. 선을 넘은 곳이 있으면 고쳐도 무방합니다. 그런데 만약 필요하지 않으면 귀찮

으시겠지만 꼭 되돌려주시기 바랍니다. 하나가 사라지면 글이 귀해진다고 하지만 나는 보상할 수가 없기 때문입니다. 이와 같이 편지 드리니 평안하시기 바랍니다.

12월 28일 밤, 루쉰 드림

331228② 왕즈즈에게

즈 형

22일 편지는 이미 받았습니다. 지난달 편지를 받은 뒤 나는 바로 답신을 했는데 아직 받지 못했다면 분실됐거나 몰수된 것입니다. 『낙화집』落花集은 현대각에서 며칠 동안 방치한 데다가 되돌아왔습니다. 출판된 적이 있어서 점주가 반대했다고 하는데 이 때문에 싸우느라 힘을 썼으나 결국 효과가 없었다고 이야기합니다. 지금은 다시 내가 있는 곳에 왔는데 어떻게 해야 할지 떠오르지 않습니다. 이번 원고는 내일 『논어』에 보낼 뿐만 아니라 금지령을 위반한 곳이 있으면 고쳐도 된다고 밝히도록 하겠습니다. 최근의 출판계는 정말 전전긍긍합니다. 게재 여부도 확실히 알 수 없습니다. 요컨대 일단은 다음번 해명을 들어 봐야 합니다.

데코브라 군의 일[1]은 나는 주목하지 못했습니다. 이 군은 프랑스의 토요일파인데 유들유들하니 능청스럽습니다. 그가 중국에 왔다면 소설 자료를 수집하러 온 것이 확실할 겁니다. 우리는 영화만 봐도 아프리카와 북극, 남미, 남양의 토인이 자료로 많이 쓰이고 있다는 것을 알 수 있습니다. 그러니 '소설가'가 지나 토인을 보러 와서 책을 쓰고 돈을 버는 것은 애초에 이상한 일이 아닙니다. 부자가 융숭히 맞이했지만 나중에 영화에서는 마찬가지로 추장이 주연을 베푸는 사적事跡으로 등장할까 봐 걱정될 따름입니다.

「사람을 불러 모아 공자묘를 수선한 상소문」[2]은 보내 주실 필요가 없습니다. 이런 글은 이미 숱하게 봤습니다. 정말 '소오줌과 말불버섯'보다 더 많이 봤습니다.[3] 뿐만 아니라 비판하는 글을 발표할 데도 없습니다. 묘는 아직 수선하지 않았는데 예교는 벌써 무거워졌습니다. 그러니 사설邪說은 성행할 수 없는 것입니다.

상하이는 아직 많이 춥지 않습니다. 우리는 잘 있습니다.

이와 같이 답신드리니 늘 평안하시기를 기원합니다.

12월 28일 밤, 쉰 드림

주)_____

1) 프랑스 소설가 데코브라(Maurice Dekobra, 1885~1973)가 1933년 11월 중국에 와서 유람한 일을 말한다.
2) 원문은 '募修孔廟疏'이다. 이는 당시 국민당 정부 산둥성 주석인 한푸쥐(韓復渠)가 공자묘를 수선할 사람을 모집한 창의서이다.
3) 무용한 물건이라는 의미로 한유(韓愈)의 『진학해』(進學解)에 나오는 말이다.

『서신 2』에 대하여
—1927~1933년의 서신 해제

『서신 2』에 대하여
— 1927~1933년의 서신 해제

1.

『루쉰전집』 14권은 루쉰이 1927년부터 1933년 사이에 보낸 편지 452통을 담았다. 이 시기는 루쉰의 신변과 글쓰기에서 많은 변화가 일어난 때였다. 다변했던 삶의 궤적에 대한 루쉰의 심경은 편지에서 고스란히 드러난다. 거처만 살펴봐도 루쉰은 샤먼에서 광저우를 거쳐 상하이로 삶의 터전을 옮겼다. 후반부의 생을 상하이에서 보냈지만 그 사이에 어머니를 뵈러 베이징에 두 번 들렀고 베이징에 돌아가 살고 싶다는 생각을 여러 번 내비쳤다가 접었다.

신분에도 큰 변화가 있었다. 샤먼과 광저우에서 루쉰은 대학 교수로 지냈지만 상하이에서는 강의와 교수직 제의를 마다하고 작가로서 삶을 살았다. 이 시기 루쉰은 이미 유명한 작가였지만 상하이에서 작가로 살아가는 것 또한 문학계 안팎의 상황으로 인하여 녹록지 않았다. 문학계 내부에서 루쉰의 논적들의 공격은 도를 더해 갔다. 루쉰은 편지들에서 "루쉰이 없다면 떠들썩한 구경거리가 없어"는 격이라고 표현하거나 자신을

"끌어들여 글을 쓰는 사람"이 늘어났는데 이것이 "욕을 먹는 것보다" 더 "괴롭다"고 토로한 바 있다.

문학계 바깥의 상황은 더욱 엄혹했다. 상하이에서 루쉰은 갑자기 닥친 전쟁과 당국의 체포령으로 살던 곳을 떠나 급히 몸을 피해야 했던 적이 한두 번이 아니었다. 루쉰이 집으로 되돌아온 뒤 평안하다는 소식을 국내외의 지인들에게 분주하게 띄운 서신에서 위급했던 상황을 짐작할 수 있다. 국민당의 억압적인 통치와 백색테러가 횡행하던 1930년대 초였기에 사회비판적인 글을 거침없이 발표했던 루쉰에게 당국의 검열과 압박은 날이 갈수록 심해졌다. 잡문을 활발하게 쓰고 기고하던 루쉰은 검열이 심해지자 수시로 필명을 바꿔야 했다. 그러나 나중에는 이마저도 허용되지 않아서 원고가 이유 없이 반려되거나 보류되는 경우가 잦았다. 루쉰의 이름이 지면에 보이지 않아 궁금하여 문의하는 편지를 보낸 독자에게 루쉰은 "행동이 자유롭지 않은 편이고 글도 많이 쓰지 않으며 글을 쓰더라도 발표하기가 아주 어렵"다며 "선생의 희망을 실현해 드릴 길이 없습니다"라고 자신의 상황을 설명한 바 있다. 루쉰에게 내려졌던 지명수배는 루쉰이 세상을 떠나는 날까지 철회되지 않았다.

2.

그 사이에 달라진 벗들과의 관계도 편지에서 그대로 드러난다. 편지에서 루쉰이 '형'兄이라고 불렀던 청년들은 시간이 지나 상황이 변하고 처지가 달라지자 소원해지거나 신뢰를 저버리곤 했다. 루쉰이 편집을 맡았던 『분류』 등을 발행했던 베이신서국의 가까웠던 벗들이 자신과 잡지 투고자들에게 원고료를 상습적이고 고의적으로 미지급한 일이 대표적이다. 학생들과 같이 소련 등 외국의 작품을 번역하는 데 뜻을 두고 세웠던 웨이밍사가 운영난을 구실로 출판 업무를 상하이의 서점으로 양도하는 것을 통보하자 루쉰이 동인 탈퇴를 선언한 사건도 빼놓을 수 없다. 뜻을 같이 했던 이들은 자신의 상황과 처지에 따라 연락을 끊거나 뜻을 꺾어 길을 달리 간 대목들이 이 시기 편지 내내 등장한다. 베이신 내부의 문제를 알기 시작한 것은 1927년 무렵이며 본격적으로 상황을 알고 소송을 시작한 것은 1929년의 일이다. 웨이밍사의 해산은 1931년에 통보받았으며 1932년에도 웨이밍사의 웨이충우 등과 연락이 닿지 않는다는 서신이 눈에 띈다. 1932년에 쓴 편지에서 루쉰은 "베이신은 이제 이전의 베이신이 아니며 흩어진 모래처럼 아무도 책임을 지지 않습니다"라고 썼다. 1933년의 편지에서 웨이밍사 한 성원의 책을 읽고 난 뒤 "정계와 관계의 바다에 마음이 쏠리게 되면 여기에 빠져 버"려서 "구제할 수 없"다며 "멍멍하여 슬프면서 또 처연"하다고 심정을 밝혔다.

물론 다른 한편에는 루쉰이 편지에서 '지푸 형'이라고 불렀던, 평생 동안 뜻을 같이 한 쉬서우창과 같은 오래된 벗들도 있다. 그리고 새롭게 알게 된 청년들도 있었다. 주로 1930년 이후에 알게 된 좌련 작가와 목판화 작가, 에스페란토어 작품과 소련 작품 번역가 등이 그들이다. 이 새로운 만남 속에서 편지에서 '타 형'이라 부르고 '인생의 지기'로 꼽았던 취추바이를 알게 됐다. 이들과 나눈 편지 속에서 루쉰은 당국의 검열과 압박, 새롭고 오래된 논적들의 공격 속에서도 새로이 자유대동맹과 민권보장동맹에 참여하고 좌익작가연맹에 가입하며 소련 작품과 목판화에 관심을 기울이는 가운데 자신의 영역을 확장하며 나아가는 모습을 보여 준다.

루쉰은 글을 쓰고 책을 엮을 궁리를 하던 분주한 와중에도 편지 쓰는 일에 힘을 기울였다. 투고나 문의를 하는 낯선 이가 보낸 편지에도 루쉰은 답신을 게을리하지 않았다. 이 책에 실린 편지만 보더라도 거의 매일 쓰다시피 한 달도 있고 어떤 날은 하루에 몇 통씩 편지를 쓰기도 했다. 자신의 안부를 궁금해하는 이들에게, 투고한 이들에게, 목판화를 보낸 이들에게 답신을 쓰고, 가족의 생계와 부당하게 구속된 학생들의 석방을 부탁하기 위해 편지를 썼다. 상하이에서 그의 후반생의 많은 시간은 그렇게 흘러갔다.

그리고 이 시기 루쉰에게 일어난 무엇보다 큰 변화는 쉬광핑許廣平과의 사이에서 저우하이잉周海嬰이 태어나 가족을 이룬 일이다. 가족은 서신집을 출간하는 데 결정적인 역할을 했다. 루쉰이 쉬광핑과 주고받았던 연애편지 모음인 『먼 곳에서 온 편지』兩地書를 편집하여 출간한 일도 이 시기의 일이다. 1933년 『먼 곳에서 온 편지』를 출판하면서 루쉰은 편지 내용을 대폭 수정하거나 삭제했는데, 이번 루쉰전집 서신 권에서는 『먼 곳에서 온 편지』의 원본 편지를 실었다.

3.

그런데 다양한 수신자를 갖고 있는 이 편지들은 어떻게 출간될 수 있었을까. 이번에 펴낸 한국어판 『루쉰전집』에서 네 권에 걸쳐 실린 편지는 약 1,500통인데 이 대량의 편지는 어떻게 수집되고 출판될 수 있었을까. 루쉰은 편지의 초본이나 필사본을 거의 남기지 않았다. 또 자신의 편지는커녕 친구들이 보낸 편지마저 잦은 피신으로 잃어버리거나 당국의 탄압을 우려해 읽자마자 불태웠다는 점을 감안한다면 이 서신들이 어떻게 대거 세상에 나올 수 있었는지 그 사정이 궁금하지 않을 수 없다.

루쉰이 보낸 편지가 세상에 나온 것은 한편으로 『루쉰전집』 편집출간이라는 국가급 프로젝트에 기댄 바도 있다. 그러나 그건 어디까지나 중화인민공화국이 건국된 이후의 일이다. 지명수배와 검열 등 다방면에서 루쉰에게 압박을 가했던 국민당이 통치하던 중화민국 시대에 이는 불가능한 일이었다.

초기에 이 일을 주도한 것은 쉬광핑을 위시한 가족과 지인들이었다. 루쉰이 세상을 뜬 직후인 1937년 1월 쉬광핑은 『루쉰전집』을 출간할 계획을 갖고 편지를 모은다는 공지 글을 발표했다.

"삼가 알립니다. 루쉰 선생이 알거나 알지 못했던 각 방면의 사람들에게 한 회신은 수량이 적잖으며 또한 선생의 생명 일부를 소용하며 쓴 것입니다. 그 속에는 심사를 서술한 것도 있고 사상을 비평한 것도 있으며 생활의 이모저모를 알린 것도 있습니다. 어떤 것도 소홀히 대하지 않았던 열정적인 마음과 다방면의 인간관계는 선생의 전기를 쓸 때 긴요한 자료가 될 것입니다. 뿐만 아니라 형식에 얽매이지 않고 생각나는 대로 쓴 사상적인 토론과 세태에 대한 묘사도 한 세대의 사상사와 문예사를 쓰는 데 귀중한 문헌이 될 것입니다. 그리하여 광핑은 정리하여 책으로 엮어서 대중에게 공개할 생각을 갖고 있습니다. 지금 수집의 책임을 져서 부탁드리오니 선생의 친필서신을 갖고 있는 이는 등기로 부쳐 주시면 광핑이 원래 편지대로 사진으로 찍은 뒤 돌려드리겠습니다. 만약 원본을 선생의 유고 및 유물과 같이 영구 보존하여 돌려받지 않기를 원하신다면 더욱 감사드리겠습니다. (후략)"(「루쉰 선생 서신을 모집하는 쉬광핑의 알림 글」許廣平爲征集魯迅先生書信啓事, 『중류』中流 1권 9호)

쉬광핑이 공개모집을 통해 수집한 편지 69통은 1937년 7월 『루쉰서간』魯迅書簡으로 출간됐다. 삼한서옥에서 영인본으로 출간된 이 서적은 루쉰 사후에 최초로 출판된 서신집이다. 이듬해 1938년에 나온 『루쉰전집』에는 편지와 일기가 수록되지 않은 점이 눈에 띈다.

루쉰 서신이 비교적 많은 분량으로 세상에 나온 것은 1946년, 루쉰 10주기에 즈음하여 루쉰전집출판사에서 펴낸 『루쉰서간』에서였다. 활판인쇄로 출간한 『루쉰서간』은 쉬광핑이 그동안 수집했던 편지 855통을 싣고 있다. 쉬광핑은 편집후기에서 "친구들이 대거 동의하며 승낙을 해주어 앞뒤로 보내 주신 편지가 8백여 통이며 연락을 준 이는 70여 명에 이른다"고 밝혔다. 중화인민공화국이 건국되기 전 쉬광핑이 주도하여 전국에서 모은 루쉰 편지는 현존 서신량의 2분의 1에 달하는 분량이었다.

1949년 이후 사회주의 중국에서 루쉰서신을 포함한 『루쉰전집』의 수집과 편집 및 출간은 국가적인 사업이 됐다. 쉬광핑이 갖고 있던 루쉰의 원고와 그동안 수집했던 서신은 모두 국가에 기증됐다. 그러나 비공개본이 많았던 서신은 정치적인 풍향에 따라 공개가 미뤄지는 등 우여곡절을 겪었다.

1958년 런민문학출판사에서 나온 『루쉰전집』은 1938년판 『루쉰전집』에 없던 주석이 실리고 서신과 일기를 수록하여 보다 완전한 형태를 갖춘 전집으로 평가된다. 그렇지만 이 전집에서 서신은 334통이 실렸다. 이는 기존의 1946년 『루쉰서간』 855통보다 줄어든 분량이다. 1956년 『루쉰전집』 1권을 출간하면서 「출판설명」에서 그동안 수집한 편지 1,100여 통을 수록할 계획을 밝힌 바 있다. 그러나 그 뒤 '반우파투쟁'이 일어나고 편집방침에 변화가 발생하여 『루쉰전집』 9권과 10권에는 대거 선별되어 '유의미'하다고 판정된 서신만 수록된 것이다.

루쉰 서신의 공개가 확대되지 못한 것은 문화대혁명 기간에 더욱 심했다. 1973년 상하이 런민문학출판사에서 발행된 『루쉰서신선』魯迅書信選은 '사인방'四人幇이 연루되어 편집된 것으로 104통의 편지를 수록했다. 그 밖에 『루쉰서간: 차오징화에게』魯迅書簡 致曹靖華(1965년 루쉰박물관 기증, 1976년 상하이런민출판사 출간, 미공개서신 등 85통 수록)와 영인본 『마스다 와타루에게 보낸 루쉰 서신선』魯迅致增田涉書信選(1974년 문물출판사 출간, 일본어서신 원본 59통 수록) 등이 단독 출간됐으나 전체적인 서신집으로 편집되지는 않았다. 기존에 수집됐던 1,100여 통과 그 후에 수집된 서신들이 모두 실리는 『루쉰서신전집』 혹은 『루쉰전집』을 보는 것은 요원한 일인 것 같았다.

이러한 루쉰 서신집 출간의 교착 상태를 깬 것은 루쉰의 아들 저우하이잉이었다. 문화대혁명 초기인 1968년, 루쉰박물관에서 소장하고 있던 루쉰 자필원고를 중앙문혁소조 성원이었던 치번위戚本禹가 가져간 뒤 자필원고의 행방을 알 수 없게 된 루쉰원고 분실사건이 일어났다. 이에 충격을 받은 쉬광핑이 대응을 하던 와중에 심장병으로 세상을 떠났고 그 뒤 루쉰의 원고는 되돌아왔지만 자필원고 보존 상태에 대한 우려가 커져 가던 상황이었다. 이에 저우하이잉은 1975년 루쉰서신 출간과 전집 출판을 청원하는 편지를 써서 마오쩌둥에게 직보했다. 이러한 전후사정을 거쳐 현존하는 루쉰 서신을 전부 수록하는 『루쉰서신집』 출간 계획이 국가출판국에서 수립되고 1976년 런민문학출판사에서 『루쉰서신집』 상·하권이 출간됐다. 비록 주석은 없었지만 기존에 수집됐던 1,381통을 모두 수록한 서신집이었다. 이는 이후 루쉰전집을 출간하는 데 주춧돌을 놓았다고 할 수 있는 작업이었다.

1981년에 나온 『루쉰전집』은 모두 1,333통의 편지를 실었고 외국 인사에게 보내는 편지 112통 등을 별도로 수록했다. 2005년에 출간된 『루쉰전집』 서신은 1981년판에 근거하여 여기에서 중복되거나 잘못 수록된 편지 3통을 삭제하는 한편, 새로 발견된 편지 18통을 수록하고 「마스다 와타루에게 보내는 편지」를 추가하여 수록 편수가 늘어났다. 이번에 우리가 펴낸 한국어판 『루쉰전집』 서신 권은 1981년판과 2005년판에 수록된 서신들을 기본으로 삼되 일부 오탈자 및 오류를 바로잡아 보다 정확한 내용을 전하려 했다.

옮긴이 박자영

지은이 **루쉰**(魯迅, 1881.9.25~1936.10.19)

본명은 저우수런(周樹人), 자는 위차이(豫才)이며, 루쉰은 탕쓰(唐俟), 링페이(令飛), 펑즈위(豊之餘), 허자간(何家幹) 등 수많은 필명 중 하나이다.

저장성(浙江省) 사오싱(紹興)의 명문가에서 태어나 어린 시절 조부의 하옥(下獄), 아버지의 병사(病死) 등 잇따른 불행을 경험했고 청나라의 몰락과 함께 몰락해 가는 집안의 풍경을 목도했다. 1898년 부터 난징의 강남수사학당(江南水師學堂)과 광무철로학당(鑛務鐵路學堂)에서 서양의 신학문을 공부했고, 1902년 국비유학생 자격으로 일본으로 건너갔다. 고분학원(弘文學院)에서 일본어를 공부하고 센다이 의학전문학교(仙臺醫學專門學校)에서 의학을 공부했으나, 의학으로는 망해 가는 중국을 구할 수 없음을 깨닫고 문학으로 중국의 국민성을 개조하겠다는 뜻을 세우고 의대를 중퇴, 도쿄로 가 잡지 창간, 외국소설 번역 등의 일을 하다가 1909년 귀국했다. 귀국 이후 고향 등지에서 교원생활을 하던 그는 신해혁명 직후 교육부 장관 차이위안페이(蔡元培)의 요청으로 난징 중화민국 임시정부의 교육부 관리를 지냈다. 그러나 불철저한 혁명과 여전히 낙후된 중국 정치·사회 상황에 절망하여 이후 10년 가까이 침묵의 시간을 보냈다.

1918년 「광인일기」를 발표하면서 본격적인 작품 활동을 시작한 그는 「아Q정전」, 「쿵이지」, 「고향」 등의 소설과 산문시집 『들풀』, 『아침 꽃 저녁에 줍다』 등의 산문집, 그리고 시평을 비롯한 숱한 잡문(雜文)을 발표했다. 또한 러시아의 예로센코, 네덜란드의 반 에덴 등 수많은 외국 작가들의 작품을 번역하고, 웨이밍사(未名社), 위쓰사(語絲社) 등의 문학단체를 조직, 문학운동과 문학청년 지도에도 앞장섰다. 1926년 3·18 참사 이후 반정부 지식인에게 내린 국민당의 수배령을 피해 도피생활을 시작한 그는 샤먼(廈門), 광저우(廣州)를 거쳐 1927년 상하이에 정착했다. 이곳에서 잡문을 통한 논쟁과 강연 활동, 중국좌익작가연맹 참여와 판화운동 전개 등 왕성한 활동을 펼쳤으며, 55세를 일기로 세상을 등질 때까지 중국의 현실과 필사적인 싸움을 벌였다.

옮긴이 **박자영**

중국 화둥사범대학 중어중문학과에서 『공간의 구성과 이에 대한 상상 : 1920, 30년대 상하이 여성의 일상생활 연구』로 박사학위를 받았고, 현재 협성대학교 중어중문학과에 재직 중이다. 지은 책으로 『냉전 아시아의 문화풍경 2 : 1960~1970년대』(공저, 2009), 『동아시아 문화의 생산과 조절』(공저, 2011) 등이 있다. 옮긴 책으로는 『세상사는 연기와 같다』(2000), 『중국 소설사』(공역, 2004), 『나의 아버지 루쉰』(공역, 2008) 등을 번역했다.

루쉰전집번역위원회 명단(가나다 순)

공상철, 김영문, 김하림, 박자영, 서광덕, 유세종,
이보경, 이주노, 조관희, 천진, 한병곤, 홍석표